Friedrich von Raumer

Historisch-politische Briefe über die geselligen Verhältnisse der Menschen

Friedrich von Raumer

Historisch-politische Briefe über die geselligen Verhältnisse der Menschen

ISBN/EAN: 9783742869487

Hergestellt in Europa, USA, Kanada, Australien, Japan

Cover: Foto ©ninafisch / pixelio.de

Manufactured and distributed by brebook publishing software (www.brebook.com)

Friedrich von Raumer

Historisch-politische Briefe über die geselligen Verhältnisse der Menschen

Historisch-politische Briefe.

Historisch-politische Briefe

über die

gesclligen Verhältnisse der Menschen.

Von

Friedrich von Raumer.

Leipzig:
F. A. Brockhaus.
1860.

## Inhaltsverzeichniß.

                                                              Seite

Statt Vorworts. An *** IX
Erster Brief. Studium des Rechts, Geschichte und Philosophie... 1
Zweiter Brief. Geselligkeit und Einsamkeit, Unsittlichkeit, Ungleichheit, Eigenthum 4
Dritter Brief. Naturstand, Kraft, Recht, Sitte, Religion 9
Vierter Brief. Verhältniß zur Natur und den Thieren, Lebensarten, Jäger, Hirten, Ackerbauer, Beruf 14
Fünfter Brief. Ehe, Familie, Monogamie, Polygamie, Polyandrie, Platon, Scheidungen, verbotene Grade, väterliche Gewalt, Erziehung, Vormundschaft, Erbschaft 18
Sechster Brief. Ehe und Familie in den verschiedenen Welttheilen 29
Siebenter Brief. Sklaverei, Menschenrassen 41
Achter Brief. Gesinde, Abhängigkeitsverhältnisse, Ablösungen, Gemeinen 50
Neunter Brief. Der Staat 53
Zehnter Brief. Staatsverträge, Regierung, Unabhängigkeit, Handels- und Universalstaaten 59
Eilfter Brief. Beschauliches und thätiges Leben, Entwickelung, Dauer und Untergang des Staats, größere und kleinere Staaten 65
Zwölfter Brief. Verfassung, Unfehlbarkeit, Verantwortlichkeit, Volkssouverainität, göttliches Recht 73
Dreizehnter Brief. Freie Verfassungen, Grundgesetze, Verfassung und Volk 79
Vierzehnter Brief. Politische Anrechte 85
Funfzehnter Brief. Monarchie, Aristokratie, Demokratie, einfache und gemischte Verfassungen, öffentliche Meinung 88
Sechszehnter Brief. Souverainität, Absolutismus, Rechtmäßigkeit und Auflösung der Herrschaft 97
Siebzehnter Brief. Gesetzgebende, richterliche, vollziehende Gewalt, Majoritäten 103

Inhaltsverzeichniß.

Achtzehnter Brief. Einfache und gemischte Verfassungen, Demokratie, Aristokratie, Republiken, Makrobiotik 107
Neunzehnter Brief. Monarchien, Wahlreiche, Erbrecht, Günstlinge, Beischläferinnen 118
Zwanzigster Brief. Landes- und Kriegsstaaten, Ehrprinzip, Etikette, Unumschränktheit, Civilliste, Krönung 127
Einundzwanzigster Brief. Despotien 133
Zweiundzwanzigster Brief. Gesellige und Staatseinrichtungen in Asien 137
Dreiundzwanzigster Brief. Desgleichen in Afrika, Amerika und Australien 146
Vierundzwanzigster Brief. Inder und Aegypter 157
Fünfundzwanzigster Brief. Assyrer, Meder, Babylonier, Perser, Phönicier, Juden 164
Sechsundzwanzigster Brief. Griechen, Sparta 171
Siebenundzwanzigster Brief. Athen 176
Achtundzwanzigster Brief. Rom 185
Neunundzwanzigster Brief. Verwaltung der Staaten 194
Dreißigster Brief. Regierungskunst 205
Einunddreißigster Brief. Mittelalter, christliche Kirche, Lehnswesen 211
Zweiunddreißigster Brief. Ostgothen, Westgothen, deutsche Einrichtungen 215
Dreiunddreißigster Brief. Franken, Merovinger, Karolinger 220
Vierunddreißigster Brief. Mittelalter, Leibeigene, Zinsbauern, Ministerialen, Adel, Fürsten, Churfürsten, Könige, Kaiser, Reichstage, Landtage 226
Fünfunddreißigster Brief. Städte, italienische, deutsche 234
Sechsunddreißigster Brief. Rechtsverhältnisse, Ackerbau, Handel, Gewerbe 240
Siebenunddreißigster Brief. Kirchliche Würden, Papst, Kardinäle, Legaten, Investitur 244
Achtunddreißigster Brief. Klöster, Congregationen, Bettelmönche 251
Neununddreißigster Brief. Städte, Reichs- und Landtage, Fehmgerichte, Kirchenversammlungen, Pisa, Kostnitz 258
Vierzigster Brief. Basel 268
Einundvierzigster Brief. Revolutionen 277
Zweiundvierzigster Brief. Revolutionen 285
Dreiundvierzigster Brief. Revolutionen 294
Vierundvierzigster Brief. Revolutionen 302
Fünfundvierzigster Brief. Spanien und Portugal im sechzehnten und siebzehnten Jahrhundert 312
Sechsundvierzigster Brief. Vereinigte Niederlande desgl. 317
Siebenundvierzigster Brief. Dänemark und Schweden 321

Inhaltsverzeichniß. VII

Seite

Achtundvierzigster Brief. Polen, Ungarn 328
Neunundvierzigster Brief. Frankreich 333
Funfzigster Brief. England und Schottland 339
Einundfunfzigster Brief. Deutschland 353
Zweiundfunfzigster Brief. Regierungsberechtigung, allgemeines Stimmrecht, Talente, Verdienst, Grundbesitzer, Steuern, Geburt u. s. w. 364
Dreiundfunfzigster Brief. Repräsentation, eine oder zwei Kammern, Wähler, Gewählte, Ausscheiden, Strafen, Erneuen 372
Vierundfunfzigster Brief. Kammern nach Lebensalter, Grundbesitz, Gewerbe, Stände, Adel, Frauen, Geistlichkeit, Gelehrte 385
Fünfundfunfzigster Brief. Dritter Stand, Adel, Geistlichkeit, Stände und Repräsentation, Veto, Steuerverweigerung, ideale Verfassungen, Platon, Morus, Harrington, Hume 399
Sechsundfunfzigster Brief. Werth politischer Formen, Krieg, Kriegsfrevel, ewiger Friede, Feldherren, Kriegerkasten, Condottieri, Söldner, Conscription, Kriegspflicht, Kriegseinrichtungen 410
Siebenundfunfzigster Brief. Stehende Heere, Kriegszucht, Strafen, Belohnungen, Angriff, Vertheidigung, Festungen, Schlachten, Neutralität, Bündnisse, Intervention, Unterhandlungen, Eroberungen, Gleichgewicht, natürliche Gränzen, Verträge 429
Achtundfunfzigster Brief. Seemacht, Seekrieg, Seerecht, Neutrale, Kapereien, Continentalsystem 444

Statt Vorworts.

An ***

Berlin, 22. October 1859.

Sie senden mir meine, vor neun Jahren (1850)[1] geschriebenen Briefe zur Durchsicht und Vervollständigung zurück. Jene Durchsicht hat einzelne Berichtigungen herbeigeführt, eine größere Vervollständigung wäre aber nur möglich gewesen, wenn unser Briefwechsel nicht (aus Ihnen bekannten Gründen) eine sehr lange Unterbrechung erlitten hätte. Jetzt fehlt mir Zeit und Kraft; auch haben Sie selbst eine Entwickelung der neuen, allbekannten Verfassungen als entbehrlich bezeichnet. Darstellungen aber, etwa der Nationalökonomie, des Steuerwesens, der Polizei u. s. w., liegen unseren ursprünglichen Zwecken noch ferner. Deshalb wiederhole ich die frühere Bitte, daß Sie (und wohlwollende Leser) meine allerdings

---

[1] Nonum prematur in annum!

sehr lückenhaften Mittheilungen, wie freundschaftliche Briefe mit Nachsicht betrachten, keine strengeren Forderungen aufstellen, und mir verstatten die früher gebilligte, populaire Darstellungsweise unverändert beizubehalten.

Erster Brief.

Berlin, 16. April 1850.[1])

So geneigt ich sonst auch bin jeden Ihrer Wünsche als Befehl zu betrachten, fühle ich mich doch außer Stande ein wissenschaftliches Handbuch des Staatsrechts und der Politik zu schreiben. Von jeher hatte ich eine Abneigung gegen die in Deutschland überschätzte Compendien- und Paragraphenweisheit, welche, getrennt von Leben und Wahrheit, durch leere oder doch trockene Abstraktionen die Welt zu bewegen oder zu beherrschen wähnt. Und jetzt, bei abnehmenden Kräften, bin ich noch weniger fähig solch einer mir unwillkommenen Aufgabe zu genügen. Ohnedies habe ich mich über die meisten hieher gehörigen Dinge bereits ausgesprochen, in meinen geschichtlichen Werken, den Briefen aus England, Italien, Amerika, Frankfurt, in meiner Spreu, den Abhandlungen über die römische Staatsverfassung, die großen Kirchenversammlungen u. s. w.

Nur in Briefen möchte ich Ihnen über gesellige Verhältnisse aller Art, ohne strenge Ordnung und Form mancherlei freundschaftlich vortragen. Dem Einwurfe: derlei Briefe seyen keine Briefe, entgegne ich: allerdings sind es keine Briefe in dem Sinne, wie sie Goethe an Frau v. Stein und W. Humboldt an seine Freundin schrieb; doch haben Euler, Hube, Sprengel, Brandes u. A. Briefe geschrieben über Physik, Botanik, Astronomie u. s. w. Ich erinnere an diese Männer nicht um mich anmaßlich ihnen gleich zu stellen, sondern um mich zu entschuldigen daß ich anstatt in

---

1) Berichtigt 1859.

Paragraphen und Syllogismen einherzuschreiten, das Geschichtliche hervorhebe und nach einer populären Darstellungsweise strebe.

Betrachten wir die Art und Weise wie seit Jahrhunderten und jetzt das Studium des Rechtes betrieben wird, so ergiebt sich übermäßiges Vorwalten des Privatrechts, und Vernachlässigung des Staatsrechtes; eine natürliche Folge der Herrschaft des römischen Rechtes, welches zur Kaiserzeit der letzten großen Hälfte entbehrte. Dieses absolutistische Recht, welches nur Privatverhältnisse entwickelte und regelte, gewann (insbesondere seit dem westphälischen Frieden) noch breiteren Boden durch die Ermattung und Abschwächung alles öffentlichen Lebens und aller staatsrechtlichen Entwickelung in Deutschland. Ja man war so tief gesunken daß man diese für überflüssig hielt, und statt das Gegebene zu erneuen und weiter auszubilden, darüber in geringhaltiger Weise spottete und (gleichgültig, oder hochmüthig) die gesammte Vorzeit lächerlich machte. Hiefür ist die Nemesis nicht ausgeblieben und wird die Deutschen noch lange mit Recht verfolgen.

Privatrecht, Staatsrecht, Völkerrecht; jedes hat seinen Kreis. Diese greifen ineinander und bedingen sich, sie können und sollen nicht ganz getrennt werden, aber auch nicht sich völlig decken. Kaum giebt es irgend einen Abschnitt des Privatrechts der nicht vom Staatsrechte aus näher bestimmt und gestaltet würde. Die Gesetze über Ehe, Familie, Grundvermögen, Vererbungen, Erstgeburt, Lehne, Fideicommisse, Gerichtshöfe u. s. w. konnten und können nicht dieselben seyn in Jerusalem, Athen, Rom, Constantinopel, Venedig, England, Deutschland, Amerika. Wo das Privatrecht alles Staatsrecht absorbirt, zerbröckelt der Staat in anmaßliche und doch hülflose Atome; wo das Staatsrecht sich zum unbedingten Herrn des Privatrechts aufwirft (wie in einer Zeit der französischen Revolution) geht die bürgerliche Gesellschaft durch Gütereinziehungen, Maximum, Zwangsanleihen u. dgl. zu Grunde.

Bis auf die Zeit wo Gleichgültigkeit, Feigheit und Gewalt die veralteten Formen des deutschen Staatsrechts zu Grabe trugen, hielt man auf Universitäten eine Vorlesung über öffentliches Recht, oder jus publicum; aber dies öffentliche oder Staatsrecht bezog sich lediglich auf Deutschland; ja meist nur auf dessen letzte Zustände, ohne genügende geschichtliche Begründung, ohne Wei=

sungen für die Zukunft, ohne Vergleichung mit dem Löblichen und Mangelhaften in andern Zeiten und Ländern.

Nach dem Untergange des deutschen Reiches war vom Staatsrechte nur noch die Rede in aprioristischen Vorlesungen, welche sich philosophisch nannten, weil sie meinten für alle Völker und die gesammte Zukunft eine unfehlbare Form, eine Universalmedizin gefunden zu haben.

Einige, das Mangelhafte dieses Verfahrens einsehend, stellten ihm den allerneusten diplomatischen Brauch, einen europäischen usus modernus entgegen, dem es aber auch an tieferer Wurzel, Lebenskraft und Dauer gebrach.

Zu diesen Irthümern trug die bekannte Lehre von einer philosophischen und geschichtlichen Rechtsschule bei; ein oberflächlich aufgefaßter und durchgeführter Gegensatz, da zwischen Philosophie und Geschichte in höchster Stelle gar kein unlösbarer Gegensatz statt findet; vielmehr beide sich gegenseitig bedürfen und stützen. Weil indessen jene einseitige Ansicht bereits aus der Mode gekommen und berichtigt ist, erscheint es überflüssig hier darauf näher einzugehen.

Wenn nun die theoretisch=philosophische Darstellung des Staatsrechts bis Platon zurückreicht, so muß sich die praktisch=geschichtliche von der ältesten bis zur neuesten Zeit fortbewegen, um endlich über die Gegenwart (ihre Mängel, Vorzüge, Bedürfnisse) zu gründlicher Erkenntniß zu gelangen. Beide Entwickelungen, die theoretische und die praktische, reichen sich freundschaftlich die Hand; oder wenn dies nicht geschieht, wird sich erweisen lassen wo der Irthum liegt und wie er zu berichtigen ist.

Als einen solchen Irthum muß ich die Meinung bezeichnen: daß sich die Philosophie, oder die Geschichte, ohne gegenseitigen Einfluß unter gebildeten Völkern lange Zeit hindurch fortbewegen könne; im Gegentheil ist die eine stets mehr oder weniger ein Abbild der andern: so wären Rousseaus staatsrechtliche Ansichten zur Zeit des Perikles in Athen unmöglich gewesen, und Platon hätte zur Zeit Ludwigs XV. in Paris keinen Boden gefunden. Da ich indeß von der theoretischen Seite in meinem Buche: „Die Entwickelung der Begriffe von Staat, Recht und Politik", gehandelt habe, so genüge es hier auf die Wichtigkeit geschichtlicher Kenntniß aufmerksam zu machen. Sie befreit von der beschränkten Gegenwart, schützt gegen falsche Klagen und übertriebene Hoffnungen, gegen Götzendienst mit dem Alten oder Neuen, verbindet Anhänglichkeit an die Vorältern mit rechter Thätigkeit für Gegenwart und Zukunft, lehrt in verschiedenen Zeiten und Völkern leben, sondert Mögliches vom Unmöglichen und heilt von dem eitelen Vorurtheile: jedes Volk (oder jeder Einzelne) sei zu Jeglichem berufen. Als die Franzosen zur Zeit der Revolution hochmüthig alle Fäden abschnitten, welche sie mit der Geschichte ihres eigenen Volkes verbanden, fielen sie haltungslos der Willkür und dem Zufall anheim.

Diesem Lobe der Geschichte gegenüber, möge hier auch eine Warnung Platz finden. Sie ist allerdings eine unerschöpfliche Quelle politischer Weisheit; aber keineswegs ein Inbegriff unmittelbarer Vorschriften, oder sogleich anwendbarer, ganz gleichartig wiederkehrender Fälle. Sie soll nicht durch Einzelnheiten in Schwanken, Zweifel und Nichtsthun hineinführen; sondern den Geist stärken, den Gesichtskreis erweitern, den Ueberblick erleichtern und das Rechte, Löbliche, Tugendhafte in den mannigfachsten Gestalten vorüberführen und ohne Täuschung erkennen lassen.

Mit Unrecht hat einseitige geschichtliche Kenntniß zu falscher Vorliebe für die eine oder für die andere Gestaltung verführt, und Indisches, Griechisches, Römisches, Deutsches, Englisches u. dgl. als allgemein gültig und anwendbar gepriesen. Solch ein Einschnüren und Einpressen in eine bevorzugte Form, mit Verwerfung alles Uebrigen, ist immerdar ein Uebel; — und dasselbe gilt von theoretischem Zurechtschneidern nach irgend einem einzelnen philosophischen Leisten.

Zweiter Brief.

Berlin, 18. April 1850.

Da Sie es verlangen will ich einige Fragen und Behauptungen berühren, obwohl sie eben nicht mehr an der Tagesordnung sind und kaum einer ernstlichen Prüfung zu bedürfen scheinen. „Ist der Mensch zur Geselligkeit bestimmt?" — so lautet, mit Bezug auf Rousseaus Lehren, Ihre erste Frage. Zuvörderst könnte wohl die Antwort genügen: daß alle Menschen überall und zu allen Zeiten in geselligen Verhältnissen lebten, und es verkehrt erscheint Bienen= und Ameisenstaaten zu bewundern, Menschenstaaten aber anzufeinden.[1]) Genügen diese Thatsachen nicht, so erwiedere ich: der Mensch soll seine Gedanken zum Ganzen erheben, und zugleich seine Persönlichkeit festhalten; — von hier aus ergiebt sich die Thorheit einer gänzlichen Vereinzelung. Nur durch das gesellige Leben füllt sich jene scheinbare Lücke, und läßt sich der scheinbar entgegengesetzte Zweck erreichen.

Oder wir betrachten die Sache von der natürlichen Seite. Da kann kein einzelner Mann, kein einzelnes Weib einen Menschen erzeugen, oder gebähren; erst aus zweien entsteht das dritte; die Familie ist natürlich und nothwendig gegeben, — mit ihr die Geselligkeit.

Ferner sind Mann und Weib, Aeltern und Kinder nicht in Haß, sondern in Liebe zusammengekommen; das Grundverhältniß aller geselligen Verbindungen ist mithin ein freundliches, kein kriegerisches. Endlich: der Mensch ist vernünftig, also keineswegs unbedingt feindlich gegen seines Gleichen; er genügt sich niemals allein, also ist er gesellig. — Was ihr wollt daß euch die Leute thun sollen, das thut ihnen auch; — dies Gesetz fühlt man schon im rohesten Zustande, wenn es auch nicht immer befolgt wird. Mit Unrecht setzt Hobbes[2]) den steten Krieg Aller gegen Alle als einen nothwendigen und natürlichen Zustand voraus; — wo der Sohn nicht einmal wisse Aelternmord sey Unrecht. — Montesquieu[3]) dagegen meint: aus dem Gefühle der Gleichheit, ja der Unterordnung (Inferiorität) gehe der Friede,

---

1) Prima causa coeundi est non tam imbecillitas, quam naturalis quaedam hominum congregatio; non est enim singulare nec solivagum genus. Cicero de republ., I, 25.

2) De Cive, I, 10.

3) Esprit des lois, I, 2. 3.

als frühester natürlicher Zustand hervor: erst in der Geselligkeit verliere sich die Gleichheit, sowie das Gefühl der Schwäche, und der Krieg breche hervor.

Man giebt zu, die Geselligkeit des Menschen sey das Natürliche und Gewöhnliche, fragt aber weiter: soll sich der Mensch nicht vereinzeln (in die Einsamkeit begeben) um höhere, ungewöhnliche Zwecke zu erreichen? — Das Ausschließen aus der bürgerlichen Gesellschaft gründet sich entweder auf ganz äußere Ursachen, oder auf das schon angedeutete falsche Streben die Gränzen der Menschheit zu überfliegen, oder auf eine ursprüngliche, ehrenwerthe Persönlichkeit. Die letzte, welche in Verbindung steht, entweder mit der Unfähigkeit sich in dem zurecht zu finden was man wohl die Welt nennt, oder mit dem Ueberdrusse, welchen bittere Lebenserfahrungen erzeugen, kann nur selten einem Beschlusse zum Grunde liegen beim Umgange mit Menschen zu entsagen: — die seltene Ausnahme kann verständigerweise nicht als allgemeines Vorbild, nicht als höchster Zweck bezeichnet werden. Auch ist es eine beschränkte Mißdeutung des Christenthums, als sey das Daseyn der Menschen auf Erden werthlos und unwürdig im Vergleich mit einem künftigen Leben, dessen Inhalt nicht bestimmt vorgezeigt, sondern meist nur schwebelnd und nebelnd angedeutet wird. Durch Untüchtigkeit und Unthätigkeit auf Erden kommt man dem Himmel nicht näher; sonst wären die indischen Büßer, welche statt zu denken und zu handeln, nur der Vernichtung nachstreben, die Musterbilder für alle Menschen. Ueberhaupt erweisen Personen welche sich in die Einsamkeit begeben, um so weniger die Ungeselligkeit der menschlichen Natur, als sie aus ihren früheren Verhältnissen meist Sicherheit, Unterhalt, Bildung, Erinnerungen, also die Hauptsachen in ihre abgesonderte Stellung mit hinüber nehmen.

Weiter gehend haben Manche gemeint, an ausgesetzten Kindern, oder wild in Wäldern erwachsenen Menschen, sey die eigentliche Natur aller Menschen zu erkennen. Könnte man nicht, in kühner Folgerichtigkeit, die Tollhäuser als Wahrzeichen und Probsteine des höchsten Menschlichen empfehlen?

Kaum vermag ein Thier in gänzlicher Einsamkeit seine Bestimmung zu erreichen, niemals aber ein Mensch: — und ein, seine Bestimmung verfehlendes Geschöpf ist ärger als ein Thier das sie erfüllt.

Wenn man (so lautet ein neuer Einwand) auch das Natürliche der Geselligkeit einräumt, so ist doch unläugbar daß aus ihr die Unsittlichkeit entsteht, durch sie erst möglich wird. — Diese Ansicht hängt zusammen mit einem ganz irrigen Schelten auf die Sinnlichkeit, welche (als gegebene Naturnothwendigkeit) keineswegs zu verwerfen, sondern nur durch Vernunft zu regeln ist. Im Allgemeinen aber stelle ich das gerade Gegentheil jener Lehre auf und behaupte: außerhalb aller Geselligkeit ist keine Sittlichkeit möglich; wenigstens fällt das Hauptstück von den Pflichten gegen den Nächsten hinweg. Hiemit, und dem Verkennen und Verfehlen seiner Bestimmung, steht aber auch eine Verletzung der Pflichten gegen Gott und gegen sich selbst in untrennlicher Verbindung.

Ist denn (rufen Sie mir zu) die Ungleichheit, diese Quelle aller Uebel, nicht erst durch die Gesellschaft herbeigeführt worden? — Hiemit berühren Sie allerdings eine der schwierigsten Fragen, nämlich: welche Ungleichheit nothwendig und unaustilgbar, und welche willkürlich und verderblich sey? Hierüber kann an dieser Stelle nichts im voraus mit Klarheit erörtert, sondern nur Folgendes bemerkt werden. Es giebt weder natürlich, noch sittlich, noch geistig, eine vollkommene unbedingte Gleichheit der Menschen, auch kann man sie in keiner Weise einführen und durchsetzen. Künstlich und gewaltsam übertrieben, würde sie Mannigfaltigkeit, Fortschritte, Bildung, Gliederung vernichten und die Menschen zu gleichartigen Viehheerden hinabdrücken, wo alle (wie Schafe) ununterscheidbar sind: — und umgekehrt stürzt übertriebene Ungleichheit in gleichtraurige Zustände, in Sklaverei nicht bloß der Sklaven, sondern (wie die römische Kaiserzeit erweist) auch der Herrschenden.

Hobbes behauptet: die ursprüngliche Gleichheit lasse sich doch in einem Hauptpunkte nicht läugnen, daß nämlich der Dümmste und Schwächste den Klügsten und Stärksten umbringen könne. Diese Art der Gleichheit, diese Möglichkeit kann allerdings durch keine bürgerlichen Einrichtungen verhindert werden; ist es denn aber nicht ganz irrig (mit Zurücksetzung aller anderen Verhält=

nisse und Eigenschaften), in der Möglichkeit jenes Frevels, den Inbegriff aller Gleichheit und die Widerlegung aller Verschiedenheit zu sehen? — Hobbes Ansicht verträgt sich überdies nicht mit seiner gleichzeitigen Behauptung: daß allein Herrschsucht die Menschen zu einander treibe. Denn diese Herrschsucht konnte doch weder entstehen, noch befriedigt werden, ohne ein inneres Gefühl der Ungleichheit und ohne die Wirklichkeit dieser Ungleichheit.[1]) Sie führt die Schwachen zu den Starken, die Starken zu den Schwachen, offenbar zu beiderseitigem Nutzen. Freilich soll Stärke und Schwäche nicht bloß nach physischen Kräften und geistiger Willkür abgemessen werden. Welche privatrechtlichen und staatsrechtlichen Einrichtungen zu höheren Zielen führen, läßt sich jedoch erst später untersuchen; hier genüge die Andeutung, daß die gewöhnliche Lehre von der Gleichheit vor dem Gesetze die obwaltenden Schwierigkeiten keineswegs genügend beseitigt.

Wenn nun aber auch (so spricht man ferner) bereits ursprünglich Ungleichheiten statt fanden, so wurden diese doch heilsam dadurch ausgeglichen, daß vor den beschränkenden bürgerlichen Einrichtungen jeder Einzelne ein Recht auf Alles hatte, und das Eigenthum nicht überall hemmend dazwischentrat. Obgleich diese, seit den Ecclesiazusen des Aristofanes, durch Wiedertäufer, Jacobiner und Socialisten mannigfach ausgesprochene und näher entwickelte Ansicht durch die gesammte Geschichte hinreichend widerlegt wird, will ich doch zu vorläufiger Berichtigung noch Einiges hinzufügen. — Der ungesellige, eigenthumslose Zustand welcher hiebei vorausgesetzt wird, ist niemals vorhanden gewesen, und wenn erweislich die Einzelnen (ihre Kräfte, Ansprüche, Bedürfnisse, Sitten u. s. w.) immerdar ungleich waren, so mußte auch die wirkliche Besitznahme (als der Quotient aus allen diesen Faktoren) immerdar ungleich seyn. Mit dem Daseyn des Menschen ist auch schon Eigenthum gegeben (so zunächst dessen, was jeder ißt und trinkt), und Aeltern, Geschwister, Dorf- und Stammgenossen beschränkten von jeher das Anrecht auf die Besitznahme der erwünschten Gegenstände. Ja das

---

1) Cooks dritte Reise, I, 86.

Vorhandenseyn unzähliger ganz herrnloser Sachen reicht keineswegs hin zur wirklichen Besitznahme, und das angebliche unbeschränkte Anrecht reicht nirgends aus, sobald die geringe eigene, oder die stärkere fremde Kraft verhindert es geltend zu machen. Ja wo die meisten herrnlosen Dinge vorhanden sind, wird am wenigsten und gewiß weniger in Besitz genommen, gebraucht, genossen, als in höher gebildeten Staaten. Das Eigenthum ist die Grundlage aller geselligen Verhältnisse und die unerläßliche Bedingung aller Bildung und aller Fortschritte. Es ist keineswegs der Grund jedes Zwistes, vielmehr können und sollen feste Gesetze darüber eintretendem Zwiste vorbeugen und ihn beseitigen. Sonst könnte man, weiter gehend, behaupten: das Daseyn der Menschen sey der Grund aller unter ihnen obwaltenden Streitigkeiten.

Dritter Brief.

Berlin, 19. April 1850.

Sie klagen, daß der Inhalt meines letzten Briefes nur verneine und gleichsam eine leere Tafel zeige, auf welche man ungewiß was schreiben solle. Wäre denn aber nicht sehr viel gewonnen, wenn wir Irthümer und Hindernisse beseitigt und die Möglichkeit herbeigeführt hätten, ein festes Gebäude auf sicherem Grunde zu errichten? Auch ist die Lehre daß der Mensch gesellig, durch Gemeinschaft nicht unsittlich, und das Eigenthum die Bedingung aller Bildung und Fortschritte sey, in der That sehr bejahend, positiv und von entscheidender Wichtigkeit.

Sie bemerken ferner, daß ich gar nicht vom Naturstande spreche, und beschreiben ihn mit dichterischer Begeisterung so reizend und glückselig daß man sich nach diesem Paradiese zurücksehnen müßte. Worauf beruht denn aber jene Darstellung? Sie beruht auf Ihrer reichen Fantasie welche die Nachrichten einiger europamüden Reisenden glänzend erweitert und ausmalt, auf geschichtliche Wahrheit und entgegengesetzte Berichte aber wenig oder gar keine Rücksicht nimmt. Sonst hätte schon die Kunde von der heillosen Carreoygesellschaft jenes Lob sehr ermäßigen müssen. Von Herodot, Diodor und Arrian bis auf die neuesten Beobachter finden sich unzählige Beispiele über die beklagenswerthen Verhältnisse aller rohen Stämme. So bemerkt z. B. Krusenstern [1]): „wie oft klagt man über die Leiden der Zeit in gebildeten Ländern, und wie gering sind diese, sind die Entbehrungen im Vergleiche mit den steten ununterbrochenen Entbehrungen in unangebauten Ländern. Wie viel besser lebt der ärmste Mensch in Europa, als der russische Befehlshaber in Kamtschatka." — Lassen wir also jene Stämme zur Seite, suchen und empfangen wir vielmehr Belehrung von den gebildeten Völkern.

Damit es aber nicht den Schein gewinne, als urtheilte ich anmaßend und von oben herab, so will ich zur Begründung meiner Behauptungen noch Einiges hinzufügen. Wenn Hobbes sagt: „wir müssen den Stand der Natur verlassen"; Rousseau [2]) hingegen: „kehren wir zur Natur zurück"; — so ergeben diese Gegensätze, wie wenig man die Grundbegriffe zur Klarheit erhoben hat. Wo der Eine Roheit und Unvollkommenheit sieht, erblickt der Andere Unschuld und Glück. Soll der Naturstand das Daseyn der bürgerlichen Gesellschaft ausschließen, so ist er ein bloß verneinender, leerer Begriff; — mindestens kein Begriff der inhaltsvoll bestimmte Verhältnisse bezeichnet. Ja, nach Maßgabe der Ansicht und Wendung ließe sich behaupten: alle Menschen waren und sind immerbar im Naturzustande; oder, kein Mensch ist jemals im Naturzustande. Es ist irrig bei dieser Lehre auf gar keine Verschiedenheit der Einzelnen und der Völker Rücksicht zu nehmen, und unbedingte Gleichheit der Rechte und Kräfte vorauszusetzen. Es ist eben so irrig wenn Andere in arger Roheit die eigentlichen Naturgesetze zu erkennen wähnen, und diese doch als sittliche würdigen. Mit Recht sagt Shaftesbury [3]): entweder muß man hundert verschiedene Naturzustände annehmen, oder wenn nur einen, dann nur den in welchem die Natur vollkommen und ausgebildet war.

---

1) Reise, II, 250.
2) Exeundum e statu naturae; — Retournons à la nature.
3) Characteristics, II, 325.

Der Naturstand kann nicht der seyn, wo der Mensch unzählige Kräfte und Fähigkeiten besitzt, ohne sie anzuwenden und auszubilden; sonst würde zuletzt auf diesem Wege Recht und Brauch der Menschenfresser als die würdigste Grundlage aller Gesetze und Entwickelungen erscheinen. Diese ganze Weltansicht entspringt aus der unverständigen Sehnsucht die geselligen Verhältnisse nicht zu verbessern, sondern ihnen ganz den Rücken zu kehren; sie beruht auf geringhaltigem Idealisiren aus bloßer Ermattung (welche der Ueberspannung zu folgen pflegt) und versetzt (die Gegenwart preis gebend) alle rechtlichen und sittlichen Zustände in Vergangenheit und Zukunft.

Gewiß giebt es einen ungeheuren Abstand, von den rohesten Anfängen geselliger Verbindungen bei wilden Völkern bis zu den vollkommensten Staaten: man soll sich die Mühe geben diese unendliche Mannigfaltigkeit der Entwickelungen zu erforschen, ohne sich voreilig in irgend ein abstrahirtes Ideal zu verlieben. Im Fall jemand zwischen Palme und Moos eine mittlere Normalpflanze ersönne und die Zerstörung aller anderen verlangte, würden wir den nicht wahnsinnig nennen, und wir sollten ein ähnliches Verfahren bei Menschen und Staaten billigen?

Wenn nun die Mannigfaltigkeit der geselligen Verbindungen natürlich und nothwendig, ihr Werth aber verschieden ist, woher bekommen wir eine sichere Regel für die einzuschlagende Richtung, ein untrügliches Maaß für die Abschätzung? — Bevor ich hierüber ins Einzelne eingehe, sei es erlaubt vorläufig eine Antwort im Lapidarstyl zu ertheilen. Richtung und Maaß findet sich in der Kraft, dem Rechte, der Sitte, der Religion; es ergiebt sich durch die dreifache Offenbarung der Natur, des Geistes und der heiligen Schrift. Nach dieser Hinweisung auf spätere, allgemeine Ergebnisse, ist es nothwendig jeden einzelnen Bestandtheil jener Antwort gleichsam allmächtig in den Vordergrund zu stellen, nächstdem aber sein Ungenügendes zu zeigen und eine tiefere Vermittelung und Versöhnung anzubahnen.

Jeder räumt ein daß ohne Kräfte physischer und geistiger Art, kein Daseyn, kein geselliges Leben denkbar sey; niemand fällt es ein jene kurzweg zu verdammen und zu beseitigen. Wohl aber hat es Staatsmänner und Herrscher gegeben, welche allein den Kräften vertrauten, allein auf Macht und Gewalt Staaten gründen wollten; es hat Philosophen gegeben, welche versuchten diese einseitige Lehre bis in die Höhe reiner Wissenschaft zu erheben. Mit Unrecht: schon deshalb weil Kraft ohne Gegenwirkung (Centrifugalkraft ohne Centripetalkraft, oder umgekehrt) Alles auf maßlose Weise (in der physischen, wie in der moralischen Welt) zerstreut, oder erdrückt. Auch haben selbst die kühnsten Vertheidiger dieser Lehre nicht gewagt den Begriff der Kraft als durchaus gleichbedeutend mit dem des Rechts hinzustellen; und die Erfahrung hat schon öfter gezeigt daß bloße, vereinzelte Macht, wenn sie von einem höhern Talismane berührt wird, in sich ohnmächtig zusammensinkt.

Aus einem Ueberschätzen der Kraft folgt mittelbar stets das Ungeschick, die Mannigfaltigkeit der Bildungen und Formen zu begreifen; denn nur E i n e s hat da noch Werth, alle Richtungen und Bestrebungen sollen in E i n e r als der höchsten aufgehen, alle Bestimmungen sich E i n e r unterordnen. Daher ist z. B. das Streben nach Obergewalt, nach kräftiger Uebermacht, selbst von Wohlgesinnten[1]), in unseren Tagen als der höchste Staatszweck aufgestellt worden. Dies ist unnatürlich und verkehrt, zunächst weil man alsdann über viele der edelsten Staaten (Athen, Florenz, Venedig) verachtend den Stab brechen müßte; weil vielen ein ganz unerreichbares Ziel vorgesteckt würde; weil als letztes Ziel die unbedingte Herrschaft eines Mächtigen, eine Universalmonarchie übrig bleibt, mit Zerstörung alles Lebens und aller erfreulichen Eigenthümlichkeit. Angenommen aber das Ziel sey erreicht, so ist hiemit auch die Auflösung, die innere Zerwürfniß (wie bei Römern und Arabern) unausweichbar herbeigeführt; es kann kein Uebermaß der Gewalt, die Gewalt homöopathisch reinigen und verklären. Mit jedem Tage tritt die Einseitigkeit, die Sünde immer klarer hervor, der Mangel alles Höheren straft sich schnell und furchtbar.

Deshalb muß das Recht heiligend hinzutreten. Eine jede ungerechte Politik straft sich über kurz oder lang, allemal; oder vielmehr das Ungerechte ist für sich schon Unglück und Strafe,

---

1) So von Luden.

ohne daß man auf einzelne Ereignisse zu warten und daraus
erst das Daseyn des von Anfang an unläugbaren Frevels ab=
zuleiten und zu beweisen braucht. Der in neueren Zeiten, z. B.
von Mirabeau, hervorgehobene Gegensatz einer großen und klei=
nen Moral, verschwindet sobald man das Verhältniß des Staats=
und Privatrechtes richtig auffaßt und feststellt; es wäre aber
unpassend an dieser Stelle näher darauf einzugehen. Eben so
mag hier die Andeutung genügen: daß Sitte und Recht nicht
immer zusammenfallen, sondern das Eine dem Andern zuvoreilen,
oder hinter ihm zurückbleiben kann.

So irrig es erschien nur an Machtvergrößerung ohne Rechts=
begründung zu denken, so irrig ist es lediglich dem Buchstaben
des Rechts zu vertrauen und alle Entwickelung der Kräfte zu
vernachlässigen. Angenommen aber, Kraft, Recht, Sitte wären
gleichmäßig berücksichtigt und in schönster Harmonie und Wechsel=
wirkung; so tritt dennoch (wie die gesammte Geschichte erweiset)
die Mangelhaftigkeit und Hinfälligkeit alles Menschlichen nur zu
oft augenscheinlich hervor, das Böse siegt ob und der Verstand
kann den errettenden Faden nicht finden. Alsdann wenden sich
die Zornigen zum Bösen, Gemüthliche zum Klagen, Ernstere zu
stoischer Ergebung; — Allen fehlt die höhere Hülfe.

Ohne Gott, Religion und Vorsehung, die über alle irdi=
schen Kräfte und Triebfedern hinausreichen, diesen erst Wahrheit
und Lebenskraft geben, kann der Einzelne kein würdiges und
glückliches Daseyn haben. Wer jenen Rettungsanker hochmüthig,
oder leichtsinnig verschmäht, treibt dem Zufall überlassen auf dem
Lebensmeere umher. Die feige Resignation, welche die Hände in
den Schooß legt, und die stolze Anmaßung welche Alles mit
Händen und irdischen Mitteln zu Stande bringen will, sind gleich
verwerflich. Alles menschliche Thun fällt haltungslos auseinan=
der, sobald die Religion nicht heiligend und verklärend hinzutritt.
Kraft ohne Recht, Recht ohne Kraft, Religion ohne Wirksamkeit
und Rückwirkung auf Erden, sind und bleiben mangelhaft. Allen-
ächten gesunden Verhältnissen der Menschen liegt jene Dreieinheit
zum Grunde; wir werden immerdar auf sie zurückkommen müssen
und für sie Bestätigungen der mannigfachsten Art finden.

Vierter Brief.

Berlin, 20. April 1850.

Sie bemerken mit Recht daß ich, um dem bloß Verneinenden etwas Bejahendes, Inhaltreiches entgegenzustellen, sehr rasch fortschritt und mich bis zu einer Art von Dreieinigkeitslehre erhob. Ich will heute einen bedächtigeren Weg einschlagen und von allerhand bescheidenen Abhängigkeitsverhältnissen der Menschen sprechen.

Zuvörderst hat die Weltstellung der Erde einen wesentlichen Einfluß auf ihre Bewohner. Dauerte ein Tag vierzehn Tage, wäre die Entfernung von der Sonne größer oder geringer, der Boden härter oder weicher, Wasser vorhanden oder nicht vorhanden, — wir müßten ganz andere Geschöpfe seyn.

Wie abhängig auf Erden ein Volk, von Bergen, Thälern, Fluß- und Meeresverbindungen, Klima u. s. w. sey, hat insbesondere Montesquieu mit Nachdruck hervorgehoben; — indessen geht diese Abhängigkeit doch nicht so weit daß der Geist des Menschen sich nicht bis auf einen gewissen Punkt über nachtheilige Naturverhältnisse erheben, — oder umgekehrt günstige vernachlässigen könnte. Die herrlichsten Länder haben oft die ungebildetsten Bewohner und Griechenland sank, trotz aller fortdauernden Begünstigungen der Natur, seit 2000 Jahren von seiner früheren Höhe herab; während sich aus dem Sande und den Kienbäumen der Mark Brandenburg unerwartet ein mächtiger Staat erhob. Fichtes Plan, jedem Staate in jedem Klima Land zuzuweisen um alle Dinge selbst zu erzeugen, war eine ganz unpraktische, natürlichen Austausch und Handel verschmähende Grille.

Nicht minder wichtig als das Verhältniß der Menschen zu den Pflanzen ist das zu den Thieren, und zwar tritt dasselbe in einer ganz entgegengesetzten Weise hervor. Zu den wilden Thieren steht der Mensch in einem feindlichen, zu den gezähmten in einem engeren und freundlicheren Verhältnisse; endlich kann das Thier Gegenstand der Verehrung seyn. Ich will nicht wiederhohlen was ich in meinen Vorlesungen über die alte Geschichte

(I, 145) hinsichtlich des ägyptischen Thierdienstes bemerkt habe. Wahrscheinlich stand er in Verbindung mit der Lehre von der Seelenwanderung, und der Achtung vor dem nicht fehlenden Instinkte der Thiere. Im Allgemeinen bleibt der Thierdienst hinter dem Sonnendienste zurück, so wie der ganz gedankenlose Fetischismus mancher wilden Völker nicht einmal jenem ersten gleich zu stellen ist. — In Baktrien wurden auf öffentliche Kosten Hunde gehalten, welche das Ehrenamt hatten die Leichen zu fressen; — denn man hielt dies für die beste Art des Begräbnisses. Die Pithekussen (südlich von Karthago) verehrten die Affen und ließen ihnen in ihren Häusern freien Willen, weshalb man sprichwörtlich von einem Uebermüthigen sagte: er hat Affenblut getrunken. Auf Kreta soll man die Schweine verehrt haben, im Angedenken daß eine Sau den Jupiter säugte [1]).

In Japan wurden, zu Kämpfers [2]) Zeit (wahrscheinlich um eines, mit der Person des Kaisers im Zusammenhang stehenden Grundes willen) die Hunde verehrt. Niemand durfte sie mißhandeln, oder tödten; die Bürger mußten sie ernähren, wenn einer starb ihn hinwegtragen und wie einen Menschen beerdigen. Jemandem, der sich über das Hundetragen beschwerte, erwiederte ein zweiter: Danke dem Himmel daß des Kaisers Verehrung nicht auf die Pferde gefallen ist, sonst hätten wir noch mehr zu schleppen.

Als eine ins volle Gegentheil verkehrte Thierverehrung zeigt sich im Mittelalter die auferlegte Strafe des Hundetragens und die bis auf die neuere Zeit fortdauernde Zurücksetzung Derer, welche sich zum allgemeinen Besten mit todten Thieren beschäftigen.

Die Zähmung der Thiere hat den größten Einfluß auf den Menschen, und auch die Rückwirkung auf jene ist nicht unbedeutend. Gezähmt sind mehre vierfüßige Thiere, einige Vögel und etwa ein Insekt, die Biene. Die erste Stufe des Gebrauchs der Thiere ist der Verbrauch, das Verzehren. Am wenigsten

---

1) Strabo, XI, 517; Cicero Tusc. quaest., I, 45; Diodor., XX, 58; Athen., IX, 376.
2) Kämpfer, I, 142.

dienen Insekten zur Nahrung, doch essen wilde Völker auch Ungeziefer.¹) Religiöse Satzungen erklärten lange Zeit Fische für eine heiligere Nahrung als das Fleisch vierfüßiger Thiere; dennoch haben diese für den Menschen den ersten Rang, weil er sie nicht bloß verbraucht, sondern ihre Kräfte zu friedlichen, wie zu kriegerischen Zwecken gebraucht. Welch ein Abstand, von der Tödtung eines Thieres um es zu essen, bis zum Gebrauche der Elephanten in der Feldschlacht.

Es läßt sich theoretisch streiten, ob man Zwangs- oder Liebespflichten gegen die Thiere habe; praktisch weiß jeder daß er sie nicht quälen, sondern schon um seinetwillen, man möchte sagen menschlich behandeln soll. Noch beherrschen Pflanzen und Thiere fast den größeren Theil des Erdbodens; hier ist auf friedlichem Wege noch viel zu erobern übrig.

In engem Zusammenhange mit dem Verhältnisse der Menschen zu den Thieren stehen die verschiedenen Lebensarten; insbesondere da wo diese gleichzeitig von ganzen Stämmen und Völkern ergriffen und geübt werden. Die Jägerstämme gebrauchen die größte Fläche, beim geringsten Nahrungsertrage; sie sind, trotz ihrer nothwendig geringen Zahl am häufigsten der Hungersnoth ausgesetzt. Selbst die Familienbande sind (schon der steten Abwesenheit halber) sehr lose, und ihre Bildung und Entwickelung bezieht sich fast nur auf den Leib und die Sinne. Fischerstämme stehen den Jägerstämmen nahe in Hinsicht auf Dürftigkeit und Zahl; jene werden leicht zur Seeräuberei verleitet, diese in Krieg verwickelt.

Hirtenvölker erwerben (nach wichtiger Zähmung der Thiere) auf geringerer Fläche mehr Nahrung als Jägerstämme, und in gleichem Verhältnisse steigt ihre Zahl und ihre Geselligkeit. Nicht bloß einzelne Familien, sondern ganze Stämme bleiben beisammen und die geistige Bildung wächst. Manche Theile des Erdbodens scheinen von Natur für das Hirtenleben bestimmt zu seyn.

Erst mit dem Ackerbau und fester Ansiedelung ist es mög-

---

1) Azara, 174, von Südamerikanern, Cooks dritte Reise, I, 106, von Neuseeländern.

lich einen solchen Ueberschuß von Lebensmitteln zu erzeugen, daß die Menschen verschiedenartige Beschäftigungen und Gewerbe ergreifen können, ohne in die Gefahr einer Hungersnoth zu gerathen. Aus Ansieblung und Ackerbau entsteht Handel, Wissenschaft, Kunst und geselliges Leben in höherer Beziehung. Die Wahl der Lebensart ist aber frei, oder unfrei. Frei wo Kraft, Geschicklichkeit, Neigung, Besitz nach persönlichen Verhältnissen entscheiden, und äußere Verhältnisse anderer Art zwar regelnd, aber nicht zwingend dazwischentreten. Unfrei dagegen wo Sklaverei und Leibeigenschaft vorherrschen, oder die Geburt unbedingt Stand, Lebensart und Beruf bestimmt.

Ich will an dieser Stelle den Werth oder Unwerth dieser Richtungen, Formen und Gesetze noch nicht prüfen, doch sey es erlaubt eine einzelne Bemerkung hinzuzufügen. Bei Jäger- und Hirtenstämmen können und wollen Alle nur eine und dieselbe Beschäftigung üben; in gebildeten Staaten hingegen kommen nicht selten Einzelne auf den Gedanken, zu gleicher Zeit viele Beschäftigungen und Berufsarten zu ergreifen, während hiedurch eine höhere Stufe und Universalität zu erreichen. Die Erfahrung zeigt daß diese scheinbare Universalität fast immer zur Oberflächlichkeit führt; für diejenigen aber welche auf derlei Erfahrungen nicht viel Gewicht legen, mögen drei Zeugnisse unverwerflicher Sachverständigen hier Platz finden. Platon [1] sagt: zwei Berufsarten, oder Künste, genau zu durchforschen, ist kaum irgend eine menschliche Natur fähig. — Deshalb setzte der hochbegabte Mann seine dichterische Richtung zur Seite und beharrte bei der Philosophie. — Cicero [2] räth: in derjenigen Kunst die jemand versteht, möge er sich (fortdauernd) üben; denn es ist am schmachvollsten in dem Berufe zu fehlen, zu dem man sich bekennt. Sully [3] lehrt: On ne sçaurait établir de meilleurs ordres et reglemens en un état, que d'enjoindre à chacun de se mêler seulement de sa vacation, profession et métier,

---

1) De legibus VIII, 846 Steph.
2) Tuscul. I, 18; II, 4.
3) Sully III, c. 7.

et de s'étudier continuellement à se rendre bien expert en iceux.

Erwähnen will ich hier sogleich den, jedoch erst unter gebildeten Völkern hervortretenden Gegensatz eines theoretisch beschaulichen und praktisch thätigen Lebens. Allerdings fällt das Uebergewicht in der Regel auf die eine, oder die andere Seite. Aber Gegensatz und Trennung ist nicht unbedingt und vollkommen; denn im Erreichen eines solchen Zieles läge nicht die höchste Vollkommenheit, sondern nur die höchste Einseitigkeit. Der Mensch soll besonnen nach innen blicken, und wiederum von innen heraus gestalten; er soll den Reichthum aller Umgebungen erforschen, und dadurch den eigenen vermehren. Mit Recht warnt Cicero [1]) gegen jene, bisweilen überschätzte Einseitigkeit, indem er sagt: die Schärfe eines sich nur selbst betrachtenden Geistes stumpft sich ab.

Mit dem Gesagten steht auch ein Wort Goethes [2]) in Verbindung: „Der Mensch mag seine höhere Bestimmung auf Erden oder im Himmel, in der Gegenwart oder in der Zukunft suchen; so bleibt er deshalb doch innerlich einem ewigen Schwanken, von außen einer immer störenden Einwirkung ausgesetzt, bis er ein für allemal den Entschluß faßt zu erklären: das Rechte sey das was ihm gemäß ist." — Wie dies Festhalten an der Persönlichkeit mit allgemeinen Regeln und Gesetzen zu verständigen und zu versöhnen sey, muß anderwärts erörtert werden.

Fünfter Brief.

Berlin, 22. April 1850.

Man kann (wie schon Platon und Aristoteles lehrten) bei Entwickelung der Lehren von den geselligen Verhältnissen, mit dem Staate (als dem alles in sich Begreifenden) beginnen, und

---

1) Tuscul., II, 4.
2) Leben, III, 37.

dann zu jedem Einzelnen hinabsteigen und ihm seine Stelle an=
weisen. Man kann aber auch das umgekehrte Verfahren ein=
schlagen, das Einfachste zuerst ins Auge fassen und dann zum
Größeren und Zusammengesetzten übergehen. Es genügt darauf
aufmerksam zu machen, daß Eines nothwendig zum Anderen ge=
höre, sich gegenseitig bedinge, ergänze und belebe. Für meine
Zwecke scheint es mir gerathener (nach geschehener Feststellung
mancher allgemeinen Lehren und Grundsätze) zunächst von der
Ehe und der Familie zu handeln; woran sich Betrachtungen
über Sklaverei, Gesinde und abhängige Leute aller Art natür=
lich anreihen. Von da bietet sich der Uebergang zur Lehre von
den Gemeinen, welche lebendige Glieder des großen Ganzen, des
Staates bilden.

Unzählige Zwecke kann der Mann ohne die Frau, die Frau
ohne den Mann erreichen, nur nicht den, das menschliche Ge=
schlecht fortzupflanzen: die Grundlage ihrer Vereinigung liegt
also in der Trennung der Geschlechter. Das Kinderzeugen ist
aber nicht alleiniger Zweck der Ehe; sonst wäre jede kinderlose Ehe
eben dadurch nichtig, sonst müßte das Kinderzeugen außer der Ehe
unmöglich seyn. Die Ehe hat keinen einzelnen lediglich materiellen
Zweck, sondern begründet eine viel umfassendere Einigung. Weder
die geistige, noch die leibliche Seite erschöpft ganz ihren Begriff.
Sie ist kein willkürliches, künstliches, sondern durch die Natur
des Menschen gegebenes nothwendiges Verhältniß. Unsere bür=
gerlichen Neigungen müssen bei der Familie anfangen; von hier
aus erweitern sich die Kreise zu unseren Mitbürgern, Lands=
leuten u. s. w.

Wir finden drei große Formen der Ehe: ein Mann und
eine Frau, Monogamie; ein Mann und viele Frauen, Poly=
gamie; eine Frau und viele Männer, Polyandrie. Die letzte
Form ist die verwerflichste und unnatürlichste. Entweder herrscht
das Weib, oder die Vielherrschaft der Männer löset alle Bande
der Familie; auf jeden Fall ist für die Kinder am schlechtesten
gesorgt.

Zur Rechtfertigung der Vielweiberei wird mit Grund an=
geführt, daß eine Frau physisch einem Manne nicht genüge und
z. B. für die Zeit der Schwängerschaft und des Stillens jenes

2*

Verhältniß gelöset sey. Allein eine bloß physische Betrachtung erschöpft den Gegenstand nicht, und in der gleichen Zahl der beiden Geschlechter liegt schon die Widerlegung der Vielweiberei. Sie wird ein ungebührliches Vorrecht der Reichen, die Aermeren gehen leer aus, und die Bevölkerung mindert sich statt sich zu mehren. Ferner entsteht aus der Vielweiberei die Sklaverei der Frauen: sie verwandeln sich in Besitzthümer, ihre Bildung wird vernachlässigt, ihre Rückwirkung auf die Männer verschwindet, das Verhältniß der Kinder von verschiedenen Müttern ist ungleich und gefährlich, der Hausvater wird zum Haustyrannen, und dies Verhältniß überträgt sich auf die Verfassung aller Staaten wo Polygamie herrscht.

Die Monogamie hingegen bildet ein harmonisches, wohl abgewogenes Familienverhältniß, auf welches allein eine tüchtige Staatsverbindung kann gegründet werden. Nur hier ist Freiheit und Gleichheit der Rechte so möglich, wie die Natur es verlangt; der physische Zweck ist mit dem geistigen, mit ächter Liebe und Gemeinschaft in Uebereinstimmung gebracht und für die Kinder wohl gesorgt. Die gesammte Geschichte bezeugt die höhere Vollendung der Völker, welche Monogamen waren.

Im Widerspruche mit dem Gesagten fordert Platon die Gemeinschaft der Weiber und Kinder für den auserwählten Theil seines Volkes, für die Hüter, den Kriegsadel (φύλακες). Nur auf diesem Wege werde der Besitz des, durch die Seele unbedingt zu beherrschenden Körpers unbedeutend und der Geist frei von der darauf gegründeten Sklaverei. Mit jener Gemeinschaft nehme ferner alle eigenliebige vereinzelte Liebe und jede daran sich knüpfende böse Leidenschaft ein Ende, und Alle würden in Allen liebevoll nur Männer, Frauen, Brüder, Schwestern, Aeltern und Kinder sehen.

Schon Aristoteles hat hiegegen eingewandt:
1) Wenn Allen, als Inbegriff die Gemeinschaft zusteht, so hat keiner etwas Besonderes; und von einer solchen unbedingten Einheit kann man nicht sagen daß sie Gemeinschaft sey. Hat aber jeder (offen, oder insgeheim) noch etwas Eigenes, so fällt die bezweckte Gemeinschaft ebenfalls dahin.

2) Sobald niemand weiß, ob er unter der Masse noch

etwas ursprünglich Eigenes, z. B. ein Kind habe, so tritt nicht allgemeine Sorgfalt, sondern allgemeine Vernachlässigung ein. Auch kann jene Gemeinschaft unwissend zu Blutschande, Aeltern- und Verwandtenmord führen.

3) Soll die Gemeinschaft nur unter den Hütern statt finden, so fragt man vergeblich nach einer natürlichen Scheidungslinie zwischen ihnen und dem übrigen Volke; für welches freilich im Ganzen jene Einrichtung durchaus unausführbar ist.

Zu diesen Bemerkungen füge ich erläuternd noch Folgendes hinzu: den Kreis der Neigungen, die Kräfte des Umfassens in Liebe und Thätigkeit, darf man nicht Allen und für Alle gleich stecken, ohne daß weniger als das Natürliche erreicht wird. Wäre aber jene Gleichheit und Gemeinschaft naturgemäß, so fehlt es an überwiegenden Gründen sie auf eine streng geschiedene Klasse von Menschen zu beschränken; oder, müßte eine Stufenfolge statt finden, so verlange ich sie schärfer, bestimmter angegeben und nach= gewiesen. Das bloß Leibliche soll weder herrschen, noch als völlig gleichgültig und verwerflich behandelt werden. Hebt man die unläugbare Persönlichkeit der Menschen auf, so verliert sich das Leben in einem leeren Allgemeinen, und besonders fällt als= dann jede freie Liebe und Hingebung zu Boden. Die natür= lichen Verhältnisse zwischen Mann und Weib, Vater und Kind sind ja nicht hemmend, sondern fördernd; wohl aber ist der Sprung in allgemeine Liebe und Einigung ein salto mortale. Um des Staates willen setzt Platon das Persönliche zu sehr zurück, und wenn er das Verhältniß der Weiber auf jenem Wege zu bessern meinte, so irrte er nicht minder. Staat und Familie sollen nie gleichgestellt, oder ineinander aufgelöset werden. Beide Auswege sind gleich unbrauchbar: das Geschlechtsleben ohne Ehen, und das Behandeln derselben als eine allgemeine Staats= anstalt, woran sich der thörichte Gedanke von allgemeinen Er= ziehungshäusern, mit Vertilgung der häuslichen Erziehung an= schließt.

Die Untersuchung: ob und wie der Mann nach dem so= genannten Naturrecht die Herrschaft über die Frau habe, ist ziemlich unfruchtbar. In Wahrheit regiert allemal der, welcher zu regieren versteht. Wer (sagte deshalb schon Varro)[1]) die Fehler der Frau austilgt, bessert sie; wer sie erträgt, bessert sich. Damit aber unter zwei Personen die beiderseitigen Ansprüche nicht jedesmal durch offene Fehde entschieden werden, tritt das Gesetz als das dritte hinzu und giebt den Ausschlag für den Mann. Er steht (sagt Aristoteles)[2]), nur über der Frau durch sein obrigkeitliches Amt und Verhältniß.

Je roher die Völker sind, desto tyrannischer werden in der Regel die Frauen behandelt; je verweichlichter die Männer, desto mehr herrschen die Frauen. Doch giebt es auch Fälle, wo das schwächere Weib den rohen Mann beherrscht, und wo das ausgeartete Weib des verweichlichten ausschweifenden Mannes Sklavinn ist.

Die wenigen Beispiele, wo angeblich die Weiber im Allgemeinen über die Männer herrschen, können die Natürlichkeit der entgegenstehenden, durch ausdrückliche Gesetze bestätigten Regel nicht umstoßen. Eben solch eine Seltenheit ist es, daß in Lycien und Kappadocien der Adel durch die Mutter vererbte und in der Champagne die edele Jungfrau welche einen Uneblen heirathete, ihm den Adel zubrachte[3]).

Fichte sagt: für die Fortpflanzung zeigt sich nur das männliche Geschlecht thätig, das andere verhält sich lediglich leidend. — Hieraus würde sich viel Nachtheiliges für die Frauen ableiten lassen; allein der Satz ist schon in physischer Beziehung unwahr, und noch weniger kann man aus der obenerwähnten Kraftlehre das Wesen der Ehe erschöpfend darthun. Weiberraub und Weiberkauf und Verkauf beruht auf diesem Boden bloßer Willkür.

Der nächste, unentbehrliche Schritt ist vielmehr dem Elemente der Naturkraft das rechtliche zuzugesellen. Hier erscheint die Ehe als ein Vertrag, welcher Begriff Wechselseitigkeit in sich schließt, und Willkür und Tyrannei ausschließt. Wiederum soll man sich in der Ehe nur als Glied, nicht als getrennte ganze Person betrachten; was schon darauf hinweiset daß der

---

1) Gellius, I, 17.
2) Aristot. Polit., I, 8.
3) Herodot., I, 173. Bodinus de republ., I, 3. 19.

gewöhnliche Begriff des Vertrages nicht ausreicht. Auch hat der Staat weder das Eingehen, noch das Lösen, noch die Bedingungen der Ehe, allein von dem Belieben der beiden einwilligenden Personen abhängig gemacht.

Neben dem Rechte wirkt die Sitte, und zwar nach Maßgabe ihres Grundes und Werthes, vortheilhaft oder nachtheilig. Recht und Sitte spricht bei den Muhamedanern für die Vielweiberei; ja es ist selbst bei den gebildetsten europäischen Völkern Manches zur Sitte geworden, was sich keineswegs vollständig rechtfertigen läßt. Zur Kraft gesellten sich Recht und Sitte; um aber ihr Verhältniß angemessen zu bestimmen, um sie zu beurtheilen und zu würdigen, muß das religiöse Element heiligend hinzutreten. Civilehe und kirchliche Trauung stehen keineswegs in einem feindlichen Widerspruche.

Die vielbesprochene Frage von den verbotenen Graden ist von allen diesen Standpunkten zu prüfen und zu entscheiden. Mit Unrecht haben Manche sie in neueren Zeiten ganz zur Seite lassen wollen. Denn abgesehen von dem Zweifel, ob die Vorschriften des alten Testaments hierüber noch verbindlich sind? — läßt sich dafür sagen: das Heirathen sehr naher Verwandten führt zu physischer Ausartung und Hinfälligkeit; es tritt zu dem natürlichen Widerwillen (horror naturalis) ein richtiges sittliches Gefühl; es würde das eigenthümliche heilsame Verhältniß zwischen Aeltern und Kindern, Brüdern und Schwestern dadurch zerstört, oder eins mit dem anderen auf verderbliche Weise zusammengeworfen.

Eine Ehe unter nahen Blutsverwandten vereinigt nicht das Getrennte durch freien Entschluß zu neuer Einheit; denn so weit die Vereinigung natürlich und nützlich erscheint, ist sie bereits gegeben. Gesetze welche ganzen Ständen das Heirathen verbieten, beruhen meist auf Gründen und Zwecken, die außerhalb unserer jetzigen Betrachtung liegen. Lassen sich aber Einzelne nur aus eigenliebiger Genußsucht vom Heirathen, von häuslichen Ausgaben und Verpflichtungen abhalten, legen sie in eine Wagschale Frau und Kinder, und in die andere Austern und Champagner, so ist dies Beweis sehr übler Richtungen und Zustände. Bestrafung der Ehelosigkeit wie sie Platon und der

Censor Metellus [1]) schon zur Zeit der Gracchen vorschlugen, Gesetze wie sie Spartaner und Kaiser Augustus dawider gaben und vollzogen, zeigen zwar das Daseyn der Uebel, waren aber nicht mächtig genug sie hinwegzuschaffen [2]). Jeden Falls ist es einseitig, verkehrt und unwahr wenn ein Schriftsteller (Ancillon) sagt: da die Frauen nur eine Bestimmung haben, Gattinnen und Mütter zu seyn, so werden aus ihnen, sobald sie diese Bestimmung nicht erreichen, verfehlte unnütze Geschöpfe, denen man immer Fehler des Geistes und Herzens beimißt und andichtet.

Kein Verhältniß ist persönlicher, inniger als die Ehe, deshalb soll bei Schließung derselben kein Zwang statt finden; doch ist der Einfluß der Aeltern natürlich, ihre Vorsorge in der Regel heilsam, den Blick erweiternd und berichtigend. Es genügt wenn bürgerliche Einrichtungen für den seltenen Fall offenbar unvernünftigen Zwanges, oder Widerspruchs, Auswege nachweisen.

Eine zu frühe Ehe ist verwerflich, wie Alles was vorzeitig zur Welt kommt. Sie erschwert die Fortbildung, vermindert den Reichthum der Erfahrungen des Mannes, und das Mädchen wird Mutter zu einer Zeit wo sie noch selbst der Erziehung bedarf. Ehe die eigenen Naturen so ausgebildet sind daß sich beurtheilen ließe ob sie zu einander passen, wird der Bund fürs ganze Leben geschlossen und nur zu oft folgen Ueberdruß, Unfriede und Leerheit. Erst der durchgebildete Mensch soll heirathen.

Eine zu späte Ehe erschwert hingegen das freundliche Ineinanderpassen verschiedenartiger, bereits versteinerter Naturen, macht die Aufopferung mancher Angewöhnungen lästiger, den Sinn für die Vereinigung stumpfer, das Erziehen der Kinder unsicherer u. s. w. Sowie eine Ehe lediglich geschlossen aus äußeren Gründen und ohne Zuneigung, der rechten Grundlage entbehrt; so muß man warnen nicht in leeren Zufälligkeiten, Wahlverwandtschaften, Verlieben in Nasen und Augen das Wesentliche zu sehen, nicht Vernunft und ächtes Gefühl bei Seite zu stellen, damit das bloß Willkürliche, durch falsche Poesie Auf-

---

1) Plato de legib., IV, 721; VI, 774. Livius, 68, 38.
2) Nec ideo conjugia et educationes liberum frequentabantur, praevalida orbitate. Tacit. Annal., III, 25.

gestutzte, sich allein geltend machen könne. Ehen hierauf gegründet sinken, wenn der falsche Schimmer rasch verschwindet, in desto dunklere Nacht.

Großer Abstand des Ranges und Reichthums verhindert in der Regel das Glück der Ehe; unbedingte Verbote des Heirathens, wie sie die indische Gesetzgebung zwischen verschiedenen Kasten, die römische zwischen Patriciern und Plebejern aussprach, sind dagegen nicht in der Natur der Dinge begründet, und zerbrechen sobald diese mächtiger wird. Die Verhältnisse gestalten sich am Besten ohne künstlichen Zwang solcher Art. Ueber Mitgift und Erbrecht der Mädchen entscheiden oft staatsrechtliche Rücksichten, — oder auch bloße Willkür der Männer! Immer werden sie da, wo man ihnen beides zuerkennt, als Personen betrachtet und nicht wie Sachen behandelt.

Wie die Ehe nicht durch bloße Willkür entsteht und so oder anders bedingt werden kann, reicht auch bloße Einwilligung nicht zur Auflösung hin. Locke gründet ihre Dauer fast nur auf Hülflosigkeit der Kinder und findet keinen zureichenden Grund dieselbe, nach Heranwachsen derselben schlechterdings fortdauern zu lassen. Abgesehen davon, daß er alle kinderlosen Ehen hiedurch übereilt für haltungslos erklärt; so wäre die Polygamie gerechtfertigt, sobald jemand mehre Frauen und Kinder versorgen könnte, und jede Ehe gelöset wenn Mutter und Kinder genügend abgefunden wären.

Ohne Zweifel erzeugt zu große Leichtigkeit die Ehen zu lösen, eine Frivolität welche ihren Zweck und die Kinderzucht ganz aufhebt. So erfolgten in Paris [1]), nach Erlassung eines sehr erleichternden Gesetzes, binnen 27 Monaten 5994 Scheidungen, von denen über die Hälfte von den Weibern verlangt wurden. Andererseits fördert eine übergroße Erschwerung der Scheidungen weder den äußerlichen Frieden, noch die innere, ächte Sittlichkeit. Gewiß ist eine sehr große Verschiedenheit der Ansichten, von der katholischen welche die Ehe wie ein Sakrament betrachtet, nur von Tisch und Bett scheidet und keine zweite Verheirathung erlaubt, bis zu der, wo die Ehe durch Ehebruch

---

1) Grégoire, Hist. des Sectes, I, 188.

so auseinanderfällt, daß der Mann wie beim Eingriffe in sachliches Besitzthum auf Schadenersatz und hohe Geldstrafe klagen kann. Gewiß wäre es irrig die Entscheidung über Abschließen, oder Trennen der Ehen, den Geistlichen ohne bestimmte gesetzliche Vorschriften zu überweisen. — Ueber die schrecklichen Folgen leichtsinniger Verheirathungen und sündigen Kinderzeugens habe ich mich in meinen Briefen [1]), gesellschaftliche Fragen der Gegenwart betreffend, bereits ausgesprochen.

Aus dem Leichtsinn des Schließens folgt fast unabweislich der Leichtsinn des Auflösens. Doch ist Montesquieus [2]) Bemerkung: die Möglichkeit der Scheibung mache die Ehegatten duldsamer und schiebe das Uebel weiter hinaus, eher witzig als wahr: — sowie es auch nur als Ironie anzusehen ist, wenn er sagt: „ein Gatte der seine Gattinn liebt, ist ein Mensch der nicht genug Verdienst hat sich von einer andern lieben zu lassen und sich seiner Vorrechte zum Nachtheile der ganzen Gesellschaft bedienen will." — Der Römer durfte die Ehebrecherinn tödten, sie hingegen den ehebrechenden Mann nicht mit einem Finger anrühren. Die Aegypter schnitten der Ehebrecherinn, um ihre Schönheit zu zerstören, die Nase ab und ließen ihrem Buhlen 1000 Stockprügel geben. In Athen ward die Ehebrecherinn für ehrlos erklärt und durfte keinen Tempel betreten. [3]) — Es liegt in der Natur der Geschlechter, der Familie, der Kindererziehung, daß die Ehebrecherinn härter beurtheilt und gestraft wird, als der Ehebrecher. Die nur zu häufige Verspottung des unwürdig Betrogenen erweiset eine durchaus tadelnswerthe Frivolität der Betrachtungsweise.

Die Liebe der Aeltern und Kinder beruht nicht bloß auf Aehnlichkeit der Naturen und Anerkenntniß wechselseitiger Vorzüge. Wer Vater, Mutter, Söhne, Töchter, Geschwister nur genau so viel liebt, als er nach kalter Berechnung sie liebenswürdig gefunden hat, ist herzlos und gemüthlos; ja zugleich dumm, sofern er bei diesem Maßstabe selbst einsam und ungeliebt

---

1) Vermischte Schriften I, 352.
2) Lettres persanes, 102, 43.
3) Gellius, X, 23. Diod., I, 78. Demosth. in Neacram.

bleiben müßte. Vielmehr bricht die Liebe gegen das kranke Kind, die schwach werdenden Aeltern, das leidende Vaterland mit ächter verdoppelter Kraft hervor, und zeigt ein tieferes, heiligeres Band, als das bloß sinnliche Verhältniß, oder der bloß berechnende Verstand, oder das einzeln im Vertrag hingestellte Rechtselement erzeugen und begründen können.

Auch die väterliche Gewalt wurzelt tiefer und wirkt heiliger, als wenn sie durch Vertrag erst entstanden wäre; doch darf der Begriff des Rechtes schon um deswillen nicht ganz fehlen, weil ihm Pflichten gegenüber stehen. Als Proben einseitiger, und dann immer verkehrter, Ableitungen der väterlichen Gewalt, theile ich folgende mit:

1) sie beruht lediglich auf Vertrag; — aber da fehlt die gegenseitige Einwilligung.

2) Das Kind ist das Werk der Aeltern; — wo bleibt aber bei dieser plumpen Ansicht die Persönlichkeit?

3) Des Vaters Rechte entstehen aus der Occupation. — Alsdann müßte er aber auch derelinquiren können, und worauf gründet man die väterlichen Pflichten?

4) Die väterliche Gewalt ist eine Zugabe des Ehevertrags; — dann hätte man es aber auch anders ausmachen können.

5) Sie beruht (Lockes Ansicht) darauf, daß die Kinder erben wollen [1]); — wenn sie nun aber vor den Aeltern sterben, oder nichts zu erben ist?

6) Das Zeugen des Kindes (Kants Darlegung) ist ein Eingriff in die Persönlichkeit desselben und die Aeltern haben die Pflicht es mit den aufgedrungenen Verhältnissen zufrieden zu machen. — Allein jene Persönlichkeit ist doch vor der Zeugung nicht vorhanden, und wenn die Kinder mit der väterlichen Gewalt unzufrieden bleiben, müßte man sie eigentlich ihnen übertragen.

7) Es ist ein Vergehen (sagt Meister) Kinder in die Welt zu setzen; die Aeltern sind ex delicto verbunden für sie zu sorgen. — Wäre aber alsdann nicht der kürzeste Ersatz für das den Kindern hienach angethane Unrecht, sie eiligst wieder zur Welt hinauszuschaffen?

---

1) Locke on government, 98.

In der Regel ist die Einwirkung der Aeltern auf die Kinder liebevoll und angemessen; weil es aber Ausnahmen giebt, wo die physische Obermacht mißbraucht wird, so bedarf es bürgerlicher Gesetze dieselbe nöthigen Falls im Zaum zu halten. Nie darf (wie in China und früher in Rom) dem Vater Recht über Leben und Tod des Kindes eingeräumt werden. — Das neumodige Gegenstück zu dieser Tyrannei ist die Hätschelei und Kinderei mit der Kinderwelt. Man soll diese nicht als ein Geschlossenes, Fertiges, sich selbst Genügendes betrachten, das Unreife erst Werdende nicht als reif darstellen, Eitelkeit und Eigendünkel erzeugen und das weitere Streben verkümmern und vernichten.

Die häusliche und die öffentliche Erziehung ergänzen einander: wer die eine um der andern willen vertilgen, oder beide in ein nichtiges Mittleres auflösen will, ist allemal in der Irre. Beide bedürfen, wenn sie fruchtbar wirken sollen, der Milde und Liebe; nirgends aber darf der Gehorsam um deswillen fehlen. Dieser, ein Bild des Gehorsams im bürgerlichen Leben, beruht zunächst auf Glauben und Ehrfurcht, mehr wie auf Lohn und Strafe. Der rechte Zwang dient als Mittel zur Erweckung sittlicher Freiheit.

Es ist irrig, nur von der Einwirkung der Aeltern auf die Kinder zu sprechen, und die der Kinder auf die Aeltern ganz zu übersehen. Die letzten sind erst vollständig erzogen, wenn sie erzogen haben: Kinder sind das beste Verjüngungsmittel gegen einbrechende Starrheit und Einseitigkeit. In der Familie (wie im Staate) finden wir eine heilsame Verknüpfung von drei aufeinanderfolgenden Geschlechtern: Großältern, Aeltern und Kinder, welche gleichsam die Vergangenheit, Gegenwart und Zukunft andeuten und darstellen.

Die Vormundschaft soll nicht ganz dem Privatrechte entzogen und dem Staate überwiesen werden, aber auch nicht ohne alle öffentliche Aufsicht bleiben.

Die Familie repräsentirt die Gattung und ist unsterblich; mit ihr hängt das Eigenthum unzertrennlich zusammen. Die Intestaterbfolge geht nicht aus dem Willen des Erblassers, sondern aus der Natur der Familie hervor. Das Testament ist zunächst nur Ersatz der natürlichen Erbfolge und steht damit (wie auch die Lehre vom Pflichttheile zeigt) in der genauesten Verbindung. Diejenigen welche kein Erbrecht wollen, lösen die Gattung in lauter Einzelne auf, und können folgerecht auch kein Eigenthum und keinen Staat wollen. Das Erbrecht gehört nicht bloß dem Privatrechte, sondern auch dem Staatsrechte an; ich erinnere an die römischen und Lehnsgesetze, gleiche oder ungleiche Theilung des Vermögens, Ausschließung der Weiber, Erstgeburt, Fideicommisse, Einheit oder Theilbarkeit der Staaten u. s. w.

Sechster Brief.

Berlin, 23. April 1850.

Sie haben meine, möglichst ins Kurze gezogenen Darlegungen über Ehe und Familie freundlich genug aufgenommen, finden aber die wirklichen Zustände unter gebildeten Völkern so mangelhaft, daß Sie Ihre poetische Hoffnung einfachern Verhältnissen zuwenden. Mag auch (schreiben Sie mir) bei ungebildeten, oder roheren Völkern für Staatsrecht und höhere bürgerliche Einrichtungen nichts zu hohlen und zu lernen seyn; so kann sich doch in ihrem unverdorbenen Naturstande mancherlei in Hinsicht auf Ehe und Familie finden, was die Ueberbildeten als Muster betrachten und nachahmen sollten. — Wohlan, ich will Ihnen eine Blumen= oder Dornenlese aus alter und neuer Zeit, und aus allen Welttheilen vorlegen.

I. Aus der alten Welt.

Kein Karamanier durfte heirathen, bevor er einen Feind getödtet [1]). Die Limyrnäer erzogen die, von gemeinschaftlichen Weibern gebohrenen Kinder bis zum fünften Jahre in Gemeinschaft, dann wurden diese nach der Aehnlichkeit dem Vater zugewiesen. In Armenien, Lydien, Babylon galt die Preisgebung der Keuschheit, in gewissen Verhältnissen, für eine reli=

---

1) Strabo, XV, 727; XI, 512, 526. Diod., XIV, 30. Nicol. Damasc., 554—560. Aelian., IV, 1. Herod., I, 196.

giöse Handlung. In der letztern Stadt versteigerte man die Mädchen und stattete die häßlichen mit dem Gelde aus, was für die schönen einkam. Die Massageten hatten in der Regel nur eine Frau; doch durfte ein Mann ungestraft zu andern gehen, wenn er seinen Köcher auf den Wagen hing, auf dem sich das Weib befand. In Medien erschien es als ein Unglück wenn ein Weib weniger als fünf Männer hatte. Die Thracier heiratheten drei, vier, bis vierzig Weiber [1]). Sie gingen als Erbstücke mit der Erbschaft über; doch konnte die Unzufriedene von ihren Verwandten gegen Rückgabe der Kaufsumme ausgelöset werden. Die, welche nach der Reihe mit dem Manne lebte, bediente ihn auch und wusch für ihn [2]). Im glücklichen Arabien hatte oft die ganze Familie nur ein gemeinschaftliches Weib; doch standen dem Aeltesten gewisse Vorzüge zu, auch war ein vor die Thür gesteckter Stab das Zeichen, es dürfe kein Anderer eintreten. [3]) Die Lepreaten führten den Ehebrecher drei Tage lang gefesselt in der Stadt umher und machten ihn lebenslang ehrlos. Dasselbe widerfuhr der Ehebrecherinn nachdem sie eilf Tage lang ungegürtet auf dem Markte gestanden hatte. Die Pisiber setzten den Ehebrecher und die Ehebrecherinn auf einen Esel, und führten sie eine gesetzlich bestimmte Zahl Tage öffentlich umher. Bei den Dapsolybiern wurden die Jungfrauen jährlich zu einem Feste versammelt, nach dessen Beendigung sie sich im Finstern niederlegten. Die, welche hier jeder ergriff, ward seine Frau. Alle Liebhaber eines Mädchens begaben sich bei den Jalchläern zu deren Vater und trieben Scherzreden. Der, welcher ihn dadurch zuerst zum Lachen brachte, ward sein Schwiegersohn.

II. Asien.

Bei den Kalmycken giebt der Ehebrecher fünf, die Ehebrecherinn vier Stück Vieh als Strafe [4]); Geistliche (nach Maßgabe ihres Ranges) in solchen Fällen aber nur ein großes, oder

---

1) Heracl. Pontic. Thracia.
2) Strabo, XVI, 783.
3) Heracl. Lepr. Nicol. Damasc., 553—560.
4) Bergmann, Streifereien, II, 40.

kleines Stück Vieh. Die Aleuten nehmen so viel Frauen als sie ernähren können und schicken, wenn sie verarmen einzelne fort, die sich anderweit verehelichen dürfen ¹). Bisweilen hat aber eine Frau auch zwei Männer und die Frauen werden vertauscht. Einzelne Knaben erzieht, kleidet und schmückt man wie Mädchen und rauft ihnen den Bart aus u. s. w. In Kamtschatka heirathet man schon im dreizehnten, vierzehnten Lebensjahre ²), was zur Kleinheit des Geschlechtes sehr beitragen soll, und für den hohen Norden eine merkwürdige Abweichung ist. Unter den Korärken muß der Liebhaber lange bei den Aeltern seiner Geliebten arbeiten ³). Er ist erst befreit wenn es ihm gelingt, trotz der Hindernisse welche sie selbst und alle Verwandten in den Weg legen, ihr (obgleich sie alle Kleider übereinander gezogen hat) an den bloßen Leib zu kommen. Die Circassier sind auf ihre schönen Weiber nicht eifersüchtig, wohl aber die nogaier Tataren auf ihre häßlichen Weiber ⁴). Die Inguschen am Kaukasus nehmen fünf und mehr Weiber. Sie gehen vom Vater durch Erbschaft an den ältesten Sohn über; nur erhält dessen leibliche Mutter einer der Halbbrüder.

In Armenien wird der Bräutigam in Matten eingehüllt, die Braut aber in einen Sack so gesteckt ⁵) daß sie nach dem Zubinden des Sackes Athem hohlen kann und ihr zu dem Zwecke ein Teller auf den Kopf gelegt. Die Freunde des Bräutigams kommen Abends vorher zu ihm, lassen sich Kopf und Bart scheren und führen ihm am andern Morgen die Braut zu; doch bleiben die Neuvermählten erst nach dreitägigem Feste beisammen. Die Frau darf wenigstens ein Jahr lang nicht mit den Aeltern ihres Mannes sprechen ⁶), welche Sitte sich bei mehren asiatischen Völkern finden soll. In Japan halten Bräutigam und Braut Fackeln in den Händen ⁷). Während des priesterlichen Ge-

---

1) Langsdorf, Reise, II, 43.
2) Cook's britte Reise, II, 459.
3) Lessep, 168.
4) Ferreira, 408, 409. Siehe noch Klaproth, I, 374, 376, 514, 517.
5) Pouqueville, II, 131.
6) Klaproth, I, 550.
7) Thunberg, II, 187, 205; II, 2, 31.

betes zündet die, zur Rechten stehende Braut die ihrige an einer brennenden Lampe, dann der Bräutigam die seine an der Fackel der Braut an, und nun folgen die Glückwünsche. Die Ehefrau unterscheidet sich von der Unverheiratheten durch zwei Vorzüge: die Zähne schwarz zu färben und die Augenbrauen auszurupfen.

Die armen Chinesen haben gewöhnlich nur eine, vornehmere mehre Frauen. Es ist verboten Mädchen oder Frauen auszuführen [1]). In dem überbevölkerten Lande hat das Menschenleben wenig Werth. In Cochinchina nimmt jeder, so viel Frauen, als er glaubt ernähren zu können. Ehebrecherinnen (berichtet Rochon) werden den Elephanten vorgeworfen [2]); während Barrow zu bemerken glaubte, daß Aeltern und Ehemänner ihre Töchter und Weiber anböten. Das Zerbrechen einer Münze, in Gegenwart einiger Zeugen galt für Scheidung.

In Bootan heirathen die vornehmen Stände wenig; die Ehelosigkeit giebt für weltliche und geistliche Würden eine ausgezeichnete Befähigung [3]). Die niedrigen Klassen der Einwohner von Bahar in Indien verkaufen ihre Kinder für geringe Preise als Sklaven. Oft nimmt der Gläubiger die Frau des Schuldners als Pfand in Besitz, bis die Schuld abgetragen wird. Bekommt sie von jenem Kinder, so ist die Hälfte derselben sein, die zweite Hälfte Eigenthum des Schuldners.

Auch in Birmanien verkaufen die Geringern ihre Weiber und Töchter an Fremde [4]); die Vornehmern haben neben einer Hauptfrau gewöhnlich mehre Beischläferinnen. Ob man sie gleich nicht so streng einsperrt wie in Hindostan, werden sie doch im Ganzen ohne Schonung behandelt, und ihrem Zeugnisse vor Gericht nicht so viel Glauben beigemessen, als dem eines Mannes. Die Zollgesetze verbieten Ausfuhr der Weiber und Mädchen.

In Tibet herrscht Vielmännerei. Der älteste Bruder pflegt das Weib für alle auszuwählen, die meisten Vornehmen

---

1) Cooks dritte Reise, II, 495. Krusenstern, II, 323, 370, 380. Thunberg, I, 286; Ritter, Erdkunde, I, 661.
2) Rochon, 211. Barrow, Cochinchina, 398. Kirsop, 233.
3) Turner, 25, 26, 201.
4) Symes, 57, 108, 120, 121.

bleiben indeß unverehlicht. Gegenseitige Einwilligung knüpft und
löset das Band; kein Priester hat Theil an der Feierlichkeit, nie=
mand bestätigt die wechselseitige Verpflichtung. Selten findet eine
zweite Ehe statt. Unkeuschheit der Frau wird körperlich, der be=
günstigte Liebhaber dagegen mit Gelde bestraft.

In Siam ist Vielweiberei erlaubt; die Frau wird gewöhn=
lich gekauft, Scheidungen haben wenig Schwierigkeit. Laut
Crawfurds Berichten werden die Weiber in Cochinchina sehr
schlecht behandelt [1]). In Ostindien findet Vielweiberei fast nur
unter den Muhamedanern statt [2]). Beischläferinnen, welche sich
indessen viele halten, stehen der rechtmäßigen Frau nach und ihre
Kinder werden in eine niedrigere Klasse verwiesen. Man kennt
keine Klöster (deren es in Tibet und Bootan viele giebt) und
achtet weder den ehelosen, noch den Witwenstand. Die Mädchen
erhalten eine Ausstattung, haben aber sonst kein Erbrecht. Ehe=
bruch mit der Gattinn eines Braminen wird gewöhnlich mit dem
Tode, sonst mit der Verstoßung in eine niedere Klasse, Landes=
verweisung oder Verkauf in die Sklaverei gebüßt; Unkeuschheit
mit Männern aus einer vornehmern Klasse aber fast gar nicht
gerügt. Die Frau hängt ganz vom Manne ab und hat nur
durch ihn äußere Bedeutung; die Witwe verliert, wenn sie auch
jetzt der alten Pflicht des Verbrennens oft entgeht, doch Ansehn
und Würde. Nur unter den Maratten finden sich Witwen von
großem Reichthum und bedeutender Macht. Eine zweideutige Art
von Bildung trifft man fast nur bei den Tänzerinnen, Bajaderen,
welche unter dem Schutze der Gesetze und so in Ansehn stehen,
daß kein Fest, keine Feierlichkeit ohne sie statt findet. Ehemals,
so erzählt Forster, führte man die mannbare Fürstentochter in
einen Kreis von Jünglingen. Sie ward die Gemahlinn dessen,
dem sie einen Blumenkranz um den Hals warf.

In einem Theile der Landschaft Benares brachten die Ael=
tern in der Regel ihre Töchter um, weil es schwer sey sie zu
verheirathen; ein Frevel den die englische Regierung nur mit

---

1) Crawfurd, 606, 800.
2) Fra Paolino, 153, 160, 255, 272, 312. Le Gentil, I, 323.
Forsters Landreise, 88, 342.

F. v. Raumer.

großer Mühe ausrotten konnte [1]). In Candy auf Ceylon haben alle Männer einer Familie oft nur eine Frau und die Kinder sind gemeinschaftlich; sie werden so wenig getheilt wie das Land. Unkeuschheit der Lebensweise wird nicht bloß geduldet, sondern sogar geehrt; wenn aber jemand einem liederlichen Mädchen erklärt, er wolle sie heirathen, so muß sie ihn nehmen und ihm treu bleiben, wenn er sie auch verläßt und gar nicht für sie sorgt. Zur Trennung einer Ehe genügt gewöhnlich die Uebereinstimmung beider Parteien.

Bei den Bifirern, einem afghanischen Stamme, schickt gewöhnlich das Mädchen den Trommelschläger des Lagers ab und läßt an der Mütze des ihr wohlgefallenden Mannes ein Schnupftuch mit der Nadel befestigen [2]), welche sie gebraucht hat ihr Haar aufzustecken. Der Mann ist genöthigt jenes Mädchen zu heirathen, sobald er ihrem Vater einen angemessenen Kaufpreis bezahlen kann.

Auf Java herrscht Vielweiberei unter den Vornehmen; die Mädchen heirathen im zehnten bis zwölften Lebensjahre [3]). Bringt ein Mann seine Frau um, so zahlt er ihren Verwandten den Kaufpreis als Buße. In Sumatra kann der Mann seine Weiber, unter Verlust des Kaufpreises, ihren Verwandten zurückschicken. Will sich aber eine Frau von ihrem Manne trennen, so müssen deren Anverwandte diesem den doppelten Kaufpreis entrichten. Die ehebrecherische Frau wird Sklavinn des Mannes und verliert ihr Haar [4]); der Ehebrecher wird todtgeschlagen und aufgegessen. Die Tangalen auf den Philippinnen kauften gewöhnlich eine Frau, hatten aber daneben noch Beischläferinnen [5]). Wer nicht zahlen konnte, diente dem Vater des Mädchens oft als Knecht und lebte mit ihr in einer halben Ehe bis er etwas erwarb. Uneheliche Kinder der Freien nahmen Theil an der

---

1) Asiatic researches, IV, 340; VII, 425.
2) Elphinstone, II, 99.
3) Barrow, Cochinchina, 292. Allgemeine Historie der Reisen, I, 484.
4) Müller bei Le Gentil, 9.
5) Le Gentil, II, 91.

Erbschaft. Auf den Molukken giebt der Priester bei der Trauung dem Bräutigam die Lehre¹): verletze dein Weib nicht mit Lanze oder Messer; sondern wenn sie dir nicht gehorcht, so führe sie in eine Kammer und züchtige sie gebunden mit einem Schnupftuche. Vom Hindokoosch bis Yünnan und südlich bis Ceylon zeigt sich Vielmännerei, sowie in Vorderasien Vielweiberei²). In den nördlichen Theilen von Kaschmir, am Paropamisus ist es Gebrauch den Fremden Weiber und Töchter anzubieten. In Arabien werden dagegen die Weiber noch mehr eingesperrt als in Indien, und sind wenn sie ausgehen durchaus verschleiert³). Die Drusen halten streng auf die Jungfrauschaft der Neuvermählten und hängen die Beweise zum Fenster hinaus⁴). Dasselbe geschieht in Aegypten.

Die Vielweiberei einiger reichen Türken hat die Ehelosigkeit mancher ärmern zur Folge, woran sich Abnahme der Bevölkerung und andere Uebel reihen⁵). Kein Unterschied des Ranges hindert die Ehen. Unfruchtbarkeit zieht oft die Verstoßung nach sich, und künstliche Mittel jenes Uebel zu heben, zerstören die Gesundheit. Die Sklavinnen werden beim Verkaufe nie nackt gezeigt. Auch die Kinder der gemietheten Beischläferinnen soll der Vater ernähren und die Mutter nach Ablauf der Zeit, oder im Fall der Verstoßung, auf eine bestimmte Weise abfinden. Die Wohnung der Weiber ist stets von der Wohnung des Mannes abgesondert und hat keine Fenster nach der Straße. Nicht immer ißt die Frau mit dem Manne. Junge Muhamedanerinnen gehen selten und nur tief verschleiert aus; sie sind von der Pflicht entbunden die Moscheen zu besuchen. Nichts thun, Kaffee trinken und Tabak rauchen, ist das Hauptvergnügen der Türkinnen. Vermählt der Sultan eine Prinzessinn mit einem Höflinge, so erhält sie große Gewalt über ihren Gemahl. Er muß, laut eines zweifelhaften Berichtes, bei der Hochzeit vom Fußende her in das

---

1) Forrest, 284.
2) Ritter, I, 581, 595.
3) Irwin, 10, 11.
4) Ferreira, 500. Browne, 129.
5) Olivier, I, 121, 126—147.

Bett hineinkriechen und wird (nach dem Hofgebrauche) erst einige
Male mit den Füßen nachdrücklich abgewiesen. Andere Frauen
darf er nicht halten, und wird für Untreue, oder sonstigen Bruch
der Vertragsbedingungen wohl erdrosselt und sein Vermögen ein-
gezogen¹). Bei Verweisungen, oder Versetzungen in entfernte
Landschaften folgt ihm die Frau nicht; doch gab eine duldsame
Prinzessinn ihrem Manne, als er nach Morea gehen mußte,
25 ihrer schönsten Sklavinnen zur Gemüthsergötzung mit. Auch
die Großen pflegen dem Sultane beim Antritte seiner Regierung
Jungfrauen zu schenken, von deren Einflusse sie künftig Schutz
erwarten.

III. Afrika.

Fast bei allen Völkerstämmen Afrikas herrscht Vielweiberei:
so z. B. in Darfur²), Bambuk, Sofala, unter den Guanchen
auf den canarischen Inseln, den Fuliern und Mauren, am Cap
Verde und auf der Küste Sierra Leone, in Congo und Loango,
unter den Beetjuanen, Kaffern, Gallas und Agows u. s. w.³).
Mit Uebergehung der schon oft erwähnten allgemeinen Folge der
Vielweiberei, will ich einzelnes Abweichendes und Merkwürdiges
mittheilen.

In Darfur verheiratheten sich die nächsten Verwandten.
Von Eifersucht bemerkte man keine Spur, doch aßen die Weiber
nicht mit den Männern zusammen⁴). In Korbofan begünstigten
Aeltern und Brüder die Liebeshändel der Töchter und Schwestern
auf alle Weise. Der Kaufpreis einer Frau in Bambuk besteht
gewöhnlich in einem Stücke Vieh, oder einigen Pfunden Salz.
Mit dem zehnten Jahre sind die Mädchen mannbar. Der Ehebrecher wird in Strafe genommen, oder dem Beleidigten verstattet

---

1) Dallaway, 29, 131.
2) Browne, 407. Golberry, I, 235, 239. Allgemeine Geschichte
der Reisen, I, 106; II, 6, 30, 71, 302, 349, 491. Winterbottom, 195.
Degrandpré, 55.
3) Lichtenstein, II, 499. Barrow, I, 256. Mungo Park, neue
Reise, 101, 200.
4) Browne, 424.

ihn auszuplündern. Die Guanchen auf den canarischen Inseln begruben ihn lebendig [1]).

Am Cap Verde verliehen die Einwohner ihre Weiber für Geld, oder auch umsonst [2]); sie wurden wie Sklavinnen gehalten und mußten die schwersten Arbeiten verrichten. Weiber der Julier fanden die Europäerinnen wegen der Monogamie beneidenswerth, konnten aber nicht begreifen wie die Männer so lange von ihren Weibern getrennt leben könnten. Hingegen nannte eine Königinn der Beetjuanen das späte Heirathen und die Monogamie der Europäer abgeschmackt, da so viel mehr Weiber als Männer vorhanden wären. Bei etlichen Stämmen sondert sich aus vielen Weibern doch eine angesehenere Oberfrau aus. Eine solche meinte (an der Küste von Sierra Leone) sie würde vor Langerweile umkommen [3]), wenn sie sich nicht mit den Kebsweibern die Zeit vertriebe.

Findet bei den Kaffern ein Mann seine Frau von einem Andern schwanger, so wird sie nöthigen Falls von dem Oberhaupte durch Schläge zum Bekenntniß gebracht und der Thäter in Strafe genommen [4]), welche der Beleidigte mit dem Oberhaupte theilt, das Kind aber wie sein eigenes erzieht. In Abessinien löset jeder die Ehe wie er will und nimmt sein Vermögen zurück [5]); die Kinder werden getheilt. Insbesondere verändern die Prinzessinnen ihren Gemahl so oft es ihnen behagt. Auf Madagascar leben die Beischläferinnen, als Weiber zweiten Ranges, friedlich mit der Hauptfrau [6]). Ehebruch betrachtet und bestraft man wie Diebstahl; die Töchter aber bietet man den Fremden dar. Als ein Missionar in großem Eifer unbedingte Monogamie erzwingen wollte, ward er (sonderbar genug) von den Weibern fast todt geschlagen.

Die Buschmänner in Südafrika haben kein Eigenthum

---

1) Golberry, I, 36.
2) Allgem. Geschichte der Reisen, II, 302, 349; III, 152.
3) Winterbottom, 195.
4) Lichtenstein, I, 435.
5) Mungo Park, neue Reise, 133, 139.
6) Rochon, 23, 37. Pagès bei Le Gentil, III, 261.

und keine festen Ehen¹). Die Frau kann zu einem Andern gehen, Ehebruch wird nicht bestraft. Ihre Sprache kann die Begriffe: Mädchen, Jungfrau, Weib nicht ausdrücken.

Die Einsegnung des Brautpaars durch den Quasipriester ist bei den Hottentotten im höchsten Grade unanständig²). Die Witwe muß sich bei jeder neuen Verheirathung ein Glied vom Finger abschneiden lassen. Stirbt die Mutter im Wochenbette, so wird das Kind mit begraben, weil keiner da sey der es ernähren könne; auch wird von Zwillingen das Mädchen, oder das schwächste getödtet. Das Gleiche widerfährt alten abgelebten Leuten.

Die Mauren an der Nordküste Afrikas leben nur dem Namen nach in einer Ehe. Sie behandeln die Weiber ganz willkürlich, kaufen und verkaufen sie wie Sachen und sind andern Lüsten ergeben³). Wird ein Christ mit einer Unverheiratheten überrascht, so muß er sie heirathen und Muhamedaner werden; hatte er mit einer Verheiratheten zu thun, so wird diese in einen Sack gesteckt und ins Meer geworfen, er aber verbrannt oder in Stücke gehauen. In Marokko sehen sich die Brautleute oft nicht eher, als bis sie von den Aeltern zum Abschließen der Ehestiftung vor den Kabi gebracht werden. Die Beweise der Jungfrauschaft werden verlangt, mit Freudengeschrei und unter Trompetenklang zum Hause des Brautvaters gebracht und darüber eine förmliche Urkunde aufgenommen. Lempriere hoffte, er werde das Gesicht einer Schönen im Harem des Prinzen von Marokko zu sehen bekommen, indem er als Arzt verlangte sie solle ihm ihre Zunge zeigen⁴). Aber man schnitt ein Loch in den Vorhang durch welchen sie die Zunge stecken mußte. Töchter von Negerkönigen, denen man die Wahl ihrer Männer zugestand, behandelten diese wie Sklaven und ließen sie in einem Harem einsperren.

IV. Amerika.

Die Kaluschen, ein Volk auf der Nordwestküste von Amerika, lassen die Mädchen zur Zeit des Eintritts der Mannbarkeit

---

1) Lichtenstein, II, 81.
2) Thunberg, I, 2, 171.
3) Poiret, I, 124, 184, 191.
4) Lempriere, 80, 82, 192, 212.

wenig trinken und enthaltsam leben ¹); desto größer sey die wechselseitige Anhänglichkeit in der Ehe. Andere Stämme in derselben Gegend boten für Kupfer Kinder zum Tausche an, und um port des Français daselbst waren die Weiber den Matrosen gern zu Willen ²); aber nicht im Schatten der Wälder, sondern nur wenn die Sonne sie beschien.

Die Knisteneaux im nördlichen Amerika halten Treue und Keuschheit für keine wichtige Tugend ³), und die eintretenden einzelnen Strafen des Ehebruchs fanden eigentlich nur statt, weil die Frau den Mann nicht um Erlaubniß bat. Bisweilen heirathet ein Mann mehre Schwestern zu gleicher Zeit. Die Weiber sind den Männern streng untergeordnet, treiben oft die Frucht ab, oder ermorden auch wohl die Mädchen. Bei den **Chepewyan**, in derselben Gegend, ist Vielweiberei erlaubt und die Scheidung hängt vom Manne ab ⁴). Töchter werden verkauft; jedoch gewöhnlich nur an Wohlhabendere zu Gesellschafterinnen. Die Weiber putzen sich wenig, und bei mehren Stämmen überhaupt weniger als die Männer.

Die **Mbayas** und **Machicuys** in Südamerika ziehen nur einen Sohn und eine Tochter auf ⁵). Unverheirathete Personen bedienen sich ganz anderer Wortendungen, ja sehr viel anderer Worte als die Verheiratheten. Kein Mädchen giebt bei den **Charruas** einem Liebhaber jemals eine abschlägige Antwort. Beim Eintritte der Mannbarkeit macht man den Mädchen einige unauslöschliche Striche ins Gesicht. Bei den **Guaranys** geben sich die Mädchen vom achten Jahre an preis. Will ein Aufseher eine Frau durchpeitschen lassen, so trägt er es ihrem Manne auf ⁶); kein Anderer vollzieht die Strafe so pünktlich. Wenn ein Mädchen unter den **Guanas** heirathet, so wird jedes Verhältniß genau festgestellt: Geschäfte, Monogamie oder Polygamie, eheliche

---

1) Langsdorf, II, 115.
2) Vancouver, I, 165. La Perouse, I, 332.
3) Mackenzie, 106, 114.
4) Mackenzie, 135—138, 282.
5) Azara, 174, 183, 211, 233, 242—249, 279.
6) Azara, 360.

Pflichten u. s. w. Sie bringen die meisten Mädchen ums Leben, damit die übrigen desto mehr geehrt würden.

Bei den Coroatos-Indianern in Brasilien herrscht Vielweiberei und Blutschande. Bei andern Stämmen reicht man dem Bräntigam und der Braut einen Trunk Brantewein; damit ist die Ehe geschlossen[1]). An einem Feste wird das Loos über die gegenwärtigen Mädchen geworfen; die es trifft bringt man in ein Zelt, wo jeder nach Belieben zu ihr geht. Unter den Guaycurus bezieht der Mann das Haus der Frau die er geheirathet hat, und deren Vater und Mutter sprechen nie mehr ein Wort mit dem Schwiegersohne. Bis zum dreißigsten Jahre ihres Alters pflegt keine Frau zu gebähren, sondern die Frucht zu tödten.

V. Australien.

In Neuholland, um Botanybay, standen die Weiber unter der unumschränkten Gewalt der Männer, und Schläge gab es sehr oft[2]). Es war gestattet zwei Frauen zu nehmen. Auf der Osterinsel schienen alle Weiber gemeinschaftlich zu sein[3]). Sie wurden, und ebenso in Neuseeland, den Fremden angeboten. Auf den freundschaftlichen Inseln schien unter den vielen Weibern die ein Mann nahm[4]), eine Art von Rangordnung statt zu finden; doch waren alle von gottesdienstlichen Feierlichkeiten ausgeschlossen, und der Ehemann übte vollkommene Gewalt über die ganze Familie.

Auf den Societätsinseln giebt der Liebhaber dem Vater seiner Geliebten allerhand Geschenke; erscheinen diese aber nicht hinreichend, so ist das Mädchen gezwungen ihren Wünschen zu entsagen. Wird sie schwanger, so steht es dem Manne frei das Kind zu tödten, und den Umgang mit der Mutter fortzusetzen, oder abzubrechen. Läßt er das Kind am Leben so bleibt das Paar gewöhnlich zeitlebens als verehelicht beisammen[5]). Kinder

---

1) Eschwege, Reise, XIV, 96, 97, 121, 156; XV, 274—276.
2) Hunters Nachrichten, I, 80. Philips Tagebuch, 413.
3) La Perouse, I, 222. Cooks britte Reise, I, 80, 92.
4) Cooks britte Reise, I, 259, 291. Wilson, 49, 308, 357.
5) Cooks britte Reise, I, 428. Wilson, 108, 121, 191, 391—392.

einer Vornehmen mit einem Geringen, und die Kinder aller Frquenzimmer, die zu der nichtswürdigen Arreoy-Gesellschaft gehören, werden in der Regel umgebracht. Die Weiber essen nicht mit den Männern und der Gebrauch vieler Arten Lebensmittel ist ihnen untersagt.

Dasselbe fand auf den Sandwichsinseln statt [1]); auch bekamen die Weiber wenn sie etwas versahen, daselbst Prügel und sagten: der Mann habe damit nur seine Schuldigkeit gethan. In Mataiwa geräth der in Todesgefahr, welcher ein ihm angebotenes Mädchen ausschlägt.

Auf Rukahiva (zu den Marquesasinseln gehörig) gaben sich die Weiber und die jüngsten Mädchen preis [2]), wie es schien aus Gehorsam gegen Männer und Väter um etwas zu erwerben. Diese nahmen jenen das Geschenkte wieder weg, sofern sie es nicht verbergen konnten. Hungersnoth hatte zum Essen von Menschenfleisch geführt, wobei man sich so sehr an den Weibern vergriff, daß deren nur noch eine auf vier Männer kam. Eine Frau wollte ihr Kind für ein Stück Eisen verkaufen. Unverheirathete Mädchen dürfen sich, ohne Vorwürfe zu erleiden, nach Willkür mit Männern abgeben. Sobald sie aber verheirathet sind, hört dies auf und Untreue wird mit Schlägen, Wegjagen u. dgl. bestraft. Lösung der Ehe hat wenig Schwierigkeit.

Doch genug der, Vielen gewiß schon anstößigen Curiositäten. Daß es auch in Europa keineswegs ganz daran fehlt, mögen Sie z. B. in Acerbis Reise Seite 481, 225, selbst nachlesen.

Siebenter Brief.

Berlin, 25. April 1850.

Ich freue mich daß Sie nicht Thatsachen verschmäht und zurückgewiesen haben, welche für jeden höchst lehrreich sind, der

---

1) Cook, II, 300, 329, 444.
2) Krusenstern, I, 129, 185. Wilson, 167. Langsdorf, I, 80, 90, 121, 132.

die Geschichte der Menschheit in ihren mannigfaltigen (erhabenen oder lächerlichen, löblichen oder verwerflichen) Richtungen gründlich erforschen will.

Gern gebe ich Ihnen zu daß Manches von dem Mitgetheilten übertrieben, oder falsch aufgefaßt seyn mag; gewiß aber genügt das als erwiesen übrig Bleibende, jede Sehnsucht nach den Familienverhältnissen des sogenannten Naturstandes ungebildeter Völker auszutilgen und gegen uns umgebende Mängel duldsam zu machen.

Nachdem wir uns also über die rechte Ehe und Familie verständigt haben, ist es nothwendig dasjenige zu prüfen was, bei weiterer Ausdehnung derselben, damit zunächst in Verbindung tritt. Die Verschiedenheit der geistigen und körperlichen Kräfte, der sittlichen Würde, des äußeren Besitzes, begründet unter den Menschen die mannigfachsten Abstufungen der Herrschaft und Abhängigkeit. Von etlichen derselben läßt sich erst später handeln; schon an dieser Stelle muß aber von der Sklaverei die Rede seyn. Sie ist ein Verhältniß wo alle Wechselseitigkeit fehlt, die Rechte ganz auf einer, die Zwangspflichten lediglich auf der anderen Seite liegen und eine Lösung dieses Verhältnisses rechtlich nicht gegeben oder gezeigt ist. Weil nun jene Verschiedenheiten niemals die Persönlichkeit aufheben und den Menschen in eine bloße Sache verwandeln, weil jeder zur geselligen Verbindung so berechtigt wie verpflichtet und nicht (wie die Thiere) davon ausgeschlossen ist; so darf kein Mensch über den andern unbedingt schalten, oder: die Sklaverei ist ungerecht und beruht (trotz aller natürlichen Unterschiede) im Wesentlichen auf bloßer Gewalt.

Dieser Ansicht (behauptet man) widersprechen 1) die Geschichte, 2) die Rechtslehrer und 3) viele der angesehensten Philosophen. Ich entgegne zu 1): Aus dem bloßen geschichtlichen Daseyn der Sklaverei folgt keineswegs ihre Natürlichkeit und Rechtlichkeit; sonst ließe sich jeder eingetretene und lang gepflegte Unsinn, jedes wiederholte Verbrechen, jeder sündhafte Gebrauch in ähnlicher Weise rechtfertigen. Die Geschichte zeigt vielmehr daß Grausamkeit und Unrecht, über kurz oder lang, immerbar die gerechte Strafe finden. Die Empörungen der Sklaven sind natürlicher als die Sklaverei selbst.

Wie schändlich die freien Spartaner mit den Heloten um
gingen, ist bekannt; aber selbst in Athen, wo die Sklaverei viel
milder war, folterte man, Behufs der Beweisführung, die Sklaven
selbst bei Civilstreitigkeiten [1]). Andererseits konnte der Sklave
daselbst wegen übermüthiger Behandlung gegen seinen Herrn
Klage erheben, und Ermordung eines Sklaven oder Freien war
gleich strafbar [2]). Sklavenkriege gab es in Attika, Chios, Thes-
salien u. s. w. [3])

Daß es rathsam sey die Sklaven bei gutem Willen zu erhalten wußte schon Columella, und die römische Welt hatte es
im Sklavenkriege erfahren; doch geschah es noch zur Zeit des
Augustus daß man einen Sklaven, der ein Glas zerbrochen, in
den Fischteich werfen durfte [4]) um mit ihm Muränen zu mästen.
Wenn man den Sklaven zur Zeit des Tiberius ein Asyl bot,
so geschah dies um Angeber wider ihre Herren zu finden, und daneben vertheidigte man die alte Sitte [5]) daß wenn ein Sklave
seinen Herrn tödtete, alle seine Mitsklaven hingerichtet wurden.

Römer verkauften während einer Hungersnoth den Gothen
ein Brot für einen Sklaven, dann für die eigenen Söhne der
Gothen [6]). Daher entstand Verzweiflung und der Krieg, welcher
dem Kaiser Valens das Leben kostete.

Aus der Verweigerung ursprünglicher Rechte und übermäßigem Druck der Herren entstand in Gallien zur Zeit des Kaisers
Diokletian die furchtbare Empörung der Bagauden. Doch genug
der abschreckenden Beispiele und Erfahrungen aus alter Zeit.

Zu 2): Das römische Recht sucht die Sklaverei auf drei=
fache Weise zu begründen und zu rechtfertigen: a) nach dem Völker=
rechte (jure gentium) werden Kriegsgefangene Sklaven. — Dies
sogenannte Völkerrecht war aber nur (wie jetzt Alle anerkennen)

---

1) Ελεγχος εκ βασάνων. Jsäus über die Erbschaft des Kiron,
S. 201—202 (Reiske).
2) Athen., VI, 267. Antiphon über den Mord des Herodes, 728.
3) Athen., VI, 265, 273. Aristot. Politik, II, 7.
4) Columella, I, 6—8. Dio, 54, 23. Seneca de ira, 1, 3.
5) Tacit. Annal., XIV, 42.
6) Jornandes, 26.

ein Völkerunrecht, und aus dem Rechte auf Tödtung im Augenblicke der Nothwehr folgt kein Recht auf Verknechtung nach vorübergegangener Gefahr.

b) Nach bürgerlichem Rechte (jure civili) werde derjenige ein Sklave, der sich mir zum Sklaven verkauft. — Für Freiheit und Leben giebt es aber, erstens, keinen angemessenen Preis und jeder Handel solcher Art schließt eine übermäßige Verletzung, eine laesio enormis, in sich. Zweitens, geht das empfangene Kaufgeld nach den Begriffen von Sklaverei sogleich in das Eigenthum des Herrn zurück, mithin findet in Wahrheit gar keine Vergütung statt. Drittens, darf jemand noch weniger einem Andern eine Willkür über sein Leben verstatten, als sich selbst tödten. Viertens, kann nur eine Person einen Vertrag schließen; die Sklaverei vernichtet aber die Persönlichkeit und kann deshalb nicht aus einem Vertrage hervorgehen.

c) Endlich heißt es: Sklaven werden geboren. Wenn aber jene beiden ersten Begründungen der Sklaverei ungenügend sind, so fällt diese letzte von selbst hinweg, und es bleibt nur die Entstehungsart durch Unrecht und Gewalt übrig.

Zu 3). Platon erinnert an viele Sklavenaufstände und bezeichnet die Gefährlichkeit und Unnatürlichkeit dieser Verhältnisse [1], fordert aber dennoch keine Auflösung derselben, sondern empfiehlt nur eine milde Behandlung der Sklaven.

Aristoteles sagt: sowie es heilsam ist daß die Seele den Körper beherrscht, so ist es heilsam daß der Herr den Sklaven beherrscht [2]; denn die Verschiedenheit zwischen beiden kommt jener zwischen Seele und Leib fast gleich. Der Herrschende steht von Natur, an Trefflichkeit, Geisteskraft und Tugend weit voraus; der Sklave hingegen gebraucht bloß den Körper und hat vom Geiste nur so viel Ahnung zu begreifen daß es ihm gut sey regiert zu werden.

Ich entgegne: die Herrschaft der Seele über den Leib ist keineswegs eine unbedingte, sondern es findet eine Gegenseitigkeit, ein wechselseitiger Einfluß statt. Eben so wenig gibt es eine

---

1) Platon de legib., VI, 177.
2) Arist. Polit., I, 4.

gränzenlose Verschiedenheit der Trefflichkeit unter den Menschen.
Wollte man dies aber auch einräumen, so würde doch ein stetes
Abwägen der Verschiedenheiten nothwendig werden, um nach den
Ergebnissen heute den Sklaven in einen Herrn, und morgen den
Herrn in einen Sklaven zu verwandeln.

Aristoteles fährt fort: er nehme Willkür und Tyrannei kei=
neswegs in Schutz: wo sich Zwiespalt zwischen dem Herrn und
dem Sklaven finde, sey die von ihm behauptete natürliche Skla=
verei (welche nur Freundschaft zeigen könne) nicht vorhanden.
Auch sey der in Kriegsgefangenschaft gerathene treffliche Mann,
nach seiner Ansicht, gar kein wahrer Sklave.

Da jene vorausgesetzte Freundschaft fast überall fehlt, so
bricht die Theorie des Aristoteles an der Wirklichkeit zusammen.
Ja er gesteht dies in Wahrheit selbst, indem er an einer anderen
Stelle sagt: wenn es eine Tugend der Sklaven giebt, worin be=
steht der Grundunterschied zwischen ihnen und den Freien? Und
wie kann es keine Tugend der Sklaven geben, da sie doch Men=
schen und vernünftige Geschöpfe sind?

Man hat behauptet: die Bibel und die christliche Lehre
schreibe nirgends die Aufhebung der Sklaverei vor. Das Daseyn
der Sklaverei unter den Juden giebt indeß durchaus kein nach=
zuahmendes Vorbild für unsere Zeiten; und wenn sich im neuen
Testamente auch keine Lehren gewaltsamer Abolitionisten finden,
so stellt es sich doch noch weit weniger auf die Seite der Skla=
venhändler. Wie endlich das Gebot: „was ihr wollt das euch
die Leute thun sollen, das thut ihnen auch", — mit der Sklaverei
vereinbar sey, ist nicht zu begreifen.

In der alten Welt glaubten die Meisten, je größer die Frei=
heit des Einen sey, desto beschränkter müsse die des Zweiten und
Dritten seyn. Hiefür giebt die Geschichte keine allgemeinen und
allgemein gültigen Beweise. Ueberhaupt tritt mit dem Christen=
thume das Recht und die Anerkenntniß der persönlichen Freiheit
im Staate und einer Gleichheit vor Gott in so bestimmter Weise
hervor, daß die Sklaverei nur im Widerspruche mit der neuen,
davon befreienden Lehre fortdauern kann.

Deshalb erscheinen auch die angeblichen Begründungen der
Sklaverei durch neuere Philosophen noch weniger folgerecht und

angemessen, als die antiken. So läßt Hobbes [1]) Sklaverei durch Vertrag entstehen, räumt aber nur dem Herrn und nie dem Sklaven ein Recht ein dieselbe zu lösen. Er behauptet: dem Sklaven könne vom Herrn nie ein Unrecht geschehen, weil er sich ja mit freiem Willen unterworfen habe, und volenti non fit injuria. Und neben dieser Sophisterei steht bei ihm die große Abtheilung von gebohrnen Sklaven. — Wiederum behauptet er: wenn man die Sklaven einsperre oder fessele, und dadurch zu erkennen gebe daß sie nicht gern und vertragsweise Sklaven wären; so stehe ihnen das natürliche Recht zu nicht bloß zu entfliehen, sondern auch ihren Herrn zu tödten!

Manche andere Behauptungen neuer Rechtslehrer gehen ebenfalls nicht tiefer ein, z. B.: „die Tugend des Sklaven sey zwar schwerer, aber desto verdienstlicher"; — denn um solcherlei Verdienst herbeizuführen, müßte man sonst alle Einrichtungen im Staate so treffen, daß sie die Tugend erschweren. — Eben so drängt der Satz: „es sei gut Sklaven zu haben und sie vom Kriegführen auszuschließen, weil die Kriege hieburch minder blutig würden"; — dahin, lieber alle Bürger in Sklaven zu verwandeln und so auf eine neue Art den ewigen Frieden in die Welt zu setzen. — Endlich heißt es: „der Sklave habe es besser als der Freie, sofern er von mancher Bürgerpflicht befreit bleibe"; aber da hat es das Vieh noch bequemer und man könnte den Menschen gleich an die Ochsenkrippe binden.

Es leidet jeden Falls in unseren Tagen keinen Zweifel für den Philosophen, Staatsmann, Geschichtsforscher und Christen daß Sklaverei (oder ihr ganz nahe kommende Abhängigkeitsverhältnisse) verdammlich und eine milde zweckgemäße Lösung derselben möglich sey. Diese Behauptung gilt aber zunächst nur für Menschen desselben Stammes, derselben Rasse. Nun aber tritt die sehr wichtige und sehr schwierige Frage hervor: ob sie auch auf Menschen verschiedenen Stammes, verschiedener Rassen Anwendung finde, oder hier andere Grundsätze und ein anderes Verfahren sich rechtfertigen ließen?

Die Ansicht einiger Gottesgelehrten, welche die verschiedenen

---

1) De cive, 8, 4—8.

Menschenstämme mit der Erbsünde und dem größeren oder minderen Abfalle von Gott in Verbindung bringen, kann uns auf praktischem Boden um so weniger nützen, da die spekulativen Fragen über das Wie und Warum dieser Zustände immer unbeantwortet übrig bleiben. Etwas mehr Bestimmtheit schließt die Frage in sich: ob alle Menschen von einem einzigen Paare, oder von mehren abstammen? Gewöhnlich gilt die erste Ansicht, welche sich der biblischen Erzählung anschließt, für die frömmere und religiösere. Naturforscher haben sich indessen durch diese Voraussetzung mit Recht von unabhängigen Forschungen nicht abhalten lassen. Während sich aber z. B. Rudolphi [1]) gegen einen Adam ausspricht, und die Ausartung eines Stammes in den andern läugnet; behaupten Prichard und Johannes Müller: alle Menschen wären nur Varietäten, Abarten eines und desselben Stammes, und Verschiedenheiten von Farbe, Größe, Klima u. dgl. hätten nie so viel Gewicht und Einfluß, daß sie bei Menschen oder Thieren besondere Arten bildeten.

Viel kommt hiebei zunächst darauf an: was man unter Art versteht? Reicht die Möglichkeit sich untereinander fortzupflanzen hin diesen Begriff zu bestimmen; so gehören ohne Zweifel alle Menschen zu einer Art: wobei aber wiederum von vorn herein gar nicht feststeht, daß Gott nicht mehre Paare habe erschaffen können, deren Nachkommen sich untereinander fortzupflanzen im Stande wären.

Die Lehre der Abstammung von mehren Urpaaren hebt so wenig die Einheit des menschlichen Geschlechts ganz auf, als man wegen der Abstammung von einem Paare die Verschiedenheit ganz läugnen und die unbedingte leibliche, geistige, sittliche, bürgerliche und politische Gleichheit darthun kann. Manche, besonders theologische Schriftsteller, haben in der Annahme einer großen und wesentlichen Verschiedenheit der Menschenrassen eine Gotteslästerung, eine Anklage seiner Weisheit und Gerechtigkeit finden wollen. Wenn sie aber, bei minder genügenden Zeugnissen, annehmen daß Gott, ich weiß nicht wieviel Klassen von Engeln erschaffen habe, warum denn nicht

---

1) Physiologie, I, 50—53.

mehre Klassen von Menschen? Die Schwäne sind verschieden von den Gänsen, die Katzen lassen sich nicht abrichten wie die Hunde, neben dem edelsten Rosse steht ein schlechter Gaul; — Alles unbeschadet der Weisheit und Gerechtigkeit Gottes!

Verlassen wir deshalb den Boden anfangloser und unbegründeter Hypothesen, um bei den geschichtlichen Thatsachen Hülfe und Belehrung zu finden. Auf diesem Wege ergiebt sich: daß nur der weiße Menschenstamm, nicht aber der schwarze und rothe, im höheren Sinn eine Geschichte haben, und daß, wenn unter weißen Menschen und weißen Völkern schon große Verschiedenheiten obwalten, dann noch weit mehr zwischen Weißen, Negern und Indianern. Nie haben diese beiden letzten Rassen einen leitenden, herrschenden, die Weltgeschichte erfüllenden und erweiternden Staat gebildet; nur in seltenen, sehr einzeln stehenden Fällen haben Neger die Höhe erreicht, auf welche in der Regel jeder Weiße kann gehoben werden. Auch liegt die physische Verschiedenheit keineswegs bloß in der Farbe; sondern auch in dem wesentlich abweichenden Baue des Kopfes und mehrer andern Theile des Leibes; so daß ein Adel abgestuft nach Farbe und Gestaltung des Kopfes immer noch mehr natürlichen Grund hat, als eine Zerfällung und Entgegensetzung gleicher Menschen, nach bloßen Ahnen. Jene Rassenverschiedenheit des Leiblichen findet sich aber nicht minder im Geistigen. Der Neger hat, bei unbezähmbarer Sinnlichkeit, weniger Gedächtniß, Voraussicht, Verstand als der Weiße, und einzelne Ausnahmen stoßen die Regel nicht um.

Betrachten wir hierauf die physische und geistige Natur der Farbigen. Man zählt deren folgende Verschiedenheiten und Abstufungen: 1) Weiße; 2) Neger; 3) Indianer; 4) Mulatten von Weißen und Negern; 5) Mestizen von Weißen und Indianern; 6) Zamboes von Negern und Indianern; 7) Terzeronen von einem Weißen und einer Mulattinn; 8) Quarteronen von einem Weißen und einer Terzerone; 9) Quinteronen von einem Weißen und einer Quarterone. In Mexiko stellt das Gesetz jetzt alle Klassen gleich [1]; in Wahrheit kam aber fast alle Macht

---

[1] Mühlenpfordt, Mexiko, I, 200—204. Encyclop. americ. Mexico.

zunächst in die Hände der Kreolen, oder der amerikanischen Nachkommen von Südeuropäern.

Diese Mischungen verschiedener Rassen können zuvörderst nicht als durchaus unnatürlich bezeichnet, es kann der horror naturalis, der natürliche Abscheu, nicht unüberwindlich genannt werden. Wohl aber läßt sich die Frage aufwerfen: ob aus der Vermischung der Stämme eine an Leib und Geist schlechtere Menschheit hervorgehe, und ob das hieraus entspringende Neue nicht auch seinen eigenthümlichen Werth habe? Könnte nicht die Aufnahme des Verschiedenartigen jedes Stammes auch zum Besseren führen und das mangelhaft Einseitige wieder vereinen? Stand Adam vielleicht in der Mitte zwischen schwarz und weiß und trennte sich erst das Vereinte unter seinen Nachkommen zu schroffen Gegensätzen?

Fast alle Reisende preisen die körperliche Schönheit und die geistige Liebenswürdigkeit der Quarteronen, besonders in Louisiana. Andere Augenzeugen berichten dagegen: sie sind weder so schön, noch so gebildet wie die Weißen. Da sie aber durch Herkommen und Vorurtheil von jeder vollen Ehe ausgeschlossen bleiben, so werden (wenigstens viele Geringere) in eine Laufbahn getrieben, welche den Schein geistiger Bildung über sonstige Leichtfertigkeit zu verbreiten sucht und gelangweilte Reisende am meisten bezaubert. Die Verbindung in welche manche Quarteronen mit Weißen treten, ist schon deshalb unvollkommen und tadelnswerth, weil sie von Seiten des Mannes nach Belieben kann gelöset werden, und die Kinder stets für unebenbürtig gelten.

Bis jetzt widerlegen sehr viele Erfahrungen den Glauben, man könne die Rassen durch Mischung und Kreuzung veredeln; denn mindestens eben so viel als die schwarze gewinnt, verliert die weiße.

Das bisher Mitgetheilte, oder kurz Angedeutete wird genügen um folgende Behauptungen zu begründen: erstens, die Verschiedenheit der Rassen kann vom physischen und geschichtlichen Standpunkte nicht geläugnet werden; sie geht aber nirgends so weit daß man daraus die Natürlichkeit und Nothwendigkeit der vollen Sklaverei herleiten und begründen könnte. — Zweitens, wo Negersklaverei bereits besteht, erfordert Gerechtigkeit und Klugheit zur Lösung, oder doch zur Milderung des Verhältnisses, möglichst hinzuwirken, jedoch ohne schädliche Uebereilung, und mit Rücksicht auf die häuslichen Zustände und die staatsrechtlichen Einrichtungen [1]). Indessen bleibt eine Leitung der Ungebildeten, durch die höher Begabten und Gebildeten, natürlich, ja heilsam, sobald sie das rechte und billige Maaß nicht übersteigt.

Achter Brief.

Berlin, 27. April 1850.

Sie erinnern mich daran, daß ich mich in meinem vorigen Briefe über einige Arten Sklaverei nicht ausgesprochen habe, deren Angemessenheit ich nachträglich prüfen möge. Nämlich

1) giebt es zur Gefangenschaft und zur Dienstbarkeit Verurtheilte. Hier ist aber nicht von willkürlichen Grundsätzen und gewaltsamer Behandlung die Rede, sondern von der Anwendung eines Gesetzes, welches jeder kannte und das jeden schützen sollte.

2) Sklaven die jemand in gutem Glauben besitzt, sofern er sie z. B. von Seeräubern gekauft hat. Diese Erwerbsart berechtigt aber nicht den Gekauften in steter Sklaverei zu halten, sondern nur Schadenersatz für die Auslagen u. dgl. zu verlangen. So wird in England jeder Sklave der das Land betritt [2]), ein freier Mann, obgleich das Recht des Herrn auf Dienstleistungen fortdauern kann. Daß aber

3) eine Verpflichtung zu Leistungen, ein Anrecht auf Sachen, kurz daß Schulden nicht Sklaverei herbeiführen sollen und begründen können, bedarf wohl keines weitern Beweises.

Wenn das Christenthum, wie Sie bemerken, die Sklaverei nicht sogleich vertilgt hat, so bezeichnet es durch seine Gesammt-

---

1) Ueber die Negersklaverei in den Vereinigten Staaten, siehe mein Buch, I, 217.
2) Blackstone, I, 126. In Venedig Sklaverei verboten. Le Bret, I, 354.

lehre dieselbe doch als ein Uebel, als eine hinwegzuschaffende Krankheit. Wenn es ferner nicht jedes Mittel zu deren Hinwegschaffung billigt, so steht dies mit dem Grundsatze in folgerechter Verbindung, den Teufel nicht auszutreiben durch Belzebub den obersten der Teufel.

Allerdings aber bleiben hier viele Christen selbst hinter anderen Religionsbekennern zurück. So stellten Muhamedaner auf der Westküste von Afrika den Grundsatz auf[1]), daß man keinen Bekenner des Islam als Sklaven verkaufen dürfe; während manche Christen die Kinder ihrer schwarzen Beischläferinnen in die Sklaverei verkauften. Den Holländern wird ferner (wahr oder unwahr) nachgesagt[2]): es sei nicht ungewöhnlich gewesen die (dem Buchstaben des Gesetzes nach) freien Hottentotten so lange prügeln zu lassen, als etwa eine Tabackspfeife brannte. Auch sollte jeder Hottentotte, der als Kind von einem Holländer irgend Nahrung bekommen hatte, 25 Jahre dessen Sklave seyn. Da aber jene ihre Jahre nicht zählen und gesetzliche Untersuchungen nicht statt fanden, so blieben jene es in der Regel zeitlebens. Freilassung war, durch geforderte Bürgschaften, überdies erschwert. — So viel als Zusatz zu meinem vorigen Briefe.

Heute wollte ich von einem andern Verhältnisse sprechen, das mit der Familie in engster Verbindung steht, nämlich vom Gesinde. Dessen Aushülfe ist natürlich, nützlich, nothwendig; aber es finden sich gar viele Abstufungen der Gesetze und der Behandlung. Aus übertriebenem Abhängigkeitsverhältnisse ging das sogenannte Zwangsgesinde hervor, welches aber aus Abneigung, Faulheit und Eigensinn, dem Herrn selten so viel Vortheil brachte, als er hoffte und bezweckte. Um allen Mißbräuchen in diesen Regionen ein Ende zu machen, wurden unzählige Gesindeordnungen entworfen. Man kann hierin einen Fortschritt sehen, sofern das Gesetz die Willkür beseitigen sollte; jenes ward indessen selbst parteiisch, weil der gar nicht verheimlichte Zweck dahin ging, jedesmal durch die gesetzlichen Bestimmungen den Herrn gegen das Gesinde zu begünstigen und Lohn, Kost, Kleidung u. s. w. niedriger fest-

---

1) Winterbottom, 12, 169.
2) Percival, 84. Barrow, I, 180; II, 494.

zustellen, als durch die freie Bewerbung, die Concurrenz geschehen wäre.

Es kostete viel Zeit und veranlaßte die heftigsten Widersprüche, bevor man sich überzeugte daß die Gerechtigkeit und die Staatswirthschaftslehre gleichmäßig erfordere, alle jene Lohn- und Preisbestimmungen auszustreichen und einen ganz freien Vertrag, an die Stelle parteiischer, unpassender Vorschriften treten zu lassen. Gedenkt man der unzähligen Verschiedenheiten nach Orten und Entfernungen, von Stadt und Land, schwereren oder leichteren Geschäften, Höhe der Wohnung, Zahl der Kinder u. s. w. u. s. w., so erscheint es ganz thöricht hierfür einen durchaus gleichen, überall passenden Maßstab von einem Gesetzgeber vorschreiben zu lassen.

Durch das Rechtselement des Vertrages ist das Verhältniß des Gesindes auf eine höhere Stufe gehoben worden; man ist jedoch hiemit noch nicht am Ziele angekommen, so wenig als bei der Ehe und bei dem Staate. Es muß die väterliche und sittliche Einwirkung des Hausvaters hinzutreten und auf eine freie Anhänglichkeit hingearbeitet werden, sonst tritt steter Wechsel und leidige Gleichgültigkeit ein, welche höhern Zusammenhang und Wechselwirkung aufheben.

Obgleich es nicht meine Absicht ist an dieser Stelle (vor Behandlung der Lehre vom Staate) über Aufhebung der Sklaverei bei gebildeten Völkern zu sprechen, oder alle Stufen menschlicher Abhängigkeit zu würdigen; so dürfte doch eine kurze Bemerkung hier ihre rechte Stelle finden. Durch die Aufhebung gemeinsamer Benutzung von Grundvermögen, durch Separationen ist der Ertrag ungemein erhöht, Wohlstand befördert und unzähliger Streit beseitigt worden. Ebenso erscheint es als ein Fortschritt, gesetzliche Lösung von Dienstverhältnissen u. dgl. zu ermöglichen. Als eine Uebertreibung des letzten Tages muß ich es hingegen bezeichnen, wenn man in jeder Abhängigkeit ein Uebel sieht und dessen Lösung gleichsam erzwingen will. Der Zins welcher einem alten Grundherrn gezahlt wird, drückt keineswegs mehr, als der Zins für Kapital, zur Ablösung geborgt von Geldbesitzern.

Eine andere bis zur Ungerechtigkeit übertriebene Lehre des Tages (und das gerade Gegenstück zu den alten Gesindeordnun-

gen) ist: daß die Ablösungsgesetze den Ablösenden begünstigen
müßten, und den Berechtigten verletzen dürften. Vorsorge mag
man tragen, damit die für neue Unabhängigkeit Begeisterten nicht
mehr darbieten, als sie nachhaltig zu zahlen im Stande sind;
allein sie geradehin beschenken, ist nur eine Variation des alten
Themas vom heiligen Crispin, welcher Leder stahl um Schuhe
umsonst vertheilen zu können.

Aus einer Familie entstehen mehre; diese bilden den Ueber‐
gang zur Gemeine, die Gemeinen bilden den Uebergang zum
Staate. Sie sind kein hemmender Staat im Staate, sondern
natürliche und nützliche Gliederungen und größere Organe, an
welche sich am besten öffentliche Rechte anknüpfen. Sie können
gemeinschaftliches Vermögen haben; dies ist aber keineswegs das
einzige Band, oder der einzige Zweck. Weder das Maaß des
Besitzes, noch die Kopfzahl entscheidet allein über die Wirksamkeit
innerhalb einer Gemeine. Die Alten verwechselten in Theorie
und Praxis, die Gemeine gewöhnlich mit dem Staate. Sie hat‐
ten deshalb meist nur Stadtverfassungen und keine Staatsver‐
fassungen; sie suchten mangelhaft den Staat unmittelbar aus Fa‐
milien, ohne Mittelglied der Gemeinen (mit gesonderten, eigen‐
thümlichen Rechten) aufzuerbauen. Innerhalb der Gemeine kön‐
nen kleinere Genossenschaften, Zünfte u. dgl. entstehen, von deren
Licht‐ und Schattenseiten ich wohl ein andermal spreche; sobald
wir dieselben von oben herab, vom Staate aus betrachten können.
Ich mag es nicht länger aufschieben, diesen in den Mittelpunkt
unsrer, vorzugsweise verständlichen und populären Betrachtungen
zu stellen.

Neunter Brief.

Berlin, 29. April 1850.

Sie verlangen von mir keine Reihe von Definitionen, die
in der Regel entweder so weit sind daß sie inhaltsleer werden,
oder so eng daß sie einseitig die lebendige Mannigfaltigkeit ver‐
nichten. Lieber will ich kurze Sätze, Thesen aufstellen, zu denen

Sie leicht selbst die Erläuterungen finden. Blicken wir zunächst rückwärts, um dann desto sicherer (wenn auch nicht auf langweilig gerader Linie) vorwärts zu gehen.

Niemand läugnet daß die Verbindung zwischen Mann und Frau naturgemäß sey, daß daraus die Familie entspringe und mehre Familien in Verbindung treten[1]). So entsteht (ohne Sprung), durch Aufsteigen und Erweitern, die Gemeine, der Staat, das Staatensystem. Die Familie giebt (trotz aller Verschiedenheit) doch nähere Vergleichspunkte mit dem Staate, als die sogenannte Natur. Allerdings ist aber der Staat keineswegs bloß eine durch das Vergrößerungsglas betrachtete Familie. Leben, und geselliges Leben sind unzertrennlich; der Staat ist so wenig eine willkürliche Erfindung, als das Leben selbst. Der Staat entsteht nicht durch das Belieben der Einzelnen; vielmehr ist der Mensch (wie Aristoteles sagt) ein politisches Wesen, und nur ein Thier, oder ein Gott bedürfte des Staates nicht. In jedem Staate ist etwas Wesentliches, Nothwendiges, obgleich die geschichtlichen Anfänge verschieden seyn können. Niemals entscheiden diese Anfänge ganz allein über die gesammte Zukunft. Stärke, Schwäche, Noth u. dgl. bieten nur einzelne Punkte und Momente der Entwickelung; keiner enthält und erklärt das ganze Wesen des Staates.

Es ist ein großer Irthum alles Wirkliche nur als ein Vorläufiges anzusehen, was zerfallen würde, sobald der abstrakte Begriff zur Herrschaft käme. Auf diesem Wege sucht man zuletzt das Wesen der Sache außerhalb der Sache. Das angebliche Vernünftigmachen des Staates (wie man es in der französischen Revolution versuchte) mit Wegwerfen alles Gegebenen, beruht meist auf Hochmuth und trockenem Hinwegsehen von Leben, Natur, Volksthümlichkeit und Geschichte. Eine Regierung welche den vorliegenden Stoff nicht berücksichtigt wird despotisch, ein Volk hebt sein eigenes Wesen auf.

Wenn die Scheinphilosophie unerhörte Dinge erfinden und aus der Welt hinauswill, so geräth sie ganz ins Leere und macht sich lächerlich: sie soll vielmehr in dem Mittelpunkte der Welt

---

1) Plato de legib., III, 680 Steph. Cicero de offic., I, 17.

ihren Sitz haben. Was die Menschen von jeher geahndet haben, was unbewußt alle ihre Staaten stiftete und das Leben derselben ordnete, was in ihnen unverwüstlich lebt, worauf sie immer wieder als eigentlichen Quell ihres wesentlichen Daseyns zurückkommen müssen; dies mit klarer Einsicht zu verstehen, ist der Zweck des wissenschaftlichen Bestrebens.

Nichts liegt außerhalb des Staates, Alles und Jedes wird von der Idee des Staates umfaßt, oder ist doch (so die Kirche) mit ihr verträglich; aber deshalb hat nicht jeder Staat Alles, so wenig wie jeder Einzelne Alles besitzt und übt, was in der menschlichen Natur liegt. Es giebt indessen gewisse Grundbedingungen und Lebenszwecke, welche nirgends ganz fehlen dürfen, ohne den Begriff des Einzelnen und des Staates aufzuheben. Es ist für diese eine höchst wichtige Aufgabe, das ihrer Natur Gemäße aufzufinden, nicht hinter den erreichbaren Aufgaben zurückzubleiben und sich nicht unerreichbare vorzustecken. Wie wenn Genf auf Welteroberungen denken, die Schweizer eine Seemacht werden wollten? Der praktische Staatsmann soll der erkannten Natur des Staates gemäß lenken, der geschichtliche Politiker sich in alle Formen und Richtungen hineinfinden, sie begreifen und angemessen darstellen.

Eine Theorie welche nur eine Form zuläßt, Alles über einen Leisten schlägt, thront auf bitterer Armuth, und zerstört freventlich die lebendige, unendliche Mannigfaltigkeit der natürlichen Erscheinungen. So will der Eine nur Staaten von solcher Macht als würdig anerkennen, welche die Welt erobern könnten; ein zweiter mißt das Recht auf Daseyn lediglich ab nach Kunst und Wissenschaft; ein dritter schneidet die Staaten zu nach dem was er natürliche Gränzen nennt u. s. w. Gottlob daß die Natur mächtiger ist als derlei Meinungen, und daß die Weltgeschichte sich durch trockene Abstraktionen nicht zerstören läßt.

Etliche wollen dem Staate nur irdische Zwecke vorstecken, und meinen alles Geistige und das innere Handeln sey davon abgesondert und bestehe für sich. Eben so besteht der Leib von der Seele gesondert und für sich; — sobald er nämlich todt ist!

Oefter ist mit Nachdruck behauptet worden: Sicherheit gegen äußere Gefahr sey Grund und Zweck aller geselligen Verbinbungen. Abgesehen von dem Mangel, daß diese Lehre nur abweiset und verneint, ohne einen wahren Inhalt hinzustellen, bleiben viele Fragen unbeantwortet, oder unbeantwortlich übrig. So z. B.: woher kommt der zweite Staat gegen den man sich sichern soll? Wogegen soll man sich schützen? Auch gegen das eindringende Gute? Nimmt der Staat wenn er jenen Zweck (etwa wie in Japan) erreicht hätte, als zwecklos ein Ende? Löset er sich auf, oder was ist der höhere Grund seines ferneren, inhaltsreichen Daseyns und Fortlebens?

Die Einzelnen sind organische Theile des Staats; ihre Persönlichkeit soll durch diesen nicht aufgehoben werden. Auf gleiche Weise hat jedes Glied des Leibes seine eigenthümliche Bestimmung, zum eigenen, wie zum Vortheile des Ganzen.

Der Gedanke daß den Gliedern eines Staates (zur völligen Erhaltung ihrer Selbständigkeit) nichts gemeinsam seyn solle, hebt die gesellige Verbindung ganz auf. Daß ihnen Etliches gemeinsam seyn müsse, erscheint nothwendig; es fragt sich indessen ob es nicht noch bessere Früchte trage, wenn ihnen Alles, so das gesammte Eigenthum gemeinsam sei, mit Aufhebung jedes besondern Besitzes. Platon verlangt dies für die Klasse der Hüter in seiner Republik, und führt hiefür ähnliche Gründe an wie für die Gemeinschaft der Weiber und Kinder. Zu den bereits oben Seite 20 dawider aufgezählten Gründen füge ich noch Folgendes hinzu:

Erstens, je weiter man jene Forderung ausdehnt (z. B. auch auf bewegliche Güter, Kleidung, Nahrungsmittel u. s. w.), desto mehr zeigt sich das Unnatürliche, ja Unmögliche des ganzen Beginnens.

Zweitens, nimmt dadurch die Sorgfalt für Erzeugung und Erhaltung der Besitzthümer außerordentlich ab; von Freigebigkeit, Wohlthun, Gastfreundschaft u. s. w. kann nicht mehr die Rede seyn. Die Rederei über die bewundernswürdige Freundschaft, Hingebung, Aufopferung jenes Systems ist oberflächlich, und die mit den jetzigen Verhältnissen verbundenen Uebel entspringen nicht aus dem Eigenthume; sie würden sich vielmehr nach dessen Aufhebung verdoppeln, und der Hauptgegenstand aller theilnehmenden Thätigkeit wegfallen.

Drittens, die durchaus verschiedene Behandlung der Hüter hat keinen zureichenden Grund, und würde Unzufriedenheit und Zwist aller Art erzeugen. Aus höheren Grundsätzen muß wechselseitige Hülfe und Gemeinschaft hervorgehn, nicht aus erkünstelter und aufgezwungener Gleichstellung. Dies wußte schon Epikur und widersprach deshalb jenen unpraktischen Vorschlägen. Gemeinschaft der Heiligen, und nicht der Güter steht im christlichen Glaubensbekenntnisse, und der Standpunkt einer höhern persönlichen, mit dem Wohle des Ganzen vollkommen verträglichen Freiheit führt zu besseren Zielen, als jene platonischen Künsteleien. Jeder Einzelne ist des Privateigenthums fähig und soll nicht ohne Persönlichkeit, eigene Thätigkeit und eigenthümlichen Genuß, in den politischen Zauberkessel (behufs angeblich schönerer Gestaltung und Wiedergeburt) hineingeworfen werden. Alle mittelmäßigen Leute begeistern sich für mechanische Gleichmacherei; die höhere Aufgabe ist das Besondere zu erkennen und ihm sein Recht zuzuweisen.

An anderer Stelle fordert Platon [1]) im Allgemeinen: das Besitzthum des Einzelnen solle ein vorgeschriebenes Maaß nicht übersteigen und alles Überschießende dem Staate anheimfallen. Durch Angebereien und Strafen müsse man zu diesem Ziele hinwirken. — Auch dieser Vorschlag erscheint unausführbar und schädlich.

Nur Sklaven ist alles gemein; — das heißt, sie haben Nichts [2]). Die Wiedertäufer verunglückten mit dem Versuche Gütergemeinschaft einzuführen [3]); die Missionsanstalten in Californien wurden durch einen ähnlichen Versuch ganz gehemmt [4]); die Jesuiten wollten in Paraguay darauf unbedingte Herrschaft gründen, ließen aber deshalb die Indianer ohne alle höhere Bildung [5]). In Korsika zeigt das gemeinschaftliche, abwechselnd verlosete Land nur Uncultur und Verwüstung.

---

1) De legibus, V, 745.
2) Bodinus, I, 12.
3) La Perouse, I, 378.
4) Azara, 320.
5) Volney, Reise nach Nordamerika, II, 356.

Wir sprechen von Gütern, Besitz, Eigenthum, und da fragt sich: in welchem Verhältniß steht denn überhaupt der Mensch zu den Sachen, zur Erde? Hierauf hat man in neuern Zeiten geantwortet: das menschliche Geschlecht lebt in einem ewigen Kampfe gegen die Erde [1]). Man muß sich deshalb auf alle Weise wider den Planeten verbinden und ihn bethören; man muß die Waffen welche die Erde gegen ihre Kinder gebraucht durch Gewalt und Schönheit zu bezwingen suchen. Die Erde lockte Barbaren nach Rom, um diesen ihr zu mächtig gewordenen Menschenstaat zu zermalmen; sie hemmt auf tausend Arten den Verkehr, reizt (indem sie Einigen größere Freundlichkeit beweiset) zu Eifersucht und Raub, und hat neidisch, aber ohne Erfolg, Pompeji und Herkulanum verschüttet. Die Weltgeschichte ist die Geschichte der Kriege des menschlichen Geschlechts gegen die Erde; der Staat ist das gegen die Erde zu Stande gebrachte Bündniß der Menschen.

Diese scheinbar geistreiche Darlegung läßt sich sehr leicht in das Entgegengesetzte verwandeln. Man darf nur überall Freundschaft statt Feindschaft setzen, Förderung statt Hemmung, Belehrung statt Täuschung u. s. w. Ernster aufgefaßt, würde ich entgegnen: betrachte ich die Erde als einen todten Körper, so wird sie weder locken, noch neidisch seyn u. dgl.; betrachte ich sie lebendiger als Mutter aller Menschen, so ist hiemit ewige Freundschaft und Einigkeit gegeben. Sie ist unser größter, ewiger Verbündeter, nährt und kleidet uns, führt die Entfernten zusammen, und nimmt uns zuletzt wieder in ihren Schooß auf. — Zu Folge jenes ersten, einseitigen Beweises leben wir auch im ewigen Kriege mit Sonne, Mond und Sternen.

---

1) Müller, Elemente der Staatskunst, I, 77.

Zehnter Brief.

Berlin, 30. April 1850.

Ihre letzte Antwort veranlaßt mich zu etlichen Bemerkungen, oder Wiederhohlungen. Meine Meinung geht keineswegs dahin, daß sich alle geselligen Einrichtungen ohne zu denken von selbst machten, oder daß die ächte Wissenschaft auf diesem Boden entbehrlich, ja unmöglich sey. Ich erkläre mich nur gegen die anmaßliche Halbphilosophie die sich mit inhaltsleeren Abstraktionen und bloßem Schematismus breit macht. Der Ur- und Idealstaat mit welchem sie dann oft Götzendienst treibt, läßt sich nirgends verwirklichen, und ist bloß Gegenstand des Aberglaubens, nicht des Machens.

Scheinbar entgegengesetzt, aber gleich unpraktisch ist eine andere Schule über welche sich der staatskundige Venetianer Paruta [1]) also ausspricht: „um unsern Geist zu beruhigen, ist die allgemeine Behauptung nicht hinreichend, daß Gott Alles weise anordne; wir müssen tiefer in die wahren Ursachen der Dinge eindringen."

Viele haben sich gequält um zu ermitteln, wie denn irgend ein Staat habe entstehen können; mir scheint es dagegen viel schwieriger begreiflich zu machen, wie er nicht habe entstehen können. Die beliebteste Antwort lautet: jeder Staat ist durch förmlichen Vertrag entstanden; während Gegner dieser Ansicht die Thatsache läugnen und ihre Heilsamkeit bestreiten. Die Frage ist so wichtig, daß wir etwas länger dabei verweilen müssen. Jene bejahende Schule zerfällt den Grundvertrag in drei Theile: den Vertrag der Einigung, der Verfassung, der Unterwerfung (unionis, constitutionis, subjectionis). Die Läugnenden erwiedern: diese Verträge sind nicht wirklich, nicht möglich und in der vorausgesetzten Art auch nicht nöthig. Sie verwirren die Sache und umgehen die wichtigsten Fragen. Wie wenn Einer oder Mehre gar nicht contrahiren, oder austreten wollen, oder die Verträge brechen u. s. w.? Angenommen aber, für diese und ähnliche Punkte ließen sich hinreichende Bestimmungen auffinden, so bleibt

---

[1]) Discorsi, I, 71.

Entstehen und Abschließen jener Verträge unbegreiflich, man mag den Staat aus der Familie erwachsen lassen, oder sich der wunderbaren Hypothese von einem vollkommenen Urstaate zuwenden. Auch hilft es nicht weiter wenn man die angebliche Goldbarre des einen großen Urvertrags, in hallersche Scheidemünze unzähliger, kleiner Verträge umprägt, und den Staat auf das zusammengezählte Belieben, oder nicht Belieben, aller Einzelnen gründen will. Soll dies Belieben entscheiden: ob, und wie der Staat seyn soll, so geht jeder höhere Standpunkt, alle Sicherheit und Heiligkeit verlohren. Es ist gleich thöricht bloß Aeußerliches (Noth, Stärke, Reichthum u. dgl.) welches bloß theilweise und untergeordnete Bedeutung hat, als das Gesammtwesen des Staates zu bezeichnen, und eben so wenig kann die Art wie derselbe entstanden ist, oder der Augenblick seines Anfangs, allein entscheidend seyn für Fortgang, Inhalt und Ziel. Daher sagt Köppen [1]): „die Gründung der geselligen Verhältnisse auf einen allgemeinen Vertrag ohne Einzelnheiten führt nur zum Unbestimmten, einen Staat ohne Wirklichkeit, einem Rechte ohne gerechten Willen, einer Gleichheit ohne ein Ausgeglichenes. Bei den Alten ist von keinem Urvertrage die Rede; wohl aber von einer natürlichen Herrschaft, von einem gemeinschaftlichen Nutzen, von Gerechtigkeit als der höchsten Richtschnur des Willens und der äußerlichen Ordnung."

Trotz dieser, leicht zu mehrenden allgemeinen Einwendungen, trotz des Mangels genügender geschichtlicher Beweise, können sich unzählige Menschen nicht entschließen die Lehre von den geselligen Verträgen zur Seite zu werfen. Ist dies bloß Folge des Unverstandes und Eigensinns? Keineswegs: es liegt hierbei vielmehr ein richtiges, natürliches Gefühl zum Grunde, welches sich zur Einsicht erheben läßt. In dem Begriffe des Vertrages liegt unabweislich der Begriff des Rechtes und der Gegenseitigkeit; mit seiner Einführung in die Lehre von den geselligen Verhältnissen erhebt man sich über die Anerkenntniß bloßer Gewalt, und stellt das allgemein verpflichtende Gesetz über verdammliche Willkür hinauf. Wie bei der Lehre von Ehe und Familie, muß man in der Lehre vom Staate zu der Kraft das Recht hinzugesellen;

---

1) Politik, 21.

so wie dort ist man aber durch diesen Fortschritt auch hier noch nicht beim Ziele angekommen; es muß zu der Ansicht vom Vertrage sowie bei der Ehe, so auch beim Staate noch etwas Heiligendes hinzutreten, worüber zu sprechen sich später wohl Gelegenheit findet.

Bleiben wir zunächst bei dem Begriffe und Wesen des geselligen Vertrags, oder der geselligen Verträge stehen, so folgt daraus daß alle Bestimmungen, oder Verfassungsformen welche der Regierung, oder dem Volke, alle Rechte schrankenlos zuweisen, den Begriff des Vertrages und der Wechselseitigkeit aufheben, und den Rechtsboden verlassend, in das Gebiet bloßer Willkür und Gewalt zurücksinken. Dies dunkele Gefühl, oder diese klare Einsicht, hält an der Lehre von geselligen Verträgen wie an einem Rettungsanker fest. Auch sind die unläugbar vorhandenen Verträge aus geschichtlicher Zeit (Wahlkapitulationen, magnae chartae, Verfassungsurkunden u. s. w.) nach beiden Seiten hin verbindlich; und lange vor Rousseau behaupteten die Engländer: Jakob II. habe den geselligen Urvertrag (original contract) gebrochen.

Hobbes geht weiter und behauptet: im Staate solle niemand abstimmen, dissentiren [1]); der Staat habe gegen den Dissentirenden das Recht ihn feindlich zu behandeln. Diese Behauptung bedarf einer Beleuchtung. Zuvörderst muß man das Dissentiren von Ungehorsam und Widersetzlichkeit unterscheiden. Jenes ist weder überall zu vermeiden, noch zu entdecken. Ja wenn dem Einzelnen politische Rechte zustehen, soll er seine Abstimmung zu erkennen geben; woraus eine gesetzliche und heilsame Opposition entsteht. Wo jeder Ausweg versperrt ist sich in dieser Weise zu äußern, geräth man in Gleichgültigkeit, oder gewaltsame Ausbrüche. Sollte aber auch die Abstimmung eines Einzelnen in offenbaren Ungehorsam gegen bürgerliche Gesetze übergehen, so wird er deshalb doch nicht schlechthin als Feind behandelt, sondern nur im angemessenen und vorgeschriebenen Maaße bestraft. Oder er mag, (sofern nicht bestimmte Verpflichtungen entgegenstehen) den Staat verlassen und sich eine andere Heimath suchen.

---

1) De cive, 6, 2.

Wie viele Menschen, fragen Sie, sind denn nöthig zu einer tüchtigen Staatsverbindung? Ich antworte mit Aristoteles [1]): so viel als zu einer gewissen Allgenugsamkeit des Lebens (seiner Bedürnisse und Zwecke) gehören. Es giebt hier ein zu viel und zu wenig, so wohl in physischer, als geistiger Hinsicht. Mit Recht verlangt Aristoteles an einer anderen Stelle [2]), daß thierische Organisationen und Kunstwerke ein geschlossenes Ganzes seyn sollen, und ihm erscheint z. B. ein Thier welches mehrere Meilen lang wäre, als ein Unthier. Eben so ist ein Staat der einen Welttheil lang ist und Bürger auf Entdeckungsreisen ausschicken muß um zu erfahren, ob hier oder dort noch Theile und Glieder vorhanden sind, in diesen Beziehungen höchst unvollkommen: denn der kahle Landbesitz, oder Landanspruch erfüllt noch nicht das Wesen geselliger Verbindungen und Zwecke.

Im Allgemeinen läßt sich aber eine angemessene Größe für Staaten unbedingt so wenig feststellen, als für thierische Gestaltungen; oder wer kann beweisen daß die Mücke zur Größe des Elephanten hätte hinanwachsen sollen, der Elephant nicht unzählige Male größer seyn dürfe als die Mücke? Doch hat es Geschichtschreiber gegeben, denen der Umfang alleiniger Maßstab der Würdigkeit eines Staates war, und die deshalb Rußland anbeteten, in hellenischen Helden aber nur Dorfschulzen sahen.

Es haben einzelne Städte ein vollkommneres Bild des Staates gegeben, als große Reiche; und umgekehrt sind große Reiche besser regiert worden, als kleine Reichsstädte.

Um der Gefahr, die wichtige Unabhängigkeit einzubüßen mit sicherem Erfolge entgegenzutreten, sind zwei Maßregeln, oder Richtungen vorgeschlagen und empfohlen worden: geschlossene Handelsstaaten, oder (ihr entgegengesetztes) Universalstaaten. Beide sind aber in Wahrheit vom Uebel und lassen sich nicht rechtfertigen. Jene, die alle Gemeinschaft zwischen Staaten und Menschen aufheben wollen, sind unnatürlich, unphilosophisch, irreligiös; ja folgerecht müßte man auch Landschaft gegen Landschaft, Stadt gegen Stadt,

---

1) Polit. III, 1.
2) Poetic., 7.

Städte gegen Dörfer u. s. w. absperren, das heißt den Staat zerbröckeln und auflösen.

Umgekehrt tritt ein zusammengeerbtes, oder erobertes Weltreich an die Stelle natürlicher, unendlicher Mannigfaltigkeit des Orts, der Zeit, der Bildung, der Völker, führt zu ertödtender Einförmigkeit und Langweiligkeit und wird niemals den Forderungen, Bedürfnissen, dem inneren und äußeren Reichthume des menschlichen Geschlechtes genügen. Nur von der Geschichte und aller ächten Staatsweisheit losgebunden, kann man sich einbilden es sei Gewinn wenn ein mächtiger Staat in den Stand kömmt alle übrigen zwingen zu können, sich untereinander nichts Uebeles zuzufügen; denn in diesem Zwange liegt das größte Uebel. Es ist eine Thorheit von gleichen Gesetzen, übereinstimmenden Sitten, allgemeinem Verkehr, u. s. w. zu fantasiren, wenn dies Alles bloß Ergebniß vorhergegangener Auflösung und Verknechtung ist. Nur das Todte ist unter einander gleich, alles Lebendige hat dagegen seine bestimmte Eigenthümlichkeit. Ordnung, Gesetz, Bildung u. s. w. zeigt sich in der Einheit des Mannigfaltigen, nicht in abgestorbener Einerleiheit. (Daher ist auch der Gedanke der Stoiker irrig, wonach aller Unterschied der Staaten und Völker aufhören soll, und der Weise sich nur als Weltbürger betrachten darf [1]). Andererseits giebt es geschichtliche Zeiträume, wo die früher einzeln stehenden Staaten so viel von ihrem eigenthümlichen Leben verlohren haben, daß sie widerstandlos in eine Form gepreßt werden können. Auf diese Zustände werde ich später zurückkommen.

Eilfter Brief.

Berlin, 2. Mai 1850.

Sie erwähnen in Ihrer letzten Antwort der angeblich gefühlvollen Klagen: daß man im Staate so viel von der herrlichen,

---

[1] Ritter, Geschichte der Philosophie, II, 633, 635.

ursprünglichen Freiheit aufgeben müsse, und auf allen Seiten hinsichtlich der Personen und des Gutes beschränkt werde. Bald solle man zahlen, bald das Leben aufs Spiel setzen; — unzähliger anderer Scherereien nicht zu gedenken. Ich antworte auch diesmal mit Aristoteles ¹): man soll das Leben im Staate nicht als Sklaverei betrachten, sondern als heilsame Errettung. — Nur die **Willkür** giebt man im Staate auf, um der Freiheit willen; denn Willkür verschafft weder Macht, noch Schutz. Der Staat ist keine Zwangsanstalt, kein Uebel; sondern ein Gut. Es giebt keine Freiheit ohne Recht und Sitte, ohne Regel und Gesetz. Im rohen Zustande findet sich die höchste Armuth, gepaart mit der drückendsten Abhängigkeit von allen äußeren Verhältnissen.

Nicht das Interesse der Einzelnen als solcher ist (wie ich schon bemerkte) der alleinige Zweck des Staates. Dieser besteht nicht durch bloßes Zusammenzählen einzelner Meinungen, ohne Rücksicht auf das Wesentliche, Unantastbare. Er soll die Einzelnen achten, und doch ein Ganzes bilden; im höheren Sinne haben beide dasselbe Interesse. Patriotismus ist die Gesinnung, das Gemeinwesen im gegebenen Zustande zu lieben und zu pflegen: eine Kritik, welche verlangt daß vorher alles Mangelhafte aus dem Irdischen vertilgt werde, ist verkehrt und ertödtend. Uebrigens versteht es sich von selbst daß Bedingungen welche die Natur des Einzelnen ganz aufheben, bei der Staatsgründung oder Entwickelung nicht eintreten dürfen; ja der Staat soll nicht einmal haben, thun, üben, unternehmen u. s. w. was der Einzelne besser hat, thut, übt und unternimmt.

Ich komme auf einen anderen Einwand. Im Staate, heißt es, wird das beschauliche, wissenschaftliche Leben oft mit Unrecht gehindert und hintangesetzt, obgleich es allen andern Richtungen und Thätigkeiten voranstehen sollte. Täglich zwingt das öffentliche Leben gegen seine Ueberzeugung zu handeln ²), so daß der Mensch das Höchste und Heiligste in dem unerreichbaren Bemühen preisgiebt, das Unheilige auf eine höhere Stufe zu heben und zu heiligen.

---

1) Polit., VI, 3.
2) Tacitus dial. de orator., c. 13.

Ich entgegne: selbst der größte Vertheidiger des beschaulichen oder wissenschaftlichen Lebens, Aristoteles, sagt an einer andern Stelle [1]): „Thätigkeit ist Glück", woraus unläugbar folgt daß ihm die beschauliche und die thätige Richtung im Staate nicht bloß möglich, sondern auch nothwendig erscheint. Und Cicero (ein schwächerer Philosoph, aber ein größerer Praktiker) sagt von seinem Standpunkte aus [2]): jede Pflicht und Thätigkeit, welche die Verbindungen der Menschen und die bürgerliche Gesellschaft zu schützen vermag, ist derjenigen vorzuziehen, welche sich auf Erkenntniß und Wissenschaft bezieht.

Gewiß ist es grundfalsch, das beschauliche und thätige Leben unbedingt und feindlich entgegenzusetzen; erst aus freundschaftlicher Durchdringung beider entsteht das Vollkommenste, ihre völlige Sonderung erzeugt verderbliche Einseitigkeit. Aus derselben entsteht ferner die Gefahr, in übertriebener, falscher Begeisterung zu vergessen [3]), daß im Staate die Gerechtigkeit das Gute und für Alle Zuträgliche ist. Man setzt rücksichtslos das darüber hinaus, was man wohl Entwickelung nennt, die um jeden Preis zu verfolgen und zu erstreben sey.

Ich theile Ihnen eine Stelle aus Johann von Müllers Briefen mit, welche zur rechten Mitte hinweiset. Er sagt [4]): „B. hat in den Deutschen Merkur eine Abhandlung über den Begriff der Freiheit eingerückt; er hält unter Anderem für wesentlich daß das Maximum des Lebens, die Entwickelung, dadurch befördert werde. Hierüber bin ich mit ihm in Fehde, vorstellend es werde hiedurch das unruhige Umhertreiben, wobei keine Verfassung Festigkeit bekommen kann, zu sehr begünstigt. Ordnung also und Sicherheit seyen die Hauptbestandtheile, woraus die Entwickelung in gehöriger Maaße hervorgehe, ohne daß man jedem Halbkopfe ins Ohr zu schreien brauche: entwickelt euch, ent-

---

1) Polit., VII, 3.

2) De offic., I, 44. Die völlig unpraktische Lehre der Neuplatoniker zu erörtern, ist nicht nöthig. Ritter, Gesch. d. Philos., IV, 614.

3) Ἐστι τὸ πολιτικὸν ἀγαθὸν τὸ δίκαιον, τοῦτο δ' ἐστὶ τὸ κοινῇ συμφερον. Aristot. Polit., III, 8.

4) Werke, VI, 334, Brief vom 16. Nov. 1799.

wickelt euch! Eben dieses unaufhörliche Bewegen und Gähren bringe die vielen Mißgriffe hervor, die endlich in Anarchie oder Despotie stürzen. Ich glaube, daß die Freiheit weit von allen Akademien und gelehrten Ankündigungen der 1001 jährlich neu auskriechenden Wahrheiten, im Sanerlande, in Unterwalden so gut als zu Athen existiren könne. Ob denn nun wirklich unsere guten Haslileute und Appenzeller ihm nicht frei erschienen, weil das Maximum ihrer Entwickelung nicht viel über den Käsekessel hinausging? Nun so weise ich ihm einen andern Kessel: das Land zwischen Jura, Rhein und Alpen; da siehe Alles; ob er so eine Freiheit meine?"

Ihre Bemerkungen haben mich seitwärts, oder zu weit vorwärts geführt; ich muß deshalb abbrechen und zurückkehren. Erlauben Sie mir nun aber auch noch einige Betrachtungen dazwischenzuschieben. Der Staat, dies lebendigste und zusammengesetzteste Wesen, läßt sich nicht durch augenblickliche theoretische Beschauung, oder bloß vorübergehende praktische Einwirkung gründlich verstehen. Bücherlesen und Aktenlesen reicht in seiner Vereinzelung nicht aus; noch weit weniger das Umhertreiben in vornehmen und diplomatischen Kreisen. Mit einem Abracadabra neuer Floskeln für alte Ansichten kann man keineswegs Schlösser und Riegel sprengen und Schätze heraufbeschwören; man kann den Staat nicht wie einen Phönix aus der Asche hervorgehen lassen, weil man in dem Plunder eines zerschlagenen umhergewühlt hat. Praktische Handwerkskniffe reichen nicht aus, und eine goldpapierne Theorie ersetzt nicht Fleiß und Kenntnisse des Praktikers. Ein tiefes unbefangenes Studium der Geschichte, Reichthum an Erkenntniß und praktische Kraft, verbunden mit heiligem Willen und Vertrauen auf Gott, Entsagung aller bloß persönlichen Absichten und schlechter Eitelkeit; — das Alles und wo möglich noch mehr verlange ich von dem großen Staatsmanne, dem praktisch Beschaulichen und beschaulich Praktischen. Jeder soll einsehen, daß er das Ziel noch nicht erreicht habe, — nicht mühelos erreichen werde —; jeder soll indessen mit allen Kräften banach streben; sonst wird jene Bescheidenheit den irrenden Staatsmann niemals von der Verurtheilung freisprechen.

Es ist nicht der höchste Zweck des Einzelnen daß er

lange lebe; so ist auch die Dauer nicht der unbedingt letzte Zweck des Staates. Ein erhabener Tod bleibt einem schlechten Leben allemal vorzuziehen. Thermopylä, Numantia, Karthago, Mailand, Saragossa leben ewig in der Geschichte. Gar oft starben die Staaten auf elende Weise: an Verhätscheln, Lastern, Scheinkuren, weil sie das Würdigere, groß zu sterben, muthlos nicht vorzogen.

> Tiefstes Unrecht erscheine dir Leben für Schande zu fristen,
> Und um des Lebens Genuß, lassen des Lebens Beding.

Uebrigens giebt die Zeitlänge nicht das alleinige Maaß des Lebens; denn die Innigkeit und Mannigfaltigkeit verdoppelt die Ausdehnung. An ihren Früchten sollt ihr sie erkennen; was zu einer Chronologie führt die nicht bloß zusammenzählt, und wonach der athenische Staat länger gelebt hat als der chinesische.

So wie es für den Einzelnen eine Kunst giebt das menschliche Leben zu verlängern, so auch für den Staat; die Mittel müssen aber den wirklichen Verhältnissen angepaßt werden; es giebt keine Universalmittel. Gewiß ist das: „Kenne dich selbst", für den Staat nicht minder nothwendig und heilsam, als für den Einzelnen. Oder wäre nicht unzähliges Unheil aus dem Nichtkennen hervorgegangen? Sind nicht die Fähigkeiten oft mißgeleitet, die Kräfte bald zu hoch, bald zu niedrig angeschlagen, durch falsche Nachahmung die Natur verderbt, durch falsche Absonderung schädlicher Stillstand herbeigeführt worden?

Der Einzelne und der Staat welcher seine Kräfte in unzähligen Versuchen zersplittert, wird kraftlos; der, welcher nicht mehr strebt, geht dem Tode entgegen [1]).

Der Tod eines Staates ist viel tragischer als der Tod einzelner Menschen; weil hier Ersatz durch die Nachkommen eintritt und die Nothwendigkeit eines Lebenszieles nicht zu bezweifeln ist. Der Untergang eines Staates findet hingegen fast nie statt ohne große eigene Schuld und zieht unzählige Menschen mit in das Verderben. Die oben berührte Frage: worauf beruht die Selbstheit (oder Selbigkeit), die Identität eines Staates? steht mit der in genauer Verbindung: was ist denn Untergang eines Staates?

---

1) Thucyd., VI, 18.

Das bloß physische Ereigniß, wenn Land und Menschen vom Meere verschlungen, durch Erdbeben zerstört würden, bedarf (schon seiner Seltenheit wegen) keiner weiteren Erläuterung. Ferner entscheidet der Verlust des Landbesitzes nicht, so lange die Menschen bleiben; z. B. wenn die Helvetier welche ihr Land verließen, anderwärts ein neues Reich gründet, wenn die Venetianer (dem Vorschlage des Doge Ziani gemäß) ihren ganzen Staat nach Constantinopel verpflanzt und zu höherer Blüthe gebracht hätten [1]). Noch weniger ist die Verlegung einer Hauptstadt (von Rom nach Constantinopel, von Moskau nach Petersburg) eine Aufhebung der Identität des Staates. Unterjochung von außen bleibt die schlimmste, rettungsloseste aller Todesarten.

Kein Staat ist so mächtig, daß er auf die Dauer dem Hasse aller Nachbarn widerstehen kann; keiner so geliebt von den Nachbarn, daß er darauf ausschließlich die Dauer seines Daseyns gründen könnte. Was langsam wuchs, löset sich in der Regel nur langsam auf, — und umgekehrt; so viel vermag die Kraft früherer Geschlechter, bei eintretender Schwäche der späteren. Stat mole sua, galt für Rom, nicht für die Reiche Karls des Großen und Napoleons.

Zuweilen werden die Ursachen des Todes mächtiger, als alle entgegenstehende Kraft des Lebens; nur zu oft wird aber alsdann das sogenannte Glück (oder Unglück) angeschuldigt, ihm wird die meiste Macht eingeräumt, wo nur Geschicklichkeit und Entschluß fehlte es für sich zu gewinnen und zu beherrschen. Unfälle führen selten zu gründlicher Selbsterkenntniß; vornehm läugnet der Besiegte die Tugend und Begeisterung in den Siegern. Nirgends haben bloße Massen existirt und obgesiegt; Rom siegte durch Kraft, Einigkeit und Tugend, über Schwäche, Zwiespalt und Laster. So Araber, Deutsche, Franzosen, Engländer u. s. w. Wendet sich das Verhältniß, so werden aus den Siegern Besiegte: in beiden Fällen geschah das Natürliche.

Niemals ist ein bloß verneinendes, verdrießliches Abweisen des Anbringenden ein genügendes Heilmittel; immer ist ein eigen-

---

1) Caesar de bello gallico, lib. I. Maier, Beschreibung von Venedig, I, 9.

thümlicher Lebensquell, eine selbständige Ansicht, ein positiver, klarer und würdiger Zweck nothwendig, damit ein Staat tüchtig fortleben könne. Wenn das Unglück unabwendbarer Abhängigkeit eingetreten ist, so verstehen Wenige sich besonnen in die neue Lage zu finden; sklavische Kriecherei ist so häufig, als maaßloser Haß. In Wahrheit bleibt unbefangen zu prüfen ob die Macht den Wünschen entspricht (sonst entsteht aus dem Mißlingen noch ärgere Sklaverei), ob die Regierung, der Herrscher, die Finanzen, die Begeisterung hemmen oder fördern, ob Eilen oder Abwarten günstigerer Zeiten das Rathsamste sey u. s. w. Gewiß ist es verkehrt, unter sehr verschiedenen Verhältnissen dasselbe zu versuchen.

Es zeigen sich für den Untergang der Staaten hauptsächlich zwei Richtungen, von denen bald die eine, bald die andere lange Zeiträume hindurch vorwaltet: entweder die Verschmelzung der kleineren Staaten in größere, oder das Zerfallen der größeren in kleinere. Kleinere Staaten sind vorhanden, so lange die Völker noch jung sind. Geringere Menschenzahl, Unvollkommenheit mancher geselligen Einrichtungen, engeres Anschließen der in Freude und Leid näher und nothwendiger Verbundenen, größere Anhänglichkeit an die einmal gegebene, scharf charakterisirte Verfassung, feindliche Betrachtung aller Nachbarstaaten: — dies und vieles Andere hindert die Entstehung größerer Reiche. Diese treten hingegen hervor, wo die Menschenzahl sich mehrt, die geselligen Einrichtungen umfassender, die Bedürfnisse, Wünsche und Zwecke größer und mannigfaltiger werden, wo nicht im nächsten Nachbar und einer bestimmten Form alleinige Rettung erscheint, wo die Vaterlandsliebe auf Grundlagen beruht welche denen anderer Staaten ähnlich sind, wo das Besondere und Absondernde in den Hintergrund tritt, wo Bildung und Sitten gleichartig geworden, und Trennung und Entgegensetzung fast nur in den Regierungen übrig bleibt. — Man vergleiche die unendliche Verschiedenheit welche in geringer Entfernung zwischen Athen und Sparta statt fand, und die feste Anhänglichkeit an ganz eigenthümliche staatsrechtliche Gestaltungen, mit der Gleichartigkeit, Gleichgültigkeit und Nachahmungssucht welche abwechselnd das neuere Europa gezeigt hat.

Nach Maaßgabe des Standpunktes und der zeitlichen Erscheinungen sind die Vorzüge der größeren, oder der kleineren Staaten hervorgehoben worden; obgleich nicht zu erweisen ist daß das Vereinigen, oder Zersplittern der Staaten jedesmal ein seliger Tod, eine εὐθανασια sey. Wer kann darthun daß der größere oder kleinere Planet, der größere oder kleinere Welttheil, und so auch der größere oder kleinere Staat unbedingt der bessere sey und immerdar für die eine oder die andere der oben bezeichneten Richtungen zu wirken und zu kämpfen sey. Unbefangene Betrachtung des Geschichtlichen wird ihre natürlichen Licht- und Schattenseiten offenbaren. Als die Römer die kleineren Staaten von Hellas mit dem ihrigen vereinten, hatten jene bereits Lebenskraft und Lebensgeschicklichkeit verloren. Der römische Staat war schon völliger Auflösung anheim gefallen, als deutsche Völker die einzelnen Theile in Besitz nahmen und umbildeten. Die einseitigen Freunde kleiner Staaten, möchte ich fragen: ob sie glauben, es wäre besser gewesen Rom hätte nie die vielen kleinen Stämme Italiens zu einer Herrschaft vereint? Soll sich Großbritannien wieder in drei Reiche zerfällen oder die Heptarchie herstellen? Oder umgekehrt der nordamerikanische Freistaat wieder ein Zubehör Englands werden? Zeigten die Einwohner der Mark Brandenburg mehr Heldenmuth als sie unter Friedrich II. Europa widerstanden, oder als sie sich untereinander bekämpften und verfolgten? War noch Lebenskraft in den deutschen Reichsstädten deren Bürgermeister überglücklich waren, bei der Einverleibung in ein größeres Reich, den Titel von Kriegs- oder Commercienräthen zu erhalten?

So viel beiläufig zur Ermäßigung des übermäßigen Verehrens bloßer Kleinstaaterei, ob ich gleich sehr entfernt bin den Werth der Staaten bloß nach Quadratmeilen und Bevölkerung abzumessen. Regeln aus einzelnen Fällen abgeleitet sind immer mangelhaft, und ich wollte nur diejenigen widerlegen, welche in jeder Vereinigung zu einem größeren geselligen Ganzen lediglich Verlust sehen. Die Wehen des Vereinigens und des Zerfallens sind oft gleich groß, wie die Geschichte der Römer, Araber und des Reiches Karls des Großen hinreichend erweiset. Wenn einem großen Baume die Lebenskraft ausgeht, wenn in unzähligen Zweigen Trockniß eintritt und er zu Boden stürzt, so schlägt er weit umher Alles nieder; erst aus und nach der Verwesung treiben neue gesunde Pflanzen hervor.

Zwölfter Brief.

Berlin, 4. Mai 1850.

Mein verehrter Lehrer Meierotto übersetzte errare nicht immer irren, sondern auch, sich ergehen. Hiebei kommt man wol mehrere Male auf dieselbe Stelle und in denselben Weg. So haben Sie mir gewisse Wiederhohlungen verstattet, und erlauben mir auch fernerhin nicht immer auf dem (bisweilen nur scheinbar kürzesten) Wege der geraden Linie einherzuschreiten. Heute will ich indeß versuchen mehr dogmatisirend als commentirend, mehr behauptend als erörternd vorwärts zu kommen.

Kein Staat ist gedenkbar ohne höchste Gewalt, ohne Regierung. Die Herrschlust und Herrscherkraft ist keineswegs immer vom Uebel, oder bloß menschlich; sie hat vielmehr ihre göttliche Wurzel [1]. Aus der Verwechselung des Willkürlichen mit dem Freien entsteht der Wahn als seyen Freiheit und Herrschaft immerdar von einander geschieden. Aechte Herrschaft ist ein Werk der höchsten Freiheit, für die Freiheit [2].

Die höchste Gewalt in einem Staate (sie möge Einem, Mehreren, oder Allen zustehen) ist in ihrem ganzen Umfange betrachtet allemal unbeschränkt; es steht keine andere Gewalt neben oder über ihr, sonst hätte diese die höchste Gewalt. Diese Einheit der gesammten Souverainität ist aber keine Einerleiheit; sondern gleich der Einheit des Leibes eine lebendige, organische. So wie das Leben aus der Wirksamkeit und den eigenthümlichen Geschäften der einzelnen Organe des Leibes erst hervorgeht, so das Staatsleben aus den Funktionen der Souverainität. Es ist thö-

---

1) Οὐ γὰρ πάνυ μοι δοκεῖ ὅλον τοῦτι τὸ ἀγαθὸν ἀνθρώπινον εἶναι, ἀλλὰ θεῖον, τὸ ἐθελόντων ἄρχειν. Xenoph. Oecon., XXI, 12.

2) Köppen, Politik, 48.

richt in diesen Thätigkeiten der höchsten Gewalt ein Unglück zu sehen; es wäre das höchste Unglück für ein Volk, wenn es nicht auf irgend eine Weise regiert würde. Die Art und Weise wie die höchste Gewalt geübt wird, die Regierung ins Leben tritt, die Art wie die Verhältnisse zwischen Regierenden und Regierten zu einem Ganzen geregelt und festgestellt sind, — nennt man vorzugsweise die **Verfassung** eines Staates. Sie bestimmt also zunächst in wessen Händen die höchste Gewalt ist.

Diese höchste Gewalt, die Regierung ist **als solche unfehlbar**; das heißt: ein constitutioneller Richter über die Regierung gestellt, ist ein Unding; oder dieser bedürfte eines zweiten, dritten Richters u. s. w. ins Unendliche. Nach Fichte [1]) fordert zwar die reine Vernunft daß der Regent (die höchste Gewalt) dem Volke verantwortlich sey; doch weiß er selbst nicht wie dies zu machen. Siehes constitutionelle Jury und die spanische Verfassung der Cortes kamen nicht zur Ausführung, und der aragonische Justitza führte nicht zum Ziele. Er sollte nämlich des Königs berichtigender Herr seyn; wiederum sollte ein ständischer Ausschuß über dem Justitza stehen und ihn nöthigen Falls absetzen, ja hinrichten lassen. Wer berichtigte und beherrschte nun aber den Ausschuß? — Man kommt auf diesem Wege so wenig zum Ziele, als wenn man für bürgerliche Streitigkeiten statt zwei, drei Instanzen, deren zwanzig, dreißig übereinander bauen wollte.

Weil nun aber unläugbar jede menschliche Regierung **fehlbar** ist, und der Wunsch ihre Mängel hinwegzuschaffen so natürlich als gerecht erscheint, so müssen wir uns nach anderen Hülfsmitteln und Bürgschaften umsehen. Die alte Welt suchte diese hauptsächlich darin, daß neben der Unantastbarkeit der **ganzen** Regierung, jeder Einzelne verantwortlich war (ὑπεύθυνος). Abgesehen davon, daß hier mehr oder weniger demokratische Einrichtungen vorausgesetzt werden, finden sich bei jeder versuchten Ausführung sehr große Schwierigkeiten. Nach welcher sicheren und offenbaren Regel will man z. B. in einer Volksversammlung

---

1) Sittenlehre, 437.

und vielen gleichmäßig Abstimmenden die Schuldigen heraus= greifen? Wie kann man die Mitschuldigen zu Richtern einsetzen, wie auf willige Vollziehung ihrer Sprüche rechnen? Auch geht das ganze Hülfsmittel nur auf Bestrafung des Verkehrten hin= aus, bietet aber nichts zum Vorbeugen des Irthums und zur Begründung und Erhaltung gesunder Verhältnisse und vortreff= licher Gesetze.

Erwähnen muß ich, daß für den Papst oft eine Unfehl= barkeit ist in Anspruch genommen worden, welche von der für die höchste Gewalt von mir geforderten, wesentlich verschieden erscheint. Sie bezieht sich nicht bloß auf die Nothwendigkeit einer letzten, höchsten Willensentscheidung; sondern noch mehr darauf daß der Papst keineswegs menschlich fehlbar sey, weil ihm unmittelbare göttliche Leitung und Eingebung des heiligen Geistes zur Seite stehe. Diese Lehre ist theils für schlechthin irrig erklärt worden, theils haben sie Oberhäupter weltlicher Staaten auch für sich geltend gemacht und mit den bekannten Ansichten vom göttlichen Rechte in Verbindung gebracht. Hievon genauer zu sprechen, findet sich wohl später Gelegenheit; hier will ich nur noch erwähnen, daß selbst die katholische Kirche zugiebt: man könne vom schlecht unterrichteten Papst an den besser unter= richteten berufen.

Statt jener allgemeinen Verantwortlichkeit ist diese in den ausgebildeteren Verfassungen der neuern Zeit, meist nur für die untergeordneten Kreise der Beamten und Minister festgestellt, der Höchste (der König) aber für geheiligt (sacrosanctus) erklärt worden. Mit dem Lehrsatze: er könne nicht Unrecht thun, ist (so scheint es) ein fester, unwandelbarer Haltungspunkt gewonnen, und einer ganz allgemeinen Umwälzung und Auflösung vor= gebeugt. Wie aber wenn die Uebel wesentlich von dem, oder den Geheiligten ausgingen? Wird jener Lehrsatz alsdann stark genug seyn, dem hervorbrechenden Rechtsgefühle, den wilden Leidenschaften die Spitze zu bieten? Hat nicht (mit Recht, oder Unrecht) die rettende, oder verdammliche Empörung, zugleich Karl X. und seine Minister gestürzt? So ergiebt sich daß, ungeachtet des Fortschrittes welcher in dem Heiligen der höch= sten Gewalt liegt, für die volle und dauernde Gesundheit der geselligen Verhältnisse noch andere Bürgschaften gesucht werden müssen.

Man hat eine solche in der **Volkssouverainität** zu finden geglaubt. Neben den eifrigsten Vertheidigern und Bewunderern dieser Lehre, stehen aber die heftigsten Ankläger: ein Beweis daß sich die Meisten noch nicht zu einer lichtvollen genügenden Klarheit durchgearbeitet haben. Hören wir zuerst die Ankläger. Es ist eine Täuschung (sagen sie) daß man behufs des Entscheidens und Herrschens von Wenigen auf Viele oder Alle zurückgeht, und vergißt daß hieburch kein Ueberschuß des Guten über das, gleichfalls mit der Zahl wachsende Böse herbeigeführt wird. Wie verkehrt es ist auf diesem Wege für den Staat Hülfe zu suchen, ergiebt sich schon daraus, daß es keinem Vernünftigen einfallen kann, ähnlicher Weise, Kunst, Wissenschaft und Religion gründen und reinigen zu wollen. Das gesammte Volk besitzt als solches weder Kunst, noch Wissenschaft, noch Religion, noch Staatsweisheit; überall sind einzelne Personen, große Geister die Führer gewesen, nicht zahllose unbedeutende Atome ganzer Massen. Ferner bleibt es ganz unmöglich daß Millionen, daß ein ganzes Volk die höchste Gewalt ausübe, weshalb Fierée [1]) mit Recht sagt: ist das souveraine Volk thätig (actif), so sehen wir nur Unordnung, Unbeständigkeit und Wuth; ist es unthätig (passif), was will das heißen?

Wo jeder ganz unabhängig, selbständig seyn will, giebt es noch gar keine Souverainität; es giebt keinen Staat ohne Unterordnung und Gehorsam. Sind nicht, fragt man, Alle mehr denn Wenige, ist nicht das Ganze mehr als ein Theil. Der Zahl, der Quantität nach allerdings; aber die Eigenschaften, die Qualitäten bestimmen erst den lebendigen Inhalt und Werth der Quantitäten, und wenn Alle kräftiger, mächtiger sind als Einige, so sind sie auch unwissender, hülfsbedürftiger u. s. w. Denken wir vom Volke hinweg Obrigkeiten, Gerichte, Stände, Körperschaften, so bleibt nur eine formlose Masse, die am wenigsten einen allgemeinen und allgemein gültigen Willen hat. Ein Volk ist souverain im Gegensatz zu einem anderen Volke;

---

1) Session de 1816, 21.

aber Volkssouverainität, im Gegensatz zu der bereits bestehenden Souverainität, ist ein verworrener, unbrauchbarer Gedanke.¹)

Bei folgerechter Entwickelung jener Lehre kann keine Mehrzahl die Minderzahl verpflichten; das liberum veto der Polen und der souverainitätsbegierigen deutschen Fürsten im Jahre 1849 wachsen auf demselben Boden. Ein Zurückgehen von der vorhandenen, gegebenen Souverainität auf eine unbekannte, oder gleichsam schlafende, führt zur Anarchie, oder entsteht aus der Anarchie. Es giebt kein Geschäft, keine Regierungshandlung, zu welcher die gesammte Regierung (mit Einschluß aller gesetzlich Berechtigten) nicht befugt wäre. Für wichtige Fälle eine neue außerordentliche Souverainität bilden wollen, heißt im Augenblicke der Gefahr das Steuer wegwerfen.²) Dann soll aus dem ganz Unbestimmten das bestimmte Werk des Herrschens hervorgehn, ohne das rechtlich Dienende zu bezeichnen, und die schrankenlose Willkür der Einzelnen auszuschließen.

William Pitt³) (der vom 24. Lebensjahre bis zu seinem Tode vorzugsweise die Schicksale Großbritanniens lenkte, auf den aber freilich die unzähligen Staatsweisen heutiger Klubs verächtlich hinabsehen), William Pitt sagte in einer parlamentarischen Rede: „ein grobes Verkennen der Grundsätze aller bürgerlichen Gesellschaft liegt der Annahme zum Grunde, daß immerdar neben jeder Regierung eine im Volke ruhende Souverainität vorhanden sey, welche man bei jeder Gelegenheit hervorrufen könne; oder vielmehr bei jedem Vorwande, wenn es den Häuptern einer diese Lehre vertheidigenden Faktion bequem erscheine. — Diese falsche und gefährliche Posse (mockery) von der Souverainität des Volkes ist in Wahrheit eines der hauptsächlichsten Elemente des Jakobinismus, eine der beliebtesten Betrügereien den Verstand zu mißleiten und die Leidenschaften der Menge zu entflammen, welche nicht Gelegenheit und Geschicklichkeit hat jene Lehre zu prüfen und zu begreifen. Jeder Freund der Ordnung, des Friedens, der menschlichen Glückseligkeit muß jene Lehre, bei

---

1) Hegel, Rechtsphilosophie, 287.
2) Köppen, Politik, 100.
3) Speeches III, 58, 60.

welcher Gelegenheit und in welcher Gestalt sie auch erscheine, bekämpfen und ihr auf alle Weise widerstehn."

Woher kommt es (diese Frage drängt sich unabweisbar hervor), woher kommt es, daß ungeachtet dieser wichtigen, leicht noch zu vermehrenden Gründe, die Lehre von der Volkssouverainität noch immer so zahlreiche und eifrige Vertheidiger findet? Beruht dies lediglich auf Unverstand, Ehrgeiz, Leidenschaft, oder wirken auch ehrenwerthere und bessere Gründe? — Die Geschichte erweiset, daß unsinnige Lehren und alles wahre Recht verletzende Grundsätze Jahrhunderte lang mit erfolgreichem Nachdrucke sind geltend gemacht worden; aber auch daß man (verkehrter Weise) löbliche Wahrheiten eben so lange und mit eben so viel Eifer und Erfolg bekämpfte. Dies gebietet dem Unbefangenen auch an dieser Stelle nur mit großer Vorsicht ein entscheidendes Urtheil zu fällen.

Wir überzeugten uns bei der Lehre von der Ehe und dem Staate, daß der vielfach bestrittene Begriff des Vertrages zwar nicht den ganzen Inhalt umfaßte, nicht das ganze Wesen enthüllte; daß aber dunkeles Gefühl immer wieder darauf hinleitete und schärfere Prüfung erwies: das in ihm sich offenbarende Rechtselement und die damit ausgesprochene Wechselseitigkeit seyen unentbehrlich.

So liegt (aber freilich fast ganz überdeckt von unausführbarer Theorie und verwerflicher Praxis) auch in der Forderung der Volkssouverainität ein Bestandtheil unvertilglicher Wahrheit: nämlich daß die Völker nicht bloß Knechte einer von ihnen ganz unabhängigen, willkürlichen Gewalt sind, daß für sie vielmehr irgend ein gesetzliches Maaß der Prüfung und Mitwirkung[1], daß eine achtbare und geachtete Rechtsstellung müsse gesucht und gefunden werden. Jedoch kann das Gefundene, Brauchbare nicht für alle Zeiten und Völker ganz dasselbe seyn; es giebt natürliche Gränzen und Abstufungen, über welche sich hier im Allgemeinen kaum etwas aussagen und feststellen läßt. Die

---

1) So verträgt sich in den vereinigten Staaten von Nordamerika, die geläuterte Lehre von der Volkssouverainität, mit einer geordneten Regierung und Obrigkeit.

gesammte Lehre von der Verfassung steht in enger Verbindung mit der großen mannigfach zu lösenden Aufgabe von den Gemeineeinrichtungen und Ortswahlen, bis zu gesetzgebenden Reichstagen.

Man muß einräumen, daß in einzelnen Zeiträumen die Völker wie von einem höheren Geiste ergriffen und geleitet wurden (numine afflantur) und man ihre Stimmen nicht mit Unrecht als Gottes Stimme bezeichnete (vox populi, vox dei); aber gleichermaßen wurden auch ganze Völker bisweilen von einer Raserei befallen, welche man (eigene Schuld ablehnend) kurzweg der Einwirkung des Teufels zuschreiben möchte!

Die jetzt wieder laut hervorgehobene Lehre vom **göttlichen Rechte der Fürsten** ist das Gegenstück, das Paroli, zu der Lehre von der Volkssouverainität (sowie die Steuerverweigerung der Gegensatz zum unbedingten Veto). In gesunden Verhältnissen sind alle diese Lehren meist praktisch unbrauchbar; in kranken bieten sie keine ausreichende Hülfe. Ganz angemessen wird das Recht mit göttlichem Willen und göttlicher Offenbarung in enge Verbindung gesetzt, und hier nach einer sicheren, unantastbaren Beglaubigung geforscht; allein nur das göttliche Recht Gottes hat und bedarf keiner Schranke, weiter abwärts bezieht es sich nicht bloß auf die Fürsten, sondern auch auf die Völker. Ja das Recht eines Jeden, von dem Höchsten bis zu den Geringsten, vom König bis zum Bettelmann, ist innerhalb seiner Gränze, ein göttliches, geheiligtes: — jede Ueberschreitung, von oben oder von unten, ist gleich verdammlich und führt zur Despotie oder Anarchie.

Dreizehnter Brief.

Berlin, 6. Mai 1850.

Sowie der Staat entstand aus den sich allmählich erweiternden Kreisen der Familien, Gemeinen, Landschaften u. s. w., so entsteht eine Staats- und Reichsverfassung aus, und beruht auf ähnlichen Grundlagen. Keine Verfassung, insbesondere eines größeren Staates, hat sicheren Boden ohne örtliche und landschaftliche Einrichtungen; und wiederum mangelt diesen Einheit und Zusammenhang ohne eine Reichsverfassung. Man kann die Pyramide nicht von oben bauen, man soll das Gewölbe nicht ohne Schlußstein lassen. Aus jener organischen Stufenfolge entspringt Leben, Stärke, ächte Vorbildung und Gemeinsinn; — und dies gilt für Republiken wie für Monarchien.

Man hat Unrecht Verschiedenheiten zu erkünsteln, oder Gleichheit zu erzwingen. Da wo es den einzelnen Theilen einer größeren Staates an eigenthümlichem Leben fehlt, pflegt eine kalte, todte Einförmigkeit einzutreten.[1] (Beispiele giebt Rom, die arabische Welt, u. s. w.) Man soll überhaupt nicht sowohl von **Freiheit**, sondern von **Freiheiten** in einem Staate sprechen.

Was ist denn aber eine freie Verfassung, welche so oft im Gegensatze zu einer unfreien gelobt wird? Man giebt vielerlei Antworten. So

1) freie Verfassungen im weitesten Sinne sind die, wo Viele an der Regierung Theil nehmen. — Theilnahme an der Regierung ist aber weder das einzige Kennzeichen, noch der volle Inbegriff der Freiheit; sie verträgt sich mit Tyrannei und Mißhandlung der Einzelnen. Oder:

2) freie Verfassungen sind da wo geschriebene Gesetze, oder ein geheiligtes Herkommen die Regierungsverhältnisse bestimmen. — Allein die Willkür ist oft durch bestimmte Gesetze zur Verfassung erhoben worden (wie 1660 in Dänemark) und das Herkommen hat die Tyrannei scheinbar geheiligt, oder doch bestätigt. Oder:

3) eine Verfassung ist in dem Maaße freier als die Richtung des Allgemeinen und Besondern, der Vielen und der Einzelnen übereinstimmt. — Könnte dies Alles aber nicht auch im Verkehrten zusammenstimmen, und erscheint nicht manche Tyrannei als nothwendig und den Verhältnissen angepaßt? Oder

4) eine Verfassung ist in dem Maaße freier als sie den

---

1) Burke, Works, III, 70.

Einzelnen größeres Anrecht und größeren Antheil an der Regierung einräumt. — Wenn aber den vorzugsweise Berechtigten Einsicht und guter Wille fehlt, so verdoppeln sich die Uebel.

Wir sehen, daß sich jene schwierige Frage über freie Verfassungen nicht kurzweg auf so einseitige Weise lösen, sondern nur allmählig gebührend entwickeln läßt; hier will ich vorläufig Einiges als regelnd, oder wegweisend hinstellen.

Freiheit, ohne nähere Bezeichnung und Charakteristik (in abstracto) findet sich nirgends in der Wirklichkeit. Sie nahm allemal eine besondere Gestalt an, sie knüpfte sich vorzugsweise an etwas, das die Zeit oder das Volk schätzte und entwickelte. So z. B. im Alterthume die Wahlrechte, im Mittelalter die ständischen Verhältnisse, im sechzehnten Jahrhundert die Glaubensbekenntnisse, in England während des siebzehnten Jahrhunderts das Steuerbewilligungsrecht u. s. w. Jede Freiheit ist zweideutig, die nicht Wahrheit und Gerechtigkeit an ihrer Seite, und Glückseligkeit und Ueberfluß in ihrem Gefolge hat.[1] — Die Menschen sind genau in dem Maaße unfähig zu wahrer Freiheit, als Leidenschaft über Sitte steht, Habsucht über Gerechtigkeit, Eitelkeit und Anmaßung über Besonnenheit; als sie lieber schlechte Schmeicheleien der Verführer, denn strengen Rath der Weisen hören, als sie nur im Aeußersten und Heftigsten, nicht in Maaß und Milde die Hülfe und das Rechte erblicken.

Alle Bestandtheile der Regierungsformen sind immer monarchisch, oder republikanisch. Wir finden bessere, oder schlechtere Wechselverhältnisse derselben, oder völlige Trennung. Der Gedanke einer allgemein besten Verfassung hebt alle besondern, lebendigen Verfassungen auf. Hier ist alles relativ und das angeblich Unbedingte nur leere Abstraktion. Warum versucht man nicht ähnlicher Weise im Privatrechte einen allgemein besten Vertrag aufzufinden?

Es ist eine Thorheit, die Freiheit ganz in die Vergangenheit, oder in die Zukunft zu verlegen, um systematisch hieraus das Recht allgemeiner Unzufriedenheit mit der Gegenwart abzuleiten. Keine Form begründet oder verbürgt allein die Frei-

---

[1] Burke von Gentz, I, 213.

heit; keine darf Kraft, Recht, Sitte, Religion unberücksichtigt lassen. Im höchsten Sinne ist Freiheit da, wo der Geist Gottes; was aber der Geist Gottes sey, darüber sind sehr verschiedene, oft irrige und hochmüthige Antworten gegeben worden. Es ist noch nicht an der Zeit hierauf näher einzugehen.

Keine Form ist durchaus unveränderlich, obgleich nicht Jegliches auf gleiche Weise des Aenderns bedarf und das Aendern erlaubt. Man hat in dieser Beziehung behauptet, daß man Grundgesetze nie ändern dürfe. Hiebei drängen sich viele Zweifel hervor. Was ist denn zunächst ein Grundgesetz? Sollen bloß die darunter verstanden werden, welche öffentliche Verhältnisse der Regierung betreffen? Gehören Kirchengesetze weniger dahin? Wie wenn Alles, ohne buchstäbliche Gesetze nur auf altem Brauche beruhte? Ist dieser gleich unantastbar? Folgt nicht aus einem Aendern des Privatrechts, des Lehnrechts, auch eine ganz andere Gestaltung des Staatsrechts? Genügt es zuletzt nur kein Gesetz wider das sogenannte Naturrecht zu dulden, und die demselben angemessenen für Grundgesetze zu erklären? Ist aber danach die Monarchie der Natur nicht eben so angemessen, wie die Republik? Wo beginnen, wo enden jene Naturgesetze, und wie weit dürfen sie die positiven Gesetze beherrschen? Sind denn die Staaten wirklich immerbar zurückgeschritten, wenn sie die Grundformen ihrer Einrichtungen änderten? Etwa Rom, die Niederlande, Amerika?

Gewiß darf man bei Beantwortung all dieser Fragen nicht vom Positiven ganz absehen, wenn man nicht in das völlig Unbestimmte gerathen will. Aber selbst dann entstehen neue Bedenken. Nennt man nämlich nur das ein Grundgesetz was dafür erklärt worden, so ist in vielen Staaten keins vorhanden, sondern Alles veränderlich. Will man umgekehrt das als Grundgesetz behandeln wo die Formel, oder Bedingung der Unveränderlichkeit hinzugesetzt ist, so würde oft der bloße Kanzleistyl entscheiden und deshalb insbesondere jedes Verhältniß nach außen (einer solchen Klausel halber) niemals abänderlich seyn.

Aus diesen Verwickelungen helfen weder diejenigen, deren Gemüther an dem Mechanismus der Geschäfte bereits abgenutzt sind; noch diejenigen welche in dem Luftballon ihrer Lehre einherfahren ohne zu wissen woher und wohin. Bessere Lösung haben große Gesetzgeber gegeben wie Moses, Lykurg, Solon, Servius Tullius. Aus ihrem Verfahren und der Geschichte scheinen mir folgende Ergebnisse hervorzugehen.

Im Ablaufe der Zeit ist in den Staaten nicht selten fast Alles und Jedes abgeändert worden, Staatsrecht, Privatrecht, Kirchenrecht. Ja wesentliche Abänderungen des einen Haupttheils wirken unabweislich auch auf die anderen. Das Verändern ist aber an sich weder ein Fortschritt, noch ein Rückschritt; es kann beides seyn. Allerdings zeigt jedoch die Leichtigkeit öffentliche Einrichtungen zu ändern, ihre Auflösung und Verderbtheit; sie beweiset diese oft für das Geänderte und die Aendernden. Wenn z. B. Völker und Beherrscher gleich Kleidern gewechselt werden, die man bald diesem, bald jenem anprobirt, so ist keine ächte Staatsverbindung mehr vorhanden: die Völker sind matte Knechte der Fürsten, und diese sind Knechte eines anderen Tyrannen.

Es ist weit leichter eine Verfassung zu entwerfen, als ihr Dauer zu geben. Fast jede hält eine kurze Zeit; nur die wahrhaft den Verhältnissen angepaßten können Liebe und Begeisterung erwecken. Man soll die Entwickelung des Staats nicht durch Staatsgesetze, der Kirche nicht durch Kirchengesetze unbedingt hemmen wollen. Ueberall muß Bewegung sein und die Möglichkeit einer gemäßigten Fortbildung. Aendert doch jedes Gesetz mehr oder weniger, und ein Gesetz, welches für alle Zukunft weitere Gesetzgebung verböte, würde höchst nachtheilig wirken und nicht befolgt werden.

Ein Eid geleistet auf die Verfassung kann und soll nur ihren ungesetzlichen Umsturz verhindern und verdammen, nicht aber ihre Besserung in den gesetzlichen Formen ausschließen. Am wenigsten beseitigt ein Eid die Schwierigkeiten und Gefahren, wo die Schwörenden geneigt sind sich selbst davon zu entbinden. Jede Verfassung die keinen gesetzmäßigen Weg des Fortbildens nachweiset, ist mangelhaft.

Es ist eine Grundregel bei allen Veränderungen von den noch vorhandenen Materialien Gebrauch zu machen, und sie nicht um bloßer Erfindungen willen zur Seite zu werfen. Deßhalb sagt Burke [1]): ich bin überzeugt daß Regierung und Verfassung praktische Dinge sind, gegeben zum Glücke des menschlichen Geschlechts; nicht um ein Schauspiel der Einförmigkeit nach dem Schema unsinniger Politiker zu geben.

Geräth ein Theil der Verfassung in Schwäche und Nachtheil, so ist es natürlich und rechtlich die Gründe für denselben als stärkende Arznei hervorzuheben, und nie zu vergessen daß jedem Theile gleichmäßig daran gelegen ist, des Anderen Rechte zu erhalten. Ohne Rückblick auf die Vorfahren giebt es keinen richtigen Hinblick auf die Nachkommen, und wenn wir unsere Aeltern (ihre Beschlüsse und Thaten) nicht achten, werden unsere Kinder dereinst gleichgesinnt unsere Weisheit mit Füßen treten. So wenig der Mensch sich selbst erzeugen kann, so wenig kann und soll er Alles um sich her neu machen. Die Anerkenntniß der Pflichten die aus gegebenen Verhältnissen entstehen, ist schlechterdings nothwendig. Es ist unsinnig jeden Zustand tadelnswerth zu finden, der nicht aus eigener freier Wahl hervorgeht. Gottes Fügung ordnet nach seiner Weisheit das Meiste, ohne unser Zuthun, so Vaterland, Aeltern, Zeit der Geburt, Geschlecht u. s. w.; wer daran mäkelt und nergelt, ist zeitlebens unglücklich und wird auch über seine Person hinaus Alles in falschem Lichte erblicken.

Das Bemühen den unbedingten Vorzug einer Form der Verfassung nachzuweisen [2]), eine schlechthin allgemein passende Normalform aufzufinden, ist ein verkehrtes Bemühen. Denn wenn man auch gern gestatten muß daß theoretisch die Bestimmung des menschlichen Geschlechts erforscht und nach Ergründung der Formen getrachtet werde; so hat sich doch bis jetzt jede durch Theoretiker ausgesonnene Staatsform (von Platon bis Morus, Harrington und die französischen Verfassungen) praktisch als ganz unhaltbar gezeigt; und durch das Bemühen ein angeblich Ideales an die Stelle der gemeinen Wirklichkeit zu setzen, ist fast immer das noch handlich Nutzbare in bloßes Uebel verwandelt worden. Jene absoluten Formenmacher gleichen einem

---

1) Works, III, 182.
2) Paruta, Discorsi, I, 1, 2. Heeren, Kleine Schriften, II, 246.

Schneider, welcher einen Normalrock zusammennähte und in der Freude über sein Machwerk ihn allen Kunden passend über den Leib ziehen wollte; einem Schuster, welcher läugnet, daß sein Normalschuh irgend jemand drücken könne.

Verfassung und Volk bedingen sich gegenseitig. Alle Versuche sprungweise das Eine über das Andere zu erheben, nicht allmählig und gegenseitig zu erziehen, sind unnatürlich; Anstrengungen über die Kräfte und Einsichten hinaus enden in Ohnmacht und Kraftlosigkeit. Sollen Hottentotten und Engländer dieselbe Verfassung haben? Wollen wir Kunstakademien unter die Mongolen versetzen? Erinnert nicht Vieles in Rußland an politische Treibhäuser? Hat Napoleon die Spanier mit einem Schlage wiedergebähren können und sollen?

Trotz dieser Widersprüche gegen einseitigen Götzendienst der mit dem Geschichtlichen, oder Philosophischen getrieben wird, einigen sich Geschichte und Philosophie bei gründlicher Betrachtung und lassen einstimmig Falsches vom Wahren unterscheiden.

Vierzehnter Brief.

Berlin, 7. Mai 1805.

Wenn man sieht daß diejenigen, welche mit größter Zuversicht allgemein Gültiges hinstellen, den meisten Beifall finden; daß diejenigen welche von überschwenglichen Idealen fantasiren und die bunte Mannigfaltigkeit des Wirklichen geringschätzig behandeln, leicht die angeblich gefühlvollsten und edelsten Gemüther ins Schlepptau nehmen: — so möchte man auch diese bequemen Wege einschlagen, und das mühsame Erforschen, Zweifeln, Bedingen, Berichtigen zur Seite werfen. Weil aber der Verlauf längerer Erfahrung immer wieder das Unzulängliche jener Allgemeinheiten und dieser Ideale erweiset, so wird man nochmals (wollend, oder nicht wollend) gezwungen nach allen Seiten umzuschauen, arbeitend Hand an jedes einzelne Werk zu legen, jeden Gegenstand zu erörtern, jede Frage möglichst zu beantworten. So will ich mich heute zunächst mit der wichtigen Frage beschäftigen: nach welchen Rücksichten in einem Staate die öffentlichen und Privatrechte sich abmessen und feststellen lassen.

Wäre die Staatsverbindung zu einem einseitigen Zwecke geschlossen (etwa des Verkehrs oder der Sicherheit halber), so könnte von den persönlichen Eigenschaften auch eine (Geld, oder Muth) alle politischen und Privatrechte bestimmen; da aber der allgemeinste Zweck viele untergeordnete in sich begreift und aus diesen erst auferbaut (oder in sie verzweigt) wird; so darf keine Verfassung auf die einseitige Grundlage einer Eigenschaft gegründet seyn. Jede Eigenschaft hat ihren Werth und begründet einen Anspruch; aber nur einen bedingten Anspruch und dieser bedingte Anspruch ist keineswegs für jede Eigenschaft gleich groß.[1] Also weder körperliche Größe allein, noch Zahl, noch Reichthum, noch Geburt, noch persönliche Vorzüge, sollen (mit Zurücksetzung aller übrigen Eigenschaften) bei Feststellung der Rechte und Pflichten zum Grunde gelegt werden; sondern man muß sie alle verhältnißmäßig würdigen und berücksichtigen. Anstatt des langweiligen, dürftigen Unisono[2], welches aus der Alleinherrschaft eines Anspruchs, oder aus der Gleichstellung aller Ansprüche, Rechte und Pflichten entsteht, soll jedem die ihm zukommende obligate Stimme zur Hervorbringung eines reichen, harmonischen Concertes zugewiesen werden.

Das ist freilich viel leichter gesagt, als gethan; wie sich zeigen wird sobald man von einem allgemeinen Satze zur besonderen Anwendung übergehen will. Hier darf ich indessen (ohne die Ausnahmen nachzuweisen) als Regel aufstellen: es sollte nie Grundsatz werden daß die Gleichheit in einer Eigenschaft die Gleichheit aller Rechte und Pflichten, oder die Ungleichheit in einer die Ungleichheit in allen nach sich ziehen müsse. So sollen z. B. die Rechte des Reichen nicht tausendfach vermehrt werden, weil er tausendmal mehr besitzt, als der Arme. Man soll bei dem Reichen nicht bloß den Kopf, sondern auch die Thaler zählen, und bei dem Aermern nicht bloß die Thaler,

---

1) In Aethiopien war der Längste König. Aristot. Polit., III, 4.
2) Paruta, I, 1, 11.

oder das Besitzthum, sondern auch die Persönlichkeit in Anschlag bringen.

Entschiede allein und überall die Zahl, so ließe sich behaupten eine Regierung sey natürlich und dauerhaft sobald der größere Theil der Bürger ihr beistimme; entschiede allein der Besitz, so wäre dies der Fall sobald die größere Masse desselben der Regierung zur Seite stünde: — allein da nicht bloß die Mannigfaltigkeit der Eigenschaften sehr groß, sondern auch ihre Lebendigkeit, ihre einwirkende Kraft, bei gleichen Massen, aus anderen Gründen oft sehr verschieden ist, so kann man die verwickeltsten staatswissenschaftlichen Fragen mit so einfachen, oder vielmehr oberflächlichen Formeln nicht lösen.

Könnte man denn aber nicht den richtigen Maßstab zur Vertheilung öffentlicher Rechte und Pflichten dadurch finden, daß man die verschiedenen Eigenschaften zusammenrechnet und nach der Hauptsumme die Anrechte jedes Einzelnen, oder auch (wie in einer französischen Verfassung) ganzer Landschaften bestimmt. Die Sache hat mehr Schwierigkeiten als man anfangs glaubt: denn zuvörderst lassen sich die verschiedenen Brüche in welche ein Einzelner, oder eine Landschaft, laut ihrer Eigenschaften hienach zerfallen, nicht füglich unter eine Benennung, einen Generalnenner bringen. Oder wie verhält sich wohl das eigenthümliche, spezifische Gewicht von dummen oder klugen Köpfen, Thalern und Ahnen? von Quadratmeilen, Bevölkerung und Steuern? Kann man hienach den unzweifelhaften Werth eines jeden berechnen? Wird nicht jeder behaupten seine vorwaltende Eigenschaft wiege und bedeute mehr, als alle anderen die ihm fehlen? — Hiezu kömmt daß die verschiedenen Eigenschaften in Bezug auf öffentliche Zwecke, Rechte und Pflichten allerdings von sehr verschiedenem Werthe sind, und daß es keineswegs gleichgültig ist, ob eine Eigenschaft sich bei Einem im höchsten Grade befindet, oder ob man aus vielen kleinen Theilen erst eine große Summe zusammenzählt. So wird z. B. die Summe der Besitzthümer aller Armen, oder wenig Begüterter, fast überall die Summe der Besitzthümer weniger Reichen überwiegen; allein die größeren Antheile in einer Hand geben einen anderen (obgleich auch nur bedingten) Anspruch, als die geringeren Antheile in mehreren Händen: — deren Ansprüche umgekehrt durch ihre größere Personenzahl anwachsen und ausgeglichen werden.

Wenn endlich eine Eigenschaft an dieser Stelle viel gilt, so kann sie mit gleichem Rechte an einer anderen wenig gelten, und mit dem Summiren ist oft nichts abgethan. So wie z. B. alle Einsichten und Kräfte der Thiere zusammengerechnet noch keinen Menschen geben; so geben die kleinen Theile des Muths und der Einsicht, die sich in einer großen Zahl von Einzelnen befinden, zusammengerechnet noch keinen Feldherrn, oder Staatsmann. Wo man Personen braucht, hilft keine zahlreiche Genossenschaft, und umgekehrt giebt es Dinge wozu eine Körperschaft geschickter ist als ein Einzelner. Mit Hinsicht auf diese und so viele andere Beschaffenheiten muß man Rechte, Pflichten und Macht gründen und abstufen.

Hieraus beantwortet sich auch die Frage: ob man das Interesse des bessern oder des größern, des reicheren oder des ärmeren Theils u. s. w. in einem Staate vorzugsweise berücksichtigen solle? Eine allgemeine Antwort hierauf ist für jeden Unparteiischen kinderleicht: man soll Alle gleichmäßig und in richtigem Verhältnisse berücksichtigen. Geht man aber von hier aus ins Einzelne, so erheben sich ringsum Bedenken und Schwierigkeiten, und die Antworten lauten dann höchst verschieden. Der Eine z. B. verwirft alle Verzehrungssteuern und fordert Einkommensteuer mit steigenden Prozenten; der Andere sieht in jenen eine nützliche Sparkasse für die Armen, in diesen hingegen eine zerstörende Thrannei; der Eine verlangt aus Gründen gleiche, der Andere aus andern Gründen abgestufte Wahlrechte. Da ich die allgemeinen Betrachtungen noch nicht abbrechen darf, mag diese Hinweisung auf das Einzelne hier genügen.

Funfzehnter Brief.

Berlin, 8. Mai 1850.

Das verschiedene Verhältniß der Theilnahme an der höchsten Gewalt bestimmt (nach der gewöhnlichen Ansicht) den Grundunterschied der Verfassungen. Je nachdem die Gewalt in den Händen Eines, Mehrerer oder Aller ist, entsteht Monarchie, Aristokratie, Demokratie. Diese Eintheilung hat allerdings ihren guten Grund (sonst würde sie sich nicht seit mehr als 2000 Jahren erhalten haben); allein sie reicht nicht aus, weil sie zuvörderst lediglich die Zahl berücksichtigt, also an dem soeben entwickelten Mangel der Einseitigkeit leidet. Dies ergiebt sich schon daraus daß jenen drei, als ächt und gesund bezeichneten Verfassungen gegenüber drei Ausartungen stehen, welche ganz dieselben Zahlverhältnisse zeigen: auch in der Despotie herrscht nur Einer, in der Oligarchie Mehrere, in der Ochlokratie Alle. Hiemit ist zugegeben daß die arithmetische äußerliche Abtheilung zur Charakterisirung der Verfassungen nicht hinreicht; vielmehr müssen andere innerliche und tiefere Bestimmungen hinzutreten, welche sich aus dem bloßen Eintheilungsgrunde der Zahl keineswegs ergeben. Der Gegensatz von drei gesunden und drei ausgearteten Formen bestätigt übrigens Ciceros[1]) Bemerkung: es giebt keine Art Verfassung, welche nicht einen abschüssigen und schlüpfrigen Weg hätte, zu irgend einem verwandten und benachbarten Uebel.

Weil indessen die höchste Gewalt in jenen drei gesunden Verfassungen in einer Hand liegt: nämlich eines Herrschers, eines Senats, einer Volksversammlung, so heißen sie einfache, im Gegensatze der gemischten Verfassungen, zu deren Bildung mehrere Wege sind vorgeschlagen worden. Zum Beispiel: man solle die Gesetze und Einrichtung einer einfachen Verfassung denen der zweiten oder dritten einfachen hinzufügen; oder von zweien das Mittlere auffinden u. s. w. — Sofern man hier die auf Zahlabtheilungen gegründete Verschiedenheit auch bei den Mischungen vorherrschen läßt, würde man das Mangelhafte jener, wenigstens zum Theil beibehalten. Besser also neben der Zahl, bei dieser Bildung gemischter Verfassungen, auch die Rechte und den Einfluß anderer Eigenschaften berücksichtigen. Hiedurch kommt man von einer bloßen Theilung zu einer organischen Gliederung, welche die Einheit des Lebens nicht

---

1) De republ., I, 28.

aufhebt und von einer mechanischen Zerstückelung, oder Verbindung, wesentlich verschieden ist: z. B. König, Oberhaus, Unterhaus; Präsident, Senatoren, Repräsentanten u. s. w. In keiner gemischten Verfassung ist die höchste Gewalt in der Hand eines Einzelnen, oder nur einer Körperschaft. Sowie man die Staaten eintheilt nach den Verfassungen, könnte man sie auch eintheilen nach den Verwaltungen; wo sich ebenfalls bald mehr, bald weniger Monarchisches, Aristokratisches, oder Demokratisches vorfindet. Gewiß herrscht zwischen Verfassung und Verwaltung stets eine wichtige Wechselwirkung und Gegenseitigkeit.

Man benennt die Verfassungen gewöhnlich nur nach der herrschenden Seite; ein umgekehrtes Verfahren würde aber nicht selten eine andere nützliche Beleuchtung geben. Der vollkommenste Ausdruck müßte endlich das Verhältniß beider Theile hervorheben; also mit dem Maaße der Herrschaft auch das Maaß der gegenüberstehenden Abhängigkeit, oder Knechtschaft zeigen, mit dem Maaße des Antheils am Staatsrechte auch den Umfang des Ausschließens an den Tag legen.

Die einfachen Verfassungen empfehlen sich durch ihre Einfachheit, Sicherheit, Bestimmtheit, durch Wegfallen unzähliger Zweifel und Streitigkeiten über Umfang und Uebung der Regierungsrechte; wenn ich deshalb denen nicht beistimmen kann, welche sie aus anderen Gründen unbedingt verwerfen, muß ich doch auf die Einseitigkeit jenes ersten Standpunktes aufmerksam machen und die Nothwendigkeit hervorheben sowohl die Form als den Inhalt ins Auge zu fassen und nicht durch deren Vermischung die Sache zu verwirren und das Urtheil zu trüben.

Sobald man nämlich den Inhalt neben der Form (wie es stillschweigend wohl zu geschehen pflegt) als vortrefflich voraussetzt, so hat jede Form einen gleichen Anspruch auf unbedingtes Lob. Alsdann ist ein König (welcher alle seine Unterthanen in Jeglichem übertrifft) der Stellvertreter des einigen Gottes; die Aristokraten werden gedacht und gesetzt als die unläugbar Besten; die Bürger und Demokraten haben Ueberfluß an allen Vorzügen, — überall ist Vollkommenheit und Zufriedenheit.

Dies führt zu der Behauptung, daß der Werth der einfachen Verfassungen weit weniger auf der Form, als auf den Personen beruht. Als Vorzug kann man dies aber eigentlich nur dann geltend machen, sobald die rechten Personen zur Hand, oder unschwer herbeizuschaffen sind. Wenn ich ferner auch einräume, daß in Wahrheit das Wohl der Einzelnen und Aller nicht selten durch tüchtige Personen besser berathen ward, als durch Formbestimmungen; so folgt doch hieraus keineswegs die völlige Gleichgültigkeit aller Verfassungsformen. Der englische Dichter Pope hat zuversichtlich ausgesprochen, und es ist unzählige Male nachgesagt worden: über die Formen der Verfassungen laßt Narren streiten; die am Besten verwaltete ist die beste. Ungeschreckt durch diesen Chor angeblicher Staatsweisen, müssen wir ihnen gar viele Fragen vorlegen, welche durch jenen Orakelspruch nicht beantwortet, sondern hervorgerufen werden. Wie werden denn die persönlichen Eigenschaften (von denen bei ihnen Alles abhängt) erzeugt, gefunden, erhalten und am Besten benutzt? Durch welche Mittel kommt man zu einer vortrefflichen Verwaltung? Warum ward denn bei einer Form gut, oder schlecht verwaltet? Warum sind bei entgegengesetzten Formen entgegengesetzte Bestrebungen und Richtungen begonnen und Jahrhunderte lang befolgt worden? Gäbe es denn keine Form die eine gute Verwaltung wesentlich beförderte, oder umgekehrt ganz unmöglich machte?

Freilich reicht die bloße Prüfung der Form nicht aus, über den wahren Zustand und Werth geselliger Verhältnisse abzuurtheilen. Auch geschah es wohl (so in Rom, Venedig, Deutschland) daß die Form noch bastand, nachdem ihr Leben längst entwichen war. In solchen Fällen bleibt es aber wichtig nachzuweisen, woher die Möglichkeit entstand daß sich Form und Inhalt so ganz von einander trennten, und welche Form der Verfassung, neben der angeblichen, wirklich vorhanden war. Ganz richtig meint Platon: nur da sey eine gute Verfassung wo die sittlich Besten herrschten; hierdurch ist aber noch kein Mittel gegeben derlei Personen zu bilden und an die Spitze zu bringen. Hiefür sollen ja eben die Formen wirken.

Gemäßigter als Pope drückt sich Johannes Müller aus:

„Ich bin (sagt er) ¹) vormals über die verschiedenen Regierungs=
formen viel eifriger gewesen, ehe ich erkannt habe daß in diesem
kurzen Aufenthalte auf Erden alle die Obrigkeiten gut genug
sind unter welchen man ein stilles Leben führen kann in Gott=
seligkeit und Ehrbarkeit." — Stewart ²) bemerkt: „jede Regie=
rungsform die irgend einmal vorhanden war und unter welcher
Menschen ruhig und zufrieden lebten, ist ein Beweis daß ihre
Grundsätze in keinem wesentlichen Widerspruche mit einander ge=
standen haben." — Durch eine bloße Beschreibung bekommen
wir eben so wenig einen richtigen und vollständigen Begriff von
einer Regierungsform, als wir durch die grammatischen Regeln,
ohne Uebung im Lesen und Reden, eine Sprache gut erlernen.
Der Geist einer Regierung ist keineswegs allein nach den ge=
schriebenen Verfassungsurkunden zu beurtheilen.

Es ist gleich verkehrt mit Formen Götzendienst zu treiben,
als sie für gleichgültig zu erklären. Wo eine Verfassung wahr=
haft lebendig war, wirkt sie nicht bloß auf die Handhabung der
öffentlichen Angelegenheiten, sondern darüber hinaus auf alle Theile
des öffentlichen und Privatlebens, der Kunst und Wissenschaft.
Daher nennen Aristoteles, Isokrates, Paruta ³) (der venetianische
Staatsmann) die Verfassung das Leben oder die Seele des
Staates, und sie haben hier nicht bloß mehr Gewicht, sondern
auch mehr Recht als der englische Dichter.

Die beste Form der Verfassung stirbt ab sobald den Be=
sitzern die Fähigkeit fehlt ihre Vorzüge einzusehen, oder der Muth
sie zu vertheidigen. Aus der Anhänglichkeit an die Formen und
an die Personen geht die größte Tüchtigkeit der gesellgen Ver=
hältnisse hervor. Von der ächten Begeisterung muß man die
falsche wohl unterscheiden, welche nicht selten das ganz Außer=
ordentliche thun will, in Wahrheit aber hinter dem Gewöhn-

---

1) Werke, V, 111.
2) Stewart, Philosophie, I, 317—319.
3) ἡ γαρ πολιτεια βιος τις ἐστι της πολεως. Aristot. Polit., IV, 11.
— πασα πολιτεια ψυχη πολεως ἐστι, τοσαυτην ἐχουσα δυναμιν ὁσην περ
ἐν σωματι φρονησις. Isocr. Panathen., 443. Paruta, Discorsi, I, 1, 2.

lichen zurückbleibt und das Bestehende zerstört. Einen andern Abweg bezeichnet Rousseau[1]) wenn er sagt: mißtraut den Kosmopoliten welche in der Ferne nach Pflichten umhersuchen, weil sie verschmähen, dieselben in der Nähe zu üben. Mancher Philosoph liebt die Tataren, um von der Liebe des Nächsten entbunden zu seyn.

Ohne besser zu werden, werden die Völker nie freier; denn was ist Freiheit zuletzt anders als geistige und sittliche Tüchtigkeit und Vollkommenheit. Dies steht in enger Verbindung mit der oft aufgeworfenen Frage: ob die Verfassung das Volk, oder das Volk die Verfassung bilde? Sowie überhaupt: ob die Gesetze Erzeugnisse des Volks, oder das Volk ein Erzeugniß der Gesetze sey? Man hat für beide Ansichten umständliche Beweise aufzustellen versucht; die wahre Antwort kann jedoch (wie ich früher wohl schon bemerkte) nur eine seyn: daß nämlich eine Wechselwirkung zwischen beiden Statt finde, und nur vorübergehend das Eine oder das Andere vorwaltet. Sowie die guten Sitten der guten Gesetze bedürfen um sich zu erhalten, so bedürfen die Gesetze guter Sitten um beobachtet zu werden[2]). Die letzten können eine Zeit lang mangelhafte Einrichtungen und Gesetze verdecken oder hinhalten, diese eine Zeit lang böse Sitten überwältigen; aber von einander getrennt können wir weder dem Einen noch dem Anderen Allgewalt zugestehen; wir können nur, der Erfahrung gemäß, einräumen, daß fast nie eine völlige Durchdringung, oder Identität vorhanden ist.

Will man einseitig von einer gemachten Verfassung aus das Volk umwandeln, so wird es nicht gelingen (z. B. Napoleon und Spanien); aber auch das Volk, wenn es sich in Einrichtungen vergafft die zu seiner Natur nicht passen, erzeugt kein dauerndes Werk, sondern nur Anarchie und Despotie in trauriger Abwechselung. Die englische und französische Revolution geben hiefür Beispiele, und an verunglückten Umwälzungen von oben fehlt es auch nicht. Ich erinnere an die böswilligen

---

1) Emile, liv. I, p. 9.
2) Aristot. Polit., IV, 12. Macchiav., Disc., I, 18.

Unternehmungen Philipps II. von Spanien und die wohlgemeinten Bestrebungen Kaiser Josephs II.

In den einfachen Verfassungen, wo die höchste Gewalt in einer Hand ist, kann leicht das Monarchische, oder Aristokratische, oder Demokratische ein schädliches Uebergewicht erlangen; aber auch in gemischten Verfassungen sind keineswegs immer unparteiisch und unbefangen alle Ansichten und Interessen berücksichtigt und gewürdigt worden. Wie oft hat sich unter dem glänzenden Namen von Patriotismus, Aufopferung, Heldenmuth, Wissenschaft, Nationalreichthum, Gottesverehrung u. s. w. bloß der einseitige Kastengeist des Adels, der Soldaten, Gelehrten, Kaufleute und Geistlichen geltend gemacht! Freilich dauert der Triumph des Gelingens nur kurze Zeit; denn wo das Ganze leidet, leidet auch der Einzelne, oder vom Einzelnen wirkt das Verderben zurück auf Alle.

Je weniger nun derlei einzelne Bündel von Meinungen taugen und fördern, desto mehr (ruft man laut) soll man die öffentliche Meinung verehren: sie gibt die höchste Entscheidung, sie ist die letzte Instanz, das allmächtige Palladium jedes Staates. — Sowie uns einseitige Bewunderung der Lehren vom geselligen Vertrage und der Volkssouverainität nicht abhielt zu prüfen, ob dort eine Universalmedizin verborgen, oder zu Tage liege; so ist auch hier eine nähere Untersuchung nöthig um nicht in sehr gefährliche Irrthümer zu verfallen. Hiebei ergiebt sich zunächst, daß fast niemals eine einzige, ganz allgemeine und allgemein anerkannte Meinung hervortritt, sondern daß sich gleichzeitig mehrere, untereinander widersprechende Meinungen entwickeln, von denen aber jede behauptet, sie sey die rechte und allgemeine, oder sie müsse (ihrer überwiegenden Trefflichkeit halber) für die rechte und allgemeine erklärt werden. So lauten z. B. die Forderungen der verschiedenen politischen und kirchlichen Parteien.

Gewiß geht bei diesen Verhältnissen die Unfehlbarkeit jener gerühmten höchsten Instanz, die allmächtige Hülfe des Palladiums verlohren, und es bedarf viel tieferer Forschungen, um zu erkennen was für oder wider jene Meinungsansprüche, von Staats wegen, zu thun sey. — Angenommen aber, es offenbare sich in einem gewissen Zeitpunkte nur eine ganz allgemeine Meinung, so erhält sie dadurch ohne Zweifel größeres Gewicht und Bedeutung. Die Erfahrung beweiset indeß daß derlei öffentliche Meinung keineswegs immer das Ergebniß ist von naturgemäß sich bildenden und wechselseitig erziehenden Gegensätzen; sondern daß sie oft nichts berücksichtigt, Alles tyrannisch umwirft, und später über den Wahnsinn erstaunt, den sie für Weisheit hielt. Oder hätten sich nicht ganze Zeiten und Völker in wilder, oder dummer Begeisterung falschen Richtungen hingegeben? Die öffentliche Meinung ist also an und für sich nicht immer gut; sie bedarf eines höheren Prüfsteins, einer erhabeneren Beglaubigung.

Weiset der Ausdruck: öffentliche Meinung, opinion publique, nicht schon selbst bestimmt darauf hin? Steht denn die bewegliche Meinung gleich der festen Ueberzeugung, der gründlichen Erkenntniß? Giebt es keine Steigerung von jener zu dieser? Ist nicht Ciceros [1]) Wort mit Recht unzählige Male wiederhohlt worden: was die Meinung erfindet, vernichtet der Tag: opinionum commenta delet dies? Hat nicht Platon die Erkenntniß siegreich der Meinung gegenübergestellt? Gleich gesinnt lehrten die Stoiker: der Weise erhebt sich zur Wissenschaft; die Meinung ist der Antheil der Thoren. — Allerdings haben auch die thörichtsten Meinungen Anhänger gefunden, und deren größere oder geringere Zahl bestimmt keineswegs allein ihren Werth. Deshalb sagt Fievée [2]): die wahre Kraft der Gesellschaft beruht nicht auf Meinungen und Gefühlen, sondern auf Pflichten und Autoritäten.

Die Lehre von der Allmacht der öffentlichen Meinung legt alle Gewalt lediglich in die Gegenwart, sie ist eben die Meinung des letzten Tages und muß, wenn sie die unzähligen Tage der Vergangenheit und Zukunft unberücksichtigt läßt, diesen nothwendig unterliegen. Sie steht, sobald sie von allem Dauerhaften (insbesondere den Gesetzen) absieht, ohne Zweifel des stärksten Bundesgenossen beraubt. Umgekehrt rauben Vergangenheit, Zu-

---

1) De natura deorum, II, 2.
2) Fievée, Session de 1815, p. 68.

kunft und Gesetze dem Augenblicke der Gegenwart, und den Meinungen der Gegenwart keineswegs ihre hohe Bedeutung. Man soll sie aus Hochmuth weder unberücksichtigt lassen, noch sich ihnen kurzweg aus Feigheit unterwerfen. Der wahre Staatsmann erzeugt, prüft, zügelt, beherrscht die Meinungen.

. Es ist ein sehr schweres Geschäft Meinungen zu läutern bis sie Erkenntniß werden (wie schon Platons Theätet beweiset); bleiben wir indeß von dem metaphysischen Boden der ersten und höchsten Philosophie fern, so ist auf praktischem Boden das Wort des Aristoteles ein die Forschung weise begränzender Fingerzeig [1]): „Der Gegenstand der Wissenschaft kann nicht in das Unendliche hinausgehen; denn Unendliches flieht die Erkenntniß."

Ich will an dieser Stelle noch eine Behauptung von Hobbes erwähnen, zu deren Prüfung es nicht nöthig ist sich in die höchsten Regionen der Spekulation zu versteigen. Er behauptet[2]): „Der Mensch ist nur in Hinsicht derjenigen Dinge frei, über welche kein Gesetz etwas feststellt. Wenn die Gesetze in Lucca und Constantinopel jeden Einzelnen gleichmäßig verpflichten, so ist in beiden Orten dieselbe Freiheit." — Die erste Hälfte jener Behauptung ist nicht einmal für physische Kräfte wahr; denn diese werden (so Wasser, Pulver, Dampf) durch natürliche oder künstliche Einschränkungen verdoppelt; und noch verkehrter ist die Ansicht in Bezug auf den Menschen. Oder wer wird sagen seine Freiheit sey eingeschränkt durch das Gesetz: du sollst nicht stehlen, du sollst nicht tödten! Weit eher ließe sich behaupten: Freiheit sey nur in dem Maaße vorhanden, als Verhältnisse und Handlungsweise durch Gesetze näher bestimmt würden. Mithin wäre z. B. ein Staat ohne Verfassung unfreier, als ein Staat mit einer Verfassung; ohne peinliches Gesetzbuch unfreier, als mit einem solchen u. s. w. Jene Gleichstellung ferner der Freiheit in Lucca und Constantinopel ist ganz verkehrt, weil sie (willkürlich und lächerlich) auf das Wichtigste, auf den Inhalt der Gesetze gar keine Rücksicht nimmt.

---

1) Anal. post., I, 19.
2) Leviathan, 21.

Sechszehnter Brief.

Berlin, 9. Mai 1850.

Sowie Manche sich mit der Untersuchung abmühten [1]), in welcher Weise wohl ein Staat habe entstehen können, streiten Andere woher die höchste Gewalt, die Souverainität in demselben stamme? — Von Gott, antwortet eine Partei, und diese Antwort hat ohne Zweifel einen tiefen Sinn, oberflächlich aufgefaßt und gedeutet führt sie aber keineswegs zum Ziele; denn von Gott stammt z. B. dann auch der Untergang der Souverainität und des Staates. Eben so unläugbar, aber ungenügend, ist die allgemeine Antwort: sie sey natürlich. Andere sagen sie ist gegeben mit den Fürsten; man fragt ja aber, worauf deren Macht sich gründe. Endlich behauptet man sie ruhe auf Vertrag. Wie aber, wenn dessen Bedingungen nicht aufzufinden sind, oder dieselben in Hinsicht auf Erlaubtheit und Rechtmäßigkeit angefochten werden? — Alle hier im Allgemeinen hervortretenden Schwierigkeiten vermindern sich ungemein, sobald man besondere Staaten geschichtlich betrachtet; deshalb mag vorstehende Andeutung hier ausreichen.

Erwähnen aber muß ich daß meine Behauptungen [2]) von der Unumschränktheit und Unfehlbarkeit der Souverainität von Etlichen (so von Hobbes) ganz anders aufgefaßt und durchgeführt werden. [3]) Sie sagen: ist eine Regierung, ein Souverain (es sey ein Einzelner, oder eine Körperschaft) einmal eingesetzt, so kann ihr die höchste Gewalt nicht genommen werden; ja sie kann dieselbe nicht einmal mißbrauchen, sie kann Niemandem Unrecht thun. Denn die höchste Gewalt stellt ja den ganzen Staat vor: es ist nichts neben ihr, jeder Einzelne hat sie ausdrücklich, oder stillschweigend mit eingesetzt und gehört zu ihr. Die Regierung kann nicht beschränkt, es kann kein Vertrag mit ihr geschlossen werden; denn im ersten Fall wäre die Souverainität bei dem Beschrän-

---

1) Siehe Anfang des zehnten Briefes.
2) Siehe Anfang des zwölften Briefes.
3) Hobbes Leviathan, 18; de cive, VI, 14.

kenden, und für den letzten Fall ist Niemand vorhanden der mit ihr (die das Ganze umfaßt) einen Vertrag schließen könnte; es ist kein Kläger auf den Vertrag, kein Verkürzter aus dem Vertrage vorhanden. Der Souverain kann ferner nicht gestraft werden: denn wer sollte ihn strafen, da er der Höchste und kein Richter über ihn ist; und wofür sollte man ihn strafen, da jeder Miturheber dessen ist was geschieht und Theil dessen durch den es geschieht. Man kann endlich nicht sagen: der Souverain sei zwar höher wie jeder Einzelne, aber geringer als Alle; denn Alle zusammengenommen sind wiederum der Souverain, entweder persönlich wie in Demokratien, oder durch Uebertragung und Unterwerfung wie in Monarchien. Alle Einzelne, als solche, bleiben der Regierung ganz unterworfen.

Der Herrschende hat also lauter Rechte und keine Pflichten gegen die Unterthanen [1]), und der Mißbrauch welchen etwa die Regierung von ihrer Gewalt machte, wäre höchstens eine Sünde gegen Gott, nicht aber gegen die welche ihr unterworfen sind, oder ihr die Gewalt anvertraut haben [2]). Diese dürfen deshalb nicht ungehorsam werden, ja ihr nicht einmal widersprechen.

Wenn einst ein König sagte (oder ein Senat, eine Volksversammlung behauptete): der Staat bin ich, l'état c'est moi! so hatte er vollkommen Recht; denn die Entgegensetzung des Willens und des Interesses der höchsten Gewalt und der Einzelnen ist ja, wie wir sahen, eine Verkehrtheit. Wo ich das Haupt eines Menschen finde, da ist auch Leib und Glieder, welche jenem gehorchen müssen. Steht es den Befohlenen frei Einrede zu erheben, so geht mit dem Gehorsam auch die Herrschaft zu Grunde. Mit Schwanken und Aendern ist wenigstens nichts gewonnen, sondern derlei Schwäche erscheint als zureichende Rechtfertigung der früheren und neuen Einwendungen. Von den Befehlen der Regierung soll gelten was das römische Recht vom Rechtsprechen verlangt: der Prätor spricht auch dann Recht wenn

---

1) So Kant, Rechtslehre, 174.
2) Hobbes Leviathan, 24; de cive, VI 13.

er unbillig entscheidet [1]); nämlich nicht in Beziehung auf das was er that, sondern was zu thun ihm zusteht.

Allerdings berühren diese, leicht noch umständlicher zu entwickelnden Schlußfolgen, die schwierigsten Punkte des Staatsrechts und der Politik: die Lehre von Gebrauch und Mißbrauch der höchsten Gewalt, von Umsturz und Erneuung der Verfassungen: — aber sie lösen den Knoten nicht, sondern schieben ihn nur zur Seite. Zum Beweise in aller Kürze Folgendes: jene Schlußfolgen bezwecken weit weniger das Unläugbare zu beweisen, die höchste Gewalt sey eben die höchste und müsse es seyn; als von hier aus für irgend einen mit Vorliebe betrachteten Theil derselben, einen über Recht und Gesetz erhobenen Absolutismus einzuschmuggeln. Niemand will die Gesammtheit, die Totalität der höchsten Gewalt beschränken; die vernünftige, nothwendige Beschränkung liegt in der mannichfachen Gliederung, wo jedem Organe sein eigenthümliches Geschäft zugewiesen ist. Schon Menenius Agrippa war hievon überzeugt laut seines Apologs über das Verhältniß des Magens zu den übrigen Gliedern, und wer kann über schädliche Beschränkung klagen, wenn die Rechtspflege eine eigenthümliche unabhängige Stellung einnimmt?

Ueberflüssig ist es einen Beweis für die Möglichkeit von Staatsverträgen, Rechtsbestimmungen, Verfassungen zu verlangen, da deren unzählige in der Wirklichkeit vorliegen.

Wo die geselligen Verhältnisse gesund sind, lösen sich Regierte und Regierer so wenig, als sich bei einem gesunden Menschen Leib und Seele von einander trennen; brechen aber Krankheiten ein, so rette ich den Kranken keineswegs dadurch daß ich ihm vorrede, er befinde sich außerordentlich wohl. Wo sich die vorausgesetzte Einheit der Regierenden und der Regierten wirklich in eine Entgegensetzung verwandelt hat, hilft jener erkünstelte Beweis nichts daß in jedem Einzelnen auch ein Stücklein Herrscherthum stecke, daß keiner daneben stehe, der Herrscher nur Rechte und keine Pflichten habe u. s. w. So gewiß seitens der Unterthanen Handlungen können vorgenommen werden, welche den Zweck der geselligen Verbindung aufheben, eben so gewiß

---

1) Digest., I, 1, 11.

sind auch Regierungen in ähnliche Irrwege, ja in Verbrechen hineingerathen. Man kann geheiligt, sacrosanctus seyn, und doch Böses thun. Betrachtet man (wie oben geschah) Volk und Regierung als ganz dasselbe, als identisch, so ist wenn das Volk, auch die Regierung verderbt; stellt man dagegen Regierer und Regierte getrennt einander gegenüber, so ist nicht abzusehen warum nicht auch jene sollten ausarten können. Der Mißbrauch der höchsten Gewalt ist eine Sünde gegen Gott, den Nächsten und sich selbst; und eben so schwer muß jeder Frevel gegen die höchste Gewalt bezeichnet werden. Welche Formen zur Austreibung böser Säfte (per sfogar gli umori, sagt Macchiavell) anzuempfehlen sind, wird sich erst allmählig herausstellen; hier muß ich bemerken daß man fast die schwierigste aller Fragen: wenn und inwiefern eine höchste Gewalt rechtmäßig, oder unrechtmäßig, wenn der Gehorsam, wenn der Widerstand Pflicht sey, von der Theorie aus auf ganz entgegengesetzte Weise beantwortet hat.

Die Einen (unter ihnen Kant) behaupten: sobald Einer, oder eine Körperschaft (wie es auch geschehen sey) die höchste Gewalt gewonnen hat, so darf nie und unter keiner Bedingung mehr vom Widerstande gegen sie die Rede seyn, weil sonst stetes Revolutioniren nicht zu vermeiden ist und die Lehre von der Souverainität ganz bedeutungslos wird.

Die Anderen sagen: unrechtmäßiger Ursprung der höchsten Gewalt ist ein unauslöschlicher Flecken; nie kann sich eine von Hause aus verdammliche Gewalt durch den Ablauf der Zeit, oder aus anderen Gründen in eine rechtmäßige verwandeln. Ein erzwungenes Verhältniß gründet und bildet keinen Rechtszustand: dieser soll wiederkehren und in keiner Weise dürfen die ungerecht Zwingenden wähnen, oder sich darauf verlassen, daß aus dem Unrechte ein Recht werden könne. Widerstand gegen solche Gewalt ist immerdar Pflicht; nur feige Furcht kann davon abhalten. Weicht man von diesem heiligen, unwandelbaren Grundsatze ab, so eröffnet man aller Gewalt, Willkür und Empörung, auf die unheilbringendste Weise, Riegel und Thor!

Darin, daß diese beiden Begründungen sich durchaus widersprechen, liegt schon ein Beweis ihrer Unzulänglichkeit, sowie der Nothwendigkeit einer höhern Lösung. Sie beziehen sich mit Unrecht vorzugsweise auf den Buchstaben, nicht auf den Geist, und auf die Form unter Hinwegsehen von dem Inhalte. Die erste legt einem bloßen Zeitaugenblicke der Herrschaft (gleichgültig wie sie gewonnen worden) ein entscheidendes Gewicht für alle Zukunft bei; und die zweite betrachtet Jahrhunderte als wären es bloße Augenblicke. Dies Verfahren ist so einseitig und unzureichend daß man es für ganz unpraktisch erklären muß. Zufolge der zweiten Lehre, würden Forderungen auf Besitz und Herrscherrechte ins Unendliche zurückgehen, kein Staat einen Fuß breit Landes inne haben wogegen sich nicht Zweifel erheben ließen, und aus der allgemeinen Orts= und Rechtswechselung kein geringes Unheil und das Verderben des lebenden Geschlechts hervorgehen.

Laut der ersten Lehre durfte Thrasybul nicht die dreißig Tyrannen, Rom nicht die Decemvirn, Syracus nicht den Dionysius, Frankreich nicht den Robespierre stürzen. In dieser bloß förmlichen, formellen Beschränktheit vergessen beide Parteien daß Verjährung im Staatsrechte so nothwendig ist wie im Privatrechte, sie werfen Karl den Großen, Salaheddin, Wilhelm von Oranien zusammen mit Sylla, Phalaris, Maximin u. s. w.; sie sehn ganz ab von dem Inhalte, von der würdigen oder unwürdigen Handhabung der höchsten Gewalt. Es sind Zustände in der Geschichte des menschlichen Geschlechts eingetreten (und werden wieder eintreten) wo Kraft, Sitte, Recht und Religion steten Gehorsam und Unterwerfung, und wo sie Widerstand und Erneuung geboten. Wenn man jene Grundlagen aller Geselligkeit recht im Auge behält und geschichtlich seinen Blick stärkt, so wird man auch in den schwierigsten Fällen das Richtige ergreifen.

Als die portugiesischen Stände sich im Jahre 1641 von Spanien lossagten, gaben sie zweifache Gründe an: erstens hätten die Könige von Spanien das Reich widerrechtlich in Besitz genommen; und zweitens die Mangelhaftigkeit ihres Rechtstitels keineswegs durch eine tüchtige Regierung wieder gut gemacht[1], sondern schlecht und gegen die Gesetze regiert. Denn wenn auch Stände eines Königreichs ihren Königen alle und jede Regierungsgewalt übertrügen; so geschähe dies doch (nach menschlichem und

---

1) Schmauss, corp. jur. gentium, 2298.

göttlichem Rechte) unter der stillschweigenden Bedingung sie mit Gerechtigkeit, und nicht nach Willkür zu beherrschen.

Obgleich Hobbes [1]) ein eifriger Vertheidiger des Absolutismus ist, fügt er doch hinzu: die höchste Gewalt verliere in dem Augenblicke ihre Rechte, wo sie nicht mehr im Stande sey die Bürger zu beschützen. — Hier ist die Rechtsfrage ganz bei Seite, und die Thatfrage vereinzelt in den Vordergrund gestellt. Die Gründe der Beantwortung ändern sich alsdann mit jedem Augenblicke, und erlaubt man jedem den Versuch ob sie bejahend, oder verneinend ausfallen möge, überläßt man es der Entscheidung ungeregelter und ungesetzlicher Kräfte, so läuft die gesellige Verbindung unaufhörlich Gefahr in Anarchie überzugehen. Folgerecht müßte Hobbes jene Frage nur von der höchsten Gewalt selbst aufwerfen und beantworten lassen, und dies ist auch wohl seine Meinung wenn er sagt: das Recht des Herrschenden könne nur durch ihn selbst erlöschen. Allein dies führt zu Prätendenten in alle Ewigkeit und verträgt sich nicht mit einem anderweiten Zusatze: daß die Verpflichtung der Bürger durch jede Auflösung der Regierung ein Ende nehme.

Die Behauptung endlich: ein unbeschränkter König oder Senat u. s. w. habe keinen Grund die Bürger zu unterdrücken [2]); hat an und für sich Gültigkeit, kann aber die entgegenstehenden Thatsachen nicht in Vergessenheit bringen; auch sollte die, mit jener Behauptung verknüpfte Folgerung: daß der welcher Alle zu beschützen vermöge, auch Alle unterdrücken könne, zu der Einsicht führen, daß allgemeine Lehrsätze obiger Art ohne tiefere Entwickelung unhaltbar bleiben.

Es giebt außer den göttlichen Gerichten in jener Welt, auch Gerichte welche schon in dieser Welt über Herrscher und Regierte, über Könige und Freistaaten hereinbrechen. Es giebt eine Nemesis für die Frevel aller Theile, wie die Geschichte jeder gewaltsamen Revolution erweiset.

---

1) Leviathan, 21, 29.
2) De cive, VI, 13, 20.

Siebzehnter Brief.

Berlin, 10. Mai 1850.

Welche Rechte (fragt man) gehören zur Souverainität? In neuern Zeiten ist die gewöhnliche Antwort: sie zerfällt in die gesetzgebende, richterliche und ausübende Gewalt. Dieser Lehrsatz hat seinen guten Sinn, ist aber oft mißverstanden und schädlich angewandt worden. Insbesondere wenn man jene Aeußerungen der höchsten Gewalt nicht als Glieder einer Dreieinheit, sondern als getrennte Theile betrachtet, wenn man (so zu sagen) die Verbindung der Gelenke durchschnitten hat. Im Hintergrunde dieses Verfahrens liegt der vom gesunden Zustande absehende Irrthum, welcher das Negative, Böse, als das Wesentliche setzt, überall Dämme und Hemmungen erklügelt, und ein mechanisches, todtes Gleichgewicht als höchstes Ziel der Staatsweisheit betrachtet. Allerdings entsteht leicht Willkür und Parteilichkeit wenn das Geschäft des Gesetzgebers, Richters und Vollziehers lediglich in einer Hand ist; allein das Heilmittel gegen diese drohende Gefahr liegt nicht in einer gänzlichen Trennung jener Funktionen. Hienach würde die Verwaltung (welche von den Verhältnissen und Bedürfnissen am genausten unterrichtet ist) bei der Gesetzgebung gar nicht mitsprechen dürfen, und die Richter würden nach Vorschriften urteln müssen über deren Nothwendigkeit und Zweckmäßigkeit sie nie gehört worden.

Man könnte jene dreifache Gliederung auf eine zweifache zurückbringen, welche nur ein Recht annimmt, erstens Gesetze zu geben, zweitens Gesetze anzuwenden. Denn die richterliche und ausübende Gewalt wird ja unter der Gesetzanwendung begriffen; und die eigentliche Staatsverwaltung (Administration) muß mit gleicher Wichtigkeit und Würdigkeit hervortreten wie die Privatrechtsverwaltung. Endlich wäre auch gegen die Behauptung nicht viel einzuwenden: die gesetzgebende Gewalt umfasse die gesammte Souverainität; und es liege schon in jedem Gesetze daß man es anwenden solle. Doch schwindet hier die Mannigfaltigkeit der Beziehungen zu sehr in ein Allgemeines, weshalb wir lieber jener nochmals unsere Aufmerksamkeit zuwenden.

Wenn die gesetzgebende Gewalt in einer Hand (z. B. eines Königs) ist, anderen Personen und Ständen aber nur eine berathende Stimme zugestanden wird, so kann dies recht nützlich wirken, aber an der Souverainität haben diese keinen Theil. Zu jeder vollziehenden Gewalt gehört in der Regel eine gesetzgebende. Soll jene zwei, oder mehr gesetzgebende Körper neben sich haben, so erfolgen leicht Widersprüche, oder gar Gewalt. Dies geschah z. B. vor der Vereinigung Irlands mit England, sowie durch die Verhältnisse der österreichischen Monarchie. Die Einleitung zu Gesetzen (Initiative) kann von einem Einzelnen, oder von Körperschaften ausgehn. Die geschichtliche Mannigfaltigkeit widerlegt beschränkte Regeln; doch beweiset die Erfahrung daß die mit der Verwaltung Betrauten (die Minister) zu erfolgreicher Uebernahme jenes Geschäftes die Geschicktesten sind.

Die gesetzgebende Gewalt bedarf noch weit mehr einer Beschränkung und Regelung, als die ausübende. Insbesondere giebt die französische Revolution furchtbare Beispiele einer, in ihrer Allmacht sich selbst zerstörenden Gesetzgeberei. Irriges Verwalten zeigt Irthum in einzelnen Fällen; irriges Gesetzgeben dagegen bildet unheilbringende Regeln, die eine Unzahl von einzelnen unheilbringenden Fällen nach sich ziehen.

Sowie der Staat durch Uebermaaß der Thätigkeit und anmaßliche Vielregiererei in Gefahr geräth, so kann dies auch geschehen wenn ein berechtigter Einzelner, oder eine Körperschaft durch Nichtsthun, oder steten Widerspruch den Fortschritt der öffentlichen Angelegenheiten hemmt. Alsdann werden außerordentliche Mittel nöthig; so z. B. wenn das Volk in Rom keine Magistrate wählte, oder aus ähnlichem Grunde in Venedig die alten Beamten in ihren Aemtern bleiben mußten.

Jene Eintheilung der Souverainität in drei Gewalten ist keineswegs die allein richtige und erschöpfende; es lassen sich nach anderen Grundgedanken noch andere Eintheilungen vorschlagen: z. B. in Militär- und Civilgewalt, oder in Kirchen- und Staatsgewalt, oder in die oberpriesterliche, oberrichterliche und oberfeldherrliche Gewalt, welche die Spitzen der Religion, des Rechts und der Kraft anzeigen. Einige setzen das Wollen und Können, als Gesetzgeben und Ausüben einander gegenüber; Andere ver=

werfen den Ausdruck Gewalten und sprechen von drei Institutionen[1]: Regierung, Verwaltung, Rechtspflege (gouvernement, administration, justice). Oder man sagt: die Verfassungen sollen eine dreifache Tyrannei abhalten: die kirchliche welche nur äußere Abrichtung im Auge hat, die militairische welche nur Gehorsam als Verdienst kennt, die polizeiliche welche mit scheinbarer Gesetzmäßigkeit höhere Triebfedern vertilgt u. s. w. Jede dieser Eintheilungen hat ihren Grund und ihr Verdienst; jede giebt Gelegenheit politische Betrachtungen daran zu knüpfen.

Die einstweilige Auflösung einer an der höchsten Gewalt Theil habenden Körperschaft (z. B. des Parlaments) löset dieselbe nicht ganz auf; vielmehr können und müssen die täglich erforderlichen Handlungen verfassungsmäßig von dem nicht aufgelöseten Theile vorgenommen werden. Körperschaften die an der Verfassung Theil haben und mitwirken, müssen neben einander gestellt, coordinirt seyn; verwaltende Behörden müssen dagegen einander untergeordnet, subordinirt seyn. Sobald in jenem Falle Subordination (oder bloße Berathung) eintritt, geht die eigentliche Verfassung zu Ende; sobald in diesem Coordinirung eintritt, geräth die Verwaltung in Verwirrung.

Jede nach Ort, Zeit und Volk unpassende Verfassung ist (trotz alles etwanigen theoretischen Anpreisens) eine schlechte; eben so eine jede die nur auf den Verstand berechnet ist, und nicht den ganzen Menschen in Anschlag bringt. Auch unter den besten Verfassungen und Gesetzgebungen können die ärgsten Dinge geschehen, wenn die höheren Bürgschaften (Klugheit, Sitte, Gerechtigkeit) fehlen und Leidenschaften vorherrschen. Keine Verfassung ist so schlecht daß die Menschen unter derselben nicht gerecht seyn könnten, und das ist die Hauptsache; minder wichtig ist es, ob sie viele Rechte haben. In dem Maße als die Völker unsittlicher sind, muß die höchste Gewalt strenger werden; diese ist gleichsam das Füllstück, das Complement zu dem Gewissen der Einzelnen. Liebe zu den Formen und Liebe zu den Personen ist für gesunde Verhältnisse gleich nothwendig. Politische Unduldsamkeit wirkt nicht minder gefährlich und schädlich, als religiöse Unduldsamkeit. Was übertriebene

---

1) Bonnin, I, 96.

Eigenliebe für den Einzelnen ist, ist übertriebener Patriotismus für ein Volk; und umgekehrt findet Nachäfferei und Charakterlosigkeit des Einzelnen ein Gegenbild an flacher Weltbürgerei.

Selbst die Vertheidiger der Volkssouverainität müssen zugeben, daß niemals eine Verfassung durch die wahrhafte, unabhängige Beistimmung Aller errichtet, daß eine solche ganz allgemeine Beistimmung unmöglich sey; sie bringen aber desto bestimmter darauf daß immer die Mehrzahl, die Majorität entscheiden müsse. Wo gesetzlich feststeht, wer ein Recht hat bei öffentlichen Angelegenheiten mitzureden (Karbinäle, Churfürsten u. s. w.), oder wo anerkannte Verfassungen hierher gehörige Fragen bereits entschieden haben, ist keine Schwierigkeit mehr vorhanden; wo dies aber nicht geschehen, und keine bestimmte Richtung vorgeschrieben ist, geräth man in die verwickelte Untersuchung über Wahlrechte und Wahlgesetze, worüber umständlich zu sprechen hier noch nicht passend erscheint. Denjenigen welche in der größten Ausdehnung der Wahlrechte und der politischen Mitwirkung ein Universalmittel gegen alle geselligen Uebel sehen, möchte ich einen Ausspruch Ciceros entgegenstellen, dem es an bitteren Erfahrungen auf diesem Boden nicht fehlte [1]). Er sagt: das Zeugniß der Menge ist nicht das Gewichtigste. Denn in jedem Bestreben, jeder Kunst, jeder Wissenschaft, ja selbst in der Tugend, ist das Beste allemal das Seltenste.

Jeden Falls muß man die Behauptung als irrig bezeichnen: jede Majorität könne thun was sie wolle; als gebe es über ihre Willkür hinaus keine unantastbaren Rechte, keine heiligen Pflichten. Vielmehr ist nichts nöthiger als eine Schranke gegen die Willkür der Majoritäten, gegen ihre Allmacht und die Wuth ihrer nichts achtenden Gesetzgeberei. Die Geschichte erweiset daß derlei Majoritäten durch die niederwerfende Kraft thätigerer Minoritäten oft sind bezwungen worden. Ja bei angeblich allgemeinem Stimmrechte, kommt die Gewalt meist in die Hand mächtiger und verschlagener Führer. Gewiß ist die Aufgabe doppelt wichtig und interessant, durch die Formen gemischter Verfassungen, Ereignissen solcher Art vorzubeugen.

---

1) De finibus, II, 25.

Achtzehnter Brief.

Berlin, 14. Mai 1850.

Sie bemerken: es zeige sich in vielen neueren Darlegungen (offenbarer oder versteckter) eine Vorliebe für gemischte Verfassungen, und führen zur Widerlegung folgende Aeußerung Macchiavells an. Er sagt [1]): „kein Staat kann eingerichtet werden daß er Festigkeit erhalte, wenn er nicht ein wahres Fürstenthum oder eine wahre Republik ist: denn alle Regierungen, welche zwischen diese beiden hingestellt werden, sind mangelhaft." —

So viel Gewicht die Aussprüche eines Mannes wie Macchiavell auch haben mögen, so ist doch kein Grund vorhanden sich ihnen immer, und namentlich dieser Behauptung zu unterwerfen. Gleichwie man von den Formen zu wenig erwarten kann, so von den Personen zu viel, und die Geschichte zeigt daß es oft sehr üble Folgen hatte, wenn alle Gewalt in die Hand eines Menschen, eines Senats, einer Volksversammlung gelegt war. Alle Republiken des Alterthums (Sparta, Athen, Karthago, Rom) hatten dagegen in ihrer gesunden Zeit gemischte Verfassungen, welche Macchiavell verwirft. Sobald diese förmlichen Organe verschwanden, kam man in der Regel zu Anarchie oder Tyrannei. Gewiß kann Macchiavells Behauptung für keine allgemein gültige und nützliche Regel gelten und unzählige ihr widersprechende Thatsachen der Geschichte umstoßen.

Nachträglich bemerke ich, daß keine gemischte Verfassung die höchste Gewalt nach obigen drei Zweigen abtheilt, und etwa (in England) dem Oberhause die richterliche, dem Unterhause die gesetzgebende Gewalt u. s. w. zuweiset; der Versuch sich einem solchen Ziele auch nur zu nähern, müßte die größte Verwirrung erzeugen.

Erlauben Sie, daß ich jetzt eine Reihe von Bemerkungen über einfache Verfassungen, vorzugsweise mit Hinsicht auf die alte Welt folgen lasse; denn die Betrachtung der neueren Zeiten macht

---

[1]) Opere, IX, 285.

es nöthig vorher eine Reihe sehr abweichender, noch nicht erwähnter Zustände und Begriffe zu entwickeln.

Im Gegensatze zur Monarchie, ist sowol die Aristokratie wie die Demokratie republikanisch; ich spreche indeß zunächst von der letzten und prüfe was darunter zu verstehen und in welcher Weise sie möglich sey. Freiheit und Gleichheit, heißt es, sind die Grundlagen der Demokratie; unter dem Vorwande sich hier dem höchsten Ideale zu nähern, ist jedoch oft arger Mißbrauch mit jenen Begriffen getrieben worden.

Die Freiheit besteht (ich wiederhole es) nicht in der Willkür, sondern in der Unterwerfung unter allgemeine Gesetze. Ohne Gesetze kann schlechterdings gar keine Verfassung bestehen; weshalb für die Demokratie nur charakteristisch übrig bleibt, daß nicht für besondere Klassen der Gesellschaft besondere Rechte und Pflichten festgestellt werden, und daß die Bürger am Geben und Verändern der Gesetze Theil nehmen.

Was zweitens die demokratische Gleichheit anbetrifft, so kann sich diese ebenfalls nur auf etwas Beharrliches, auf ein Gesetz beziehen; sonst müßte jede Veränderung in den Verhältnissen der Einzelnen ein verkehrtes Bemühen hervorrufen das verlohrne Gleichgewicht wieder zu erzeugen; während alle diese Bewegungen, dies auf und ab, zuletzt doch nur Beweise der unzerstörbaren Ungleichheit sind.

Verlangt man nämlich vollkommene Gleichheit der geistigen und sittlichen Anlagen, des Besitzthums u. s. w., so verlangt man etwas das weder da ist, noch zum Daseyn gebracht werden kann; meint man umgekehrt jede Verschiedenheit der einzelnen Eigenschaften begründe auch verschiedene, danach abzustufende Ansprüche, so ist der Fehde kein Ende und die Grundlagen der Demokratie würden aufgehoben, weil nothwendig der, welcher die höchsten Ansprüche gegründet nachwiese, auch herrschen müßte.

Setzen wir aber einmal die Möglichkeit voraus eine völlige Gleichheit des Besitzes und der persönlichen Eigenschaften einzuführen, so wäre dennoch das Bemühen und der Zweck thöricht. Alsdann blieben nämlich die Menschen fast ununterscheidbar wie die Thiere, alle Mannigfaltigkeit des Strebens und Erreichens fiele dahin, und eine jämmerliche Mittelmäßigkeit würde sich als Bestimmung des Menschen geltend machen.

Mithin besteht, meines Erachtens, das Wesen der Demokratie keineswegs in dem Gleichmachen aller Verschiedenheiten, sondern in dem Hinwegsehen von Verschiedenheiten und dem Zusammenfassen unter eine große Regel welche alle Menschen (ohne Rücksicht auf Persönlichkeit, Besitz u. s. w.) gleich stellt. Die Personen werden gezählt und die Zahl entscheidet.

Hiegegen erklärt sich Cicero und sagt [1]: „Servius Tullius sorgte dafür (was in einer Republik stets festzuhalten ist), daß nicht die Meisten das Meiste gölten." — Ich will in diesem Augenblicke den Beweis nicht versuchen, es sey auch da oft übel zugegangen wo die Wenigen das Meiste vermochten; sondern nur daran erinnern daß jenes Hinwegsehen, jenes Beiseitesetzen, selbst bei den bestimmtesten und strengsten Gesetzen, den Einfluß der Persönlichkeit und des Reichthums niemals vernichten konnte. Auch gibt es gewisse Geschäfte und Würden (z. B. die eines Feldherrn) wozu so bestimmte Eigenschaften erfordert werden, daß man diese nothwendig aufsuchen und berücksichtigen muß, und Loos oder Reihefolge nicht entscheiden darf.

Eine in ihrer Gesammtheit ununterbrochen regierende Demokratie ist ein Unding; jede bedarf ihrer Beamten, Richter, Gesandten u. s. w. Keineswegs haben alle Bürger gleiche Lust, Muße, Geschicklichkeit an den öffentlichen Angelegenheiten Theil zu nehmen; viele ziehen sich gern zurück und die thätig bleibenden sind nicht immer die besten.

Keine der alten Demokratien hat allen großjährigen Einwohnern das volle Bürgerrecht eingeräumt; nirgends fand eine ganz gleiche, oder nach unbestreitbaren Grundsätzen abgestufte Besteuerung statt; nirgends war Wahlrecht und Wahlfähigkeit unbedingt gleich; überall gab sich die Nothwendigkeit kund die Menge (welche nicht das Volk ist) in Zaum und Ordnung zu erhalten. Auch sagt schon Aristoteles [2]: es ist den Vielen lieber unordentlich, als verständig zu leben.

---

1) Cic. de Republ., II, 22.
2) Polit., VI, 4.

Es war gewiß kein Verlust daß jene angeblich ideale, vollkommene Gleichheit nirgends eintrat, ja Burke sagt [1]: das was Viele als eine vollkommene Demokratie wollen, müßte das schamloseste aller politischen Ungeheuer seyn. — Wenn nun alle Demokratien zwischen der sogenannten reinen, oder vollkommenen, und der Aristokratie schwebten, so mußten die Abstufungen und Uebergänge durch Gesetze festgestellt werden. Ich gebe Beispiele. Die Zahl entschied allein, oder auch das Vermögen; ich erinnere an die römischen Tribus und Centurien. Um zu wählen oder gewählt zu werden, ist ein kleineres oder größeres Vermögen nöthig. Die Aemter werden lediglich durch Wahl, oder auch durch das Loos besetzt, und zwar aus Allen, oder aus Einigen. Sie werden auf längere oder kürzere Zeit verliehen. Jeder Einzelne kann ein Amt nur einmal, oder öfter und nach gewissen Zwischenräumen bekleiden. Die Behörden haben, neben der Volksversammlung, mehr oder weniger Gewalt. Halbbürtige, Uneheliche, Fremde werden leicht, schwer, oder gar nicht aufgenommen. Die Anwesenheit in der Volksversammlung und den Gerichten wird bezahlt, oder nicht bezahlt, der Reiche für sein Ausbleiben gestraft, oder nicht gestraft. Neben dem Volke steht ein Rath, ein Senat, mit geringerm, oder größerm Rechte. Das Volk hat die Einbringung (die Initiative) der Gesetze, oder es bestätigt und verwirft, oder es hat das Recht die an dasselbe gebrachten Vorschläge auch zu ändern.

Man hat gesagt: die Monarchie geht natürlicher aus der Familie hervor als die Republik, und ist deshalb auch älter. Die Zeitrechnung entscheidet aber nicht über den Werth, und aus der Stellung von Geschwistern und mehreren Familien ließe sich eben so leicht das Republikanische herleiten. Klima, Naturell, Volksthümlichkeit, Umfang des Besitzthums, Lebensweise, kurz unzählige Verhältnisse entscheiden erst ob sich diese oder jene Verfassung natürlich und heilsam entwickeln kann.

In ihrer Entstehung sind die Demokratien natürlich klein, weil für eine kleine Zahl eine große Gleichheit der Rechte und Verhältnisse leichter zu fordern und durchzusetzen ist. Plötzlich

---

[1] Burke von Gentz, I, 147.

tenstandene große Demokratien haben in der Regel weder Haltung noch Dauer, und eine sehr merkwürdige Ausnahme (Nordamerika) läßt sich nicht überall nachahmen und geltend machen. Das im Alterthume oft vorgeschlagene und versuchte Mittel, einen Staat dadurch gesund zu erhalten, daß nur eine bestimmte Zahl von Bürgern und Grundbesitzern geduldet werde [1]), ist mechanisch, tyrannisch und unausführbar. Es ward empfohlen weil man sich nicht von dem Begriffe einer Stadtverfassung zu dem einer Staatsverfassung erhob.

Wird eine Demokratie so reich und mächtig, daß sie die Aermeren mit Geld, Lebensmitteln, Bädern u. dgl. unterstützt, so wächst deren Zahl und Einfluß von Tage zu Tage, bis nach Auflösung aller Ordnung ein Einzelner Herr des Staates wird.

Das Verfahren bei der ungemein wichtigen Besetzung der Aemter war sehr mannigfaltig. Entweder geschah der Vorschlag von Seiten der sich Bewerbenden, oder von Seiten der Wählenden, oder von gewissen dazu ausschließlich berechtigten Personen. Wo der Bewerbende sich meldet, weiß man daß er geneigt ist die Stelle anzunehmen, die Prüfung schweift nicht auf Viele umher, und Mancher wird abgehalten sich der Gefahr des Durchfallens auszusetzen. Andererseits drängt sich mancher Unbescheidene hervor und mancher Bessere wird von solch einer Meldung zurückgeschreckt. Jeden Falls soll die Wahl nicht auf diejenigen beschränkt seyn, welche sich bewerben.

Macchiavell wirft die Frage auf [2]): ob Fürsten oder Völker standhafter und folgerechter handelten, und entscheidet für die letzteren. Zuvörderst muß man das Volk, von der bloßen Menge, von dem Pöbel unterscheiden, dessen Wankelmuth und Unbeständigkeit mit Recht allgemein getadelt wird. Wohl aber kann man einem, insbesondere herrschenden Volke einen bestimmten folgerechten Charakter beilegen. Selbst bei den beweglichen Athenern zeigen sich gewisse unveränderliche Ansichten und Zwecke, und noch mehr bei den Karthagern und Römern, obwol hier die Aristokratie wesentlich einwirkte. Ja manche Republik hat zu starr

---

1) Platon de legib., V, 740.
2) Discorsi, I, 58.

einmal ergriffenen Grundsysteme angehangen. So versäumte Venedig [1]) lange Zeit den Erwerb des Landbesitzes um der Seeherrschaft willen, und wollte unter ungünstigen Verhältnissen nachhohlen, was früher wäre leichter gewesen. In Monarchien führt der Wechsel der Personen leicht zum Verwechseln der Bestrebungen und Zwecke, doch zeigten einzelne Könige eine bewundernswerthe Standhaftigkeit. Auf ein Volk wirken mehr allgemeine, auf den Einzelnen mehr einzelne Gründe und Anregungen. So der Spott Friedrichs II. auf die Kaiserin Elisabeth und die Pompadour; und die Begier nach Landvertheilungen auf die ärmeren Römer.

Wo Alle gesetzlich gleich seyn sollen, wird nur zu leicht das Recht des Stärkeren alleiniger Grund um die verschmähten Abstufungen herbeizuführen, und die angeblich unbedingten Demokratien verwandeln sich dann in Oligarchien. Zur Bildung einer gesetzlichen Aristokratie reicht das bloße Verhältniß der verminderten Kopfzahl nicht aus, es müssen auch andere Verhältnisse und Eigenschaften berücksichtigt werden. Zunächst der Besitz. Entscheidet derselbe allein, so geräth man eben so in Einseitigkeit als wenn man bloß die Köpfe zählt. Ferner entsteht keine Aristokratie, wo Alle gleich begütert sind und gleiche Rechte haben, sowie keine Demokratie vorhanden ist wo Alle bei derselben Armuth ungleiche Rechte haben. Viele haben sich deshalb mit dem Ausspruche beruhigt: Aristokratie ist diejenige Verfassung wo die Besten herrschen. Diese Worterklärung beseitigt aber nicht die schwierigen Fragen: wer sind denn die Besten, wie findet man sie, nach welchen Grundsätzen sollen sie wirksam werden u. s. w. Ueberall sind in dieser Hinsicht Gesetze erlassen worden: sie haben Vorschriften, Bedingungen aufgestellt, bald mehr bald weniger verlangt, ermäßigt, gehemmt, erleichtert.

Nirgends war eine sogenannte reine Aristokratie vorhanden; das heißt nirgends entschied allein die Persönlichkeit, oder allein der Reichthum. Ich gebe etliche Proben von verschiedenen Einrichtungen und Mischungen. In Sparta entschied Vermögen und Volkswahl [2]), in Karthago verlangte man außerdem gewisse per-

---

1) Paruta, II, 1.
2) Aristot. Polit., IV, 7.

sönliche Eigenschaften. Die Würden werden auf bestimmte Zeit oder lebenslänglich verliehen. Die herrschende Körperschaft ist geschlossen, oder offen; sie ersetzt sich nach Belieben, oder mit Rücksicht auf Geld und Verdienst u. s. w.

Bisweilen wurden Kunstmittel angewandt, scheinbar die Demokratie begünstigend, in Wahrheit die Oligarchie fördernd. Zum Beispiel: man verstattete Allen den Zutritt zur Volksversammlung, legte aber den Reichen für das Außenbleiben eine Strafe auf. Man erlaubte den Aermeren Aemter abzulehnen, aber nicht den Reichen. Man zwang nur die Letzten zum Anschaffen von Waffen u. s. w.

Als Vorzüge der Aristokratien führt man an: größere Bildung und größerer Besitz der Herrschenden, abgeschlossene und sichere Wirksamkeit; während als Schattenseiten hervorgehoben werden: Ehrgeiz, Druck der Untergebenen, Einseitigkeit des Geburts- und Geldadels u. s. w.

Will man den Werth der Staatsverfassungen nach dem Interesse bestimmen, welches ihre Geschichte erweckt, so haben in der Regel die Republiken den Vorzug vor den Monarchien. Dort die größere Theilnahme an den öffentlichen Angelegenheiten, die größere Mannigfaltigkeit der Erscheinungen, das ununterbrochene Hervortreten bedeutender Persönlichkeiten u. s. w. Nur da wo (wie in neueren Zeiten) das Monarchische sich mit dem Republikanischen versöhnt und in eine schönere, reichere Einheit zusammentritt, kann das Höchste was staatsrechtliche Formen erzeugen, zur Wirklichkeit werden.

Bevor ich zur Betrachtung der Monarchien übergehe, mögen noch einige Bemerkungen über Republiken (meistens aus Demokratie und Aristokratie gemischt) hier Platz finden. Ohne republikanische Tugenden (Vaterlandsliebe, Uneigennützigkeit, Sparsamkeit, Achtung der Obrigkeiten u. s. w.) kann keine Republik bestehen; doch geht Montesquieu zu weit, wenn er allein dieser Verfassung das Princip der Tugend zuweiset. Sie ist auch in der Monarchie, gleichwie die Ehre in der Republik unentbehrlich, obgleich beide Begriffe durch die Verfassungen in ihrer unmittelbaren Anwendung näher bestimmt, modificirt werden.

Wo sich die höchste Gewalt republikanisch gestaltet (zwei

Consuln, zwei Suffeten u. s. w.) pflegt auch in niederen Kreisen das Genossenschaftliche einer Mehrzahl herauszutreten. Für und gegen beide Richtungen ließe sich mancherlei Geschichtliches aufzählen.

Für ganz außerordentliche Verhältnisse bedarf die Republik außerordentlicher, durch Gesetze gebilligter Mittel. Sie fehlten in Athen und Venedig, sie waren in Rom durch die Diktatur und die Verstärkung der Consularmacht gegeben. Wird Zeit, Maaß und Zweck solcher Gewalt nicht vorgeschrieben, so geräth die Republik (wie Rom zur Zeit der Decemvirn) in doppelte Gefahr. — Wo statt der Bürger die tribus urbanae, der Stadtpöbel entscheidet, hat die Freiheit ein Ende. Ländliche Grundbesitzer sind in der Regel minder verderbt und durch Boden und Arbeit festgehalten; städtische Umtreiber dagegen zahllos zur Hand und zu Anmaßung und Ungebür geneigt. Demagogen schlechter Art, Volksverführer, wachsen dann schneller hervor, und werden so schädlich als schmeichelnde Höflinge.

Es führt zu Mißmuth und ist keineswegs folgerecht wenn Republiken zugewandte, oder gewonnene Länder von Staatsrechten ausschließen. Dem Unterthanen einer Republik liegt die Frage ganz nahe, warum man ihn nicht in die Genossenschaft aufnehme? Es erzeugt sich keine Anhänglichkeit, keine Liebe zu den Herrschenden, wie sie wohl zu dem einzelnen Fürsten entspringt, mit welchem sich ganz gleich zu stellen kaum Einem einfällt. Ja der Unterthan hat in einer Monarchie weit mehr Anrechte und Aussichten als in einer Republik welche z. B. ihr Monopol alsdann auf alle öffentlichen Aemter und Thätigkeiten ausdehnt.

Wo die Aufnahme Fremder in eine Republik verboten ist, fehlt dieser (besonders wenn sie klein ist) das Mittel heilsamer Erneuerung und Erweiterung. Ob die Aufnahme schwer oder leicht ist, entscheidet sich nach der Natur und Richtung des Freistaats. Wer durch Krieg die Welt erobern will, muß anders verfahren, als wer daheim nur auf friedliches Erhalten bedacht ist: — man vergleiche in dieser Beziehung Rom und Venedig.[1]) Werden aber Bürgerrechte (wie durch den Tribun Sulpicius) an

---

1) Paruta, II, 2, 389 fg.

Freigelassene und Inquilinen ausgehöfert ¹) und zugleich recht=
mäßige Ansprüche zurückgewiesen und bekriegt, so ist die ärgste
Ausartung und Unnatur bereits eingebrochen.

Je aristokratischer eine Verfassung ist, desto vorsichtiger muß
man verfahren gegen die Unterworfenen und Armen; man muß
sie unterstützen, beschäftigen, vereinzeln. Niemals aber soll eine
Partei sich verleiten lassen ihre Gegner ganz zu unterbrücken;
denn nur in lebendigen Gegensätzen liegt Freiheit und Bürgschaft
für die Dauer.

Streben nach Gleichheit des Vermögens ist demokratisch,
nach Ungleichheit aristokratisch. Man kann für beide Richtungen
fördernd, oder hemmend einwirken. Anhäufung des Reichthums
wird z. B. verhindert durch gleiche Theilung unter die Kinder,
starke Belastung der Reichen, freies Zerschlagen des Grund=
besitzes u. dgl.; das Entgegengesetzte bewirken Erbrechte der Erst=
gebohrnen, Majorate, Fideicommisse, Steuerfreiheit einzelner
Klassen u. s. w. Uebermäßiger Reichthum und übermäßige Ar=
muth ist den Republiken (ja allen Staaten) oft gefährlich ge=
worden; beide verderben die Sitten. Der Reiche bedient sich des
Armen zu anarchischen, dann zu oligarchischen und despotischen
Zwecken; die Armen dienen, oder stürzen die Reichen bis sie einen
übermächtigen Herrn finden. Sofern in Republiken das Anden=
ken an die ursprünglich gleichere Genossenschaft noch nicht erloschen
ist, kann man viel wagen und durchsetzen zur Verhütung oder
Verminderung der Armuth. In Sparta kamen die Versuche des
Agis und Cleomenes zu spät; in Rom war das Bestreben, Reichs=
domainen nicht für immer eigennützigen Aristokraten zu ausschließ=
lichem Besitze zu überlassen, keineswegs so ungerecht und unsinnig
als mancher andere, davon wesentlich verschiedene Vorschlag zu
allgemeineren Acker = und Besitztheilungen. Das öffentliche Gut
erscheint vom Privatgute in Republiken noch schärfer gesondert,
als in Monarchien; deshalb sollte man dort damit noch vorsich=
tiger und gewissenhafter verfahren. Keineswegs haben aber alle
Republiken gleich gut gewirthschaftet und sich vor Schuldenmachen
gehütet (man vergleiche Bern und Holland); falsch aber bleibt es

---

1) Liv. Suppl., 77, 6.

den allgemeinen Grundsatz aufzustellen ¹), Republiken oder Monarchien seyen der Form ihrer Verfassung halber, nothwendig bessere, oder schlechtere Wirthe. Demagogen welche ungeheure Schulden machen (wie Alcibiades, Clodius, Cäsar) sind nicht wohlfeiler wie verschwenderische Könige.

Der Streit solcher Häupter ist sehr gefährlich, ihre Einigung aber nicht minder, wie die Geschichte der römischen Triumvirn erweiset. Man soll um großer Verdienste willen nicht übermäßige Begünstigungen bewilligen, sonst verwandeln sich die Begünstigten in Herren; man darf aber auch nicht die großen Männer, welche allein im Stande wären den Staat zu retten, aus falschem Argwohn ungerecht zurücksetzen. Belehrende Beispiele bietet die Geschichte in großer Zahl.

Athen war zu Miltiades Zeiten bei geringen und seltenen Ehrenbezeigungen auf richtigerem Wege, als später, wo man Kränze und Bildsäulen in Unzahl bewilligte. Römische Triumphe gehören für eine erobernde Republik, welche den Ehrgeiz anspornen und vorzugsweise auf Krieg richten will; in Venedig hingegen waren sie niemals an der Zeit.

Der athenische Ostracismus, der syracusanische Petalismus, waren keine privatrechtlichen Strafen, sondern politische Maaßregeln um übermächtige Männer zu entfernen. Dieses Entfernen hatte aber auch seine Schattenseiten und jeden Falls blieben die Schlechten zurück. Der Areopagus in Athen, die Censur in Rom bezweckten das Heilsame ohne es in erwünschter Weise zu erreichen ²), und noch weniger ist die kirchliche Inquisition zu empfehlen. Die Venetianer ernannten höflichst mächtige Männer zu Procuratoren des heiligen Markus, wodurch ihnen vielerlei äußere Ehre zu Theil ward, sie sich aber genöthigt sahen gleichzeitig alle anderen, weit einflußreicheren Aemter niederzulegen.

Die italienischen Verweisungen, welche zahlreiche politische Parteien trafen und mit Gütereinziehung verbunden waren, sind vom Ostracismus wesentlich verschieden und nur Beweise wilder

---

1) Hobbes de cive, 10, 6.

2) Umständlich habe ich hierüber gesprochen in den Vorlesungen über alte Geschichte, I, 456, und über die römische Staatsverfassung, 64.

geselliger Krankheiten. Wenn wirklich Hermodorus (ohne allen politischen Grund) aus Ephesus verjagt ward¹), weil er sittlich besser war wie seine Mitbürger; so erwiesen diese hiedurch nur gemeinen Neid und Mangel an Politik und Sittlichkeit.

Es ist keineswegs der höchste Zweck die Macht des Volks immer mehr und mehr zu vergrößern; sie verliert hiedurch an Dauer und geht (wie in Rom) in Tyrannei über.

Ein Volk irrt eher in Bezug auf allgemeine Ansichten, als in Entscheidung einzelner Fälle ²). Hier reicht der gesunde, einfache Menschenverstand aus; dort sind viele Kenntnisse und mancherlei Verbindungen, Combinationen nöthig. Von hier aus zeigt sich wiederum die Untauglichkeit einer Demokratie und die Nothwendigkeit gemischter Formen, Vorberathungen, Senate u. s. w.

Man hat die Schwierigkeit Ansichten und Beschlüsse einer Republik geheim zu halten, als einen großen Nachtheil dieser Verfassung dargestellt.³) Mögen hiedurch auch einzelne Uebelstände erzeugt seyn, so ist aus der Oeffentlichkeit der Verhandlungen auch eine größere Kraft hervorgegangen jene Uebelstände wiederum zu vertilgen. Endlich finden sich Beispiele daß es schwerer fällt die Geheimnisse mancher Republiken, als mancher Monarchien zu erfahren. So erfuhr niemand daß Eumenes den König Perseus von Macedonien vor dem gesammten Senate angeklagt und einen Kriegsbeschluß herbeigeführt habe⁴); so hielt der venetianische Senat, ja der große Rath die wichtigsten Sachen äußerst lange geheim; z. B. das Bündniß gegen Karl VIII. und Ludwig Sforza, die acht Monate lang aufgeschobene Bestrafung ihres Feldherrn Carmignuolo u. s. w.

Unter dem Consulate des Pompejus und Crassus zählte man 450,000 römische Bürger.⁵) Konnten diese wohl (wie Rousseau wünscht und sich einbildet) verständig berathen und beschließen? Erwählt das Volk sich Häupter, Volkstribunen, so ist dies ohne

---

1) Strabo, XIV, 642.
2) Machiav. discorsi, I, 41.
3) Hobbes de cive, 10, 14.
4) Valerius Maximus, II, 2, 1. Amelot, 77.
5) Liv. 98, 29. Rousseau contr. social, IV, 4.

Zweifel ein staatsrechtlicher Fortschritt; der aber sehr an Werth und Bedeutung verliert, sobald es neben und über diesen Häuptern unmittelbar und selbständig einwirken und entscheiden will. Wir werden später sehen daß die alte Welt (trotz aller Bildung und der bittersten Erfahrungen) die so nahe liegende Lösung des politischen Räthsels nicht fand. Sie ist im Wesentlichen in den Worten de Lolmes ausgesprochen [1]: eine repräsentirende Versammlung giebt das Gegenmittel in die Hände derer welche die Unordnung empfinden; eine bloße Volksversammlung in die Hände derer welche die Unordnung verursachen!

Neunzehnter Brief.

Berlin, 16. Mai 1850.

Ich will heute zunächst noch Einiges über Monarchien sagen, neuere Begriffe und Einrichtungen (Stände, Repräsentation u. dgl.) jedoch erst später berücksichtigen.

Es giebt Leute, welche (ohne alle Rücksicht auf wirkliche Verhältnisse) die Monarchie kurzweg als ein Uebel betrachten, das in dem Maaße wegfalle und wegfallen müsse, als die Menschen besser würden. Ultraroyalisten stellen ähnliche Behauptungen (nur anders gewandt) hinsichtlich der Republiken auf; beide geben Freibriefe zum Revolutioniren.

Lassen Sie uns ruhiger und gemäßigter vorschreiten, und mit dem Athener Isokrates [2] behaupten: es sey auch schön für Monarchien das Rechte aufzufinden.

Man sagt: wenn ein Einzelner Alle, in allen Eigenschaften überträfe (oder auch nur in denen welche auf die bürgerliche Gesellschaft und deren Leitung besonderen Einfluß haben): so wäre er natürlicher, rechtmäßiger Herrscher. Die hiezu nöthige

---

1) Verfassung von Großbritannien, Kap. 8, Abschn. 2.
2) Isocr. ad Nicod., 19 ed. Lange.

Ermittelung erscheint aber unmöglich, oder führt auf Wahlreiche und Wahlformen hinaus, wovon ich weiter unten spreche. Hier nur so viel: wenn ein Einzelner, oder eine Familie, sich an Reichthum, Macht, Einfluß über alle anderen erhebt (Hugo Capet) so entsteht natürlich die Monarchie; mehrere gleichgestellte, hervorragende Familien führen zur Aristokratie, ein kriegerisches Volk von Freien endlich neigt sich zur Demokratie [1]). Als die Römer den Kappadociern verstatteten sich eine freie Verfassung zu geben, hielten sie dennoch das Königthum ihren Verhältnissen angemessener.

Keineswegs sind alle Monarchien Anfangs klein gewesen, oder lediglich aus dem hausherrlichen Verbande hervorgegangen; keineswegs folgt aus irgend einer Verfassungsform nothwendig die längere, oder kürzere Dauer eines Staates; keineswegs begründet dessen Bildung von oben herab eine unbeschränkte, formlose Herrschergewalt, und die Unmöglichkeit wechselseitiger Rechte und Pflichten [2]). Es genügt diese, von der Geschichte bestätigten Behauptungen zur Widerlegung irriger auszusprechen.

Bei Gründung von Alleinherrschaften kann vorzugsweise überwiegen Eigenthum oder Landbesitz, kriegerische Tapferkeit, religiöse Lehre. Hienach entstehen Landesherrn, Kriegesfürsten, Kirchenfürsten. Im Ablaufe der Zeit vermischen sich oft diese Bestimmungsgründe oder Verhältnisse, bisweilen zu nützlicher Fortbildung, bisweilen zu schädlicher Umbildung des Ursprünglichen. Auch der würdigste Religionsstifter bleibt nur eine Zeitlang auf Erden, und seine Nachfolger und Stellvertreter werden allmählig anderen Herrschern ähnlich.

Viele Alleinherrschaften sind entstanden durch physisches und geistiges Uebergewicht der Kräfte. Man kann im Allgemeinen deren Werth zugestehen, muß aber (zu Folge täglicher Erfahrung) hinzusetzen, daß sie keineswegs immer in löblicher Weise angewandt werden. Dann tritt bloße Gewalt hervor, der Weg der

---

1) Strabo, XII, 540.
2) Haller, Staatenkunde, 51 fg.

Thatsachen versperrt den Weg des Rechts (via facti, via juris), und der Herrscher wird zum Tyrannen.[1])

Von der Entstehung der Alleinherrschaften durch offene, rasche Gewalt unterscheidet sich der allmählige Uebergang zu derselben, aus der Demokratie oder Aristokratie heraus (Pisistratus und ähnliche).

Der erste gesetzliche Weg zur Alleinherrschaft zu gelangen ist die Wahl. Es ist unerwiesen, daß alle Wahlreiche nur Ausartungen der Erbreiche gewesen wären, und es ursprünglich gar kein Wahlreich gegeben habe.[2]) (Ich erinnere z. B. an Dejokes von Medien.) Indessen kommt bei Beurtheilung ihres Werthes nur wenig darauf an.

Nichts scheint natürlicher, als daß bei den Anfängen geselliger Verbindungen der Anführer, der Wohlthäter, der Einsichtsvollste, aus Dankbarkeit, Ehrfurcht u. s. w., an die Spitze gestellt werde; nichts scheint gewisser als daß es das Wohl jedes Einzelnen und Aller erheische den Tüchtigsten vorzuziehen; nichts unläugbarer als daß die Möglichkeit gegeben sey diesen aufzufinden; nichts gerechter als daß die Regierten den Herrscher erwählen u. s. w.

Sobald wir uns von diesen allgemeinen theoretischen Betrachtungen und Aussprüchen, auf den Boden der besondern Praxis begeben, zeigen sich aber viele Bedenken und Schwierigkeiten, von denen ich nur einige in der Kürze berühren will. Vor Allem ist zu entscheiden: wer soll wählen? Hierauf sind die verschiedensten Antworten und fast nie zu allgemeiner Zufriedenheit gegeben worden. Indessen sind hiefür bestimmte Gesetze möglich. Schwieriger hingegen ist die Beantwortung der Frage: wen kann und soll man wählen? Natürlich, entgegnet man, den Trefflichsten! Wer ist denn aber der Trefflichste? Der körperlich größte, sagten die Aethioper; der größte Trinker, antworteten die Scythen; ein alter Mann der keine Kinder hat, erwiederten

---

[1] Μη βουλομενων γαρ ουκ εσται βασιλευς; αλλ' ο τυραννος και μη βουλομενων. Arist. Pol., V, 10.

[2] Haller, Restauration, III, 421.

die Einwohner von Taprobana.¹) — Setzen wir aber auch diese lächerlichen Entscheidungen zur Seite: so werden auch die ernsteren sehr verschieden ausfallen. Für den Kriegerischen, den Friedliebenden, den Frommen, den Reichen, den Gerechten, den Inländer, den Ausländer u. s. w. Deshalb finden wir nirgends unbedingt freie Wahlen, sondern gesetzliche Beschränkungen über Alter, Geschlecht, Religion, Vaterland u. dgl.; wodurch die abstrakte, unbestimmte Lehre von höchster unbedingter Trefflichkeit beseitigt, und den Ansichten und Absichten der Wähler und Bewerber eine bestimmtere, nützliche Richtung gegeben wird. Einstimmigkeit bei den Wahlen zu verlangen, ist bloße Thorheit; irgend eine gesetzlich festgestellte Mehrheit (der Churfürsten, Kardinäle u. s. w.) muß entscheiden; leider aber erweiset die Geschichte nur zu oft daß es streitig blieb auf welcher Seite die gerechte Mehrheit sey; oder daß die unläugbare Minderzahl sich nicht unterwarf, sondern als politische Partei rücksichtslos ihre Zwecke verfolgte.

Tritt eine Neuwahl erst nach dem Tode des jemaligen Herrschers ein, so ist ein Zwischenreich unvermeidlich, welches in der Regel zu den ärgsten Ränken und Unordnungen Gelegenheit giebt. Eine Wahl bei Lebzeiten des Herrschers hat aber auch große Schwierigkeiten, sobald sie nicht eine Art von Vererbung in sich schließt, oder doch vorbereitet. Der Vortheil eines Wahlkönigs verwächst nicht so mit dem des Volkes, wie in einer Erbmonarchie, und der Nepotismus ist eine natürliche Folge jener Verfassungsform. Oft findet auch der Erwählte keineswegs immer das erforderliche Ansehen; man will sich nicht daran gewöhnen dem zu gehorchen, den man soeben erst erhob.

Trotz dieser und anderer Schattenseiten bleibt die Begierde nach Herrschaft so groß, daß Ränke, Nebenrücksichten, Bestechungen, Gewalt selten ganz ausgeblieben sind, und immer verderblich wirkten. Man gedenke nur der polnischen Königswahlen ²), wo z. B. im Jahre 1697 der General Flemming unverhohlen erklärte: er könne Contis Partei nur unterdrücken wenn August

---

1) Herod. III, 20. Solin., 56.
2) Weiße, Neue Geschichte von Sachsen, I, 286.

von Sachsen dem polnischen Adel mehr bezahle. Wie konnte dieser nicht sehen, daß ein Aushötern seines Königthums ihn selbst schände und zu Grunde richte!

Welche Vorsicht gebrauchte man bei den Wahlen der venetianischen Dogen [1]), wie künstlich verband man Wahl und Loos, und dennoch wußte man in der Regel vorher, wer obsiegen werde. Wie viel Noth entstand für die Christenheit durch zwistige Papstwahlen. Bei der des Damasus und Ursinus (366 n. Chr.) wurden in der Hauptkirche 137 Menschen erschlagen [2]), bei der Innocenz XII. kamen in Rom 182 Personen ums Leben. Es ist hier nicht der Ort zu untersuchen, ob und weshalb der Papst nicht erblich seyn kann, und warum in Republiken Wahlen unentbehrlich sind; vorstehende (auf geschichtliche Ereignisse beruhende) Andeutungen werden genügen um übertriebenes Lob der Wahlmonarchien zu ermäßigen. Vergleicht man ganze Reihen von Wahlfürsten und Erbfürsten, so ergiebt sich daß weder durch Wahl noch durch Geburt immerdar große Männer zur Herrschaft kommen, und keine der beiden Formen deshalb den unbedingten Vorzug verdient. Welche der aufgezählten übeln Folgen des Wahlsystems bei dem Erbsysteme wegfallen, ist an und für sich klar; daß aber auch dieses einer gesetzlichen Leitung bedarf (ohne welche streitige Ansprüche, Kriege, Ermordungen nicht zu vermeiden sind) leidet keinen Zweifel.

Ich will einige schwierige Fragen, die sich besser bei den einzelnen Fällen erörtern lassen, jetzt nur aufzählen; z. B. ob ein Volk durch Testament, oder Heirath an einen anderen Herrscherstamm übergeht? Ob ein ganz untaugliches Geschlecht seine Rechte verliert? Wenn eher das Recht eines neuen Stammes begründet ist, mit Zurücksetzung von Nebenzweigen der älteren Familie u. s. w.? In der Regel ist das Aussterben eines herrschenden Geschlechts ein großes Unglück auch für die Beherrschten. Deshalb sagt schon Ditmar von Merseburg (zu einer Zeit, wo politische Ansichten der Art selten waren) [3]): wehe den Völkern,

---

1) Le Bret, Vorlesungen, II, 97. Raumer, Hohenstaufen, V, 186.
2) Ammian., 28, 3.
3) Ditmar, I, 13.

denen nicht die Hoffnung bleibt, daß Nachkommen ihrer Herrscher regieren werden. Dasselbe fühlte Kaiser Friedrich II., dasselbe beweiset der spanische und österreichische Erbfolgekrieg. Karl VI. that alles Mögliche dem letzten durch Gesetze vorzubeugen; sie wurden (meist mit Unrecht) nicht geachtet und über den Haufen geworfen.

Nach mancher Theorie sind die Wahlreiche weit am besten bestellt¹); zufolge der Praxis lassen sich die Mängel der Erbreiche durch Gesetze leichter abstellen, oder doch mindern. Man hat wohl gemeint die Vorzüge beider Formen zu vereinigen, wenn man dem Erbherrscher verstattet seinen Nachfolger zu ernennen, und denkt dabei an einige glückliche Adoptionen römischer Kaiser. Wenn diese aber leibliche Kinder gehabt, aber zurückgesetzt, oder entferntere Verwandte den näheren vorgezogen hätten, so würden Widersprüche und Unruhen schwerlich ausgeblieben seyn. Auch fehlt es in der römischen Kaisergeschichte nicht an mißlungenen Adoptionen und Ernennungen; — der möglichen Eitelkeit nicht zu gedenken, daß ein Herrscher vorsätzlich einen schlechten Nachfolger erwählt.

Peters I. Gesetz, wonach jeder russische Kaiser berechtigt ward seinen Nachfolger zu ernennen, war, wo nicht ganz persönlich, doch gewiß gut gemeint (der Trefflichste sollte hiedurch an die Spitze kommen). Dieser Zweck ist aber, wie die russische Geschichte erweiset, nicht erreicht und jenes Gesetz mit Recht wieder aufgehoben worden.

Am meisten der Natur gemäß scheint es zu seyn, daß der Aeltere den Jüngern, der Mann das Weib ausschließe; doch hat es Königinnen gegeben welche den größten Herrschern gleichzustellen sind. Andere sind von Männern beherrscht worden; noch andere haben ihre schwächeren Gemahle überall geleitet.

Die Mannigfaltigkeit der Verhältnisse entscheidet; es finden sich aber auch Sonderbarkeiten, für welche kaum ein genügender Grund anzugeben ist. In Fezzan erbt nicht der älteste Sohn, sondern der Aelteste in der Familie. ²) Im afrikanischen Reiche

---

1) Gibbon, I, 222.
2) Hornemann, erste Reise, 82.

Issini folgte dem Könige sein nächster Verwandter mit Ausschluß seiner Kinder. Bei den Fuliern am Senegal erbten nur die mit einer Prinzessinn erzeugten Söhne, sofern die Großen des Landes beistimmten; sonst die andern nächsten Verwandten, Brüder, Neffen, Schwestersöhne. Bei den Incas folgte der ältere unter den Brüdern, dann der Sohn des früher verstorbenen Königs, hierauf wieder dessen Bruder und so fort in steter Abwechselung. Bei den Natchez in Louisiana erbt der Sohn der ersten Prinzessinn von Geblüt, weil dieser sicherer aus dem alten Stamme sey (wenigstens von Mutterseite) als der Sohn einer, vielleicht untreuen Königinn.[1] Unter den Chatramotiben, einem arabischen Stamme, erbt die Krone das erste Kind ablicher Geburt, welches nach der Thronbesteigung des Königs gebohren wird.[2] Deshalb nimmt man in jener Zeit alle schwangeren Weiber der Vornehmen unter Aufsicht und verzeichnet sie. Bei den Pappels, am Domingoflusse in Westafrika, stellen sich die Großen um den Sarg des verstorbenen Königs herum und lassen ihn von Negern in die Höhe werfen. Der auf welchen die Leiche fällt, erbt das Reich.[3] Dies wird auch von dem Könige der Insel Bissao erzählt; doch dürfen entweder nur Anverwandte des Verstorbenen, oder sogenannte Pairs des Reiches, sich in jenen Kreis der Bewerber stellen.

Durch ausdrückliche Bestimmungen muß die Frage entschieden werden: ob ein **nach** der Thronbesteigung gebohrner **jüngerer** Sohn den älteren ausschließen soll, welcher vor der Thronbesteigung zur Welt kam. Fast überall hat man sich mit Recht für den älteren erklärt, weil die Würde des Vaters auf die Eigenschaften des Sohnes keinen Einfluß hat, Minderjährigkeiten, Vormundschaften und Aufruhr vermieden werden. Doch entschied Darius Hystaspes für Xerxes gegen den ältern Artamenes; hauptsächlich jedoch weil jener des Cyrus Enkel war. Otto der

---

1) Real, IV, 205. Allgem. Historie der Reisen, II, 357.

2) Strabo, XV, 768.

3) M. Park, Neue Reise, 305. Allgem. Historie der Reisen, II, 418, 450.

Große mußte die hierauf gegründeten Ansprüche seines jüngeren Bruders Heinrich mit Gewalt unterdrücken. Der Streit zwischen den Söhnen Muhameds II., Bajazet und Zizim, ward durch die Waffen für jenen, den älteren entschieden.

Nicht selten sind die Ansprüche von Thronbewerbern durch ständische Vermittelung oder Entscheidung heilsam beseitigt worden; so zwischen Johanna, der Tochter Ludwigs Hütin und Philipp dem Langen, zwischen Philipp von Valois und Eduard III., über die navarrische Krone nach dem Tode Karls des Schönen, über die Ansprüche auf Aragonien und Valentia nach dem Tode König Martins u. s. w.

Die Theilung von Ländern und Völkern, nach Maaßgabe der größeren oder kleineren Kinderzahl eines Herrschers, war eine verkehrte Uebertragung von Familienansichten auf den Staat. Trotz der Beseitigung dieses und anderer Irthümer, trotz vieler bestimmt lautender Gesetze, ist noch immer keine Uebereinstimmung der Grundsätze herbeigeführt worden, und Prätendentschaften stören noch in unseren Tagen den Frieden von Frankreich, Spanien und Portugal.

Mit Recht finden bei Geburt und Tod von Herrschberechtigten genaue Beobachtungen und feierliche Zeugenerklärungen statt; deßungeachtet sind Kinder untergeschoben, und unächte für ächt anerkannt worden. Noch schwerer ist zuweilen der Beweis für den Tod eines Herrschers zu führen: daher ein falscher Philipp in Macedonien, Alexander in Judäa, Mustapha in der Türkei, Dmitri in Rußland, Sebastian in Portugal, Waldemar in Brandenburg. Solche nachgemachte Herrscher waren in der Regel nur mittelmäßiger Beschaffenheit; die Unächtheit eines falschen Cäsar, Friedrich II., Napoleon, würde sich in wenigen Tagen herausstellen.

So schädlich es ist, wenn Könige elenden Günstlingen unbedingte Gewalt über sich einräumen, so nützlich kann ein wahrhaft herrschender Minister neben einem schwachen Könige wirken: ich erinnere an die karolingischen Hausmeyer (majores domus), an Richelieu, Mazarin, Eugen von Savoyen, Bernstorf u. A. Zwei der sonderbarsten Fälle jener ersten Art von Günstlingen zeigt die Geschichte der neuesten Zeit. Erstens den

Grafen Brühl, von dem Friedrich II. sagte¹): Niemand hatte in diesem Jahrhunderte mehr Kleider, Uhren, Spitzen, Stiefeln, Schuhe, Pantoffeln. Er hinterließ für 21,445 Thlr. Wäsche, und eine auf 53,905 Thlr. abgeschätzte Kleidersammlung. ²) — Zweitens den Herzog von Alcudia, Don Godoi Prinzipe de la Paz, welcher Spanien fast unumschränkt beherrschte und zugleich Liebling des Königs und — der Königinn war!

Wo möglich noch nachtheiliger als die Herrschaft unwürdiger Günstlinge, ist die unwürdiger Beischläferinnen. Ausnahmen, wo aus dieser bösen Wurzel auch Gutes emporwuchs, sind äußerst selten (etwa die Sorel und Chateauroux); öfter wurden sie in späterem Alter Kupplerinnen, und verknechteten nicht bloß die Herrscher, sondern auch ihre feigen Umgebungen, Beamte, Gelehrte, Dichter, Künstler. Übrigens finden sich Erscheinungen solcher Art nicht bloß in überbildeten, verweichlichten, sondern auch in rohen Zeiten, z. B. in Rom unter der Herrschaft der Theodora und Marozia, und der Tochter des Markgrafen Adalbert von Tuscien, Ermengard. ³)

Wenn die Frauen der Könige so kalter, oder launischer, widerspenstiger, fauler, unreinlicher Natur sind, wie z. B. Marie von Medici und — so ist es kein Wunder wenn ihre Männer sich nach anderen Frauen umsehen; wie denn überhaupt ein polygamischer Wechsel (der wenig kostet und auf öffentliche Angelegenheiten ohne Einfluß bleibt) nicht mit dem Nachtheile herrschender Beischläferinnen auf eine Linie zu stellen ist. Doch genug von dieser unangenehmen Sache, über welche sich indessen unzählige geschichtlich belehrende Beispiele erzählen ließen.

---

1) Oeuvr. posth., I, 74.

2) Weiße, Neue Geschichte von Sachsen, II, 129.

3) Totius Italiae principatum obtinebat, quoniam carnale cum omnibus non solum principibus, verum etiam cum ignobilibus commercium exercebat. Luitprand, III, c. 2; II, c. 13.

Zwanzigster Brief.

Berlin, 18. Mai 1850.

Ich habe schon früher darauf aufmerksam gemacht, daß die Stellung eines viel besitzenden Landesherrn von der eines erobernden Kriegsfürsten verschieden ist, und füge heute noch Einiges erläuternd hinzu. Niemals besaß ein Landesherr alles Land, oder aus dem zugestandenen allgemeinen Obereigenthum folgt nicht ein unbeschränkt despotisches Recht ohne alle Gegenseitigkeit. Dem Scheine nach ist ein kriegerischer Anführer noch unbedingter Herr; nicht selten aber wieder sehr abhängig von seinen Gefährten. Kriegerische Eroberungen ohne Ansiedlungen bilden keinen Staat; gesellen sich diese hinzu, so wird in der Regel den Besiegten (in mehr oder weniger drückender Weise) ein Theil ihres Grundvermögens abgenommen. Ich will an dieser Stelle das dabei beobachtete Verfahren nicht näher auseinanderlegen und beurtheilen; sondern nur hinzufügen, daß der anfänglich scharfe Gegensatz zwischen Siegern und Besiegten allmählig hinsichtlich der Gesetze, Steuern u. s. w. verschwinden muß, wenn der Staat ein einiger und kräftiger werden soll. Ueberhaupt gehen sogenannte Landes- und Kriegsstaaten nothwendig ineinander über. Zu jenen muß sich (in sofern sie fehlt) eine Kriegs- oder Vertheidigungsverfassung hinzubilden, in diesen der Werth der Friedensverfassung anerkannt werden.

Jede Eroberung verliert ihren Charakter mit dem Ablaufe der Zeit; der erste Augenblick bloßer Willkür geht bald vorüber, und sie findet später keine geduldige oder entschuldbare Anwendung. Gewöhnlich siegt der Theil (bei etwanigem Streite zwischen monarchischen und aristokratischen Richtungen) welcher die Unterworfenen in sein Interesse zieht.

Es ist irrig daß in Staaten vorzugsweise kriegerischen Ursprungs die Militair- und Civilgewalt immer in einer Hand war und blieb; es ist irrig daß in Landesstaaten die Verwaltung nicht collegialisch seyn dürfe.[1]) Eben so wenig haben jene Kriegs-

---

1) Hallers Staatenkunde, 136.

staaten immer dieselbe Verfassung gehabt, oder behalten; auch hier findet sich mehr lebendige Mannigfaltigkeit, als einseitige Theoretiker zugeben wollen.

Es wäre wohl unnütz, gewiß langweilig, eine Unzahl von angeblich unfehlbaren Lehrsätzen (z. B. des Herrn v. Haller) aufzuzählen und zu prüfen, welche in ihrer abstrakten Form nie zur Anwendung gekommen sind. Selbst Montesquieus Erweis, die Ehre sey das Lebensprinzip der Monarchie, ist ungenügend. Dieser unbestimmte Begriff kann Vaterlandsliebe, Selbstentsagung u. s. w. nicht ersetzen; es ist mindestens sehr wunderlich zu behaupten: in Monarchien mache die Staatskunst große Dinge mit möglichst wenig Tugend; so wie man in den schönsten Maschinen möglichst wenig Räder u. dgl. anbringe. Diese verneinende Ansicht von der Tugend ist oberflächlich und der Vergleich mit Maschinen unpassend. Nicht minder muß man läugnen daß die Sitten in Republiken immer reiner seyen als in Monarchien; daß der Geist dieser immer Friede sey und Mäßigung, der Geist jener hingegen Krieg und Vergrößerung.¹) Die römische Republik war so eroberungssüchtig, wie Ludwig XIV. Uebrigens gesteht Montesquieu an einer andern Stelle²): Die Grundsätze des Christenthums müßten weit kräftiger und heilsamer wirken, als jener Grundsatz der Ehre. Ja an der Stelle wahrer Ehre macht sich oft ein kleinlicher Ehrenpunkt, ein point d'honneur geltend, und die, welche glauben die hieher gehörigen Vorschriften am genauesten inne zu haben, wissen oft nicht was sie thun sollen, und widersprechen sich schnurstracks in ihren Ansichten. Bei der Aufhebung der Parlamente im Jahre 1771 sagte z. B. der Herzog von Brissac: das erste Gesetz der Ehre gebietet dem Souverain ohne Murren zu gehorchen; — wogegen der Prinz von Conti behauptete: die Ehre erfordert ein Institut zu erhalten, das so alt ist wie die Monarchie.

Mit der Ehre hat man oft manchen Hofgebrauch, oder die Etikette in Verbindung gestellt. Sie erhält (sagt Duclos nicht mit Unrecht) in vielen Fällen die nöthigen Abstufungen,

---

1) Esprit des lois, IV, 2; IX, 3.
2) XXIV, 6.

ergänzt die Sitten und erhält sie zuweilen.¹) An Uebertreibungen, lächerlichen oder verächtlichen, ist freilich auch kein Mangel. Jeder mit der Königinn Elisabeth Sprechende mußte niederknien.²) Selbst wenn sie nicht am Tische war, thaten dies die Hofbedienten sobald sie ihrem Platze nahten. In Spanien überreichten Herrn und Damen dem Könige und der königlichen Familie knieend das Getränk.³) Im Jahre 1687 wollten sich russische Gesandte nicht dreimal vor dem Kaiser in Wien verbeugen⁴); denn dies komme nur der heiligen Dreieinigkeit zu. Vor dem Könige von Achem auf Sumatra mußte jeder barfuß erscheinen. Der König von Habesch speisete nicht einmal mit seiner Gemahlinn; ja er speiste selbst nicht, sondern einige Pagen steckten ihm das Essen in den Mund.⁵) — Als die Herzoginn von Berry im siebenten Monate niederkam, wollten die handfestesten Hofleute Siebenmonatskinder seyn; was jedoch nicht hindern konnte daß das Kind am achten Tage starb.⁶) In Frankreich waren häufig die größten Streitigkeiten über Gehen, Stehen, Sitzen, Arm- und Lehnstühle u. s. w. und daneben ungerügte Unanständigkeiten allerlei Art. So, daß der kranke Kardinal Mazarin sein nacktes, krankes Bein der Königinn Anna zeigte, und die sehr eigenthümliche Frau des dänischen Gesandten (eine natürliche Tochter Christians IV.) ihr das Halstuch aufhob, um ihre Brüste zu besehen.⁷) Zur Zeit Ludwigs XIV. erhob sich großer Streit darüber, wer dem Könige beim Aderlassen das Kamisol anziehe⁸); ob ihm, wenn er purgire (und dies geschah alle Monate) der Kammerherr oder der Arzt die Brühe überreiche; welche Dame b'atour der todten Dauphine das Hemde anziehe u. dgl. Während der König sich frisiren und barbieren ließ, machten ihm die vornehmsten Leute ihre Aufwartung; ja er, und der Herzog von

---

1) Duclos, Moeurs etc., I, 164.
2) Hume, VII, 379.
3) Bourgoing, I, 55.
4) St. Simon, I, 202.
5) M. Park, Neue Reise, 134.
6) Duclos, I, 43.
7) Motteville, Mém., I, 461.
8) Raumer, Geschichte von Europa, VI, 83.

Bourgogne hatten (wie die Herzoginn von Orleans erzählt) Gesellschaft, selbst Damengesellschaft zum „Entreteniren" bei sich, wenn sie auf dem Nachtstuhle saßen. Hingegen nahm es Ludwig sehr übel, als seine Schwägerinn den Wunsch äußerte in Gegenwart der Königinn auf einem Lehnstuhle zu sitzen, und seine Minister mußten bei den längsten Berathungen immer stehen. Ja, als Chamillart dies aus Schwäche nicht mehr aushalten konnte, bewilligte man ihm keinen Stuhl, sondern er mußte wegbleiben. So hielt die Etikette zuletzt den König selbst in einer Art von künstlicher Gefangenschaft, und die Schlichtung und Entscheidung der zahllosen hierher gehörigen Fragen und Streitpunkte kostete ihm unsägliche Mühe und Zeit. Wiederum ließ er, zu seinem Vergnügen, mehreren Damen Haare in die Butter thun und in den Kuchen backen; wenn sie dann, es bemerkend, schrien, übel wurden und sich übergaben, so lachte er aus vollem Herzen. Noch mehr Beweise des zu viel und zu wenig hinsichtlich der Etikette und des Anstandes habe ich in meiner Darstellung des Hofes Ludwigs XIV. mitgetheilt. Genug davon, ich kehre zu ernsteren Dingen zurück.

Zwei entgegenstehende Theorien, von denen die eine alle Rechte der Völker, die andere alle Rechte der Fürsten für wegzuschaffende Usurpationen erklärt, sind gleich thöricht und verdammlich. Sehr vernünftig erklärte dagegen Heinrich IV. von Frankreich[1]): „Das erste Gesetz rechtmäßiger Herrschaften (dominations légitimes) ist der freiwillige Gehorsam der Unterthanen gegen ihre Könige; und seitens der Könige die unbedingte Berücksichtigung (déférence) aller Staatsgesetze und Verfügungen, welche sie bei Besitznahme der Herrschaft beschwuren." Gewiß war diese Ansicht verständiger und gemüthlicher, als die (aus seiner Jugendgeschichte hergeleitete) Ludwigs XIV.[2]), welcher Könige und Völker unglücklich nennt, sofern jene nicht unumschränkt herrschen. Umgekehrt lautet die Ueberschrift eines Kapitels in Sidneys[3]) bekanntem Buche über die Regierungen:

---

1) Sully, V, 4.
2) Louis XIV. oeuvres, II, 28.
3) Sidney, I, 8, 268.

„Weder Menschen noch Vieh haben von Natur einen Hang zur Monarchie." — Welch ein Zwischenraum zwischen dem römischen Rechte, welches Zweifel an der Weisheit kaiserlicher Beschlüsse fast wie Hochverrath behandelt ¹), und dem englischen Grundsatze: der König steht unter dem Gesetze, weil das Gesetz den König macht. ²)

Da ich einmal ins Citiren gerathen bin, so erlauben Sie, daß ich hier ein Paar Stellen, ohne weitere Erläuterung einschalte. Frau von Staël sagt ³): „Die ganz unumschränkte Monarchie eines Einzelnen ist kaum jemals von einem geistreichen und tugendhaften Manne vertheidigt worden. — Ein Volk entartet, wenn man es gewöhnt, die von ihm anerkannte Obrigkeit nicht zu achten." — Chateaubriand ⁴) äußert: so entfernt er auch von allen Deklamationen gegen Monarchien sey, würde ihn doch ein kurzer Aufenthalt in der Türkei von der Verehrung unbedingter Herrschaft geheilt haben. — Comines ⁵) will lieber unter klugen, als unter geistig beschränkten Fürsten leben: denn jenen sey beizukommen, man könne ihre Gunst verdienen und erwerben; hier habe man dagegen nur mit wechselnder Dienerschaft zu thun. — Sully ⁶) lehrt: Fürsten müssen einen bestimmten Zweck haben, und den Verhältnissen gemäß darauf hinarbeiten. Sie müssen alle Parteiungen verhüten, oder sie wenigstens zu beherrschen suchen und sich keiner allein hingeben. — Ich kehre zu eigenen Bemerkungen in bunter Folge zurück.

Nicht wenige Herrscher hatten keine Freude an ihrem Berufe, sie wären lieber Maler, Musiker, Sternkundige, Gärtner, Schlösser u. s. w. geworden. Wahrhaft königliche Naturen (wie Cäsar) wollen dagegen an der Spitze stehen, und Joseph II. (obgleich

---

1) Disputare de principali judicio non oportet; sacrilegii instar est, an is dignus sit quem elegerit imperator. Cod. IX, 25, 5. Imperatori ipsas leges Deus subjecit. Novell. 105, §. 2.
2) Aehnlich in Platons Briefen, VIII, 355.
3) Stael, Mm., I, 146, 409.
4) Itineraire, II, 261.
5) Comines, I, 16.
6) Sully, X, c. 12, p. 317.

er Sinn besaß für Vieles) sagte: mon métier c'est d'être roi. Jenes Ungeschick, jene matte Bürgerlichkeit, jener Mangel an Begeisterung für eine unendlich wichtige Lebensaufgabe, hat bisweilen nicht minder Schaden gethan, als übertriebener und unzeitiger Ehrgeiz. Der Fürst soll (wie Perikles und Lorenz von Medici) das Lebensprinzip aller Künste und Wissenschaften seyn, nicht (denn selten treibt überwiegende Anlage) einer seine Zeit widmen und sie ganz ergründen wollen. Friedrich II. vergaß das Regieren nicht um seiner Flöte willen; Theodorich der Ostgothe, Luitprand der Longobarde [1]) waren keineswegs wissenschaftlich gebildet und doch ausgezeichnete Herrscher. Allein weder diesen, noch den Heroen der Wissenschaft und Kunst kann man Männer beizählen, wie Ptolemäus Auletes, Constantinus Porphyrogenetus, Alfons X. von Kastilien, Kaiser Rudolf II., Jakob I. von England u. A.

Schönheit und Anstand sind (besonders für Herrscher) herrliche Gaben des Himmels; wo aber der Geist überwog, schadeten Fehler des Körpers nicht.[2]) Philipp, Antigonus, Hannibal, Sertorius waren einäugig, Agesilaos und Genserich lahm, unbeschadet ihres Ansehns und ihrer Wirksamkeit.

Wo die Ausgaben des Hofes nicht mehr aus dem eigenen Vermögen des Fürsten bestritten werden, ist es äußerst rathsam gesetzlich hiezu eine Summe auszuwerfen. Viel entscheidet hiebei Sitte und Gewohnheit des Jahrhunderts: welch ein Zwischenraum z. B. zwischen der jetzigen englischen Civilliste und den alten Abgaben und Ausgaben, für Oel zur Lampe der Königinn, für die Mütze der Königinn, und wo man ihr den Schwanz eines gefangenen Wallfisches zubilligte [3]), damit es ihr nicht an Fischbein fehle!

In größeren Staaten kann man auch Nebenzweige der königlichen Familie reichlich ausstatten, in kleineren (besonders wenn gar Theilungen eintraten) sollte ein Uebergang in bloße

---

1) Paulus Diac., VI, 58.
2) Liv., 92, 19. Jornandes, 33. Plut., Agesil., 3. Strabo, 17, 796.
3) Blackstone, I, 220—222.

Privatverhältnisse eröffnet werden. Deshalb setzte Herzog Heinrich von Sachsen (Pegau) fest: die jüngeren Prinzen sollten sich nicht ohne Genehmigung des ältesten vermählen und ihre Familie zu stark vermehren.¹) Keine Frau dürfe über 2000 Gulden Leibgedinge begehren, und Kinderzeugung gebe keinen Grund die Jahrgelder zu erhöhen.

Die Symbolik bei Uebernahme der königlichen Würde soll man weder geringschätzen, noch überschätzen. Sie fehlt fast nirgends ganz: der türkische Sultan wird mit einem Schwerte umgürtet, der König von Kayor in Senegambien mit dem Wasser eines bestimmten Brunnens gewaschen²) u. s. w. Es fragt sich: ob die ungarische Ansicht zu billigen sei³), daß keine Regierungshandlung des Königs vor der Krönung gültig, und der Sitz des Reiches da sey, wo sich die Krone befinde; gewiß aber ist es eine unverständige Ueberschätzung des Symbols wenn Michael Orszag beim Bonfinius sagt⁴): Wen du mit der heiligen Krone gekrönt siehest (und wenn es auch ein Ochse wäre), den halte für den geheiligten König, bete ihn an (adorato) und gehorche ihm!

Einundzwanzigster Brief.

Berlin, 25. Mai 1850.

Von Monarchien kann man nur dann umfassend sprechen, wenn man die in neuerer Zeit damit in Verbindung tretenden republikanischen Einrichtungen berücksichtigt. Wohl aber läßt sich bereits an dieser Stelle allerhand von Despotien beibringen. Jede Despotie besteht gegen den Willen der Unterthanen, wenigstens der besseren unter ihnen. Ihr Anspruch geht in der Regel nicht bloß auf ausschließliche Uebung aller politischen Rechte,

---

1) Weiße, Neue Geschichte von Sachsen, I, 242.
2) Ferriere, Reise, 318. Allgem. Historie der Reisen, II, 315.
3) Beck, Jus publ. Hung., 105—112.
4) Schwartner, Statistik von Ungarn, 315.

sondern sie verletzt auch mehr oder weniger das Privatrecht; überhaupt steht ihr kein Gesetz gegenüber, als etwas Allgemeines, Dauerndes, Vermittelndes.

Hienach giebt es allerdings Despotie der Demokraten, Aristokraten und der Monarchen; doch bezeichnet der Sprachgebrauch meist nur die letzte Ausartung mit diesem Worte. Zur vollständigen Despotie gehört der gänzliche Mangel aller Formen, und der Wille diesen Mangel zu mißbrauchen. Dem Despoten stehen zwei Wege des weiteren Verfahrens offen [1]: entweder die Despotie in ihrem Aeußersten festzuhalten, oder sie einer gemäßigten Monarchie näher zu bringen. Jener Weg führt nie zur Dauer, obgleich ihn Unzählige eingeschlagen haben, seit Dionysius und Tarquinius, bis auf den Negerkönig Kayor in Senegambien. [2]

Alle Mittel, welche hieher gehören sind verdammlich, obgleich sie bisweilen mancherlei Gutes zur Schau tragen. Der Tyrann (um einiges Einzelne zu erwähnen) vertraut Freunden und Söldnern, erpreßt Geld um diese zu belohnen und übermäßigen Aufwand zu bestreiten, erweckt Haß gegen Vornehme und Reiche und schafft sie aus dem Wege, hindert Zusammenkünfte der Bürger, hält Kundschafter, erdrückt öffentliche Anstalten wo Bildung und Freiheitssinn entstehen könnten, beschäftigt die Armen um sie zu beruhigen, straft kleine Vergehen mit übertriebener Härte u. s. w.

Was das Maaß übersteigt, bietet keine Sicherheit (quidquid excessit modum, pendet instabili loco), und sobald jeder das Aeußerste fürchtet, wagt er auch das Aeußerste. Aber selbst für jene kurze Dauer ist ein solcher Tyrann, wie Platon[3] sagt: (nach der Wahrheit und nicht nach dem Scheine beurtheilt) der dienstbarste und knechtischte unter allen Sklaven, ein Schmeichler der verworfensten Menschen, ein Elender welcher nie seine Begierden sättigt, immer mit Furcht erfüllt ist, in Erschütterungen

---

1) Aristot., Polit., IV, 10; V, 11—12.
2) Allgem. Historie der Reisen, II, 315.
3) Plat. Respubl., Buch 9 im Anfange. Ueber römische Tyranneien Cic. de offic. II, 8.

und Schmerzen lebt; demjenigen ähnlich, welcher bei einem kranken Körper, den er selbst nicht regieren kann, doch nicht auf die Heilung seiner selbst bedacht seyn darf und sein ganzes Leben in einem Kampfe gegen die Krankheiten anderer Leiber zubringen muß u. s. w.

Eine ächte Makrobiotik giebt es für die Despotie so wenig, als es eine ächte Kunst giebt Krankheiten zu verlängern; doch hat (wie es scheint) jede Zeit, jedes Volk, jeder Welttheil seine eigenthümliche Gabe und Beschaffenheit ein geringeres, oder größeres Maaß dieses Uebels zu erzeugen und zu ertragen. Billige Herrschaften, die uns als gemäßigte Monarchien erscheinen würden, betrachtete man in Hellas als zu vertilgende Uebel und die Dauer der längsten, der Familie des Orthagoras in Sicyon, ging doch nicht über 100 Jahre hinaus. Die Cypseliden blühten in Korinth 73 Jahre, die Pisistratiden in Athen 33 Jahre, Gelon, Hieron und Thrasibul hielten sich nur 18 Jahre u. s. w. Unendlich schrecklichere Erfahrungen machten die Römer, furchtbare Beispiele roher Willkür zeigt die Geschichte der Merovinger; doch bietet Europa weder so dauernde noch so entsetzliche Tyranneien, wie Asien. Hier scheint keine Verfassung aufblühen zu können; die einzige ausgenommen, welche eben keine ist, und das Höchste was Empörungen erschwingen, ist Wechsel der Tyrannen, nicht der Tyrannei.

Nur in Japan [1]) schnitt ein Kaiser Buretz schwangeren Weibern die Bäuche auf, lösete Nägel an Händen und Füßen ab, ließ den Unterthanen alle Haare am Leibe ausraufen; sie an hohe Bäume binden und mit Pfeilen danach schießen. Nur in Asien, in Siam, konnte die lächerliche Seite der Despotie so heraustreten, daß es als Frevel betrachtet wurde dem Herrscher das Gesicht, als Pflicht ihm den Hintern zu zeigen.

Als theoretischen Vertheidiger der Despotie, sollte man eher den finstern, einseitigen Hobbes, als den klugen, kräftigen Macchiavelli nennen. Denn obgleich dieser wesentlich auf dem Standpunkte heidnischer Politik steht und Cäsar Borgias Ver-

---

1) Kämpfer, I, 20, 200.

fahren [1]) als taugliches Mittel zu einem schlechten Zwecke empfiehlt, ist der mehr despotisch gehaltene Fürst doch nur ein Gegenstück zu der wichtigeren, republikanischen Hälfte seiner politischen Ansichten, welche er in den Discorsi entwickelt. Er tadelt Agathokles, daß er durch Frevel zur Herrschaft gelangt sey, läßt sich durch die großen Eigenschaften Cäsars nicht abhalten dessen Verfahren aufs strengste zu prüfen und nennt Timoleon und Aratus als Muster ächter Größe. Er sagt [2]): die Fürsten sollen wissen daß sie in dem Augenblicke der Uebertretung von Gesetzen auch schon den Staat verlieren; denn viel leichter ist es von Guten, denn von Bösen geliebt zu werden, viel leichter den Gesetzen gehorchen, als diese willkürlich beherrschen wollen.

Er sagt ferner: „Die welche mit unvergänglichem Ruhme einen Freistaat, oder ein Reich gründen könnten, wenden sich zur Tyrannei und bemerken nicht welchen Preis, welche Ehre, Sicherheit und Zufriedenheit des Gemüths sie einbüßen, und in wie große Unruhe, Gefahr, Vorwürfe und Schande sie hineinstürzen. — Zwei Wege stehen den Fürsten offen: der eine welcher macht, daß sie im Leben sicher und nach dem Tode hochgerühmt sind; der andere welcher sie in steten Aengsten leben läßt und ihnen nach dem Tode eine ewige Schande zuzieht." — Wenn Macchiavelli auch eine Furcht verlangt um Ordnung zu erhalten, wenn er auch meint bloße Liebe auf dem Fuß vom Gleichen zum Gleichen reiche nicht aus; so sondert er doch sehr bestimmt die Gründe jener, der Gottesfurcht ähnlichen Furcht, vom Hasse, und hält den Haß des Volkes für die größte Gefahr des Fürsten. [3])

Für unbeschränkte Herrscher giebt es nur Vorschriften persönlichen Verhaltens; oder den, alles begreifenden Rath, eine Verfassung zu geben. Ob und wie dies möglich sey, entscheiden die örtlichen und zeitlichen Verhältnisse. Gewiß beweiset die französische Revolution nicht (wie Manche behaupten) die völlige

---

1) Principe, I, 8.
2) Discorsi, I, c. 10, 17; III, c. 5.
3) Principe 17 und 20.

Unmöglichkeit; denn die dortige Unconstitution konnte sich ja auch nicht länger halten, und aus dieser staatsrechtlichen Nichtigkeit gingen die meisten der unheilbringenden Versuche hervor.

Wir sehen in der Unterdrückung der großen Vasallen in Frankreich, in ihrer Unabhängigkeit in Deutschland zwei geschichtlich hinreichend erklärliche Erscheinungen; ohne die eine oder die andere ganz zu verwerfen, oder zu behaupten für Völker, Bildung, Glück sey nur ein Ausweg der rechte; ohne Rom und Frankreich, oder Hellas und Deutschland unbedingt vorzuziehen.

Es kommt mir aber vor, als hätte ich mich schon viel zu lange in allgemeinen abstrakten Betrachtungen hin und her bewegt, als sey es nothwendig um Langeweile abzuhalten und frischeres Leben in unseren Briefwechsel zu bringen, auf geschichtliche Thatsachen und wirkliche Verfassungen einzugehen, deren Eigenthümlichkeit und Mannigfaltigkeit alle voreiligen Regeln und Gesetze leicht durchbricht, ja zu verspotten scheint.

Zweiundzwanzigster Brief.

Berlin, 27. Mai 1850.

Schon war ich im Begriff über Inder und Aegypter Bericht zu erstatten, als mir Ihr Wunsch bekannt ward, daß ich Nachrichten über Naturvölker, oder minder gebildete Völker voranschicken, und dann erst zu denen übergehen möchte, welche in der Weltgeschichte große Rollen gespielt haben. Wie wenig von jenen rohen Völkern eigentlich zu lernen ist, haben wir schon bei der Lehre von der Ehe und der Familie gesehen; und so giebt es auch hier für Verfassungskunde und Staatsrecht fast gar keine Ausbeute. Wichtig und anziehend ist es aber allerdings Sitten und Gebräuche ins Auge zu fassen, und so gesellige Verhältnisse der abweichendsten und sonderbarsten Art kennen zu lernen. Nehmen Sie das folgende, „Wie es beliebt", oder Quodlibet aus allerhand Reisebeschreibungen, mit Nachsicht auf.

Es bringt jeden Falls Abwechslung in unsern vielleicht zu einfarbigen Briefwechsel.

Beginne ich mit Asien, so tritt mir aber sogleich der Zweifel entgegen: ob Staaten wie Japan und China, an dieser Stelle zu erwähnen sind. Da sich indessen schwerlich eine bessere findet, bemerke ich in aller Kürze das Folgende.

In Japan ist seit Joritomo, dem ersten weltlichen Erbkaiser, die Regierung unumschränkt [1]), und die Macht des geistlichen Herrschers (des Kubo) sowie aller kleineren Fürsten gebrochen. Verfassungsformen fehlen, aber an strengen Förmlichkeits- und Abhängigkeitsgesetzen ist Ueberfluß. Man erzählt von so großer Vorliebe für das Geheimnißvolle [2]), daß wenige Japaner den Namen des Kaisers erfahren, von dem sie die Ehre haben regiert zu werden. Daher wunderten sie sich sehr, daß der Kaiser von Rußland seinen Namen unter ein Schreiben gesetzt hatte. Es giebt eine Würde, welche berechtigt des Kaisers Füße zu sehen, aber nichts mehr. [3]) — Die höchste Abgeschlossenheit des Reiches gegen das Ausland war zeither unwandelbares Gesetz. Ueber ihre Erwartung erfuhr dies die russische Gesandtschaft unter Resanof und Krusenstern. Erst nach vielen Schwierigkeiten räumte man ihnen auf dem Festlande zur Erhohlung [4]) einen sehr kahlen, hochumzäunten Platz ein, und als sie zu dem japanischen Bevollmächtigten gingen, waren alle Straßen verhangen, so daß sie gar nichts sehen konnten. Man erklärte ihnen: Japan wolle nicht mit unbekannten, oder ungleichen Mächten Freundschaft schließen; denn diese endige gewöhnlich mit dem Untergange der Schwächeren. Geschenke und Gesandte könne man nicht annehmen, weil man sonst ebenfalls Geschenke geben und einen Gesandten abschicken müsse, wozu Japan zu arm sey. Ueberdies habe Japan keine großen Bedürfnisse, leide an nichts Mangel und erhalte was es etwa brauche von Holland und China.

Die Unterwürfigkeit der Niederen in äußeren Ehrenbezei-

---

1) Mehr, in meiner Abhandlung über Japan.
2) Thunberg, II, 118. Langsdorf, I, 211.
3) Krusenstern, I, 313.
4) Langsdorf, I, 199, 226, 263, 269.

gungen (Bücken, Niederwerfen, Hin- und Zurückkriechen u. dgl.) ist unbeschreiblich groß ¹); kein Japaner darf ins Ausland reisen. Viele öffentliche Aemter sind erblich. Die polizeilichen Einrichtungen und Vorschriften (besonders in den Städten) erstrecken sich auf unzählige Dinge, und werden streng gehandhabt. Für gewisse Vergehen sind alle Einwohner einer Straße, oder Stadtabtheilung verantwortlich ²), und schon deshalb ihre Zustimmung nöthig wenn jemand dahin ziehen, oder ein Haus erwerben will. Von dem Allem ist in neuester Zeit viel geändert und Japan (gewiß ein Fortschritt) anderen Völkern zugänglicher geworden.

Der Kaiser von China erscheint nur selten vor dem Volke, und dann in höchster Majestät und Pracht. Seine Macht ist unumschränkt; doch stehen ihm zwei Reichsgeschichtschreiber (als eine Art von Censoren) zur Seite, welche jede seiner Thaten verzeichnen und Lob, oder Tadel beifügen. ³) Diese Jahrbücher werden ihm beim Leben nicht mitgetheilt und kommen erst allmählig ans Licht, sobald man meint daß daraus kein Schaden erwachsen könne. Das System des allgemeinen und unbedingten Gehorsams erstreckt sich auf alle Ordnungen des Staatslebens; ja die höhere Ordnung kann die untere in der Regel körperlich strafen, und der Kaiser verordnet das Bambusrohr selbst seinen Ministern und Söhnen. Barrow erzählt ⁴): daß die Chinesen für die väterlichen Züchtigungen knieend danken; die Tataren schweigen zwar, jedoch nur murrend.

Anziehend und lehrreich ist die Vergleichung zwischen dem Stehenbleiben Japans und Chinas, und dem Fortschreiten Rußlands nach seinen Licht- und Schattenseiten. Das Volk hat in China schlechterdings keine Rechte, keinen Antheil oder Einfluß auf die Regierung. Die schwierige Sprache befördert die Unwissenheit und über Familienverhältnisse hinaus giebt es fast gar nichts Genossenschaftliches. ⁵) Dennoch fehlt es nicht an

---

1) Krusenstern, I, 291, 316; II, 374.
2) Kämpfer, Th. II, Kap. 3.
3) Barrow von Hüttner, II, 5.
4) Ders. II, 30.
5) Ders. II, 42, 47. Krusenstern, II, 323—326.

gefährlichen Aufständen, und weil man oft die Rebellen erkauft, folgen nur zu Viele dem schlechten Beispiele um den Preis des Abfalls zu beziehen. Der kubische Inhalt der chinesischen Mauer hat mehr Backsteine ¹) als alle Wohnhäuser Großbritanniens; sie konnte aber das Land nicht gegen Eroberung schützen.

Es giebt in China keinen Erbadel mit ausschließlichen Vorrechten: man kann alle Würden als persönliche betrachten, und selbst die Prinzen von Geblüt sinken allmählig in die Masse des Volkes. ²) Die Bevorzugung der Tataren hat hingegen viele Chinesen verletzt; wie überhaupt das übele Verhältniß des siegenden zu dem besiegten Volke noch nicht verschwunden ist. Kein Kronbeamter soll in seiner Vaterstadt ein wichtiges Amt erhalten, noch da wo er gebietet eine Familienverbindung treffen. ³)

Die Gesetze sind in sechzehn kleinen Bänden erschienen, und bestimmen Strafen für die verschiedenen Vergehen aufs deutlichste und bestimmteste. Für alle Verbrechen auf welche nicht der Tod steht, tritt Verweisung und persönliche Züchtigung ein. ⁴) Arbeit und Gefängniß findet als Strafe nicht statt. Tortur soll nur angewandt werden, wo das Verbrechen schon aus anderen Umständen wahrscheinlich ist.

Der Landesherr gilt für den Eigenthümer aller liegenden Gründe, welche meist in sehr kleine Pachtungen zertheilt sind und mit der Hand bearbeitet werden. ⁵) Die Wohngebäude liegen gewöhnlich in engen Dörfern beisammen. Es giebt keine Leibeigenen oder Zwangsdienste ⁶); doch verkauft man Söhne in die Leibeigenschaft bis zur Mündigkeit, und Töchter mißbrauchsweise auch wohl länger.

Mit der Theilung des Grundvermögens hängt die, keineswegs durchaus glückliche, Vermehrung der Bevölkerung zusam-

---

1) Ritter, Erdkunde, I, 665.

2) Barrow, II, 34, 68. Nur die Familie des Confucius soll erbliche Vorrechte genießen. Real. I, 424. — Krusenstern II, 373.

3) Barrow II, 42.

4) Ders. II, 15—27.

5) Ders. II, 251—256.

6) So erzählt Krusenstern, II, 370.

men, mit der Chinesischen Ansicht¹) daß es höchst wünschenswerth sey durch Nachkommen seinen Namen auf die Nachwelt zu bringen und gewisse religiöse Gebräuche verrichten zu lassen, welche sich auf die Vorfahren beziehen.

Bei dem gränzenlosen Eifer der Missionare würden sie unendlich größern Erfolg gehabt haben, wenn sie sich von verkehrter, kleinlicher Strenge und Verfolgungsgeist fern gehalten hätten, und nicht untereinander in heftige Parteien zerfallen wären.²) Die Regierung unterstützt keine Religion, kennt keine Staatsreligion, sondern duldet alle, sofern ihre Bekenner sich ruhig und friedlich verhalten.

Allerdings gehören Japaner und Chinesen, im Vergleiche mit roheren Stämmen, zu den gebildeteren Völkern; dennoch fehlt ihnen Leichtigkeit der Mittheilung, Beweglichkeit des Fortschritts und eine gewisse Uebereinstimmung oder Haltung des Charakters³), worohne der Einzelne und das gesammte Volk niemals den Gipfel möglicher Bildung erreicht. Wenden wir uns, nach diesen Andeutungen, zu einigen Sittenzügen anderer asiatischer Völker.

Die Kamtschadalen sind nicht als ganz roh zu betrachten, da sie (freilich unter russischer Leitung) einige bürgerliche Einrichtungen kennen⁴), und gerühmt werden als treu, folgsam und gastfrei. Nur dem Reiz des Branntweins haben sie nicht genügend widerstanden.

Wo sind (sagen die Kalmücken ihr Land lobpreisend) so baumlose Gegenden wie bei uns; weder Berge noch Wälder fallen uns zur Last.⁵) Auch unsere Lebensart, unsere Religion u. s. w. ist besser, als die jedes anderen Volkes. — Man rühmt ihre Gastfreundschaft; sie ist aber nur am ersten Tage

---

1) Barrow II, 27.

2) Ders. II, 103, 127, 134, 146 u. s. w.

3) Bei den Chinesen (laut Langsdorf, II, 366) zugleich Stolz und Unwürdigkeit, übertriebene Höflichkeit und auffallende Unanständigkeit u. s. w.

4) Krusenstern, II, 255, 269.

5) Bergmann, I, 80; II, 61, 28, 281—315.

recht sichtbar und geht schon am zweiten in Gleichgültigkeit über: — wie es überhaupt verkehrt ist, für höhere Bildungszustände die Gastfreundschaft roher, einsamer Stämme zu verlangen. Deren instinktartige Tugenden verschwinden gegen die größeren Uebel der Rohheit. So bei den Kalmücken der Putz, neben der ärgsten Unreinlichkeit. Sie tödten keine Laus, denn sie habe eine Seele wie der Mensch; wohl aber tödten sie Haus- und Raubthiere. Trotz mancher Vorliebe erzählt Bergmann: es zeige sich unter den Kalmücken überall Gewinnsucht, Wuchergeist, Neigung zum Betruge, Diebssinn, Mangel an Gefühl für Ehre und Schande, Feigheit neben Tollkühnheit, Kriecherei gegen Vornehme, welche selbst in die Sprache übergegangen ist u. s. w.

Es findet sich bei den Kalmücken hoher Adel (Nojone), niederer Adel (Saissange) und gemeines Volk. Jene gleichen Fürsten und haben so großes Ansehen daß nicht leicht einer ihrer Unterthanen an den Vicechan beruft. Wohl aber beruft man von dem Saissan (dem Anführer einer Hordenabtheilung) an den Nojon.[1] Alle stehen zuletzt unter Leitung der russischen Regierung. Diese verlangt in Kriegszeiten von jeder Hütte einen Mann, und verbietet in Friedenszeiten die Wohnsitze zu verlassen; weshalb die Kalmücken auf alle Weise ihre Zahl niedriger angeben, als sie ist. Der Vicechan und die Nojone sollen keine anderen Steuern auflegen als die zu öffentlichen Ausgaben nothwendig sind; und doch heißt es an anderer Stelle: sie nehmen was ihnen beliebt, insbesondere Pferde.[2] Ja man hielt großen Reichthum sonst für so gefährlich, daß man bei dem Glücklichen der über 10,000 Pferde besaß ein Gastmahl hielt, zu welchem Geistlichkeit und Volk feierlich eingeladen wurden. Nach feierlichem Gebete erlaubte man nach Belieben Pferde mitzunehmen.[3] Noch jetzt zahlen die Vorgesetzten oft den Zins für den ganzen Stamm und treiben ihn dann mit Vortheil wieder ein. Die Kalmücken hatten sonst Unschuldsproben durch Anfassen eines glühenden Steigbügeleisens[4]; weil dies aber selten durch die

---

1) Bergmann, I, 80; II, 61, 28, 281—315.
2) Ders. II, 28—35.
3) Ders. II, 186, 78.
4) Klaproth, I, 159.

dicke Haut hindurchbrannte, wandte man auch andere schreckliche Martern an.

In Kaschemir ist die Natur unübertrefflich schön, die Menschen aber sind verderbt.[1]) Jene kann den Mangel einer tüchtigen Regierung und sittlichen Bildung nicht ersetzen, oder übertragen.

Bei den Tscherkassen und anderen Stämmen am Kaukasus herrscht eine Art von Lehnssystem mit überwiegend vorherrschender Macht der Höchstgestellten, und willkürlicher Behandlung der Leibeigenen.[2]) Jene nehmen nie Weiber aus niederen Geschlechtern, oder die Kinder sind nicht ebenbürtig. Edelleute sollen keinen Handel treiben, sondern kriegen und jagen.

In Bootan muß (aus Besorgniß vor Vergiftungen) der Mundschenk sich Thee in die hohle Hand gießen und trinken, bevor er dem Raja einschenkt; dann aber trinkt dieser nicht allein, sondern leckt auch die Tasse von allen Seiten mit großer Geschicklichkeit ab.[3])

In Sulu stehen dem erblichen Sultane funfzehn Hochadliche oder Datus zur Seite, welche mit ihm die gesetzgebende Macht theilen.[4]) Jeder hat im Rathe eine, der Sultan zwei Stimmen, der Thronfolger ebenfalls zwei, wenn er für den Sultan stimmt, sonst nur eine. Zwei Sprecher sollen des Volkes Rechte schützen. Die Suluer sind thätig, mächtig, ehrgeizig, heiter, angenehm, neuerungslustig; andere Stämme auf Borneo (bei ähnlichen Einrichtungen) ernst und dem Alten anhangend. Man könnte (Kleines mit Großem vergleichend) an Athen und Sparta erinnert werden.

In Magindanao findet sich eine Art von Lehnssystem; doch sind dem Volke sechs Vertheidiger seiner Rechte bewilligt, deren Amt auf den ältesten Sohn erbt.[5])

Auf Java gilt der Fürst für den Eigenthümer aller Län-

---

1) Forsters Landreise, II, 25.
2) Klaproth, I, 564, 598; II, 723.
3) Turner, 92.
4) Forrest, 306, 334.
5) Ders., 274.

dereien, die Besitzer für kriegspflichtige Lehnsträger.¹) Die geringeren Bauern müssen zwei Drittel des Ertrags der Ländereien einliefern.

In Cochinchina stehen neben dem unumschränkten Herrscher vier Minister, von denen zwei seine rechte, zwei seine linke Hand heißen, und die alle Geschäfte mit großem Ansehn leiten.²) Jede Landschaft hat ihren Statthalter, der zugleich oberster Befehlshaber der Kriegsmacht und oberster Richter ist. Die Rangordnung der Beamten war fast so genau und vollständig vorgeschrieben wie in China.³)

In Siam ist die Verfassung monarchisch, aber keine bestimmte Erbfolge festgesetzt, aus welcher Unbestimmtheit viele Unruhen entstanden sind. Alte Verordnungen, daß dem Könige sein Bruder und dann erst sein Sohn folge, werden nicht gehalten; Töchter sollen indeß ausgeschlossen bleiben.⁴)

Kein eingebohrner Cingalese kann in Ceylon unumschränkter Herrscher werden, denn niemand will sich vor seines Gleichen beugen.⁵) Geht der Stamm aus, oder sind dessen noch vorhandene Glieder untüchtig, so wählen die hohen Staatsbeamten und die Einwohner gewisser Bezirke einen Fürsten vom festen Lande, der sich zur Lehre des Buddha bekennt.

In Birmanien ißt man fast nur Reis mit Oel; Fleischspeisen sind in der Regel verboten. Doch jagt man Wild, und die Aermeren verzehren auch Eidechsen und Schlangen.⁶) Männer und Weiber färben Zähne und Augenlider schwarz, und diese bestreuen die Brust mit pulverisirtem Sandelholze. Die Rangordnung ist genau vorgeschrieben, und zur Bezeichnung der Grade trägt man bis dreizehn Ketten. Auch Betelbosen, Pferdegeschirr, Spucknäpfe u. s. w. gelten für wichtige Abzeichen. Die vorhandenen Gesetzbücher werden gelobt, doch gaben die Gottesurtheile und die Behandlung des weiblichen Geschlechtes gerechten Anstoß.

---

1) Barrow, Cochinchina, 293.
2) Rochon, 208.
3) Kirsop, 232.
4) Kämpfer, I, 33; Real, IV, 203.
5) Asiat. research., VII, 420.
6) Symes, 45, 67, 68, 107, 115, 105, 99.

Die Seiks haben eine aristokratische, der militairischen Demokratie sich nähernde Verfassung.¹) Mit Ausnahme der Kriegswürden gibt es keine Rangstufen.

In Afghanistan (Kabul) giebt es eine Stammverfassung unter einem beschränkten Könige.²) Das Land wird, nach Lehensweise, unter der Bedingung verliehen, dafür Kriegsdienste zu leisten. Der Hauptstamm der Durahner ist auch zum Kriegsdienst verpflichtet, sonst aber steuer- und einquartierungsfrei. Der König hat das Recht des Krieges und Friedens, soll aber einseitig keinen Theil des afghanischen Gebietes abtreten. Alle Ernennungen hängen von ihm ab, doch ist er oft auf gewisse Familien beschränkt. Er soll, ohne Zustimmung, weder Abgaben erhöhen, noch Lehne einziehen. Die Hauptsteuer wird vom Boden erhoben; indeß finden sich auch städtische Abgaben, Strafgelder, Münzertrag, Domainen u. s. w. Da die Landesreligion feststeht, hat der König wenig Gelegenheit sich einzumischen. Die Geistlichen sind (presbyterianisch) ohne Obere, oder Genossenschaften. Nach dem Tode des Königs pflegen die Großen unter den Durahnern zu beschließen, welcher von seinen Großen ihm folgen solle.

Die Maratten bilden einen kriegerischen Freistaat deffen Häupter unabhängig sind, den Peischwa jedoch als ihren Obern anerkennen. Die hohen Stellen im Reichsrathe zu Punah sind erblich. Der Peischwa besitzt wenig eigenes Gebiet; seine Haupteinnahme besteht in Zahlungen der Marattenfürsten. Die wilden Kriege der Maratten haben die fruchtbarsten Gegenden Hindostans zu Grunde gerichtet.

Morriers Reise nach Persien macht recht anschaulich wie viel besser alle europäischen Länder regiert werden.³) Welche Unsicherheit, Willkür, Tyrannei, Verwüstungen, Verfall! Asyle, welche oft bei uns als die einzigen Hemmungen der Rechtspflege erschienen, sind dort fast die einzigen Hemmungen willkürlicher Tyrannei. Die meisten Bauern um Ispahan sind Pächter: sie

---
1) Forsters Landreise, 304.
2) Elphinstone, II, 123, 280—286, 296.
3) Morriers zweite Reise, I, 333, 359 u. s. w.

geben Ochsen und Pflug, der Herr Boden und Saat, wofür er drei Viertheile der Aerndte an sich nimmt.

Unter arabischen Stämmen war es einst bei Todesstrafe verboten Ackerbau zu treiben und Häuser zu bauen.[1]) Doch genug der asiatischen Sonderbarkeiten!

Dreiundzwanzigster Brief.

Berlin, 31. Mai 1850.

Ich spreche heute zunächst von einigen geselligen Erscheinungen in dem geheimnißvollsten aller Welttheile, in Afrika.

Kaum reicht eine Sonderbarkeit des alten Aegyptens an die neuen, daß von 1254 bis 1382 die bahariben Mamelucken und seit 1382 bis 1517 die tschirkassischen Mamelucken das sonst so streng abgeschlossene Land beherrschten[2]); das heißt: vom Auslande gekommene, fremde Sklaven, die nicht einmal durch Ehe und Zeugung fortgepflanzt, sondern durch Kauf ersetzt wurden. Durch die Oberherrschaft der Türken (seit 1517) besserten sich die Verhältnisse keineswegs, und als der Einfluß der türkischen Paschas sank, stieg von Neuem die Willkür der Beis. Mehemet Ali stürzte auch diese und erklärte sich für den alleinigen Herrn alles bebauten Landes. Hiemit unbegnügt steigerte er sein tyrannisches, monopolistisches System dadurch aufs höchste, daß er vorschrieb welche Gegenstände die verarmten Landleute bauen, und welche Preise sie für das Erbaute bekommen sollten.[3])

In Siwa (dem alten Ammonium) ist die Regierung in den Händen mehrerer, meist unter sich uneiniger Scheiks.[4]) Es heißt: die Würdigsten sollen zu diesen Stellen erwählt werden;

---

1) Diodor., XIX, 94.
2) Raumer, Vorles. über alte Geschichte, I, 167. Browne, 69, 79. Mémoires sur l'Egypte, III, 190.
3) Stamm, De praesenti statu Aegypti.
4) Browne, 30. Hornemann, Erste Reise, 21.

meist aber entscheidet Parteiung und Gewalt, und Aufstände gegen die Erwählten sind keine Seltenheit.

In Abyssinien (Habesch) herrscht der Negus unumschränkt; die Prinzen seines Geblüts werden dagegen in der Regel eingesperrt, damit sie keine Unruhen erregen.[1] Der älteste Sohn folgt auf dem Throne, sofern die Minister nicht den Vorzug eines jüngeren durchsetzen um größeren Einfluß zu behalten. Eine Schnur verhindert den Eintritt in den Krönungsplatz. Nach dreimaliger Aufforderung zerschneidet der zur Herrschaft Bestimmte jene Schnur, tritt mit seinem Gefolge ein und wird von den innerhalb befindlichen Damen als König begrüßt. Nun führt man ihn in die Kirche und setzt ihm eine Mütze auf; er hört die Messe und hält dann Heerschau über die Soldaten. — Der Negus ist Herr alles Vermögens seiner Unterthanen; er kann es schenken wem er will. Stirbt das Haupt einer Familie, so zieht er in der Regel ein Drittel der beweglichen Güter ein und verleiht sie einem Andern unter der Verpflichtung Kriegsdienste zu leisten. Es wird für schimpflich gehalten, wenn ein Mann auf dem Markte kauft und verkauft.

In Sennaar herrscht ein König mit Ausschluß weiblicher Nachkommen. Mungo Park[2] erzählt: ihm solle die Bedingung gemacht werden, daß wenn es das Wohl des Staates erfordere und seine Minister dafür entschieden, — man ihn hinrichten dürfe!

In Darfur herrscht ein König unumschränkt, und in kleineren Kreisen gleich willkürlich die Statthalter.[3] Nur bisweilen haben die muhamedanischen Geistlichen (die Fukkara) den Muth ungerechten Entscheidungen zu widersprechen, obwol in der Regel mit geringem Erfolge. Der älteste Sohn, oder wenn Kinder fehlen der älteste Bruder, soll in der Regierung folgen; öfter als das Gesetz entscheidet indeß List und Gewalt.

In Fezzan haben die Minister und die Mamelucken, neben dem an Tripolis zinspflichtigen Sultan, großes Ansehn.[4] Die

---

1) Mungo Park, Neue Reise, 120—135.
2) Daselbst, 81.
3) Browne, 387.
4) Hornemann, Erste Reise, 82.

Mamelucken sind theils Europäer (Griechen, Genueser u. dgl.) theils Neger.

Dem Namen nach ist der König der Koossakaffern unumschränkt, muß aber bei Mißbrauch seiner Gewalt Abfall und Auswanderung der Häupter und des Volks fürchten.[1]) Nicht der älteste Sohn folgt, sondern der dessen Mutter aus der vornehmsten und reichsten Familie ist; doch kann der König auch einen andern zum Nachfolger ernennen. Die welche mit dem Thronfolger gleichzeitig beschnitten sind, bilden dessen Leibwache. An der Spitze einer Gemeine von 40—50 Familien steht ein von den Gemeinegliedern (jedoch in der Regel aus derselben Familie) erwählter Hausvater. Der König bestätigt oder verwirft die Wahl. Diese Gemeinevorsteher haben großes Ansehn und bilden den Rath des Königs.

Größere Gewalt als bei den Koossa hat der König eines andern Kaffernstammes, der Bentjuanen.[2]) Er bestraft nach Gutdünken und vollzieht seine Urtheile (Schläge, selbst Hinrichtungen) oft selbst. Aus den Reicheren, Edleren und den Verwandten des Königs werden Räthe und Richter gewählt und gewöhnlich, jedoch nicht nothwendig, über wichtige Angelegenheiten befragt.

Die Korana-Hottentotten haben keine festen Wohnplätze; das ganze Dorf wird leicht mit allen Besitzthümern auf wenigen Ochsen fortgeschafft.[3]) Der Reichste im Kraal ist Vorsprecher, hat aber nur im Kriege als Anführer größere Gewalt, weil er alsdann das meiste aufs Spiel setzt.

Die Buschmänner in Südafrika leben ohne feste Wohnplätze, ohne gesellige Einrichtungen, ohne persönliches Eigenthum.[4]) Sie kennen keine Namen und fühlen kein Bedürfniß sich zu nennen oder zu rufen. Selbst den Kaffern sind sie wegen ihrer zügellosen Raubsucht so verhaßt, daß sie von jenen wie wilde, auszurottende Thiere betrachtet werden. Schafen schneiden sie

---

1) Barrow, I, 257. Lichtenstein, I, 474.
2) Lichtenstein, II, 538.
3) II, 413.
4) I, 183, 192, 457.

den Bauch auf, lassen das Blut zwischen die geöffneten Eingeweide laufen, rühren Alles durcheinander und trinken dies Gemisch! ¹)

Aehnlicherweise werden bei den Gallas Eingeweide von Ochsen zum Zierrathe um den Leib gewunden und in die Haare geflochten, was entsetzlichen Gestank verursacht. ²) Jeder Fremde wird von ihnen zuerst geprügelt, dann bewillkommt, um zugleich einen Beweis der Tapferkeit und der Höflichkeit zu geben.

Die Serawallineger werden von mehreren, ungefähr gleich gestellten Fürsten regiert, deren Haupt jedoch der König von Galam ist. ³) Wiederum ist der Thron von Galam das Eigenthum mehrerer Familien und die serawallischen Fürsten besteigen ihn in einer Reihenfolge nach dem Alter, weil er einträglicher ist als die übrigen Landschaften.

Die Jalofs (auf der Nordseite des Gambia) haben einen unumschränkten Fürsten, welchem jedoch mehre Beamte und eine Art von Oberrichter zur Seite stehen. ⁴)

Die Guanchen auf den canarischen Inseln hatten monarchische Oberhäupter, doch entstand oft Streit über die, gesetzlich nicht bestimmte Erbfolge. ⁵)

Fünf Völkerschaften der Fulhas-Susus (zwischen dem Flusse Sierra-Leone und dem Cap Monte) bilden einen größern geselligen Verein. ⁶) Jede hat ihre Oberhäupter und ein aus 25 Gliedern bestehendes Gericht, welches Purrah heißt. Jedes Bezirks- oder Stammpurrah sendet fünf Mitglieder zum höchsten Purrah, dem man unbedingten Gehorsam schuldig ist und das schwere Verbrechen mit dem Tode bestraft. Streitigkeiten zwischen den fünf Stämmen sucht es zu vermitteln; oder verurtheilt auch wohl den schuldigen Theil zu einer viertägigen Plünderung, wovon die erste Hälfte der beleidigten Partei, die zweite den Voll-

---

1) Barrow, I, 354.
2) Mungo Park, Neue Reise, 193, 195.
3) Golberry, I, 221.
4) Mungo Park, Neue Reise, 300.
5) Allgem. Historie der Reisen, II, 29, 71.
6) Golberry, I, 59.

streckern des Urtheils und den Mitgliedern des großen Purrah zufällt. Ja wenn eine Familie zu mächtig und furchtbar erscheint, wird beschlossen sie durch eine unvermuthete Plünderung ins Gleichgewicht zurückzubringen.

Auch bei den Bullamern in Westafrika wird ein Purrah gefunden, welches wie ein geheimes Behmgericht selbst mit dem Tode bestraft, ohne daß man erfährt wen und weshalb.[1]

In Bambuk ist die Gewalt des Fürsten (oder Siratiks) sehr durch die Oberhäupter der Dörfer (oder Farims) eingeschränkt.[2] Sonst konnte der Siratik die Farims absetzen; jetzt behaupten diese, ihnen stehe das Recht zu den König zu beseitigen. Wiederum setzt wohl das Volk, mit Beistimmung des Siratiks, die Farims ab. Einst beschlossen die Marabuths, oder muhamedanischen Priester alle Fürsten und Oberhäupter zu stürzen; die Verschwörung ward aber entdeckt, alle Priester in einer Nacht getödtet und ihre Familien vertrieben.

In Congo und Loango pflanzt sich der Adel durch die Mutter und nicht durch den Vater fort, weil über den letzten immer Zweifel möglich sind.[3] Die Prinzessinnen heirathen und verstoßen nach Belieben, doch sollen sie nicht zu gleicher Zeit mehrere Männer haben. Der Begünstigte wird eingesperrt, wie anderwärts die Weiber, und verliert den neugewonnenen Rang sobald er fortgejagt wird. Dies geschah nicht selten einem zu Grunde Gerichteten, um eines Neuen und Reicheren willen. Hinsichtlich dieser und ähnlicher Willkür sind jedoch die Prinzessinnen vorsichtiger geworden, seitdem einige durch die ungeduldigen Ehemänner vergiftet wurden. Man erzählt, Loango sey ein Wahlreich mit Lehnsfürsten und allerlei staatsrechtlichen Einrichtungen; allein vornehme Worte werden für geringe Dinge angewandt, wie sich schon daraus ergiebt daß der König in einer Strohhütte wohnt und barfuß einhergeht.

Die Mauren in der Sahara sind in Stämme getheilt, deren jeder einen oder mehrere Oberhäupter mit beschränkter Ge-

---

1) Winterbottom, 181.
2) Golberry, I, 243, 260. Allgem. Historie der Reisen, II, 511.
3) Degrandpré, 59—97.

walt hat. Nur die Anführung im Kriege wird nie bestritten.

In Marocco hat sich die Willkür der Despotie nur zu oft in der scheußlichsten Gestalt gezeigt ¹), und der Name der Raubstaaten reicht hin ihre Eigenthümlichkeit zu bezeichnen. ²)

Gehen wir zu Amerika über, so zeigen nur die alten Reiche von Mexiko und Peru gesellige Einrichtungen im bessern Sinne, worüber Prescott in seinen bekannten Werken die gründlichste Auskunft giebt.

Mexiko war ein Wahlkönigreich. ³) Vier der vornehmsten Edelleute, die durch ihre eigene Körperschaft unter der vorigen Regierung ausgewählt worden, bekleideten das Amt der Wähler, denen (jedoch nur mit einem Ehrenrange versehen) sich die zwei königlichen Verbündeten von Tezcuco und Tlacopan anschlossen. Der Herrscher wurde aus den Brüdern des verstorbenen Fürsten erwählt, oder, in Ermangelung solcher, aus seinen Neffen. Auf diese Weise blieb die Wahl stets auf die nämliche Familie beschränkt, doch mußte der Erhobene sich im Kriege ausgezeichnet haben. Andere behaupten, eine Wahl sey nur in Ermangelung von Erben des verstorbenen Königs eingetreten. Die Krönung fand statt unter dem gräulichen Gepränge von Menschenopfern. Es gab einen Adel nach verschiedenen Abstufungen mit mehr oder weniger Rechten, und aus ihm wurden die Mitglieder eines Rathes genommen, welcher in Bezug auf alle wichtigen Angelegenheiten dem Könige zur Seite stand. Doch übte der letzte die gesetzgebende Macht, und nur die richterliche war unabhängiger hingestellt. Priester und Krieger theilten das höchste Ansehn. Die Gesetze zeigen große Achtung vor sittlichen Gesetzen, neben großer Strenge und mancher Wildheit.

Die sichere Geschichte Perus beginnt erst etwa 100 Jahre vor Ankunft der Spanier. Der Incas Herrschaft war zugleich

---

1) Lempriere, 269. Ali Bey in Bertuch, VII, 94, 158.

2) Chateaubriand, III, 329—370. Maggill in Bertuch, VII, 83, 160, 162.

3) Prescott, Mexiko, I, 2. Hauptstück.

väterlich milde und unumschränkt tyrannisch. Es gab einen höhern und niedern Adel mit mancherlei Abstufungen von Vorrechten, welche indeß von der monarchischen Gewalt überflügelt wurden. Das Volk zerfiel nach der Zahl in größere und kleinere Abtheilungen, und die obrigkeitlichen Personen wurden durch umherreisende Beamte beaufsichtigt, welche an missi dominici und Legaten erinnern. Die Gesetze waren nicht zahlreich, aber streng. Ein Drittel des Landes war zugewiesen dem Sonnendienst, ein Drittel dem Inca, ein Drittel dem Volke. Das letzte Drittel ward nie volles Eigenthum des Einzelnen, sondern jährlich neu vertheilt, nach Maßgabe der Zahl der Personen in jeder Familie. Aufsicht und Vorschrift, Controlle und Vielregiererei ging hinab bis in das Einzelnste. Adel und Priester waren steuerfrei.

Von den nordamerikanischen Indianern habe ich anderwärts umständlicher gesprochen.[1]) Einige Stämme haben unläugbar wesentliche Fortschritte gemacht; jedoch nicht aus ihrer eigenen natürlichen Entwickelung heraus, sondern durch die Erziehung edlerer gebildeter Menschen. Die meisten jener Stämme gehen ihrem völligen Untergange entgegen, durch unaustilgbare Wildheit, Trunk, böse Krankheiten, Vernachlässigung der Kinder u. s. w.

Südamerika bietet nichts Erfreuliches. Die Charruas kennen weder Spiel, noch Gesang, noch Tanz, noch gesellschaftliche Zusammenkünfte.[2]) Sie haben weder Gesetze, noch gesetzliches Herkommen, noch Belohnungen. Keiner hat dem Andern zu befehlen.

Die Guaranys sind jenen ähnlich und leben in sehr kleinen Horden, welche durch kein gemeinsames Band, oder politisches Oberhaupt vereinigt sind. Die Kaziken der Horden werden zwar mit einiger Achtung behandelt, genießen aber sonst keiner Auszeichnungen, Einnahmen oder Dienstleistungen.

Die Kaziken der Guanas vererben ihre Würde auf die Söhne und nach deren Abgang auch auf die Töchter; sie werden

---

1) Raumers Amerika, I, 279.
2) Azara, 177, 207—214, 234.

aber dennoch nach Belieben abgesetzt. Die Kinder feiern, wenn sie acht Jahre alt sind, ein Fest [1]), welches darin besteht daß sie den Tag über auf dem Felde hungern, Abends paarweise in der größten Stille nach Hause gehen, gewaltige Prügel bekommen, am ganzen Leibe gekniffen und an den Armen mit spitzigen Knochen durchstochen werden. Sie geben, spartanisch, nicht das geringste Zeichen des Schmerzes von sich.

Ein noch furchtbareres Fest feiern die **Payaguas**, an welchem sich die Erwachsenen alle, selbst die empfindlichsten Theile des Leibes mit großen Holzsplittern und Gräten durchstechen.

Die **Aleuten**, auf der Nordwestküste von Amerika, raufen sich den Bart aus; wogegen ihre Weiber sich einen blauen Bart tättowiren [2]), und die Unterlippe der Länge nach spalten und erweitern, bis sie eine Art von Löffel einpassen können. Aehnlich verfahren in derselben Gegend die **Kaluschen**. — Ich gehe jetzt über zu **Australien**.

Die glänzendste Ausnahme des durch die Geschichte nur zu oft bestätigten Lehrsatzes, daß kein von Natur rohes Volk sich zu ächter Bildung erhebe, sind die Bewohner der **Sandwichsinseln**. [3]) Seit ihrer Bekanntschaft mit den Europäern ist die drückende Abhängigkeit der niederen Klassen gemildert und wiederum Macht und Einfluß des Königs erhöht. Staatsbeamte standen an seiner Seite und die Verhältnisse zu den benachbarten Inseln und zu England kamen zur Sprache und wurden gründlich untersucht. Man lernte sehr bald den Werth und Gebrauch des Silbers kennen, und manche zum Schiffbau erforderlichen Gegenstände (z. B. Stricke, Tauwerk) werden so gut gefertigt wie in Europa. Des Königs Seemacht hatte sich binnen kurzer Zeit sehr vermehrt, und er machte Handelsunternehmungen nach der Nordwestküste von Amerika, ja bis Kanton.

---

1) Azara, 237, 265.
2) Langsdorf, II, 38, 99, 111.
3) Cooks britte Reise, II, 321. La Perouse, I, 241. Langsdorf, I, 167. Vancouver, II, 153, 174.

Von den übrigen Inselgruppen ist allerhand Merkwürdiges und Anziehendes, aber nichts gleich Günstiges zu berichten.[1]) Laut Krusenstern sind die Einwohner der meisten Kannibalen; nur in Hinsicht der freundschaftlichen Inseln bleibe dies zweifelhaft.

Auf den Marquesasinseln (Nukahiva) wurden bei einer Hungersnoth Weiber, Kinder und Aeltern geschlachtet und verzehrt; auch raubte man mehrmals Menschen und aß sie aus Wohlgeschmack.[2]) Wenn die Priester (die Tava) behaupten, sie hätten dazu eine höhere Eingebung erhalten, oder es sey zu ihrer Herstellung von einer Krankheit nothwendig, so werden ebenfalls Menschen geopfert und verzehrt. Man kannte keine Regierungsverfassung, ja nicht einmal einen eigentlichen Anführer in den Kriegen; auch bestanden diese meist nur im listigen Auflauern und Ueberfallen. Die Zunge herausstrecken gilt für verneinen: drohen mit dem Zeigefinger ist Zeichen der Freundschaft.[3]) Statt sich zu küssen, drückt man die Nasenspitzen aneinander. Die Vornehmen lassen die Nägel lang wachsen, zum Zeichen daß sie keine Handarbeit zu verrichten brauchen. Es gilt für ein Verdienst geschickt im Stehlen zu seyn.

Auf den Carolinen behandeln die Vornehmen (die Tamolen) das Volk mit größtem Uebermuth; ja fast überall findet sich in der Südsee eine solche schlechte Oligarchie.

Auf den Pelewinseln beruft der König aus ihnen seinen Rath, auch gelten sie für thronfähig. Diese Vornehmen oder Rupaks haben unter sich wiederum mehrere Abstufungen, und tragen demgemäß auch den Orden des Beins oder Knochens um den einen Arm.

Aehnlichen Schmuck tragen die Vornehmen auf den Admiralitätsinseln. Sie zwangen Geringere oft mit Gewalt, ihnen Ausgetauschtes zu überlassen.

---

1) Gesammelt und gut dargestellt in Zimmermanns Australien. — Krusenstern, I, 204.
2) Krusenstern, I, 183—185, 202.
3) Langsdorf, I, 137, 151.

Um Botanybai waren die Einwohner so roh und gleichgültig, daß sie nicht einmal Interesse an den nutzbarsten Werkzeugen (z. B. Beilen) zeigten; obgleich ihnen deren Gebrauch war deutlich gemacht worden.[1] Ein musikalisches Hauptinstrument war ihr Bauch, auf welchen sie krumm sitzend mit der flachen Hand schlugen und dadurch sonderbare Töne hervorbrachten. Gern putzten sie sich; aber die Putzjungfer spukte dem Elegant ins Gesicht um ihm die weiße Kreide besser einzureiben.

In Neugeorgien ist die Gewalt des Oberhauptes so unumschränkt, daß nicht nur Alles was der Unterthan durch Landbau, Fischfang, Handarbeit, oder als Kriegsmann gewinnt, dem Könige zu Gebote steht; sondern es darf auch niemand etwas in seine Wohnung bringen, wenn er es nicht zuvor jenem zur Wahl vorgelegt hat.

Auch auf Neuguinea üben die Oberhäupter den schrecklichsten Despotismus. Einer derselben gab dem holländischen Prediger Montanus zur Belohnung für geschenkten Branntwein ein entsetzliches Fest. Er ließ nämlich viele seiner Untergebenen gegen einander fechten, daß der Boden mit Blut und Leichen bedeckt ward. Auf des Geistlichen dringende Einreden, antwortete er: es sind meine Unterthanen, todte Hunde, deren Verlust nichts werth ist. Ich mache mir ein Vergnügen Euch hiedurch meine Hochachtung zu bezeigen. — Nur die Drohung daß der holländische Statthalter diese Grausamkeit rächen würde, machte ihr ein Ende.

Die Einrichtungen auf den freundschaftlichen Inseln sollen an das Lehnswesen erinnern, besonders wenn man darunter versteht daß die Vornehmen sich Mißhandlungen der Untergebenen erlauben.[2] Der Abstand zwischen ihnen sey so groß, daß diese nicht in Gegenwart jener, ja die Söhne des Königs nicht in seiner Gegenwart essen dürfen.

Auf den Gesellschaftsinseln (Otaheite) folgen dem Könige mehrere Menschenklassen mit mehr oder weniger Rechten und Pflichten. Statt der Krönung des Königs wird derselbe mit einer

---

1) Hunters Nachrichten, I, 223, 348, 352.
2) Cooks dritte Reise, I, 160, 191, 241. Wilson, 49, 307.

langen Binde umgürtet, welche mit rothen und gelben Federn durchwirkt ist. Wer dem Könige naht, muß sich bis unter die Brust entblößen, von welcher Pflicht selbst seine Aeltern und Großältern nicht entbunden sind. Auf diesen Inseln ist es nämlich Gesetz, daß der erstgebohrne Sohn des Königs sofort seinen Vater enterbt und als König anerkannt wird. Der Vater führt nur die Vormundschaft bis zur Großjährigkeit. Weiber scheinen nicht ganz von der Herrschaft ausgeschlossen zu seyn. Der König, die Königinn und die Brüder des Königs haben das Vorrecht auf den Schultern ihrer Unterthanen getragen zu werden; außerdem steht der Königinn noch das besondere, einzige Recht zu, das Ungeziefer welches ihr bei dieser Gelegenheit auf den Köpfen ihrer Träger zu Gesicht kömmt, sogleich zu verzehren; welches Recht der dortigen hohen Jagd sie stets nach bestem Vermögen ausübe. — Wenn der König Land, oder ein Haus betritt, so wird dies dadurch sein Eigenthum; Gefäße die er berührt, oder aus denen er trinkt, werden zerbrochen damit kein Anderer ihm nachfolge.

Wenn es dem Könige beim Antritt seiner Regierung gefällt, so ändert er nicht bloß die Namen von Personen, sondern selbst der nothwendigsten Sachen, woraus eine wahre Sprachverwirrung entsteht. Die Großen mißhandeln das Volk nach Willkür und nehmen ihm sogar die von Fremden erhaltenen Geschenke. Am verdammlichsten ist die sogenannte Gesellschaft der Arreoys. Weiber welche dazu gehören, tödten in der Regel ihre Kinder, weil die Erziehung beschwerlich sey und die Genüsse beschränke.[1]) Männer kleiden sich wie Weiber, und leben wie Weiber. Diese werden untereinander verwechselt. Da man mehr Mädchen als Knaben umbringt, so bietet sich von hier aus der Uebergang zu unnatürlichen Lastern. Die Mitglieder dieser Gesellschaft arbeiten nie, nehmen aber, als die Vornehmern und Mächtigern, jedes Eigenthum zu ihren Lüsten in Besitz.

Ich will diesem schon allzulangen Quodlibet keine umständlichen Erörterungen hinzufügen, sondern nur wenige kurze Bemerkungen. Ich meine: das Mitgetheilte reicht hin, jeden von

---

1) Wilson, 191, 196, 215, 230—233.

der (ohnedies schon aus der Mode gekommenen) Vorliebe für
rohe Völker und sogenannte Naturzustände zu heilen. Zur Nach=
ahmung ist fast gar nichts zu empfehlen; das Meiste erscheint
sehr unvollkommen, abschreckend, verdammlich. Ueberall zeigt sich,
wie ein Unterschied zwischen Einzelnen und Völkern, so auch zwi=
schen Menschenrassen. Dieser Unterschied kann durch Einwirkung
und Erziehung gemildert und gereinigt, aber niemals ganz aus=
getilgt werden. Die gebildeten Völker sollen (trotz der sehr un=
genügenden Ergebnisse) niemals von diesem löblichen Bestreben
der Veredlung ihrer Mitmenschen ablassen, niemals verzweifeln;
aber auch nicht in übereilter Begeisterung wähnen, Entwickelungen
wozu die Arbeit vieler Geschlechter, die Anstrengungen ganzer
Jahrhunderte gehören, ließen sich plötzlich und sprungweise her=
vorzaubern.

Vierundzwanzigster Brief.

Berlin, 2. Juni 1850.

Wenn man von allgemeinen theoretischen Betrachtungen und
von Erzählungen über die geselligen Zustände roher Völker zu
den staatsrechtlichen Einrichtungen gebildeter Völker übergeht; so
ist es als ob man statt schwankenden unsichern Bodens, nunmehr
festen und sichern beträte. Neue Zweifel entstehen indeß, wenn
offenbar wird wie wenig jene allgemeinen Betrachtungen mit der
Wirklichkeit übereinstimmen, wie Ansichten und Thatsachen vor=
herrschen, die man zufolge jener vorbereitenden Erörterungen
gar nicht erwartet. Dies folgt aber natürlich daraus, daß unsere
ganze Betrachtungsweise aus dem Griechenthume hervorwächst,
welches zunächst von dem asiatischen Wesen nicht bloß ver=
schieden, sondern ihm meist entgegengesetzt ist.

Daß übrigens auch das sogenannte Asiatische (worüber
ich jetzt Geschichtliches mittheilen will) sich keineswegs gleichartig
entwickelte, habe ich schon bemerkt und es wird sich noch be=
stimmter aus dem Folgenden ergeben. Beginnen wir mit den

Indern, den Hindus, so ist der Mittelpunkt ihrer, für unsern Zweck betrachtungswerthen Einrichtungen — die Kasteneintheilung. Vermöge derselben ist der Beruf, sowie die bürgerliche und gesellige Stellung jedes Menschen durch die Geburt bereits vorgeschrieben. Kein Glied einer Kaste darf willkürlich in eine andere übergehen, oder in dieselbe hineinheirathen. Solcher Klassen oder Kasten zählen alte Schriftsteller sieben auf: Philosophen, Senatoren, Ephoren, Soldaten, Künstler und Handwerker, Ackerbauer, Hirten. Da indessen die drei zuerst, und die beiden zuletzt genannten unter einen allgemeineren Begriff zusammenfallen, so bleiben in Wahrheit nur vier Hauptklassen, was mit den vollständigeren indischen Nachrichten übereinstimmt. Die erste Kaste bilden nämlich die Brahmanen oder Priester, die zweite die Kschatrijas (Rasbuten) oder Krieger, die dritte die Waischyas (Banianen) oder Gewerbtreibenden, die vierte die Subras oder Dienenden. Im Gegensatze der letzten Klasse sind die drei ersten die herrschenden, und unter diesen haben wiederum die Brahmanen bei weitem die größten Vorrechte. Die Parias endlich (vielleicht von einem andern Volke abstammend) werden auf eine im höchsten Grade verwerfliche Weise von allen Menschenrechten ausgeschlossen, und als Geschöpfe betrachtet die durch Berührung und Umgang jene sich höher Stellenden verunreinigen und vergiften!

Auf die Frage: woher stammen so ungeheure, übertriebene Gegensätze und Verschiedenheiten? können wir keine genügende geschichtliche Antwort geben. Wir wissen nicht, ob und welche siegende und besiegte Völker dazu Veranlassung gaben; ob jeder Kaste ein besonderer Volksstamm zum Grunde liegt; ob die ganze Einrichtung auf willkürlichen Festsetzungen innerhalb eines und desselben Volkes, oder auf religiösem Aberglauben beruht.

Trotz der sehr strengen und im Ganzen seit Jahrtausenden streng beobachteten Kastenabtheilungen, sind doch auf verschiedene Weise gemischte Klassen entstanden. So wenn sich Glieder der drei oberen Klassen in zweiter Ehe (was nicht ganz verboten war) mit Frauen aus niederen, oder bereits gemischten Klassen verbanden, worüber jedoch ernstere Beurtheiler scharfen Tadel aussprechen.¹) Nur die Subras blieben immer streng gesondert in der Dienstbarkeit, und die Brahmanen hielten durch Geschlechts= register und gleiche Heirathen ihre höhere Stellung unwandelbar fest. Obgleich diese durch Geburt, ohne Abstufung gleich gestellt sind, geben sie doch viel auf Vorfahren und Verwandtschaft mit angesehenen Familien. Sie dürfen Waffen tragen und Handel treiben, sie werden Aerzte, Richter und Staatsbeamte; aber die mit der Religion Beschäftigten sind die geehrtesten, das Priester= thum ist ihr eigentlicher Beruf. Sie allein erklären die heiligen Schriften, ihre Aussprüche sind entscheidend, ihre Besitzungen frei von Abgaben, ihre Personen wo nicht ganz doch insoweit unver= letzlich, daß man sie um keines Verbrechens willen körperlich stra= fen darf.²) Alles (heißt es in Manus Gesetzbuche) ist ein Reich= thum der Brahmanen, sie erhalten Welten und Könige mit durch ihre Spenden, ihr Fluch stürzt Könige ins Verderben. Wer einen Brahmanen nur mit einem Grashalme schlägt, oder ihn im Streite durch bessere Gründe bemüthigt, — muß sich vor ihm zur Erde werfen. Nur durch die Gunst der Brahmanen leben die übrigen Klassen.³) Der Mensch, welcher nicht den Staub von ihren Füßen sammelt, ist nur ein lebendiger Leichnam.

Diesen und ähnlichen Ansichten, Ansprüchen und Rechten, welche bis zu harter Thrannisirung der übrigen Klassen hinan= führen, oder diese in sich schließen, steht allerdings ein Inbegriff gar mannichfacher und mühseliger Vorschriften gegenüber, von denen sich die herrschenden Brahmanen aber gewiß sehr oft ent= bunden haben.

Die Könige (deren es wohl mehrere gleichzeitig in Indien gab) wurden aus der Kriegerkaste genommen; theils der Natur ihres Berufs halber, theils weil die Brahmanen leichter einen Kschatrija, als einen ihres Stammes beherrschen konnten. Auf dieses Beherrschen war es ganz eigentlich abgesehen, und überall wird der Vorrang des Priesterthums vor aller weltlichen Herr=

---

1) Feminis corruptis, existit ordinum colluvies. Bhagavad-Gita, Sect. I, 42.
2) Colebrooke Essays, II, 190.
3) Bhagavat=Purana, I, 221; II, 211.

schaft hervorgehoben. So sagt ein König (ober man läßt ihn sagen) [1]: Könnte ich doch mein ganzes Leben hindurch den Staub der Füße dieser Brahmanen auf meinem Diademe tragen. Vor all den Tugenden die sich in diesem Staube versammeln, schwinden schnell alle Fehler dessen der ihn trägt. — Trotz dieser wirklichen, oder erwünschten Beschränkungen und Demüthigungen, gab das oberrichterliche Amt und die Kriegsanführung den Königen bedeutenden Einfluß, welchen sie und ihre Beamten gegen die unteren Klassen selbst in tyrannischer Weise geltend machten. Als der König von Noruka Geld brauchte, sagten ihm seine beiden ersten Minister [2]: es ist mit einem Lande, wie mit dem Samen des Sesam. Dieser giebt kein Oel, wenn man ihn nicht preßt, stampft, abschneidet und verbrennt. — Doch heißt es (neben anderen, löblichen Lehren) in Manus Gesetzbuche: Niemals das Treffen verlassen, das Volk beschützen und die Priester ehren, sind die größten Pflichten der Könige und sichern ihnen Glückseligkeit zu.

Uralte Inschriften bezeugen viele königliche Vergabungen von Aeckern, ohne daß (so scheint es) hiedurch den Einzelnen ihr Schaltungsrecht sehr beschränkt wurde; oder jenes königliche Recht bezog sich vielleicht nur auf die Erhebung einer Grundsteuer, von welcher, wie von allen Abgaben, allein die Brahmanen befreit blieben.

Wenn der Raum es erlaubte, würde sich wohl der Beweis führen lassen, daß Religion und Philosophie in Indien nicht geeignet waren, das Mangelhafte der geselligen Zustände in Familie und Staat, sowie die Priestertyrannei zu verbessern und zu ermäßigen; ein viel wichtigerer praktischer Versuch ging dagegen vom Buddhismus aus, der ohne Zweifel jünger ist als der Brahmaismus. Sein Hauptkampf war gerichtet gegen gebohrne erbliche Priester, ja wider die gesammte Kasteneintheilung. Sie ward zwar nicht in Indien vertilgt, doch kam der Buddhismus in einem großen Theile des übrigen Asiens zur Herrschaft, und gründete ein nicht minder gewaltiges Priesterthum; nur mit dem

---

1) Bhagavat-Purana, II, 197, 199.
2) Burnouf Buddhisme, I, 146.

Unterschiede daß der Zutritt nicht auf eine Klasse beschränkt war, sondern die unverheiratheten Priester aus allen Klassen genommen wurden. Sie sind zahlreich, begütert und steuerfrei geworden und gelten den Laien gegenüber für höher und geheiligter.

Die Kasteneintheilung war in Aegypten, wie in Indien, die Grundlage der geselligen Verbindungen. Herodot zählt sieben solcher Kasten auf: Priester, Krieger, Rinderhirten, Sauhirten, Krämer, Dollmetscher und Seeleute. Die beiden Arten der Hirten und die übergangenen wichtigen Ackerbauer bildeten aber gewiß nur eine Hauptklasse, von Dollmetschern konnte erst in späteren Zeiten die Rede seyn, und in gewissen Zeiten des Jahres wurden die meisten Einwohner veranlaßt auf dem Wasser zu leben.[1] So kommen wir der indischen Eintheilung näher: Priester, Krieger, Ackerbauer, Gewerbtreibende, oder zwei vorzugsweise herrschende und zwei, mehr oder weniger, abhängige Klassen. Hiemit stand die Vertheilung des Grundvermögens in wesentlicher Verbindung: ein Drittel gehörte dem Könige, ein Drittel den Priestern, ein Drittel den Kriegern, und zur Bebauung desselben war die niedere Klasse der Ackerbauer angewiesen. Wie in Indien kam es zu Streitigkeiten zwischen Priestern und Kriegern, mit Uebergewicht der ersten, sofern nicht vielleicht die Könige auf die Seite der letzten traten.

Der König bestieg in der Regel den Thron nach Erbrecht; doch ist auch von Wahlen (hauptsächlich wohl nach dem Aussterben eines Herrschergeschlechts) die Rede, wobei in früheren Zeiten gewiß die Priester, in anderen wohl die Krieger einwirkten.[2] Der König sollte in das Priesterthum eingeweiht werden, konnte aber nicht zu gleicher Zeit Oberpriester seyn.[3] Durch jene Weihe ward überhaupt das Interesse des Priesterthums und Königthums nicht dasselbe; vielmehr findet sich abwechselnd Einigkeit und Uneinigkeit, von Menes bis Psammitichus. Nach einem Berichte Diodors (welcher aber vielleicht auf übertriebenen priesterlichen Mittheilungen beruht) war der König in öffentlicher

---

1) Diodor., I, 28, 73.
2) Heyne opuscula, I, 138. Bunsen, I, 46.
3) Diod., I, 70. Plato, Polit., 290. Schwartze, Proleg., 56.

Wirksamkeit und in seinem Privatleben, durch die Priester und die von ihnen ausgehenden Gesetze, äußerst beschränkt und eingeengt. Indeß kamen derlei Vorschriften höchstens zur Zeit unbeschränkter Priesterherrschaft zur Anwendung; sie mußten bei jedem kraftvollen Könige Widerstand finden, und konnten im Felde und unter erobernden Fürsten gar nicht zur Anwendung kommen.

Jeden Falls blieben aber die Priester immerbar die mächtigste Kaste. Sie waren weit die reichsten und frei von allen Steuern. In ihren Händen befand sich der überaus strenge, bis auf Gesänge und Tänze hinab unabänderliche Dienst der Götter; sie waren die nächsten Räthe und Gehülfen des Königs, aus ihrer Mitte wurden alle Staatsämter besetzt, sie leiteten die Bildung des Volks und waren alleinige Inhaber der vorhandenen wissenschaftlichen Kenntnisse.[1]) Diese Priesterkenntnisse und Priestergeheimnisse sind gewiß sehr überschätzt worden; oder das, was man darüber weniger weiß als herausbeutet, hat weder die Massen des Volks gehoben, noch ist es jemals in vollendeten Werken der Wissenschaft ans Tageslicht gekommen. Da die Priester einen erblichen Stand bildeten, war ihre Zahl größer wie in Griechenland und Rom[2]), und obwohl Abstufungen unter ihnen stattfanden und von einem Uebergewichte des Hohenpriesters die Rede ist, konnte dasselbe, bei der Mehrheit der Tempel und Götter, doch nicht so groß seyn als da wo der Monotheismus herrscht. Auch ließ die strenge Sonderung von Priestern und Laien, die Religion nicht zu einem Gemeingute des Volks werden. Ja, unbegnügt mit zeitlicher Herrschaft schufen die Priester ein Todtenreich um mit Furcht und Hoffnung über das gegenwärtige Leben hinaus zu wirken, und den Menschen auch in Bezug auf künftige, unbestimmte Zeiten zu lenken und zu zügeln. Aus den Abbildungen an den Tempeln darf man jedoch schließen, daß die Priester in gewissen Zeiträumen wesentlich von den Königen

---

1) Plato de legib., VII, 799.
2) Diod., I, 21. Heeren, II, 2, 127. Prichard, 320. Bähr, Symbolik, II, 35.

überflügelt waren; woraus denn auch wohl folgte, daß sie nicht immer in demselben Verhältnisse zu den Kriegern standen.

Dieser Kriegsadel lebte wahrscheinlich in Friedenszeiten meist unthätig, während seine Hintersassen arbeiten und ihn ernähren mußten. Auch erhielt er gewiß Zuschüsse aus königlichen Kassen. Doch mögen auch einzelne Kriegsadliche selbst das Land gebaut haben, und umgekehrt in Zeiten des Bedürfnisses zahlreiche Landbauer in das Heer eingetreten seyn.[1]) Oder es entwickelte sich ein Landwehrdienst, welcher Privateigenthum und landwirthschaftliche Thätigkeit nicht aufhebt. Doch gab es in Aegypten keinen Stand freier, unabhängiger Landbauer, und noch weniger geachtet waren die Hirten.

Die Unterabtheilungen der Handwerker, Künstler und Gewerbtreibenden waren nicht streng abgeschlossen, sondern gingen in einander über, und der Handel reichte schon in älteren Zeiten über die Gränzen des Landes hinaus. Im Ganzen aber war und blieb Aegypten in solchem Maaße von anderen Ländern getrennt, und so übermäßig dem bloßen Erhalten des Bestehenden zugewandt, wie kaum ein anderes Volk auf Erden.

Die schon erwähnten Fragen kehren bei Aegypten wieder: woher entstanden die Kasteneintheilungen und welche Gründe erhielten sie aufrecht durch so lange Zeiten hindurch. Ob Volksunterschiede, Aberglaube, Gewalt mehr oder weniger zu ihrer Entstehung beitrugen, ist unbekannt. Für die uns so ganz fremd und unnatürlich erscheinende Einrichtung, ließe sich vielleicht das Folgende anführen: Zu den von Natur gegebenen Bestimmungen und Verhältnissen müssen gesetzliche Vorschriften hinzutreten, um die zahlreichen, bei der freien Wahl des Lebensberufes unausbleiblichen Zweifel abzuschneiden und Mißgriffe unmöglich zu machen. Festigkeit der in der bürgerlichen Gesellschaft zugetheilten Rechte, unabänderliche Feststellung der Ansprüche, begründet Ordnung und Dauer; ja, mit dem Unabänderlichen wird jeder zufrieden, eben weil es dem Kreise willkürlicher Einwirkung entrückt ist und den Charakter des natürlich Gegebenen, oder gött-

---

1) Wilkinson, Thebes, 235, 236. Hengstenberg, Mose, 63. Thierbach, Verhältnisse der Kriegerkaste, 13.

licher Fügung annimmt. Die aus steter Beweglichkeit und Un=
zufriedenheit für die bürgerliche Gesellschaft entspringenden Ge=
fahren fallen also hinweg, jede menschliche Thätigkeit wird bis
zur höchsten Vollkommenheit eingeübt, und für größere Zwecke
lassen sich die zerstreuten Kräfte leichter vereinigen und ver=
wenden.

Hierauf läßt sich erwiedern: Viele Verhältnisse der Menschen
sind von Natur unabänderlich gegeben, andere werden nützlicher=
weise durch Gesetze bestimmt und geregelt; jene Kasteneintheilun=
gen gehen aber weit über das richtige Maaß hinaus, zerstören
mehr wie sie fördern und beschränken auf schlechte und gewalt=
same Weise das, was durch Natur und göttliche Fügung frei
gelassen ist. Die Mißgriffe und Irthümer freier Selbstbestim=
mung sind viel seltener und unbedeutender, als die übeln Folgen
der unnatürlichen, aufgedrungenen Kasteneintheilung. Sie erzeugt
keineswegs allgemeine Zufriedenheit, sondern lebhaften Wider=
spruch, oder höchstens knechtische, willenlose Unterwerfung; sie
entsagt aller lebendigen Beweglichkeit und Bildsamkeit, zwingt zu
Beschäftigungen wofür die Anlagen fehlen, und vergißt daß nur
das wahrhaft Eigenthümliche der Naturen gesellen, trennen und
fördern soll. Sie erlaubt allerdings viele Kräfte zwangsweise
einzelnen Unternehmungen (z. B. unnützen Pyramidenbauen) zu=
zuweisen; aber ächte Künstler werden auf jenem Wege nicht er=
zeugt. Endlich ist ächte Sittlichkeit freier Menschen unverträglich
mit indischen, oder ägyptischen Kasteneintheilungen und Priester=
herrschaft.

Fünfundzwanzigster Brief.

Berlin, 4. Juni 1850.

So wenig das indische und ägyptische Staatsrecht unseren
Begriffen und Wünschen entspricht, läßt sich doch nicht läugnen
daß jene Völker in mehreren Richtungen und Beziehungen viel
erreichten, daß ihre Einrichtungen länger dauerten und sich er=

hielten, als unzählige andere, und ihnen weltgeschichtliche Bedeutung und Wichtigkeit nicht abzusprechen ist. Gewiß finden wir weniger Eigenthümliches und Lehrreiches in den unbeschränkten Monarchien Asiens. Ihrem Entstehen und Vergehen, ihrem innersten Wesen nach, sind sie eben so verschieden vom Indischen und Aegyptischen, wie vom Europäischen. Auf unbedeutende Anfänge folgt ein unerwartet schnelles Wachsen und die, bald dann sich einfindenden, Umwälzungen führen zu plötzlichem Untergang. Ungebildete Hirten-, oder Kriegerstämme, wie sie das mittlere Asien noch immer erzeugt und ernährt, haben die meisten jener Umwälzungen herbeigeführt. Sie besiegten und besteuerten gebildetere, aber verweichlichte Stämme, gewöhnten sich an deren Lebensweise und nahmen deren Fehler an. Aus dem Rechte der Eroberung ging indessen Despotie hervor, und wir sehen nirgends eine Spur eigentlicher Verfassung. Ueberdies zerrüttete Vielweiberei die Familienverhältnisse; es gab viel mehr Zwingherrn als Hausväter, und der Staat mußte das große Gegenbild der Familie seyn. Ohne viel Anstrengung entstand Reichthum in diesen von der Natur begünstigten Ländern, und hierauf Ueppigkeit und Ausartung vor wahrer Reife. Die Landschaften unterwarf man der willkürlichen Behandlung einzelner Statthalter; diese empörten sich gegen die unbequeme Herrschaft der Könige, und, wenn äußere Gefahr ausblieb, ging der Staat so an inneren Krankheiten zu Grunde.

Wie viel würdiger und denkwürdiger als die großen Monarchien der Assyrer, Babylonier und Meder, ist das nach Zahl und Landbesitz nur kleine Volk der **Phönicier**. Und doch waren sie die größten Eroberer in friedlichem Wege, durch Handel und Kolonien. Wiederum veranlaßte diese Richtung neue Entdeckungen, oder den erweiterten Gebrauch derselben. Die das Meer Befahrenden, mit vielen Völkern Verkehrenden bedurften mathematischer Kenntnisse, eines gemeinsamen Maaßes (Geld) und der Tonzeichen (Buchstaben) um flüchtige Worte nach einzelnen, biegsamen Theilen darzustellen und nachzusprechen. Ferner treten einige große folgenreiche Thatsachen des geselligen Lebens und des Staatsrechtes hier zum ersten Male in die Wirklichkeit: nämlich geschlossene Organisation der Städte und ein Bund, eine

Föderation derselben, welche das eigenthümliche Daseyn keineswegs ganz aufhebt, sondern mit Anderen zu einem größeren, mächtigern Ganzen verbindet, und einen preiswürdigen Uebergang bildet zum Völkerrechte.

Noch bedeutender als die Phönicier sind die Juden, sowohl durch die Eigenthümlichkeit ihrer Gesetzgebung, als durch deren noch fortdauernde Einwirkung auf alle christlichen Völker. Ihre Theokratie (der Mittelpunkt und das Lebensprinzip der gesammten Entwickelung) ist wesentlich verschieden von der indischen und ägyptischen Priesterherrschaft; denn sie verwirft Götzendienst und Polytheismus, und der Gedanke, die Verehrung eines einigen, alleinigen, allmächtigen, segnenden, strafenden Gottes durchdringt Kopf und Herz und Handlungsweise jedes gläubigen Juden. Zwischen den Priestern und dem Volke ist (ungeachtet der Bevorzugung der Leviten) keine tyrannische Absonderung nach herrschenden und verknechteten Kasten; wogegen sehr eigenthümlich die Sonderung nach Stämmen hervortritt. Jeder derselben war, bis auf einen gewissen Punkt, nach Landbesitz und Regierung ein geschlossenes Ganzes, obwohl wir über die staatsrechtliche innere Organisation sehr wenig wissen. Das Nationaleigenthum in Jerusalem und das dasige Priesterthum sollte die Theile zusammenhalten und zu einem Ganzen vereinen. Diese Form reichte indessen nicht aus, und besonders in Zeiten der Gefahr mußte man einzelnen Männern (Richtern) vertrauen und ihnen größere Gewalt einräumen.

Keine Gesammtentwickelung eines Volkes liegt ganz in der Hand eines Menschen, keines aber hat sich bedeutend erhoben ohne die überwiegende Kraft großer lenkender Geister und Gesetzgeber. Die dankbare Nachwelt legt ihnen dann Vieles bei was nicht von ihnen herrührt, sondern nur in der von ihnen betretenen Richtung hervortreibt. Es ist ein löbliches Geschäft der geschichtlichen Kritik, das Hinzugefügte von jenem Aechten zu scheiden; geht aber diese Kritik (wie so oft in neueren Zeiten) bis zum bloßen Verneinen, so bedarf sie selbst der Ermäßigung und Berichtigung. Gewiß war es nothwendig den Pentateuch, die fünf Bücher Mosis einer, früher für gottlos erklärten Prüfung zu unterwerfen. So wie man aber ehemals an dem un-

verstandenen oder mißverstandenen Buchstaben abergläubig fest=
hielt, hat man jetzt ungläubig fast den ganzen geschichtlichen
Inhalt zur Seite geworfen, und selbst das Daseyn des großen
jüdischen Gesetzgebers, des Moses geläugnet. Zwischen beiden
Abwegen liegt die Wahrheit, und von diesen äußersten Pendel=
schwingungen der Kritik wird man allmählig wohl zur richtigen
Mitte zurückkehren. Ich habe von allen auf die jüdische Gesetz=
gebung bezüglichen Dingen im ersten Bande meiner Vorlesungen
über die alte Geschichte so umständlich gesprochen, daß ich darauf
verweisen muß und hier nur kürzlich noch an einiges Einzelne
erinnern kann.

Gewiß bedurfte der jüdische Jehova einer höheren, christ=
lichen Entwickelung und Verklärung; jedoch konnte diese leichter
aus einem noch nicht durchaus vollkommenen Monotheismus, als
aus der heidnischen Vielgötterei hervorwachsen. Die Abschließung,
der Partikularismus der Juden war keineswegs ohne alle Ver=
anlassung und natürlichen Grund; aber neben der Seite der
Wahrheit und des Rechts findet sich auch eine der Unwahrheit
und des Hochmuths, welche behufs einer allgemeineren Entwicke=
lung der Menschheit mußte zerbrochen werden.

Jehova hatte seine Vertreter und seine geheiligteren Diener
an dem Stamme der Leviten. Moses gab ihnen nicht (wie es
in Aegypten der Fall war) ein Drittheil des Grundvermögens,
er verwies sie eben so wenig (wie oft in Indien) auf eine vor=
zugsweise beschauliche Lebensweise. Sie erhielten achtundvierzig
(wahrscheinlich nicht von ihnen allein bewohnte) Städte und Stadt=
bezirke in verschiedenen Theilen Palästinas und außerdem noch
sehr bedeutende Einnahmen. Nämlich: den Zehnten von allen
Israeliten, die geweihten Erstlinge (etwa $1/60$ der Aerndte), einen
Antheil an den Opfern und allen geschlachteten nicht auf den
Altar kommenden Thieren, alles Gebannte, den Ertrag der Ge=
lübde, das Lösegeld für die Erstgeburt unter Menschen und von
den nicht zu essenden Thieren, die Erstgebohrnen von eßbaren
Thieren. Endlich waren sie frei von allen Abgaben und vom
Kriegsdienste; obgleich eine so zahlreiche Körperschaft nicht ohne
kriegerische Bedeutung sein konnte, wie z. B. schon die Geschichte
des Sturzes der Athalia zeigt.

Wenn die Leviten wirklich jenen Grundbesitz und diese bedeutenden Einnahmen erhalten haben, und nicht vielmehr die Einrichtungen verschiedener Zeiträume irrig als gleichzeitig betrachtet werden; so würde daraus folgen daß sie (etwa ein Funfzigstel des Volkes) abgesehen von der allmähligen Mehrung ihrer Besitzthümer, wenigstens ein Neuntel aller Einnahmen erhielten: was als Gehalt oder Lohn sehr viel ist (selbst wenn man weiß daß alle geistliche, richterliche, polizeiliche, gelehrte Würden und Beschäftigungen ihnen oblagen); was aber gar nicht zu viel ist wenn man die staatsrechtliche Stellung dieses bevorzugten Stammes in Erwägung zieht, und damit den ägyptischen Priesteradel, oder den deutschen Kirchenadel vergleicht.

Mit eigentlichen, überall einwirkenden Volkslehrern hatten die Leviten wenig gemein; darin aber zeigt das Jüdische einen Vorzug vor dem Aegyptischen, daß von Priestergeheimnissen nicht die Rede war und der Vorrang der Leviten (trotz einzelner sehr verdammlicher Erscheinungen) sich nicht zu voller Priestertyrannei ausbildete. An der Spitze der Leviten stand der Hohepriester, dessen Würde (ganz abweichend von den gewählten christlichen Päpsten) in Aarons Familie erblich blieb.

Jeder Israelit war zum Kriegsdienste verpflichtet, und die Aushebung erfolgte nach einer festen, auf Verzeichnisse gegründeten Ordnung.

Moses ist der erste unter den alten Gesetzgebern, welcher den großen aus übermäßigem Reichthume und übermäßiger Armuth entstehenden Gefahren, durch Erbgesetze und Ackergesetze entgegentrat. Vermöge derselben sollte das Grundvermögen unter die Hausväter getheilt werden und die erhaltenen Antheile sollten unveräußerlich seyn. Vererbt ward dasselbe 1) an die Söhne, von denen der älteste ein doppeltes Theil erhielt; 2) an die Töchter; 3) an die Brüder des Vaters; 4) an die Oheime desselben; 5) an die übrigen nächsten Blutsverwandten. Die frühere Klasse der Erben schloß die spätere aus. Töchter durften nur innerhalb ihres Stammes heirathen, damit das Grundvermögen nicht in einen anderen übergehe. — Mit dem funfzigsten Jahre, dem sogenannten Jubel- oder Halljahre, sollten alle innerhalb der Jubelperiode an irgend jemand, auf irgend eine Weise veräußerten Aecker zurückfallen und zwar ohne alle Nachzahlung, ohne allen Ersatz. Dem Verkäufer und dessen nächsten Verwandten stand ferner zu jeder Zeit (auch innerhalb der Jubelperiode) das Wiederkaufsrecht zu. In dem siebenten, dem Sabbath- oder Brachjahre sollte weder gesäet noch geärndtet werden, sondern die Erde (so wie der Mensch am siebenten Tage) ruhen, oder der zufällige, freiwillige Ertrag Allen gemein seyn.

So die wichtigsten Bestimmungen, welche ich in meinen Vorlesungen über alte Geschichte einer umständlichen Prüfung unterworfen habe, welcher man zwar widersprochen, aber bis jetzt keine Gegengründe vorgebracht hat. Ich muß, um unpassende Wiederhohlungen zu vermeiden, darauf verweisen und kann hier nur in höchster Kürze einige Behauptungen, ohne vollständige Beweise vorlegen.

Neben den Ackerbauern blieben in einigen Theilen Palästinas auch Nomaden, und die bezweckte Gleichheit des Grundbesitzes konnte, wenn sie anders jemals eintrat, nicht lange dauern. Die verschiedene Zahl der Kinder in den einzelnen Familien, das doppelte Erbtheil des erstgebohrnen Sohnes, das Aussterben von Familien neben großer Vermehrung anderer, die Verheirathung von Erbtöchtern u. s. w. mußte bald große Verschiedenheit herbeiführen, welche das Halljahr keineswegs ausgleichen oder vertilgen konnte. Denn es änderte nichts an den Folgen jener Erbgesetze, oder überhaupt an dem ohne Widerspruch mit den Gesetzen entstandenen Reichthum, oder der Armuth; es bezog sich lediglich auf Verkäufer und Käufer, auf Gläubiger und Schuldner. Wären dadurch (wie die Theologen gewöhnlich annehmen) den Verkäufern und Schuldnern wirklich große Geschenke gemacht worden, so müßten wir dies als eine Ungerechtigkeit rügen; es läßt sich aber beweisen daß, bei der bestimmten Aussicht auf die Jubelperiode und ihre Wirkungen, jeder Käufer leicht den ihm binnen mehr oder weniger Jahren zugesicherten Gewinn so gewiß und genau berechnen konnte, wie ein Pächter seinem Verpächter gegenüber. Große Geschenke konnten dabei in der That nicht eintreten, und die Verwandlung vollen Eigenthums in Zeitpachtbesitz weder den Einzelnen noch dem Ganzen die Vortheile bringen, welche Manche voraussetzen.

Was nun das Sabbathjahr betrifft, so ist der Vergleich mit der Ruhe der Menschen am siebenten Tage ungenügend. Viele Theile der Erde geben jährlich unermüdet reichlichen Ertrag und bedürfen keiner Ruhe; andere wollen binnen sieben Jahren auch nicht einmal etwas hervorbringen. Alle Gründe für das Sabbathjahr: Anweisung zum Sparen und Aufspeichern, Begünstigung der durch den Ackerbau genirten wilden Thiere, durch Nichtsthun befördertes geistiges Leben u. dgl. sind nicht stichhaltend; wogegen sich Ansicht, Grund und Wirkung sehr vereinfacht, wenn Sie annehmen daß nicht im jedesmaligen **siebenten Jahre alles Land** unbesäet und unbenutzt blieb, sondern daß in **jedem Jahre ein Siebentel** brache lag. — Ich fürchte sehr diese absprechenden Andeutungen werden Ihnen nicht genügen, muß aber für diesen Fall wiederhohlt bitten, daß Sie meine vollständigere Auseinandersetzung in meinen Vorlesungen nachlesen.

Während der Zeit ihres Bundesstaates haben sich die Juden keineswegs so reich und mannigfaltig entwickelt, wie die Griechen unter ähnlichen geselligen Verhältnissen; doch war der Uebergang zum Königthume natürlich genug herbeigeführt. Leider aber spaltete sich das, ohnehin nicht mächtige Reich in zwei, oft feindliche Theile, und es fehlte an allen Verfassungsformen um persönliche Mängel auszuheilen. Denn der unvermittelte Gegensatz zwischen Königthum und Priesterthum wirkte (bei übermäßig gesteigerten Ansprüchen) mehr zerstörend, als fördernd.

Daß Jehova der einzige König und die Leviten seine einzigen Stellvertreter seyen, wird in allen Priesterstaaten ähnlicherweise behauptet; auch hat man diese Ansicht in die Lehre vom unbedingten göttlichen Rechte der Könige hineingekünstelt. Nach Samuels Erörterung (die auch in der Bibel steht) ist aber die königliche Regierung die schlechteste von allen, und wäre überall abzuschaffen. Schon von diesem einzigen Punkte aus läßt sich erweisen, daß der Inhalt des alten Testaments in Hinsicht auf Staatsrecht und Privatrecht für uns keineswegs unbedingt gebietend ist. Da es indeß von dem Hauptzweck dieser Briefe zu weit abführen würde, wenn ich hier umständlich über Werth oder Unwerth aller jüdischen Einrichtungen und Entwickelungen reden wollte, so mag nur eine Behauptung noch Platz finden. Unstreitig steht die Lehre Christi, als eine tiefsinnigere und großartigere Heilsanstalt, dem Judenthume gegenüber; das alte Testament erhält erst durch das neue das rechte Verhältniß und eine Verklärung, welche über alles deshalb Gehoffte und Geahnete weit hinausreicht.

Sechsundzwanzigster Brief.

Berlin, 7. Juni 1850.

Die Urgeschichte Griechenlands ist (gleichwie die fast jedes Volks) in Dunkel gehüllt, welches genügend aufzuhellen unmöglich erscheint. Um deswillen mag ich Sie nicht ermüden mit Darlegung philologischer Streitigkeiten über Pelasger und Hellenen, ägyptische und phönicische Ansiedlungen, über die an Deukalions Familie geknüpften Sagen u. dgl., sondern nach wenigen kurzen Bemerkungen will ich auf die Licht- und Brennpunkte hellenischer Entwickelung, auf Sparta (Dorer) und Athen (Joner) übergehen.

Das in der heroischen Zeit vorwaltende Monarchische trat nach dem trojanischen Kriege meist in den Hintergrund; doch wurden, bevor man zu abgerundeten Verfassungen kam, mancherlei glückliche oder unglückliche Versuche gemacht, welche indeß jeden Falls den Reichthum von Ideen und Erfahrungen vermehrten. Die Freiheit trieb die Verfassungen hervor, und diese wirkten wiederum zurück auf die Freiheit. Die Persönlichkeit gewann bei den Griechen eine vorher nie gekannte Wichtigkeit, und die Natur schien durch mannigfache Begünstigungen, durch geographische Scheidungen, zahllose Meerbusen und Bergzüge ebenfalls zur Entstehung so vieler einzelnen selbständigen Staaten hinzuwirken.

Manche Landschaft bildete in Hellas einen einzigen Staat, wie Attika und Lakonien; andere waren ein Inbegriff mehrerer Staaten, wie Böotien, Achaja, Arkadien, — entweder mit gleichen Rechten ohne Beeinträchtigung örtlicher Einrichtungen, wie bei dem freiwilligen Bunde der Achäer; oder in abhängigeren Verhältnissen und mit Ansprüchen auf Oberleitung, wie sie z. B. Theben oft machte und behauptete. Allerdings entsprang aus diesen zahlreichen Sonderungen, aus der bei den Griechen vorherrschenden Neigung zu einer völligen (mithin in vieler Hinsicht schwächenden) Unabhängigkeit, die große Gefahr daß die Einheit des gesammten Volkes und die Theilnahme für allgemeine Nationalansichten und Zwecke zu sehr verschwinden werde: doch wirkten zur Entwickelung eines geistigen Ganzen und zu häufiger Versöhnung des äußerlich in Gegensatz Tretenden drei wichtige Einrichtungen oder Erscheinungen: die Volksfeste und Spiele, der Bund der Amphiktionen, die Religion und die Orakel.

Obgleich bei den hellenischen Spielen und Volksfesten der Nachdruck lag auf körperliche Geschicklichkeit und Schönheit, vermittelten sie doch auch das Geistige, wie Herodots Vorlesungen, Pindars Hymnen und unzählige Bildwerke erweisen. Zu jenen Festen und Spielen hatten alle Griechen Zutritt; sie boten einen glücklichen Waffenstillstand zwischen vielen Fehden, und legten den Grund zu zahlreichen freundschaftlichen Verbindungen.

Zu dem Bunde der Amphiktionen gehörten die wichtigsten hellenischen Stämme. Zweimal im Jahre versammelten sich deren Abgeordnete, damit man sich über religiöse und politische Angelegenheiten verständige, Streitigkeiten im friedlichen Wege beseitige und heilsame Beschlüsse fasse. Gewiß haben die Amphiktionen niemals diese großen Zwecke vollständig erreicht, sie waren keine hellenische Reichsverfassung, keine Generalstaaten; dennoch bleibt der Gedanke einer solchen Rechtsverbindung zwischen mehreren Stämmen, eine solcher Vorbildung oder Ahndung des Völkerrechts, von größter Wichtigkeit und weltgeschichtlicher Bedeutung. Asiatische Völker, ja die herrschsüchtigen Römer haben sich nie bis zu diesem Gedanken erhoben.

Ueber das Ungenügende und den Mißbrauch der Orakel brauche ich nicht umständlich zu klagen; wohl aber muß ich daran erinnern, daß man um deswillen nicht vergesse, wie sie Zerstreutes auch vereinten und von ihnen oft eine verständige, ja geniale Leitung vaterländischer Angelegenheiten ausging.

Sparta, Spartanische Verfassung.

Ich gehe jetzt ohne weitere Abschweifung zur Darstellung der spartanischen Verfassung über. Obgleich das, was man gewöhnlich darunter versteht, gewiß nicht auf einmal gemacht und hingestellt wurde wie jetzt manche Verfassung, dürfen wir doch an dem Gesammtcharakter und Gesammtinhalte festhalten und diejenigen unberücksichtigt lassen, welche dem Lykurgos (gleichwie anderen geschichtlichen Heroen) aus Gründen der sogenannten höheren Kritik, das Daseyn absprechen. Ich mag nicht wiederhohlen, was ich anderwärts über diese zersetzende, verneinende Richtung gesagt habe.[1]

Zwei erbliche Könige blieben nach Lykurgs Gesetzen in Sparta, damit ihre Macht sich ins Gleichgewicht setze, und der Fähige den Unfähigen übertrage.[2] Nicht auf vielerlei kleine Auszeichnungen und Vorrechte gründete sich ihre staatsrechtliche Wichtigkeit, sondern darauf daß sie Oberpriester waren und Oberfeldherren. Daher suchten sie, um ihre Bedeutung zu erhöhen, den Krieg, und erhielten ein gutes Vernehmen mit dem einflußreichen delphischen Orakel.

Den aristokratischen Theil der Verfassung bildete der Rath der Alten, oder die Gerusia.[3] In demselben saßen 28 vom Volke und aus dem Volke auf Lebenszeit erwählte, nicht unter sechzig Jahre alte Männer.[4] Zwar hatten beide Könige auch Sitz in der Versammlung (wodurch sich die Zahl der Theilnehmer auf dreißig erhöhte), aber gleich den Übrigen nur eine Stimme.[5] Nichts Wichtiges ward von den Königen entschieden, nichts an das Volk gebracht ohne Vorberathung in der Gerusia; sie entschied insbesondere über Mord und Gewalt.

Zu den Volksversammlungen (in ihnen lag der demo-

---

1) Vorlesungen über die alte Geschichte, I, 203; über die römische Staatsverfassung, 13.

2) Gabriel de magistr. Laced. Kortüm in Schlossers Archiv, IV, 133. Philolog. Museum, II, 38. Manso, Wachsmuth, Hermann u. A.

3) Plato de legib., III, 691. Cic. de senect., 6.

4) Mit dem dreißigsten Jahre konnte man in den athenischen Rath kommen. Xenoph. Memor., I, 2, 35.

5) Thucyd., I, 21.

kratische Bestandtheil der gemischten Verfassung) berief man bald mehr, bald weniger Personen.[1] Niemand durfte daselbst öffentlich reden ehe er dreißig Jahr alt war; jeder verlohr seine Stimme durch zweideutigen Ruf. Alle von den Königen und dem Rathe gefaßten Beschlüsse sollten dem Volke vorgelegt werden; die aber wahrscheinlich diesem früher gegebene Befugniß zu ändern, oder Aenderungen in Vorschlag zu bringen, beschränkte man später aristokratisch dahin, daß es nur einfach bestätigen, oder verwerfen durfte. — Auch erhielten der Rath und die Ephoren die Macht, einen Beschluß der ihnen unpassend erschien, einstweilen auszusetzen, oder die Versammlung aufzulösen; zuletzt verschwindet endlich die Bedeutung der Gerusia und des Volks fast ganz durch den Einfluß einzelner Häupter und insbesondere der, das Volk scheinbar vertretenden fünf Ephoren.[2]

Ob sie schon von Lykurgus, oder später vom Könige Theopompus eingeführt wurden, ist schwer zu entscheiden, gewiß aber daß sie erst um die Zeit wo sich in Sparta Alles zur Aristokratie, sowie umgekehrt in Athen zur Demokratie neigte, eine übergroße Mittelmacht zwischen den Königen und dem Volke wurden. Jährlich aus dem ärmeren Volke gewählt, verfuhren sie ohne bestimmte Vorschriften, weise oder willkürlich nach dem Maaße ihrer Einsicht und ihres guten oder bösen Willens. Nach ihnen benannte man das Jahr, sie bildeten allmählig die höchste Gerichtsbehörde für viele Gegenstände, hatten den Vorsitz in mehreren Zusammenkünften, sammelten die Stimmen, setzten obrigkeitliche Personen ab welche ihre Gewalt mißbrauchten, oder straften sie gar am Leben.[3] Sie hatten die Aufsicht über Bürgersitte und Erziehung, waren Stellvertreter der Könige in deren Abwesenheit und entschieden die Streitigkeiten welche häufig zwischen diesen selbst, oder

---

1) Xenophon (Hell., III, 3) spricht von einer kleineren Versammlung, oder von einem Ausschusse der größeren.

2) Doch erwähnt Xenophon in seiner griechischen Geschichte noch mehrerer Ecclesien.

3) Außer den Hauptstellen bei Herodot, Aristoteles und Plutarch, z. B. Pausan., I, 131; Plat. epist. VIII, 354; Diog. Laert., Chilon u. s. w.

zwischen ihnen und dem großen Rathe ausbrachen. Ja, die demagogische Macht der Ephoren wuchs allmählig so: daß die Könige stets von ihnen im Frieden und oft auch im Kriege abhängig, gestraft und selbst ins Gefängniß gesetzt wurden. Aus dem Allen ergiebt sich daß die Bestandtheile der gemischten Verfassung nicht zum rechten Gleichgewicht kamen, oder sich immer wahrhaft harmonisch bewegten.

Ueberhaupt würden die eigentlich staatsrechtlichen Vorschriften über die Verfassung gar nicht hingereicht haben, dem spartanischen Wesen und Leben die so oft bewunderte Eigenthümlichkeit zu verleihen; wenn nicht eine ganze Reihe anderer hochwichtiger Einrichtungen damit wäre verbunden gewesen. Zunächst eine gleiche Theilung des Grundvermögens und Gemeinschaft des Besitzes, selbst der Sklaven und Jagdhunde. Zur Aufrechthaltung jener Gleichheit diente die Vorschrift: man solle jene Ackerloose weder kaufen, noch verkaufen, ihre Zahl weder vergrößern noch vermindern. Hiemit stand auch Beschränkung der Vererbungsfreiheit in Verbindung, sowie das Bestreben überzählige Bürger in Kolonien auszusenden. Deßungeachtet konnte diese erkünstelte, mechanische Gleichheit nicht festgehalten werden; sie nahm ganz ein Ende als der Ephor Epitadeus (im Zeitalter des Agesilaos) die Erlaubniß auswirkte das Grundeigenthum zu verkaufen und nach Willkür zu verschenken. Aber selbst für die frühere Zeit wo die lykurgischen Einrichtungen angeblich noch bestanden, drängen sich viele für uns unbeantwortliche Fragen hervor, auf welche näher einzugehen hier nicht der Ort ist.

Mehr noch als durch jene Vertheilung des Grundvermögens ward die bezweckte Gleichheit dadurch erhalten, daß keiner (bei derselben Wohnung, Kleidung, Nahrung) von etwanigem Reichthume Gebrauch machen konnte. Dreifaches (sprechen deshalb die Lobredner) findet sich nirgends in solchem Grade wie in Sparta. Erstens: Gemeinschaft unter den Bürgern und Ehrfurcht vor den Gesetzen. Zweitens: Heldenmuth, welcher des Lebens nie achtete, sobald das Vaterland dessen Opferung verlangte. Drittens: die Entfernung alles Eigennutzes und aller kleinlichen Künste des Erwerbes. — Wir sind weit entfernt dies Lob bekritteln zu wollen; doch ist es Pflicht ebenmäßig die

Schattenseiten hervorzuheben. Jene Gemeinschaft bezog sich nur auf die herrschenden Spartaner, während Gesetze die härteste Sklaverei der Heloten billigten und arge Willkür noch über die Gesetze hinausging. Die Muße, oder vielmehr das Nichtsthun der Herrschenden, führte schon aus Langerweile dahin den Krieg als höchsten Zweck zu betrachten und den Frieden, sehr irriger Weise, gering zu schätzen. Es war endlich unnatürlich alle äußeren Güter scheinbar zu verachten, während das Streben danach selbst die ausgezeichnetsten Spartaner gesetzwidrig ergriff. Die Spartaner wußten weder den Reichthum der Natur zu beherrschen, noch die Völker (ja nicht einmal sich selbst) zu erziehen. Es war durchaus unmöglich ihre Gesetze mit Güte oder Gewalt bei anderen Völkern (ja nicht einmal bei den Dorern) in Anwendung zu bringen und über eine größere Welt zu verbreiten.[1] Handel, Wissenschaft und Kunst blieben den Stolzen fremd, und ohne Athen wüßten wir vielleicht Nichts über Spartas Daseyn und Eigenthümlichkeit.[2]

Siebenundzwanzigster Brief.

Berlin, 10. Juni 1850.

Ihr Vorwurf: ich hätte in meiner bisherigen Darstellung der Verfassungen und bürgerlichen Einrichtungen viele anziehende und lehrreiche Punkte gar nicht berührt, — ist vollkommen gerecht. Wenn Sie aber erwägen daß ich Manches als bekannt voraussetzen, oder auf meine umständlicheren Vorlesungen über die alte Geschichte verweisen darf, sowie daß ein anderes Verfahren unsern (nur Uebersichten bezweckenden) Briefwechsel sonst ins Unendliche ausdehnen würde; — so werden Sie hoffentlich billigen wenn ich die abkürzende Methode auch fernerhin beibehalte.

---

[1] Grote, History of Greece, II, 456.
[2] Die schreibenden und dichtenden Dorer waren meist keine Spartaner.

Daß in Attika jemals ein indisches Kastenwesen bestanden habe, ist unerwiesen und meines Erachtens auch unerweislich; ja die zur Zeit des Theseus erwähnten drei Klassen von Einwohnern (die Edelen, die Ackerbauer und die Gewerbtreibenden) bezeichneten wohl mehr Lebensarten, als politisch thätige Sonderungen und Berechtigungen. Von großer Wichtigkeit war hingegen die dem Theseus zugeschriebene Neuerung, wonach er zwar nicht jede Thätigkeit der einzelnen Ortsobrigkeiten aufhob, für ganz Attika aber einen einzigen Rath bildete, eine einzige Regierung, behufs einer Gemeinschaft und Kräftigung höherer, bis dahin ungekannter Art. Er stützte dies staatsrechtliche Gebäude durch gemeinsame religiöse Feste, und eröffnete endlich (damit die Zahl der Bewohner sich mehre) eine Freistätte zu gleichen Rechten und gleichem Schutze für jedermann.[1]

Wenn wir hören daß in Athen aufeinander folgten: Könige, lebenslängliche, zehnjährige, einjährige Archonten, so scheint diese zunehmende Beweglichkeit der obrigkeitlichen Personen ein Anwachsen der Demokratie zu erweisen; in Wahrheit aber blieben wenige Personen im Besitze der Aemter und der Wahlrechte, die Herrschaft des Adels, der Eupatriden ward immer strenger und drückender. Gewiß war Athens Geschichte in jenen Zeiten leerer als in spätern Jahrhunderten, und das Gerede von der alten, frommen, würdigen, vortrefflichen Adelsherrschaft beruht auf keinen geschichtlichen Beweisen.

Drakons einseitige Gesetzgebung (welche auf Furcht beruhte, und vorzugsweise nur das peinliche Recht, nicht das Staatsrecht berücksichtigte) konnte die soeben angedeuteten Uebel nicht beseitigen; vielmehr wurden sie durch jenes ungenügende Mittel nur vermehrt. Insbesondere bedurfte die Lage der Armen einer Besserung. Sie mußten Schulden halber den größten Theil ihrer Einnahmen an die Gläubiger abliefern; ja manche übergaben sich selbst als Sklaven, oder verkauften um Geld zu lösen ihre Kinder, oder flohen aus dem Vaterlande

---

[1] Thucyd., II, 15.

weil keine Hülfe möglich erscheine und die Verfassung sich wahrscheinlich bald in eine Tyrannei verwandeln würde.

Solon, welcher im Jahre 594 vor Christus zum Archon und Gesetzgeber erwählt ward, gab dem Vorschlage die Alleinherrschaft für sich selbst zu begründen kein Gehör; sondern beharrte bei seinem Plane: die drückende Herrschaft Weniger allerdings abzuschaffen, aber keine unbedingte Volksherrschaft einzuführen.

Zwei große Maaßregeln schufen dem Solon erst reine Bahn zu einer neuen Gesetzgebung: erstens das Aufheben der Gesetze des Drakon, mit Ausnahme derer welche den Mord betrafen; zweitens die Seisachtheia, die Schüttelung, oder Erleichterung der Last. Sie bestand (ich lasse alles Zweifelhafte zur Seite) gewiß in einer größeren oder kleineren Ermäßigung, oder Erlaß der Schulden, wie ihn die unabänderlichen Verhältnisse nun einmal nothwendig machten.

Bei Betrachtung der solonisch-athenischen Verfassung, auf welche ich jetzt übergehe, verdienen vorzügliche Aufmerksamkeit: die neue Eintheilung der Bürger in Klassen, die Volksversammlungen, der große Rath und der Areopagus.

Es gab damals in Athen Sklaven, Freigelassene, steuerpflichtige Schutzverwandte, noch mehr berechtigte Einwohner und endlich von athenischen Aeltern gebohrne volle Bürger. Die letzten theilte Solon (nach einem durchaus neuen, im Staatsrechte höchst wichtig gewordenen Grundsatze), nach dem Vermögen (oder vielmehr den Einnahmen) in vier Klassen. Die Mitglieder der ersten Klasse hatten eine jährliche Einnahme von wenigstens 500 Medimnen Früchte (ein Medimnus hielt etwa 15 berliner Metzen). Zur zweiten Klasse berechtigte eine Einnahme von 300, zur dritten von 200 Medimnen. Geringere Einnahmen verwiesen in die letzte Klasse. Die beiden ersten Klassen leisteten die kostspieligen Reiterdienste, die dritte gab die Schwerbewaffneten, die vierte stellte Leichtbewaffnete und später größtentheils das Schiffsvolk. Die Mitglieder der drei ersten Klassen gelangten zu den unbesoldeten Staatsämtern; Alle hatten dagegen Antheil an den Gerichten und den Volksversammlungen.

Bei der **Volksversammlung** war die gesetzgebende Gewalt und von ihr hing die Entscheidung ab über alle wichtigen Verwaltungsangelegenheiten. Diese überschwängliche Gewalt wurde zunächst dadurch ermäßigt und geregelt, daß Nichts an die Versammlung gebracht, Nichts in ihr verhandelt werden sollte, ehe der große Rath darüber vorberathen hatte.

Dieser große Rath bestand zu Solons Zeit aus 400, seit Klisthenes aus 500 Mitgliedern, welche man aus der Gesammtheit der Bürger (nach zehn Abtheilungen, oder Phylen) erloosete. Der Rath hatte die Vorberathung über Krieg, Frieden, Einkünfte, Polizei, Angelegenheiten der Bundesgenossen u. s. w. und außerdem einen eigenen Verwaltungskreis innerhalb dessen seine Verfügungen fortgalten, solange sie nicht vom Volke aufgehoben wurden.

Der Areopagus war nicht bloß höchster Gerichtshof für alle Hauptverbrechen, sondern bekam auch im Allgemeinen die Aufsicht über die Gesetze, die Jugend, die Sitten und die Religion.

Neun Archonten, welche jährlich ernannt, später erloost wurden, hatten keinen Antheil an der höchsten Gewalt, sondern waren nur Volksbeamte für verschiedene Geschäftskreise. Außerdem gab es alle, in einem gebildeten Staat nothwendige Beamte. Auch die Gerichte waren (nur mit Ausnahme der dem Areopagus zugewiesenen Sachen) in den Händen sehr zahlreicher, jährlich erlooseter Volksausschüsse.

Dieser, vielleicht allzukurzen Uebersicht füge ich an dieser Stelle nur sehr wenige Bemerkungen bei.

Erstens: Solon trat den Uebeln zu großen Reichthums und zu großer Armuth (nicht wie Moses und Lykurgus durch mechanische, nur einmal wirksame Mittel) entgegen, indem er Rechte und Pflichten (nach Maßgabe des größeren oder geringern Besitzthums) zweckmäßig vergrößerte, oder verkleinerte.

Zweitens: die früheren Erb- und Adelsrechte traten hiedurch natürlich in den Hintergrund; doch rückten die Eupatriden gewiß größtentheils in die erste vorzugsweise wirksame Klasse ein, und die Erwählten wurden damals gewiß am liebsten aus derselben genommen.

Drittens, ist unerweislich daß die solonische Klasseneintheilung ausschließlich Einnahmen aus Grundbesitz berücksichtigt habe; gewiß aber lag der Nachdruck damals noch auf Ackerbau und Landabel, nicht auf Handel und Gelderwerb.

Zu diesen Bemerkungen treten gewichtigere hinzu, wenn wir die weitere Entwickelung der athenischen Verfassung, bis zur Zeit des Perikles ins Auge fassen. Bei weitem die wichtigste förmliche Veränderung war (in Folge des persischen Krieges und unter Mitwirkung des Aristides) die staatsrechtliche Gleichstellung der vier Klassen; so daß die solonische Eintheilung nur noch in Hinsicht auf Steuern und Kriegsdienst Bedeutung behalten mochte. Diese Auflösung aller Gliederung innerhalb des Volkes erhöhte gewiß die Lebhaftigkeit der athenischen Entwickelung, verkürzte aber auch um so mehr ihre Lebensdauer, als der Rath der Fünfhundert seiner Natur und seinem Wesen nach, schon von Anfang an der Volksversammlung gegenüber zu schwach und unbedeutend war. Er bildete ja nur einen kleinern Ausschuß aus dem zahlreichern, mächtigeren Volke; — und obenein jährlich wechselnd, erlooset, unvorbereitet und ungeübt in Geschäften, in Lob und Tadel vom Volke abhängig, und nach Ablauf ihres kurzen Amtes wieder in dasselbe zurücktretend. Der Rath konnte keinen Volksschluß verwerfen und keine Vorberathung mit Erfolg verweigern: oft beschloß das Volk gerade das Gegentheil dessen was er in Antrag gebracht, und manche Dinge (selbst eigentliche Verwaltungsangelegenheiten) kamen auch trotz der entgegenstehenden Gesetze ohne Vorberathung an das Volk; oder der Rath führte hintennach nur aus, was das Volk gutgeheißen hatte. Aus dem Allen geht hervor, daß (nach unserer Art zu reden) der Rath nur eine berathende und verwaltende Behörde war, und insofern kaum ein selbständiger organischer Theil der Verfassung genannt werden kann, als ihm keine hemmende Stimme, kein Veto gegen das herrschende Volk zustand.

Aber, heißt es, diese heilsame Vermittelung, die würdige Erhaltung alles Löblichen, die Beschränkung der scheinbar unbegränzten Volksgewalt, war in die Hände des Areopagus gelegt, und indem Perikles dessen Rechte verminderte, führte er den Untergang der Verfassung herbei. Zur Widerlegung dieses oft sehr zuversichtlich ausgesprochenen Irthums bemerke ich: Zur Zeit des Perikles ward durch Ephialtes das Urtheilsrecht des Volkes hinsichtlich einiger Gerichtssachen erweitert. Es fehlt uns an Thatsachen um mit Sicherheit zu entscheiden, ob hierin eine Verbesserung oder Verschlechterung lag; gewiß blieb der Areopagus eine hoch angesehene Behörde und der Untergang Athens war keineswegs Folge einer mangelhaften, peinlichen Rechtspflege. Was nun aber die zweite Hälfte der dem Areopagus zugewiesenen Rechte betrifft, wonach er als Wächter der Gesetze, der Sitten, der Religion, u. s. w. eine Censur sehr großen Umfangs ausüben sollte, so ist eine solche Befugniß jedesmal in sich unbestimmt und großer Mißbräuche fähig, und am wenigsten natürlich und gern gesehen unter einem demokratisch herrschenden Volke. Auch hatte der Areopagus keine Theilnahme an Gesetzgebung und Verwaltung, also auch keine regelnde, versöhnende Stellung zwischen Rath und Volk. Seine Besetzung (aus abgegangenen erloosten Archonten) war ferner nicht geeignet, die rechten Männer für jene großen Aufgaben herauszufinden und in Thätigkeit zu setzen. Ich werde auf diesen Gegenstand bei Beurtheilung des römischen Censorats zurückkommen.

Jeden Falls waren die athenischen Volksgerichte viel zu zahlreich, lockten durch den (an sich nicht unnatürlichen) Richtersold zur Versäumniß nützlicher Beschäftigungen und ließen über dem allzuvielen Rechtsprechen, kaum zum Rechttun kommen.

Der von Klisthenes eingeführte Ostracismus (Verbannung auf weniger, oder mehr Jahre) muß nicht nach bürgerlichen Rechtsgrundsätzen, sondern nach staatsrechtlichen Ansichten beurtheilt werden. Es lag darin für den Verbannten mehr ein Zeugniß seiner Größe und Tüchtigkeit, als eine Strafe. Doch erwies es einen Mangel an der Verfassung selbst, wenn man zu ihrer Aufrechthaltung die tüchtigsten Männer nicht bloß aus der Verwaltung entfernte (nach heutiger Sprechweise, das Ministerium änderte), sondern sie aus ihrem Vaterlande verjagte, ohne sie in die Opposition eintreten zu lassen. Als man später den bloß nichtsnutzigen Hyperbolos mit dem Ostracismus belegte, verlohr dieser Würde, Bedeutung und Charakter, und kam deshalb außer Gebrauch.

Noch mehr als die Form der Verfassung hat der Geist des athenischen Volkes die Wunder jener Zeiten hervorgerufen. Doch mußte das stete Richten und Herrschen, die fast ununterbrochene, lebendige Betrachtung und Untersuchung der wichtigsten Fragen, die Entscheidung über Recht, Staat, Krieg, Frieden, Kunst u. s. w. das Volk auf eine Weise bilden, wovon man in unsern Tagen keinen Begriff hat. Aber auch in jener Zeit bedurfte dieser Ueberschwang von Gedanken, Kräften und Gefühlen, der persönlichen Einwirkung großartiger Lenker. Sie fanden sich in Miltiades, Themistokles, Aristides, Cimon, Perikles; — man könnte sagen, mehr trotz der Formen und ohne dieselben, als (wie in Rom) durch dieselben.

Eine schöne Nachblüthe hellenischen Staatsrechts war der zur Zeit des Pyrrhus erneute achäische Bund. Er umfaßte allmählig den größten Theil des Peloponnesos, und beließ zwar jeder theilnehmenden Stadt ihre Selbständigkeit für örtliche Anordnungen, unterwarf sie aber hinsichtlich allgemeiner Angelegenheiten einer gemeinsamen Regierung.[1]) Zu jenen rechnete man nicht bloß Krieg, Frieden und Bündnisse, sondern auch Maaß, Gewicht, Münzen, und gewisse Obrigkeiten. Anfänglich wählte man aus jeder Stadt (nach der Reihe) jährlich einen Staatsschreiber (Grammateus) und zwei Kriegsführer (Strategen), später nur einen an der Spitze stehenden Oberbefehlshaber für den ganzen Bund. Alle Städte hatten gleiche Rechte und wurden auf den Bundesversammlungen durch Abgeordnete vertreten, welche behufs ihrer Abstimmung Anweisungen von Hause (wie in den vereinigten Niederlanden) mitbrachten. Daher sollten in jenen Versammlungen in der Regel nur über die vorher angekündigten Gegenstände Beschlüsse gefaßt werden. Von dieser Regel mußte man aber gewiß (insbesondere bei eiligen Sachen) eine Ausnahme machen, und eben so wenig ließ sich immer die

---

1) Polyb., II, 37, 41; IV, 9; Exc., 42; Strabo, VIII, 385; Justinus, 34, 1; Livius, 31, 25; 32, 22; Pausan., 7, 12.

gewünschte Einstimmigkeit erreichen. Zur Aufnahme in den Bund hat man diese jedoch wohl immer für nöthig gehalten. Keine einzelne Stadt durfte mit fremden Mächten unterhandeln. Ueber dringende Angelegenheiten faßte der Bundesvorsteher (Stratege) nebst zehn Demiurgen, die nöthigen Beschlüsse; doch bedurften diese, sofern sie wichtigere Dinge betrafen, einer spätern Bestätigung durch die allgemeine Bundesversammlung.

Trotz dieser löblichen Einrichtungen und dem höchst dringenden Bedürfnisse Griechenlands, trat Athen nie dem Bunde bei, die Spartaner und Aetoler blieben meist feindlich, Macedonien und Aegypten schwankend und zweideutig; ja Ränke, Eigennutz und thörichte Zerwürfnisse hätten allein hingereicht den Bund aufzulösen und Unterjochung durch die Römer herbeizuführen.

Unzufriedenheit mit dem gegebenen Mangelhaften veranlaßte unter den Griechen die Aufstellung, oder vielmehr Erfindung angeblich viel besserer, idealer Staatsverfassungen. Das berühmteste dieser Ideale ist die platonische Republik, welche jedoch (unbeschadet ihrer philosophischen Verdienste) praktisch ganz unbrauchbar ist. Ich habe hierüber schon bei der Lehre über die Ehe und das Eigenthum gesprochen, und verweise hinsichtlich umständlicher Prüfung auf meine Vorlesungen über die alte Geschichte.[1]) Ebendaselbst habe ich die abweichenden, aber brauchbareren Ansichten des Aristoteles entwickelt.

Dieser erwähnt noch einiger anderen, in der That aber sehr mangelhaften Ideale.[2]) So das des Chalcedoniers **Phaleas**. Er verlangt Gleichheit des Vermögens und der Erziehung, Ausschließung aller derer vom Bürgerrechte welche Künste und Handwerke treiben. — Daß der Plan des Milesiers Hippodamos nicht weit reiche, ergiebt sich schon daraus daß die Zahl der Bürger auf 10000 festgesetzt ist, von denen $1/3$ Ackerbauer, $1/3$ Handwerker und Künstler und $1/3$ Soldaten sein sollen. So erweiset schon das Alterthum (was neuere Versuche

---

1) Vorlesungen, II, 275, 304.
2) Aristot., Politik, II, 5, 6.

z. B. von Morus, Harrington u. A. bestätigen) daß nämlich alle derlei Erfindungen a priori an Tüchtigkeit und Brauchbarkeit hinter dem in der Wirklichkeit Entstandenen zurückstehen. Ich kehre deshalb zu dieser Wirklichkeit zurück.

Die Verfassung von Karthago war (wie fast alle republikanisirenden des Alterthums) eine Stadtverfassung, welche die politischen Rechte nicht über den ganzen Staat ausdehnte. An der Spitze des Ganzen standen zwei Suffeten welche nach Verdienst und nicht immer aus demselben Geschlechte, wahrscheinlich auf Lebenszeit, gewählt wurden.[1]) Man ist zweifelhaft ob dem Senate das Wahlrecht zustand, oder ob er nur vorschlug und das Volk bestätigte. Andere obrigkeitliche Personen mag das Volk allein gewählt haben. Wenn der mächtige Senat und die Suffeten einig waren, so kamen die Sachen nicht an das Volk; im umgekehrten Fall entschied dasselbe, bestätigend oder verwerfend. Die bürgerliche Gewalt war von der Kriegsgewalt getrennt und es gab keine Volksgerichte. (Anders in Rom.) Zur Aufrechthaltung der Verfassung und zum Schutze gegen mächtige Familien und Feldherrn war eine Behörde von hundert Männern gegründet, welche aber allmählig ihre Macht so erweiterten und verlängerten, daß sie in Tyrannei ausartete, bis Hannibal ihren Einfluß gebührend und gesetzlich ermäßigte. — Diese sehr dürftigen, zum Theil obenein zweifelhaften Nachrichten würden sich nur durch eine allzu weitläufige Kritik berichtigen und erweitern lassen. Ich muß deshalb darauf verzichten, und auch der Neigung widerstehen eine allgemeinere Charakteristik des karthagischen Staates zu geben. Ueberdies hat Heeren in dieser Beziehung bereits alles Wesentliche geleistet, obgleich seine Verdienste in unsern Tagen oft nicht genügend anerkannt werden.

---

1) Arist., Polit., II, 9; Kluge und Heeren über die karthagische Verfassung.

Achtundzwanzigster Brief.

Berlin, 13. Juni 1850.

Sowie ich hinsichtlich Karthagos auf Heeren, so möchte ich es wagen, hinsichtlich Roms auf meine eigene (obgleich sehr mangelhafte) Abhandlung über die römische Staatsverfassung zu verweisen. Sie verlangen aber, ich solle das dort bereits Zusammengebrängte nochmals verkürzen, damit es dem Umfange nach zu unserem Briefwechsel passe. Diese Aufgabe wird sich nur dann einigermaßen lösen lassen, wenn ich alles Kritische und Widerlegende zur Seite lasse und mich (als gäbe es keine Zweifel) dogmatisch ausspreche.

Bei der Gründung Roms, etwa 750 Jahre vor Christo, fanden sich Ansiedler aus mehreren Gemeinen und Stämmen, die neben mancher Verschiedenheit auch in vieler Beziehung ähnlich waren und keine schroffen Gegensätze bildeten. Es kamen Patricier, Plebejer, Klienten, mit früheren Rechten und neuen Ansprüchen, welche staatsrechtlich einer neuen Regelung beburften.

Wenn Dionysius von Halikarnaß (II, 7) den Patriciern zuweiset: das Opfern, Regieren, Richten und die Besorgung des Oeffentlichen und Gemeinsamen; — so folgt daraus nicht, daß die freien Plebejer niemals und bei keiner Veranlassung irgend ein öffentliches Recht geltend machen durften. Gewiß waren die Klienten von den freien Plebejern unterschieden. Deren Abhängigkeit von den Patriciern mag ihnen die Vortheile eines mächtigen Schutzes gewährt haben; wogegen die Meinung aller Theorie und Erfahrung zuwiderläuft, daß man ihnen größeren politischen Einfluß eingeräumt hätte, als den freien Bürgern. Sobald das Bewußtseyn freier Selbstbestimmung und der Werth der Unabhängigkeit hervortrat, hatten sich jene Abhängigkeitsverhältnisse überlebt, weshalb Cicero sagt: ein Klient zu heißen gilt dem Tode gleich; clientes appellari, mortis instar putant! [1]

Je weiter wir in der römischen Geschichte zurückgehen, besto

---

1) De offic., II, 20.

mehr ist sie mit Sagen und Mythen vermischt; da aber neben
denselben eine Menge Nachrichten stehen über kriegerische und
Steuereinrichtungen, geographische Abtheilungen, Ziffern und
Zahlen, so bedürfen wir zu diesen sachlichen Einrichtungen, die=
sen Objecten, auch der leitenden, sie hervorrufenden und begrün=
denden Personen. Allerdings ist etwas Ungewöhnliches, aber
nichts Unglaubliches daß sieben Könige 244 Jahre (754—510
v. Chr.) geherrscht haben sollen; doch wäre es natürlicher und
einfacher die Zahl der Jahre zu berichtigen, als die Zahl und
das Daseyn der Könige zu läugnen. Drei deutsche Kaiser (Friedrich III., Maximilian I. und Karl V.) regierten 116 Jahre;
drei französische Könige (Ludwig XIV., XV., XVI.) 164, sechs
preußische Herrscher 200 Jahre.

Es gab kein Erbrecht auf den Thron, und eben so wenig
ein immer genau befolgtes Gesetz für die Wahl der römischen
Könige. Ihr Verhältniß zu den Patriciern und dem Volke ward
nicht minder durch ihre Persönlichkeit, als durch staatsrechtliche
Vorschriften bestimmt.

Noch mehr Ungewißheit, Zweifel und Widersprüche walten
ob über das Verhältniß der Curien, Centurien, Tribus
und des Senats; gewiß aber bestanden (in höchst ungewöhn=
licher Weise) diese vier Körperschaften, behufs der Formen der
Gesetzgebung lange Zeit neben einander. Den Wirkungskreis
derselben suchte man festzustellen, ein gegenseitiges Veto hat aber
nicht statt gefunden.

Lange hat die Meinung geherrscht jene Eintheilung in
dreißig Curien habe die Gesammtheit der freien Bürger Roms
in sich begriffen. So viel sich aber hiefür auch einerseits an=
führen läßt, so große Bedenken erheben sich dagegen von andern
Seiten, dergestalt daß man zugeben muß die Curien seyen vor=
züglich Adelsgemeinen gewesen, und es habe in denselben keine
allgemeine Bürgerabstimmung nach Köpfen statt gefunden.

Mit der Klasseneintheilung des Servius Tullius
beginnt eine neue Periode für das römische Staatsrecht. Er
theilte das Volk nach dem Vermögen in fünf Klassen und gab
jeder Klasse eine bestimmte Zahl von Centurien. Das Ver=
mögen eines Mitgliedes der ersten Klasse sollte mindestens be=

tragen 100,000 Asse (welche Summe man auf 4000 Gulden, oder 2300 Thaler berechnet hat).¹)

Die zweite Klasse besaß 75,000—100,000 Asse.
= dritte =   =   50,000— 75,000 =
= vierte =   =   25,000— 50,000 =
= fünfte =   =   12,500— 25,000 =

Die erste Klasse zählte 80 Centurien.
= zweite =   = 22   =
= dritte =   = 20   =
= vierte =   = 22   =
= fünfte =   = 30   =   Diejenigen welche
unter 12500 besaßen, bildeten 1 =
Hierzu die Ritter   18 =

In Summa 193 Centurien.

Die Ritter bildeten die Reiterei, die erste Klasse stellte die Schwerbewaffneten; und so ward Dienst und Bewaffnung wohlfeiler und leichter bis zu der letzten Centurie der Proletarier, das heißt der Aermeren hinab, welche von allem Kriegsdienste befreit blieben.

Diese wenigen, aber unendlich wichtigen Thatsachen bieten Stoff zu den mannigfachsten staatsrechtlichen Betrachtungen und Untersuchungen. Ich beschränke mich auf das Folgende.

Erstens: Servius Tullius, ein Freund und Begünstiger des Volks²), wollte zweifelsohne dessen Rechte durch seine Gesetzgebung vermehren. Dies wäre nicht der Fall gewesen, wenn es schon nach Köpfen in den Curien mitgestimmt hätte.

Zweitens, ist vollkommen erweislich daß die neue Klasseneintheilung Patricier und Plebejer in sich begriff, und dadurch eben erst Sinn und Bedeutung erhielt.³)

Drittens: Solon und Servius Tullius haben ein höchst wichtiges Prinzip für das öffentliche Recht zuerst aufgefunden

---

1) Böckh, Metrologische Untersuchungen, 436.
2) Fautor infimi generis hominum. Liv., I, 47. Zonaras, VII, 9.
3) Siehe: Dionys., IV, 18, 24; Liv., I, 43; Cic., de republ., II, 42.

und geltend gemacht. Zeither hatten Geburt, Wohnort, Kopfzahl, und was sonst noch, über das Maaß der Rechte entschieden; jetzt erhält Vermögen und Reichthum ein Gewicht, welches niemals wieder ganz konnte beseitigt werden. Die allgemeine Anwendbarkeit des neuen Grundsatzes machte ihn insbesondere geschickt das früher Gesonderte, ja Entgegengesetzte zu verknüpfen und zu versöhnen. Er besaß ferner den großen Vorzug der Beweglichkeit; das heißt: nach Maaßgabe der sich ändernden Vermögensverhältnisse änderte sich auch die politische Stellung, und der Census war der Regler, Regulator des Steigens und Fallens. Der reich werdende Plebejer rückte in die höhere, der ärmere Patricier sank in die niedere Klasse, und für Alle lag hierin ein Sporn der Thätigkeit und guten Wirthschaft.

Obgleich zur Zeit des Servius Tullius der größere Theil des Vermögens in Landbesitz bestand und daraus hervorging, umfaßte doch der Grundsatz des klugen Königs alles und jedes Vermögen und er war weit von dem Aberglauben entfernt, nur Grundbesitzer seyen wahre Freunde ihres Vaterlandes und dadurch ausschließlich zu politischer Einwirkung berechtigt. Gewiß bildeten die Patricier den Hauptbestandtheil der ersten, am meisten begünstigten Klasse.

Darin daß die Klasseneintheilung des Servius Tullius nicht auf den Einnahmen, sondern auf dem Vermögen beruhte, zeigt sich eine Verschiedenheit von der solonischen, deren Folgen ich anderwärts entwickelt habe; weit größer ist aber der Unterschied daß Servius Tullius der Klasseneintheilung die Centurieneintheilung hinzufügte, wodurch der Aristokratie ein dauerndes Uebergewicht gegeben und die Auflösung in eine allgemeine Volksversammlung behindert ward. Im Allgemeinen schien indeß durch Servius Tullius eine aus Monarchie, Aristokratie und Demokratie glücklich gemischte, zu friedlicher Fortbildung taugliche Verfassung begründet, als die Tyrannei der Tarquinier zu einer Umwälzung führte und dem römischen Staatsrechte eine wesentlich verschiedene Richtung gab.

Die Abschaffung des Königthums war keineswegs ein unbedingter Fortschritt; das Volk verlohr dadurch mächtige Freunde und Schutzherrn, und die Patricier (auf welche alle Gewalt überging) mißbrauchten dieselbe nur zu oft auf ungebührliche Weise. Denn die beiden jährlich erwählten Consuln gehörten stets zu diesem bevorrechteten Stande und schlossen sich fast immer dem patricischen, mächtigen Senate an, nicht dem zurückgesetzten ohnmächtigen Volke.

Als es offenbar ward daß bisweilen die Herrschaft eines Einzelnen unentbehrlich sey, ließen sich die Patricier die Aufstellung eines **Diktators** aus ihrer Mitte gefallen; desto länger und heftiger widersprachen sie aber der billigen Forderung des Volkes, durch Wahl von **Tribunen** Fürsprecher und Vertheidiger zu finden. Allmählig erweiterten sich deren, Anfangs zu sehr beschränkte Rechte, bis auch sie über das rechte Maaß hinausgriffen und dann oft verderblich einwirkten. Zu dieser Ausartung war schon von Anfang an dadurch Veranlassung gegeben, daß unter den Tribunen nicht die Mehrzahl entschied, und das souveraine Volk sie nicht als unabhängige entscheidende Vertreter, oder Repräsentanten betrachtete, sondern sich über sie hinaufstellte und sein Belieben rücksichtslos durchsetzte.

Daß die Patricier ein Monopol der Gesetzkenntniß für sich verlangten und sich einer durchgreifenden Verbesserung des unläugbar Mangelhaften widersetzten, war thöricht und ungerecht; ein großer Irthum offenbarte sich aber darin daß die (wenigstens zuerst erwählten) **Decemvirn** sämmtlich Patricier waren, alle andern Obrigkeiten (selbst das Tribunat) aufhörten und keine Berufung mehr an das Volk stattfand.

Die Gesetze der **zwölf Tafeln** enthielten gewiß dankbar anzuerkennende Fortschritte, daß sie aber noch nicht zum Ziele führten, erweisen (unter Anderem) die grausamen Schuldgesetze und das erneute Verbot der Heirathen zwischen Patriciern und Plebejern.[1]

Als einen großen Sieg der Letzten muß man es betrachten daß Beschlüsse der Tribuscomitien das ganze Volk eben so verbinden sollten, als Beschlüsse der Centuriatcomitien.[2] Hier

---

1) Dionys., X, 63.
2) Liv., III, 55.

nämlich entschieden die Thaler (der Besitz), dort die Köpfe. Die Personen, welche als Mitglieder der ersten Klasse achtzig Centurien beherrschten, konnten vielleicht noch nicht die Mehrzahl der Stimmen in einer Tribus gewinnen. Hier also liegt das Gewicht, oder Uebergewicht der Demokratie in der römischen Verfassung. Dennoch bildeten wiederum die Tribuscomitien keineswegs in dem Sinne und in der Weise eine demokratische Verfassung, wie die Ecclesia in Athen. Man zählte in Rom nicht fort, durch die ganze Gemeine hindurch, um eine einfache, unbedingte Mehrzahl der Stimmen zu gewinnen; vielmehr war das römische Volk in 35 Körperschaften zerfällt, in 35 Tribus gegliedert, deren jede eine Gesammtstimme hatte. Diese Gesammtstimme ward allerdings durch die Mehrheit der Abstimmenden in jeder einzelnen Tribus gefunden; allein die Zahl der Mitglieder war in den verschiedenen Tribus nicht gleich groß; mithin entschied in Rom niemals die bloße Mehrzahl der Köpfe; es war niemals das vorhanden, was man wohl eine reine, oder gar vollkommene, Demokratie genannt hat. Den Stadtpöbel suchte man später in vier städtische Tribus zusammenzubrängen, welche mithin die größte Kopfzahl, und das verhältnißmäßig geringste politische Gewicht hatten.

Die Censoren, welche aus den tüchtigsten Männern auf kurze Zeit erwählt wurden, waren gewiß geeigneter als der Areopagus die moralische Seite ihrer großen Aufgabe auszufüllen. Dennoch ergab sich: daß keine Staatsanstalt (so wenig wie später die kirchliche Inquisition) im Stande ist, über das Rechtsgebiet hinaus, ächte Sittlichkeit durch Zwangsmittel und Strafanstalten zu gründen und zu erhalten.

Erst nachdem (troß alles Widerstandes) die völlige Gleichstellung der Patricier und Plebejer zu Stande gebracht, nachdem alle bis dahin gehemmten Kräfte und Bestandtheile frei geworden, konnte Roms Verfassung sich vollständig entwickeln und diejenige Harmonie und Vollendung erwerben, welche so oft, ihrer Form und Wirkung halber, Gegenstand der Bewunderung gewesen ist. Vergleichen wir Macht und Dauer der römischen Einrichtungen mit dem schnell vorübergehenden Glanze der athenischen (ohne Rücksicht auf Volksthümlichkeit und unzählige mitwirkende Verhältnisse), so finden wir für diese Erscheinung hauptsächlich zwei staatsrechtliche Gründe: erstens kam es in Rom nie zu einer allmächtigen Volksversammlung, vielmehr behielten die Gliederungen in den Comitien und Tribus immer ihre große Bedeutung. — Zweitens bildete sich in Rom aus den höchsten Würdenträgern der Senat, welcher den Abgang des Patriciats mehr als ersetzte, und von unendlich größerem Gewichte und festerer Haltung war, als der überbewegliche erloosete Rath in Athen.

Polybius hat die, aus Monarchie, Aristokratie und Demokratie gemischte Verfassung Roms, für die Zeit ihrer höchsten Blüthe (während der punischen Kriege) vortrefflich geschildert. Aus ihm entnehme ich folgende kurze Andeutungen.

In Rom und während des Friedens standen die Consuln an der Spitze des Senats und der Centuriatcomitien. Sie beriefen die Versammlungen, brachten die Gegenstände der Berathung in Vorschlag, leiteten dieselbe und vollzogen das Beschlossene. Sie verrichteten alle großen öffentlichen Geschäfte und alle Magistratspersonen (nur mit Ausnahme der Volkstribunen) waren verpflichtet ihnen zu gehorchen. — Noch größere, ja fast unumschränkte, Gewalt übten sie im Kriege, und schon deshalb liebten sie den Krieg.

Der Senat hatte (wenigstens in frühern Zeiten) die Vorberathung über gewisse Gegenstände, welche sollten an das Volk gebracht werden. Er war die höchste Finanzbehörde und ihm stand die Bewilligung aller Ausgaben zu. Die Senatoren urtelten über gewisse schwere Verbrechen, entschieden Streitigkeiten der Bundesgenossen, verfügten Strafen, oder bewilligten ihnen Unterstützung. Im Senate verhandelte man mit fremden Botschaftern, rathschlagte über Krieg und Frieden, gab die Genehmigung zu Gesandtschaften ins Ausland, und leitete die Uebernahme und Einrichtung unterworfener Länder.

Das Volk (für welches, nach dem Gesagten, kaum etwas übrig zu bleiben scheint) vertheilte Belohnungen und Strafen, richtete über höhere Magistratspersonen und todeswürdige Verbrecher, erwählte zu den öffentlichen Aemtern, bestätigte oder verwarf die allgemeinen Gesetze und die an dasselbe gebrachten

Senatsanträge.¹) Insbesondere hing von ihm ab der Beschluß über Krieg und Frieden.

Es fragt sich nunmehr: wie bedingt, bindet, lenkt, unterstützt, zügelt, fördert ein Theil den anderen? Der Consul zuvörderst ist zwar unumschränkt im Kriege, aber das Volk entscheidet über Krieg und Frieden, und vom Senate hängt ab die Bewilligung der erforderlichen Rüstungen, Lebensmittel und Gelder. Er verlängert oder beendet nach Ablauf des einen Jahres Recht und Macht der Consuln, und bewilligt oder versagt den Triumph, sowie die hiezu nöthigen Gelder. Der Consul muß endlich dem Volke von seiner Amtsführung Rechenschaft ablegen.

Der Senat war abhängig vom Volke in Hinsicht auf Gesetzgebung, Ehren, Wahlen und Strafen; von den Consuln in Hinsicht auf die Leitung aller Geschäfte; von den Censoren in Bezug auf den Census; von den Tribunen durch deren hemmenden Einspruch.

Das Volk war abhängig vom Senate bei Erhebung, Verpachtung, Stundung oder Erlaß von Abgaben, bei Besetzung mancher Aemter und dadurch daß die Richter meist aus den Senatoren genommen wurden. Gleichmäßig gab es Gründe genug die Consuln im Frieden zu ehren und im Kriege zu fürchten.

Die gesammte römische Geschichte zeigt die Gründe weshalb diese glückliche Harmonie der Verhältnisse sich auflösete und immer größere Verderbniß hereinbrach. Die wichtigsten waren: rücksichtslose Eroberungswuth der Römer, Zurücksetzung und Geringschätzung der friedlichen Beschäftigungen, Stillstand hinsichtlich aller weiteren staatsrechtlichen Entwickelung, doppelte oft sich widersprechende Gesetzgebung des Senats und des Volks, genußsüchtige Habsucht der schon Reichen, und frevelnde Willkür der allzu Armen und Gedrückten.

Gewöhnlich heißt es: zu den Zeiten der Gracchen und durch die Gracchen seyen alle diese Uebel eingebrochen. Diese Behauptung ist unwahr. Die Gracchen bezweckten wahrhaft

---

1) Liv., IV, 30; X, 12; XXI, 17.

nothwendige und heilsame Verbesserungen; zur Zeit des Marius und Sylla gab es hingegen nur großße, rücksichtslose Parteiungen, und noch später nur persönlich eigennützige Zwecke, mit Zurücksetzung alles Gemeinsamen und Gemeinnützigen. Der wesentliche Plan der Gracchen bezweckte eine bessere Verwaltung und Benutzung der Domainen. Allerdings hatte er (hauptsächlich in Folge früherer Mißbräuche und Vernachlässigung) große Schwierigkeiten. Sie wären jedoch nicht unüberwindlich gewesen, wenn die Optimaten dazu billig und klug die Hand geboten hätten: sie freuten sich ihres blutigen Sieges über die Gracchen, vergessend daß dessen furchtbare Folgen sie selbst treffen müßten.

An die Bestrebungen der Gracchen reihte sich der große Bundesgenossenkrieg. Als das römische Bürgerrecht allmählig allen Italienern zu Theil ward, ist man geneigt, dies als einen höchst wichtigen und höchst folgenreichen Fortschritt zu betrachten, als eine Erweiterung des beschränkten Stadtbürgerthums zu einem wahren Staatsrechte. Allein dieser Schein trügt. Es war ganz unmöglich daß Millionen, über ein großes Land zerstreut wohnende Menschen monatlich, oder gar wöchentlich, nach Rom kommen konnten, um persönlich irgend ein politisches Recht auszuüben. Ohne Stimmrecht großer Genossenschaften, ohne erwählte Stellvertreter, blieb jene große Gabe nichtig, ja sie ward durch den Andrang meist schlechter Menschen wahrhaft verderblich. Und doch hat das ganze Alterthum jene (es scheint so nahe liegenden) staatsrechtlichen, höchst wichtigen Gedanken und Formen niemals aufgefunden.

Seit dem Falle der Gracchen ging die Republik unrettbar zu Grunde, und ein Hervortreten monarchischer Macht wäre für den ungeheuer großßen römischen Staat ein Gewinn gewesen. Leider aber gerieth man aus der Anarchie in eine ganz formlose, schrankenlose Despotie welche nur, zu Hohn und Spott, aus früheren Zeiten leere Namen beibehielt. Nicht einmal über das Erbrecht der Kaiser stand etwas fest; keine Spur von dem was man Verfassung nennen könnte. Hiezu kam (aus vielen Gründen) die Abnahme der Zahl freier Bürger während die Zahl der Sklaven wuchs, eine mit Genüssen oder Entsagungen sich begnügende Philosophie, eine allzu oft mißbrauchte abergläubige Religion, und eine Rechtswissenschaft, welche nur Privatrecht kannte und ehrte, während die zweite große Hälfte, das Staatsrecht völlig fehlte. — Es endete die alte Welt mit einem allgemeinen Bankerotte der Verfassung, welchem man durch Verfügungen über die Verwaltung (wie sie Constantin gab) nicht abhelfen konnte. So jämmerlich durfte indessen die Weltgeschichte nicht für immer abschließen; sie mußte sich erneuen, und sie hat sich erneut.

Neunundzwanzigster Brief.

Berlin, 16. Juni 1850.

Ihr Wunsch: von der langen Reihe der vorübergeführten antiken Verfassungen nicht sogleich auf die geschichtlichen Entwickelungen des Mittelalters überzugehen, sondern allgemeinere Betrachtungen voranzuschicken, ist sehr natürlich. Ihre, mit Bezug auf eine Aeußerung am Schlusse meines letzten Briefes, ausgesprochene Forderung: ich möge zunächst meine Ansichten über einen noch nicht berührten, höchst wichtigen Gegenstand, „die Verwaltung" darlegen, könnte mich indessen wohl in Verlegenheit setzen. Denn über Staats-, Stadt- und Hausverwaltung lassen sich dicke Bücher schreiben, und sind geschrieben worden. Sie verlangen aber von mir gewiß nicht solch schweres Gepäck, sondern lassen sich mit bisheriger Nachsicht, auch diesmal meine schriftlichen Gespräche gefallen, welche strengern Beurtheilern gewiß regellos und oberflächlich erscheinen werden.

Alles Herrschen theilte sich (wie wir sahen) in Gesetze geben und Gesetze anwenden. Die erste Hälfte wird hauptsächlich durch die Verfassung bestimmt, die zweite begreift die gesammte Verwaltung in sich. Es gab indessen Fälle, wo die Wirkungskreise in einander übergingen, und z. B. manche Rechtssachen (besonders peinlicher Art), oder ein Theil der Finanzverwaltung einer gesetzgebenden Körperschaft überwiesen waren. In der

Regel aber darf man das Richten durch die Gesetzgeber eben so gefährlich nennen, als das einseitige Gesetzgeben durch die Richter, oder gar durch die Geschwornen.

Gewiß hat die Verfassung, die gesetzgebende Seite, den bestimmtesten Einfluß auf die Bildung der verwaltenden Behörden, und es ist deshalb ein thörichtes Beginnen eine Musterverwaltung für alle Zeiten und Völker erfinden, oder irgend eine beliebte, nach Belieben verpflanzen zu wollen. An Beispielen solcher verunglückten Versuche fehlt es selbst in unserem preußischen Vaterlande nicht.

Gleichwie die Verfassungen, könnte man die Verwaltungen (nach Maßgabe des vorherrschenden Bestandtheils) eintheilen in monarchische, aristokratische und demokratische. Es wäre übereilt, im Allgemeinen und ohne Rücksicht auf besondere Verhältnisse, der einen oder der anderen einen unbedingten Vorzug zu geben; doch trug eine Mischung des Republikanischen (für Berarathung) und des Monarchischen (für Vollziehung) oft die besten Früchte.

Es hat, wie zu vielerlei Körperschaften und Einwirkungen bei der Verfassung, so auch der Verwaltungsbehörden und Beamten zu viele gegeben. Ueberzahl wirkt so nachtheilig, als eine zu geringe Zahl. Dort entsteht Verwirrung, unnützer Aufwand, Unzufriedenheit der Unterthanen, Vergeudung anderwärts besser zu benutzender Kräfte; — hier dagegen eine lückenhafte Regierung, Ueberhäufung mit Arbeit und daher schlechte Arbeit, Vernachlässigung weiterer Fortbildung u. s. w.

Welche Behörden in einem Staate nöthig sind, läßt sich im Allgemeinen nicht bestimmen: Umfang, Naturverhältnisse, Bildungsgrad, Beschäftigungen entscheiden. Es ist unmöglich ein großes Kaiserthum patriarchalisch wie eine Familie, wie ein Hauswesen zu verwalten; es war thöricht daß der Fürst von Köthen alle Einrichtungen Frankreichs auf sein Ländchen übertragen wollte.

Die Behörden haben zu thun mit den äußeren, oder inneren Verhältnissen. Diese sondern sich

1) in Rechtsbehörden (für bürgerliches, peinliches, Handels-, Kriegsrecht),

2) in Verwaltungsbehörden in engerem Sinne (Finanzen, Polizei u. s. w.),

3) in Behörden für Kirchen und Schulen.

Fast jede dieser Behörden hat in jedem Lande eine eigenthümliche Einrichtung und Physiognomie. Doch kann man behaupten daß wenn die zur Verfassung gehörigen Körperschaften nebeneinandergestellt, coordinirt sind, so sind die Verwaltungsbehörden einander untergeordnet, subordinirt. In einem großen Staate bleiben Ortsbehörden, Landschaftsbehörden und Reichsbehörden gleich nothwendig; als man während der französischen Revolution die mittleren vernichtete und von Paris aus jeden Ort (meist durch die Klubs) regieren wollte, entstand, sehr natürlich, zugleich Anarchie und Despotie.

Die Abgränzung der höheren, mittleren und niederen Behörden ist gewöhnlich gemacht worden nach Gegenständen, oder nach landschaftlichen Abtheilungen. Entscheidet derselbe Grundsatz für alle Abstufungen der Behörden, so trifft bei diesem Baue Fuge auf Fuge, und es fehlt an verknüpfenden Uebersichten. So waren sonst im Preußischen die Kriegs- und Domainenkammern, und eben so die Ministerialdepartements im Generaldirektorium nach Landschaften abgetheilt; allmählig aber sah man sich gezwungen in den höchsten Regionen der Reichsbehörden die hindurchgreifenden Gegenstände mehr zu berücksichtigen und z. B. ein Departement für Forsten, für Bergwesen, für Accise zu gründen. Wollte man nun aber umgekehrt auch die mittleren, landschaftlichen Behörden nach Gegenständen zerfällen, so würden oben und unten dieselben Gesichtspunkte einseitig festgehalten werden und die Alleinherrschaft des Objektiven hier nachtheilig wirken, wie dort der Partikularismus des, in einzelne Landschaften aufgelöseten Staates. So hat, nach mancherlei mißlungenen Versuchen, für größere Reiche fast überall der Grundsatz obgesiegt, daß die Reichsministerien nach Gegenständen abgegränzt werden (für Finanzen, Polizei, Handel u. s. w.); jede mittlere Behörde hingegen vorzugsweise geographische Abtheilungen unter sich begreift, und erst bei den Ortsbehörden objektive Sonderung wieder hervortritt, — oder eine Vereinigung möglich wird.

Es ist nicht unnatürlich, daß in den höchsten Verwaltungsbehörden vorzugsweise Einzelne entscheiden und den Gang der Dinge verantworten müssen; es ist aber eine unverständige Lust am Despotisiren, wenn man alle republikanischen Bestandtheile aus den Behörden hinwegschaffen und die Beamten in willenlose Knechte verwandeln möchte. Das französische Präfekturwesen kann in Deutschland die collegialische Behördeneinrichtung nicht ersetzen; diejenigen Minister welche am wenigsten zu regieren verstanden, eiferten am meisten und beschränktesten gegen die letzte. Haben doch die preußischen Domainenkammern und Regierungen lange Zeit an der Stelle von Ständen und Reichsversammlungen das Wohl des Landes vertreten.

Wenn nicht jeder zum Gesetze geben tauglich und berufen ist, dann noch weniger zum verwalten; nicht im kleinsten Dorfe kann man Alle dazu für gleichmäßig berechtigt erklären und die Obrigkeiten nach einer äußerlichen Reihenfolge abwechseln lassen.

Auf die Frage: was ist ein öffentliches Amt? antwortet Aristoteles[1]): das, welches ein Recht giebt über öffentliche Angelegenheiten einen Schluß zu fassen, über Recht und Unrecht geschehener Handlungen zu entscheiden und gewissen Personen zu befehlen. — Gewiß umfaßt diese Definition das Wesentliche der Sache; indessen darf man bemerken, daß nicht alle Theile derselben auf jedes Amt anwendbar sind, und manche niedere Beamte (das sogenannte Unterpersonale) wenigstens in gewisser Weise auch dazu gehören. Niemals geht die Thätigkeit eines öffentlichen Beamten allein von Privatpersonen aus, immer muß eine Verbindung mit der Regierung vorhanden seyn.

Bei Besetzung der Aemter finden wir ein sehr mannigfaches, keineswegs immer tadelloses Verfahren. Hallers Behauptung: der Fürst müsse alle Beamten ohne Ausnahme ernennen, paßt nur für unbeschränkte Monarchien, und diese sind nicht die besten, oder doch nicht die überall angemessenen und vorhandenen. Das Gegenstück hiezu ist die, während der französischen Revolution aufgestellte, übertriebene Forderung: alle Aemter müßten von unten auf durch Wahl besetzt werden. Ge-

---

1) Polit., IV, 15.

wiß giebt es Aemter welche abhängiger, und andere welche von der obersten Gewalt unabhängiger seyn können und sollen. Einen Feldherrn z. B., einen Admiral muß die Regierung anstellen und wechseln können, während man in der Unabhängigkeit des Richterstandes eine Bürgschaft für gute Rechtspflege zu erkennen glaubt. Es giebt ein leichtsinniges Wechseln, und ein allzu langes Behalten der Beamten; jeden Falls ist bloße Willkür beim Anstellen und Entlassen vom Uebel und ein regelndes Gesetz über das zu beobachtende Verfahren heilsam und unentbehrlich. Beamte, deren äußere Stellung aller Sicherheit entbehrt, verlieren Achtung und Liebe für ihren Beruf, und streben in der Regel nur danach, binnen kürzester Frist eigennützig den größten Vortheil zu erwerben. Controlen, Bürgschaften, Vermögensnachweisungen sind nützlich, können aber das Uebel und die Gefahr der Verführung allein nicht beseitigen. Zu hohe Gehalte sind eine tadelnswerthe Verschwendung des öffentlichen Gutes; zu geringe eine Art von Anweisung, schlechten Nebenerwerb nicht zu verschmähen. Nur reiche, oder Personen zweideutigen Charakters, bleiben alsdann geneigt öffentliche Aemter zu übernehmen.

Manche Aemter haben (besonders in Republiken) nichts eingebracht, sondern vielmehr Kosten verursacht; ein Verfahren welches die Aermern zugleich ausschließen und beruhigen soll, gewiß aber nur ausnahmsweise und unter ganz besondern Verhältnissen durchzusetzen ist. Eben so wenig taugt das Erloosen aus vielen, meist gleich ungeeigneten Personen; oder die entgegengesetzte Methode, wonach die Geburt allein, oder doch vorzugsweise entscheidet.

Beim Aemterverkauf (mit welchem man es in Frankreich bis zum höchsten Mißbrauch getrieben hat)[1] fragte man wenig nach der Nothwendigkeit des Amts und der Tüchtigkeit des Bewerbers, sondern vor Allem nach dem Gelde. Man vergaß daß auf jeden Fall (z. B. durch kostspieligere Rechtspflege) der

---

1) Auch im Kirchenstaate (Le Bret, II, 284); nicht in Spanien (Bourgoing, I, 175).

Käufer Zinsen und Einlagekapital beitreiben mußte. Montesquieu meint zwar: der Zufall gebe beim Kauf oft bessere Beamte, als die Wahl des Fürsten. Aus dieser Scylla und Charybdis kann man sich aber durch angemessene Gesetze erretten, und eben so läßt sich die Unabhängigkeit der Beamten wahren, ohne sie auf einen Kaufvertrag zu gründen.[1]) Was die Leute (sagt Montesquieu weiter) aus Tugend nicht unternehmen wollen, unternehmen und betrachten sie als eine Familienangelegenheit; vom rechten Standpunkte aus betrachtet, ist aber jede Anstellung zugleich eine Familien- und eine Staatsangelegenheit.

Es würde zu weit führen, wenn ich im Einzelnen erzählen und erörtern wollte, was in verschiedenen Ländern hinsichtlich der Anstellungen vorgeschrieben ward; z. B. über Alter, Vorbildung, Herkunft, Religion, Studien, Prüfungen, Zeugnisse u. s. w. Statt dessen mögen folgende sehr lehrreiche Worte des Kardinals Richelieu hier Platz finden.[2]) Die vier Haupteigenschaften eines königlichen Rathes sind: Fähigkeit, Treue, Muth und Fleiß. Seine Fähigkeit besteht keineswegs in pedantischen Kenntnissen; vielmehr ist nichts gefährlicher als wenn Leute den Staat nach Grundsätzen (Maximen) regieren wollen, die sie aus ihren Büchern abziehen. Sie richten hiedurch oft Alles zu Grunde, weil das Vergangene nicht mit dem Gegenwärtigen übereinstimmt, und Orte, Zeiten und Personen verschieden sind. Ein Rath soll besitzen Güte und Festigkeit des Geistes, Tüchtigkeit des Urtheils, hinreichende Bekanntschaft mit den Wissenschaften, allgemeine Kenntniß der Geschichte und der gegenwärtigen Verfassung aller Staaten der Erde und vorzüglich seines Vaterlandes. — Wer sich selbst nicht rathen kann, wird selten guten Rath geben; wer nicht Rath hört, vergißt daß der gute stets an sich nützlich ist, der schlechte den guten bestätigt und der geschickteste Mensch oft vom minder geschickten etwas lernen kann. — Treu soll der Staatsmann seyn Gott, dem Staate, den Menschen und sich selbst. Seine Rechtlichkeit besteht nicht in einem übertriebenen

---

1) Esprit, V, 19.
2) Testament, I, 267—269.

furchtsamen und ängstlichen Gewissen¹): denn wenn einerseits aus Mangel an Gewissen viele Ungerechtigkeiten und Grausamleiten entstanden, so brachten unnütze Skrupel und Bedenken oft dasselbe hervor, und Männer die aus Furcht sich zu Grunde zu richten bei den sichersten Dingen zitterten, richteten den Staat zu Grunde, während es möglich war sich mit ihm zu retten. — Zur Rechtlichkeit gehört, das Vernünftige bewilligen, das Unvernünftige mit Festigkeit abschlagen, sich nicht auf Kosten eines Andern verstecken, sondern überall der Wahrheit gemäß fest auftreten. Unbrauchbar für den Staatsdienst ist wer Mißbräuche beklagen kann, aber nicht versteht ihnen abzuhelfen; wer das Staatswohl stets im Munde führt, aber nur eigene Absichten verfolgt; wer seiner Rachsucht und seinen Leidenschaften mehr Gehör giebt als der Vernunft. Nie soll der Staatsmann um seiner Person willen öffentliche Rache üben, er soll Verläumdungen mit einer großen Seele ertragen lernen und den Muth nicht verlieren wenn man ihn verkennt; er soll gleich den Gestirnen, obwohl Hunde sie anbellen, fortwährend erleuchten und auf seiner Bahn ungestört weiter wandeln. — Muth des Geistes und Charakters ist dem Staatsmanne nöthiger, als Kraft und Tapferkeit des Armes; denn der Kopf leitet und regiert die Staaten, nicht der Arm. Furchtlos sey der Staatsmann, aber nicht tollkühn; er möge kleine Gefahren so wenig vernachlässigen, als überschätzen. — Der Fleiß eines Staatsmannes besteht nicht darin, daß er immer in Geschäften arbeite (vielmehr stumpft dies ab und macht unfähig zu großen Gedanken), wohl aber müssen ihm die öffentlichen Angelegenheiten am Herzen liegen, ihm Hauptsache, Gegenstand seiner Gedanken, seiner Zuneigung seyn und ihr Gelingen ihm die höchste Freude gewähren.

Sokrates sagte: wer anmaßlich behauptet ein Staatsmann zu seyn und den Staat damit betrügt, ist der größte aller Betrüger.²) Sehr natürlich daß man dies Unheil beseitigen wollte

---

1) Testament, I, 271—276, 288.
2) Xenoph. Memor., I, 7, 5.

durch strenge Verantwortlichkeit der höchsten Beamten, der Minister. Warum hat man aber, trotz so vieler theoretischen und praktischen Bemühungen in dieser Richtung so wenig erreicht? Gewiß liegt dies nicht allein an bösem Willen und geübter Gewalt; sondern noch mehr in der großen Schwierigkeit der Aufgabe selbst. Denn es ist ja hier keineswegs vorzugsweise von gewöhnlichen Verbrechen die Rede, deren Bestrafung für alle Schuldigen bestimmt und gleichmäßig feststeht; sondern von Ansichten, Zwecken, Thatsachen, deren Beurtheilung sehr mannigfach und wo es zweifelhaft bleibt, ob und in wie fern überhaupt eine Zurechnung und Bestrafung möglich und billig sey. Wenn ein Minister (und überhaupt ein Beamter) stiehlt und betrügt, ist Gesetz und Prozeßgang einfach und klar; wo wird aber Irrthum zum Verbrechen, und wie erweiset man (bei ganz entgegengesetzter Betrachtungsweise) auch nur den Irrthum? Preiset nicht die eine Partei, was die andere verdammt: z. B. Grundsteuern, Verzehrungssteuern, Einkommensteuern, hohe oder niedrige Zölle und so hinauf bis zu großen politischen Maßregeln, Krieg oder Frieden. Die Erfahrung zeigt, daß in Hinsicht auf so bestrittene Gegenstände die Eröffnung eines förmlichen Prozesses gegen die bejahenden oder verneinenden Minister zu keinem genügenden Ergebnisse zu führen pflegt; die praktisch mögliche Verantwortlichkeit liegt gemeiniglich darin, daß sich der angegriffene Minister freiwillig zurückzieht, oder in gesetzlichem Wege dazu genöthigt wird. Keineswegs hat er aber eine rechtliche oder Gewissenspflicht, sich durch Geschrei unwissender, oder leidenschaftlicher Gegner einschüchtern zu lassen und voreilig auf die Flucht zu begeben. Gleich irrig aber ist es wenn Fürsten es wie eine Ehrensache betrachten, um jeden Preis nur ihnen bequeme Staatsbeamte in ihren Aemtern zu erhalten. In dieser Beziehung sagte schon Sully mit seiner anerkannten Klugheit[1]): die Fürsten müssen sich vor Allem hüten, daß ihre Minister nicht gehaßt und verachtet werden. — Und an einer andern Stelle fügt er hinzu: wenn jemand die höchste Stufe eines

---

1) Sully, X, c. 12, p. 320; XII, 82.

schmeichelhaften Glückes erreicht hat, ist er einem gefährlichen Abgrunde am nächsten. — Doch haben sich auch wahrhaft große Staatsmänner bis zu ihrem Tode in Aemtern und Würden erhalten.

Sie bedürfen hiezu nicht bloß der schon erwähnten preiswürdigen Eigenschaften, sondern auch Gewandtheit und Liebenswürdigkeit des Benehmens; sie müssen den Grazien opfern und nicht bloß die Köpfe, sondern auch die Herzen erobern. Vor Allem müssen sie es verstehen sich mit den Herrschern selbst auf einen guten Fuß zu setzen. Es giebt in dieser Beziehung kein schöneres Verhältniß als zwischen dem edlen Sully, und dem zugleich großgesinnten und liebenswürdigen Heinrich IV.[1], welcher lieber zehn Maitressen, als einen solchen Minister fortschicken wollte. Endlich aber hatten arge Künste der Feinde Sully's den König doch mißtrauisch gemacht, es mußte zu einer Erklärung kommen. Schon warteten jene Feinde triumphirend im Vorzimmer, aber sie warteten vier Stunden; und als endlich der König mit Sully heraustrat, sagte jener: ihr mögt mehr Langeweile gehabt haben als ich; zum Trost aber sollt ihr wissen daß ich Sully mehr liebe als je, und mit ihm vereint bin auf Leben und Tod.

Sully stand um vier Uhr auf und ging um zehn zu Bett. Er arbeitete höchst regelmäßig, aß nie zu viel, weihte den Abend nach Tische ergötzender Gesellschaft, gab bestimmte Audienzen wo er die Geistlichen zuerst, dann die Armen und Bedrängten sprach[2], klare gute Sachen entschied, weitläufige zu schriftlicher Eingabe verwies, schlechte gerade heraus verwarf, hiemit aber freundliches Anerbieten williger Dienste für günstigere Fälle verband. Er hatte genaue Nachweisungen gefertigt, was er beim Eintritt in den Staatsdienst besessen und seitdem erworben hatte, damit er in jedem Augenblicke zur genauesten Rechnungsablage bereit sey.

Es giebt Staatsmänner, welche Verstand und Kenntnisse

---

1) Sully, III, c. 22; VIII, c. 1; I, 15.
2) Sully, VII, c. 16; VIII, S. 471.

besitzen, in allen gewöhnlichen Berathungen tüchtig und zweckmäßig sprechen, in den größten Dingen aber doch ganz fehl greifen. Der Hauptgrund liegt wohl darin, daß hier zum Verstande ein großes Gemüth, ein großer Charakter hinzutreten muß. — Noch gefährlicher als baare Unwissenheit ist in der Verwaltung eine mannigfache, aber ungeordnete und schlecht verstandene Kenntniß vieler Dinge. Eine Scheidung in Staatsmänner welche das Gute oder welche das Böse wollen, ist einseitig und ungenügend. Denn in der Regel will keiner das Böse an sich und keiner vermag das Gute ungetrübt; sondern die schwere Aufgabe ist das Bessere vom Guten, das Schlimmere vom Schlimmen zu unterscheiden, und durch die mannigfachsten Verhältnisse, beim verschiedensten Winde nicht geradeaus zu steuern, sondern nach einem festen Punkte zu laviren.

Die Neigung ein Ideal zu verwirklichen (richtiger, Alles über einen Leisten zu schlagen, und auf jede Verschiedenheit mit Verachtung hinabzublicken) hat bei dem besten Willen, doch oft mehr Schaden gethan, als Nutzen gestiftet: — ich erinnere statt vieler Beispiele an Joseph II. Und wie freuten sich bereits die Griechen in Cilicien, als Cicero sie nicht romanisiren wollte und ihnen fernerhin verstattete nach eigenen Gesetzen zu leben.[1])

Hiemit steht die unselige Vielregiererei von oben herab in Verbindung, welche unaufhörlich befiehlt, mißtraut, controlirt, alles Leben, alle Raschheit und Theilnahme aus den Behörden vertreibt, und sie in ungeheure Schreibmaschinen verwandelt. Dem Vielregieren tritt dann natürlich der Gebrauch oder vielmehr Mißbrauch gegenüber, daß die Befohlenen Alles bekritteln, und sich einbilden von ihrem beschränkteren Standpunkte aus Alles besser zu übersehn und zu beurtheilen. Wie viel Macht jeder Behörde einzuräumen sey, läßt sich im Allgemeinen nicht vorschreiben; es hängt z. B. ab von dem freisinnigen, oder centralisirenden Charakter der Regierung und des Regenten, von dem Bildungsstande des Volkes und der Beamten, von der

---

1) Cic. epist., 252.

Größe des Reiches u. s. w. So kann z. B. ein Oberbefehlshaber in Sibirien oder Ostindien nicht von Hause aus so geregelt und unaufhörlich gezügelt werden, wie von Berlin aus eine Regierung in Potsdam. Karl V., sonst mißtrauisch und eifersüchtig genug auf seine Macht, gab doch dem Senate von Mailand und Neapel das Recht in seiner Abwesenheit königliche Verfügungen zu bestätigen, auszusetzen oder aufzuheben.[1]) Seine Beschlüsse galten denen des Königs gleich, und nur das Begnadigungsrecht hatte dieser sich vorbehalten.

Montesquieu meint in einer Republik müsse bürgerliche und Kriegsgewalt in einer Hand seyn[2]); was daraus bei den Römern folgte, erfuhren nicht nur die unterjochten Völker, sondern auch jene selbst. Wir müssen deren Trennung zur Zeit Constantins billigen, obwohl eine solche einzelne Verwaltungsmaßregel nicht eine Wiedergeburt des ganzen Staates herbeiführen konnte.

Der Grundsatz: nach einem höheren Amte keinem geringeren vorzustehen, ist irrig, und macht oft die tüchtigsten Männer unnütz für den Staat. Sonst ist eine gewisse Beamtenaristokratie, ja Büreaukratie an sich nicht tadelnswerth; der Herrscher muß von oben, es müssen berechtigte Körperschaften von unten nur den Mißbräuchen entgegentreten. Erfolgen Beförderungen nach Willkür und ohne sichere Regel und Anwartschaft, so erstirbt aller löblicher Diensteifer, er macht der Verzagtheit und Intrigue Raum. Andererseits kann man die Dienstzeit nicht als alleinigen Maßstab der Beförderung setzen, und dem bloßen Daseyn ein Recht auf alle Stellen zubilligen. Dies ertödtet die trefflichsten Anlagen und beraubt den Staat der größten Männer. In Rom galt die lex annalis als Regel; zeigten sich aber Scipionen, so machte man Ausnahmen zum Heile der Republik. Durch Belohnungen mögen die Ausgezeichneten ermuntert werden; Vergeudung jener benimmt ihnen ihren Werth und macht sie lächerlich und verächtlich.

Es ist nicht rathsam daß Staatsdiener große Besitzungen

---

1) Bodinus, I, 7, 81.
2) Esprit, V, 19.

in anderen Ländern haben und von daher große Auszeichnungen annehmen. Venedig verbot deshalb den Erwerb solcher Besitzungen, Nordamerika die Annahme solcher Auszeichnungen.[1] Die Herzoginn von Burgund ward gegen Ludwig XI. schlecht bedient, weil ihre Gesandten in dessen Ländern ansässig waren, und man fand es bedenklich daß Karls VII. Feldmarschall von Seckendorf im Oesterreichischen große Besitzungen hatte. Das römische Kaiserrecht verbot den Beamten Heirath, Ankauf u. dgl. in der von ihnen geleiteten Landschaft[2]); man wollte Parteilichkeit und Eigennutz verhüten: — die preußischen Landräthe sollen in ihrem Bezirke ansässig seyn; denn sie bedürfen Kenntniß der Oertlichkeit und der Personen.

Dreißigster Brief.

Berlin, 18. Juni 1850.

In dem kleinsten, und schon deshalb vielleicht besten meiner Bücher, „Spreu" betitelt, habe ich (wie das Register ergiebt) viele einzelne Bemerkungen über Regierungskunst ausgesprochen, welche ich nicht abschreiben will. Da dieser Gegenstand aber mit der Lehre von der Verwaltung im engsten Zusammenhange steht, so erlauben Sie mir eine Auswahl wichtiger Grundsätze aus den Werken größerer Männer mitzutheilen.

Je mehr, sagt Platon, ich die, welche an öffentlichen Geschäften Theil nehmen, die Gesetze und die Sitten betrachtete, je älter ich ward, desto schwerer erschien es mir den Staat gut zu verwalten.[3] — Diejenigen Regierungen, lehrt Isokrates, sind die dauerhaftesten, welche immer das Wohl der Mehrzahl im Auge behalten.[4] — Kein Mensch, schreibt Cicero, ist groß,

---

1) Real, 2, 540.
2) Cod. Theod., VIII, 15, 1; Pandekten an mehreren Stellen.
3) Platon. epist., VII, 325.
4) Isocr. ad Nicocl., 21.

der nicht Schmerz und Todesfurcht besiegen kann. Durch Schwäche des Gemüths, welche dem Aeußeren sogleich erliegt, haben Viele Aeltern, Freunde, Vaterland, die Meisten sich selbst verlohren.[1]

Den Denkwürdigkeiten Sullys sind folgende Lehrsätze entnommen.[2]) Die Herrscher müssen ihre Länder und Unterthanen genau kennen lernen, um nach Maaßgabe des Ortes, der Gesinnungen, Ansichten, Wünsche u. s. w. das Zweckmäßigste zu ergreifen. Gleicherweise müssen sie sich über die benachbarten Staaten unterrichten. Große Nachbarstaaten soll man eher zu zerstücken suchen und schwächeren Nachbarn überlassen, als sich selbst zueignen, wodurch leicht die besten Freunde in Feinde verwandelt werden. Ein Fürst hüte sich in den Ruf zu kommen, er suche Argwohn und Zwist unter seinen Nachbarn zu verbreiten, um davon Gewinn zu ziehen. Uebermäßige Schmeicheleien und Versprechungen, sowie äußerliche Verachtung und stolze Drohungen, erregen auf gleiche Weise Argwohn. Man verfahre im Innern nach allgemeinen Grundsätzen, und nicht nach Ausnahmen die überall Klagen erzeugen. Die besten Rathschläge sind die welche, wenn sie auch nur mittelmäßige Vortheile versprechen, doch von allen Zufällen und Unannehmlichkeiten frei sind. Man glaube nicht mit dem Glücke einen unlöslichen Vertrag geschlossen zu haben. Es ist ein großer Fehler wichtige Unternehmungen mit zu kurzen Regeln abzumessen. Man vergesse nie daß die Menschen noch einmal so viel wünschen, als sie auszuführen im Stande sind. Große Tugenden erzeugen mehr Neid, als Streben der Nachahmung. Man zeige nie daß man etwas aus Zwang, oder des Andrangs halber thue. Eines Menschen Leben reicht fast nie hin, die Mängel eines verderbten Staates und die Laster eines Volkes auszurotten. Es ist sehr unverständig auf einmal alle Mißbräuche beseitigen zu wollen, welche durch den alten Titel des Herkommens und der Gewohnheit begründet sind und graues Haar tragen.

---

1) Cicero de finib., I, 15.
2) Mém., XI, 454.

In den Werken, welche unter dem Namen Ludwigs XIV. erschienen sind, finden sich lehrreiche Grundsätze, die er aber leider nicht immer befolgt hat. Er sagt[1]): selbst regieren, und keinen Rath anhören, sind zwei sehr verschiedene Sachen. Die Entscheidung muß vom Geiste des Herrschers ausgehen, und auch die Beamten befinden sich dabei am besten. Man thut niemals etwas Großes, Schönes, Außerordentliches, wenn man nicht mehr und besser als alle Andern darüber nachgedacht hat. Ihr sollt mit Demuth eine höhere Macht anerkennen, welche im Stande ist eure aufs Trefflichste entworfenen Pläne umzustürzen. Ihr sollt aber andererseits auch überzeugt seyn daß, da jene Macht selbst die natürliche Ordnung der Dinge festgestellt hat, sie dieselbe nicht leicht und zu jeder Stunde verletzen wird, weder zu euren Gunsten, noch zu eurem Nachtheile. Sie kann uns in Gefahren beruhigen, in Anstrengungen stärken, über Zweifel aufklären; — aber sie vollbringt nicht unsere Geschäfte ohne uns, und wenn sie einen König mächtig, glücklich, geachtet machen will, so ist ihr gewöhnlicher Weg ihn vorsichtig, klug, billig, wachsam und arbeitsam zu machen. Der Ruf großer Männer beruht nicht bloß auf großen Thaten; mittelmäßige Handlungen sind die zahlreichsten, und da man diese für am wenigsten erkünstelt hält, so glaubt man nach ihnen am sichersten unsere wahren Neigungen beurtheilen zu können. Wenn wir uns zur Unzeit ereifern, so pflegen wir nicht dem welcher uns erzürnte zu schaden, sondern uns selbst. Die glänzendsten Eigenschaften werden bald in dem verdächtig, welcher Treu und Glauben (la bonne foi) nicht liebt; während man dem sie Achtenden Alles zum Besten auslegt, und seine größten Fehler entschuldigt. Auf Unklugheit folgt fast immer Reue und schlechte Treue (mauvaise foi). Man sagt: die Arme der Könige reichen weit, aber auch ihr Blick soll weit reichen. Das Feuer der edelsten, wie der geringsten Leidenschaften erzeugt stets ein wenig Rauch, der unsere Vernunft verdunkelt. Das einzige Mittel mit Sicherheit zu handeln, ist wenn man seine Rechnung auf das Schlimmere macht (fait son compte sur le pis).

---

1) Oeuvres, I, 42, 178, 186; II, 13, 33, 72, 112, 164, 282, 284.

In den Werken Friedrichs II. findet sich ein Schatz von Bemerkungen welche aus königlichen Beobachtungen entsprangen; z. B.: das Meisterstück eines geschickten Mannes ist, jede Sache zur rechten Zeit und à propos zu thun.¹) Wer Zeit gewinnt, hat Alles gewonnen. Die Thorheiten der Väter sind verlohren für ihre Kinder; jedes Geschlecht begeht die seinigen.²) Der Muth des Geistes, welcher zur Abstellung von Mißbräuchen und zur Einführung nützlicher Neuerungen so nöthig erscheint, ist dem Muthe des Temperaments vorzuziehen, welcher großen Gefahren allerdings ohne Furcht trotzt, aber oft auch ohne Kenntniß.

Hume urtheilt in Bezug auf Lord Burleigh³): Gewandtheit, Beredsamkeit, Einbildungskraft, glänzende Eigenschaften setzen leichter in den Stand hohe Aemter zu erlangen; aber tüchtiger Verstand, Reinheit des Charakters und unermüdlicher Fleiß in Geschäften sind gewiß tauglicher um sie zu bekleiden.

Diejenigen, sagt Stewart⁴), werden einst die größten Staatsmänner seyn, welche (mit schuldiger Achtung der Erfahrungen der Vorzeit) ihre Verwaltungsmaßregeln vornämlich aus den besonderen Umständen ihres Zeitalters schöpfen und aus einer erleuchteten Einsicht in die künftige Geschichte des Menschengeschlechts. — Wie klein ist nicht die Zahl von Menschen die im Stande sind richtig über Gegenstände der Metaphysik, Moral und Politik zu denken, im Vergleiche mit denen welche es durch Uebung dahin gebracht haben, den längsten mathematischen Beweisen zu folgen.

Smith lehrt (sehr beherzigenswerth in unsern Tagen)⁵): Der Mann dessen Geist erfüllt ist mit Menschlichkeit und Wohlwollen, wird die bestehenden Rechte der Einzelnen und noch mehr der großen Körperschaften achten und das Mangelhafte

---

1) Oeuvr. posth., I, avant-propos, 22; Hist. de mon temps, II, 57.
2) Oeuvr. posth., IV, 420; Mém. de Brandeb., 258.
3) Hist. of Engl., VII, 316.
4) Anfangsgründe der Philosophie, I, 77, 316.
5) Smith, Theory of moral sentiments, II, 77.

ermäßigen, was er oft nicht ohne große Gewalt vernichten kann. Er wird diese (wie Platon verlangt) so wenig gegen sein Vaterland üben, wie gegen seine Aeltern; er wird (gleichwie Solon) wenn er nicht die allerbesten Gesetze einführen kann, die besten geben welche das Volk zu ertragen im Stande ist. — Der Mann des Systems dagegen ist so verliebt in die vorausgesetzte Schönheit seiner Verfassungsideale, daß er nicht die geringste Abweichung davon dulden mag. Er bildet sich ein, man könne die verschiedenen Glieder der bürgerlichen Gesellschaft gleichwie Schachsteine mühelos umstellen. Der Staatsmann darf sein eigenes Urtheil über Recht und Unrecht nicht als das höchste Maaß hinstellen, sich nicht als den einzigen weisen und würdigen Mann betrachten.

Es giebt (sagt Burke) nur einen allgemeinen Beruf um die Menschen zu regieren, und das ist Weisheit und Tugend. Die Wissenschaft einen Staat zu bauen, oder wiederherzustellen und zu verbessern, kann (wie jede andere Erfahrungswissenschaft) nicht a priori gelehrt werden; und die Erfahrung welche uns in dieser bloß praktischen Wissenschaft unterrichten soll, darf keine kurze seyn.[1]) Jedem, der Macht in irgend einem Grade besitzt, kann der Gedanke nie lebendig und heilig genug vor dem Sinne schweben, daß er nur ein anvertrautes Gut verwaltet, und daß er von seiner Verwaltung dem großen Machthaber, dem einzigen Stifter, Gründer und Herrn aller Gesellschaft, ernste Rechenschaft abzulegen hat. Niemand soll die Gebrechen des Staates anders als mit schüchterner Ehrfurcht enthüllen, oder seine Verbesserung mit seiner Zerstörung beginnen; sondern jeder Bürger dessen Fehlern nahen, wie man zu den Wunden eines Vaters tritt, mit frommer Zärtlichkeit und zitternder Besorgniß. Neigung zum Erhalten und Geschicklichkeit zum Verbessern sind die beiden Bestandtheile, deren Vereinigung den Charakter des großen Staatsmannes bildet.

---

1) Burke von Genz, I, 70, 91, 146, 151, 248. Mehr aus Burke in meinem Buche über Staat und Recht.

Die schwerste aller Künste (sagt Turgot)[1]) und die wo die mehresten Elemente zu verbinden sind, ist die — die Menschen glücklich zu machen. Niemals gab es eine große Verbesserung, welche nicht viele Vorsicht bedurfte und sehr klug in einander greifende Plane. Selbst das allgemein Gewünschte findet leicht unüberwindliche Schwierigkeiten, wenn es versucht wird von ungeschickten, kraftlosen Händen, oder von überhitzten, nicht folgerechten Köpfen.

Die rechte Geschicklichkeit in Geschäften (behauptet Necker)[2]) besteht darin, mit Voraussicht zu handeln, und sich das Verdienst eines Opfers zu verschaffen, bevor dies als eine bloße Pflicht erscheint und den neuen Ansichten nicht mehr genügt. Für große Dinge ist man nur in einer Weise tauglich. Denn alle diese Anfänge von Eigenschaften, diese Oberflächlichkeiten (deren man, mit Verstande, soviel besitzt als man will) bilden nur ein Vorrathslager zum Gebrauche für leichte Bewegungen in der Gesellschaft und gewöhnliche Lebensverhältnisse.

Nur dem Muthigen und Aufrichtigen (sagt Fievée)[3]) kommt der Vortheil der Zeit zu Gute. In der Politik und in der Verwaltung giebt es keine unbedingte, es giebt nur verhältnißmäßige, relative Wahrheiten. Wahrhaft staatskundige Männer sind sehr selten: die meisten verstehen nur sich mit einer Partei zu bewegen. Fehlt eine solche, so werfen sie sich in Kameradschaften (coteries), wo alles Große abgeschwächt wird, alles Kleinliche herrscht, und wo selbst das Heil des Staates (wenn es auf dem Spiele stände) nur eine Sache der Klätscherei und Intrigue wäre.

Ich versage mir mit Recht diesen gewichtigen Sprüchen leichte eigene Bemerkungen anzuhängen, und darf voraussetzen daß Sie, nach dem Zwischenspiel, oder Intermezzo meiner beiden letzten Briefe, geneigt sind, Ihre Aufmerksamkeit den geselligen Entwickelungen des Mittelalters zuzuwenden. Auffallen

---

1) Oeuvr., I, 335; II, 252.
2) De l'administration, 52, 237.
3) Fievée, Sess. de 1815, 194, 306; de 1820, 91.

muß es hiebei daß Viele, welche das Absterben des Alterthums nicht läugnen können, dennoch das ganze Mittelalter mit dem Machtspruche beseitigen: es sey eine Zeit tausendjähriger Barbarei gewesen. Ich darf mich einer so oberflächlich kurzen Beurtheilung nicht theilhaft machen; sondern bitte Sie darauf gefaßt zu seyn daß unser Weg lang und mühsam, für den wißbegierig Theilnehmenden aber zugleich mannigfaltig und lehrreich ist. Denn Alles erscheint, oder wird neu: Völker, Religion, Sitten, Verfassung, Verwaltung, Sprachen, Kriegswesen, Steuerwesen, Familienleben, Grundbesitz, Erbrecht u. s. w. Bedenke ich dies, so verschwindet meine Besorgniß, eine kurze Uebersicht des Wichtigsten könne Sie langweilen!

Einunddreißigster Brief.

Berlin, 19. Juni 1850.

Sollte man mit zwei Worten das Wesentlichste und Eigenthümlichste angeben, wodurch sich die gesellschaftliche Bildung des Mittelalters auszeichnet, so könnte man die **christliche Kirche** und das **Lehnswesen** nennen. Beides steht aber nicht auf einmal fertig da; es hat vielmehr eine lange geschichtliche Entwickelung mit manchen Einwirkungen von verschiedenen Seiten. Versuchen und Hindernissen folgt ein rasches Steigen, bis zu einer fast systematischen Vollkommenheit; woran sich alsdann (wie in allen menschlichen Dingen) ein Sinken anreiht und ein Uebergang zu neuen Gestaltungen. Ich kann hier natürlich nur von etlichen Haupterscheinungen und Ergebnissen sprechen, und muß alles Einzelne (der Kürze halber) zur Seite lassen.

Es hat von jeher eine, obwohl immer nur kleine, Anzahl von Christen gegeben, welche behaupteten: Christi rein geistige Religion bedürfe und erlaube keine sichtbare Aeußerung, Darstellung, oder Abschließung. Jenes rein Geistige, lediglich Innerliche werde herabgezogen und verunreinigt, sobald es (gleich anderen Religionen) sich mit Irdischem und Weltlichem befasse. Sowie aber auf Erden die Seele des Leibes, der Staat irgend einer Form bedarf, so auch das Religiöse. Es sind Bestimmungen nöthig über Inhalt der Lehre, Art des Unterrichts, Ort und Zeit der Versammlungen, Einnahmen und Ausgaben, Aufnehmen und Ausschließen; so entsteht unabweislich eine **sichtbare Kirche;** ja die innerlichsten Ueberzeugungen finden ihren äußeren Widerschein, ihre Offenbarung, in Worten und Thaten.

Anordnungen für einzelne Gemeinen und Landschaften schlossen indeß den allgemeinen Gedanken der einigen Christenheit nicht aus; nur konnte die anfängliche Begeisterung, welche selbst Gemeinschaft der Güter empfahl und bezweckte, nicht die Oberhand behalten; sie würde eben Aeußeres an die Stelle höherer Bruderliebe gestellt und die größere Verbreitung und Allgemeinheit unmöglich gemacht haben.

Der Gegensatz von Judenchristen und Heidenchristen war Anfangs ein natürlicher, ist aber auch später niemals ganz vermittelt und versöhnt worden. Bis in unsere Tage hinein zieht sich der Streit, ob, wie und wie weit die jüdische Gesetzgebung auch alle Christen unbedingt verpflichte; z. B. hinsichtlich der Speisen, der Sabbathfeier, verbotenen Grade, Zehnten u. s. w. Die Einen rühmen sich Vertheidiger des Gesetzes zu seyn, die Anderen Vertheidiger der Freiheit; beide haben nicht immer das rechte Maaß gehalten.

Bei weitem die meisten Christen sind darüber einig: das Christenthum bedürfe einer äußern Gestaltung und Einigung, einer Kirche; und für diese unentbehrliche, allgemeine Kirche könne nur **eine bestimmte Form** die beste und allein gültige, oder anerkennenswerthe seyn. Welche Form nun aber die beste, die allein wahre sey? darüber geben die Anhänger der verschiedenen Bekenntnisse sehr verschiedene, ja ganz entgegengesetzte Antworten. Ueberall lauten die Behauptungen und Ansprüche unbedingt, ohne Rücksicht darauf daß es oft an allen Mitteln, und nicht minder an allem Rechte fehlt, sie geltend zu machen. Uebrigens führt jede Partei gleichmäßig für sich an, theoretische Grundsätze, biblische Stellen und geschichtliche Beispiele. Es ist nicht meines Amtes so große Streitigkeiten zu entscheiden, sondern nur den geschichtlichen Gang der Entwickelung zu bezeichnen.

In dem ersten apostolischen Zeitraume (Jahr 1—60) mußten die gesellschaftlichen Einrichtungen der einzeln stehenden Gemeinen sehr einfach seyn, und den Mitgliedern demokratisch fast gleiche Rechte eingeräumt werden. Man bedurfte eines Lehrers, sowie eines oder mehrerer Aufseher und Ordner der gesellschaftlichen Angelegenheiten; sie waren aber keineswegs Herrn der Gemeinen, sondern erhielten erst durch deren Wahl ihre Stellen. Der Gegensatz von Geistlichen und Laien lag im Judenthum vorgebildet, wurde aber nicht mit aller Schärfe ins Christenthum aufgenommen. Noch waren die Christen zu unbedeutend, als daß sich der römische Staat um sie bekümmert hätte.

Vieles änderte sich während des zweiten kirchengeschichtlichen Abschnitts (Jahr 60—300). Die Widersetzlichkeit vieler Christen gegen bürgerliche Einrichtungen, sowie das richtige Gefühl der Römer: „die neue Lehre sprenge den alten Staat auseinander", führte zu Verfolgungen, welche nur den Eifer und die Zahl neuer Bekenner vermehrten. Hieran reihten sich engere Verbindungen der Gemeinen, sowie Unterordnung der kleinern unter die größeren. Die Demokratie ward in den Hintergrund gedrängt, und über das Presbyteriat erhob sich die Aristokratie mit ihren Bischöfen und der Diöcesanverbindung, ja bereits mit Erzbischöfen und einer Metropolitanverbindung. Kirchenversammlungen wurden zum höchsten Gerichtshof, ja zu einer gesetzgebenden Körperschaft ausgebildet, in welcher die genannten Aristokraten allein herrschten. Gleichzeitig das Gefühl einer höheren Wichtigkeit der neuen Genossenschaft, Mehrung und Abstufung der Gesellschaftspersonen, erhöhte Ansprüche des Priesterstandes, schärfere Sonderung von den Laien, Abhängigkeit der Priester von den Bischöfen.

Dadurch daß Konstantin die zeither verfolgte christliche Religion zur Staatsreligion erhob, vermehrte sich ihr Ansehn, Reichthum, Einfluß, Vorrechte aller Art; anderseits aber machten die Kaiser seitdem ihr Ansehn innerhalb der Kirche geltend: so bei den Wahlen der Geistlichen und Vorsteher, bei Bestätigung kirchlicher Verfügungen und Gesetze; ja sie gaben aus eigener Macht Gesetze, selbst über die Lehre. Während nun Viele in dieser Wendung der Dinge einen natürlichen und nützlichen Fortschritt sahen, haben Andere es betrachtet als eine unnatürliche und schädliche Abhängigkeit von der Staatsgewalt, welche aufzuheben, oder doch zu vermindern, ein Recht und eine Pflicht sey.

Im Gegensatz zu dieser Abhängigkeit von oben, wuchs die Macht der Geistlichkeit über die Laien z. B. durch die Sonntagsfeier, das neue Eherecht, das strenge Bußsystem, die Ausschließung vom Wahlrechte der Geistlichen u. s. w. Ja denen gegenüber, welche man unduldsam als Ketzer bezeichnete, ging die Kaiserherrschaft bereits damals in die ärgste Tyrannei über.

Gleichzeitig traten aber auch wichtige Veränderungen in dem ein, was wir Kirchenstaatsrecht nennen dürfen. Die Rechte der Bischöfe wurden erweitert und näher bestimmt, und der Wirkungskreis der Erzbischöfe allgemeiner anerkannt. Ueber diese erhoben sich, im pyramidalischen Aufbau der kirchlichen Würden, die Patriarchen. Sie waren in gewissem Sinne Obere der Erzbischöfe, weihten dieselben, beriefen größere Synoden, nahmen in mehreren Streitsachen Berufungen an u. s. w. Aber Alexandrien, Jerusalem, Antiochien fielen allmählig in die Hände der Muhamedaner; und der Patriarch von Konstantinopel blieb stets in einem abhängigen, unangenehmen Verhältnisse zum byzantinischen Kaiser.

Man hat es unbegreiflich genannt, wie die Macht des römischen Bischofs habe zum weltbeherrschenden Papstthume hinanwachsen können? Mir scheint es dagegen, als wenn sich für wenige weltgeschichtliche Ereignisse die Gründe so vollständig und genügend nachweisen ließen. Ich erinnere nur an einige: Rom war die wichtigste Stadt der Welt, ohne Einfluß und entfernt der Kaiser, Einnahme und Besitzthum größer als in irgend einem andern Sprengel, der römische Bischof unbestritten der erste unter allen Bischöfen, oft freiwillig erwählter Schiedsrichter, zuerst durchdrungen von dem großen Gedanken einer allgemeinen christlichen Kirche. Was ließ sich auf solchen Grundlagen nicht erbauen, und wenn jene Pyramide bis hinan zu den Patriarchen aufgeführt worden, so erschien die Nothwendigkeit einer monar=

chischen Spitze fast unbestreitbar und unabweisbar. Vor der Hand lag aber allerdings die höchste gesetzgebende Gewalt noch in der Hand der allgemeinen Kirchenversammlungen. Diese Andeutungen über die Kirche werden genügen uns bis auf den Punkt des Anfangs mittelalterlicher Entwickelungen des Staatsrechts hinzuführen.

Zweiunddreißigster Brief.

Berlin, 21. Juni 1850.

Ich beginne meine Darstellungen mit dem ostgothischen Reiche, nicht zu Folge chronologischer Ansprüche, sondern weil dasselbe hinsichtlich seiner Einrichtungen zur Hälfte der antiken, zur Hälfte der germanischen Welt angehört.

Dem gemäß besaß König Theodorich fast unumschränkte Gewalt[1]), während freilich seine schwächeren Nachfolger eine solche Stellung nicht immer aufrecht erhalten konnten. Senat und Consuln dauerten, ohne erhöhten Einfluß und zur Beruhigung der Gemüther, unverändert fort. Die bisherige Verwaltung blieb in den Händen von Einzelnen und hinsichtlich der Steuer- und Municipalverfassung ward wenig geändert. Desto mehr in Bezug auf Grundbesitz und Kriegswesen. Die mit Weibern und Kindern einwandernden Gothen wollten nicht nomadisch hindurchziehen, sondern sich ansiedeln. Deshalb wurden die alten Eigenthümer gezwungen ein Drittheil ihres Grundbesitzes (nebst den dazu gehörigen Sklaven) an die neuen Einwanderer abzutreten. Diese gewaltige Maaßregel ward dadurch einigermaßen gemildert, daß sie erstens, nicht nach bloßer Willkür, sondern nach allgemeinen Grundsätzen und unter öffentlicher Leitung eintrat;

---

1) Sartorius und Manso, über die Ostgothen. Savigny, I, 290; II, c. 11.

zweitens, daß sie vorzugsweise die Reichen und ihre großen Besitzungen (latifundia) traf, welche seitdem wohl besser bebaut wurden;

drittens, daß man sich oft wohl mit einer neuen Abgabe, statt der Naturaltheilung begnügte;

viertens, daß für die alten Einwohner hinsichtlich des Kriegsdienstes wahrscheinlich eine erhebliche Erleichterung eintrat.

Seit Gründung des neuen Reiches bildeten nämlich die Gothen allein das Kriegsheer; kein Römer ward in dasselbe aufgenommen, und jene Landeinweisung trat an die Stelle ehemaligen Soldes. Nur auf der Flotte dienten noch Eingebohrne als kundige Matrosen.

Römer und Gothen behielten ihre bisherigen Gesetze und Gewohnheiten und nur über einige Gegenstände mußten neue, allgemeine Gesetze erlassen werden: so über Grundbesitz, Weiber und Sklaven. Das im Jahre 500 von Theodorich erlassene Edikt wäre, als Gesetzbuch betrachtet, äußerst mangelhaft; es mag den augenblicklichen Verhältnissen angemessen gewesen seyn, sofern es römische Lehrsätze enthielt welche nunmehr auch die Gothen verpflichten und eine Verschmelzung beider Völker anbahnen sollten. Zwischen Gothen und Gothen richtete der gothische Graf; fand der Streit statt zwischen Gothen und Römern, so ward ein römischer Rechtskundiger zugezogen; zwischen Römern und Römern blieb es bei der alten Verfassung.

Theodorich und seine Nachfolger zeigten sich duldsamer gegen die verschiedenen Religionsparteien, als die meisten der byzantinischen Kaiser; doch wußte jener der Geistlichkeit gegenüber sein Ansehn aufrecht zu erhalten. Er berief Kirchenversammlungen und bestätigte ihre Beschlüsse; von einer gänzlichen Befreiung der Geistlichen von weltlicher Gerichtsbarkeit war noch nicht die Rede. Die Päpste wurden gewöhnlich frei von Senat, Geistlichkeit und Volk gewählt. Streit entschied der König oder eine Kirchenversammlung, und nur in außerordentlichen Fällen bezeichnete jener den zu Erwählenden.

Der Raum erlaubt nicht andere löbliche Eigenthümlichkeiten des ostgothischen Reiches aufzuzählen; sein Untergang war weit mehr ein Verlust, als ein Gewinn für Italien, obwohl Trissino in einem langen und langweiligen Heldengedichte das Gegentheil zu erweisen versuchte.

Weit mehr als im ostgothischen, treten im westgothischen Reiche die germanischen Bestandtheile in den Vordergrund und auf anfängliches Bestreben Römer und Gothen auseinander zu halten, folgt das Bemühen sie zu verschmelzen.[1]) Die Macht der Könige war unumschränkt, sie ward zu schwach seitdem sich das Reich in ein Wahlreich verwandelte. Während indessen der gothische Adel immer größere Ansprüche machte, suchte Geistlichkeit und Volk, im richtigen Vorgefühle nahender Gefahren, die Herrschaft der Könige zu sichern und zu schützen. Und wenn der Adel durchsetzte: die Könige dürften nur aus alten gothischen Geschlechtern erwählt werden, so brachte wohl die Geistlichkeit Bestimmungen in die vom Könige zu beschwörende Wahlkapitulation, welche sowohl ihr als dem Volke zum Vortheil gereichten. Allmählig (und dies ist höchst wichtig) wurden die zahlreichen Kirchenversammlungen zu Reichstagen, wo außer Erzbischöfen, Bischöfen, Aebten und Erzpriestern, auch weltliche Große und hohe Staatsbeamte (obgleich in geringerer Zahl) erschienen, und außer den geistlichen Angelegenheiten ebenfalls weltliche berathen, und allgemeine Gesetze gegeben wurden. Die alte Welt hat sich nie zu dieser allgemeinern Form politischer Thätigkeit und Einwirkung erhoben.

Die älteste der westgothischen Gesetzsammlungen, welche unter König Eurich (466—484) erschien, ist sehr mangelhaft; das Breviarium Alarichs II. (um 506) ergänzte dieselbe, galt aber im Wesentlichen nur für die Römer. Das westgotische Gesetzbuch (entworfen unter Chindasuinth und Reccasuinth) ist vorzugsweise germanischen Inhalts, und zeigt (neben manchen Mängeln) größere Vorzüge nach Form und Inhalt, als manche in jenen Zeiten entworfene Rechtssammlung.

Viele der, auf den damaligen Kirchenversammlungen in Toledo gefaßten Beschlüsse sind so charakteristisch und eigenthümlich, daß Sie mir wohl verstatten etliche derselben anzuführen.

---

1) Aschbach, Geschichte der Westgothen.

Der Erzbischof erläßt die Einladungsschreiben zu der Kirchenversammlung, dergestalt daß sich nicht nur die Priester der Kathedralen, sondern auch einige andere Geistliche, ja selbst einige Weltliche einfinden.¹) Der Rang der Bischöfe richtet sich nach ihrem Alter. Die Geistlichen sollen ihre Mitbrüder nicht vor dem weltlichen, sondern vor dem bischöflichen Gerichte belangen. Den Bischöfen wird verboten neue Auflagen auszuschreiben und die Geistlichen ihres Sprengels zu bedrücken. Laien sollen sich in keine geistlichen Sachen einmischen. Jährlich soll jeder Bischof seinen Sprengel bereisen, und nicht mehr als den dritten Theil der Einkünfte und Opfer für sich behalten. Ganze Reihen von Ketzern (über Feinheiten der Lehre) werden in den Bann gethan. Nach dem Tode des Königs sollen sich Bischöfe und Große des Reichs versammeln, um ruhig und gesetzlich seinen Nachfolger zu erwählen. Wer nach der Krone trachtet ohne aus edelstem gothischen Blute abzustammen, wird gebannt. Dasselbe widerfährt jedem, der den König verflucht, oder bezaubert. Der König darf Verbrecher begnadigen, oder ihre Strafe mildern. Kein weltlicher, oder geistlicher Würdenträger darf (bei Strafe des Bannes) während des Königs Leben, für eine künftige Wahl in irgend einer Weise wirksam werden. Die Wahl soll auf Keinen fallen der ein Ordenskleid angenommen, oder den man zum Schimpfe geschoren hat. Keiner wird gekrönt bevor er die, bis dahin gefaßten Beschlüsse beschwur. Priester, Aebte, Diakone sollen ihren Bischöfen unterworfen seyn und ohne deren Erlaubniß sich um keine öffentlichen, oder weltlichen Angelegenheiten bekümmern. Andererseits sollen die Bischöfe jenen mit Liebe und Freundlichkeit begegnen, und sie (sofern sie keine schwere Sünde begingen) nicht geißeln lassen. Künftig darf kein Bischof, oder Palatin seiner Würde entsetzt, seiner Güter beraubt, verhaftet, gefoltert, gestäupt werden, bevor nicht die versammelten Bischöfe und Großen die Sache geprüft und eine gesetzmäßige Bestrafung zuerkannt haben. Wer sich

---

1) Ferreras zu den Jahren 516, 563, 589, 619, 633, 636, 638, 653, 666, 675, 683.

untersteht des Königs Wittwe zu heirathen, oder einen unanständigen Umgang mit ihr zu führen, dessen Name soll (und wenn es der König selbst wäre) im Buche des Lebens ausgelöscht werden.

Das ostgothische und das westgothische Reich, beide gingen zu Grunde, bevor sie zu voller Entwickelung kamen, während das fränkische in einer ungleich längeren Dauer die mannigfachsten Gestaltungen durchlief. Werfen wir, vor der Beschreibung des merovingischen Zeitraums, noch einen Blick auf einige allgemein germanische Erscheinungen.

Schon in den ältesten Nachrichten finden sich einige Grundzüge des deutschen Charakters, welche sich bis in die neuesten Zeiten verfolgen lassen. Die Freien traten zusammen in Gemeinen, und aus diesen erwuchs ein geschlossener Stamm. Mehrere Stämme endlich vereinigten sich freundschaftlich zu gemeinsamen Zwecken, oder geriethen in feindliche Fehden. Nirgends also die, bei ungebildeten Völkern oft sich zeigende völlige Vereinzelung; wohl aber die Neigung zu mannichfachem Abschließen und Individualisiren, woraus einerseits erwächst Mannigfaltigkeit des Charakters und der Bildung, andererseits aber auch ein zerstückelnder, abschwächender Particularismus.

Jeder Stammgenosse war verpflichtet im Heerbanne die Stamm- und Volkskriege auszufechten; jeder war berechtigt sich außerdem frei gewählten Führern anzuschließen und deren Fehden als eigene zu betrachten. Dort zeigte sich Gewicht und Nothwendigkeit des Allgemeinen, des Gesetzes; hier der lebendige Einfluß großer Persönlichkeiten. Beides gehört zu einander: Formen ohne Personen, und Personen ohne Formen bieten nur mangelhafte Hälften, aber nichts Ganzes.

Neben, oder über den Freien, finden wir schon in ältester Zeit edle Geschlechter, aus welchen vorzugsweise die Obrigkeiten genommen wurden, und die meist an der Spitze jener Gefolgschaften standen. Mit Unrecht hat man, aus Abneigung gegen den Adel, diese Thatsache geläugnet; auch ist kein genügender Grund vorhanden, etwas bloß deshalb zu billigen oder zu verwerfen, weil es sich unter den Anfängen einer Volksgeschichte findet.

Leicht verwandelte sich der frei gewählte Führer in einen Kriegs- oder Dienstherrn, während die freie Gemeine bei weniger Thätigkeit, auch an Einfluß verlohr. Noch mehr als gegen Stammgenossen, ließ sich manches Recht oder mancher Anspruch nach eingetretenen Eroberungen gegen die alten Landeseinwohner geltend machen, und der höchste Anführer mußte mehr, oder weniger, zu einem Könige werden. Jene Landeseinwohner traten in dessen Dienstgefolge, oder blieben freie Grundeigenthümer, oder geriethen in Abhängigkeit und Unfreiheit. Das Letzte wiederfuhr auch wohl den Einwohnern kleiner Städte, während sich in den größeren eine deutsche Gemeine neben der römischen bildete.

In dem Aufzeichnen der Volksrechte lag ein Fortschritt, so mangelhaft auch die einzelnen Sammlungen erscheinen mögen. Es gab keine Landrechte nach geographischen Abgrenzungen, sondern Stammesrechte. Für die Geistlichen kamen die römischen Gesetze zur Anwendung. Standes- und Stammesunterschiede zeigten sich bei der höhern, oder niedern Festsetzung der Bußen und des Wehrgeldes. Die Gerichtsbarkeit war in den Händen der, bloß aus Freien bestehenden Volksgemeine, unter dem Vorsitz der alten Volksobrigkeiten, die aber zugleich als königliche Beamte auftraten. Schöppen urtheilten über die Thatsachen. Eigentliche Berufung an ein höheres Gericht fand nicht statt, nur für gewisse Fälle eine Ansprache des Urtheils und Wahl neuer Schöppen.

Dreiunddreißigster Brief.

Berlin, 22. Juni 1850.

Sie werden die Andeutungen meines letzten Briefes mit Recht sehr ungenügend finden; bin ich denn aber nicht zu dieser Kürze gezwungen, wenn ich die Masse dessen bedenke worüber wir uns noch zu unterhalten wünschen. Heute also zunächst

Einiges über das fränkische Reich unter den Merovingern.[1]

Es giebt Zeiten wo man durch scharf bestimmte und hervortretende Formen die Entwickelung der Völker leiten, und den Inhalt der Weltgeschichte gleichsam vorherbestimmen will; und umgekehrt Zeiten wo zu mannigfaltigen unentwickelten, oft sich widersprechenden Zuständen erst Form und allgemeine Regel gesucht wird. Das Letzte war der Fall in der Periode der Merovinger. Doch finden sich schon gewisse Keime und Grundzüge für eine weitere Entwickelung. Neben einer sehr ausgedehnten persönlichen Freiheit, bestand eine einflußreiche Königsgewalt, und ein Geburtsadel mit allerlei Rechten, welche seitens der Demokratie (so scheint es) nicht bestritten wurden. Die Gränzen jener Rechte lassen sich indessen schwer angeben; ihr Anfang verliert sich in die mythische Zeit. Der Gedanke ausschließlich die königlichen, oder die adlichen, oder die Volksrechte unter Gottes Schutz zu stellen und von ihm abzuleiten, war jener Zeit ganz fremd; ohne wissenschaftliche Demonstration fühlte sie (richtiger wie oft die Weisen unserer Tage) daß jedes Recht in Gott wurzelt und daselbst seine Beglaubigung findet.

Gleich den Gothen forderten die Franken die **Landesabtretung** von den Besiegten; doch scheint die Maßregel weder ganz allgemein, noch so drückend gewesen zu seyn als insbesondere bei den Vandalen. Wenn überhaupt die Gewalt der Könige über die Romanen Anfangs größer war, als über die Franken, so glich sich diese Verschiedenheit allmählig aus, und der Schutz jener ward den Romanen, gegen die zur Willkür geneigten Franken, sogar vortheilhaft. Wir finden unter beiden Bevölkerungen wenigstens keinen Kampf und Haß und keine Reibungen im Großen. Gesetze, Stadt- und Landeinrichtungen wurden in vieler Beziehung für die Romanen gar nicht verändert. Auch vom Kriegsdienste waren sie nicht ausgeschlossen, sondern dazu vielmehr verpflichtet. Eine die Rechte und gesetzmäßigen Befugnisse des Volkes in seiner Gesammtheit wahrende

---

[1] Löbell, Gregor von Tours und seine Zeit.

Versammlung stand der Macht der Könige nicht gegenüber. Das Märzfeld war nur eine Heerschau; die Placita waren Berathungen der Könige theils untereinander, theils mit ihren Großen (welche dann eine Art von Staatsrath bildeten), deren Aussprüche aber bloß gutachtliche waren. Nur während der Minderjährigkeit erscheinen die Großen als wirkliche Stellvertreter der königlichen Gewalt. Diese ging zu Grunde nicht durch Empörungen der Völker, oder Heere, nicht durch gesetzliche Uebermacht staatsrechtlicher Versammlungen; sondern durch den Mangel sicherer, anerkannter Erbgesetze, durch schwächende Theilungen, durch wilden Ehrgeiz, scheußliche Verbrechen, und klägliche Nichtigkeit der Herrscher selbst. Dem Allen gegenüber muß man die Majores domus (die Hausmeier, oder Vezire), an sich ein Auswuchs und ein Uebel, doch als die Erretter des Staates und Volkes betrachten.

Was von der Völkerwanderung bis auf die Zeiten Karls des Großen in Hinsicht auf Verfassung und Verwaltung geschah, das blieben Versuche, Bruchstücke, in denen sich neue, kostbare Bestandtheile offenbaren, welche aber zu keiner vollen Ausbildung und Anerkennung kommen. Erst die Einrichtungen Karls zeigen folgerichtigen Zusammenhang, sie sind ein geschlossenes, abgerundetes Ganzes. Was zuvörderst die **Verwaltung** betrifft, so sehen wir örtliche, landschaftliche und Reichsbehörden übereinander erbaut, wie sie ein großer Staat nothwendig verlangt. Damit jedoch in den einzelnen Kreisen nicht zu große Unabhängigkeit und Willkür vorherrsche, fand eine doppelte Aufsicht und Controle statt: einmal die der weltlichen Behörden (der Grafen und Herzoge) durch Geschäftstheilnahme der Bischöfe; und zweitens durch die missi dominici, die Sendboten, welche umherreiseten, an Ort und Stelle Gang und Werth der Verwaltung prüften und über den Befund unmittelbar nach Hofe berichteten. Hier war natürlich von einem major domus nicht mehr die Rede, wogegen man den Apocrisiarius als ersten geistlichen, und den Pfalzgrafen als ersten weltlichen Minister bezeichnen könnte.

In Bezug auf die Verfassung wird gewöhnlich berichtet[1]): alle wichtigen Angelegenheiten wurden mit den Reichsständen überlegt, zu welchen gehörten, die hohen Reichsbeamten, königliche Getreue edler Herkunft, Bischöfe und Aebte. Geringere Vasallen erschienen nur unter Leitung ihrer Dienstherrn. Der König legte die Punkte zur Berathung vor, aus denen (sofern man sich darüber einigte) ein Gesetz, ein Capitulare gebildet wurde. Dies mußte jedoch für viele Fälle den einzelnen Gemeinen vorgelegt und von ihnen gebilligt werden. Die Geistlichen bildeten für die Kirchensachen gewöhnlich eine eigene, jedoch vom Könige (oder Kaiser) abhängige Abtheilung.

Daß die gesammte Gesetzgebung nicht ausschließend in dessen Hand lag, hat keinen Zweifel; aber eben so gewiß ist, daß (ohne Rücksicht auf Gesetz oder Herkommen) dessen Persönlichkeit von höchster Bedeutung und höchstem Einflusse war und z. B. unter Karl dem Großen ganz anders ins Gewicht fiel, als unter seinen Nachfolgern. Wenn ferner die, auf dem Reichstage Erscheinenden auch nicht scharf nach Macht und Würde in Abtheilungen zerfielen, so war doch ihre Einwirkung danach ohne Zweifel größer oder geringer, und die Uebereinstimmung Aller zur Abfassung eines Gesetzes gewiß nicht nothwendig; ja man kann vermuthen daß die Versammelten bisweilen nur wie eine berathende Behörde behandelt wurden. Gewiß bildeten sie keine umfassende Vertretung des gesammten Volkes; wie denn überhaupt Zahl und Bedeutung der Freien abnahm, und die Zahl der abhängigen Leute sich aus Gründen mehrte, welche ich später aufzählen werde. Griff ein neues Gesetz in bestimmte, besondere Rechte einer Gemeine ein, so mag man diese darüber befragt haben; daß aber die Gültigkeit der Gesetze überhaupt, ihr Annehmen oder Verwerfen, in letzter Stelle von dem Belieben unzähliger Gemeinen abhängig gewesen sey, ist ganz unglaublich. Erst 1793 zeigt sich ein solcher Gedanke in der republikanischen Verfassung Frankreichs; er ward aber auch sogleich unbrauchbar erfunden.

Die Macht der Herzoge suchte Karl zu vermindern, doch blieben sie bedeutend als Anführer des Heerbanns ihrer Land-

---

1) Vom Kaiserthume später.

schaft; die Grafschaft war ein Amt geworden und dauerte länger als das des früher gewählten Richters. Man konnte in gewissen Fällen vom Grafen an den Sendboten, und von diesem an den König berufen. Die Gerichtsschöppen wurden unter Aufsicht des Sendboten erwählt, hatten aber keinen Antheil an der Gesetzgebung.

Heerbann und Gefolgschaften wurden gewissermaßen verschmolzen. Wer ein gewisses Landeigenthum besaß, mußte (bei harter Strafe) persönlich erscheinen und für seine Verpflegung sorgen; Aermere traten zur Ausrüstung eines Mannes zusammen. Der Heerbann bestand nicht bloß aus den Freien, sondern auch aus dem Adel und dessen Dienstleuten. Trotz des Glanzes welchen die Kriege und Eroberungen Karls des Großen über seine Regierung verbreiteten, ging aus ihnen doch so viel Noth, Unglück und Armuth hervor, daß die Unzufriedenheit von Jahr zu Jahr stieg, und die Kriegsabneigung zunahm, bis man zu der nothwendigsten Landesvertheidigung (z. B. gegen die Normannen) nicht mehr hinreichenden Muth und guten Willen besaß. Wie die karolingischen Einrichtungen den angegriffenen, dann besiegten Sachsen erscheinen mußten, hat Möser vortrefflich (fast möchte man sagen zu geistreich) auseinandergesetzt.[1]) Sie erlauben daß ich Einiges daraus mittheile. Der Kaiser (sagt Möser) schlug den Sachsen vor: ob sie wollten als Christen in das Frankenreich eintreten, ihn als Oberhaupt anerkennen, den Grafen und Bischöfen Folge leisten und ihnen das entrichten, was bei den Franken gegeben werde. Dann sollten sie einerlei Wehrung, Vorzüge und Gnade genießen, von Zins frei seyn und in ihrer Heimath, von ihres Gleichen und nach eigenem Rechte gerichtet werden. — Die Ueberlegungen der Sachsen gehen darauf hinaus: der Eintritt in ein großes Reich vermindere die Freiheit, erhöhe aber die Abhängigkeit und die (besonders unerträglichen) Kriegslasten. Eine allgemeine Reichsversammlung sey unmöglich, könne auch (bei so verschiedenen Interessen) keinen Vortheil bringen. Kleinere Versammlungen hingegen würden ganz vom Könige und seinen Beamten abhängig.

---

1) Osnabr. Geschichte, I, 212.

Das Schrecklichste aber sey, daß der König ihnen ihre Richter setzen und in Grafen verwandeln wolle, daß er die Bestätigung der Schöppen fordere und durch fremdes gelehrtes Recht das sächsische Volksrecht verdränge, wodurch die Freien zuletzt zu Dienstleuten werden müßten. Endlich könnten sie sich von den unbedingten Vorzügen der christlichen Religion nicht überzeugen und fänden die Forderung Zehnten zu zahlen, rechtswidrig und unerträglich. — So im Wesentlichen die, nicht unnatürlichen, Einreden. Die Sachsen konnten damals nicht ahnden, ihre Besiegung würde sie hundert Jahre später an die Spitze der deutschen Angelegenheiten bringen.

Schon mit dem Tode Karls des Großen brachen seine Herrschaft und seine Einrichtungen zusammen. So viel Leiden das Gründen seines Weltreiches verursacht hatte, eben so viel Leiden das Zerfallen desselben. Alles ward wieder in Frage gestellt und es dauerte Jahrhunderte bevor, aus unzähligen Versuchen und Hindernissen, wieder ein abgerundetes Staatsrecht hervorwuchs. Andererseits aber soll man nicht vergessen, daß Karls zusammeneroberte Monarchie aus fremdartigen Theilen bestand, und die Schwäche seiner Nachfolger erst die Möglichkeit herbeiführte daß die Völker sich wieder sondern und einen eigenthümlichen, natürlichen Bildungsgang einschlagen konnten. Eine Reihe persönlich großer Herrscher wäre damals der Freiheit gefährlich geworden, und die Geschichte des Hofes und einer Hauptstadt vielleicht an die Stelle viel mannigfaltigerer Entwickelung getreten.

Da es gar nicht Ihr Wunsch ist, daß ich Ihnen Geschichte vortrage, so übergehe ich die angedeuteten Versuche des neunten, zehnten und elften Jahrhunderts, und wende mich sogleich zu den ausgebildeteren Verhältnissen des zwölften und dreizehnten. Nothwendige Rückblicke werden sich an passenden Stellen einfügen lassen.

Vierunddreißigster Brief.

Berlin, 24. Juni 1850.

Will man das Mittelalter nach den Begriffen oder Zuständen bezeichnen, welche fast alle damaligen Lebensverhältnisse, oder doch den Mittelpunkt der wichtigsten umfassen, so muß man, wie ich schon früher bemerkte, die christliche Kirche nennen und das Lehnswesen. In Hinsicht auf beide, auf Kirche und Staat, zerfällt die Betrachtung in zwei Hälften, von denen die erste den Personen, die zweite den Sachen gewidmet ist. Ich beginne mit den persönlichen Verhältnissen im weltlichen Kreise.

Hier offenbart sich sogleich eine wichtige Eigenthümlichkeit, welche den jetzigen Richtungen und Bestrebungen durchaus widerspricht. Unsere Zeit nämlich geht darauf aus, selbst große Verschiedenheiten unter den Menschen unberücksichtigt zu lassen und sie im Staate gleich zu stellen; während das Mittelalter jede Verschiedenheit erfaßte, Abstufungen darauf gründete, und diese Mannigfaltigkeit staatsrechtlicher Stellungen für die billigste, naturgemäßeste Entwickelung hielt. Ich gehe nach dieser allgemeinen Andeutung sogleich zum Einzelnen über.

Zuvörderst gab es keine Sklaven in dem strengen Sinne der alten Welt.[1]) Auch der Gedrückteste entbehrte nicht alles Eigenthumes und Erbrechtes, nicht der Familie, und des Zutritts zu der christlichen Gemeinschaft. Es lag im Christenthume eine viel ächtere und tiefsinnigere Demokratie, als das Heidenthum je entwickelte; und unserer Zeit mangelt hierüber die rechte Erkenntniß, sofern man sie bloß auf Weltliches gründen und äußerlich machen will.

Der Hauptbestandtheil des Volkes waren früher die Freien. Ihre Zahl nahm sehr ab, sofern neue Verhältnisse eintraten welche sie in niedrigere Stellungen hinabdrückten, oder zu höheren erhuben. Gewiß waren die alten Zustände in neuen Entwickelungsperioden nicht festzuhalten. Neben den Freien und aus den Freien entstanden gar viele Abstufungen von Personen, welche

---

1) Beweise im fünften Bande meiner Geschichte der Hohenstaufen.

wir im Allgemeinen mit dem Namen **abhängige Leute** bezeichnen können. Die Gedrücktesten unter diesen wollen wir **Leibeigene** nennen und darunter diejenigen verstehen, deren Leistungen nach Art und Maaß nicht genau abgegränzt, sondern von dem Willen des Herrn abhängig und nur durch die vorhandenen Kräfte des Verpflichteten beschränkt waren. Es stand nicht bei ihnen dies Verhältniß zu lösen, und jene Abhängigkeit vom Herrn zeigte sich auch in Hinsicht auf Abschließen der Ehen und Anrecht auf die Kinder.

Wie war es möglich (diese Frage drängt sich auf) daß solch unbillige Verhältnisse entstehen konnten? Ich antworte: durch Kriegsgefangenschaft, Geburt, Verjährung und bloße Gewalt; dann aber auch durch eigenen Willen und freien Vertrag. Zur Erklärung dieser, in unseren Tagen fast unbegreiflichen Erscheinung, bemerke ich Folgendes. — Gleichheit vor dem Gesetze, Unabhängigkeit von allen Menschen (die nun einmal unentbehrlichen obrigkeitlichen Beamten ausgenommen) hält man jetzt für ein so natürliches, als edles Ziel. In jener Zeit erschien dagegen diese völlige Unabhängigkeit, als Hülflosigkeit, und man vertraute mehr dem selbstgewählten Schutzherrn, als den gesetzten Beamten und dem entfernten Könige. Ist dieser übermächtig, so wird das Uebel oft von ihm ausgehen; ist er ohnmächtig, so leidet er selbst Gewalt und muß das Verkehrte gut heißen und bestätigen.

Die Lage der Fabrikarbeiter (welche keine sichernde Scholle als glebae adscripti besitzen) mag jetzt noch bedauerlicher seyn, als die vieler Leibeigenen im Mittelalter; dennoch bleibt es verkehrt, mit sentimentalen Redensarten von patriarchalischen Verhältnissen, die Erhaltung, oder Herstellung der Leibeigenschaft begründen zu wollen. Ueberdem war diese im Mittelalter schon deshalb weniger drückend als sie jetzt seyn würde, weil die damalige einfache, stets gleichbleibende Art und Weise des Ackerbaues niemals neue ungewöhnliche Arbeiten und eine Erhöhung der Lasten verlangte. Jeden Falls bleibt die Abschaffung der Leibeigenschaft ein wesentlicher Fortschritt in der Entwickelung menschlicher Freiheit.

Unter dem Namen **Zinsbauern** läßt sich die große Zahl von Landleuten zusammenfassen, welche auf den Grund des Herkommens, ober förmlicher Verträge, einem Obern zu gewissen bestimmten Zahlungen und Leistungen verpflichtet waren, und in Hinsicht ihrer persönlichen Verhältnisse einer größeren Freiheit genossen, als die Leibeigenen.

Unter Ministerium (Dienst, Dienstleistung) läßt sich das Verschiedenartigste verstehen und ist darunter verstanden worden. Jeden Falls stand der Ministeriale in irgend einem abhängigen Verhältnisse, welches aber von Hirtendiensten bis zu Staatsministerien und Mitsprechen und Mitentscheiden auf dem Landtage steigen konnte. Auch machte es einen Unterschied ob der König, oder ein mittelbarer Mann Herr des Ministerialen war. Auf die Bestimmung: daß jene Dienste desselben aller Art, nur nicht Kriegsdienste seyn könnten, nahm man später keine Rücksicht. — Von den, für Landüberlassung zum Kriegsdienste verpflichteten Lehnsleuten werde ich noch Einiges in Verbindung mit der Lehre vom Lehnrechte beibringen.

Obgleich im Mittelalter die Neigung nicht vorhanden und die Möglichkeit nicht gegeben war, kurzweg alle Abhängigkeitsverhältnisse zu beseitigen, waren doch Mittel und Wege vorhanden die volle Freiheit zu begründen, oder wiederzuerhalten. Dahin gehört Freilassung vor dem Altare, vor Gericht, oder durch Testament, Loskauf, Aufnahme in die Städte, Verjährung, Befreiung bei Gelegenheit der Pilgerfahrten und Kreuzzüge, Anlegung neuer freier Dörfer, Aufrücken in der Laufbahn des Kriegsdienstes u. s. w.

Gehen wir jetzt von solchen, die aus dem Zustande voller Freiheit in Abhängigkeit geriethen, zu denen über, welche eine höhere Stellung gewannen, so tritt zuerst der schwierige Begriff des Adels hervor. Ohne mich hier auf dessen theoretische Entwickelung einzulassen, bemerke ich daß neben dem Persönlichen hiebei auch das Sachliche (die Art und Masse des Besitzthums) mitwirkte. Aus den altfreien Leuten und den Dienstmannen der Fürsten und Prälaten entstand zum großen Theil der niedere, der landsässige Adel; wogegen manche Reichsministerialen, sowie die ursprünglich altadlichen Familien (welche weder Lehns- noch Dienstmannen eines Andern geworden waren) die Grundlage des unmittelbaren Reichsadels hergaben, welchen wir den mittleren Adel nennen könnten. Trat zu dieser persönlichen Ebenbürtigkeit der Besitz wichtiger Aemter oder großer Landschaften hinzu, so entstanden die Hochfreien, **Hochadlichen** (Grafen, Fürsten und Herzöge) welche sich allmählig zur Landeshoheit emporarbeiteten. Landstände bildeten sich aus dem niederen, Reichsstände aus dem mittleren und höheren Adel. In alle diese staatsrechtlichen Stufen und Berechtigungen griff der Lehnskriegsdienst vielfach ein; die kriegerischen Heeresstufen sind aber nicht mit Ständen zu verwechseln. Allerdings aber fielen in die Reihe **aller** Heeresschilde auch **alle** Stände; wie jetzt im Heere alle Stände sich finden vom Bauer bis zum Könige.

Zur Fürstenwürde gelangte man: erstens durch kirchliche Würden; dies giebt die gefürsteten Aebte, Bischöfe, Erzbischöfe. Zweitens, kamen dazu die edelsten, ja herrschenden Geschlechter, welche nicht überall vertilgt waren. Drittens, die früher gesetzten, allmählig unabhängig, erblich und mächtig werdenden Beamten. Hieher gehören Grafen, Markgrafen, Landgrafen, Pfalzgrafen und Herzöge.

Keineswegs verstand man unter einem Grafen immer dasselbe, sondern Begriffe, Rechte, Pflichten änderten sich, während die Benennung dieselbe blieb. Noch im dreizehnten Jahrhunderte hielt man indessen die Rechtspflege für das eigentliche und wichtigste Geschäft des Grafen.

Der Markgraf war ursprünglich Graf in einem Gränzlande, einer Mark. Sie ward aus Furcht vor auswärtigen Feinden selten getheilt, vergrößerte sich oft durch Eroberung und stand unter minder strenger Aufsicht des Königs als die Binnengrafschaften; — daher die größere Macht und Bedeutung der Markgrafen.

Unter den Landgrafen erhob sich nun der von Thüringen, unter den Pfalzgrafen nur der am Rhein so hoch, daß man sie den Herzögen gleich achten kann. Diese nämlich waren und blieben die ersten unter den Fürsten. Denn die Kriegsgewalt (an der Spitze großer Heeresabtheilungen) überflügelte oft die Rechtsgewalt der Grafen; ja diese und so manche Geschäfte der abgekommenen Sendboten gingen in die Hände der Herzöge über. Aus dem anfänglichen Amtsrechte erwuchs allmählig ein Erbrecht und die Aristokratie beschränkte das Königthum immer mehr und mehr. Kaum war es durchzusetzen daß nicht mehrere Herzogthümer in eine Hand kamen, und als endlich manche Herzogthümer geschwächt oder getheilt wurden, zogen viele der kleineren Fürsten. davon mehr Gewinn wie der König. Doch nahm die weitere Entwickeluug nicht in allen Theilen Deutschlands denselben Gang, sondern es zeigt sich immer noch viel Eigenthümlichkeit und Mannigfaltigkeit. In Baiern z. B. siegten die Herzöge über die Grafen und Herren; in Franken behielten mehr die Prälaten die Oberhand; in Schwaben kam es zu einer Art von Gleichgewicht zwischen Fürsten, Städten, Prälaten, Klöstern u. s. w.

Ich will an dieser Stelle sogleich die Bemerkung einschieben, daß die oft wiederhohlte Behauptung irrig ist: im Mittelalter habe (nicht bloß gegen Leibeigene, sondern in allen Kreisen) Despotie vorgeherrscht; vielmehr neigten sich die Dinge oft zur Anarchie, weil die höchste (wie wir jetzt sagen die executive) Gewalt zu schwach war.

Zu der Aristokratie gehörten auch die hohen Reichswürden, und aus ihnen wurden nicht selten die abgegangenen weltlichen und geistlichen Fürsten ersetzt. Ob es ein Fortschritt, oder ein Rückschritt war, daß sich im dreizehnten Jahrhundert aus der fürstlichen Aristokratie die Oligarchie der Churfürsten aussonderte und erhob, darüber läßt sich streiten. Das allgemeinere Recht den König zu wählen erschien Manchen natürlich und nützlich, während Andere eine Verengung desselben zur Abhaltung von Streit und Unordnung billigten.

Durch die Unfähigkeit und Schwäche der späteren Merovinger und Karolinger war Grundsatz und Verehrung des Erbrechts der Könige fast ganz verlohren gegangen, und Deutschland in ein Wahlreich verwandelt worden. Vor Allem erkannte Kaiser Heinrich VI. die Schattenseite dieser Entwickelung und entwarf den großen umfassenden Plan die Königswürde in seiner Familie erblich zu machen, und für den Wahlverlust der Fürsten ihre Lehen in Allobe zu verwandeln. Gewiß würde die Ausführung dieses Gedankens der deutschen Geschichte eine andere, höchst merkwürdige Wendung gegeben haben. Schon hatten die meisten Fürsten eingewilligt, als sich insbesondere seitens der Prälaten und des

Papstes unübersteigliche Hindernisse erhoben. Jene fürchteten daß sie, bei fortdauernder Erwählung, den künftig erblichen Fürsten gegenüber an Macht einbüßen und schwächer würden; und der Papst wollte keinen gebohrnen Schutzherrn der Kirche, sondern einen erwählten, über dessen Tüchtigkeit er mitsprechen und entscheiden könne.

Diese Ansicht hing wesentlich mit dem auf die Deutschen übergegangenen Kaiserthume zusammen, und ließ sich gegen andere Könige nicht ähnlicherweise geltend machen. Das Kaiserthum, haben deshalb Viele gesagt, ward das Unglück Deutschlands. Es führte zu größerer Abhängigkeit von den Päpsten, innerem Zwiespalt, Doppelwahlen und einer unglückseligen, erfolglosen Einmischung in die italienischen Angelegenheiten. Andere entgegnen: ohne Kaiser und Kaiserthum hätte die deutsche Geschichte zwar mancher Leiden, aber auch des höchsten Glanzes, der großartigsten Ideen und eines Antriebes und Schwunges entbehrt, der über das Niedere erhob und zu großen Gesinnungen und Thaten anspornte. Jeden Falls war es ein Glück daß das altrömische Kaiserthum (trotz aller Bemühungen der Rechtslehrer ihm einen glänzenden Schein zu geben) nicht wieder hergestellt wurde; die viel größere Idee des Kaiserthums, welche sich im Mittelalter mit Bezug auf deutsche Einrichtungen und die christliche Kirche entwickelte, darf durchaus nicht mit jener Tyrannei gleichgestellt, oder verwechselt werden. Man nahm im Mittelalter an: sowie die ganze Christenheit ein untrennliches, in sich einiges und befreundetes Ganzes unter der höchsten Leitung des Papstes sey; so auch der Inbegriff aller weltlichen Staaten der Christenheit unter dem Kaiser. Was aber, damals besser begründet, für den Papst zur Wahrheit und Wirklichkeit ward, blieb hinsichtlich des Kaisers ein bloßer Lehrsatz, den er außerhalb des Reiches über gewisse Förmlichkeiten und Höflichkeiten hinaus, gar nicht konnte geltend machen. Ja, selbst innerhalb Deutschlands hingen Macht und Einfluß oft mehr von seinen persönlichen Eigenschaften ab, als von Gesetzen und theoretischen Lehren. Gewiß ward seine Macht durch Verfassungsformen, insbesondere durch Reichstage geregelt und beschränkt.

Einzelne Verfügungen, Freibriefe u. dgl. konnte der Kaiser

erlassen und bewilligen; daß jedoch die Stände über alle erhebliche (ja selbst über unerhebliche) Dinge befragt wurden, leidet keinen Zweifel. Wenn Manches aus jener Zeit gewiß mit Späterem in Verbindung steht, so ist wiederum Anderes außerordentlich abweichend, und Vieles worüber wir jetzt die bestimmtesten Festsetzungen für unentbehrlich halten, war damals keineswegs genau vorgeschrieben und entschieden. So erscheint Verfassung und Verwaltung keineswegs so scharf getrennt, wie man es in unseren Tagen wohl theoretisch verlangt und praktisch versucht. Gleichwie derselbe Mann in gewisser Beziehung königlicher Beamter, und in anderer Reichsfürst war, pflegte er auch dort zu verwalten, hier an den Reichstagen und der Gesetzgebung Theil zu nehmen. Unbedenklich hatten alle unmittelbaren Fürsten und Prälaten Sitz und Stimme auf dem vom Kaiser berufenen Reichstage; ob aber auch mancher Graf, Abt, Baron, ward bei der allmählig fortschreitenden Entwickelung zweifelhaft. Gewiß blieb dem Kaiser ein Spielraum hinsichtlich des Berufens und Nichtberufens, welcher sich dadurch noch vergrößerte, daß es nicht bloß auf die Personen ankam, sondern auch auf die Sachen über welche, und den Ort (oder die Reichsgegend) wo man berathen wollte. Bei geringeren Fragen, bei örtlichen Streitigkeiten, zog man wohl auch Niedere und in der Gegend Einheimische zu Rathe, oder solche die bei der Sache betheiligt erschienen. Die kaiserlichen Räthe und Beamten mögen ebenfalls nicht selten mitgestimmt haben; wie denn überhaupt nicht genau bestimmt war, in welcher Art man die Mehrheit fand und welche entschied. Bei Theilnehmern so verschiedener Macht, wog nicht jede Stimme gleich viel, und die kraftvollere Minderheit überflügelte wohl die ohnmächtige Mehrzahl der Köpfe. Oft ward einem Fürsten, oder Prälaten der Vortrag und Antrag zugewiesen, welchem letzten die übrigen gewöhnlich beistimmten, worauf der Kaiser die Entscheidung aussprach und bekannt machte. Der Abwesende sollte sich den Beschlüssen der Anwesenden unterwerfen, und erst später ward es erlaubt eine schriftliche Abstimmung zum Reichstage einzuschicken.

Von scharf gesonderten Abtheilungen oder Curien, und einem daran sich reihenden wechselseitigen Veto, war damals noch nicht die Rede, und eben so wenig war die Lehre von der unbeschränkten Allmacht gesetzgebender Versammlungen ausgebildet und zur Anwendung gebracht. So blieb der weltliche Reichstag durch die Rechte und die besondere Gesetzgebung der Kirche beschränkt, ja durch alle wohlerworbenen, vorhandenen Rechte jedes Einzelnen und jeder Genossenschaft, welche niemand verletzen, oder ohne Einwilligung gar aufheben sollte. Deshalb traten neue Gesetze während des Mittelalters oft weit mehr in der Form von Verträgen als von Befehlen hervor; man fühlte, etwas müsse für beharrlich gelten und von dem Bewegen, Verändern und Umtreiben ausgeschlossen bleiben. Hieher gehört der (freilich bisweilen übertretene) Grundsatz: kein Fürst oder Graf, kein Prälat oder Abt, keine Stadt oder Stiftung dürfe ohne ihre Einwilligung in Hinsicht des Standes gemindert, einem anderen untergeordnet und das Reichsunmittelbare mittelbar gemacht werden.

Reichsdienstmannen wurden häufig zum Reichstage berufen und die Städte früher wohl durch die vom Kaiser gesetzten, später durch ihre eigenen Obrigkeiten vertreten.

Landtage und Landstände waren, in kleineren Kreisen, das Gegenbild der Reichstage und Reichsstände. In der Regel konnte nur Landtage berufen, wer Land und Leute hatte. Mochten dieselben nun erwachsen aus den Kriegstagen des Herzogs, oder den Gerichtstagen des Grafen, oder auf irgend eine andere Weise; zur Zeit der Hohenstaufen stand als deutsche Einrichtung fest: daß weder Könige, noch Fürsten die Gesetzgebung allein in ihrer Hand haben sollten, daß durch alle Kreise und Abstufungen hindurch berathende Theilnahme Mehrerer so heilsam als nothwendig sey. Allerdings aber waren Diejenigen, welche damals auf den Landtagen erschienen, im engeren Sinne Bevorrechtete, und man hatte den Weg noch nicht gefunden, oder verschmäht, auch dem niederen Theile des Volkes eine freiere und angemessene staatsrechtliche Stellung zu geben, ohne anarchische Gefahren herbeizuführen. Jeden Falls geschieht der Einwirkung jener Landstände bei gar vielen Dingen Erwähnung: bei Bündnissen, Friedensschlüssen, fürstlichen Verträgen, Belehnungen, Schenkungen, Kauf, Tausch, Zollbefreiungen, Steuerbewilligungen, Stellung von Mannschaft, Gründung von Klöstern u. s. w.

Daß es in jener Zeit keine feste Residenz des Kaisers, keine den Ton angebende, oder gar herrschende Hauptstadt gab, hatte erhebliche, und gewiß nützliche Folgen; ich versage mir jedoch hierauf, so wie auf manche andere Einzelnheit näher einzugehen, um für die Darstellung der städtischen Entwickelungen Raum zu gewinnen.

Fünfunddreißigster Brief.

Berlin, 27. Juni 1850.

Wenn ich an die große Zahl von Büchern denke, welche von dem Städtewesen handeln, und an die Masse des vorliegenden Stoffes, so weiß ich kaum wie ich diesen zusammendrängen und eine kurze Uebersicht des Lehrreichsten zu Stande bringen soll. Ich tröste mich aber damit, daß Sie ja überhaupt von mir kein bändereiches, erschöpfendes Werk, sondern nur Briefe verlangen in denen man sich nach Belieben bewegen darf.

Mit den italienischen Städten beginnend lasse ich zunächst alle Untersuchungen zur Seite über ihr Verhältniß zu den verschiedenen altrömischen Städten und begnüge mich mit dem unläugbaren Satze, daß auf den Gang ihrer Entwickelung einwirkten: erstens die mehr oder weniger erhaltenen Bestandtheile aus alter Zeit; zweitens das Verhältniß zur christlichen Kirche; drittens, das freiwillig angenommene, oder aufgedrungene Germanische.

Wie irrig es ist das letzte als bloß störend oder feindlich zu betrachten, ergiebt eine Vergleichung mit den byzantinischen Städten, welchen ein solcher Gährungsstoff, ein solches Erneuungs- und Wiederbelebungselement fehlte. Andererseits erweiset die Geschichte, daß die Italiener nur zu oft in Fehde mit den deutschen Kaisern geriethen, weil diese ihr Eroberungsrecht zu herbe geltend machen, und daß sie umgekehrt sobald dieser Einfluß zurücktrat, untereinander auf arge Weise zerfielen.

Die Reichstage auf den ronkalischen Feldern, der konstanzer Friede von 1184 sollten die staatsrechtlichen Verhältnisse zwischen dem Kaiser und den Städten, zwischen Deutschland und Italien dauernd und zur Zufriedenheit feststellen; weil aber die Kaiser meinten sie hätten so viel bewilligt als irgend möglich, und die Städte sie hätten weniger empfangen als ihnen billigerweise zukomme, so konnte die Wiederkehr neuen Streites nicht ausbleiben. Hiebei gewährten Papst und Kirche allerdings den Städten oft mächtigen Beistand, keineswegs aber waren sie untereinander immer einig; so entstand insbesondere oft sehr heftiger Streit über den Umfang der geistlichen Gerichtsbarkeit und Steuerfreiheit. In gleich schwankendem Verhältniß standen die Bürger zum Adel, und wenn dieser oft gezwungen wurde sich in die Städte aufnehmen zu lassen, so gründete oder verstärkte er natürlich die aristokratische Seite. Hinsichtlich des Landvolks wünschten manche Städte dessen Aufnahme um hiedurch die Macht zu vermehren; andere wiesen die Anbringenden zurück, damit die Bürgerrechte nicht durch zu große Verbreitung gemindert und unbedeutend würden. Manche Städte behandelten die von ihnen abhängigen Landleute sehr hart; andere bewilligten ihnen die Freiheit. In einer deshalb von Bologna im Jahre 1256 ausgestellten Urkunde heißt es: der allmächtige Gott schuf den Menschen rein und mit vollkommener Freiheit. Durch den Sündenfall aber wurde das ganze Geschlecht vergiftet, das Unsterbliche ward sterblich, das Unverderbliche verderblich, aus der Freiheit stürzte es in die Fesseln teuflischer Sklaverei. Da jammerte es Gott daß die Welt zu Grunde gehe, und er sandte seinen eingebohrnen Sohn zur Erlösung. Deshalb ist es heilsam und recht, daß die von Natur freigelassenen und erlöseten Menschen nicht in der Sklaverei verharren, in welche sie das Völkerrecht (jus gentium) stürzte, sondern freigelassen werden. In Betracht dessen hat die Stadt Bologna welche immer für die Freiheit kämpfte, des Vergangenen und der Zukunft eingedenk und zu Ehren unseres Erlösers Jesu Christi, alle Leibeigenen in ihrem Gebiete freigekauft und festgesetzt daß nie daselbst ein Unfreier seyn solle. Denn ein wenig Hefen säuert und verdirbt den ganzen Teig, und die Gegenwart eines Unwürdigen schändet die ganze Gesellschaft.

Man kann die Entwickelungsgeschichte der italienischen Städte in zwei Abschnitte theilen, von denen der erste (der consula=

rische) geht bis zum constanzer Frieden, oder bis gegen das Ende des zwölften Jahrhunderts; der zweite (die Zeit der Podesta) bis über die Hälfte des dreizehnten Jahrhunderts. Der größte Schritt zur Unabhängigkeit der Städte war ohne Zweifel das Recht die städtischen Beamten zu wählen. Dies Recht wurde den Bürgerschaften keineswegs gleichzeitig, oder durch ein allgemeines Gesetz, oder überall urkundlich, oder ohne allen Widerspruch und alle Unterbrechung verliehen: vielmehr kam fast jede Stadt dazu auf andere Weise, unter verschiedenen Verhältnissen, unter mehr oder weniger günstigen Bedingungen, durch eigene Gewalt oder gnädige Verleihung, oder auch durch unvordenkliches Herkommen.

Während des zwölften Jahrhunderts waren die (bisweilen nur aus dem Adel, öfter aus allen Ständen erwählten) Consuln ohne allen Zweifel die wichtigsten Beamten. Sie verwalteten ihr Amt gewöhnlich ein Jahr lang, ihre Zahl blieb aber nicht immer und nicht überall gleich groß. Ueber die Art sie zu wählen fehlt es fast an allen Nachrichten; in der Regel konnten jedoch die Abgehenden wieder gewählt werden.

Eine allgemeine Volksversammlung (concio) erschien in vielen Städten zu zahlreich, unbequem, ungeordnet; so daß der große Rath (consilium majus) meist an ihre Stelle trat, und die zahlreichste, vorzugsweise gesetzgebende Körperschaft ward. Nirgends fehlte ferner ein kleinerer Rath (consilium speciale), welcher in der Regel vorberathen mußte, ehe eine Sache durch die Consuln an das Volk, oder den großen Rath gebracht wurde. Allmählig bildete sich ein noch engerer Ausschuß, welcher über dem kleinen Rathe stand, und nicht bloß bei der Gesetzgebung, sondern auch bei allen wichtigen Verwaltungsangelegenheiten mitsprach. In dem Maaße als die Bedeutung der Volksversammlung verschwand und das Demokratische an den großen Rath überging, bildeten sich die engeren Ausschüsse immer mehr aus, bis man endlich im dreizehnten Jahrhunderte wenige Anziane, oder Alte, über den geheimen Rath (die Credenza) hinaufsetzte und anstatt mehrerer Consuln einen Podesta erwählte. So ruhte also die Pyramide der Körperschaften und Behörden auf breitem Grunde und ward in regelmäßigen Abstufungen verengt, bis sie sich in einer Spitze endigte. Während so in manchen Städten sich Alles allmählig zur Aristokratie hinwandte, ging es in anderen durch allmählige Gegenwirkung oder plötzlichen Umschlag wieder zur Demokratie zurück. Eben so verschieden als die Zahl der Beisitzer des großen Rathes, war die Zahl der Beisitzer des kleinen; jene indeß durchschnittlich wenigstens viermal so stark, wie diese. Die Mitglieder des kleinen Rathes und der Credenza wurden am häufigsten aus den Beisitzern des großen Rathes, seltener wohl aus den übrigen Bürgern gewählt und blieben in der Regel ein Jahr im Amte. Die Art der Abstimmungen war nicht überall gleich, bald geheim, bald öffentlich; die Mehrheit sollte natürlich entscheiden, obwohl wir nicht wissen wie groß dieselbe jedesmal seyn mußte.

Obgleich die Rechte der Consuln unter mehrere Personen getheilt und durch die Räthe wesentlich beschränkt waren, so blieb ihnen doch, als Häuptern der ganzen Verwaltung, ein sehr großer Einfluß. Daher entstanden unregelmäßige Bemühungen diese Würde zu erwerben, Parteiungen vor den Wahlen und parteiische Anwendung der erhaltenen Gewalt nach den Wahlen. Einige meinten: die mehrköpfige Herrschaft mache ein schnelles und kräftiges Wirken unmöglich; Andere glaubten umgekehrt, die Macht der Consuln sey zu groß; noch Andere fanden es unerträglich, sich von ihres Gleichen beherrschen zu lassen. Diese und ähnliche Gründe wirkten zuletzt gleichmäßig dahin, daß man statt mehrerer Consuln aus den eingebohrnen Bürgern, nunmehr nur ein Oberhaupt, einen Podesta (potestas) wählte, welcher nothwendig ein Fremder seyn mußte. Dadurch (so rechtfertigte man die Maaßregel) sey allen schädlichen inneren Bewegungen vorgebeugt, der Fremde nothwendig unbefangen, unparteiisch, von keinen Vorurtheilen eingenommen, und doch wiederum, als Italiener und als Bürger einer andern Stadt, nicht unbekannt mit dem was der wahre Vortheil erheische.

In der Regel stand die Wahl des Podesta der zahlreichsten Körperschaft zu, welche in der Stadt öffentliche Rechte hatte. Er war gewöhnlich von Abel, wodurch ein bedeutendes Gewicht in die aristokratische Schale fiel. Sein Amt dauerte meistens ein Jahr und er war verpflichtet am Schlusse desselben von seiner Verwal=

tung Rechenschaft abzulegen. Die Hoffnungen, welche man sich
von dieser Einheitsform und der Herrschaft eines Fremden gemacht hatte, gingen keineswegs überall in Erfüllung; sie bildete
vielmehr eine Uebergangsstufe zu mancher späteren Alleinherrschaft; oder veranlaßte eine böse Spaltung, weil man in etlichen
Städten dem aristokratischen Podesta einen demokratischen Volks-
hauptmann" (capitaneus populi) mit fast gleichem Rechte gegen-
überstellte.

Unter den Einigungen mehrerer Städte ist der Lombarden-
bund am berühmtesten geworden, und er hat allerdings den Wi-
berstand gegen die hohenstaufischen Kaiser wesentlich verstärkt; sobald jedoch die Gefahr vorüber war, fiel er fast immer ganz
auseinander; auch war die gesetzliche Form desselben niemals
genügend ausgebildet, und die wenigen Bestimmungen über Kriegsdienst und Steuerzahlung kamen nur selten gebührend zur Anwendung.

Es ist merkwürdig daß diejenigen Städte in welchen die
Demokratie obsiegte (so Bologna, Mailand, Florenz) ihre republikanischen Einrichtungen weit schneller einbüßten und Tyrannen
in die Hände fielen; während da wo die Aristokratie (wie in
Venedig, Genua, Lucca) die Oberhand behielt, die republikanischen
Formen erst um das Ende des achtzehnten Jahrhunderts gewaltsam zerbrochen wurden. Und wiederum zeigte der herrschende
Adel in Venedig viel mehr Mäßigung, Haltung und Ordnungs-
sinn, denn in Genua. Gern theilte ich noch Mancherlei über
die Einrichtungen der einzelnen italienischen Städte mit; da es
aber nur in voller Umständlichkeit deutlich und anziehend wird,
und hiezu der Raum fehlt, muß ich auf den fünften Band meiner Geschichte der Hohenstaufen verweisen und mich hier mit vor-
stehenden Andeutungen begnügen. Nur ein paar kurze, allgemeine Bemerkungen mögen noch Platz finden.

Die italienischen Städte hatten immer (nach antiker Weise)
eine beschränkte Stadtpolitik und geriethen dadurch nicht bloß mit
ihren Nachbarn in bittere Fehden, sondern zerfielen auch im Innern dergestalt, daß (an die Stelle des bescheidenen, athenischen
Ostracismus) nur zu oft viele Hunderte verwiesen und ihre Güter
eingezogen wurden. Der vereinigende Mittelpunkt, welchen der

Kaiser darbieten sollte, ward völlig verschmäht, ohne daß man einen anderen auffand, oder auch nur auffinden wollte. Eben so wenig war das Verhältniß zur Kirche ohne Mängel und Uebertreibungen, und der Bürgerstand hatte alle Gewalt an sich gezogen, oder der Adel sich derselben mit Beseitigung aller übrigen Stände angemaßt. Ein freier Bauernstand (zur Erneuung des ausgearteten) konnte sich bei diesen Verhältnissen gar nicht entwickeln. Auch in den politischen Formen sind ständische Verhältnisse ganz zurückgedrängt und (trotz scheinbarer Mannigfaltigkeit) die Räthe und Behörden nur nach der größeren oder kleineren Zahl gebildet und abgestuft.

Trotz aller Irthümer, Verkehrtheiten, Leidenschaften, Frevel und Zerstörungen, zeigt die Geschichte der italienischen Städte eine bewundernswerthe Kraft, Thätigkeit und Bildung. Wenn die deutschen Städte in Hinsicht auf den Glanz der Lichtseite den italienischen nachstehen, so ist andererseits auch ihre Schattenseite weit weniger dunkel. Das Streben nach völliger Selbstständigkeit und Allgenugsamkeit welches die italienischen Städte befeuerte, war in Deutschland nicht vorhanden, oder doch ganz unausführbar. Dem Kaiser und jedem Stande blieb sein eigenthümlicher Boden, sein unvertilgbares Recht, und wenn die Hohenstaufen zwar die Entwickelung deutscher Städte sehr beförderten, jenem italischen Streben aber entgegentraten, so muß man dies natürlich finden und billigen. So blieben die deutschen Städte Glieder eines größeren, mannigfaltigen Ganzen und Deutschland entging (trotz mancher Mängel) doch der großen Doppelgefahr übermäßigen Centralisirens und hülflosen Zerfallens. Jene Mannigfaltigkeit zeigt sich unter Anderem auch in der Verschiedenheit von Landstädten und Reichsstädten.

Wünsche und Zwecke der deutschen Städte ergeben sich am besten durch die ihnen ertheilten Freibriefe, aus denen ich Folgendes aushebe. Der König giebt keine unmittelbare Stadt in geringere Hände. Die Bürger wählen ihre Obrigkeit mit oder ohne höhere Bestätigung. Sie werden keinem fremden Gerichte unterworfen und nur nach den Gesetzen ihrer Stadt beurtheilt. Beweis durch Kampf, oder Gottesurtheil, findet wider sie nicht statt. Sie haben freies Eherecht und Erbrecht. Sie erhalten

Markt-, Münz- und Bannrechte, ihre Zahlungs- und Kriegspflichten werden genau und gesetzlich bestimmt.

Die argen Unordnungen, welche nach dem Tode Kaiser Friedrichs II. ausbrachen, führten in den Jahren 1253—1256 zu dem löblichen Abschluß eines Städtebundes, in welchen allmählig an sechzig, meist rheinische Städte eintraten. Der Hauptzweck war Frieden zu erhalten, Willkür zu bestrafen, die armen Landleute und nicht minder das Reichsgut zu schützen, und untereinander statt den Weg der Gewalt, immer den des Rechts zu erwählen.

Obgleich sich der Inhalt meiner beiden letzten Briefe nur auf die Gipfelzeit des Mittelalters, die Zeit der Hohenstaufen bezieht, will ich an dieser Stelle in Bezug auf die Städte darüber hinausgehen. Ungeachtet der Verwirrungen im vierzehnten und funfzehnten Jahrhundert, wuchs Handel, Gewerbe, Wohlstand und Bevölkerung der deutschen Städte, und die hieraus entstehende Macht entschied weit mehr über die wirkliche Stellung derselben, als rechtliche Bestimmungen der Verfassung. Die Gewerbe und Zünfte bekamen allmählig einen größeren Antheil an der Stadtregierung, was abwechselnd Streitigkeiten erzeugte oder jene Macht verdoppelte. Gegen die Willkür der wachsenden fürstlichen Aristokratie, so wie zur Erhöhung und Sicherung des Handels wurden Bündnisse der Städte geschlossen, unter denen die Hansa weit das wichtigste ist. Ihr Steigen, ihre Größe, ihr Sinken ist zu bekannt, als daß es nöthig wäre darüber etwas hinzuzusetzen. Wäre der, nach dem Mißlingen geschmähte, Plan der Bürgermeister Lübeck's, Wollenweber und Meier, gelungen, eine republikanische Städtemacht hätte die ganze Ostsee umfaßt und wäre vollgewichtig der kirchlichen und fürstlichen entgegengetreten.

Sechsunddreißigster Brief.

Berlin, 28. Juni 1850.

Nachdem ich in meinen letzten Briefen vorzugsweise von den persönlichen Verhältnissen aller Stände zur Zeit der Hohenstaufen gesprochen habe, will ich heute einiger sachlichen Verhältnisse erwähnen, welche die Eigenthümlichkeit des zwölften und dreizehnten Jahrhunderts in helleres Licht stellen.

Was erstens die Rechtsquellen anbetrifft, so waren diese nicht (wie in manchen Staaten) bloß einfacher, sie waren dreifacher Art: römisches Recht, deutsches Recht, Kirchenrecht. Diese Verbindung oder Vermischung ist laut getadelt und für jeden der genannten drei Theile die unbedingte Herrschaft verlangt worden; für das römische Recht wegen seiner wissenschaftlichen Ausbildung, für das deutsche wegen seiner Volksthümlichkeit, für das kirchliche wegen seiner christlichen Verklärung. Und doch war es wohl ein Glück daß diese Forderungen, oder Wünsche, nicht in Erfüllung gingen. Trotz aller Ausbildung des römischen Privatrechts blieben ihm doch viele rein germanische Einrichtungen und Rechtsverhältnisse durchaus fremd und ein freisinniges, constitutionelles Staatsrecht fehlte ganz. Die unaustilgliche, wohl berechtigte Eigenthümlichkeit des deutschen Rechtes konnte durch römische Wissenschaft weiter ausgebildet und berichtigt werden. Eine Alleinherrschaft des Kirchenrechtes hätte das Volksthümliche zu sehr vernachlässigt und kosmopolitische Richtungen einseitig beförbert.

Nachdem manche Kapitularien außer Anwendung gekommen und für scharfe Sonderung der Stammrechte kein genügender Grund mehr vorhanden, war es ein Gewinn daß ein allgemeineres deutsches Recht gesammelt und niedergeschrieben wurde: so im Sachsenspiegel, dem Schwabenspiegel, dem sogenannten Kaiserrechte u. s. w. Diesen Sammlungen zur Seite finden wir Landrechte und Stadtrechte in großer Zahl, mit vielen Aehnlichkeiten und wiederum mit charakteristischen Verschiedenheiten.

Ueberall gesellten sich Geschworne zu den Richtern: man hielt die Mitte zwischen übermäßiger Macht Einzelner und allzu zahlreichen Volksgerichten. Das strenge Lehnserbrecht, welches früher die Frauen ausschloß, stand in Verbindung mit damaligen Kriegspflichten. Des Mönches Erbrecht mußte beschränkt werden, damit nicht allmählig alles Besitzthum unveräußerliches Kirchengut werde. Die Vorliebe für den Beweis durch Kampf und Gottesurtheile ging aus mannichfachen Zeitverhältnissen und Vorurtheilen hervor; ihr ward seitens der Kirche und der Städte nachdrücklich widersprochen.

Das Lehnswesen ist weder etwas willkürlich Gemachtes, oder Abzuschaffendes, noch ein an sich Verkehrtes; sondern es tritt auf einer gewissen Entwickelungsstufe bei den meisten Völkern hervor, und umfaßt dann eine nothwendige, wenngleich nicht von Mängeln freie Bildungsperiode. Daß Land gegeben ward für Kriegsdienst, ist allerdings das Wesentliche der äußeren Gestaltung; über dies gewissermaßen getheilte Eigenthum hinaus finden wir aber tiefsinnigere und geistreichere Beziehungen. Im Lehnswesen erschien nämlich der Besitz fast als etwas Lebendiges, Sittliches; das getheilte Eigenthum wurde Zeichen und Beweis, daß auch die beiden Menschen, der Lehnsherr und der Vasall, erst ein Ganzes ausmachten. Ueberall trat Wechselseitigkeit der Rechte und Pflichten hervor, Treue und Wahrheit galt für die erste Bedingung der Verhältnisse, Lehnsherren und Vasallen sollten jede Freude, jedes Leid theilen und sich überall wechselseitig zu Hülfe kommen. Wer das Große, Ideale dieser Ansichten und Verhältnisse läugnet, der ist befangen in vermeintlicher Weisheit des letzten Tages und unfähig andere Zeiten zu begreifen; wer da läugnet, daß sich bisweilen schwere Schatten über jene Dinge hinlagerten, daß sie (besonders in Bezug auf die Masse des Volks) ihre arge Kehrseite hatten, der vergißt die nothwendige Mangelhaftigkeit alles Irdischen, verehrt thörichterweise nur eine einzelne Gestaltung desselben, und will die unaufhaltbare Entwickelung der Schicksale des menschlichen Geschlechts an einen willkürlich gewählten Punkt fesseln.

Daß der Ackerbau in jenen Jahrhunderten einfacher, unveränderter als in unseren Tagen betrieben ward, und dies auf die Verhältnisse aller Hörigen und Schollenpflichtigen günstig zurückwirkte, habe ich schon bemerkt. Zu desto härteren Gesetzen und Strafen führte die Leidenschaft der Bevorrechteten für die Jagd. Wie haben sich die Verhältnisse geändert! Damals hatten die Thiere des Waldes den ersten Rang und höchsten Werth, später hingegen das Holz, oder noch mehr der zum Ackerbau taugliche Grund und Boden.

Die einseitige, unbillige und hemmende Ansicht der alten Welt von dem Unwerthe der Handwerker und Gewerbe hat im Mittelalter nie die Oberhand gewonnen; vielmehr halfen diese vorzugsweise in den Städten bürgerliche Freiheit gründen, ja bisweilen bekamen sie, durch die verstärkte Macht geschlossener Zünfte, fast zu großen Einfluß auf die Entscheidung öffentlicher Angelegenheiten. Damals hatte die Zunft eine dreifache Richtung und Bedeutung: auf das Gewerbe selbst, auf politische Rechte, auf den Kriegsdienst. Jede dieser Richtungen hat ihre Licht- und ihre Schattenseite. Das Gewerbemonopol, der eigennützige Streit entgegengesetzter Interessen, das Ungenügende der Kriegseinstellung und Kriegsübung ist so offenbar und so oft hervorgehoben worden, daß ich nicht nöthig habe darauf näher einzugehen; andererseits aber brachte die Zunft damals Sicherheit und Schutz, die entgegenstehenden Interessen führten zur nothwendigen Ausgleichung, Wahlen nach Zünften gaben ein bestimmteres Ergebniß, als Wahlen untereinander unbekannter Personen nach Stadtvierteln und Besitzthum, und eben so kämpften Befreundete tapferer unter ehrenhafter Aufsicht. Endlich entstand aus dem Verhältniß von Meister, Gesellen und Lehrburschen ein löblich erziehendes, ein liebevolles Familienverhältniß, eine fördernde Verwandtschaft, von welchem Allen bei den unabweislich entstandenen großen Fabriken gar nicht mehr die Rede seyn kann.

Wenn die Kaufleute im Mittelalter auch mehr der Willkür von Einzelnen ausgesetzt waren und dadurch erheblichen Verlust erlitten, so waren dagegen die Handelssteuern weit unbedeutender und der Gedanke einer napoleonischen Continentalsperre unerhört. Wenn das Münzwesen damals keineswegs einer strengen, geordneten Aufsicht unterlag und von zu Vielen oft nach bloßem Belieben geübt wurde; so gab es dagegen keine falschen Wechsel und kein betrügerisches Papiergeld. Wenn es an einem gleichartigen, wissenschaftlich durchgeführten Steuersystem fehlte; so fand sich die örtliche Angemessenheit und Zufriedenheit durch eine große Zahl besonderer Verträge, und die Lehre von Staatsanleihen und Staatsschulden war fast ganz unbekannt. Wenn der nach Zeit und Entfernung beschränkte Kriegsdienst ungeübter, bunt zusammengesetzter Lehnsheere jedem Sachverständigen, ja jedem Laien als höchst mangelhaft erscheinen muß; so waren dagegen die Kriege kürzer, weniger blutig, und ehrgeizige Eroberungszüge ganz unmöglich.

Diese Andeutungen werden zum Beweise genügen, daß keine Zeit unbedingtes Lob, oder unbedingten Tadel verdient, jeder in der seinigen angemessen wirken, zugleich aber sich bestreben soll, andere Zeiten zu begreifen und dadurch den eigenen Lebensreichthum zu vermehren.

Siebenunddreißigster Brief.

Berlin, den 30. Juni 1850.

Nachdem ich von den weltlichen Verhältnissen des Mittelalters (oder zunächst der hohenstaufischen Zeit) gesprochen habe, ist es nöthig über die kirchliche Entwickelung Weiteres mitzutheilen.[*] Von einer Partei wird sie in den Himmel erhoben, von der anderen in die Hölle verdammt. Meines Amtes und meiner Fähigkeit ist es, wie gesagt, nicht solchen Streit zu schlichten, sondern vorzugsweise Thatsächliches vorzutragen. Aber auch dies kann (bei der ungeheuren Masse des Stoffes) nur in höchst unvollkommener Weise geschehen; weshalb ich hier mehr als je Ihre Nachsicht in Anspruch nehmen muß.

Die Welt der Laien war von der Welt der Geistlichen nunmehr wesentlich getrennt und den letzten ein besonderer, unvertilgbarer Charakter aufgedrückt; wodurch (sagen die Einen) die große Einheit und Gleichstellung der Christen rechtswidrig und unheilbringend aufgehoben ward; wodurch (entgegnen die Anderen) der geistliche Stand erst zu der Würde und Heiligkeit erhoben ward, deren er nothwendig bedarf. Dennoch ist es unpassend von einer katholischen Priesterkaste zu reden, da niemand durch Geburt Priester ward, sondern jeder sich zu diesem Berufe vorbereiten und tauglich machen sollte.

---

[*] Siehe den Einunddreißigsten Brief.

Nach Ausschluß der Laien von der Gemeinschaft mit den Geistlichen hielt man es auch nicht mehr für schicklich die Wahl der letzten in ihre Hände zu legen, und nur da wo der Laienpatron die Mittel äußern Daseyns hergegeben hatte, konnte man seinen Einfluß nicht ganz beseitigen. So bildeten die Priester weit die zahlreichste Klasse, die Demokratie der kirchlichen Welt; der scheinbar natürliche Einfluß derselben auf die Wahlen ihrer Vorgesetzten (der Bischöfe) sowie ein Antheil an der kirchlichen Gesetzgebung, ward ihnen jedoch durch die Verehrer der kirchlichen Aristokratie und Monarchie entrissen, oder doch versagt.

Ich habe schon erwähnt wie sich die Abstufungen der kirchlichen Würden allmählig bis zur Monarchie des Papstes hinauf entwickelten und ihre Geschäftskreise natürlich ineinander griffen, oder begränzt wurden. Es wäre aber sehr irrig anzunehmen daß innerhalb jedes einzelnen Kreises unbeschränkte Macht (oder Absolutismus) vorgeherrscht habe; vielmehr findet man (für Viele überraschend) fast überall einen großen Reichthum gemischter Verfassungen und constitutioneller Formen. So standen den Bischöfen und Erzbischöfen die Kapitel der Canonici oder Stiftsherrn zur Seite, begutachtend, verwaltend, mitgenießend, selbst entscheidend, und doch wiederum abhängig von der Leitung des Bischofs. Daß die Wahl desselben in ihre Hände kam, ist Thatsache; obwohl dies oligarchische Verfahren, mit völliger Zurücksetzung der Priester des Sprengels nicht ungerügt blieb. Die, bis auf den heutigen Tag, streitige Frage: ob weitere oder engere Wahlkreise die besseren seyen, ward schon damals aufgeworfen und verschieden beantwortet.

Weit die wichtigsten Veränderungen jener Zeit betrafen den P a p s t und seine monarchische Herrschaft. Schon zur Zeit Gregors VII. war nicht mehr davon die Rede den isidorischen Grundsatz durchzuführen, daß der Papst der höchste Obere in der Kirche sey (denn dieser Satz war allgemein zugegeben), sondern geltend zu machen, daß er der e i n z i g e Regierer der Kirche, allgemeiner Bischof sey, und alle anderen Bischöfe ihre Gewalt nur von ihm hätten und seine Stellvertreter wären. Ihm stand hienach nicht bloß die höchste Aufsicht, sondern mit der Fülle aller Kirchengewalt, die gesetzgebende Macht und die Gerichtsbarkeit so lange allein zu, bis er sie Anderen in größeren oder kleineren Theilen überließ. Wie Hadrian IV., Alexander III. und Innocenz III. diese Grundansicht weiter entwickelten, habe ich in meiner Geschichte der Hohenstaufen näher nachgewiesen: hier mögen einige bezeichnende Stellen aus den Briefen des letzten Platz finden. „Der apostolische Stuhl ist die Mutter aller Gläubigen, der Papst ist der Nachfolger Petri, aber nicht dessen, sondern Christi, ja Gottes Stellvertreter auf Erden.[1] Wie kann man zweifeln, ob alle wichtigen Angelegenheiten der Kirche seiner Entscheidung unterliegen? Es ist nicht unrühmlich, sondern glorreich sich vor dem zu erniedrigen, welcher im Namen dessen herrscht der da ist ein Herrscher über die Herrschenden, und ein König der Könige." — Und schon früher sagte Urban II.[2]: „Die päpstliche Würde ist so weit erhaben über die königliche, daß wir ja vor allen Königen dereinst vor Gott Rechenschaft ablegen müssen." — Die Mehrzahl der (natürlich geistlichen) Schriftsteller sprach sich in ähnlichem Sinne aus.

Bei dem Berufen auf den Spruch: gebet dem Kaiser was des Kaisers ist und Gotte was Gottes ist, sowie bei Vergleichung der geistlichen und weltlichen Macht mit Sonne und Mond, oder Seele und Leib, war freilich von keinem Gleichgewichte mehr die Rede: aber es blieb doch der weltlichen Seite ein unmittelbares eigenes Daseyn und ein selbständiger Wirkungskreis. Auch sagte noch Honorius III.[3]: „Das Gebäude der Welt wird, dem Zeitlichen nach, durch die Fürsten regiert." — Von zwei Seiten her wurden aber Schlüsse aufgestellt, welche für die weltliche Seite nachtheilig waren: erstens, von der Schenkung Konstantins her, welche man in jenen Zeiten für ächt hielt[4]; und zweitens, von der Behauptung aus: daß Christus König sey weil er uns regiere, und Priester weil er uns durch seine Opferung von Sünden erlösete und mit Gott aussöhnte. — In einem Schreiben Gregors IX.

---

1) Papa veri dei vicem gerit in terra: Innoc. epist. I, 335, 302, 326; XI, 89.
2) Concil. XII, 752; Urbani epist. append. 28.
3) Regesta Honorii, I, Urk. 15.
4) Hugo Floriac., c. 2, 3; Signorelli, II, 376.

heißt es [1]): Konstantin hielt es für verwerflich, daß da wo der himmlische Kaiser das Oberhaupt der gesammten Christenheit hinstellte, ein weltlicher Kaiser irgendeine Gewalt ausübe. Deshalb überließ er Italien dem apostolischen Stuhle, und wählte sich einen neuen Aufenthalt in Griechenland. Auch Karl der Große übergab die weltliche Regierung in Rom aufs neue dem Papste.

Ganz umgewandelt endlich ward im Grunde die Lehre von der weltlichen Gewalt durch die Art und Weise wie Innocenz IV. die Sache darstellte. „Der Kaiser bezweifelt und läugnet (so heißt es in einem seiner Schreiben) daß alle Sachen, alle Personen dem römischen Stuhle unterworfen sind: — also der, welcher einst die Engel im Himmel richten wird, der sollte über Irdisches nicht richten dürfen? Schon im alten Testamente entsetzten Priester unwürdige Könige; wie viel mehr ist der Statthalter Christi hiezu berechtigt u. s. w. Diejenigen welche ungeschickt zur Erforschung der Verhältnisse sind, sagen irrig: Konstantin habe dem römischen Stuhle zuerst weltliche Gewalt gegeben; da ihm doch diese naturgemäß und unbedingt schon von Christus, dem wahren Könige und Priester, in der Ordnung Melchisedeks verliehen worden.[2]) Nicht bloß eine priesterliche, sondern auch eine königliche Herrschaft gründete Christus, und gab dem heiligen Petrus zugleich die Schlüssel des irdischen und himmlischen Reiches, wie durch die Mehrheit der Schlüssel angemessen und augenfällig angezeigt ist. Die Tyrannei, die gesetz- und haltungslose Regierung, welche früher in der Welt allgemeiner Gebrauch war, legte Konstantin in die Hände der Kirche nieder und empfing das, was er mit Unrecht besaß und übte, jetzt aus den ächten Quellen als eine ehrenvolle Gabe zurück. Auch die Gewalt des Schwertes ist bei der Kirche und stammt von ihr: sie übergiebt es dem Kaiser bei dessen Krönung damit er davon gesetzlichen Gebrauch mache und sie vertheidige; sie hat das Recht ihm zu gebieten, stecke dein Schwert in die Scheide" u. s. w.

Sowie in unseren Tagen Manche aus einem eigenthümlichen Daseyn der Kirche neben dem Staate lauter Uebel herleiten und

---

1) Cod. Reginae Christinae, 385.
2) Gesch. der Hohenstaufen, IV, 120.

jene ganz in diesen aufnehmen, ganz in ihn auflösen wollen; so strebten die Päpste jener Zeit, den ganzen Staat unbedingt ihrer Herrschaft unterzuordnen, und die geistliche und weltliche Macht schlechthin in einer Hand zu vereinigen. Ich will die Gründe gegen eine solche königliche, oder päpstliche Allmacht hier nicht umständlich entwickeln, sondern nur daran erinnern, daß alsdann von der Kirche auch Alles das verlangt wird, was sonst dem Staate obliegt (z. B. Landesvertheidigung und Krieg) und diesem umgekehrt Alles zur Last gelegt wird, was sich nicht durch irdische Mittel wegschaffen, sondern nur durch religiöse Ueberzeugungen erleichtern läßt. Beide verlieren also auf diesem Wege ihre natürliche, sichere Stelle und setzen sich durch Hinausgreifen über ihre Kreise gar vielen, keineswegs ganz ungerechten Vorwürfen aus. Im Muhamedanismus war jenes angebliche Ideal lange Zeit verwirklicht: mithin führte jeder Religionsstreit leicht auch zu politischen Kriegen, und viele politische Kriege verwandelten sich in Religionskriege; Staat und Kirche arteten zu gleicher Zeit aus, sie konnten sich nicht wechselseitig reinigen und erretten.

Innocenz IV. ging darauf aus auch innerhalb der Kirche einen vollständigen Absolutismus aus jenen Grundsätzen theoretisch herzuleiten, und praktisch durchzusetzen; während Innocenz III. noch den Werth constitutioneller Formen innerhalb seiner Monarchie anerkannte. Wenigstens war er (trotz entscheidender Oberleitung in wichtigen Dingen) der Vielregiererei abgeneigt und schreibt: „Der apostolische Stuhl ist das Haupt, woraus Einsicht und Kraft für alle übrigen hervorgeht; damit jedoch der oberste Hirte, bei der Unvollkommenheit der menschlichen Natur, nicht den ununterbrochenen und übergroßen Sorgen erliege [1]), wenn er (mit unnützer Thätigkeit) jedes Geschäft an sich zöge; so sind viele Arbeiter zu der großen Aerndte berufen, durch deren Hülfe er das vollführt, was er nicht unmittelbar übernehmen kann. Wir wundern uns daher, wie du, über Rechtsfragen an uns gehen kannst, die so klein und unbedeutend sind, daß damit nicht einmal die Väter der Stadt, wie viel weniger der Vater des Christenstaates beunruhigt werden sollte."

---

1) Epist. X, 137; XI, 146, 176.

Bei der Neigung der Untergebenen sich, mit Uebergehung ihrer nächsten Obrigkeit, sogleich an die höchste Stelle zu wenden, bei dem Lockenden was alles schlechthin unmittelbare und unbedingte Regieren hat: verließ man aber nur zu leicht den richtigen Mittelweg, und bemerkte nicht daß der Papst als unumschränkter Monarch weniger geliebt und gesichert bastand, als wenn er die Rechte der kirchlichen Stände anerkannte und berücksichtigte.

Dem Papste zur Seite standen die Kardinäle. Sie waren seine Rathgeber und Mitarbeiter in allen wichtigen Angelegenheiten der Christenheit, und das höchst wichtige Amt seiner Erwählung war ausschließlich in ihre Hände übergegangen. Versuche den Papst durch vorgelegte Bedingungen, durch Wahlkapitulationen zu binden, mißlangen; denn sie standen mit den Lehren von seiner Statthalterschaft und Unfehlbarkeit in zu offenbarem Widerspruche. Weniger als von gesetzlichen Vorschriften hing das Maaß der Wirksamkeit und des Einflusses der Kardinäle ab von ihrer und des Papstes Persönlichkeit.

Bei dem Umfange der päpstlichen Herrschaft war es unmöglich von einem Punkte aus Alles zu übersehen, und Berichte der Erzbischöfe und Bischöfe verschafften oft nicht genügende und unparteiische Einsicht. Daher schickte der Papst Legaten (nach Art der Missi dominici Karls des Großen) mit größeren oder beschränkteren Vollmachten in die einzelnen Länder umher; theils um bestimmte Aufträge zu vollziehen, theils zu allgemeiner Beaufsichtigung und Controle der kirchlichen Verwaltung. Wäre es hier der Ort, so könnte ich viele Beispiele, sowohl von ihrer heilsamen, als von ihrer verberblichen Einwirkung beibringen. Eben so muß ich es mir versagen unzählige freundliche und feindliche Verhältnisse innerhalb der kirchlichen Welt, und zwischen der geistlichen und weltlichen Macht vorüberzuführen; sie bilden ja den Hauptinhalt der Kirchen- und Staatsgeschichte fast eines Jahrhunderts. Nur eine Bemerkung will ich nicht unterdrücken. Wohlmeinende haben allen Streit zwischen Staat und Kirche auf sehr verschiedene Weise beenden wollen. Sie müssen (sagen die Einen) unbedingt und in jeder Beziehung getrennt werden; dann hat alle Fehde ein Ende und der ewige Friede ist geschlossen. — Wie aber wenn dieselben Personen Mitglieder der Kirche und des Staates sind, und trotz aller Gränzbestimmungen, Zweifel und Streit entstehen über Rechte, Pflichten, Forderungen, Leistungen u. s. w.? — Deshalb fordern andere Parteien gleich unbedingt die Unterordnung des Staates unter die Kirche, oder der Kirche unter den Staat; woraus, wie ich schon bemerkte, keineswegs eine ganz natürliche und glückliche Lösung jener großen Fragen hervorgeht. So wird man immer wieder von berlei unbedingten Vorschlägen zu bedingten Verträgen hingetrieben, welche Ort, Zeit, Bildung, Volksthümlichkeit u. dgl. nicht dürfen unberücksichtigt lassen, wenn sie anders Dauer und Beifall gewinnen sollen.

Ein solcher von unbedingten Forderungen zu einer mittleren, gemäßigten Verständigung hindrängender Streit war im Mittelalter der über die Investitur, oder Belehnung der Geistlichen. Diese war lange unbestritten von den Laien mit Ring und Stab ertheilt worden, dann aber behauptete man: diese Sinnbilder wären rein geistlicher Art und führten zu der irrigen Meinung, als werde damit auch die kirchliche Würde, das Recht zu kirchlichen Handlungen gegeben. Allmählig mußten die Laien den laut ausgesprochenen Grundsatz anerkennen, daß ihnen eine solche Verleihung gar nicht zustehe. Weiter gehend erklärte schon Urban II. auf der Kirchenversammlung in Clermont: kein Bischof, oder Geistlicher soll dem Könige, oder einem anderen Laien den Lehnseid leisten. Diese Forderung führte zu dem natürlichen Einwande: wenn der Geistliche die Pflichten des Lehnsmannes und Unterthanen abläugne, so habe auch die Pflicht des Königs ihn zu schützen und das Recht jener ein Ende auf Reichstagen zu erscheinen. Am härtesten aber traf das Verlangen: die Geistlichkeit müsse für den Fall daß sie Dienste und Leistungen verweigere und ganz aus dem weltlichen Verbande ausscheide, auch ihre weltlichen Güter, Einnahmen und Besitzungen herausgeben. Paschalis II. billigte in seinem mit Heinrich V. geschlossenen Vertrage diese Ansicht, war aber nicht im Stande sie gegen die laut widersprechende Geistlichkeit durchzusetzen, und der Vertrag von Worms entschied endlich im Jahre 1122: der Geistliche werde, nach vorhergegangener Wahl, von dem Könige nicht durch

Ring und Stab, sondern durch den Zepter mit dem Weltlichen beliehen.

Abgesehen davon, daß dieser Vertrag nicht entschied: in wie weit die Unterthanenpflichten zu den Lehnspflichten hinzuträten, beantwortete er auch die Frage nicht: ob die Belehnung der Weihe vorhergehe, oder ihr folge. Jenes verlangten die Laien, dieses die päpstlich Gesinnten. Wenn nämlich (sofern die kirchlichen Eigenschaften nicht fehlten) der Papst den vorher zu Belehnenden weihen mußte, so gerieth die Besetzung der geistlichen Stellen in die Hände des Kaisers: mußte der Kaiser den vorher Geweihten belehnen, so kam die Besetzung in die Hände des Papstes, und alle Kirchengüter in allen Staaten würden ein großes übermächtiges Ganzes gebildet haben. — Dies genügt um die Wichtigkeit jener Fragen anzudeuten; es gehört dagegen nicht hieher ihre weitere mannichfache Entwickelung und Beantwortung nachzuweisen. Nie kam es jedoch zu einer völligen Trennung der Geistlichen vom Staate, wodurch sie überdies in eine sehr drückende Abhängigkeit vom Papste gekommen wären.

Achtunddreißigster Brief.

Berlin, 2. Juli 1850.

Sie haben sehr gütig erlaubt daß ich bei den Betrachtungen über das Mittelalter meine Geschichte der Hohenstaufen zum Grunde lege. So sehr ich mich indessen bemühe das dort auf vielen Bogen Gesagte auf wenige Seiten zusammenzudrängen, muß ich dennoch, um nicht in zu große Weitläufigkeit zu gerathen, minder wichtige Gegenstande ganz übergehen. Vom Klosterwesen will ich aber um so mehr sprechen, weil sich hier ein merkwürdiger Reichthum von Verfassungsformen findet.

Mancherlei Ursachen, vor Allem das Bestreben durch Entfernung von der Welt eine höhere Heiligung zu erwerben, trieben (besonders in Aegypten) zur Absonderung von allen übrigen Menschen. Weil aber völlige Einsamkeit doch nur Wenigern zusagte, fanden Antonius und Pachomius schon in der Mitte des vierten Jahrhunderts großen Beifall mit einer, die Einzelnen zu einem gemeinsamen Leben verbindenden Regel: es entstanden Genossenschaften Gleichgesinnter (coenobia), Klöster. Für das Abendland ward indessen die Regel des heiligen Benedikt von Nursia (um 515) herrschend, und mit Recht gilt sein Ur- und Stammkloster Montecassino für das erste des ganzen katholischen Europa. Die Gelübde der Armuth, des Gehorsams und der Keuschheit bezeichneten Hauptrichtung und Zweck. Es wurden Gottesdienst und Arbeit, Wissenschaft und strenge Lebensweise eigenthümlich miteinander verbunden, und zu dem Geistlichen fanden sich bald großer Grundbesitz, Reichthum, ständische und staatsrechtliche Vorzüge.

Ich enthalte mich des unzählige Male ausgesprochenen allgemeinen Lobes und Tadels der Klöster, um für einige geschichtliche Thatsachen Raum zu gewinnen. Das Klosterwesen und Klosterleben fand so allgemeinen Beifall, daß die vom heiligen Chrodegang im Jahre 760 entworfene Regel des kanonischen Lebens bezweckte, alle Priester und Geistliche möglichst in Mönche zu verwandeln. Der Plan mißlang hauptsächlich weil er mit Verbreitung der Geistlichen und ihrer Einwirkung auf alle Laien unverträglich war. Als Beweis von der steigenden Vorliebe und dem steigenden Reichthume führe ich an daß allein der heilige Bernhard von Clairvaux 160 Klöster gründete, in England von Wilhelm I. bis Johann ohne Land 575 Klöster errichtet und zur Zeit der Reformation 1016 aufgehoben wurden. Lami[1]) zählt allein für die Stadt Florenz 156 Klöster auf.

Den kirchlichen Gesetzen zu Folge, sollte der Bischof die Aufsicht über die zu seinem Sprengel gehörigen Klöster führen; bald aber zeigte sich dieser Obere zu streng, bald zu lässig, und die Klöster welchen jede Abhängigkeit von dem benachbarten Bischofe sehr unbequem war, suchten sich derselben in jeder Weise zu entziehen und unter den unmittelbaren Schutz des entfernteren Papstes zu kommen. Hieraus entstanden große Unordnungen und es

---

1) Monastic. anglic., I, 1035—1046. Heeren, Geschichte der klassischen Literatur, I, 211.

zeigte sich das Bedürfniß einer neuen Organisation des gesammten Klosterwesens. Dies bewirkten im zehnten und elften Jahrhundert die großen Genossenschaften, die Congregationen der Klöster; sie erschufen zuerst eine Verfassung für dieselben im engeren Sinne.

Jedes einzelne Kloster hatte eine gemischte Verfassung: der gewählte Abt, die Beamten und Geschäftsführer, und die Mönchsgemeine zeigen monarchische, aristokratische und demokratische Bestandtheile. Ihr Gewicht war aber nicht überall gleich groß, und neben der nicht ganz gleichen Regel entschieden oft die Persönlichkeiten. Jene Congregationen verbanden nun viele Klöster zu einem größeren Ganzen, nach umfassenden in sich aber wiederum verschiedenen Verfassungsformen. Zunächst erhöhte sich dadurch Zucht, Ordnung und Macht. Unter dem Kloster Cava, bei Neapel (welches nicht einmal Haupt eines größeren Vereins war) standen 120 Klöster und 330 Kirchen.[1] Der Orden der Prämonstratenser zählte achtzig Jahre nach seiner Stiftung 1000 Aebte, 300 Pröpste, 500 Nonnenklöster u. s. w. Zur Congregation der Clugniacenser gehörten an 2000 Klöster, und eben so viel zu den Cistertiensern. Wie mußte dies Macht und Einfluß erhöhen!

Unter allen Congregationen war die von Clügny (gestiftet 910 vom heiligen Berno) am meisten aristokratisch organisirt. Der von den Mönchen gewählte Abt dieses Hauptklosters erhielt bischöfliche Abzeichen und Rechte[2]; kein anderer Bischof durfte in seine Kreise eingreifen und sie erstreckten sich über alle zur Congregation gehörigen Klöster. Diese hatten keine Aebte, sondern nur Vorsteher, Prioren, welche der Abt von Clügny aus den Mönchen von Clügny ernannte. Nur hier sollten neue Glieder des Ordens angenommen werden; sie mußten wenigstens daselbst ihr Gelübde ablegen. Der ganze Orden war in Provinzen,

---

1) Helyot, V, c. 26. Acta Sanct., 4. März, S. 329. Planck, Gesch. der Gesellschaftsverf., III, 2, 497.

2) Concil. coll. XII, 1030, c. 74. Marrier, Bibl. Cluniac., 1559. Consuet., 683.

Landschaften abgetheilt¹), und jeder zwei Aufseher (camerarii) vorgesetzt, die nach den Befehlen des Abtes von Clügny das Nöthige ordneten und besserten, die Zucht und Verwaltung prüften u. s. w. Die Klosterbeamten legten jährlich dreimal Rechnung ab vor den Prioren und den bejahrteren Brüdern; der Prior jährlich zweimal vor der Mönchsversammlung; einmal jährlich erstattete derselbe dem Abte von Clügny einen vollständigen, durch den Aufseher der Landschaft als richtig beglaubigten Bericht über alle Verhältnisse seines Klosters.

Ferner ward jährlich in Clügny eine allgemeine Versammlung, ein Generalkapitel gehalten, auf welcher wenigstens die Prioren erscheinen sollten. Zur Zeit Peters des Ehrwürdigen²) waren auf einer solchen Versammlung 200 Prioren und 1200 Mönche. Jene wählten zuvörderst funfzehn Entscheider, oder Diffinitoren, welche wiederum vier Personen ernannten um die persönlichen und sachlichen Verhältnisse des Klosters Clügny selbst zu untersuchen. Sie erstatteten der Hauptversammlung Bericht über den Befund, und Mängel blieben nicht ungerügt. So überwiegend also auch die Macht des Abtes von Clügny war, um das Ganze in Ordnung zu erhalten, so war er doch nicht über Verantwortlichkeit erhaben.

Die Generalkapitel wirkten sehr heilsam auf Abstellung aller Mißbräuche; bei ihnen war die gesetzgebende Macht. Damit aber außerdem eine wechselseitige Prüfung der verschiedenen Orden eintrete, verordnete Gregor IX.³), daß der Hauptversammlung drei Prioren der Karthäuser beiwohnen sollten, nicht um sich anmaßlich einzumischen, wohl aber um zu beobachten, zu rathen, und dem römischen Hofe Bericht zu erstatten.

In der vom heiligen Robert (um 1098) gestifteten, durch Bernhard von Clairvaux weiter ausgebildeten Congregation der Cistertienser fanden ähnliche, jedoch minder oligarchische Einrichtungen statt. Der Abt von Citeaux stand allerdings an der Spitze des Ganzen, jedes Kloster hatte jedoch einen eigenen von

---

1) Marrier, 1459—1470. Helyot, V, 18.
2) Hist. litter. de France, XIII, 244.
3) Regesta Gregor. IX, Jahr 6, Urk. 242.

der Mönchsgemeine erwählten Abt.¹) Die Vorschriften über Gesetzgebung, allgemeine Versammlungen, Diffinitoren und gegenseitige Aufsicht weichen nur wenig von den bereits erwähnten der Clugniacenser ab. Ich will Sie jedoch nicht mit Aufzählung vieler kleinen Unterschiede zwischen den einzelnen Congregationen ermüden, sondern auf den Hauptgegensatz innerhalb der Klosterwelt, auf die Bettelmönche übergehen.

Die in viele Unterabtheilungen zerfallenden beiden Hauptorden der Dominikaner und Franziskaner entstanden im Anfange des dreizehnten Jahrhunderts zur Zeit Papst Innocenz III.²) Sie unterscheiden sich von den Benediktinern in sehr wesentlichen Punkten. Erstens bezog sich ihr Gelübde der Armuth nicht bloß auf den einzelnen Mönch, sondern auf die gesammte Körperschaft. Während ein Benediktinerkloster sehr reich seyn durfte, sollte das Bettelmönchskloster nur das Allerunentbehrlichste besitzen und darbieten. — Zweitens, schlossen sich die Bettelmönche nicht ein in die Mauern ihres Klosters, sondern ihre Hauptpflicht war, außerhalb desselben mit den Laien aller Art in Verbindung zu treten, und auf ihr geistliches Wohl hinzuwirken. Drittens, war die Verfassung der Bettelorden ebenfalls sehr eigenthümlicher Art. Bei den Franziskanern stand an der Spitze jedes Klosters ein Guardian, an der Spitze jeder Landschaft ein Landschaftsmeister oder Provinzial, an der Spitze des ganzen Ordens der Großmeister oder General; Beschützer des Ordens war ein Kardinal, oder der Papst selbst. In bestimmten Fristen sollte der Landschaftsmeister alle Klöster untersuchen, zur Besserung von Uebeln anweisen und behufs umfassenderer Einrichtungen landschaftliche Versammlungen halten. Allgemeine Versammlungen berief der Großmeister des Ordens auf welchen erschienen: erstens alle Landschaftsmeister, zweitens die Aufseher oder Vorsteher der Klöster, drittens, die Abgeordneten welche außerdem von den Klöstern zu diesem Zwecke für jede Landschaft erwählt wurden.

Auf diesen Versammlungen wurden allgemeine Gesetze beschlossen, die Berichte aus allen Landschaften gehört und geprüft,

---

1) Magagnotti, 324.
2) Hohenstaufen, IV, 435.

die Großmeister gewählt und im Fall der Untüchtigkeit sogar abgesetzt. Andererseits ernannte und entfernte dieser alle Landschaftsmeister aus eigener Macht, bestätigte die Guardiane, entschied über Anlegung oder Verlegung von Klöstern, ertheilte die Lossprechung für viele Vergehen u. s. w.

Die Verfassung der Dominikaner war in vielen Grundzügen übereinstimmend mit der Verfassung der Franziskaner, jedoch weiter und mannichfaltiger ausgebildet. Ich gebe einige Proben. Zur Wahl eines Landmeisters waren berechtigt: erstens die Vorsteher der hieher gehörigen Klöster; zweitens, die geprüften Oberprediger; drittens, ein oder zwei Bevollmächtigte, welche in jedem Kloster durch die Brüder gewählt werden. Der Großmeister bestätigt, oder verwirft die Wahl und besetzt, sofern diese über ein Jahr verzögert wird, aus eigener Macht. Er selbst wird gewählt von den Landmeistern und zweien, auf jeder Landschaftsversammlung außerdem dazu ernannten Männern. Erwählte Diffinitoren controlirten die Verwaltung der Landmeister und des Großmeisters.

Diesen kurzen Andeutungen füge ich nur wenige Bemerkungen hinzu. In der Person des Großmeisters ist die monarchische Seite mächtig vertreten, und er wohnte (eine wichtige Neuerung) in dem Mittelpunkte der christlichen Welt, in Rom. Die Landschaftsmeister, Diffinitoren, Oberprediger bilden den aristokratischen, die Mönchsgemeine den demokratischen Bestandtheil. Hier tritt aber (sehr unerwartet und gleichzeitig mit der für Neapel und Sicilien gegebenen Verfassung Kaiser Friedrichs II.) zum ersten Male einer der wichtigsten und folgereichsten staatsrechtlichen Gedanken an das Licht und in die Wirklichkeit. Die Mönchsgemeinen konnten bei der Unzahl der Köpfe nicht sämmtlich in politische Thätigkeit gesetzt werden; es erschien unbillig und einseitig sie ganz auszuschließen, oder zu behaupten, sie fänden an den Aristokraten des Ordens hinreichende Beschützer und Vertreter. So kam man dahin aus der Demokratie sämmtlicher Mönche, durch Wahl, Repräsentanten in kleinerer, aber tauglicherer Zahl hervorgehen zu lassen.

Ich will hier nicht wiederhohlen, was ich über Lob und Tadel der Bettelorden in meiner Geschichte der Hohenstaufen mitgetheilt habe; beides entbehrt keineswegs der Wahrheit. In unserer meist dem Tadeln zugeneigten Zeit darf man aber daran erinnern, daß die außerordentlich rasche und zahlreiche Verbreitung jener Orden beweiset, Richtung und Bedürfniß der Zeit sey ihnen günstig gewesen. Trotz ihrem anfänglichen Anschließen an Papst und Hierarchie mußte doch das Republikanische ihrer Verfassungsformen sich bald geltend machen; welches Alles wesentlich damit in Verbindung steht daß die Bettelorden (weit mehr als Weltgeistlichkeit und Benediktiner) den niederen Klassen einen Weg zu höherer Bildung und Thätigkeit eröffneten.

Sowie ein Bedürfniß und eine Richtung der Zeit durch die Orden der Dominikaner und Franziskaner geschickt aufgefaßt und befriedigt wurde, ebenso ein anderes Bedürfniß und zwei scheinbar ganz unverträgliche Richtungen durch die Orden der Tempelherren, Johanniter und deutschen Ritter. Sie verbanden nämlich die Pflichten des Mönches und des Kriegers, indem sie zu den drei Gelübden des Benediktiners: der Armuth, des Gehorsams und der Keuschheit, das vierte hinzufügten: Kriegführung gegen die Ungläubigen.[1]) Die Verfassung der Orden war gemischter Art. An der Spitze derselben stand ein erwählter Großmeister mit mancherlei, aber keineswegs unbeschränkten Rechten; vielmehr zieht sich in vielen Abstufungen eine mehrherrische Regierungsweise hindurch, welche in der Gesammtheit der Ritter einen einflußreichen demokratischen Bestandtheil hatte. Ja, so wie die Mönchsorden Einfluß und Macht über ihre eigentlichen Kreise hinaus dadurch erweiterten, daß sich sogenannte dienende Brüder an dieselben anschlossen, so zählten die Ritterorden eine große Zahl von Waffenbrüdern und Handwerksbrüdern.

Die Orden waren nach Landschaften abgetheilt mit besonderen Vorstehern und Landschaftsversammlungen; die allgemeine Gesetzgebung war in den Händen einer Hauptversammlung, in welcher außer dem Großmeister und den Großwürden, die Landschaftsmeister saßen und gleich den ersten berechtigt waren die vornehmsten Brüder zu den Sitzungen mitzubringen. Weil dies Alles dem Sinne und den Wünschen jener Zeit außerordentlich genehm war, stieg Zahl, Reichthum, Macht der Orden rasch auf

---

1) Hohenstaufen, I, 300.

erstaunliche Weise. Die Tempelherren unterlagen dem Eigennutze des Königs von Frankreich und der Feigheit des von ihm abhängigen Papstes; die anderen Orden erhielten sich, zum Theil in veränderter Gestalt, bis in unsere revolutionirende Zeit.

Verwandt mit diesen Orden und doch wesentlich davon verschieden, war das Ritterwesen des Mittelalters. Die Abstufungen des Adels und der Fürsten bezogen sich (wie wir sahen) auf wechselnde, dann auf erbliche Aemter, und auf mehr oder weniger Besitzthum und Macht; das Ritterthum dagegen legte allen Nachdruck auf die Person und bildete dem sachlichen Adel gegenüber einen persönlichen Adel. Die Turniere erinnern an die hellenischen Spiele, und wenn zu jenen hauptsächlich nur Adliche zugelassen wurden, und die Verbindung mit Dichtkunst und Bildhauerei geringer erscheint, so nahmen doch an ihnen mehr Personen wirklich Theil, und die mindere Berücksichtigung des Aesthetischen wird dadurch mehr als ersetzt, daß die Ritterwürde fürs ganze Leben eine bestimmte Stellung ertheilte und in preiswürdiger Weise zu gewissenhafter Erfüllung sittlicher Vorschriften verpflichtete.

Neununddreißigster Brief.

Berlin, den 5. Juli 1850.

Die Zeit der Hohenstaufen zeigt das Mittelalter in seiner ausgebildetsten, mannichfaltigsten und zugleich abgerundeten Gestalt, deshalb habe ich mir erlaubt davon umständlicher zu sprechen; aus der Entwickelungsgeschichte der folgenden Jahrhunderte will ich dagegen nur einzelne Punkte in möglichster Kürze hervorheben.

Mit dem Siege der Päpste über die Hohenstaufen war der Friede zwischen Staat und Kirche keineswegs gegeben und befestigt; vielmehr geriethen jene in solche Abhängigkeit von den französischen Königen und mischten sich immer anmaßlicher in die deutschen Angelegenheiten, so daß die Churfürsten im Jahre 1338

durch den Verein von Renſe feſtſetzten: der von ihnen erwählte
König habe Macht und Gewalt von Gott, ohne Genehmhaltung
des römiſchen Hofes. Auch würden ſie ihre Rechte gemeinſchaft-
lich wider jeden Angriff aufrecht erhalten. — Schon Ludwig der
Baier fand unter den Bettelmönchen Vertheidiger ſeiner Anſprüche
gegen den Papſt. Die höchſte Gewalt (behauptete man mit Bezug auf Ariſtoteles) wird in einer Wahlmonarchie durch das Volk
übertragen. Deshalb hatte der Papſt kein Recht die Kaiſerwürde
den fränkiſchen Königen zu verleihen; die Rechtmäßigkeit einer
ſolchen Handlung konnte allein auf der Einwilligung des Volkes
beruhen. Das Wahlrecht der Churfürſten iſt nicht vom Papſte
abzuleiten; er darf die Kaiſerkrone dem durch Mehrheit Erwählten nicht verſagen, oder zuvor eine Unterſuchung ſeiner Tüchtigkeit
anſtellen. In weltlichen Dingen ſteht dem Kaiſer alle Gewalt
allein zu, und wo die päpſtlichen Anſprüche dem Anſehen der
Biſchöfe und der Kirchenverſammlungen zu nahe treten, ſind ſie
zurückzuweiſen.

Genauer wurden die Wahlrechte der ſieben Churfürſten
durch die **Goldene Bulle** Kaiſer Karls IV. vom Jahre 1356
feſtgeſtellt, und die untheilbare Vererbung der Churfürſtenthümer
an den Erſtgebohrnen vorgeſchrieben. Alles zu Allem gerechnet
mehrte ſich in dieſen Zeiten die fürſtliche und minderte ſich die
kaiſerliche Gewalt; bei ungenügendem Schutze gegen die Willkür
jener, traten die Städte oft in engere Bündniſſe. Die Reichs-
ſtädte wurden auf den Reichstagen durch Perſonen ihres Rathes
vertreten. Sie bildeten die dritte Körperſchaft zu den Collegien
der Churfürſten und Fürſten; zwei derſelben gaben aber keine
entſcheidende Mehrzahl gegen die dritte. Das worüber ſich der
Kaiſer mit den mächtigſten Fürſten vereinigte, ward gewöhnlich
in den Reichsabſchied aufgenommen, und die übrigen mußten ſich
in der Regel unterwerfen. Die Reichsritterſchaft ſonderte ſich
immer mehr von der landſäſſigen, und obgleich den Landtagen
noch immer bedeutende Rechte verblieben, war doch die große
Maſſe des Landvolkes, nach wie vor, politiſch unberechtigt und
gar mannichfacher Willkür ausgeſetzt. Kriegs- und Steuerweſen
kam nie in gehörige Ordnung, und das ſteigende Uebergewicht
des römiſchen Rechts veranlaßte viele, der wahren Freiheit nach-

theilige Mißdeutungen. Wenn die heimlichen oder Fehmgerichte auch nicht in der Art Willkür übten, wie sie in Romanen geschildert wird, so war doch die Form des Verfahrens in vieler Beziehung tadelnswerth.

Ich will auf diese Gegenstände nicht näher eingehen, um Raum zu gewinnen für Darstellung der denkwürdigen Bestrebungen des funfzehnten Jahrhunderts für die gesammte christliche Kirche neue Verfassungsformen aufzufinden. Die drei großen Kirchenversammlungen[1]) in Pisa, Kostnitz und Basel erinnern an die französischen Nationalversammlungen, und stehen an Wichtigkeit und Interesse nicht hinter ihnen zurück.

Die Theorie unbeschränkter Kirchenherrschaft des Papstes stellte, nach Innocenz IV., Bonifaz VIII. folgerecht und aus den bis dahin eingeräumten Vordersätzen fast unwiderleglich zusammen; als aber diese Theorie zur Praxis ward, stellten sich (noch schroffer als in einem großen weltlichen Staate) fast unausbleibliche Mängel heraus, und die steigenden Einreden richteten sich nunmehr auch wider jene für unantastbar ausgegebenen Grundsätze. Die bis auf die äußerste Spitze getriebenen Forderungen der Unbeschränktheit führten nicht bloß zu der Rückfrage: ob es immer so gewesen; sondern verdoppelten auch die Sorgen für die Zukunft. Zu diesen aus der natürlichen Entwickelung für das Papstthum entstehenden Gefahren, traten zwei noch größere hinzu welche man nach menschlicher Betrachtungsweise hätte vermeiden können und sollen: nämlich die Verlegung des päpstlichen Sitzes nach Avignon (1305) und die große Kirchenspaltung (1378). Durch das erste Ereigniß wurden die Päpste weit abhängiger von den französischen Königen, als sie je von deutschen Kaisern gewesen waren und geriethen deshalb in vielfachen Streit mit der übrigen christlichen Welt. Die Doppelwahl zweier Päpste, die sich untereinander bannten und verfluchten, untergrub aber wesentliche Grundlehren des Katholicismus (so die von Einheit und Unfehlbarkeit der Kirche) und stürzte die ganze christliche Welt in so große Leiden, daß dagegen die

---

1) Ich gebe einen kurzen Auszug aus meiner Abhandlung über diese Kirchenversammlungen.

Frage nach der Legitimität eines Herrschers in einem einzelnen Lande nur unbedeutend erscheint.

Weil nun trotz des sichtlichen unermeßlichen Elends, die Päpste und Kardinäle nichts thaten dasselbe zu beseitigen, weil jene trotz aller Versprechungen immer den Rücktritt verweigerten, und diese durch neue Doppelwahlen die Spaltung verlängerten, mußte der Gedanke immer mehr Raum und Beifall gewinnen: durch eine Kirchenversammlung die Verfassung der Kirche herzustellen und zu erneuen. Weil nun aber die Päpste sich beharrlich weigerten eine solche mächtige Körperschaft gesetzgebend neben sich hinzustellen, weil man keinem weltlichen Herrscher das Recht zugestand eine allgemeine Kirchenversammlung zu berufen; so machte sich die Meinung geltend daß die hohe kirchliche Aristokratie, daß die Kardinäle hiezu so berechtigt, als verpflichtet seyen. Sobald die damaligen Doppelpäpste (Benedikt XIII. und Gregor XII.) von diesen Ansichten und Plänen hörten, widersprachen sie, im strengen Papalsysteme, jeder von der Aristokratie ausgehenden Einmischung in die höchste Kirchenregierung.[1]) Dies Verfahren verletze geleistete Eide, zerstöre die kirchliche Ordnung und beweise daß die Kardinäle nicht als Glieder gehorchen, sondern herrschen wollten. — Die Kardinäle erwiderten: es steht weder geschichtlich fest, noch liegt es in der Natur der Dinge, daß allein die Päpste eine Kirchenversammlung berufen können. Sobald sie sich untereinander verfluchen und im Widerspruche mit ihren Eiden und ihrer Pflicht nicht abdanken wollen, gehen ihre Rechte auf die Kardinäle über und Niemand ist länger verpflichtet ihnen zu gehorchen.

Dem gemäß ward von den Kardinälen im März 1409 eine allgemeine Kirchenversammlung nach Pisa berufen und sehr zahlreich besucht von Patriarchen[2]), Kardinälen, Erzbischöfen, Bischöfen, Aebten, Generalen der Ritter- und Mönchsorden, Abgeordneten

---

1) Niem., III, 33; Raynald. ad 1408, c. 21—31; Lenfant, I, 215.

2) Annal. Estens. in Murat. Script., XVIII, 1085; Stella, XVII, 1219; d'Achery Spicil. I, 853; Martene, VII, 1094; Lenfant, I, 240—250.

der Universitäten und Kapitel, Doktoren der Theologie und des Kirchenrechts und Abgesandten weltlicher Herrscher.

Die Noth und Verwirrung der Zeit, die Gleichheit der Bestrebungen und Zwecke, der Wunsch eiligst zum Ziele zu kommen, veranlaßte wohl daß manche wichtige Formfrage (z. B. wer erscheinen dürfe und wie man abstimmen solle) nicht genau geprüft uud scharf entschieden wurde. Auch bedurfte die kirchliche Aristokratie damals einer, ich möchte sagen, demokratischen Hülfe gegen das bis dahin vorherrschende Monarchenthum. Wir finden keine Spur von größerem Gewichte der höheren Prälaten, von Abtheilungen (Kammern) der Versammlung, oder einem gegenseitigen Hemmungsrechte (Veto). Die Versammlung entsetzte beide Päpste und überließ den Kardinälen die Wahl eines neuen. Sie fiel auf den 70jährigen Kardinal Philarethus, welcher den Namen Alexander V. annahm. Kaum hatte die Kirchenversammlung in Uebereinstimmung mit ihm etliche Beschlüsse gefaßt, so lösete er sie auf und die Hoffnung auf eine Reformation in Haupt und Gliedern schlug fehl, da mit einer solchen weder dem Papste noch der kirchlichen Aristokratie gedient war. Man tröstete sich indessen damit, daß doch die Hauptsache gelungen und die kirchliche Einheit hergestellt sey. Aber auch dieser Trost, oder diese Hoffnung täuschte vollständig: die beiden abgesetzten Päpste erklärten diesen Spruch für nichtig, ja (in Uebereinstimmung mit allen Freunden des streng monarchischen Papalsystems) das Berufen und Halten, sowie alle Beschlüsse der Kirchenversammlung von Pisa, für verdammliche Empörung wider Recht und Gesetz. — Könige, Fürsten, Prälaten und Völker blieben in ihren Ansichten getheilt und das ganze Ergebniß der hoch gerühmten Kirchenversammlung bestand darin, daß man (zur Erhöhung der Verwirrung und Sorgen) statt zweier Päpste, deren nunmehr drei hatte. Sehr natürlich erneute und verdoppelte sich nicht allein der Kampf über das gespaltene Papstthum und die persönlichen Verhältnisse der Päpste, sondern die Klagen und Rügen über alle anderen Zustände, über Verfassung und Verwaltung der Kirche, sowie über Irrungen in der Lehre, traten in so verstärktem Maaße hervor, daß nach der Berufung jener ersten Kirchenversammlung, die Berufung einer zweiten unabwendbar erschien.

Sie ward ungern vom Papste Johann XXIII. (dem Nach=
folger Alexanders V.) nach Kostnitz berufen, und den 5. Novem=
ber 1414 eröffnet. Johann betrachtete sich (mit Bezug auf die
pisaner Beschlüsse) als den einzigen, rechtmäßigen Papst, wäh=
rend eine starke Partei auf der Kirchenversammlung gleich
Anfangs behauptete: das Beschlossene sey nun einmal nicht zur
Vollziehung gekommen und keine Wahrheit geworden; weshalb
neue gütliche Unterhandlungen mit allen drei Päpsten wohl eher
zur Einigkeit führen dürften, als wenn man um Eines willen,
zwei schlechthin verwerfe. Das Recht der jetzigen Versammlung
beruhe nicht auf Thun und Lassen einer früheren, sondern jedes
Concilium habe die Befugniß auch den gesetzlichsten und besten
Papst zu entfernen, wenn es zum Heile der Kirche nützlich und
nothwendig erscheine.

Unter unzähligen sehr wichtigen Fragen drängte sich die
wichtigste in den Vordergrund: ob die Kirchenversammlung dem
Papste, oder der Papst der Kirchenversammlung unterworfen sey?
Weil man nicht, wie in Pisa, über das Meiste einig war, son=
dern die entgegengesetztesten Ansichten ausgesprochen wurden, so
hing die Entscheidung wesentlich von den Formen der Kirchen=
versammlung ab, über welche dann auch ernstlich und gründlich
berathen wurde. Die erste Frage in dieser Beziehung war: wer
ist berechtigt auf der Kirchenversammlung zu erscheinen? — Hier,
wie bei fast allen wichtigen Punkten, traten aristokratische An=
sichten den demokratischen gegenüber. Die meisten Kardinäle
und Prälaten wünschten nämlich ein ausschließliches Vorrecht für
sich zu bewahren: sie fühlten ganz richtig daß durch Ausdehnung
desselben ihr Uebergewicht schwächer werde, ja die Entscheidung
in ganz andere Hände kommen dürfte. — Andererseits hatten
die Erfahrungen der letzten Zeit nicht wenig die Einrede gegen
den monarchischen und aristokratischen Bestandtheil der Kirchen=
regierung vermehrt und bei Vielen die Meinung hervorgetrieben,
daß eine Verstärkung der demokratischen Seite nothwendig und
nützlich sey. Daher (neben den unläugbar berechtigten Prälaten)
die Zulassung der Generale und Prioren der Bettelorden, der
Vorsteher einzelner Kirchen und selbst einzelner Mönche als Be=
vollmächtigten von Universitäten, der Doktoren der Theologie und

der Rechte, deren Werth und Ansehn größer sey, als das eines unwissenden und bloß betitelten Bischofs, oder Abts.

Lebhaft und wichtig war der Streit über den Antheil und die Rechte der niederen Geistlichen. Man muß sie ausschließen (sprach die aristokratische Partei), weil sie in der Heimath unentbehrlich, viel zu zahlreich, durch ihre Oberen bereits hinlänglich vertreten sind und ihnen die nöthige Kenntniß fehlt zur Entscheidung kirchlicher Angelegenheiten. — Man muß sie zulassen (entgegneten die freier Gesinnten), denn ihre Interessen werden von ihren kirchlichen Oberen keineswegs genügend vertreten, und die Besorgniß sie dürften sich in zu großer Zahl einfinden, ist um so ungegründeter da die meisten arm sind und selbst viel reichere Bischöfe die Kirchenversammlung nicht besuchen, oder daselbst nicht ausdauern wollen. Wem die Seelsorge anvertraut, wer Priester geworden ist, dessen heiligen Stand muß man ehren und darf seine Fähigkeit kirchliche Angelegenheiten zu beurtheilen nicht läugnen. Warum will man einen Abt, dem nur zwanzig Seelen zugewiesen sind, irrig über einen Priester hinaufstellen, der Tausende zu vertreten hat?[1] Niemand, auch der Kleinste darf nicht um äußerer Gründe willen zurückgesetzt werden; denn Gott giebt (nach Christi Ausspruch) oft den Geringen, was er den Weisen verbirgt. Alle die da Einheit wollen in der Christenheit, sind würdig an der Kirchenversammlung Theil zu nehmen; auch trat in älterer Zeit wohl die ganze Christengemeine zur Berathung zusammen, und die Apostel machten hiebei keinen Unterschied. Ein unwissender Prälat oder König ist nur ein gekrönter Esel![2]

Mitgliedschaft und Stimmrecht ward sehr ausgedehnt, über die niedere Geistlichkeit indeß nichts förmlich und schließlich entschieden. Noch weniger kam die ungemein wichtige und folgenreiche Form geordneter Stellvertretung (Repräsentation) in Vorschlag oder Anwendung. Auch scheint die Versammlung Personen geringeren geistlichen Standes nur nach vorhergegangener

---

1) Mansi, XXVII, 534, 562, 563. Gerson Opera, II, 1067. Hardt, VI, 42. Aschbach, II, 48.

2) Mansi, XXVII, 162.

Berathung zugelassen zu haben; doch bezeugt Aeneas Sylvius[1]: daß in Kostnitz Geringere ohne Schwierigkeit mit den Bischöfen über wichtige Angelegenheiten abstimmten. Der Grundsatz: daß man alle Laien von jeder Einwirkung auf kirchliche Angelegenheiten ausschließen müsse, ward theoretisch festgehalten; dennoch gewannen die Abgeordneten mächtiger Könige und Fürsten bedeutenden Einfluß.

Von der Frage: wer zu stimmen berechtigt sey, kam man zu der gleich wichtigen: wie die Berechtigten abstimmen sollten? Ohne Zweifel nach Köpfen (sagte die eine Partei); denn hiefür spricht nicht allein der stete Gebrauch, sondern auch der Umstand daß es eben hier auf die Köpfe ankommt, deren Geistes- und Charakterkraft als gleich zu betrachten und jede Abstufung nach Stand und Würden zu verwerfen ist. — Man antwortete: es vernichtet die gesammte kirchliche Ordnung und läuft ganz gegen die Natur der Dinge, wenn man einem einzelnen Doktor, einem kleinen Abte so viel Rechte einräumt, als dem mächtigsten Bischofe und Erzbischofe. Es eröffnet der willkürlichen Vermehrung so geringer Stimmen dergestalt Thür und Thor, daß die Häupter der Kirche machtlos immer in der Minderzahl bleiben müssen.

Durch gleichartiges Fortzählen und Abstimmen in einer Versammlung wird das allgemeine kirchliche Interesse nur scheinbar gewahrt; alles Oertliche, Landschaftliche, Volksthümliche aber in Wahrheit ganz vernachlässigt, ja mit Füßen getreten. Wenn man nun keine größeren Abtheilungen (Kammern) bilden will nach Stand und Würden, und mit größerem oder geringerem Gewichte, so muß die Kirchenverfassung neu geordnet und festgestellt werden, — nach Völkern. Diese bilden (den einzelnen, zerstreuten, überzahlreichen Köpfen der einen allgemeinen Verfassung gegenüber) tief und innerlichst begründete würdige Einheiten, aus denen eine lebendige organische Gesammtheit in viel besserer Weise erwächst, oder sich aufbauen läßt, als aus der Menge zusammengewürfelter Köpfe.

Dieser Vorschlag fand aus mannichfachen Gründen so viel Beifall daß man ihn annahm, ohne sich wohl alle die wichtigen

---

1) Historia Concil. Basil., I, 29. Lenfant, I, 107.

Folgen zu vergegenwärtigen, welche nothwendig aus demselben hervorgehen mußten. Zunächst ward des Papstes Hoffnung, durch die Ueberzahl seiner mitgebrachten Italiener obzusiegen, hieburch völlig vereitelt und seine Niederlage herbeigeführt. Man zerfällte nämlich alle gegenwärtigen Abgeordneten nach fünf Völkern (Deutsche, Franzosen, Engländer, Italiener, Spanier) und gab jedem eine Gesammtstimme. Alle übrigen Völker (so wie die Kardinäle) wurden bei den genannten untergesteckt: so bei den Deutschen die Böhmen, Ungarn, Polen, Schotten, Dänen und Skandinavier.[1]) Die Abgeordneten jedes Volkes bildeten also eine eigene Versammlung wo die Kopfzahl entschied, wogegen in der allgemeinen Versammlung die Mehrheit der Gesammtstimmen (z. B. drei gegen zwei) den Sieg davontrug. Man sah damals in dieser Verbindung und Vermittelung einen wesentlichen Fortschritt. Ehe die Sachen an eine Volksversammlung kamen, wurden sie gewöhnlich in erwählten Ausschüssen vorbereitet, und ehe man sie an die allgemeine Versammlung brachte, fanden oft Vorberathungen und Verständigungen durch einzelne Beauftragte der fünf Völker statt.

Es ist nicht meine Absicht hier zu erzählen wie die Kirchenversammlung mit dem Papste Johann XXIII. in Streit gerieth, ihm den Prozeß machte, ihn einsperrte und (gleich seinen beiden Mitbewerbern) absetzte; genug die Fülle der unermeßlichen Gewalt des Papstes ging auf das Concilium über; wobei sich jedoch bald ergab daß es von derselben theils nicht den rechten Gebrauch machen wollte, theils (z. B. hinsichtlich der Hussiten) nicht zu machen verstand. Manche frühere, gegen den Absolutismus des Papstes gerichtete Klage wandte sich jetzt gegen die Kirchenversammlung, und viele Laien bezweifelten daß dieselbe, hinsichtlich der religiösen Freiheit und der Reformation, den Erwartungen genügen werde.

Bei diesen Verhältnissen trat die wichtige Frage in den Vordergrund: ob die Wahl des, nun einmal unentbehrlichen, Papstes der Kirchenverbesserung, oder die Kirchenverbesserung

---

1) Aschbach, II, 49.

der Papstwahl vorhergehen solle? ¹) Es wird (behauptete die eine Partei) gewiß gar keine Kirchenverbesserung zu Stande kommen, wenn man die Päpste (von denen die größten Uebel immer ausgegangen sind) mit deren Ausrottung beauftragt. Erst wenn durch die Macht und Weisheit der Kirchenversammlung unzählige nur zu gegründete Beschwerden abgeschafft sind, mag man einen Papst wählen, und ihn verpflichten den neuen Gesetzen gemäß zu leben und zu handeln. — Es ist (sagte die andere Partei, und an ihrer Spitze die Kardinäle), es ist zugleich ungerecht und thöricht, ohne den Papst das Papstthum neu einrichten und organisiren zu wollen. Die Erwählung eines neuen Papstes ist vielmehr der erste und wichtigste Schritt der gewünschten Kirchenverbesserung. So wie in weltlichen Kreisen Könige und Stände Gesetze geben und keineswegs alles Recht in die eine oder die andere Hand gelegt wird; so soll auch die kirchliche Verfassung erst dann geordnet und in Thätigkeit gesetzt werden, wenn neben dem aristokratischen auch der monarchische Bestandtheil vorhanden und dadurch die Möglichkeit herbeigeführt ist, größere und unparteiliche Ergebnisse zu erlangen.

Die letzte Partei siegte ob. Durch 23 Kardinäle und 30 aus den fünf Völkern ernannte Personen ward den 11. November 1417 Otto Colonna (als Martin V.) zum Papste erwählt. Von sehr vielen und wichtigen Beschlüssen der Kirchenversammlung bestätigte er nur die verkehrtesten (nämlich die unduldsamen über Glaubenssachen), wies hingegen die welche ihn und seinen Hof betrafen ganz zurück, gab den wenigen bewilligten durchaus die Form und Fassung einer allein von ihm abhängigen freien Gabe, und erklärte zuletzt den von der Kirchenversammlung angenommenen, höchst wichtigen Lehrsatz: ein allgemeines Concilium stehe höher als der Papst und man könne von diesem an jenes berufen —, geradehin für falsch, empörerisch und verdammlich. ²)

Keine einzige der gehofften und geforderten Verbesserungen

---

1) Eine ähnliche Frage entstand in weltlichen Kreisen um die Zeit der Rückkehr Karls II. von England.

2) Schelstrate, XXIV, 177, 184, 203, 208, 209, 273, 299. Hardt, IV, 1508—1536. Mosheim, II, 935. Planck, V, 416.

kam durch das Concilium von Kostnitz zu Stande, nirgends ein wahrer Fortschritt in der Bildung und Entwickelung der Kirchenverfassung. Nach kurzem, erstaunlichem Falle, war die päpstliche Herrschaft in so unumschränkter Weise hergestellt, daß über die römische Ungerechtigkeit und Habsucht bald von neuem die lautesten Klagen erhoben wurden.[1]) Ebenfalls beharrte die kirchliche Aristokratie bei allen alten Mißbräuchen, die niedere Geistlichkeit lebte ohne Einfluß in steter Abhängigkeit[2]); die Laien wurden von der kirchlichen Seite her nicht bloß wie ein geringeres Geschlecht behandelt, sondern durch fanatische Beschlüsse für eine versteinerte Dogmatik und Symbolik, so übermäßig aufgeregt daß sie die Kirche und die Geistlichkeit immer mehr verachteten, ja den wildesten Krieg und die furchtbarste Grausamkeit nur für gerechte Nothwehr hielten. — Obgleich zwei Kirchenversammlungen (in Pisa und Kostnitz) die großen Erwartungen für eine Reformation in Haupt und Gliedern, für Entwickelung der Verfassung und Verwaltung in keiner Weise erfüllt hatten, drängte das Uebermaaß der fortdauernden alten Uebel und der Eintritt so vieler neuen Leiden, zu einem dritten großen Versuche, zu der Kirchenversammlung von Basel.

Vierzigster Brief.

Berlin, 7. Juli 1850.

Es war durch bittere Erfahrungen offenbar geworden:

1) daß keineswegs alle Uebel vom Papste und seinem Hofe ausgingen, sondern auch von den aristokratischen und demokratischen Kreisen;

2) daß die Hoffnung vergeblich sey, der Papst oder die Prälaten würden freiwillig und ohne äußeren Zwang sich selbst reformiren;

---

1) Voigt, in Raumer's Hist. Taschenbuch, 1833, S. 94, 105, 114, 171, 176.

2) Lenfant, II, 95.

3) daß die Formen der Kirchenversammlungen einen solchen Zwang nicht in sich schlössen, oder herbeiführten;

4) daß die Laienwelt (welche man durch Kirchenschlüsse unbedingt verpflichtete) von dem Monarchen und den Aristokraten gleich wenig Freiheit, Nachgiebigkeit und Duldung zu erwarten habe, und nur durch siegreichen Kampf eine natürliche, menschliche, bürgerliche, christliche Stellung in Staat und Kirche erlangen könne.

Die letzte Ueberzeugung (eine Folge der kostnitzer Beschlüsse) hatte die entsetzlichen Hussitenkriege herbeigeführt: man hoffte, eine neue Kirchenversammlung werde sich beeilen das leichtsinnig entzündete Feuer zu löschen. Bei diesen Verhältnissen mußten Martin V. und sein Nachfolger Eugen IV. (obwohl ungern) die Hand bieten zur Berufung einer Kirchenversammlung. Sie ward am 4. März 1431 durch den würdigen Kardinal Julian Cesarini in Basel eröffnet, zeigte aber bald: daß sie nicht bloß entschlossen sey in die Fußtapfen des Conciliums von Kostnitz zu treten, sondern auch die frühern ungenügenden Verfassungs- und Reformationsplane noch viel weiter auszudehnen und mit größerer Festigkeit zu verfolgen.

Des Papstes Anhänger hoben jetzt hervor: er könne die Kirchenversammlung, wie berufen, so verlegen und auflösen. Manche der kostnitzer Beschlüsse seyen gefaßt worden, weder nach gehöriger Ueberlegung, noch einstimmig, noch von einer wahrhaft allgemeinen Versammlung; — oder sie seyen nur anwendbar für die Zeit einer Erledigung des päpstlichen Stuhles. Die Kirchenversammlung nahm (ihrer Macht und dem weltlichen Schutze vertrauend) auf die Darlegung der Freunde Eugens, sowie auf dessen Befehl sich aufzulösen, nicht die geringste Rücksicht; sondern bestätigte in ihrer zweiten Sitzung folgende Grundsätze: die allgemeine Kirchenversammlung steht über dem Papste. Dieser ist ihren Schlüssen unterworfen und darf jene, wider ihren Willen, weder unterbrechen, noch verlegen, noch auflösen, noch eines ihrer Mitglieder vorladen, abberufen, zur Verantwortung ziehen, oder strafen.[1)]

---

1) Patricius, c. 5—8. Martene Collect. VIII, 200. Mansi, XXIX, 21—37. Planck, V, 439. Crevier, IV, 104.

Durch diese und ähnliche Beschlüsse sprach sich die Versammlung die Souverainität zu; sie griff durch andere auch in die Verwaltung der Kirche hinein. Nicht minder rathschlagte und entschied sie über die wichtige Frage: ob die in Kostnitz gefaßten Beschlüsse über die Formen der Verfassung des Conciliums sollten beibehalten oder geändert werden. Die Vertheilung und Abstimmung nach Völkern ward aus den bereits mitgetheilten Gründen vertheidigt; aber unerwartet noch lebhafter mit neuen Gründen bekämpft. Man sagte: der Gedanke und die Ueberzeugung von der Nothwendigkeit einer allgemeinen Kirche und einer gleichartigen Gesetzgebung verschwindet bei jenem Verfahren, und besondere landschaftliche und volksthümliche Interessen treten mit ungebührlicher Kraft in den Vordergrund. Sobald das eine, oder das andere Volk etwas für sich (durch Verträge, oder Concordate) erlangen kann, kümmert es sich nicht mehr um allgemeines Wohl, allgemeine Bedürfnisse und allgemeine Beschlüsse, so daß die christliche Kirche alsdann in lauter haltungslose und machtlose Bruchstücke zerfällt. Anstatt so verschiedenen Völkern gleiches Gewicht einzuräumen, anstatt sie abzusondern und Krieg zwischen diesen großen Einheiten herbeizuführen, muß man ihre Glieder und Abgeordnete vermischen, durcheinanderwürfeln, und hiemit gegenseitige Mäßigung und Einigkeit befördern.

Endlich kam es zwischen dem Systeme der Abstimmung nach Völkern, oder nach Köpfen zu einer Art von Vermittelung und zum allmähligen Aufstellen von Geschäftsanweisungen, denen ich Folgendes entnehme. Die gesammte Kirchenversammlung wird nach Gegenständen, in vier Abtheilungen (Klassen, Deputationen) zerfällt: für den Glauben, den Frieden, die Kirchenverbesserung und für allgemeine, oder gemeinsame Dinge (pro communibus). In jeder Abtheilung sollen so viel als möglich sitzen, gleichviel Personen aus jedem Volke und gleichviel von jeder kirchlichen Würde: also Kardinäle, Erzbischöfe, Bischöfe, Aebte, Doktoren, Magister und Männer niederen Ranges.[1]) Alle vier Monate wird jede Abtheilung durch Wahl neu besetzt, jedoch so, daß wenigstens ein älteres Mitglied in die neu gebil-

---

1) Et inferioris viri ordinis. Patricius, c. 16 u. 145.

bete Abtheilung übergeht. Sobald in einer Abtheilung ein Beschluß gefaßt ist, wird er durch Bevollmächtigte (unter Angabe der Gründe) allen übrigen Deputationen zugestellt. Sobald sich deren wenigstens zwei geeinigt haben, wird die Sache von den Vorsitzern derselben dem Präsidenten der Kirchenversammlung übergeben und in voller Sitzung aller vier Abtheilungen durch Gesammtstimmen angenommen, oder verworfen. — In der Regel entschieden drei Klassen; wie bei zwei, gegen zwei Gesammtstimmen eine Entscheidung herbeizuführen sey, finde ich nirgends bestimmt angegeben. Doch mag dieser Fall nur sehr selten eingetreten, oder das Uebergewicht der ersten, prüfenden und berichtenden, oder vortragenden Klasse anerkannt worden seyn.

Bei der neuen Abstimmungsweise fiel der Vorwurf hinweg, daß (wie bei der Abstimmung nach Völkern) sehr Wenige leicht sehr Viele überstimmen könnten; denn eine jede gegenständliche Abtheilung zählte ungefähr gleich viel Personen. Aber hierin lag eben eine ungemein wichtige Vermehrung des Gewichts der bloßen Kopfzahl und ein steigender Einfluß der geringeren, aber zahlreicher erscheinenden kirchlichen Würdenträger. Gegen diese demokratische Richtung erhoben sich, bei steigender Kühnheit der Beschlüsse, die Stimmen des Papstes, der Prälaten, ja der Könige und Fürsten. Wenn das Concilium von Pisa (unter vorwaltendem Einflusse der Kardinäle) nur persönliche Uebel der Doppelpäpste hinwegschaffen wollte, und das von Kostnitz Besserungen innerhalb der päpstlichen Monarchie bezweckte; so wäre bei völligem Obsiegen der öffentlichen oder geheimen baseler Plane, der Papst in einen bloßen Scheinmonarchen, eine Art von kirchlichem Dogen verwandelt worden.

Deshalb behaupteten Eugen und seine Freunde: es ist ein Sacrilegium, ein Verrath am Heiligsten, den Statthalter Christi zu tadeln, oder gar ihn richten zu wollen. Dem Papste steht zu, die Kirchenversammlung in jeder Beziehung nach Belieben zu leiten und (nur mit Ausnahme der wesentlichen Glaubenslehren) über ihre Beschlüsse zu entscheiden. Unbegnügt mit einem heilsamen Antheile an der Kirchenregierung, will das Concilium die gesammte Gesetzgebung, Verwaltung und Rechtspflege an sich bringen, die von Gott angeordnete Monarchie in eine Volksregierung und Demokratie umgestalten und die Beistimmung des Papstes zu allen seinen Beschlüssen erzwingen.¹) Selbst für weltliche Herrscher ist diese Richtung sehr gefährlich, im Fall nämlich deren Völker zusammentreten und ähnliche Rechte verlangen würden. Die Versammlung ernennt (um Stimmen zu gewinnen) viele Doktoren, selbst ohne genügende Prüfung; sie läßt sogar nicht graduirte Personen und einfache Priester in großer Zahl zu den Sitzungen und giebt denen, welchen nicht einmal eine berathende Stimme gebührt, eine entscheidende Stimme²): — sodaß sehr oft fast alle Prälaten oder doch der bessere Theil der Versammlung auf einer Seite stehen, und dennoch die entgegengesetzte Meinung durch Mehrheit der Stimmen angenommen wird. — Im Vergleiche mit diesem neuern Verfahren, war die Abstimmungsweise nach Völkern vorzuziehen; weil ein jeder alsdann weiß was seinem Volke nützt, die Mängel erkennt und über die Art der Besserung zu urtheilen versteht. Auch zogen die gewichtigen Völker die minder wichtigen nach sich, und innerhalb jedes Volkes entschieden die Tüchtigeren; während die Abstimmung nach Abtheilungen, oder Deputationen, unordentlich und verwirrt ist und die Völker ungebührlich untereinander mischt. Aus diesen und vielen anderen Gründen entfliehen die Würdigen, und die Unwürdigen herrschen.³) Ueber Kleinigkeiten endloses Gerede, das Größte entschieden ohne gründliche Berathung, und Beschlüsse gefaßt unter solchem Lärm und in so unanständiger Weise, daß es

---

1) Monarchiam ecclesiasticam in Aristocratiam et demum in Democratiam convertere sunt meditati; — ad populorum statum et ad Democratiam adducere festinant. Raynald. ad 1432, c. 11; ad 1436, c. 3, 6, 7.

2) Scandalum maxime evenit ex indiscreta admissione multorum ad voces diffinitivas. Minoris ordinis sacerdotes ad ferendas sententias maximo numero admissi sunt. Rayn., 1436, c. 8; 1437, c. 13. Wessenberg, II, 360. Selbst oratores der Könige und Fürsten äußerten: ne passim et indistincte omnes in eodem concilio recipiantur, sed illi dumtaxat, qui habiles sunt scientia, moribus et aetate. Würdtwein, VIII, 69.

3) Mansi, XXXI, 203, 223. Ambrosii epist. in Martene Monum. III, 34. Rayn., 1436, c. 10.

in einem Weinhause gemäßigter zugeht. Wenn der Teufel etwas von den Baselern gegen Recht und Gesetz verlangte, träte aber ihren Ansichten bei; sehr leicht würde er es erlangen.

Auf so harte Anklagen blieb das Concilium die Antworten nicht schuldig. Es genügt Nachstehendes auszuheben: Es ist eine bekannte Sache, daß den heiligen allgemeinen Kirchenversammlungen die Rechtspflege (Jurisdiction) über den Papst zusteht. Hiedurch fallen fast alle seine Schlußfolgen zu Boden. Alle nöthigen Verbesserungen hat die Versammlung bereits in Gang gebracht; wer dieselben hindert, sündigt wider den heiligen Geist.[1]) Denn die Päpste haben schon oft geirrt, nicht aber die unmittelbar unter Christus stehenden Kirchenversammlungen. Der Papst steht zwar höher als jede einzelne Person, nicht aber höher als die allgemeine Kirche: er kann nach den kostnitzer Beschlüssen streng bestraft werden, wenn er ihr nicht gehorchen will. Es ist unwahr daß auf der Seite des Conciliums keine hohen kirchlichen Würdenträger ständen, oder die Bischöfe ganz vernachlässigt würden; vielmehr führen diese den Vorsitz, sprechen und stimmen zuerst und haben durch die Kirchenversammlung ihr verlohrenes Ansehn und ihre Bedeutung erst wiedergewonnen.[2]) Thöricht aber wäre es den Bischöfen (das heißt den Italienern) die alleinige Entscheidung einzuräumen. Die angeklagten und verspotteten Geringeren haben den größten Eifer, Standhaftigkeit, Rechtschaffenheit und edle Gesinnung gezeigt; sie haben Drohungen, Verfolgungen, Verluste gering geachtet. Es kommt in dem Concilium nicht an auf die Würde der Abstimmenden, sondern auf Vernunft, Einsicht und Wahrheit. Die Lüge des reichsten Bischofs steht dem Zeugniß des ärmsten Priesters nicht voran, und die Weisheit findet sich öfter im schlechten Mantel, als in gestickten Kleidern. Schon zur Zeit der Apostel wurden nicht Bischöfe allein berufen, sondern die Gemeine (mul-

---

1) Mansi, XXIX, 138. Patricius, c. 15, 46, 51, 57.

2) Aen. Silv. Conc. Basil., 27—30; Wessenberg, II, 397; Gieseler, II, 4, 86.

titudo) und Athanasius war in Nicäa nur ein Priester. Wenn man Aebte zuläßt, warum nicht auch die Priester? Wo wäre das Concilium, wenn man bloß Bischöfen und Karbinälen das Stimmrecht eingeräumt hätte? Wie stände es mit dem Ansehn der Kirchenversammlungen, dem katholischen Glauben, den Beschlüssen, der Kirchenverbesserung? Sollen wir die Wahrheit eingestehen, so sind die Aermeren zum Urtheilen und Entscheiden geschickter wie die Reichen; denn der Reichthum erzeugt Furchtsamkeit, und die Armuth giebt Freiheit. Jene Armen fürchten sich nicht vor der Thrannei; aber unsere Reichen, welche den Erhohlungen und Genüssen, dem Müßiggange und der Faulheit ergeben sind, wollen lieber Christum verläugnen, als ihren Wollüsten entsagen!

Es war sehr natürlich daß die Kirchenversammlung, bei dieser Kühnheit ihrer Ansichten, über die früheren Gränzen einer Reformation in Haupt und Gliedern hinausging. So vernichtete sie

1) jeden päpstlichen Vorbehalt von Pfründen [1]) und stellte in allen Stiftern und Klöstern die alten Wahlrechte und die ehemalige Wahlfreiheit wieder her;

2) schaffte sie ab die Annaten, ersten Früchte, Bestätigungs- und Belehnungsgelder, ja fast alle Steuern; so daß dem Papste (neben den Einnahmen seines römischen Bisthums) nur geringe Schreib- und Siegelgebühren blieben.

3) Künftig soll jeder Papst die gefaßten Schlüsse, sowie den Grundsatz von der höchsten Gewalt der Kirchenversammlungen beschwören.

4) Kein Papst darf seine Anverwandten (bis zum dritten Grade) dem Range nach erhöhen, oder ihnen ein Amt, ein Lehn ertheilen.

5) Die Zahl der Karbinäle wird auf 24 festgesetzt. Sie sollen aus allen Völkern und nur aus den gelehrtesten und würdigsten Männern durch Abstimmung erwählt werden. Sie erhalten die Hälfte aller Einnahmen des Kirchenstaates.[2])

---

1) Planck, V, 720 fg.
2) Eugen ernannte auf einmal 17 Karbinäle, darunter nur einen Deutschen. Schröckh, 32, 106. Koch, Sanctio, 71.

6) Keine Berufung nach Rom findet vor einem ergangenen Urtheile statt. Ihre Zahl wird wesentlich beschränkt und einheimischen Richtern die Untersuchung übertragen.

7) Die bischöflichen und erzbischöflichen Kirchenversammlungen sollen möglichst hergestellt werden.

Hieraus ergiebt sich daß damals der Kampf (innerhalb der katholischen Kirche) noch immer vorzugsweise gegen die monarchische Uebermacht des Papstes gerichtet war; die Mängel der aristokratischen Seite hingegen nur leise berührt wurden, weil man die Zahl der Gegner nicht verdoppeln wollte. Auf Besiegung des Papstes rechnete aber die Kirchenversammlung mit größter Bestimmtheit: denn die gesammte Richtung der Zeit forderte eine Beschränkung des monarchischen Bestandtheils der Verfassung, und an den aufgestellten Grundsätzen über die höhere Macht der Kirchenversammlungen müsse man schlechterdings festhalten, weil nur aus ihnen sich allmählig alles das ableiten und nächstdem durchführen lasse, was die über zeitliche Vorurtheile Hinausblickenden bezweckten und bezwecken müßten.

Als der Papst auf seinem, gegen das Meiste erhobenen Widerspruche beharrte, ward er am 24. Januar 1438 von der Kirchenversammlung seines Amtes enthoben, oder suspendirt. — Von diesem Augenblicke scheinbar vollkommenen Sieges sank aber unerwartet die Macht der Kirchenversammlung und es ergab sich, daß sie die Lage der Dinge nicht mit voller Unbefangenheit betrachtet, nicht alle Verhältnisse erforscht und nach ihrem wahren Gewichte abgeschätzt hatte. Der Glaube an die Unentbehrlichkeit des Papstes stand noch immer fest, während der Glaube daß ein persönlicher Wechsel wesentliche Hülfe gewähre, täglich abnahm. Viele wollten keine neue Spaltung und Doppelstellung der Päpste und hofften die Kirchenverbesserung mit dem einmal vorhandenen zu Stande zu bringen. Noch wichtiger daß die gesammte kirchliche Aristokratie vor der demokratischen Richtung der baseler Kirchenversammlung erschrak und deren Allmacht noch mehr zu fürchten begann, als die des Papstes.

In dieser Lage hätte die Kirchenversammlung vor Allem die Könige und Fürsten schonen und für sich gewinnen sollen;

statt dessen griff sie, ihrer Allmacht vertrauend, auch in deren Kreise hinein und nahm auf ihre Beschwerden fast gar keine Rücksicht. So schrieb sie dem Kaiser Siegmund: Die Kirchenversammlung hat eine solche Macht und wird von einem solchen Haupte (nämlich dem heiligen Geiste) regiert, daß, wie hohe Wissenschaft und tiefe Erkenntniß jemand auch besitze, er vielmehr dem Concilium als sich selbst glauben soll.[1]) Unser Auftrag, unsere Sendung stammt nicht von Menschen, sondern von Gott. Deshalb möge eure Majestät wohl bedenken, wem sie widersteht und daß Gott, welcher ehemals strafte, auch noch jetzt regiert und herrscht.

Dieser Ton, welcher an die unbeschränkten Ansprüche Innocenz IV. und Bonifaz VIII. erinnerte, konnte den Königen und Fürsten unmöglich gefallen. Unbekümmert um neue dringende Ermahnungen, Warnungen und Zurechtweisungen aus Frankreich, England, Deutschland, Mailand u. s. w.[2]) beharrte die Kirchenversammlung auf dem betretenen Wege, entsetzte Eugen IV. und ließ durch 33 willkürlich erkiesete Wähler den Herzog Amadeus von Savoyen als Felix V. zum Papst erheben (17. November 1439).

Die Hoffnung es werde die gesammte Christenheit dies Verfahren gut heißen, schlug fehl: Frankreich z. B. erkannte Felix nicht an, und Deutschland erklärte sich bei dem Streite zwischen Papst und Kirchenversammlung für neutral; was natürlich beiden Parteien nicht gefiel. Denn eine solche Selbständigkeit und Unabhängigkeit erschien, der bisherigen Abhängigkeit gegenüber, als eine ketzerische, alle Volksrechte überschreitende Neuerung.

Ich übergehe den fernern Schriftwechsel, Anklagen, Vertheidigungen bis zur Abdankung Felix V., und den aschaffenburger Concordaten, wobei sich der Kaiser Friedrich III. schwach, Aeneas Sylvius verschlagen, und die Räthe des Churfürsten von Mainz eigennützig zeigten.

---

1) Martene Coll., VIII, 782, 745; Würdtwein, VII, 7, 8.
2) Würdtwein, VII, 159, 178, 306; Patricius, c. 74.

Es endeten also drei scheinbar, ja eine Zeit lang wirklich allmächtige Kirchenversammlungen, mit völliger Herstellung unbeschränkter päpstlicher Gewalt und einem gänzlichen Mißlingen fast aller Bestrebungen für eine Reform der kirchlichen Verfassung und Verwaltung. Die Gründe liegen, selbst in meiner sehr kurzen Darstellung, zu Tage. In allen kirchlichen Kreisen gab es Mängel, während der Kampf sich fast nur gegen die monarchische Spitze richtete. Die Formen der Verfassung waren nur ungenügend und unter lautem Widerspruche festgestellt, die Hauptfragen (z. B. über unbedingten Vorrang des Papstes oder der Kirchenversammlung) falsch aufgefaßt und jede Entscheidung zum Absolutismus führend u. s. w.

Trotz diesem Mißlingen und vielem Unreifen und Unvollkommenen bleiben diese staatskirchenrechtlichen Bestrebungen des funfzehnten Jahrhunderts höchst lehrreich und vom größten Interesse. Sie erweisen (auch für unsere Zeit) wie kurzsichtig diejenigen sind, welche sich freuen wenn große Unternehmungen mit Nichts endigen, und edle Begeisterung mit Hohn vergolten wird. Aus dem Nichts entspringt das Chaos ärgerer, gewaltsamer Revolutionen.

Einundvierzigster Brief.

Berlin, 9. Juli 1850.

Wäre die fast allgemeine Meinung wahr: das Mittelalter biete für Staatsrecht und geselliges Leben fast gar keine, oder eine bloß abschreckende Ausbeute; so hätte ich Sie mit meinen kurzen Darstellungen doch viel zu lange aufgehalten. Nur den Vorwurf darf ich ablehnen: ich sey hiebei durch Vorliebe, oder Haß bestimmt worden. Nach so vielen, fast ausschließlich geschichtlichen Mittheilungen wünschen Sie jedoch sehr natürlich ein zweites Intermezzo, eine mehr theoretische, die Thatsachen vorbereitende und erläuternde Zwischenbetrachtung, bevor wir zur neuern barohne fast unverständlichen Geschichte übergehen; Sie bezeichnen die Schlußworte meines letzten Briefes gleichsam als Text zu derselben.

Ueber Revolutionen soll ich also meine Ansichten aussprechen! Welch schwere Aufgabe; da die Einen hierunter das Bewundernswürdigste, die Anderen das Verdammenswürdigste verstehen. Jeden Falls ist es also nothwendig, sich (zur Minderung dieser Sprach= und Sachverwirrung) zunächst über die grammatische Wortbedeutung zu verständigen.

Volvere heißt drehen, wälzen; revolvere zurückdrehen, zurückwälzen. Hienach wäre also Revolution ein Bestreben, frühere Zustände wieder herzustellen. In diesem Sinne nehmen die Engländer das Wort, wenn sie von der Revolution des Jahres 1688 sprechen, welche bezweckte die Neuerungen Jakobs II. in Staat und Kirche abzustellen und zu den vorher anerkannten, gesetzlichen Verhältnissen zurückzukehren. Die Unternehmungen gegen Karl I. nannte dagegen (wenigstens eine Partei) die Rebellion. Eine zweite Bedeutung des Wortes Revolution ist die eines Kreislaufes (z. B. der Erde, der Planeten), welcher zu dem Ausgangspunkte zurückführt, um alsdann denselben Lauf nochmals zu beginnen. Derlei Revolutionen finden sich nicht in der Geschichte; man kann sie nicht als gesetzliche Ordnung bezeichnen und bezwecken. Nach der dritten, seit der französischen Revolution vorherrschenden Bedeutung ist weder von einem gleichartigen Kreislaufe, noch von einem Zurückdrehen für Herstellung irgend eines Frühern die Rede, vielmehr will man um vorwärts zu kommen, sich rasch und rücksichtslos von diesem entfernen und Neues herbeiführen.

Da nun die bloße Beziehung auf die Zeitfolge keineswegs ergiebt, ob das Frühere, Gegenwärtige oder Künftige das Bessere sey, so läßt sich auch keine der erwähnten revolutionairen Richtungen als die unbedingt richtige und lobenswerthe, oder als die falsche und tadelnswerthe bezeichnen. Herstellung früherer, Herbeiführung neuer Zustände kann nützlich, oder schädlich seyn, und ist nützlich oder schädlich gewesen. Alle Bedeutungen des Worts stimmen jedoch darin überein, daß sie eine Bewegung voraussetzen; und wo Bewegung ist, da ist Leben, und Leben ist besser als der Tod ohne Bewegung. Allerdings kann aber Bewegung sowie die Gesundheit bezeugen und fördern, so auch Krankheit und Tod herbeiführen und beschleunigen, und hier zeigt sich der Uebergang zu jenem so häufigen und natürlichen Loben und Tadeln der Revolutionen.

Im strengsten Sinne führt jede Bewegung zu etwas Neuem; denn selbst Herstellung des Früheren ist eben als Herstellung des Unterbrochenen, Abgekommenen, Verschwundenen, eine Neuerung im Vergleiche mit dem letzten Zustande.

Viele Veränderungen sind solcher Art, daß sie der menschlichen Willkür nicht unterliegen, von ihr nicht abhangen; wir pflegen sie als natürlich zu bezeichnen und uns ihnen (gern oder ungern) zu unterwerfen. Andere Veränderungen erfolgen auf gesetzlichem milden Wege, und man hat (mit mehr oder weniger Rechte) für sie wohl den Ausdruck Reformation in Anspruch genommen; während selbst Freunde der Revolutionen nicht läugnen, daß sie den Charakter des Heftigen, Gewaltsamen, Zerstörenden an sich trügen, ja oft tragen müßten. Allerdings liegt hierin ein unabweisbarer, schwerer Tadel; um ihn aber nicht parteiisch bloß nach einer Seite hin auszusprechen, bemerke ich daß nicht diejenigen die ersten Revolutionaire sind welche zu gewaltsamen Mitteln schreiten, sondern diejenigen welche diese Möglichkeit (oder gar Nothwendigkeit) dadurch herbeiführten, daß sie nützliche, zeitgemäße Besserungen, Reformen, hemmten und verweigerten. Die sogenannten Antirevolutionairen haben gewiß die Hälfte der Revolutionen herbeigeführt.

Kein Geschichtskundiger kann läugnen daß (mehr durch göttliche Fügung, als durch menschliche Weisheit und Mäßigung) aus Revolutionen auch große Wohlthaten für die Menschheit hervorgingen, Uebel vertilgt, Abgestorbenheit gehemmt, neue Lebenskräfte herbeigeführt wurden. Nicht unnatürlich aber ist es, wenn ich hier vorzugsweise die Schattenseite derselben hervorhebe und nachzuweisen suche aus welchen Gründen derlei hitzige Fieber in den Staaten ausbrechen, und wie sie wissenschaftlich und geschichtlich zu betrachten und zu behandeln seyn dürften. Wenn ich hiebei nicht sehr geordnet und regelrecht vorschreite, so wird dies bei solch einem regellosen Gegenstande wohl Entschuldigung finden.

Alles in der Welt ist Veränderungen unterworfen und sehr natürlich, daß man sie zum Theil herbeizuführen, zum Theil abzuhalten sucht. Die Gründe dieser Bestrebungen sind sehr mannichfaltiger, guter und schlechter Art. Edler Wunsch des Besserns, Ehrgeiz, Mißvergnügen, Systemsucht, Phlegma, Furchtsamkeit, Leichtsinn u. s. w. u. s. w. Die eine Hälfte der Wünschenden, oder Thätigen glaubt schon im ächten Sinne antirevolutionair zu seyn, wenn sie überall das Alte, Bestehende und, wie sie sagt, Bewährte vertheidigt; die zweite Hälfte der Neuerungslustigen ruft mit Jsokrates [1]): alle Fortschritte in Künsten, Wissenschaften, ja in Jeglichem sind nicht durch diejenigen herbeigeführt welche auf dem Bestehenden verharrten, sondern durch die welche hervortraten und es wagten gegen das anzustreben, was sie als nicht gut befanden.

Die Gründe der Umwälzungen sind sehr mannichfaltig. Sie erfolgen nie aus kleinen Ursachen, wohl aber können kleine Veranlassungen den Ausbruch herbeiführen.[2]) Denn bei obwaltenden wichtigen Ursachen findet sich leicht die Gelegenheit, und willige Personen schaffen die Mittel herbei. Wenn diese drei: Ursachen, Gelegenheit und Mittel zusammentreffen, ist kein Halten mehr. Ein Einzelner bewirkt keine Revolution; obgleich das Gute und Böse der Einzelnen in unruhigen Zeiten viel schärfer und wichtiger hervortritt. Daher ist es dringend nothwendig alsdann die Einzelnen richtig zu würdigen, die Keime und Anfänge der Bewegungen genau zu erkennen und zur rechten Zeit zu lenken und zu beherrschen. Wird dies versäumt, so sind sie (wie die Schweiz, die Niederlande, Amerika, Frankreich erweisen), bei unglaublich raschen Fortschritten, weder zu hemmen, noch zu unterdrücken. Selbst das Kleinste wird wichtig, und mit Kleinigkeiten oft das Größte durchgesetzt. Behauptet doch sogar Sully [3]): die großen Angelegenheiten, eine gute und böse Verwaltung, und der glückliche oder unglückliche Erfolg derselben hängt mehr ab von einem Schmeichler und einer Schmeichelei, Späßen und

---

1) Evagoras, 306.
2) Macchiav. Discorsi an mehreren Stellen.
3) Mémoires, V, c. 5.

Spaßmachern, Possen und Possenreißern, leerem Geschwätz und leeren Köpfen, Gecken und Geckereien, als von hohen, trefflichen, großen Ursachen, als von Gesetz, Vernunft, Gerechtigkeit und gutem Beispiel. — Wenn Sully selbst bei einem Könige wie Heinrich IV. solche Erfahrungen machte, wie viel häufiger müssen sie für gewöhnliche Verhältnisse seyn. Aber auf der andern Seite zeigt eben die Geschichte Heinrichs IV. daß sie nicht unbedingt und allein wahr sind, und Sullys Leben erweiset wie ein wahrhaft großer Mann über unzählige Erbärmlichkeiten jener Art Meister werden kann. Auf eine breitere Grundlage des Uebels weiset William Pitt hin, wenn er sagt[1]: ich glaube daß der menschliche Geist im Zustande der größten Unwissenheit und der größten Unterdrückung das Gift gefährlicher Grundsätze am leichtesten einsaugt.

So wie den Einzelnen lauter Glück und lauter Unglück nicht zuträglich ist, so auch nicht den Staaten[2]; aber Revolutionen sind nicht seltener ein Unrecht, als ein Unglück. Der Einzelne kann eher dahin gelangen daß er nicht Unrecht thue, als daß ihm nicht Unrecht geschehe; den Staaten scheint es dagegen oft leichter Unrecht zurückzutreiben, als sich zu dem Entschluß zu erheben, kein Unrecht zu thun.

Gleiche Veranlassungen erzeugen nicht immer gleiche Folgen: Ort, Zeit, Klima, Persönlichkeit, Nationalität u. s. w. entscheiden hiebei sehr viel. Gelbbedürfnisse z. B. veranlaßten gutentheils die englische und französische Revolution, die dänische Umwälzung von 1660, die amerikanische Revolution, die Fronde; und die beiden ersten führten zur Hinrichtung, die dritte zur Unumschränktheit der Könige, die vierte gründete einen freien Staat, die letzte bewirkte nicht einmal einen Ministerwechsel. Eine Erklärung der Menschenrechte ward in Amerika kaum gelesen[3], während sie in Frankreich die größten Wirkungen hervorbrachte.

---

1) Posselt, Annalen, 1796, I, 295. Falsche Bildung ist nur eine andere Art der Unwissenheit.
2) Plato de legibus, VII, 793.
3) Lacretelle, XVIII siècle, V, 58.

Ungleichheit der Rechte und Pflichten in einem Staate führt an sich noch nicht zu Unruhen und Umwälzungen, sobald jene nämlich natürlich ist, oder doch dafür gehalten wird. Dies beweiset das lange ungestörte Daseyn der Stände und selbst der Kasten. Sobald aber die Anerkenntniß jener Verschiedenheit aus vielen Gründen verschwindet, oder die Bevorzugten ihre Rechte mißbräuchlich und übertrieben geltend machen; so erscheint das Beschränken der Begünstigten nicht als Eingriff in ihr Eigenthum, sondern als Herstellung ursprünglicher Gleichheit und Gerechtigkeit. In der Regel machen diejenigen welche viel zu verlieren haben, keine Revolution; doch darf man sich nicht mit Sicherheit darauf verlassen, daß Reiche und Edle sich immer von dieser Lotterie fern halten. Eitelkeit, Ehrgeiz, Hoffnung Alles zu gewinnen, hebt bei Manchem alle Besonnenheit auf. Auch der Pöbel macht selten eine Revolution, weil man ihn fürchtet und gegen ihn auf der Hut ist. Am wirksamsten sind Leute welche bei der Gewißheit daß sie zwar Einiges verlieren, doch hoffen können noch viel mehr zu gewinnen. Oder einzelne Vornehme leiten Verschwörungen ein und der Pöbel beginnt Aufruhr; aber eine große dauernde Umwälzung kommt nur zu Stande, wenn die Masse des Mittelstandes dabei interessirt ist und in Bewegung geräth.

Entstehen Umwälzungen aus verschiedenen Interessen (z. B. der Stände), so erlauben sie einen Vergleich auf ein mehr, oder weniger; beginnen sie aus verschiedenen Grundsätzen oder Prinzipien, oder werden diese hineingeflochten, so führen sie gewöhnlich bis zu einem Aeußersten wo Interessen und Meinungen einem Sieger zu Füßen liegen.

Sehr wichtig erscheint es die letzten Folgen einzelner Veränderungen und allmähliger Uebergänge im voraus zu erkennen. So änderte sich in Ambracia die Verfassung, sobald man von der Nachweisung eines gewissen Vermögens bei Uebernahme der Staatsämter entband. Athen mußte durch Bezahlung der Bürger für die Beiwohnung öffentlicher Versammlungen demokratischer, Sparta durch Einführung der Ephoren oligarchischer werden. Roms Verfassung gestaltete sich anders, je nachdem Curien, Centurien, oder Tribus entschieden. Venedig neigte sich von der

Aristokratie zur Oligarchie, als viele Patricier verarmten. Die Hierarchie konnte bei dem Wechsel der Ansichten nicht in der alten Weise fortbauern. Die Aufhebung der Lehnsvererbungen, die Aufnahme Bürgerlicher in die Heere, die Theilnahme des Adels an allen Beschäftigungen, die Zunahme allgemeiner Bildung u. s. w. führte naturgemäß zur allmähligen Auflösung der öffentlichen Einrichtungen des Mittelalters.

Nicht geringere Folgen als derlei allmählige Entwickelungen haben oft die in einem bestimmten Augenblicke verschiedenen Ansichten der Bürger über ihre Lage und ihre Vortheile; so z. B. die Bewohner der Berge und der Ebenen in Attika, die Küsten- und Binnenländer in Nordamerika u. s. w. Selbst eine zufällige Veränderung oder Verrückung der Bestandtheile eines Staates führt bisweilen zu staatsrechtlichen Neuerungen. So ward Tarent demokratisch, als die meisten Vornehmen in einer Schlacht gegen die Japyger umkamen; so minderte sich der Einfluß der höheren Klassen, als in Athen während der persischen und lakonischen Kriege alle Einwohner zu See- und Landsoldaten angenommen wurden; so ward Argos aristokratisch, weil sich der Adel in der Schlacht von Mantinea sehr auszeichnete, Syracus dagegen demokratischer, weil hauptsächlich das Volk die Athener besiegt hatte.

Die Bildung eines Staates aus Bestandtheilen die nicht zusammenstimmen, nicht zusammengehören, führt zu Unruhen und Auflösungen. So bauten Achäer und Trözenier Sybaris zwar gemeinschaftlich, aber diese wurden später von jenen vertrieben. In Thurii verlangten die alten Sybariten anmaßlich größere Vorrechte als die neuen Anpflanzer, unterlagen aber in der offenen Fehde. Aus Byzanz verjagte man nach blutigen Gefechten die Fremdlinge welche man in die Stadt aufgenommen hatte und die nach der Herrschaft trachteten. Die Syracusaner geriethen in große Unruhen als sie nach Vertreibung der Tyrannen vielen Miethssoldaten und Fremden das Bürgerrecht ertheilten. — Diesen, leicht zu vermehrenden Beispielen gegenüber, zeigen Weltmonarchien in größerem Maßstabe fehlerhafte Vereinigungen verschiedener Völker. Nicht allein das macedonische, römische, arabische, carolingische Reich waren in dieser Beziehung zu tadeln, sondern es läßt sich auch von hier aus erweisen, daß Spanien und die Niederlande sich trennen, die Theilung Polens üble Früchte bringen mußte, und die napoleonische Herrschaft in Europa nicht bestehen konnte.

Finanzielle Noth des Ganzen und der Einzelnen, oder Staatsbankerotte in der neuern, Privatverschuldungen in alter Zeit, haben seit Solon bis auf den heutigen Tag Veranlassung zu den größten Umwälzungen gegeben.

Nicht minder haben Weiber, Liebeshändel und Heirathsangelegenheiten zu Unruhen und Gewaltthaten geführt. In Eretria stürzte Diagoras die Oligarchie, weil er bei einer Heirath beleidigt ward.[1]) In Delphi verließ ein Bräutigam seine Braut eines ungünstigen Auguriums halber; worauf die Verwandten der letzten fremde Kleinodien unter sein Geräth schafften und ihn zum Tode verurtheilen ließen, was zu bürgerlichen Unruhen Veranlassung gab. Das Gleiche geschah in Mitylene und bei den Phocäern über die Verheirathung von Erbtöchtern. Aruns lockte die Gallier nach Clusium um sich an seinem Mündel Lucumo zu rächen, welcher ihm die Frau verführt hatte.[2]) In Florenz entstand aus der Heirath des Herrn Buondelmonte mit einem Mädchen aus der Familie Donati, unter Zurücksetzung einer Amidei, blutige Parteiung der ganzen Stadt.[3]) Bei den unruhigen Bewegungen zwischen Adel und Volk in Bern, trieben 1470 die Frauen der Edelleute zu heftigem Widerstande, weil man ihnen die, von den Bürgerlichen unterscheidenden "Schwenzen der Kleider" aus vorgeblicher Religiosität abschneiden wollte.[4])

Beleidigungen Einzelner, oder persönliche Begierden und Lüste, stürzten die Pisistratiden, Tarqninier, Decemvirn, Periander von Ambracia, Archelaus und Philipp von Macedonien. Victorinus (einen der sogenannten Dreißig römischen Tyrannen)

---

1) Aristot. Polit., V, 4 u. 6.
2) Livius, V, 33.
3) Macchiav. Hist., lib. 2.
4) Müller, Geschichte der Schweiz, IV, 599.

erschlugen eifersüchtige Ehemänner[1]), den Kaiser Carinus ein Tribun dessen Frau er verführt hatte. Albibald, den König der Ostgothen, tödtete Bilas, weil jener dessen Braut in seiner Abwesenheit einem Andern übergeben hatte.[2]) Rodoald, König der Lombarden, kam ums Leben, weil er die Frau eines seiner Unterthanen mißbraucht hatte. König Joseph von Portugal ward von einem beleidigten Ehemanne fast erschossen u. s. w. u. s. w. — Umwälzungen der politischen Systeme durch Weiber und Maitressen sind in der neuern Geschichte Europas so häufig eingetreten, daß jedem die Beispiele einfallen.

Verschiedenheit der Religion ist (mit Ausnahme altjüdischer Unduldsamkeit) eine der neuern Geschichte angehörende Hauptursache von Umwälzungen. Sie erfolgen mit und durch die Geistlichen, oder gegen die Geistlichen.

Daß mangelhafte Verfassungen, schlechte Verwaltung, Ungerechtigkeit, Grausamkeit und Aehnliches, schneller oder langsamer, Umwälzungen herbeiführen, ist zu offenbar, als daß es nöthig wäre hierüber in weitläufige Erörterungen einzugehen.

Zweiundvierzigster Brief.

Berlin, 11. Juli 1850.

Ich habe in meinem vorigen Briefe in bunter Folge mancherlei Ursachen von Revolutionen aufgezählt; heute mögen zunächst einige Bemerkungen folgen, wie sie vorzugsweise in der einen oder andern Verfassung wirken müssen.

In Demokratien werden Veränderungen meist von Demagogen herbeigeführt, welche die Reichen und Vornehmen anzugreifen pflegen, sowohl in Hinsicht ihrer Personen, als ihres

---

[1] Isocrates Nicocles, 43; Gibbon, II, 25; Aurelius Victor.
[2] Procop. de bello gothico, III, 1.

Besitzes. Jenes geschieht durch Anklagen, welche bei wachsendem
Uebel in Proscriptionen übergehen; dieses durch agrarische und
Steuergesetze, von denen jene das Eigenthum, die letzten aber
die laufenden Einnahmen in Anspruch nehmen. Bestrebungen
solcher Art können gerecht, ungerecht und gemischter Art seyn.[1]
Als gerecht bezeichne ich des Demosthenes Gesetz über die Trie-
rarchie, wodurch der unerträgliche Druck der Armen vermindert,
und die Anmaßung der Reichen gehemmt wurde; gemischt erscheinen die Gesetzvorschläge der Gracchen; rein willkürlich das
Verfahren des Saturninus und ähnlicher Häupter. Der Fortgang und Ausgang solcher Versuche ist durchaus nicht immer
derselbe: bald siegt das Volk gegen den Adel, bald vereinigt
sich dieser zu noch strengerer Oligarchie, ohne daß sich behaupten
ließe das Eine oder das Andere sey unbedingt das Bessere,
oder das Schlechtere. In Cos beherrschten boshafte Rathgeber
das Volk; deshalb traten die Vornehmen dagegen mit Gewalt
auf.[2] In Rhodos sicherten die Demagogen den Armen einen
Sold zu, während sie den Reichen nicht allein das vorenthielten
was ihnen der Staat schuldig war, sondern auch Anklagen und
Verfolgungen wider sie einleiteten. Nothgedrungen traten die
Mißhandelten zusammen und machten der Volksregierung ein
Ende. In Heraklea und Megara verbannte man so viele Vornehme, daß es diesen möglich ward vereint zurückzukehren und
die Gegner zu bezwingen. Fast das Umgekehrte geschah in
Athen bei Vertreibung der Dreißig Tyrannen. Sehr viele hieher gehörige Beispiele giebt die Geschichte der italienischen Städte
im Mittelalter, mit Obsiegen bald der aristokratischen, bald der
demokratischen Partei.

Selten ist ein bloß friedliches Talent den Volksherrschaften
gefährlich geworden: denn so groß z. B. auch mit Recht der
Einfluß des Demosthenes und Cicero war, so kam doch die
letzte Entscheidung nicht durch sie; wogegen glückliche Feldherrn
oft den Freistaaten sehr gefährlich wurden. Ich erinnere an

---

1) Demosth. über die Krone, S. 260. Reiske.
2) Arist. Polit., V, 5.

Pisistratus, Dionysius, Agathokles, Machäus, Hanno, Bomilkar, Julius Cäsar, Oktavian, Cromwell, Napoleon.

Als Gründe zu Unruhen in eigentlichen Aristokratien lassen sich noch aufzählen: Anmaßung und Ungerechtigkeit der Vornehmen, Parteien unter ihnen selbst, Demagogie einzelner Mächtigen, Aussterben angesehener Familien, Eindringen von Neulingen, Zurücksetzung früher Gleichgestellter, u. s. w. Beispiele geben: Aufstände in Knidos und Chios, Phrynichus in Athen, die Parthenier in Sparta, die Morosini und Coloprini in Venedig [1]), das Schließen des großen Rathes daselbst, die Erhebung neuer Familien in Venedig und den Niederlanden u. s. w.

Furcht, oder Sitte, kann die Aristokraten lange im Zaume halten: das beweiset Sparta mit seinen Gesetzen und Ephoren, noch weit mehr aber Venedig mit dem Rathe der Zehen und der Inquisition. Auch das Andenken an frühere monarchische, oder Volksgewalt kann (wie in Rom bei Stiftung der Republik und in Venedig nach Schließung des großen Rathes) zur Mäßigung hinwirken. Wenn aber dieses Angedenken, wenn jene Furcht und Sitte schwindet, und die Aristokraten nur ihren Vortheil, nicht den des Ganzen bedenken [2]), wenn ein Theil derselben übermächtig und reich, der andere aber ganz arm und abhängig wird [3]); oder wenn gar ein unverständiger Eid von Anfang an verpflichtet überall dem Volke zuwider zu seyn und ihm allen möglichen Schaden zu thun [4]); — so ist die Grundlage der Aristokratie verderbt und sie geht zu Grunde!

In Monarchien richten sich die Unruhen entweder bloß gegen die Person des Herrschers, oder auch gegen die Verfassung. Jene verändern selten die letzte: das beweiset der Sturz so vieler römischer Kaiser, arabischer und türkischer Sultane, selbst Peters III. Fall und der Daschkow vergebliches Bemühen ari-

---

1) Arist. Polit., V, 6; Strabo, VI, 278; Le Bret, Geschichte von Venedig, I, 229; Wagenaar, V, 550; Pestel de republ. batava, 247.
2) Τα λημματα ζητουσιν ουχ ηττον η την τιμην. Arist. Polit., VI, 7.
3) Curti in Maiers Beschreibung von Venedig, IV, 10.
4) Arist. Pol., V, 9; Cic. de offic., I, 25.

stokratische Formen einzuführen. Der Monarch kann sich aber den Untergang bereiten nicht allein durch Verletzung von Gesetz und Herkommen, durch Beeinträchtigung ganzer Klassen von Unterthanen, oder durch einen übermäßigen Alle treffenden Druck; sondern auch durch bequemes, leichtsinniges Aufgeben dessen, was er nach reiflicher Ueberlegung befahl. „Dann entweicht (wie Ludwig XIV. sagt)[1]) das Ansehn und hiemit die Ruhe. Diejenigen, welche dem Fürsten am nächsten stehen, erkennen und mißbrauchen zuerst seine Schwäche, und so allmählig jeder dem nur irgend eine Gewalt zusteht. Alles fällt zuletzt auf die niederen Klassen, welche nun von tausend und abermals tausend Tyrannen gedrückt, anstatt von einem rechtmäßigen Könige beherrscht werden: — und das ganze Uebel entstand bloß aus dessen falscher Nachsicht!"

Vergessen der persönlichen Würde und übereilter, bitterer Spott kann Herrschern sehr gefährlich werden. So fiel Ataulph der Westgothe durch Vernulfs Hand, über dessen Körperbau er sich aufgehalten hatte.[2]) — Zu sehr Begünstigte sind oft nicht minder zu fürchten, als ungerecht Angefeindete: ich erinnere an des Perennius Unternehmen gegen Commodus, Plautians gegen Severus, an so manche mächtige Feldherrn, Major Domus, Emir al Omrah. Manche fielen weil sie von ihren Gegnern zu gering dachten, so wahrscheinlich Sardanapal, auch Astyages, Dionysius, Karl der Kühne; Andere weil sie ein Uebermaaß von Furcht vor Gefahren erweckten denen man zuvorkommen wollte (ich erinnere an Xerxes, Domitian, Aurelian); deshalb empörte sich Carausius gegen Maximian, ward Alp Arslan der Seldschucke erschossen, Peter III. ermordet u. s. w.[3])

Keine Ursach hat aber Königen öfter Gefahr, oder Untergang gebracht, als Zwist in ihrer eigenen Familie. Zum Beweise mögen dienen: Agamemnon, Eteokles und Polyneikes, David, Philipp II. von Macedonien, Mithridat, Tigranes, die Familie Konstantins, der Chalif Motavakkel Billah und sein Sohn

---

1) Oeuvr. de Louis XIV, I, 60; Sully, VII, c. 11.
2) Jornandes, 31.
3) Abulfeda zu 1072; Elmacin, 278; Abulfar., 228.

Montasio, Solyman II. und sein Sohn Mustapha[1]), Wilhelm
der Eroberer und sein Sohn Robert, Heinrich II. von England,
Birger, Magnus Smek und Erich XIV. von Schweden, die
Kaiser Ludwig der Fromme, Otto I., Heinrich IV., Friedrich II.,
Albrecht I., Philipp II. von Spanien, Peter I. von Rußland
u. s. w. u. s. w. So erweiset sich die Nothwendigkeit tüchtiger
Familienverhältnisse am strengsten in diesen höheren Lagen.

Falscher Religionseifer machte Ravaillac zum Mörder,
falsche Auffassung der Religion stürzte Jakob II. vom Throne.
Flucht des Monarchen (Karl I., Jakob II., Ludwig XVI.) kann
eine Umwälzung begründen, oder befördern, Entführung dessel=
ben (Stanislaus Poniatowski) ähnlich wirken. Gefangenneh=
mungen haben bald mäßige, bald große Folgen gehabt: geringe
für Frankreich die Franz I., große für Dänemark die Walde=
mars II. Prätendenten werden gefährlich sobald die Stimme
des Volkes für sie, nicht für die Herrschenden spricht: daher war
die Herstellung Karls II. in England möglich, die Jakobs II.
unausführbar.

Eine Unternehmung für Mehrung und Erhöhung der kö=
niglichen Macht wird schwerlich auf die Dauer gelingen, wenn
der König nicht selbst hervortritt und das Ganze mit der Ent=
schlossenheit leitet, welche fast immer nur Einer haben kann.
Die Grafen Brahe und Horn versuchten im Jahre 1756 die
Aristokratie in Schweden zum Besten Adolf Friedrichs zu stür=
zen; aber sie wurden enthauptet und die königlichen Garden
hielten selbst dabei die Wache; wogegen dem Könige Gustav III.
der gleiche Versuch im Jahre 1774 ohne Schwierigkeit gelang.
Maupeou und seine Gehülfen stürzten zwar 1772 die Parla=
mente und erhöhten ohne Ludwigs XV. ernste Mitwirkung die
königliche Gewalt, aber (wie bekannt) ohne allen dauernden Er=
folg. Die dänische Revolution von 1660 welche den König
Friedrich III. gegen seinen Willen (oder wenigstens ohne sein
Zuthun) unumschränkt machte, widerspricht zwar dem Gesagten;

---

1) Abulfeda zu 860.

aber sie gehört so in jeglichem zu den Ausnahmen, daß sie die Regel nicht umstoßen kann.

Stellt sich jemand aus der königlichen Familie an die Spitze von Unzufriedenen, so erhält er (wie Condé zur Zeit der Fronde)[1] gewöhnlich statt eines Herrn, viele Herren. Ihm wird alles Uebel zugerechnet, wogegen jeder für den Urheber des guten Erfolgs gelten will. Alle fürchten daß er sich aussöhne, und wiederum muß er es von allen Anderen fürchten. Der Anmaßungen ist kein Ende, und sowie er sich über den Gehorsam hinweggesetzt hat, so geschieht es gegen ihn.

Verschwörungen von Einzelnen gegen Einzelne führen nur selten zu großen Veränderungen. Sie mißlingen am leichtesten vor und bei der That; bezwecken sie große innere Umgestaltungen, so zeigen sich (wie nach dem Tode Julius Cäsars) erst später die größten Schwierigkeiten und Gefahren. Keine Verschwörung kann die Freiheit rauben, wenn das Volk noch nicht für völlige Abhängigkeit reif ist (das beweisen die Pisistratiden, die Dreißig Tyrannen, die Decemvirn, Manlius Capitolinus u. A.); kein Volk wird frei durch Wegschaffung eines Herrschers, wenn seine innerste Natur einen Monarchen verlangt; das zeigt Julius Cäsar und Ludwig XVI.

Das bisher Gesagte führt zu einigen zerstreuten, allgemeineren Bemerkungen.

Alle von mir erwähnten Ursachen der Umwälzungen gehörten nicht zu einer gesunden naturgemäßen Entwickelung, sondern sie bezeichneten kranke Zustände. Diese Zustände sind ihrer Wichtigkeit und Gefährlichkeit nach sehr verschieden; es giebt in der Staatslehre, wie in der Naturlehre, weinige, sauere und faulige Gährungen. Es führt zu Verschwörungen und Revolutionen, wenn man sie ohne genügenden Grund voraussetzt; so wie umgekehrt durch übertriebene Klagen und Einreden gegen die höchste Gewalt, die Despotie veranlaßt und entschuldigt wird.

Das Außerordentlichste, Unerwartetste geschieht oft in Revolutionen, aber dennoch nie dasjenige was gar nicht an der Zeit ist. Aus diesem Gesichtspunkte war es z. B. unmöglich, wenn Meh-

---

[1] Louis XIV, II, 60; Retz, IV, 58.

rere am Anfange der Regierung Heinrichs IV. eine Republik gleich Rom¹), oder aus den zerstreuten hugenottischen Gemeinen einen Staat nach Art der vereinigten Niederlande stiften wollten.

Mittlere, ruhige Leute (die größere Zahl) lassen die Dinge lange gehen, wie sie eben gehen, und wollen dann zu spät hemmen. Oder sie gerathen auch wohl in eine jähe Begeisterung und suchen eifrigst das Versäumte nachzuhohlen, oder gar vorauszueilen. Wenn sie noch später etwa umkehren möchten, sind sie so verstrickt daß sie nicht mehr ihrem Gewissen, sondern lediglich der Gewalt folgen.

Es giebt Dinge welche in revolutionairen Zeiten gerade die Friedlichsten und Beschränktesten am meisten aufregen und überspannen: Ein Name, ein Wort, ein Ausruf, ein handgreiflicher Betrug, wirken oft über Erwartung und Glauben. Dann wächst die, ohnehin fast allgemeine Neigung der Menschen unzufrieden zu seyn mit Frau, Kind, Wetter, mit Gott, also natürlich auch mit der Regierung. Neben ehrenwerthen Gründen treibt oft bloßer Trübsinn, innere Verwirrung, Eitelkeit, Hochmuth, Frevelmuth, Mangel religiöser Gesinnung u. s. w. — So wenig alle diese Verhältnisse gleichgültig sind, so wenig darf man doch glauben, das Klagen über öffentliche Maaßregeln, das Lob fremder Einrichtungen u. dgl. sey allemal Beweis der Reife für eine Umwälzung. Es verkriechen sich manche Schwätzer wenn es gilt, bald aus löblicher Scheu vor dem Bösen, bald aus Unfähigkeit muthig zu handeln. Graf Essex erfuhr in seinen Unternehmungen gegen Elisabeth, wie verkehrt es sey auf den Grund einer unbestimmten Anhänglichkeit des Volkes, eines sogenannten guten Willens im Volke, sich einer bestehenden, durch Alter ehrwürdigen, oder durch Kraft gelenkten, oder im Allgemeinen den Umständen angemessenen Regierung zu widersetzen.

Zuweilen aber walten im ganzen Volke Täuschungen ob, über die Angemessenheit einer Regierung. Es kann sich z. B.

---

1) Sully, II, c. 12 u. 18.

fähig und berufen glauben unter einer republikanischen Verfassung zu leben, während der Grundcharakter und die Grundgewöhnung jener Laune, oder Begeisterung des Augenblicks widerspricht. In solchen Fällen endet die Umwälzung in der alten Form; nur pflegt diese noch schärfer gezeichnet zu seyn, damit die Ruhe nicht durch neue Unruhe gestört werde. Deshalb sagte Napoleon zu Lord Whitford: er habe in Frankreich nicht die Rolle Washingtons spielen können.

In dem Augenblicke, wo die Häupter die Schaam bei Seite setzen, verlieren Unterthanen die Achtung: solche Verhältnisse erwecken aus dem tiefsten Schlafe. Dieser Schlaf, diese Erdrückung, entsteht aus dem Glauben daß ein Uebel ewig dauern könne, ja müsse.[1] Sobald nun jene Gedrückten einen Ausweg gewahr werden (was nie fehlen kann wenn die Sachen bis auf einen gewissen Punkt kamen), sind sie so überrascht, so vergnügt, so eifrig, daß sie plötzlich ins andere Aeußerste übergehen, und weit entfernt Revolutionen als unmöglich zu betrachten, sie vielmehr für sehr leicht halten. Und diese Stimmung ist bisweilen allein schon hinlänglich sie zu erzeugen.

Keine Revolution wird zu einem großen Ergebniß hindurchgeführt, welche ohne sehr inhaltreiche Veranlassung, ohne leitenden Grundgedanken unternommen wird. Die Freiheit, die Religion, die Verfassung, die Größe eines Fürsten muß begeistern, um große Schwierigkeiten zu überwinden.

Ein über seine Angelegenheiten unwissendes Volk kann eine Zeit lang das gehorsamste seyn; allein es wird in Zeiten der Gefahr seine Angelegenheiten auch schlecht vertheidigen, oder leicht verführt werden für falsches, vorgespiegeltes Interesse aufzustehen. Standhafter verharrt ein Volk in großen Bewegungen und Anstrengungen, wenn man es glauben macht es kämpfe für seine Vertheidigung, als wenn man es zu einem Angriffe bereden will.

Im Fall ein Staat (durch welche Gründe es auch seyn mag) über das mittlere Maaß seiner inneren physischen Kräfte gehoben wird, so folgt oft ein natürliches, aber den Meisten uner-

---

[1] Retz, Mém., I, 92.

wartetes Zurücksinken: man gedenke an Athen, Sparta, Venedig, Schweden. Wenn dagegen ein Staat durch den augenblicklichen Mangel geistiger Kraft unter jenes mittlere Maaß hinabsinkt, so pflegt er gleich unerwartet wieder zu steigen: ich erinnere an England unter Karl II., an Frankreich unter Ludwig XV. und XVI. Schon hieraus erhellt die Gewißheit und Wichtigkeit der Wechselwirkung aller geistigen und natürlichen Kräfte.

Nicht jede Revolution geht von einzelnen Häuptern, Ränken und folgerechten umfassenden Planen aus, sondern weit leichter und öfter aus der Unordnung und Auflösung der Gesetze; in jeder aber müssen sich Anführer entwickeln. In dieser Beziehung sagt Retz[1]): „kein Verständiger kann Faktionen lieben, aber es ist weise seine Abneigung zu verbergen, wenn man das Unglück hat darin verwickelt zu seyn." — Wo große Charaktere fehlen, drängen sich die Mittelmäßigen in den Vordergrund, und diese haben die größte Kühnheit ins Ungewisse hinein zu sprechen und zu handeln, schon weil bei der eigenen Unbestimmtheit und Gehaltlosigkeit, die Macht der unvorhergesehenen Ereignisse für sie den höchsten Reiz hat. Dann steht (wie Sully sagt)[2]) eine große und lächerliche Menge von Personen auf, welche die Begründer und Hersteller von Staaten seyn wollen, unter denen sich aber schwerlich zwei finden, die einer und derselben Meinung sind.

Ich wiederhohle: der allgemeine Antheil welchen jeder Staatsbürger am Wohle des Ganzen nimmt und nehmen soll, hat nichts gemein mit diesem Pfuschen und Quacksalbern an den Staatsangelegenheiten, wozu sich jeder getäuscht dann berufen fühlt, wenn die öffentlichen Verhältnisse erkrankt sind; ja, diese babylonischen Eiferungen für das Beste sind Zeichen und Beweis eines aufgelöseten Zustandes. Die schnelle, in bösen Zeiten häufige Erwerbung großen äußeren Besitzes durch Personen ohne Bildung und Geschmack kann den geselligen und menschlich

---

1) Mém., I, 144; III, 157; Mém. de la Duchesse de Nemours, 41; Lacretelle, Hist. de France, VI, 2.
2) Mém., II, c. 1.

schönen Verhältnissen nicht nachtheiliger werden, als dies schnell emporwuchernde Unkraut von Staatsweisen und Weltverbesserern.

Die bürgerliche Verfassung (schreibt Goethe)[1]) scheint wie ein Schiff zu seyn, das eine große Anzahl Menschen, alte und junge, gesunde und kranke, über ein gefährliches Wasser auch selbst zu Zeiten des Sturmes hinüberbringt: — nur in dem Augenblicke wo das Schiff scheitert, sieht man wer schwimmen kann, und selbst gute Schwimmer gehen unter solchen Umständen zu Grunde.

Dreiundvierzigster Brief.

Berlin, 12. Juli 1850.

Lassen Sie uns, mit Bezug auf Goethes Wort, zusehen wer in Revolutionen wahrscheinlich zu Grunde geht?

Erstens der, welcher kein bestimmtes Ziel vor sich hat und es nicht besonnen verfolgt. Innere Consequenz, oder Folgerichtigkeit, bei äußerer Beweglichkeit ist einem Revolutionair unentbehrlich: ob aber jene Consequenz an sich löblich, oder schändlich sey, hängt von dem Werthe oder Unwerthe des leitenden Grundsatzes ab. Nur mögen die hin und her Schwankenden, angeblich Vermittelnden, ihr Verdienst nicht zu hoch anschlagen: denn sie verunreinigen oft das Gute durch Nebenbedingungen und Beimischungen, und bewirken nur daß ihre Gegner Plane und Maaßregeln vollkommener ausbilden.[2]) So z. B. diejenigen, welche zwischen der Gironde und der Bergpartei in der Mitte stehen, und beide leiten wollten.

Zweitens: persönlicher Muth reicht nicht aus, und ist eine geringe, gewöhnliche Eigenschaft, gegen den Muth welchen ein

---

[1] Werke, XII, 164.
[2] Moleville, I, 179; II. 108.

langer Lebensplan erfordert. Es giebt Leute die auf eine Batterie losgehen, und doch nicht einen Tag lang wissen was sie wollen, oder sollen. Todesfurcht bleibt jedoch die kläglichste Schwäche eines Revolutionairs, und erbärmlicher kann kein Ausgang seyn als der des Carbo[1]), welcher unter dem Vorwande Uebelbefindens sein Leben auf dem heimlichen Gemache fristete, bis der von Sylla abgeschickte ungeduldige Soldat auch dahin kam und ihn tödtete.

Drittens, geht unter wer nur nach allgemeinen Grundsätzen verfährt und nicht die Geschicklichkeit besitzt sie den raschen Bewegungen anzupassen welche die Verhältnisse in jedem Augenblicke verändern. Die Begeisterung der Abstraktion wird allemal der Begeisterung des regsamsten Lebens unterliegen.

Viertens: wer seiner Partei treu bleibt rettet sich nicht immer, wer sie aber verläßt geht wohl noch sicherer zu Grunde. In der französischen Revolution sind diejenigen welche ihre Meinungen beharrlich vertheidigten und dadurch Achtung erwarben[2]), weniger Gefahren ausgesetzt gewesen, als die sich feige jedem Führer anschlossen.

Fünftens, geht unter wer nur gefaßt ist das Aeußerste zu leiden, nicht zu thun; aber wer zöge hier nicht oft den Untergang dem Siege vor! — In gewöhnlichen Zeiten weiß man, wie jemand den man kennt handeln wird und man schließt richtig von den Personen auf die Handlungen; aber in regellosen Zeiten muß man sich lediglich an die Handlungen halten und danach erst die Personen, so zu sagen, neu construiren. Nur soll keiner sich übereilt durch äußeren Schein täuschen und zu dem Glauben bringen lassen, jemand habe seine eigenste Natur geändert und seinen höchsten Vortheilen entsagt. Ludwig XVI. konnte eher Mirabeau, als Cicero dem Oktavian vertrauen.

Sechstens. Wo Gesetz, Herkommen, Angewöhnung zur Seite stehen, kann selbst ein großer Verwaltungsfehler durch die Festigkeit des Staats überstanden und ausgeheilt werden; wo-

---

1) Livius, Suppl., 89, 4.
2) Lacretelle, Précis, I, 41.

gegen jeder große Fehler eine Partei stürzt die keine andere Begründung hat als ihre augenblickliche Kraft und augenblickliche Gewandtheit. Dies erfuhr die Fronde, als sie den König gegen Condé ziehen ließ, woraus die Herstellung Mazarins folgte.¹)

Wenn (wie Chilon sagte)²) die Tugend eines Mannes darin besteht, das Künftige durch Vernunft und Schluß vorauszusehen, so wäre keinem diese Tugend nöthiger als einem Revolutionair. Aber gerade bei diesem findet sie sich am wenigsten, und mit der σωφροσυνη, der Mäßigung gegen Andere und nach außen, ist gewöhnlich die σωφροσυνη der Besonnenheit nach innen verlohren gegangen. Doch giebt es Leute die allerdings wichtige Bewegungen voraussehen, aber durchaus ungeschickt sind sie zu lenken und zu beherrschen, weil sie unbedingt das Bestehende festhalten möchten; so erging es dem römischen Hofe beim Ausbruche der Reformation. Andere bereiten eine Revolution und wollen Neues, ohne daß sie eigentlich wissen was sie thun und wohin es führt; sie wähnen ihr Einfluß werde immerdar hinreichen die Bewegungen zu bändigen: — so ging es gutentheils Necker. Einige erzeugen Bewegungen um der Sache willen (so Luther); andere um ihrer Person willen (so der Kardinal Retz). Alles dies hat großen Einfluß auf den Gang und die Eigenthümlichkeit von Revolutionen.

Es ist leicht ungeordnete Bewegungen zu veranlassen, aber unendlich schwer sie zu regeln und zu hemmen; weil ein halbes Wort die Leidenschaften erregt, aber die besonnensten Darlegungen der Vernunft nicht die Oberherrschaft wieder verschaffen.³) Niemand glaubt er könne alle Theile und Räder einer Uhr auseinandernehmen und nach Willkür anders zusammensetzen; — und wie Viele haben dies mit den noch mannichfaltiger zusammengesetzten und bewegten Staaten versucht.

Wenn ein Volksführer auch gewiß weiß daß er viel durch

---

1) Retz, IV, 68.
2) Diogenes Laert. Chilon, c. 1.
3) Moleville, III, 39.

das Volk ausrichten könne, dann doch nie wie viel er ausrichten könne: da das Volk oft ohne ihn beginnt, und noch öfter über seine Wünsche und Zwecke hinausgeht. Weil indessen jene Häupter die Möglichkeit des Uebels herbeiführten, so macht man sie selbst für das verantwortlich, was sie gern verhindert hätten. Das erfuhren z. B. More 1641 bei der irländischen Rebellion, Retz nach dem ersten Frieden mit dem Hofe 1649[1]) und so viele Andere. Zu spät überzeugte sich der sogenannte große Condé: es sey für ihn ein Unglück das Haupt einer Partei zu seyn, und nannte diese Stellung unter seiner Würde.

Der Demagog wirkt in der Regel nur dadurch daß er auf dem Wege, den Alle betreten wollen, Allen zuvoreilt. Schlägt er einen anderen Weg ein, so folgt ihm niemand. So wirkten Predigten zur Zeit der Ligue ungemein viel; als aber Retz, dies nachahmend, gegen Mazarin predigte[2]), fand man es unanständig: dermaßen hatten sich die Zeiten geändert. D'Espremenil konnte beim Anfange der französischen Revolution für politische Umgestaltungen begeistern; aber alle rhetorischen Kunstmittel fielen dahin, als er sich unduldsam gegen die Protestanten erklärte.[3])

Die Erfahrung zeigt daß es in unruhigen Zeiten immer noch leichter ist Aller Herr zu werden, als Alle gleichmäßig zu gewinnen. Dies mißlang unter Mehreren dem Pompejus nach seiner Rückkehr aus Asien; weshalb Cicero von dessen erster, manteltragerischen Rede mit Recht sagt[4]): sie war unerfreulich für die Unglücklichen, leer für die Bösen, nicht günstig den Glücklichen, nicht lästig den Guten; — also war sie kalt und frostig!

Die Demagogen nehmen so mannichfache Gestalten an, als sich Faktionen im Volke bilden; wogegen die Schmeichler der Fürsten unter sich ähnlicher sind. Von diesen vermuthet man das Böse, sie trachten nach keinem Ruhme; während sich jene

---

1) Retz, II, 178; III, 159.
2) Mém. de Nemours, 36.
3) Lacretelle, VI, 243.
4) Cic. ad Attic., I, 14.

immer ihrer Trefflichkeit rühmen und sich anstellen als hätten
sie das größte Verdienst um die leidende Menschheit. Wer in
einer Revolution eine Rolle spielt, jene aber nicht zu beschwören
weiß, kommt zum zweiten Male nie an ihre Spitze; das erfuhr
z. B. Necker. Die Lauten gehen gewöhnlich voran, die Ge=
fährlicheren folgen nach, und die wahrhaft Begeisterten werden
Mittel und Opfer derer die sich so stellen. Keine Demagogie
kennt Gränzen, oder ist fähig sich innerhalb derselben zu halten.
Sie stürzt sich selbst durch immer mehr beschleunigte Bewegung.
Wer sich zu Leuten solcher Art gesellt, kann nie wissen wie weit
er mit ihnen gehen werde, oder gehen müsse.

Es ist ein, seit Pisistratus bis auf die neuesten Zeiten von
Volksführern versuchter Kunstgriff, daß sie sich für verfolgt aus=
geben und gern ein kleines Leiden bereiten, um desto lauter
über die Volksfeinde schreien zu können.[1]) Auch die Allerklüg=
sten und Gewandtesten können den Ausgang einer Revolution
nicht voraussehen: ich erinnere an die Gracchen, Cäsar, Necker,
Philipp von Orleans u. A. — In Revolutionen finden sich
Menschen zu einer demagogischen Wirkung zusammen, welche von
den verschiedensten Triebfedern bewegt werden, und sonst gar
keine Berührungspunkte, keine Gemeinschaft haben. Der Faktions=
zweck löset alles Andere, und bindet hier allein aufs Festeste.
Alle Talente, sagt Burke[2]), haben einen natürlichen Hang zum
Jakobinismus. Das heißt: die Geistreichsten wagen am Toll=
kühnsten; sie glauben daß sich Natur, Vergangenheit und Zukunft
ihren Ansichten und ihrem Willen fügen müßten. Die große
Macht welche sie zum Zerstören haben, täuscht, als hätten sie
dieselbe Macht zum Aufbauen.

Sehr selten hat das Volk, oder besser, sehr selten haben
die Massen eine aus Ueberlegung und Gründen hervorgegangene
Ansicht über die öffentlichen Angelegenheiten; öfter einen richti=
gen Instinkt, aber nicht seltener ein falsches Interesse, welches
sich leichter vieldeutigen Worten, als ächten Grundsätzen an=

---

1) Pitt, Speeches, I, 109.
2) Works, IX, 413.

schließt. Die Massen fühlen wohl richtig was sie drückt, wissen aber in der Regel nicht wie dem abzuhelfen sey; und wenn sie selbst unmittelbar einwirken wollen, so geschieht dies mit Gewalt, also zerstörend. Sie achten in der Regel nur die Kraft und haben nur Vertrauen zu ihr; sie stellen sich auf die Seite der Partei, welche die meiste Kraft zeigt.[1]) Und dennoch werden sie von denen gegängelt und mißleitet, welche sich für ihre Diener ausgeben, und dann allmählig Alle preisgeben welche sie liebten und ehrten. Ein plötzlich zu Gewalt gelangter Pöbel handelt wie der ärgste Emporkömmling; ein souverainer Pöbel ist ein Sammelplatz der verschiedenartigsten Laster.

Kein Volk kommt aus der Willkür zur Freiheit, ohne durch den Despotismus hindurchzugehen.[2]) Läßt es sich als Mittel zu einer Revolution gebrauchen, wird es selten die wahren Triebfedern erfahren und über die unerwarten Ergebnisse erstaunen. Daher sagt Spinoza[3]): „Spät wird das Volk gewahr, es habe für das Wohl des Vaterlandes nichts gethan, als das Recht des gesetzlichen Königs verletzt, und Alles in einen schlechteren Zustand umgewandelt." — Das zügellose Volk handelt thöricht in eigenem Namen; Handlanger eines Tyrannen niederträchtig in fremdem Namen: dort mehr ein Anfall von Wuth, hier Gewohnheit am Verbrechen. Oder: der Mißbrauch der Freiheit ist eine Folge trunkenen Wahnsinns und böser Verkennung der ächten Grundsätze; lange ruhige Sklaverei zeigt ein verdorbenes Daseyn überhaupt.

Ist jemand, durch eigene oder fremde Schuld, mit einer Regierung zerfallen, so wird er sich selten retten wenn er auf halbem Wege stehen bleibt; deßungeachtet leidet es keinen Zweifel daß das Zurückziehen, der Untergang, oft edler und der Rache vorzuziehen sey. Beispiele geben: Coriolan, Germanikus, Vespasian und Antonius, Belisar, Thomas Becket, Wolsey, Egmont, Gonsalvo und Ferdinand von Aragonien, Wallenstein,

---

1) Moleville, VI, 134.
2) Moleville, V, 66.
3) Tractat. theol. politic., c. XVIII, p. 405.

Moreau u. A. — Niemand wähne also (sich selbst überschätzend), er könne wie ein Deus ex machina hervorspringen und die Welt gestalten. Erst in Folge großer Thaten darf man viel wagen und wird es durchsetzen. Deshalb konnte Alexander dreizehn Häupter seiner empörten Soldaten herausgreifen und hinrichten lassen, während alle Uebrigen erschreckt schwiegen [1]); damit schreckte Marius den Soldaten, der ihn tödten wollte [2]); Cäsar eilte seinem Glücke vertrauend mit geringer Macht nach Alexandrien, und brachte mit einem Worte (Quiriten, statt Krieger) ein ganzes Heer zum Gehorsam zurück. [3])

Verläumdungen kleinlicher Art helfen nichts wider große Gegner. Sie zeigen nur Leichtgläubigkeit, oder Bosheit, oder beides zugleich. So beschuldigten viele Protestanten den Papst Paul III., er habe in Sachsen Feuer anlegen lassen, und Leute abgesandt Brunnen und Bäche zu vergiften; so glaubten die Pariser zur Zeit der Fronde, der große Condé nähre sich von abgeschnittenen Ohren ihrer Mitbürger; so behaupteten Manche, Napoleon lasse die Dörfer in der Churmark durch Mordbrenner anzünden u. s. w. [4])

Zuerst entwickelt sich in unruhigen Zeiten unglaublich schnell die Geschicklichkeit Waffen wider die Gegner zu erfinden; dann allmählig die größere Gewandtheit diese Waffen wider die Erfinder selbst zu lenken: und so bereitet die revolutionaire Taktik den Führern wechselsweise den Untergang. Denn ohne Abgott und Opfer kann man die Leidenschaften der Menge nicht lange und stark in Bewegung setzen.

Bei revolutionairen Mitteln ist der äußerlich angegebene selten der wirklich beabsichtigte Zweck; sonst sind ihre Gestaltungen sehr mannichfaltig: Fechterspiele z. B. in Rom, Gebetsconventikel in England, Feste in Paris u. s. w.

Bloße List führt fast nie zum Ziele; ja sie wirkt, wenn sie

---

1) Arrian, VII, 8.
2) Liv. Suppl., 77, 39; Vellej., II, 19.
3) Caesar de bello civ., III, 106; Dio, XLII, 5, 6, 53.
4) Mém. de Nemours, 42; Sarpi, II, 209.

auf einer Lüge beruht, nur sehr kurze Zeit. So überredeten die Vierhundert in Athen das Volk, der König von Persien werde, bei der neuen Regierungsform, Geld zum lakonischen Kriege hergeben[1]): als aber die Unwahrheit an den Tag kam, gelang es ihnen nicht sich durch Gewalt zu behaupten. — Bei der Empörung der pannonischen Legionen im Jahre 14 nach Christus beschuldigte ein Soldat Bibulenus den Feldherrn Bläsus, er habe seinen Bruder tödten und den Leichnam nicht einmal begraben lassen.[2]) Als aber Bläsus leicht bewies daß jener gar keinen Bruder gehabt hatte, kehrte sich die Gefahr wider den Verläumder.

Wer im Innern eines Landes große Plane mit Hülfe von Fremden durchsetzen will, geräth dadurch fast immer in übele Verwickelungen: das erfuhren die französischen Huguenotten mit England, die Ligisten mit Spanien. Gleich wenig dürfen Fremde sich auf Verbannte und Ausgewanderte verlassen[3]); nicht sowohl weil sie betrügen wollen, als weil sie sich selbst über die Verhältnisse täuschen. So sagte ein angesehener Emigrirter in Berlin: wir haben die Schlüssel zu allen Festungen; — worauf aber jemand antwortete: vorausgesetzt daß man die Schlösser nicht ändert! — Und Aehnliches geschieht in Revolutionen fast immer, weil sich häufig die Stellung der Parteien, und noch öfter der einzelnen Personen abändert.

Ist aber die Partei der Verbannten so groß, daß sie sich selbst für den Staat ausgeben können und zugleich der Sinn für das allgemeine Beste noch nicht erloschen; so werden Fremde von einer solchen Partei nichts Nachtheiliges für den Staat erlangen können. Weder Sylla, noch Sertorius wollten dem Mithridat das bewilligen, was er von ihnen als erklärten und bedrängten Reichsfeinden leicht zu bekommen hoffte. Daß überhaupt eine große Spaltung im Innern nicht die mächtigste Wirksamkeit nach außen verhindere, haben Römer, Araber,

---

1) Arist. Polit., V, 4; Thucyd., L. VIII.
2) Tacit. Ann., I, 23.
3) Machiav. Discorsi, II, 25, 31.

Engländer, Franzosen bewiesen.¹) Nur die Teutschen haben in solchen Lagen oft eine jämmerliche Schwäche und Abhängigkeit gezeigt.

Vierundvierzigster Brief.

Berlin, 14. Juli 1850.

Je lebhafter und strenger sich jeder Geschichtskundige wider gewaltsame Revolutionen aussprechen muß, desto bestimmter muß er diejenigen anklagen, welche sie durch Ungerechtigkeit, Grausamkeit und Unverstand herbeiführen, desto sorgfältiger die Gegenmittel aufsuchen. Gleichwie die Ursachen und Mittel der Revolutionen verschieden sind, so auch die Zwecke und Gegenmittel. Im Allgemeinen läßt sich behaupten: die Staaten würden durch das Gegentheil von dem erhalten, was Revolutionen erzeugt; es sey mir indessen verstattet diesen Lehrsatz durch einige einzelne, zerstreute Bemerkungen zu erläutern.

Die Duldung willkürlicher Abweichungen von guten Gesetzen und Gewohnheiten schwächt²); die Aufstellung verfassungsmäßiger Mittel um die Gesetze zu erhalten, zu bessern und den Verhältnissen anzupassen, stärkt den Staat. — Alle übermäßigen Beschränkungen führen auf den Gedanken und die Nothwendigkeit sie zu zerbrechen; alle unbeschränkte Willkür auf den Gedanken und die Nothwendigkeit sie zu regeln. — Man verschmähe kleinliche Kunstgriffe, welche den Schein von Freiheit erzeugen sollen, während sie in Wahrheit untergraben wird; man sorge daß Einzelne nicht zu schnell erhoben, oder erniedrigt werden; man richte seine Aufmerksamkeit auf den schlechteren Theil der Bürger und die schwächeren Theile der Verfassung.³)

---

1) Motus gentium ipsis ambiguos, foris accedentibus nunquam innoxios esse. Hugo Grot., Hist. belg., I, 126.
2) Sully, VII, c. 11.
3) Arist. Pol., VI, 6.

Nur wenn die Kraft vorhanden ist ungebührliche Angriffe zu bestrafen, darf eine Regierung sie vielleicht verachten; in der Regel ist es gleich verderblich das Volk vorwitzig zu reizen und Beleidigungen der höchsten Gewalt mit falschem Edelmuthe ertragen. Gehen Aufstände nur vom Pöbel aus, so mag eine strenge und wachsame Polizei das Uebel hemmen und durch Bestrafung einzelner Häupter vertilgen; liegen aber die Gründe der Bewegungen tiefer und ist Alles zu einer wahren Umwälzung reif, dann helfen so einzeln und örtlich angewandte Mittel, oder Ereignisse, in keiner Weise. Der Papst siegte nicht ob durch Luthers Tod; Karl I. hätte in England die Bewegungen nicht durch Verhaftung einiger Volkshäupter gestillt, die Königin Anna nicht die Macht der Fronde durch Hinrichtung der Gefangenen gebrochen.[1]) Anderseits hüte man sich übergroße Ordnungsmittel der Gewalt in unruhigen Zeiten voreilig zur Schau zu legen; denn sie zeigen leicht nur übergroße Furcht und erzeugen erst Uebelstände. Noch weniger soll man derlei Mittel (wie oft im Anfange der französischen Revolution) mit dem heimlichen Befehle in Bewegung setzen, nichts Aeußerstes zu wagen. Soldaten z. B. die nicht schießen dürfen und Ungezogenheiten einstecken müssen, sind ein unfehlbares Mittel böse Aufstände zum ärgsten Gipfel hinaufzutreiben.

Wer ein Volk versammelt, sagt Retz[2]), bringt es allemal in Unruhe und Aufruhr; eine Behauptung die vollkommen richtig ist sofern sie sich auf gesetzwidrige Versammlungen bezieht. Diese sind gefährlicher an Sonn= und Festtagen; weshalb es doppelt irrig war Neckers Entfernung im Julius 1789 an einem Sonntage kund werden zu lassen.

Es hat auch gesetzlich erlaubte Versammlungen und Verbindungen gegeben, welche äußerst schädlich wirkten; ich erinnere an die polnischen Conföderationen und die französischen Klubs. Neben einem völlig willkürlichen, ungeregelten Verbindungs= und Associationsrechte kann keine Regierung bestehen und sich erhalten.

---

1) Retz, II, 1.
2) Retz, IV, 241; Moleville, II, 110.

Ueberhaupt sind politische Verbindungen außerhalb der verfassungsmäßigen Körperschaften öfter Zeichen der Krankheit, als der Gesundheit.

Kein einzelner Theil der Verfassung, oder des Volks ist alleiniger Wächter und Erhalter der Freiheit; in allen liegen Keime Sklaverei herbeizuführen, und Kräfte sie zu bekämpfen und abzuhalten. In Rom haben bald der Senat, bald das Volk, in Venedig der mehr demokratische große Rath, im Gegensatze der engeren aristokratischen Behörden, in England bald die Whigs, bald die Tories, das Oberhaus oder das Unterhaus das bessere Theil erwählt, sich dem Bestehenden angeschlossen, oder nach Neuem verlangt. Die Losgebundenheit der Masse zerschlägt (wie zu Rom) in gewaltiger Wirksamkeit eine Welt, dann sich selbst; eine engherzige Aristokratie trägt, unter dem Namen einer geläuterten Freiheit, die Sklaverei schon in sich; endlich wo alle lebendige Regsamkeit despotisch unterdrückt worden, geht Alles dem Tode entgegen und jene gerühmte Gewalt ist der eigentliche Todesengel.

Große Staatslehrer, wie Macchiavelli und Paruta[1]), setzen es als Regel fest: daß die Staaten sich erhalten wenn sie auf demselben Wege beharren auf welchem sie gegründet sind; denn nur Gleichartiges trage zur Erhaltung bei, Entgegengesetztes zerstöre. — Wenn diese Regel den Gang der Bildung übersähe, und aus Haß gegen unbesonnenes Aendern sich durchaus zu halsstarrigem Beharren hinwendete, so wäre sie gewiß falsch. Von der Geburt bis zum Tode beharrt der einzelne Mensch allerdings auf einem Wege, aber wer verlangt deshalb einen kindischen Mann oder ein männliches Kind? So liegt auch die Entwickelung jedes Staats in einer bestimmten Richtung; aber eine Form, eine Thätigkeit, ein Ziel paßt nicht für jeden Zeitaugenblick. Fast alle griechischen Staaten, auch Rom, begannen mit der Alleinherrschaft; darf man aber den Uebergang in Republiken als zerstörend betrachten? Oder wer sieht im römischen Kaiserthume eine glückliche Rückführung zur ursprünglichen Natur? Wer darf die Freistaaten der Niederlande und Nord-

---

1) Macchiav. Disc., III, 1; Paruta Disc., I, 13, 257.

amerikas bezeichnen als Ausartung von der ursprünglichen Bestimmung abhängiger Landschaften? Oder Irlands Vereinigung mit Großbritannien aus jenen Gründen verdammen? Oder die zweite bessere Verfassung Nordamerikas, welche von der ersten ganz abweicht?

Die Frage: warum ein Anderer mich beherrscht, ist natürlich, und die Antwort daß und warum es so seyn müsse, leicht zu begründen; aber die Liebe zu dem Herrschenden entsteht erst aus der Art und Weise des Regierens. Aufruhr und Unzufriedenheit (wie in China) [1] durch Geldbewilligungen beseitigen zu wollen, ist durchaus zweckwidrig; weil Viele bloß zu den Waffen greifen um jene Belohnung zu erhalten und dann ein zweites Mal abzufallen.

Mit Unrecht hat man den Schaden und das Unheil, welches Thrannen anrichten, arithmetisch nach der Zahl der unmittelbaren Schlachtopfer abgeschätzt und daraus den Schluß abgeleitet, man müsse sie geduldig ertragen [2]; denn nicht darin besteht ihre größte Schädlichkeit daß sie Einzelne morden, sondern daß durch sie über das ganze Geschlecht Sklavensinn verbreitet wird, welcher ärger ist als der Tod.

Kaum ist jemals eine Umwälzung begonnen worden ohne Schuld der Regierungen; denn ihnen steht in der Regel ursprünglich zur Seite, Vorurtheil, Herkommen, Macht, Furcht u. s. w., weshalb das Gelingen einer Revolution gegen sie mindestens ihre Lebensunfähigkeit erweiset.

Um allen den auf diesem Boden erwachsenden Uebeln ein für allemal vorzubeugen, retten sich die Einen (wie ich schon in meinem sechzehnten Briefe erwähnte) in die Lehre von unbedingtem Gehorsam, die Anderen in die Lehre vom Insurrektionsrechte des Volks. Beide Auswege sind selbst vom Uebel: denn der erste stellt die, durch bürgerliche Einrichtungen zu vertilgende Sklaverei an die Spitze derselben, und führt durch den Wendepunkt finsterer Ueberspannung zur Anarchie; der zweite muß durch alle Gräuel der herbeigewünschten Anarchie in Tyrannei enden, weil auf jede

---

1) Krusenstern, Reise, II, 326.
2) Haller, Staatenkunde.

übertriebene Schwächung der ausübenden Gewalt eine übertriebene Anspannung derselben folgt.

Es ist ein, nicht hoch genug anzuschlagendes Unglück, daß in Zeiten großer Umwälzungen die unseligsten Zweifel entstehen über das was Recht und Pflicht ist, und die verschiedensten Maaßstäbe für das was eben der ewig unwandelbare Maaßstab, die unfehlbare Richtschnur seyn sollte. Anstatt sich alsdann zur weisen Mäßigung hinzuneigen, gilt kein Verdienst als das der äußersten Heftigkeit, der Verwerfung aller milden Rathschläge, aller verständigen Warnungen. [1])

Mit Recht sagt William Pitt [2]): „Wann der höchsten Gewalt (in welchen Händen sie sich auch befinde) nicht mehr zu gehorchen sey, ist eine der schwersten Fragen und von der größten Verantwortlichkeit." Es ist eine schlechte und leichte Kunst das Volk in gewissen Lagen zu den äußersten Thaten zu bringen; es ist eine kindische Freude daß diese Thaten sogleich alle mittleren Zustände entscheidend beseitigen; es ist ein freventlicher Muth, in den hier erwachsenden höchsten Gefahren den höchsten Reiz zu finden und jeden Weg zu verschmähen welcher die übertriebene Eitelkeit nicht befriedigt. Wer darauf vorsätzlich ausgeht die bestehende bürgerliche Ordnung aufzuheben, gleicht dem welcher einen Wagen bergan schiebt; in dem Augenblicke wo das Ziel erreicht ist, stürzt er nur zu leicht unaufhaltsam auf der andern Seite bergab und der Führer geht mit zu Grunde.

In Revolutionen sind diejenigen oft am halsstarrigsten, denen es Anfangs die meiste Mühe und Ueberwindung kostete, sich hinein zu denken und hinein zu stürzen. Es ist sehr schwer von einem Irthume loszukommen, den man einmal als Tugend betrachtet hat. Nachdenken erscheint in übertrieben aufgeregten Zeiten als Schwachheit, Zweifeln als Verrath. Dem Revolutionair gilt sein Herz nichts, und sein Verstand wird von wilden Träumen so eingenommen, daß er wagt Verbrechen als Pflichten zu bezeichnen. Und doch gewinnt man nie etwas für die gute

---

1) Mos est seditionis infensi mitiora suadentibus. Hugo Grot., Hist. belg., I, 128; Noailles, Mém., II, 311.

2) Speeches, III, 59.

Sache, wenn man sich von ächten und rechten Grundsätzen entfernt.¹) Wie schwer aber auf diesen Bahnen das Umkehren ist, zeigt jenes von einem Führer zur Entschuldigung und Erklärung ausgesprochene Wort: J'ai commencé!

Jede Gewalt die aus ihrem Rechte heraustritt und ihren Kreis überschreitet, wird revolutionair; keine Revolution hat die Anfangs gepriesenen Formen und Zwecke festgehalten. Ueberhaupt zeigt jedes Volk, jedes Jahrhundert, jeder bedeutend hervortretende Einzelne seine eigene Art die Dinge anzusehen und seinen örtlichen und zeitlichen Willen zu rechtfertigen. So galt jede politische Umgestaltung, wie sie die gedrückten Bauern wollten, zur Zeit der Reformation für ungerecht, während die Häupter der französischen Revolution dogmatische Streitigkeiten für überflüssig und lächerlich hielten. Cromwell half ohne Gewissensbisse seinen König stürzen, als aber Gustav von Schweden Dänemark theilen und ihm auch ein Stück geben wollte, äußerte er: es sey nicht mehr die Zeit wo ein europäischer Staat getheilt werden dürfe. Umgekehrt meinte Karl Gustav: sobald ein König ein schwaches, zum Widerstande unfähiges Reich fände, sey eine genügende Veranlassung zum Kriege vorhanden. Denn da Gott die Verbrechen der Großen dieser Erde nicht mehr unmittelbar strafe, so müsse die Schwäche der Nachbarn als ein göttlicher Beruf angesehen werden an ihnen die göttliche Rache zu vollziehen.

Darin stimmen fast alle Begründungen gewaltsamer Bewegungen überein, daß man die drückende Gegenwart herbe tadelt und von der Zukunft das Beste erwartet, daß man den wirklichen Uebeln keineswegs die Uebel mit gleich großem spezifischen Gewichte gegenüberlegt, welche dadurch möglich werden. Daher so viele Uebereilungen, so kühne Hoffnungen leichten Hemmens und Heilens.

Es giebt Krankheiten einzelner Theile des Leibes die durch örtliche, Krankheiten in bestimmter Richtung die durch folgerecht angebrachte Gegenmittel können gehoben werden: es giebt aber auch etwelche die so allgemein sich verbreiten, alle Theile, alle Systeme angreifen, daß die Heilung einer Stelle das Uebel auf

---

1) Mounier, II, 78.

die zweite treibt, daß folgerechte Behandlung eines Uebels dem zweiten neue Nahrung giebt. Ein solches unerschöpfliches, unergründliches Uebel ist Aufruhr und bürgerlicher Krieg. Oft schadet Strenge, oft Milde; Ausrottung erscheint widerrechtlich, unmenschlich, unmöglich; Verweisung schwächend und schädlich, Trennung der Gegner und schneller Sieg ein bloßer Wunsch. Allemal aber ist es verdammlich die Gegner nicht als Feinde sondern als Verbrecher zu behandeln, ihnen niemals Verzeihung zu bewilligen und kein Versprechen zu halten. Denn jede große Partei gewinnt entweder (wie Cäsar und Heinrich IV.) auf entgegengesetztem großmüthigen Wege die Gemüther; oder sie schlägt dieselben Wege ein, wodurch die Uebel wachsen und jede Aussöhnung und Einigung immer mehr erschwert wird.

Soll eine Amnestie bürgerliche Unruhen wirklich beendigen, so müssen vor Allem die Führer gewonnen und nicht, wie 1683 in Frankreich, die Prediger der unzufriedenen Reformirten [1]) ausgeschlossen werden. Wie sehr unterscheidet sich die grausame Behandlung Mitylenes durch die Athener, von dem Beschlusse des Senats welcher die zur Erringung der Selbständigkeit von Rom abgefallenen Privernaten für Männer erklärte die würdig wären Römer zu seyn, weil sie die Freiheit über Alles schätzten. [2]) — Eine Behandlung, welche einerseits großmüthig sein soll, andererseits aber eigennützig und gering erscheint, kann die Gemüther nicht gewinnen; so als einst Preußen aufrührerische Polen weder zu peinlicher Untersuchung zog, noch ihnen Verzeihung ihres Vergehens bewilligte, sondern dies in Gelde abschätzen ließ und Bezahlung annahm. Wie viel größer und richtiger daß Athen die von den Dreißig Tyrannen, England die von Cromwell gemachten Schulden bezahlte. Hiedurch verknüpfte sich Früheres und Späteres zu innigem, neuem Vertrauen.

Wenn Aeltern und Kinder, Regierungen und Unterthanen wechselsweise fehlen, so ist Milde und Nachsicht am natürlichsten, wie am nöthigsten. In der übermüthigen Freude, mit welcher ein Geschlecht alle früheren verläugnet, verkennt es daß die Kinder

---

1) Noailles Mém., I, 36.
2) Thucyd., III, 36. Livius, VIII, 21.

schon furchtbar emporwachsen um zu vertilgen, was ihre Väter soeben erst für eine erträumte Ewigkeit bildeten. Und diese können sich nicht beklagen, denn sowie sie ihren Vätern absagten, so sagt sich das neue Geschlecht von ihnen los. Fehlt es an höheren Gesetzen und heiligern Bürgschaften, so kann allerdings ein Volk (insbesondere durch die Willkür angeblich allgemeiner Abstimmungen) heute Alles aufheben was es gestern beschloß. Gesetze, Rechte, Pflichten sind nach den Lehren einer gewissen Schule Nichts, bis es jedem Einzelnen behagt sie anzuerkennen. Die gränzenlose Eitelkeit hat ihre Freude daran sich mit Bewußtseyn über alles Verehrungswürdige erhaben zu fühlen und es zu verachten. In jeder Revolution ist immer eine Partei kurze Zeit obenauf, daher gibt es nur eine wechselnde Parteigesetzgebung.

Zur Zeit gewaltsamer Revolutionen werden die hochwichtigen Unterschiede von bescheidenen Gegenvorstellungen, leidendem Widerstande, ernsten Warnungen, Umstürzen der Regierung, Bestrafen der Regierenden, als allzu ängstlich und aufhaltend, zur Seite geworfen; die Erinnerungen daß Revolutionen alle Betriebsamkeit hemmen, Hungersnoth und Wüsteneien selbst in den fruchtbarsten Ländern erzeugen, als kleinlich und äußerlich verhöhnt [1]); die Berechnung der unermeßlichen Kosten eines bürgerlichen Krieges (wie Sully sie gab) [2]) als handwerksmäßig und pedantisch verlacht; die Warnung, daß mit der Regierung Alles dahinstürzt, leichtsinnig hinweggeschwatzt [3]); jede Rücksicht auf die Lebendigen mit der wahnwitzigen Floskel überschrien, daß man ein Geschlecht allen künftigen opfern müsse; die Hinweisung auf die Grundgesetze der Sittlichkeit für die Langeweile des geordneten bürgerlichen Lebens zwar mitleidig angenommen, zugleich aber bewiesen, daß um größerer Zwecke willen, die kleinere Moral zu übertreten sey. Daher lehrte man im sechzehnten Jahrhunderte laut: es sey ein ewiges Verdienst ketzerische Herrscher umzubringen; daher im achtzehnten: es sey Pflicht alle Pflichten (um des neuen Heils willen) eine Zeit lang bei Seite zu setzen.

---

1) Tone über die Maratten, 252, von Hindostan.
2) Sully, VIII, 1, 117.
3) Goethe, Eugenie, S. 258.

Bei solchen Gesinnungen gilt es für abgeschmackte Beschränkung sich auf die Erfahrung und auf Autoritäten zu berufen, die uns aus allen Zeiten dasselbe zurufen. Platon sagt [1]): Unterwerfung und Herrschaft über das mittlere Maaß hinausgeführt, ist das größte Uebel, Aufruhr die ärgste Krankheit. Alles was nach Ordnung, Maaß und Gesetz geschieht, erzeugt Gutes; das Ungeordnete und schlecht Eingeleitete ist dagegen an sich schädlich und löset auch das Wohlgeordnete auf. Wenn man nicht ohne Gewalt und Mord Umwandlungen im Staate hervorbringen kann, so halte man sich vielmehr ruhig.

Sully bezeugt aus der reichen Erfahrung seines Lebens [2]): die Geschichte aller Jahrhunderte hat uns gelehrt, daß alle Aufstände, Empörungen, bürgerliche Kriege, welche Privatpersonen erregten und leiteten, weder taugliche Mittel waren noch seyn werden, um die gefährlichen Krankheiten zu heilen, welche die Völker ergriffen, wegen großer Lasten, Abgaben, Kriegsübel u. dgl. Diese Art und Weise zu verfahren ist im Gegentheil viel eher geeignet die Uebel zu vermehren, als zu vermindern und zu erleichtern, und insbesondere gilt dies für die armen Bewohner des platten Landes.

Cicero lehrt [3]): übertriebene Freiheit führt Völker und Einzelne in übertriebene Sklaverei. Aus jener maßlosen Freiheit entsteht ein Tyrann und die ungerechteste, härteste Knechtschaft. Kein Meeressturm, kein Brand ist so groß, daß man sie nicht leichter beschwichtigen könnte, als die durch Unverschämtheit zügellos gewordene Menge.

Miñana schreibt [4]): die Erfahrung lehrt uns daß wenn die Menge einmal anfängt wüthend zu werden, sie auf keine Weise zur alten Ruhe zurückkehrt, ehe das Feuer und die Hitze der Gemüther verschwunden ist; was nie eher geschieht, als wenn sie gezüchtigt durch viele Uebel auf ihre Kosten lernt, was sich für sie schickt und ihr gebührt.

---

1) Plat. de legib., V, 744; VI, 773, 780; Epist. VII, 331; VIII, 354.
2) Sully, VIII, 477.
3) Cic. de republ., I, 42, 44.
4) Geschichte von Spanien, I, 54.

In Calderons Leben ein Traum heißt es:

> Wer kann, Astolf, in ihrem Laufe hemmen
> Des Rosses Wuth, frei von des Zügels Zwange?
> Wer die Gewalt des stolzen Stromes dämmen
> Der sich zum Meere wälzt mit raschem Drange?
> Wer einem Bergsturz sich entgegenstemmen
> Der niederkracht vom jähen Felsenhange?
> Doch Alles findet Aufhalt und Erschwerung
> Viel leichter noch, als stolzer Völker Gährung!

Bertrand de Moleville sagt: Möchten die Völker, durch unsere Unfälle belehrt, die Regierung unter welcher sie gebohren sind, als ihr kostbarstes Eigenthum, als die sicherste Bürgschaft alles dessen betrachten was ihnen theuer ist. Möchte die Erfahrung aller Jahrhunderte, aller Völker sie belehren daß es nie eine Regierung ohne Mängel gegeben hat; daß diejenigen, an welche man gewöhnt ist, immer am leichtesten zu ertragen sind und daß die Ehrgeizigen, die Frevler und die Narren, welche unter dem scheinbaren Vorwande jene Mängel zu verbessern, ihnen vorschlagen ihre Regierung zu ändern, immerdar die gefährlichsten Feinde sind welche sie nur haben können. Der treffliche Aloys Reding sagte mir in Schwytz: das größte, das allergrößte Unglück was einem Volke widerfahren kann, ist wenn es (außerhalb gesetzlicher Formen) über seine Verfassung glaubt berathen und beschließen zu müssen. Alle Freundschaft verkehrt sich in Haß, alles Einige wird feindlich, die redlichsten Männer zerfallen, und während sie mit höchstem Eifer das Beste zu verfolgen meinen, sehen sich zuletzt Alle auf allen Bahnen getäuscht, sie finden nur Gräuel und Zerstörung.

Burke warnt [1]: Rechtmäßig oder unrechtmäßig wird eine Revolution allemal die äußerste, letzte Zuflucht des Denkenden und des Guten seyn; und man muß die letzte Arznei eines Staates nicht in sein tägliches Brot verwandeln. Man soll nicht dahin kommen, eine ruhige Besserung, eine schuldlose Freiheit für schaal und unschmackhaft zu halten; denn die Könige werden aus Staatsklugheit Tyrannen, sobald die Unterthanen aus Grundsatz Rebellen seyn wollen.

---

1) Burke über die französische Revolution, von Genz, I, 97, 128.

Leicht könnte ich diese Zeugnisse sehr vermehren und durch Mittheilung beredter Schilderungen furchtbarer Revolutionsübel, nochmals ernst auf Maaß, Ordnung, Gesetzlichkeit als allein errettend hinweisen. Nachdem ich dies aber in meinen letzten Briefen schon wiederhohlentlich gethan habe, ergreift mich vielmehr die Besorgniß, meine Darstellungen könnten dahin mißgedeutet werden, als wollte ich durch die harte Verurtheilung gewaltsamer Revolutionen den Regierungen gleichsam einen Sicherheits- und Freipaß geben, willkürlich auch das Ungerechteste und Thörichtste straflos wagen zu dürfen. Deshalb erkläre ich hier zum Schlusse nochmals aufs Bestimmteste: diejenigen Regierungen, Fürsten, Minister, welche, anstatt das Mangelhafte in gesetzlicher Weise zu verbessern und ächte Fortschritte zu befördern, die Möglichkeit, oder gar die Nothwendigkeit einer gewaltsamen Revolution herbeiführen (wie Philipp II., Jakob II., Ludwig XV., Terray, Maurepas u. A.), sind selbst die ärgsten Revolutionaire. Ihre Schuld ist keineswegs geringer, als die der späteren, durch sie hervorgerufenen Uebelthäter; ja sie sind noch sündlicher und verdammlicher, weil sie durch ihre hohe Stellung doppelt berufen waren, als kundige Aerzte, die Krankheiten ebr geselligen Verhältnisse milde auszuheilen; nicht aber, leichtsinnig und schändlich, tödtliches Gift zu bereiten für die kommenden Geschlechter!

Fünfundvierzigster Brief.

Berlin, 15. Juli 1850.

Sie wünschen, daß ich, nach den langen Zwischenbetrachtungen über Revolutionen, nicht von der gesellschaftlichen und staatsrechtlichen Theorie oder Praxis des achtzehnten Jahrhunderts handele, worüber lehrreiche Werke in großer Zahl vorliegen, sondern von den großen, meist weniger bekannten Staatsveränderungen des sechzehnten und siebzehnten Jahrhunderts spreche. In dieser Beziehung nennen Sie fast alle Reiche Europas: den Aufstand in Spanien während der Minderjährigkeit Karls V., den Abfall der Niederlande, die Zeiten der Ligue und Fronde in Frankreich, den

Bauernkrieg und Dreißigjährigen Krieg in Deutschland, die
Revolution in Dänemark, die schwedischen Staatsveränderun=
gen unter Gustav Wasa und Karl XI., die englischen unter den
Stuarts. Die Aufgabe, einen viele Bände füllenden Stoff auf
wenige Blätter zusammenzubrängen, ist unendlich schwer, und ich
wage den Versuch nur weil Sie es wünschen und im Vertrauen
auf Ihre verdoppelte Nachsicht.

Der, Jahrhunderte hindurch fortdauernde Kampf der spani=
schen Christen wider die Muhamedaner [1]) hatte alle Stände für
denselben Zweck geeinigt, und in vielfacher Beziehung gestärkt
und gebildet. Nach der Eroberung Granadas im Jahre 1492
fiel jenes Ziel gemeinsamer Thätigkeit, jene gemeinsame Gefahr
hinweg, und andere Gesichtspunkte, andere Gegenstände neuer
Bestrebungen traten an die Stelle. Vor Allem kam in Betracht
das Verhältniß der Sieger zu ihren maurischen Unterthanen, das
der Stände untereinander, und aller gegen die Könige. In jener
ersten Beziehung waren die Gemeinen (der Bürgerstand) und die
Könige am unduldsamsten, während dem Adel staatswirthschaft=
liche Beziehungen und Vortheile wichtiger erschienen, als dogma=
tische Streitigkeiten. Zu diesem Gegensatze trat der noch wich=
tigere, daß die Bürger sich durch die großen und übertrieben
geltend gemachten Vorrechte des Adels und der Geistlichkeit für
ungebührlich verletzt hielten. Mit großer Geschicklichkeit benutzten
Ferdinand von Aragonien und Isabelle von Kastilien diese Zer=
würfnisse um ihre Macht außerordentlich zu vermehren. Nach
ihrem Tode wußte der Kardinal Ximenes durch große Kraft des
Geistes und Charakters strenge Ordnung aufrecht zu halten; nach
seinem Falle schien die Minderjährigkeit oder Jugend Karls V.
einen günstigen Zeitpunkt darzubieten, alle zeither zurückgedräng=
ten Ansprüche geltend zu machen. Die Willkür einflußreicher
Flanderer (so Chievres) und die bedeutenden Geldforderungen
des Königs gaben Veranlassung zu verdoppelten Klagen und
rascherem Handeln. Schon während der Anwesenheit König Karls
kam es zu gewaltthätigen Ausbrüchen, seit seiner Abreise nach
Deutschland war sein Statthalter Kardinal Hadrian nicht im

---

1) Raumer, Geschichte von Europa, I, 93.

Stande die Unzufriedenen zu beruhigen, oder im Zaume zu halten. In mehreren Städten kam es zu argen Aufständen, und auf einem neu berufenen Reichstage zerfielen ihre Abgeordneten erst mit dem Adel, dann auch mit dem Könige. Die Junta (wo die Gemeinen, der Bürgerstand bald die Oberhand gewann) bezweckte, nach unserer Redeweise, Spanien eine neue Verfassung zu geben. Hievon muß an dieser Stelle um so mehr die Rede seyn, da seit jener Zeit erst in unseren Tagen ein zweiter ähnlicher Versuch gemacht wurde.

Die wichtigsten Bestimmungen jener neuen Gesetzgebung sind folgende. Der König kehrt nach Spanien zurück, regiert von da aus seine übrigen Länder und heirathet mit Rücksicht auf die Wünsche und den Rath seiner spanischen Königreiche. Fremde sind von allen Aemtern ausgeschlossen, und eben so wenig werden fremde Soldaten gehalten. Die Ausgaben des Hofes, die Zahl der Hofbeamten, und die Jahrgelder sollen das Maaß früherer Zeiten nicht überschreiten. Alle Steuern werden auf den Betrag des Jahres 1494 zurückgebracht, und durch die Städte und Ortschaften selbst erhoben. Außerordentliche Steuern, welche die Gewissen der Könige belasten und die Völker zu Grunde richten, finden nicht mehr statt. — Bei Erwählung der Abgeordneten für die Cortes verfährt jeder Ort nach seiner Weise; doch ernennt jeder Stand seine Bevollmächtigten durch die Glieder desselben Standes. Der König wird weder die freie Wahl hindern, noch beschränkende Weisungen über Inhalt und Form der Vollmachten und Aufträge ergehen lassen. Die Abgeordneten dürfen, ohne Aufsicht eines königlichen Beamten, frei untereinander sprechen und sich berathen. Wenn einer von jenen während der Zeit seiner Sendung ein Amt, Geld oder dergleichen für sich, seine Frau, Kinder oder Verwandte annimmt, so trifft ihn die Todesstrafe und seine Güter werden zum Besten der ihn Beauftragenden eingezogen. Von drei zu drei Jahren dürfen sich die Cortes, behufs der Berathung und Anordnung öffentlicher Angelegenheiten versammeln, ohne daß hiezu die Gegenwart und besondere Erlaubniß des Königs nöthig ist. Binnen vierzig Tagen nach Beendigung der Sitzung muß jeder Abgeordnete in seine Stadt zurückkehren und über die Verwaltung seines Amtes Rechenschaft ablegen.

Bei Strafe des doppelten Werthes ist die Ausfuhr verboten von Getraide, Vieh, Häuten und Talg. Jeder inländische Tuch=macher, oder Wollfabrikant, kann die Hälfte der ins Ausland ver=kauften Wolle, gegen Erlegung des Kaufpreises für sich verlangen. Alle jetzigen Räthe des Königs verlieren, der schlechten Ge=schäftsführung halber, ihre Stellen. Die Geschäftsführung jeder Behörde soll jährlich viermal untersucht werden. Der König darf die Rechtspflege nie hemmen, nie den gewöhnlichen Gang derselben stören, oder Rechtssachen als Verwaltungssachen behandeln und vor eine hiezu eingesetzte Behörde ziehen. Niemand erhält zu gleicher Zeit zwei Aemter und deren Besoldungen. Die Corregi=doren, Alkalden u. a. bleiben nur ein Jahr in ihrer Stelle. Wer ein Amt erkauft, geht dessen verlustig. Krongüter dürfen nicht veräußert werden.

Ohne genügenden und von den Cortes anerkannten Grund soll keine Kreuzbulle gepredigt werden. Für geistliche Würden findet keine Einbürgerung von Fremden statt. Geistliche Gerichte dürfen nicht höhere Gebühren nehmen, als weltliche. Jeder Prälat muß, bei Verlust eines verhältnißmäßigen Theils seiner Einnah=men, die längste Zeit des Jahres Residenz halten und seinem Be=rufe genügen.[1])

Der König wird alles Geschehene gut heißen, und niemand deshalb zur Untersuchung ziehen, oder strafen. Er bestätigt das Vorstehende aufs Feierlichste und dergestalt, daß nie eine Ab=weichung von demselben, oder eine Einrede dagegen möglich er=scheint. Eben so wenig soll jemals eine Abänderung, oder Wider=ruf gesucht oder angenommen werden: da dies Alles im Wege eines Vergleichs und Vertrags zwischen dem Könige, seinen Königs=reichen, Abgeordneten und Gemeinen festgesetzt ist.

So viel Nützliches aus alter Zeit in dieser Verfassung auch bestätigt, so viel löbliches Neues auch aufgestellt ward, blieb doch der Werth mancher Bestimmungen zweifelhaft und noch Anderes

---

1) Es ist merkwürdig daß während in Deutschland alles Andere der kirchlichen Reformation nachgesetzt wurde, in Spanien davon gar nicht die Rede war, oder doch nur einige unbedeutende Nebenpunkte zur Sprache kamen.

unbrauchbar. Es war daher nicht unnatürlich daß König Karl die ihm vorgelegte Verfassung nicht kurzweg unbedingt bestätigen und z. B. in die Absetzung aller seiner Beamten nicht willigen wollte. Gemäßigte Männer in den Cortes wünschten, daß es zu einem billigen Vergleiche, zu einem wahrhaft zweiseitigen Vertrage kommen möge; sie wußten daß ein voller Sieg der einen oder der andern Partei gewiß für die wahre Freiheit nachtheilig werden müsse. Eiferer trieben auf beiden Seiten zum Aeußersten, zum Bürgerkriege. Die Schlacht bei Villalar, am 23. April 1521, entschied für den König und den mit ihm verbundenen Adel, gegen die Gemeinen.

König Karl benutzte den Sieg mit Mäßigung; leider aber dachte seitdem in Spanien niemand daran die trefflichen Grundlagen eines volksthümlichen Staatsrechts von Mängeln zu reinigen, oder dasselbe weiter auszubilden; — und so hat denn kein Land mehr als Spanien gezeigt: daß ein unumschränkter König, ein stolzer Adel, eine mächtige Geistlichkeit, ein gehorsamer Bürgerstand, in ihrem vereinzelten, alles ächten Zusammenhangs und aller lebendigen Wechselwirkung entbehrenden Daseyn, nicht hinreichen einen kräftigen Staat zu bilden und ihn vorwärts zu bringen. Damals ward auf beiden Seiten viel gefehlt, und zuletzt fast nur zerstört. Die Gemeinen nämlich gingen Anfangs im richtigen Gefühle des vorhandenen Unrechts vor und wünschten daß neue, belebende Grundsätze an die Stelle vieler Mängel treten möchten; dann aber griffen sie in den Mitteln fehl, und überschritten weit alles billige Maaß: — die unumschränkt gewordenen Könige hingegen schlugen nachmals die wahre, mit Gehorsam verträgliche Freiheit, aus übergroßer Furcht vor der Willkür, zu Boden und erzeugten die Erstarrung des Todes, aus Abneigung vor den Bewegungen des Lebens.

Auch in Portugal mehrte sich in diesen Zeiten, ohne große Unruhen und Aufstände, die königliche Gewalt; theils durch die ausgezeichnete Persönlichkeit der Könige Johann II. und Emanuel, theils (auf sehr unerwartete Weise) durch die Entdeckung des Seeweges nach Ostindien. Früher nämlich beruhte wesentlich die Macht und der Einfluß der drei Stände auf ihren Geldbewilligungen und die Abhängigkeit der Könige auf ihren Geldbedürfnissen. Jetzt gewährten Zölle und Handelssteuern so reichliches Einkommen, daß der König keiner ständischen Beisteuer mehr beburfte, und die Cortes kümmerten sich wenig um den Verlust politischen Einflusses, seitdem kein Geld mehr von ihnen verlangt wurde.

Sechsundvierzigster Brief.

Berlin, 17. Juli 1850.

Seit der Schlacht von Villalar gab es in Spanien kein wirksames Staatsrecht mehr, und dieser große Mangel ward leider in keiner Weise ersetzt durch die Persönlichkeit der Könige. Die drei Philippe und Karl II. haben bewiesen, wie geistloser Absolutismus das schönste Reich zu Grunde richtet und ein Volk von glänzender Höhe herabstürzt. Vielleicht hätte Spanien diesen langen Krankheitszustand überstanden, wenn sich nicht zur weltlichen Willkür ein noch schlimmerer und verderblicherer Bestandtheil hinzugefunden hätte, nämlich religiöser Fanatismus und Wahnsinn. Die so dumme, als grausame Vertreibung der Mauren (1610) beraubte Spanien seiner fleißigsten Bewohner und verwandelte die schönsten Gegenden in menschenlose Wüsten, und die Behandlung der Niederlande führte zu endlosen erschöpfenden Kriegen und dem Verluste der reichsten Landschaften.

Ueberall lag bei den Königen der ungeheure Irthum zum Grunde: ihre Einfälle und Meinungen ständen mit göttlicher Weisheit und Eingebung auf derselben Stufe, und das Gewissen gebiete ihnen ihr göttliches Regierungsrecht überall rücksichtslos geltend zu machen. Dieser Lehre von dem schrankenlosen göttlichen Rechte der Könige gegenüber, hatten Verträge, Versprechungen, Gesetze, Herkommen, Eide bei Philipp II. kein Gewicht. Auf seiner Seite stehe das ganze, alleinige Recht, und was einst aus Gnaden (passend oder unpassend) bewilligt sey, könne in jedem Augenblicke zurückgenommen werden, wo es ihm angemessen erscheine. Kein Wunder daß diese Lehre, als sie mit Grausamkeit geltend gemacht wurde, zur entgegengesetzten, und zum Aufstande trieb; und dies um so mehr, als Philipp von Hunderttausenden unsinniger- und unmöglicherweise verlangte: sie sollten auswandern, weil seine Dogmatik nicht mit der ihrigen übereinstimme. Ueber Vieles hätte man wohl nachgegeben und sich verglichen; an dieser religiösen Unduldsamkeit scheiterten alle Versuche einer Aussöhnung.

Am 23. Januar 1579 schlossen Holland, Seeland, Geldern, Zütphen, Utrecht, Friesland und die Ommelande den Utrechter Verein, zu welchem allmählig alle diejenigen Landschaften und Städte traten, welche später den Freistaat der vereinigten Niederlande bildeten. Er setzte fest: die Landschaften bilden, unbeschadet ihrer eigenthümlichen Rechte und Gewohnheiten, ein untrennliches Ganzes. Gemeinsam führen sie Krieg, legen Steuern auf, befestigen die Gränzplätze, schließen Verträge, dulden keinen Religionszwang, und entscheiden allgemeine Angelegenheiten so wie etwanigen Streit im Wege Rechtens und durch Mehrheit der Stimmen. Alle Mannspersonen zwischen 18 und 60 Jahren sind auf Erfordern zur Landesvertheidigung verpflichtet, alle Obrigkeiten und Zünfte beschwören diesen Vertrag. — Der Wahlspruch: „durch Eintracht wachsen kleine Dinge", deutete Mittel und Zweck der Verbindung angemessen und deutlich an.

Am 26. Juli 1581 kündigten die Verbündeten dem Könige Philipp förmlich den Gehorsam auf und entsetzten ihn. In der hierüber abgefaßten merkwürdigen Urkunde heißt es: das Volk ist nicht von Gott behufs der Fürsten geschaffen, um deren Willkür gleichwie Gesetzen zu folgen; sondern der Fürst ist da zum Nutzen seines Volkes (ohne welches er gar nicht da seyn, oder bestehen kann) und um wie ein Vater seine Kinder, ein Hirt seine Heerde zu erziehen, zu behüten und nach Recht und Billigkeit zu beherrschen. Wenn er dagegen als Tyrann regiert und seine Unterthanen wie Leibeigene behandelt, kann er verstoßen und ein Anderer berufen werden; besonders sofern alle Mittel ihn auf den rechten Weg zu bringen vergeblich geblieben, alle Hoffnungen und Versprechungen getäuscht sind und ein Beschluß der Staaten darüber ergeht. Dies Verfahren findet aber um so mehr in diesen Landschaften statt, da sie immerdar nach Gesetzen regiert wurden und die Fürsten auf ausdrückliche Bedingungen angenommen worden sind, welche sie beschwuren und durch deren Bruch sie zweifelsohne ihre Herrschaft verwirkten.

Die niederländische Revolution hat (wie jede) unzählige Leiben herbeigeführt und auch die Protestanten ließen sich großes Unrecht zu Schulden kommen (ich erinnere an die Bilderstürmer, die arminianer Streitigkeiten, die Dordrechter Kirchenversammlung u. A.); aber noch viel härtere Vorwürfe verdienen die Könige, welche von oben herab revolutionirten und Spanien zu Grunde richteten, während der junge Freistaat von jenen bezeichneten Irrthümern bald zurückkehrte und durch Thätigkeit und Tugend der mannichfachsten Art eine glorreiche Geschichte herbeiführte. Den Einwand: es solle überhaupt gar keine Freistaaten geben, und jede Tyrannei und Rechtsverletzung müsse knechtisch in Ewigkeit geduldet werden, brauche ich, Ihnen gegenüber, nicht zu widerlegen.

Die vereinigten Niederlande bildeten einen Bundesfreistaat, dessen gemeinsame Einrichtungen eine große Mannichfaltigkeit in den einzelnen Landschaften keineswegs aufhoben. Ich will in höchster Kürze nur an Einiges erinnern. In Geldern besaßen die angesessenen Adlichen (nobiles conscripti) und dreizehn Städte gleich viel Rechte, sodaß die Herrschaft zwischen diesen beiden Ständen getheilt war. In Seeland war die Gewalt in den Händen von sieben Berechtigten, dem primus nobilis, oder Statthalter, und sieben Städten. In der Regel entschied die Mehrheit der Stimmen. In Utrecht hatte sich Geistlichkeit und Adel neben den Städten erhalten. Sie bildeten drei Kammern. Die erste zählte vier adliche und vier bürgerliche Mitglieder aus den fortbestehenden Kapiteln. Die zweite Kammer bestand aus den Adlichen, welche ein Grundvermögen von 25000 Gulden an Werth besaßen. In der dritten Kammer der fünf Städte genoß Utrecht mancherlei Vorzüge. Jede Kammer hatte eine Stimme, und es bestanden Gesetze über die Art des Beschließens durch Stimmenmehrheit, oder Einstimmigkeit. Friesland zerfiel in vier Abtheilungen oder Cötus: drei ländliche und eine städtische mit 11 Städten. Alle steuerpflichtigen Grundbesitzer hatten gleiche Rechte; von Adelsvorrechten war nicht die Rede. In Oberyssel gab es sechs Abtheilungen, drei adliche und drei städtische mit sechs Stimmen, von denen gewöhnlich vier gegen zwei entschieden. In Gröningen hat die Stadt eine, und das in drei Kreise getheilte Ommeland eine Stimme. Beim Entstehen des

Freistaates kam in Holland die Herrschaft an den bevorrechteten, ansässigen Adel und achtzehn Städte; jener hatte nur eine, diese 18 Stimmen. Wie viele derselben zur Entscheidung verschiedener Gegenstände nöthig waren, ist nie ganz genau festgestellt worden. An der Spitze aller Behörden, insbesondere des höchsten Rathes für ganz Holland, stand der von den Ständen auf fünf Jahre erwählte Rathspensionar. An der Spitze der Städte standen Bürgermeister und ein Rath, die Weisheit genannt. Wenn aber von wichtigen Einrichtungen und Uebernahme neuer Verpflichtungen die Rede war, so befragte man auch den Reichthum, das heißt wohlhabende Bürger.

Der Bund ist ewig, untheilbar, und zu gemeinsamer Vertheidigung gegen alle Feinde verpflichtet. Ueber Krieg, Frieden, Bündnisse, Steuern, Aufnahme neuer Glieder und Abänderung der Grundgesetze soll Einstimmigkeit vorhanden seyn; über alle anderen Dinge aber die Mehrheit entscheiden. Zu dem Reichstage, oder den Generalstaaten, sendet jede Landschaft so viel Abgeordnete wie sie will, hat aber nur eine Stimme. Diese erhalten Anweisungen, von denen sie in der Regel aus eigener Macht nicht abweichen dürfen. Der Reichstag leitet die gemeinsame Regierung und Gesetzgebung; wogegen die eigentliche Verwaltung des Kriegs- und Steuerwesens dem Staatsrathe oder Senate zugewiesen ist. Dort sind den Landschaften als gleich unabhängigen Gliedern auch gleiche Rechte zugewiesen; hier ist umgekehrt Rücksicht genommen auf die große Verschiedenheit ihrer Macht und Kraft. Daher sendet Holland drei Glieder zum Staatsrathe; Seeland, Friesland und Gröningen je zwei, macht sechs; Geldern, Utrecht und Oberyssel je einen, macht drei; zusammen zwölf Mitglieder.

Ungeachtet aller Mannichfaltigkeit waren die Formen der Verfassung in vieler Beziehung ungenügend, und nicht minder als dieselbe haben ausgezeichnete Männer (durch Verstand, Charakterkraft, guten Willen, Mäßigung, Thätigkeit, Einfachheit und Sparsamkeit) den Freistaat aufrecht erhalten. Am meisten wichen Ansichten, Forderungen und Wünsche untereinander ab, über die Frage ob ein allgemeiner Statthalter nützlich und nothwendig sey. Während die eine Partei lebhaft bejahte, widersprachen alle mehr republikanisch Gesinnten aufs nachdrücklichste. In ruhigen Zeiten siegte gewöhnlich die letzte; die erste aber oft in Zeiten kriegerischer Noth, wo eine allgemeine Leitung durch einen ausgezeichneten Mann doppelt nöthig erschien. In der Mitte des achtzehnten Jahrhunderts verwandelte sich der zeitliche, oder lebenslängliche Statthalter in einen Erbstatthalter. Ueber den Umfang ihrer Berechtigungen war von jeher viel Streit, welcher selten durch allgemeine Bestimmungen, öfter durch die Persönlichkeit der Statthalter entschieden ward.

Hinsichtlich der Religion klagten die Geistlichen (wie gewöhnlich) über Kaltsinn und verdammliche Zeiten, und forderten strenge Maaßregeln wider Katholiken, Arminianer und Juden. Obgleich keine völlige bürgerliche und staatsrechtliche Gleichstellung aller Religionsparteien statt fand, war doch die kirchliche Duldung in den vereinigten Niederlanden (und insbesondere in Holland) größer als in den meisten anderen europäischen Staaten.

Es ist hier nicht der Ort alle die verschiedenen Ursachen nachzuweisen, weshalb sich der Freistaat der Niederlande nicht auf der Höhe erhalten konnte, welche er im siebzehnten Jahrhunderte zeigte. Gewiß waren hiebei die Mängel der Verfassung nicht vorzugsweise entscheidend, sondern weit mehr die Entwickelung der europäischen Verhältnisse überhaupt, und die allzulange Theilnahme an kostspieligen, schwächenden Kriegen, insbesondere dem spanischen Erbfolgekriege.

Siebenundvierzigster Brief.

Berlin, 20. Juni 1850.

Die niederländische Revolution vernichtete den königlichen Absolutismus und gründete einen blühenden Bundesfreistaat; die dänische Revolution von 1660 verwandelte ein sehr beschränktes Königthum, in das urkundlich unumschränkteste aller Zeiten. So fehlt es der neueren Geschichte Europas wenigstens nicht an Mannichfaltigkeit.

F. v. Raumer.

Während durch die Reformation in England die Macht des Königs und in Deutschland die der Fürsten wesentlich erhöht ward, kamen in Dänemark Rechte und Besitzthümer der Kirche und Geistlichkeit meist in die Hände des Adels. Der Bürgerstand hingegen blieb untergeordnet, und die Bauern wurden durch die weltlichen Herren jetzt oft noch härter behandelt, als früher durch die geistlichen Oberen. Vielleicht hätten sich, wie anderwärts, die Könige nachdrücklicher der niederen Stände angenommen; aber die Vertreibung Christians II., und die Erhebung Friedrichs I., verwandelte Dänemark mehr oder weniger in ein Wahlreich und zog, wie gewöhnlich, eine bedeutende Verringerung der königlichen Gewalt und zugleich eine härtere Unterbrückung der Bürger und Bauern nach sich. Gerechte Klagen derselben über den Adel führten zu keinen Verbesserungen; vielmehr setzte jener übermächtig durch, daß kein Geistlicher, Bürger, oder Bauer dem Könige eine Bittschrift überreichen dürfe, bevor er sie seinem adlichen Lehnsherrn vorgelegt habe. Aehnlicherweise heißt es in der Haubfeste, oder Kapitulation, welche Friedrich III. im Jahre 1648 zu vollziehen genöthigt war: der König soll alle Rechte der Stände anerkennen und beschirmen, die Edelleute und Reichsräthe aber lieben, vorziehen, mit Gütern versorgen, ihnen Handel und Fischerei erlauben, Patronatsrecht, Strandrecht und Recht der Zweikämpfe bestätigen und ihre Hinterfassen mit Steuern verschonen. — Eine ganze Reihe anderer Bestimmungen vernichtete fast die königliche Gewalt, und gab insbesondere dem hohen Adel und den Reichsräthen ein ganz entschiedenes Uebergewicht. Dieser Druck, diese Ungerechtigkeit kam durch die unglücklichen Kriege mit Schweden immer mehr ans Licht, und es stellte sich insbesondere heraus, daß Lehnskriegswesen reiche nicht hin zur Vertheidigung des Vaterlandes, und die unbedingte Steuerfreiheit des Adels richte (bei stets steigenden Bedürfnissen) alle anderen Stände zu Grunde. Geistliche, Bürger und Bauern (sprach man) sind mit Recht mißvergnügt, haben aber keine Bedeutung; alle zeigen sich dem Könige gewogen und erwarten von ihm eine Besserung ihrer Verhältnisse. Denn so lange jene Oligarchie fortdauert, ist keine Hülfe möglich: man kann kein Kriegsheer bilden, keine Festung bauen, keinen Handel gründen, keine Bergwerke anlegen, weil der Abel fürchtet daß die Macht des Königs sich mehre, oder der Bürger auf gefährliche Gedanken komme.

Der König forderte im Junius 1660 ein Gutachten des Reichsrathes: wie man den Credit herstellen, die Schulden tilgen, Land- und Seemacht verstärken könne. Da die vom Reichsrathe hierauf gemachten Vorschläge durchaus unzureichend erschienen, berief der König (seit 1536 ganz ungewöhnlich) einen Reichstag auf den 10. September 1660. Es erschienen alle Reichsräthe, die meisten ablichen Gutsbesitzer, zwei Pröpste aus jedem Stifte mit Vollmachten ihrer Prediger versehen, der Rektor der Universität Kopenhagen, fünf Abgeordnete für diese Hauptstadt, ein Abgeordneter aus jeder mittleren Stadt, und endlich ein Abgeordneter für zwei kleinere Städte. Jeder Stand rathschlagte für sich und beschloß unabhängig von den anderen. Die eigentlichen Landbauern und Norwegen wurden nicht vertreten; denn (so hieß es) für jene trete der Abel ein, und in Norwegen habe der König andere Rechte und Pflichten.

Sehr bald geriethen die Stände in lebhaften Streit, indem Bürger und Geistliche die Vorrechte des Abels (insbesondere die Steuerfreiheit) mit vielen Gründen angriffen, während dieser seinen Besitzstand für unantastbar hielt und erklärte: er wolle um so weniger über seine Vorrechte streiten, da es bei ihm stehe, ob er sie behalten oder aufgeben wolle. — Diese Freiheiten, entgegneten die jetzt aufgeregten Stände, wären gar keine wahren Rechte, vielmehr durch Anmaßung und Uebermuth allmälig den Königen abgezwungen, alle Lasten aber den übrigen Ständen aufgehalset worden. Auch möge der Abel bedenken, daß die Geistlichkeit sonst noch ältere Rechte geltend machen könne, und die erst drei Jahre alten Vorrechte der tapferen Bürger Kopenhagens besser begründet wären als die dreihundertjährigen des Abels, welche sich überlebt und in neuern Zeiten nirgends bewährt hätten. Die Führer der Volkspartei sahen ein, daß sie ohne königlichen Beistand über den mächtigen Abel nicht obsiegen würden; sie machten deshalb den Vorschlag, dem Könige die Krone für alle seine Nachkommen erblich zu ertheilen. Nach einigem Zögern sah sich der Abel genöthigt einzuwilligen, glaubte aber durch diese Nachgiebigkeit alle Angriffe anderer Art beseitigt zu haben. Als der beßunge-

achtet erneute Streit der Stände unentschieden blieb, und eine
Partei auf Entwerfung einer neuen Verfassung drang (worüber
man sich ebenso wenig einigen konnte), schlug Bischof Suane vor
den König in dieser Beziehung gar nicht zu binden, sondern ihm
zu überlassen Hohe und Geringe, Geistliche und Laien nach der
Weisheit zu regieren die Gott ihm gegeben habe und fernerhin
geben werde. Denn die geringste Beschränkung, oder Verpflich=
tung, erzeuge Mißtrauen zwischen König und Volk, und hemme
nur die Gnade und Güte welche jener seinen Unterthanen erwei=
sen wolle. Nicht mit Unrecht bemerkte der Adel daß hiedurch
alle ständischen Rechte preisgegeben würden; auch er mußte zuletzt
nachgeben und sich von dem königlichen Geheimschreiber Gabel
belehren lassen: aus Gottes Gnade ständen dem Könige alle
Rechte zu und mit Unrecht wären sie ihm entrissen worden.
Deshalb kehre jetzt das Seine nur zu ihm zurück. Gutwillig
huldigten die Stände von neuem ihrem unbeschränkten, souve=
rainen Erbherrn. Das neue Königsgesetz vom 14. Mai 1665
gab dem Könige in weltlichen und geistlichen Dinge alle nur
möglichen, und gewiß mehr Rechte als jemals einem Herrscher
urkundlich sind zugesprochen worden.

So endete die dänische Revolution mit einem völligen staats=
rechtlichen Bankerotte, und einem schrankenlosen Absolutismus.
Dänemark ist seit 1660 nicht tyrannisirt worden und hat sich
gewiß besser befunden, als wenn die Herrschaft eines einzelnen
Standes fortgedauert hätte. Aber war denn kein Drittes möglich
zwischen unbedingter Herrschaft des Adels, und des Königs?
keine andere Theilung als die, wonach alle Rechte auf eine Seite
und alle Pflichten auf die andere gelegt wurden? Oder thäte
es der Heiligkeit und tieferen Begründung des Königthums wirk=
lich Eintrag wenn man es urkundlich und staatsrechtlich anders
gestaltet, als das Sultanat asiatischer Herrscher? — So ist die
dänische Revolution frei geblieben von den Freveln und Sünden
so mancher anderen; allein es mangelt ihr andererseits auch die
erhabene Bedeutung, welche nur aus einer wahren Wiedergeburt
hervorgeht, ein Volk mit erneuter Kraft in großartigen Bahnen
vorwärts treibt, und es weltgeschichtlich verherrlicht.

Viel mannichfaltiger (auf und ab) war die Entwickelung

der staatsrechtlichen Verhältnisse in Schweden. Dessen Rolle überstieg (trotz aller Zuschüsse von außen) im siebzehnten Jahrhundert weit seine inneren Kräfte. Daher wuchsen Lasten und Abgaben auf eine fast unerschwingliche Höhe, und bei dem steten, fast alleinigen Hinblick auf die auswärtigen Verhältnisse, nahm man auf die Klagen des Volkes keine Rücksicht. Die Geistlichkeit (mit ihren Abstufungen von Erzbischof, Bischöfen, Pröpsten und Priestern) wurde zwar nicht, wie in manchem protestantischen Lande, ganz von den Reichstagen verdrängt oder weltlichen Consistorien untergeordnet, doch büßte sie seit der Reformation an Macht und Einfluß schon deshalb ein, weil viele Kirchen- und Krongüter in die Hände des Adels gekommen waren.

So strenge sonderte sich der Adel vom Bürgerstande, daß die Vermählung mit einer Unadlichen den Verlust des Erbrechts auf die Güter nach sich zog. Die Ritterhausordnung von 1626 theilte den Adel in drei Klassen: 1) Grafen und Freiherren; 2) Familien deren Ahnherren erweislich im Reichsrathe gesessen; 3) der übrige Adel. Innerhalb jeder Abtheilung entschied die Stimmenmehrheit, zwei Abtheilungen entschieden gegen die dritte. Jedes Geschlecht sandte indeß nur einen Sprecher, oder Vertreter zum Reichstage.

Im Jahre 1611 berief man zum Reichstage: die Grafen, Freiherren und Edelleute, alle Bischöfe, einige Glieder der Domkapitel und aus jedem Stifte zwei Priester, die Bürgermeister und ein Mitglied jeder Bürgerschaft, zwei Bauern aus jedem Gerichtssprengel. Jeder Stand rathschlagte für sich und nur zuletzt ward in einer allgemeinen Versammlung ein Versuch zu völliger Einigung gemacht, der aber oft mißglückte und die Entscheidung in die Hände des Königs legte. Die Stände hatten kein Recht Dinge in Vorschlag zu bringen. Doch erhöhte man durch diese Beschränkung nicht sowohl die königliche Gewalt, als das Ansehn und die keiner Prüfung zu unterwerfende Verwaltung der übermächtigen Aristokraten. Vieljährige, laute Klagen der drei anderen Stände über den Adel waren ganz unberücksichtigt geblieben, bis sie auf dem Reichstage von 1680 mit doppeltem Nachdruck hervortraten. Seitdem der kluge König Karl XI. sich von der Gerechtigkeit jener Beschwerden und davon überzeugt hatte, daß der jetzige Augenblick sich auch für die nothwendige Erhöhung der königlichen Macht benutzen lasse, wuchs unerwartet die Gefahr für den allzu bevorrechteten Adel. Jene Stände forderten vor allem Anderen, daß zur Abstellung der unerträglichen Finanznoth, die leichtsinnig verschenkten und verschleuderten Krongüter, vom Könige wieder zurückgenommen würden. Bei den auf dem Reichstage hierüber lebhaft geführten Streitigkeiten, legte der Adel den Hauptnachdruck auf die Unverletzlichkeit des letzten Besitzstandes und des buchstäblichen Rechtes; wogegen seine Widersacher mehr ins Auge faßten den Gang der geschichtlichen Entwickelung, sowie die Verhältnisse und Bedürfnisse der Gegenwart. Unläugbar hatte der Adel von seiner einflußreichen Stellung den eigennützigsten Gebrauch gemacht, Kraft und Einnahmen der Krone gemindert und alle Lasten den übrigen Ständen aufgewälzt. Jetzt strafte sich dies Unrecht auf eine, für die letzten Besitzer sehr empfindliche Weise.

Nicht bloß mußte der Adel sehr viele ursprüngliche Krongüter zufolge allgemeiner Vorschriften herausgeben; sondern es kam auch (auf eine hier nicht umständlich zu erörternde Weise) dahin, daß der König (gleichwie 1660 in Dänemark) für unumschränkt erklärt wurde. Die Stände, welche früher so gern über den Kreis ihrer Rechte hinausgingen, gaben Alles, selbst den Anspruch auf Mitberathung preis; und wenn Karl XI. seitdem noch Reichstage berief, so geschah es aus Klugheit und weil er sie auf keine Weise mehr fürchtete, oder zu fürchten Ursach hatte.

Von der Klugheit und Mäßigung seines Vaters hatte Karl XII. nichts geerbt. Mit halsstarrigem Eigensinne machte er seine Unumschränktheit zum Verderben Schwedens überall geltend, und es war sehr natürlich daß Volk und Stände nach seinem Tode eine Umgestaltung des Staatsrechts forderten und durchsetzten. Dadurch daß die Stände der jüngeren Schwester Karls, Ulrike Eleonore und ihrem Gemahle Friedrich von Hessenkassel den Vorzug gaben vor dem Sohne der älteren Schwester, ward jene zur Nachgiebigkeit und Dankbarkeit verpflichtet. Wiederhohlt erklärte Ulrike Eleonore: sie habe einen besondern Widerwillen gegen die sogenannte Souverainität, oder die uneingeschränkte königliche Gewalt; sie wolle nach den Beschlüssen der Stände regieren. An beschränkenden Beschlüssen ließen es diese nun nicht fehlen. Ich will aus vielen Bestimmungen nur einige der erheblichsten auswählen.

Der König darf niemand ohne Urtheil und Recht verurtheilen, und übt das Begnadigungsrecht nur unter gewissen Beschränkungen. Alle Gesetze erhalten erst volle Kraft durch Beistimmung und Bestätigung der Stände. Nur mit ihrer Einwilligung können neue Auflagen eingeführt, Krieg erhoben oder Frieden geschlossen werden. Ohne Beistimmung der Stände wird der König das Reich nicht verlassen. Er wählt 24 Reichsräthe aus der dreifachen von den Ständen vorgeschlagenen Zahl und regiert mit ihrem Rathe. Sie sind den Ständen verantwortlich, sollen ihr Amt der Verfassung gemäß verwalten und die Entstehung unumschränkter Macht verhindern. Im Reichsrathe entscheidet der König bei Gleichheit der Stimmen; ja die seine überwiegt zwei überschießende Stimmen der Räthe. Geldanweisungen über 100 Thaler sind nur gültig, wenn sie im Reichsrathe beschlossen und vom Könige vollzogen worden sind. Alle Behörden müssen auf Verlangen den Reichsständen Rechenschaft ablegen.

An diese Bestimmungen reihten sich im Laufe des achtzehnten Jahrhunderts immer mehrere, welche die Rechte des erwählten Königs übermäßig beschränkten, die des Adels und insbesondere des Reichsraths ungebührlich erhöhten und in den anderen zurückgesetzten Ständen große Unzufriedenheit erzeugten. Ueberdies zerfielen die herrschenden Vornehmen unter sich in eine französische und eine russische Partei, welche beide des Vaterlandes Wohl vergaßen und dasselbe an den Rand des Abgrunds führten. Im Jahre 1772 brach Gustav III. die Macht jener schädlichen Oligarchie und verschaffte der königlichen Gewalt wiederum das Uebergewicht.

Achtundvierzigster Brief.

Berlin, 22. Juli 1850.

Unter unzähligen Gründen welche das große Reich der Polen dem Untergange entgegenführten, war die Unvollkommenheit ihrer Verfassung wohl der größte und unheilbringendste. Richtig weissagend sprach deshalb der König Johann Casimir schon auf dem Reichstage von 1661: „Unsere inneren Unruhen und Zwistigkeiten können einen Krieg herbeiführen, und der Freistaat eine Beute der benachbarten Mächte werden. Der Moskowiter (gebe Gott daß ich ein falscher Prophet sey) wird Lithauen, der Brandenburger Großpolen und Preußen, der Oesterreicher Krakau nebst Zubehör nehmen."

Es gab in Polen nur einen, und einen allein herrschenden Stand: den Adel. Denn die hohen Geistlichen gehörten zu ihm und hatten wesentlich dasselbe Interesse; die Berechtigungen weniger Städte waren völlig unbedeutend, das gesammte Landvolk aber rechtlos und verknechtet. Alle polnischen Edelleute standen (ohne Rücksicht auf Familie, Titel, Macht, Reichthum u. s. w.) unter sich gleich, und nur die Bekleidung gewisser öffentlicher Würden gab Einzelnen einen äußeren Vorzug. Diese Adelsdemokratie nahm also staatsrechtlich auf viele wichtige Verschiedenheiten keine Rücksicht; wohl aber machten sich diese oft in ungeordneter Weise geltend. Nur Edelleute (mit Ausnahme weniger Städte) konnten Grundvermögen besitzen, und dies war steuerfrei und einquartierungsfrei. Das Treiben bürgerlicher Gewerbe zog den Verlust des Adels nach sich. Mit gewissen, vom Könige vergebenen, Würden war das Amt eines Senators verbunden. Sie wurden über wichtige Dinge befragt, bildeten aber keinen höheren Adel, oder ein Oberhaus nach englischer Weise.

In jeder Landschaft wurden, zu Folge königlicher Aufforderung, Landtage oder Adelsversammlungen gehalten, auf welchen jeder achtzehnjährige Edelmann zu erscheinen und mitzustimmen berechtigt war. Hier wählte man durch Mehrheit der Stimmen die Landboten für den Reichstag. Da jedoch jeder Einzelne alle Geschäfte durch Einspruch hemmen und hintertreiben konnte, so kamen die Wahlen fast niemals sämmtlich zu Stande, fast nie erschien die volle, oder eine gleiche Anzahl auf dem Reichstage. Sie sollten eigentlich im Auftrage und nach dem einstimmigen Beschlusse ihrer Wähler vorschreiten; da aber ein solcher Beschluß sehr selten zu Stande kam, die Abgeordneten derselben Landschaft oft unter sich selbst uneinig waren, persönliche Gründe und Absichten mitwirkten, so erlitt jene Regel unzählige Ausnahmen.

Seit dem Aussterben der Jagellonen (1572) ward die polnische Krone durch Wahl vergeben. Jeder Adeliche hatte (gleich den Landboten und Senatoren) eine Wahlstimme. Das Stimmrecht weniger Städte war so unbedeutend, daß sie dem Adel völlig unterworfen blieben. Wie es bei den Wahlen zuging, ist weltbekannt. Viele Polen meinten: es sey zur Erhaltung der Freiheit nothwendig daß ein Ausländer die Krone trage, Geld ins Land bringe und die Macht der Republik verstärke. Kriegs- und Steuerverfassung litt an den größten Mängeln.

Konnten sich die Landboten auf dem Reichstage nicht einigen, so berief man nochmals die landschaftlichen Versammlungen, was aber fast niemals eine Verständigung herbeiführte. Noch viel schlimmer daß man seit 1652 einem einzelnen Landboten, oder Senator (vermöge des sogenannten liberum veto) erlaubte, durch seinen Widerspruch den ganzen Reichstag zu zerreißen und selbst das bereits Beschlossene hiedurch zu vernichten. Binnen 110 Jahren, wo eigentlich 55 Reichstage zu halten waren, wurden 48 zerrissen und die dringend nothwendige Gesetzgebung ganz unmöglich gemacht.

Wenn die Reichstage in dieser Weise ein Ende nahmen, die Uneinigkeit dauernd und die Noth dringend erschien, so verband man sich schriftlich durch Conföderationen zur Leitung der öffentlichen Angelegenheiten. Der Vortheil daß hier die Mehrheit der Stimmen entschied, ward dadurch mehr als aufgehoben daß jeder Einzelne an die Spitze einer solcher Verbindung treten durfte und, bei der unausbleiblichen Verschiedenheit der Ansichten und Zwecke, zu gleicher Zeit mehre Conföderationen entstanden, die sich öfter mit den Waffen, als mit Gründen bekämpften.

Anstatt noch viele, minder bedeutende Einzelnheiten der Verfassung und Verwaltung anzuführen, genügt es die traurigen

Ergebnisse in wenigen Worten zusammenzufassen. Könige ohne genügende Macht und Königswahlen welche, unter dem Vorwande und Scheine höchster Freiheit, die Unabhängigkeit des Landes gefährden, die Gesinnungen erniedrigen und nothwendig Unordnung und Gewalt herbeiführen. Die Verknechtung des ganzen Volkes zum angeblichen Vortheil eines herrschenden Standes; ein ungenügendes Kriegs- und ein parteiisches Finanzsystem. Staatsrechtliche Formen wodurch König, Senatoren, Adel, Geistlichkeit und Volk von der Laune und Willkür jedes Leichtsinnigen oder Böswilligen abhängig wurden. Endlich als Heilmittel gegen die Mängel der Verfassung und Verwaltung, deren völliges Auflösen und Vernichten, durch Conföderationen und den Bürgerkrieg!

Diese bitteren Wahrheiten wurden von edeln Polen mit großem Schmerze schon früh anerkannt, und im Jahre 1791 eine Verfassung entworfen, welche eine glückliche Wiedergeburt herbeizuführen geeignet war. Nichtswürdige Ränke im Innern, und verdammliche Gewalt von außen haben ein Werk zerstört das längerer Dauer würdig war und verdient in der Geschichte mit Ehren erwähnt zu werden. — Jetzt einige Worte über die früheren, ungarischen Einrichtungen.

Das Königreich Ungarn ist in 46 Comitate eingetheilt.[1] Die in jedem Comitate abzuhaltende Versammlung des Adels heißt eine Congregation. Sie hat das Recht über die Angelegenheiten des Comitats zu berathen, Beschlüsse zu fassen, die nöthigen Beamten sowie zwei Abgeordnete zum Reichstage zu erwählen. Die letzten erhalten von ihren Wählern Anweisung was sie auf dem Reichstage beantragen und wie sie stimmen sollen. Sie erstatten den Congregationen Bericht und erhalten darauf verpflichtenden Bescheid. Mit dem Schlusse des Reichstags hört die Vollmacht des Abgeordneten auf; er ist jedoch wieder wählbar.

Der ungarische Edelmann ist frei von Soldateneinlagerung, darf allein adliche Güter besitzen und die Comitats- oder höhere Würden bekleiden. Er übt die richterliche Gewalt über seine Diener und seine unadlichen Unterthanen, hat ausschließlich das

---

[1] Von Maithstein, Ungarns Verfassung.

Recht in den Congregationen zu stimmen, und als Abgeordneter auf den Reichstagen zu erscheinen. So groß, ja übermäßig diese Rechte auch sind, so befinden sich doch viele von den Ablichen (deren Zahl auf 300,000 abgeschätzt wird) in sehr dürftiger, abhängiger Lage. Vielleicht im Angedenken hieran, setzte früher Gesetz und Gebrauch fest, daß nicht die Kopfzahl bei der Abstimmung entscheiden solle, sondern die durch Würde und Wissenschaft Vorzüglicheren.

Es giebt in Ungarn 43 königliche Freistädte, welche ihre eigene Gerichtsbarkeit, folglich keinen Grundherrn haben, und Abgeordnete zum Reichstage schicken.

Der Palatin (welcher vom Könige aus den ihm vom Reichstage vorgeschlagenen Ungarn ernannt wird) ist dessen Statthalter und Präsident der Magnatentafel, sowie des gesammten Reichstages.

Die Reichsstände bestehen aus vier Klassen: 1) Prälaten, 2) Reichsbarone und Magnaten, 3) Ritterstand, 4) königliche Freistädte. Zu den Prälaten gehören alle Bischöfe, Kapitel, Pröpste und bevorrechtete Aebte. Zu den Magnaten, die Barone, Obergespanne, Fürsten, Grafen und Freiherren, welche den ungarischen Adel haben. Den Bauern sind keine politischen Rechte zugestanden.

Der König beruft den Reichstag mindestens alle drei Jahre. Es giebt Sitzungen der Magnatentafel, und der unteren oder Ständetafel; endlich auch gemischte Sitzungen (sessiones mixtæ). Ueber die Art des Abstimmens und Beschließens hat es nicht an Streitigkeiten gefehlt: so in Hinsicht der Magnatentafel, ob man die alte Vorschrift daß der bessere, weisere Theil (sanior pars) entscheide, gegen die Mehrzahl der Köpfe geltend machen dürfe. Noch lebhafter war der Streit an der Ständetafel, weil die ablichen Abgeordneten der Grafschaften den zu ihrer Versammlung gehörigen Abgeordneten gewisser Aebte und Kapitel, sowie den königlichen Freistädten oft kein entscheidendes Mitstimmungsrecht zugestehen wollten[1]; obgleich deren Anspruch natürlich und

---

[1] Erst auf dem Landtage von 1843 wurden den sämmtlichen Städten — 16 Stimmen zugesprochen!

wohl begründet war. Die gemischten Sitzungen, wo sich beide Tafeln vereinigten, wurden nicht (wie man ursprünglich wohl bezweckte) dazu gebraucht um in dieser neuen Form Streitigkeiten zu beseitigen, sondern um königliche Botschaften zu empfangen und ständische anzuordnen.

Sachkundige haben darauf aufmerksam gemacht daß in gewissen Zeiträumen die englische und ungarische Verfassung sehr ähnlich waren, und dennoch Volk, Sitten, Bildung, Kriegs- und Steuerwesen, kurz Jegliches wesentlich verschieden blieben. Es ist hier nicht der Ort den Gründen dieser Erscheinungen nachzuspüren; zunächst drängt sich indessen die Bemerkung auf: daß Formen der Verfassung (so wichtig sie auch sind) doch nicht allein Wesen und Inhalt der bürgerlichen Verhältnisse bestimmen.

Als Hindernisse einer glücklicheren Entwickelung Ungarns sind hervorgehoben worden:

1) Das unpassende Hineingreifen der gesetzgebenden Versammlungen in den Gang der Verwaltung, wodurch Macht und Einfluß des Königs und der Behörden übermäßig geschwächt wird.

2) Abhängigkeit der Reichstagsabgeordneten von den fortdauernd mitsprechenden und einwirkenden Congregationen, was den Nutzen repräsentativer Formen fast ganz aufhebt.

3) Stimmberechtigung auch des sehr zahlreichen, ganz armen Adels, mit Ausschluß vieler Personen die wohlhabender und gebildeter sind; ja in Wahrheit mit Ausschluß des gesammten übrigen Volkes!

4) Die bei den Wahlen nur zu oft und offenbar eintretenden Bestechungen.

5) Der Umstand, daß auch nachgebohrene, oft unbemittelte Glieder einer Magnatenfamilie, an der Magnatentafel Sitz und Stimme haben.

6) Der Uebelstand daß der König innerhalb beider Tafeln keine verfassungsmäßigen Organe und Vertreter hat.

7) Die Steuerfreiheit des Adels, und die daraus folgende Bedrückung der übrigen Stände; desgleichen sein ausschließliches Recht auf öffentliche Aemter.

8) Der feindliche Gegensatz der verschiedenen Volksstämme und ihrer Sprachen.

9) Der allzuhäufige Wechsel, ja die Abberufung der ständischen Abgeordneten durch ihre Wähler.

Ich enthalte mich um so mehr jedes Urtheils über diese Rügen, da es ungemein schwer ist aus der Ferne über die fremdartigen, minder bekannten und deshalb so verschieden aufgefaßten ungarischen Zustände zu klarer Einsicht zu kommen. Doch will ich hinzufügen: daß die Ereignisse der letzten Jahre fast das ganze ungarische Staatsrecht zur Seite schoben, des Königs Gewalt wesentlich vermehrten und den von ihm gesetzten Beamten einen viel größeren Wirkungskreis verschafften. Nicht minder wichtig sind die Veränderungen welche hinsichtlich der Bauern eintraten. Sie wurden von allen, oft sehr drückenden Diensten frei gesprochen, die ihren Herrn deshalb zu gebende Entschädigung aber nicht ihnen auferlegt. Vielmehr hat man für diesen Zweck (sehr eigenthümlich) alle Einwohner des ganzen Landes nach ihrem Vermögen besteuert.

Neunundvierzigster Brief.

Berlin, 24. Juli 1850.

Obgleich um die Zeit des Verfalls der Karolinger, die großen Lehnsbarone in Frankreich waren übermächtig geworden, stärkte sich doch allmälig die königliche Gewalt aus mannichfachen Gründen, und nur die Kriege mit England führten zum Verluste manches bereits Gewonnenen. Fast in allen europäischen Reichen erstarkte während des funfzehnten Jahrhunderts der Monarchismus durch Könige wie Johann II. in Portugal, Ferdinand und Isabelle in Spanien, Heinrich VII. in England, Ludwig XI. in Frankreich. Doch verschwanden die staatsrechtlichen Formen keineswegs ganz, obgleich man in Frankreich nicht ihre stete Heilsamkeit anerkannte, sondern nur sehr selten und in Zeiten großer Noth seine Zuflucht zu ihnen nahm.

Das System dreier Stände (Geistlichkeit, Adel und Bürger) lag den französischen Reichstagen zum Grunde; obwohl man (ausnahmsweise) im Jahre 1558 auch die Parlamentspräsidenten berief um einen vierten Stand der Rechtspflege oder Gerechtigkeit zu bilden. Jeder Stand rathschlagte besonders, und stellte seine Wünsche und Beschwerden zusammen (so berührte der dritte Stand im Jahre 1560 allein 350 Punkte); selten aber wurden sie ernstlich berücksichtigt, während die königlichen Vorschläge fast immer nur neue Geldbewilligungen betrafen, und insofern den Wunsch nach häufiger Berufung keineswegs erzeugten.

Das Gesuch der Universitäten, auf der Ständeversammlung in Blois (1576) zu erscheinen, ward zurückgewiesen; sie hätten sich auf den Versammlungen der Geistlichkeit jedes Sprengels einfinden und ihre Ansichten geltend machen sollen. Zwei wichtige Punkte setzten gleich Anfangs auf diesem Reichstage die Gemüther in lebhafte Bewegung. Ein großer Theil der Abgeordneten verlangte nämlich: erstens, was die Stände dem Könige einstimmig vorlegen, muß er bestätigen. Zweitens, sind die Stände uneinig, so wählen sie aus dem königlichen Geheimenrathe die Unverdächtigen und gesellen ihnen zwölf Personen jedes Standes zu. Die so gebildete Versammlung entscheidet alles streitig Gebliebene. — Zur Unterstützung dieser Vorschläge ward unter Anderem behauptet: was alle Stände verlangen ist gewiß heilsam und jede Verweigerung des Bestätigens nachtheilig. Vorhandene Zweifel entscheiden königliche Räthe und ständische Abgeordnete am leichtesten und zweckmäßigsten: nur müssen vorher alle diejenigen ausgesondert werden, welche das öffentliche Zutrauen verlohren haben.

Hiegegen ward bemerkt: jener Zwang des Bestätigens hebe in Wahrheit Begriff und Wesen des Königthums auf, und lege alle Gewalt sehr gefährlicher Weise in die Hände einer allmächtigen Versammlung. Nicht minder werde diese, durch obigen zweiten Vorschlag, Herr aller Personen und Sachen; auch gehe dessen Einseitigkeit schon daraus hervor, daß alsdann umgekehrt der König alle ihm verdächtigen Glieder der Stände zurückweisen dürfte. — Beide Anträge kamen eben so wenig zur Ausführung, als der, immerwährend ständische Ausschüsse im Hoflager zu halten.

Die während der Bürger- und Religionskriege in Frankreich gehaltenen Reichstage waren in der That nur Parteiversammlungen für Parteizwecke, weshalb es nicht nöthig ist hier von ihnen zu sprechen: wohl aber muß ich des Reichstages von 1614 umständlicher erwähnen, des letzten, welcher vor dem Ausbruche der französischen Revolution ist berufen worden. Es erschienen 140 Geistliche (darunter 5 Kardinäle, 7 Erzbischöfe, und 47 Bischöfe), 132 Abliche und 192 Abgeordnete für den dritten Stand, meist Rechtsbeamte und Finanzbeamte. So viel geringer hielt man damals noch den dritten Stand, daß dessen Redner vor dem Könige knien mußte, während die des Adels und der Geistlichkeit stehend sprechen durften. Ja als der Präsident de Mesmes, als Abgeordneter des dritten Standes, sagte: dieser sey der jüngere Bruder derselben großen Familie; erhob der Adel vor dem Könige die heftigste Anklage, daß er durch diesen Vergleich aufs Aergste erniedrigt werde!

Die Stände rathschlagten getrennt in drei Sälen und jeder Stand zerfiel nach den zwölf Gouvernements des Reichs in 12 Abtheilungen mit 12 Gesammtstimmen. Die Mehrheit der Gesammtstimmen entschied für den Stand, die Mehrheit der Köpfe entschied in den einzelnen Abtheilungen.

Ein Streit über die Annahme oder Nichtannahme der tribenter Kirchenschlüsse führte zu der Forderung des dritten Standes einen Antrag zum Gesetz zu erheben, des Inhalts: der König besitzt seine Rechte allein durch und von Gott; niemand darf ihn (unter welchem Vorwande es auch sey) absetzen und seine Unterthanen vom Eide der Treue entbinden. Die Stände und alle Einzelnen welche Aemter nachsuchen, sollen dies anerkennen und beschwören. Jede entgegengesetzte Meinung, sowie die daß Aufstand, ja Königsmord erlaubt sey, ist gottlos, verrucht, verrätherisch, und weder in Worten, noch Schriften, noch Thaten zu dulden.

An diesem Vorschlage nahmen den größten Anstoß, der päpstliche Nuntius (welcher jenen Eid einen teuflischen nannte), die Kardinäle, die Jesuiten und die Geistlichkeit. Sie behaupteten: er stehe in Verbindung mit geheimen Planen die katholische Kirche zu untergraben und die Ketzerei zu erhöhen. Für diese Zwecke bringe der dritte Stand Dinge in Anregung, die er nicht verstehe und über welche lediglich die Geistlichkeit berathen und entscheiden könne; auch mische er Fragen über die Sicherheit des Königs und den Umfang seiner und der päpstlichen Macht, ungeschickt und in böser Absicht durcheinander. — Der Adel trat den Ansichten der Geistlichkeit bei, das Parlament hingegen denen des dritten Standes. Steigenden Streites halber zog Maria von Medici die Sache an sich und untersagte (wahrscheinlich auf Betrieb der Geistlichkeit) jede weitere Berathung.

Bei dieser Gelegenheit wurden Klagen laut über die bisherige Weise der Abstimmung. Es werde nämlich jetzt die Mehrheit durch die zwölf Gesammtstimmen nach Gouvernements gefunden; wo bisweilen drei Abgeordnete eine Stimme bildeten, während anderwärts 30 bis 40 erst eine solche Stimme hätten. Man müsse deshalb nicht nach Gouvernements, sondern nach Köpfen, oder wenigstens nach Amtsbezirken (baillages) stimmen. Dieser merkwürdige Vorschlag ging indeß nicht durch, und jene Eingabe über das Verhältniß der königlichen und kirchlichen Gewalt ward aus den Verhandlungen des dritten Standes herausgenommen; doch setzte man hinzu; es sey geschehen auf Befehl des Königs, und beschloß ihn nochmals anzugehen, da er versprochen habe er wolle antworten und Vorkehrungen treffen.

Leider betrachtete der Hof, welcher aus höherem Gesichtspunkte die Stände hätte einigen und dann wahrhaft segensreich herrschen sollen, ihre Streitigkeiten als letztes erwünschtes Ziel, und wußte dieselben bald herbeizuführen, bald wo sie vorhanden waren, zu benutzen. Die heilsamen Vorschläge der Stände blieben unberücksichtigt, die unzweckmäßigen unwiderlegt; die Völker sahen sich in der Hoffnung, welche sie auf diesen Reichstag gesetzt hatten, sehr getäuscht, so daß selbst Stephan Pasquier[1] (ein so kluger Mann, als gründlicher Geschichtsforscher) in Bezug auf die französischen Reichstage ausruft: Es ist eine Thorheit, der selbst die weisesten Franzosen nachhängen, daß nichts für das Volk so heilsam sey als derlei Versammlungen; und doch bringt ihm, aus einer Unzahl von Gründen, nichts mehr Schaden!

---

1) Avrigny Mem., I, 80.

Allerdings laſſen ſich aus der franzöſiſchen Geſchichte manche Beweiſe dieſer Anſicht beibringen, aber keine geringere Zahl für die entgegengeſetzte: daß unumſchränkte Könige oder Miniſter, ohne Reichstage, ſchlecht regierten. Ueberhaupt können einzelne Thatſachen und unvollſtändige Beiſpiele nie als unbedingte Wahrheiten gelten; vielmehr iſt bei ſcheinbar unlöslichen Widerſprüchen eine nähere und gründlichere Prüfung nöthig, welche an dieſer Stelle ergeben wird: daß die Art der Wahl und Abſtimmung, das unbeſtimmte Maaß der Rechte und Pflichten, die ſeltene Berufung der Reichsſtände, die Anmaßung von unten, die Luſt an der Tyrannei von oben, daß dies und vieles Andere den geraden Weg ſo wie das rechte Ziel verfehlen ließ, und die Macht der Regierung auf gleich nachtheilige Weiſe bald bis zur loſen Willkür erhöhte, bald zu völliger Kraftloſigkeit hinabdrückte. Die Anſprüche des Königs, des Adels, der Geiſtlichkeit, des dritten Standes, der Parlamente, der Beamten u. a. m. nannte man in ihrer Geſammtheit wohl Verfaſſung, in Wahrheit aber zeigt ſich nichts als ein meiſt regelloſes Wirken, Anziehen und Abſtoßen ohne Form, Richtung und Haltung. Daß man binnen 175 Jahren (von 1614 bis 1789) keinen Reichstag berief, mußte den Sinn für öffentliche Angelegenheiten abſtumpfen, die Fähigkeit mitzuwirken faſt vernichten und eine Menge von Nebenabſichten, Triebfedern und Zwecken hervorrufen, die einer höheren Leitung und Berichtigung ermangelten. Zwar ſuchten die Parlamente in gewiſſen Zeitpunkten die Stelle der Reichsſtände zu erſetzen und ihre Rechte und Pflichten zu übernehmen; ſie waren aber als rechtſprechende Behörden dazu keineswegs und um ſo weniger befähigt, da die Rathsſtellen meiſt verkauft und erkauft wurden.

Ebenſo wenig taugte dazu eine im Jahre 1617 nach Willkür berufene bunte Verſammlung ſogenannter Notabeln; weit mehr das große, ſelten unbefangen anerkannte Herrſchertalent des Kardinals Richelieu. Unter ſeiner Regierung ging Frankreich vorwärts in jeder Beziehung während Deutſchland, England, Spanien täglich in größeres Elend hinabſanken. Richelieu einigte Frankreich, er vernichtete alle Elemente ordnungsloſen Widerſtandes, er löſete die Aufgabe ſeiner Zeit, der damaligen Gegenwart. Hingegen kann ich einen sehr erheblichen Tadel nicht verschweigen, den er (gleichwie mancher andere höchst ausgezeichnete Herrscher) zweifelsohne verdient. Je größer deren Kraft des Geistes und Willens ist, je mehr sie durch sich selbst das Richtige erkennen und zu Stande bringen; desto öfter erscheint ihnen jede Mitwirkung nur als schädliche Störung, desto weniger denken sie daran daß große Männer sehr selten schnell aufeinander folgen und ein Staat, dessen Daseyn und Haltung lediglich auf ausgezeichneten Regenten beruht, immerdar den höchsten Gefahren ausgesetzt bleibt. Denn auch der Größte und Edelste bedarf (wie Richelieu selbst gesteht) des Rathes und Beistandes. Ist nun aber Art und Weise dieses mitwirkenden Beistandes nicht gesetzlich und verfassungsmäßig festgestellt, so hängt es zuletzt ganz von der Willkür ab, ob man ihn hören und achten, oder abweisen und verachten, oder doch die Unabhängigkeit und den Wirkungskreis der Einzelnen (im Widerspruche mit den höchsten Aufgaben der Geselligkeit) ganz den angeblich erhabneren und allgemeineren Zwecken des Staats opfern will. So kann es, so ist es geschehen, daß die ausgezeichnetsten Herrscher, weil sie die gesammte Wissenschaft des Regierens und die Bürgschaft aller Freiheit lediglich in sich sahen, und ihr keine breitere, festere, staatsrechtliche Grundlage gaben, dieselbe im Wesentlichen untergruben und Ereignisse herbeiführten, die sie in keiner Weise bezweckten, oder würden gebilligt haben.

Den nächsten Beweis hiefür giebt, bald nach Richelieus Tode, die Zeit der Minderjährigkeit Ludwigs XIV., oder der Fronde. Alle von Richelieu gebändigten Leidenschaften, Richtungen und Ansprüche traten regellos wieder in den Vordergrund und stifteten so viel Böses, daß man Ludwigs Wort (nach Herstellung seiner vollen Gewalt) begreiflich findet: der Staat bin ich. — Dennoch war es ein Unglück daß dasjenige, was gemäßigte Männer bezweckt und der Hof in Zeiten der Bedrängniß bewilligt hatte, nach dem Siege des Königs gar nicht berücksichtigt, vielmehr ganz zur Seite geworfen ward. Am 24. Oktober 1648 (an welchem Tage auch der westphälische Friede unterzeichnet ward) hatte nämlich die Königinn Anna ein Gesetz vollzogen, welches allerdings Bestimmungen zweifelhafter Güte, daneben aber auch solche enthielt, welche man einem weiteren staatsrechtlichen Bau hätte zu Grunde legen können. Dahin rechne ich die Aufhebung der Handelsmonopole, und aller außerordentlichen Rechtscommissionen. Die Steuern sollten ohne Beistimmung des Parlaments nicht erhöht, und jeder Verhaftete binnen 24 Stunden seinem ordentlichen Richter zur rechtlichen Behandlung übergeben werden u. s. w.

Die glänzende Seite der ersten Regierungshälfte Ludwigs XIV. verdeckte alle tieferen Mängel; in der zweiten traten sie aber dermaßen ans Tageslicht, daß selbst der milde Fenelon [1]) schon damals sagte: „Man soll sich der wahren Regierungsform des Königreichs erinnern, und den Despotismus (die Ursach aller unserer Leiden) ermäßigen. Allerdings wirkt der Despotismus, so lange er sich im Ueberflusse befindet, mit mehr Schnelligkeit und Nachdruck, als irgend eine gemäßigte Verfassung. Wenn er aber erschöpft, kraftlos, verschuldet, ohne Credit und bankerott ist: werden da wol die verkäuflichen Seelen, welche er mit dem Blute des Volks mästete, sich zu Grunde richten wollen um ihn aufrecht zu erhalten?"

Funfzigster Brief.

Berlin, 27. Juli 1850.

Die ungemein große Verschiedenheit der staatsrechtlichen Entwickelung in Frankreich und England offenbart sich genügend in der Bedeutung des Wortes Parlament: dort verstand man darunter einen Gerichtshof, hier einen aus drei Ständen gebildeten Reichstag. Seit dem Ende des 13. Jahrhunderts traten zu den weltlichen und geistlichen Lords, die Abgeordneten der Gemeinen. Jene traten dergestalt in eine Körperschaft, das Oberhaus zusammen, daß niemals eine Sonderung der Stimmen statt fand, und ein

---

1) Raumer, Geschichte Europas, VI, 611.

Beschluß der Mehrzahl gültig blieb, wenn auch z. B. alle geistlichen Mitglieder dagegen gestimmt hätten. Es gab einen Zeitraum wo die Zahl der letzten größer war, als die der weltlichen Lords; nachdem aber durch die Reformation 36 geistliche Stimmen wegfielen, während die Könige immer mehr Personen den weltlichen parlamentarischen Adel ertheilten, so erhielten diese durch ihre Ueberzahl entscheidenden Einfluß. Unter Heinrich VII. saßen (meist in Folge der zerstörenden Kriege beider Rosen) nur 29 Lords im Oberhause, unter Heinrich VIII. und Elisabeth 51, unter Jakob I. 96; im Jahre 1661 139; im Jahre 1826 300 u. s. w.

Auch die Zahl der Mitglieder des Unterhauses war in verschiedenen Zeiträumen sehr verschieden. Anfangs waren dessen Rechte so gering, und die Kosten der Mitgliedschaft, gleichwie die Unannehmlichkeit des bloßen Geldbewilligens so groß, daß Manche wünschten nicht durch den König berufen zu werden. Erst seit der Herstellung Karls II. kam man ohne ausdrückliches Gesetz zu der Ueberzeugung: das Gleichgewicht und die Bedeutung der verschiedenen Staatsgewalten gehe wieder verlohren, wenn der König fernerhin eben so nach Belieben Mitglieder des Unterhauses beriefe, wie er Lords ernenne. Zur Zeit Eduards I. saßen etwa 150 Mitglieder im Unterhause, zur Zeit Heinrichs VIII. etwa 224; in neueren Zeiten (nach dem Zutritte schottischer und irländischer Mitglieder) 658. Von allen späteren Veränderungen und Zuständen soll an dieser Stelle nicht die Rede seyn.

Neben dem weltlichen Parlamente bestand, bis auf die Zeiten der Reformation, ein geistliches unter dem Namen der Convocation. Es theilte sich ebenfalls in zwei Häuser. Zum Oberhause gehörten die Erzbischöfe, Bischöfe und mehrere Aebte; zum Unterhause die Dechanten, Archidiakone und erwählte Abgeordnete der Kathedralkirchen, sowie zwei Abgeordnete erwählt von der gesammten Geistlichkeit jedes bischöflichen Sprengels. Ein Erzbischof leitete das Oberhaus, ein erwählter Sprecher das Unterhaus der Convocation. Als Heinrich VIII., unter übereilter Beistimmung des weltlichen Parlaments, alle geistliche Gewalt an sich brachte, zugleich Papst und König ward, widersprach sehr natürlich die geistliche Convocation. Seitdem verlohr sie aber, durch

Heinrichs Willkür, allen Einfluß und alle Bedeutung. Indessen blieben die Erzbischöfe und Bischöfe (als Vasallen) Mitglieder des Oberhauses, während die niedere Geistlichkeit keinen Zutritt zum Unterhause gewinnen konnte. Obgleich der frühere Einwand: sie werde in der Convocation genügend vertreten, seit deren Vernichtung ganz gewichtlos geworden war, beharrte man im Wege der That, nicht des Rechtes und der Wissenschaft, auf jenem Beschlusse.

In manchen Punkten war die schottische Verfassung der englischen ähnlich, in anderen, nicht unbedeutenden Punkten aber von ihr verschieden. So gehörten zum schottischen Parlamente allerdings geistliche und weltliche Lords und Abgeordnete der Burgen und Städte; die letzten wurden aber oft sehr hintangesetzt und die Prälaten stammten meist aus weltlichem Adel; so daß dieser wenn auch nicht gesetzlich, dann doch durch seine Macht entschied und selbst den König (dem man kein Veto zugestand) wesentlich beschränkte. Auch bildete das ganze Parlament nur eine Kammer unter dem Vorsitze des Kanzlers, wobei Curiatstimmen und einzelne Stimmen gleichmäßig vor dem Uebergewichte der Mächtigsten verschwanden. Gewiß waren die Rechte des Königs und der Stände nicht angemessen und mit Sicherheit geordnet, und kühne Gewalt entschied öfter denn Recht und Gesetz. Diese Mängel verdoppelten sich, als katholische Unduldsamkeit und puritanischer Eifer maaßlos einander entgegentraten, und kein großer Herrschergeist vorhanden war der in Schottland (wie Elisabeth in England) die Stürme wenigstens einstweilen beschwören konnte.

Denn nach der Thronbesteigung Jakobs I. ging auch hier Alles unaufhaltsam einer gewaltsamen Umgestaltung entgegen. Unter allen Herrscherfamilien hat das Haus Stuart am heftigsten, eigensinnigsten und unklugsten das unbeschränkte Recht der Könige behauptet und vertheidigt; es ist am härtesten und bittersten dafür bestraft worden daß es im Grundsatz gar kein anderes Recht anerkannte, sondern dasselbe immer nur als Ausfluß seiner (nach Belieben zurückzunehmenden) Gnade betrachtete. Sobald sich Grundsätze jener Art praktisch geltend machen wollten, entstand erst gemäßigter, dann leidenschaftlicher Widerspruch, bis sich nach langen Kämpfen (von 1603 bis 1688) endlich ein großes positives Resultat herausstellte. Die englische Revolution endete nicht (wie die Bewegungen in Spanien, Frankreich, Dänemark) mit einem Bankerott alles förmlichen Staatsrechts, sondern (nach mühevollem Ausscheiden des Verkehrten und Uebertriebenen) mit wahren Fortschritten.

Obgleich die englische Revolution auf das übrige Europa keineswegs einen so großen Einfluß gehabt hat wie die französische, bietet sie ein gleich großes Interesse: erstens weil dort der Zeit nach zuerst eine Reihe der wichtigsten Ansichten und Grundsätze ausgesprochen wurden; zweitens weil das Religiöse und Kirchliche nicht (wie in Frankreich) gewaltsam zur Seite geworfen, sondern durch alle Stufen möglicher Entwickelung hindurchgeführt ward. So finden wir Römisch-Katholische, welchen der Papst und der kirchliche Mittelpunkt für Gesetzgebung und Verwaltung, als das Wichtigste und Unentbehrlichste erscheint; — Katholiken, welche mehr das Landesinteresse und die Aufrechthaltung der Lehre bezwecken; — eine hohe Kirche, welche zwar den monarchischen Papst verwirft, aber an der Aristokratie der Erzbischöfe und Bischöfe festhält; — Presbyterianer, welche diese Aristokratie für einen verdammenswerthen Auswuchs erklären und alle kirchliche Gewalt den Priestern und einigen Gemeinegliedern zuweisen; — endlich Independenten, denen die Tyrannei des Papstes, der Bischöfe, der Geistlichen und Kirchenvorsteher gleichmäßig ein Gräuel ist und die in Religionssachen das Recht unabhängiger Selbstbestimmung vertheidigen.

Diesen kirchlichen Parteien standen ähnliche im Staate gegenüber; nämlich erstens Absolutisten, denen des Königs Wille dem göttlichen gleich galt und die vom Unterthan unbedingten, blinden Gehorsam forderten; 2) conservative Verfassungsfreunde, welche die bestehenden Formen für genügend hielten und nichts daran ändern wollten; 3) Personen, welche eine weitere Fortbildung der Verfassung für nothwendig und nützlich hielten; 4) Republikaner, welche den König beseitigen und alle Macht dem Oberhause und Unterhause zuweisen wollten; 5) Personen, welche auch das Oberhaus verwarfen, und eine rein demokratische Republik gründen wollten; 6) Levellers, welche alle staatsrechtlichen (sowie gegenüber alle kirchlichen) Formen für entbehrlich und unnütz hielten; wodurch man im Kreise wieder bei der formlosen unbedingten Herrschaft ankam, welche Cromwell praktisch geltend machte, ohne sich auf theoretische Auseinandersetzungen einzulassen.

Nach dieser allgemeinen Aufzählung muß ich noch etwas mehr in das Einzelne eingehen. Unnütze Kriege und unordentliche Wirthschaft hatten Verlegenheiten herbeigeführt, welche König Karl I. durch parlamentarische Geldbewilligungen leicht zu beseitigen hoffte. Eine bedeutende Zahl sehr kluger und kräftiger Männer hegte aber die Ueberzeugung: man müsse das Recht der Geldbewilligungen dazu benutzen, die Mängel der bisherigen öffentlichen Einrichtungen fortzuschaffen und eine sicherere und freiere Verfassung zu gründen. Insbesondere müsse die Abstellung parlamentarischer Beschwerden den Geldbewilligungen vorangehen, weil sonst jede Besserung gewiß ganz ins Unbestimmte hinausgeschoben werde. Der König hatte nicht bloß die entgegengesetzte Ueberzeugung, sondern erweckte durch übereilte Auflösungen des Parlaments auch den Glauben, er wolle ohne dasselbe willkürlich regieren. Auch hegte Karl I. (wie alle Stuarts) keinen Zweifel, daß von ihm das Maaß der parlamentarischen Rechte abhange, und er berechtigt sey Steuern auszuschreiben und zu erheben, wenn das Parlament die geforderten, nothwendigen Summen nicht bewillige. Die Frage nach dem Besteuerungsrechte ist der Kern aus dem sich die englische Revolution entwickelt. Für den Unbefangenen hat es keinen Zweifel daß willkürliches Besteuern, und unbedingtes Verweigern, in gleicher Weise Recht und Maaß verletzte; die Geschichte erweiset jedoch, daß in den ersten Jahren der König, später das Parlament in Irwege gerieth.

Ein anderer Irthum des Königs ging hervor aus mangelhafter Auffassung staatsrechtlicher Begriffe. Tadel ausgesprochen gegen seine Beamte, betrachtete er z. B. als gegen ihn selbst gerichtet, und indem er deren Thun und Lassen ganz dem seinigen gleich und als geheiligt darstellte, mußte er in sehr unangenehme Verlegenheiten gerathen.

Auf Veranlassung all dieser Streitigkeiten entwarf das Parlament (1628) ein Bitte um Recht (petition of right) des Inhalts:

1) Ohne Beistimmung des Parlaments sollen keine Steuern, Anleihen, freie Gaben u. dgl. ausgeschrieben und beigetrieben werden.

2) Niemand wird verhaftet, verurtheilt, oder seiner Güter für verlustig erklärt; es sey denn unter Angabe des Grundes, nach den Gesetzen des Landes und durch das Urtheil seiner Pairs.

3) Soldaten werden nicht mehr willkürlich und im Widerspruch mit den Gesetzen bei den Bürgern eingelagert, und kein Bürger nach dem sogenannten Kriegsrechte behandelt und gestraft.

4) Niemand darf den Gang der Gesetze in einzelnen Fällen unterbrechen, oder aufheben, oder außerordentliche Gerichtshöfe gründen.

Das Parlament hielt diese Bestimmungen für natürlich, gerecht und heilsam, während der König sich vergebens abmühte sie zu hintertreiben. Nach manchen Zögerungen und Winkelzügen sah er sich endlich dennoch gezwungen, diese Bitte um Recht zu vollziehen.

Hiedurch und durch neue Streitigkeiten mit dem Parlamente hielt sich der König für so verletzt, daß er viele Jahre hindurch keins berief und nach Willkür regierte und besteuerte. Die entgegengesetztesten Ansichten, Grundsätze und Wünsche wurden bei diesen Verhältnissen ausgesprochen. Nämlich die Hofpartei (welche sich am liebsten die erhaltende und gesetzliche nennen hörte) sprach also: im Fall das Parlament nicht nachgeben will, so muß man darohne regieren, und seine Auflösung ist eine Befreiung von unverständigen Eiferern und anmaßenden Thoren. Erst wenn einst die Mitglieder und das Volk klüger geworden sind, kann man es wieder berufen, — oder auch nicht! Denn niemand hat die Macht, oder das Recht den König hierin zu zwingen; ja fragen wir nach dem höchsten, dem göttlichen Rechte, so weiß dies nichts von Parlamenten, Ober- und Unterhäusern, Wahlen und Sprechern, sondern befiehlt ganz unbedingt der Obrigkeit zu gehorchen. Und nicht bloß die Geistlichen, auch die Richter stellen den Grundsatz auf: der König thue niemals Unrecht, und das Parlament könne dessen unbeschränkte Rechte um so weniger beschränken, da er die Quelle alles Rechts sey und, wenn es

nöthig erscheine, von jedem Gesetze entbinden dürfe. Die Bitte
um Recht, auf welche man sich jetzt so oft bezieht, ist eben nichts
als eine Bitte welche der König gern bewilligt, sofern es zum
Wohle seines Volkes gereicht, die er aber jedesmal unberücksichtigt
läßt, sobald aus der Bewilligung Schaden entstehen dürfte. Wenn
Manche die Sache anders darstellen, so geschieht es nur um sich
beim Volke beliebt zu machen. Noch weniger als das unumschränkte Recht des Königs in Staatssachen, kann sein Recht bezweifelt werden in kirchlichen und religiösen Angelegenheiten zu
entscheiden, und am wenigsten das Recht allen Beamten unbedingte Befehle zu ertheilen. Auch ist es eine verkehrte Neuerung
daß man diese einem Anderen als ihm verantwortlich machen
will; sofern sie seine Befehle vollziehen, thun sie jedesmal Recht
und sind über alle Rechenschaft erhaben.

Die Gegner dieser Ansicht erwiederten: ob der König die
Macht haben werde ohne Parlament zu regieren, wird die
Zukunft entscheiden; daß ihm aber hiezu kein Recht zusteht, bezeugt der klarste Buchstabe der Gesetze und der Gebrauch von
Jahrhunderten. Nicht der König allein ist die Obrigkeit des
Landes; sondern er ist es erst in Verbindung mit den im Parlamente versammelten, zum Mitberathen und Beschließen berechtigten Ständen. Unantastbar sind seine Rechte nur, sofern er
ebenmäßig seine Pflichten anerkennt und übt; auch bleibt er den
Gesetzen nicht minder unterworfen, wie jeder Andere. Was
das Parlament höflichst eine Bitte um Recht nannte, ward durch
die königliche Bestätigung ein alle Theile bindendes Gesetz:
und wer dies läugnet weiset bedenklicherweise darauf hin, daß
man noch stärkere Bürgschaften gegen königliche Willkür auffinden
müsse. Noch weniger als unbedingte Tyrannei im Staate, darf
man ferner in Hinsicht auf Religion und ewige Seligkeit, eine
fremde, mehr als päpstliche Willkür dulden; ganz thöricht erscheint es endlich Beamte, welche die klarsten Gesetze übertreten,
durch einen königlichen Machtbefehl von aller Verantwortlichkeit
entbinden zu wollen.

Da eine genaue Prüfung dieser Doppelansichten nicht hieher
gehört, will ich nur zwei Bemerkungen aussprechen. Erstens,
war es ein großer (oft ähnlich wiederkehrender) Irthum zu

glauben, diese wichtigen politischen und religiösen Fragen interessirten nur wenige unruhige Köpfe, und wenn man diese durch Begünstigung gewinne, oder durch Strafen schrecke, werde davon weiter gar nicht die Rede seyn.

Zweitens, schließt jene erste Ansicht folgerecht eine Verwerfung alles formalen Staatsrechts und aller gesetzlichen Bürgschaften in sich, und führt fast nothwendig zu dem Gedanken, die Kraft der letzten durch Gewalt zu verdoppeln, und der absoluten Macht des Königs (welche über alle Gesetze hinaus wirksam seyn will) in ähnlichem Irthume die Lehre von der Volkssouverainität in der Weise gegenüber zu stellen, daß sie sich ebenfalls von allen Beschränkungen des Gesetzes lossagt und die Willkür jedes Augenblicks allein entscheiden läßt.

Sehr unverständig war es daß Karl I. (ohnedies in England schon bedrängt) auch in Schottland sein englisches Papstthum geltend machen wollte; wozu er um so weniger Recht hatte, als die schottische Reformation demokratisch von unten zu Stande gekommen, und dem Könige niemals in geistlichen Dingen eine willkürliche, unbedingte Entscheidung war zugesprochen worden. Nachdem der hierüber entstandene Streit bis zu offenem Kriege hinangeführt hatte, sah sich Karl (nach vieljährigem Zwischenraume) gezwungen wieder ein englisches Parlament zu berufen; welches, in gereizter Stimmung, natürlich die Verhältnisse zu benutzen suchte seine verkürzten Rechte nicht bloß herzustellen, sondern auch zu erweitern.

An dem Tage wo der mächtige Strafford hingerichtet ward (12. Mai 1641), vollzog der König auch die Bill wodurch er dem (früher allzu leichtsinnig geübten) Rechte entsagte, das Parlament aufzulösen. Hiedurch ward das Uebergewicht des letzten entschieden festgestellt. Von diesem Augenblick an war der König nicht mehr der angreifende, sondern der sich gegen mächtige Angriffe schwach vertheidigende Theil. In dem Maaße als das Recht auf seine Seite hinübertrat, kam die größere Macht in die Hände des Parlaments.

Dem Angriffe gegen den König folgten Angriffe gegen die Bischöfe. So scharfsinnig auch ihr Recht im Oberhause zu sitzen vertheidigt und der Nutzen dieser Stellung hervorgehoben wurde, mußten sie doch ihren Feinden und der augenblicklichen Stimmung des Tages weichen. Als das Parlament ferner die Kriegsmacht ganz von sich abhängig machte und in die Verwaltung hineingriff, war ein offener Krieg um so weniger zu vermeiden, als jede Partei von der andern das Uebelste voraussetzte und alles Vertrauen gegenseitig geschwunden war. Deshalb wurden billige Vorschläge des Königs zurückgewiesen, und während er, selbst in der Gefangenschaft, seine größte Hoffnung auf seine Unentbehrlichkeit setzte, fand der Gedanke immer mehr Eingang: die völlige Beseitigung des Königthums sey der größte staatsrechtliche Fortschritt. Und wenn man jetzt (durch bittere Erfahrungen belehrt) wenigstens theoretisch zugiebt: in der Unverletzlichkeit des Königs und darin daß er über alle Kreise gewöhnlicher Verantwortlichkeit erhaben sey, liege eine Bürgschaft für die Sicherheit und Festigkeit bürgerlicher Einrichtungen; so glaubte man diese Bürgschaft damals umgekehrt in seiner Verantwortlichkeit, seiner Verurtheilung und Hinrichtung zu finden. Dies war nicht bloß ein schwerer Irthum, sondern in der Führung des Prozesses offenbarte sich zugleich blinde Leidenschaft, widerwärtige Heuchelei und freches Verbrechen.

Die Sieger beseitigten mit dem Könige auch das Oberhaus, diesen aristokratischen Theil der Verfassung, und gründeten nach ihrer Meinung eine demokratische und schon deshalb vollkommene Republik. Schon war aber das Heer und dessen Führer Cromwell Herr des Parlaments geworden; die Despotie trat an die Stelle des Republikanismus, und die scheinbar gemachten Versuche ein neues Staatsrecht zu begründen, waren so mangelhaft daß Cromwell, trotz aller Talente, nicht mehr wußte wie er die geheimen oder lauten Forderungen des seinen Sinn ändernden Volks befriedigen solle. Es ist sehr interessant und lehrreich zu sehen wie die Herstellung des Königthums vorbereitet, wie sie zuletzt unabwendbar wird. Hiebei kam die wichtige Frage zur Sprache: ob man die Verfassung nicht vor Anerkenntniß und Aufnahme des herzustellenden Königs ordnen und feststellen solle? Günstige Versprechungen Karls II. und die Bemerkung, daß er als contrahirender Theil mitsprechen und mitentscheiden müsse, führten zur Verneinung jener Frage. Leider war aber Karl II. weder fähig noch geneigt im Inlande und dem Auslande gegenüber das Rechte zu erkennen und durchzuführen; und auch das Parlament zeigte abwechselnd Schwäche und Tyrannei; besonders in Bezug auf Religion und Kirche. Sowie man während der Revolution die hohe bischöfliche Kirche gestürzt und meist den Presbyterianismus eingeführt hatte, so wurden jetzt die Presbyterianer selbst in Schottland beschränkt und verfolgt.

Mit mehr Kraft und Folgerichtigkeit suchte Jakob II. die alten Grundsätze seines Hauses in vollem Umfange geltend zu machen und neben dem unbeschränkten Königthume auch seine katholischen Ansichten durchzusetzen. Wären seine Plane gelungen, so würden die großen, denkwürdigen Revolutionen des siebzehnten Jahrhunderts für England gar keine Früchte getragen und (wie anderwärts) mit einem staats= und kirchenrechtlichen Bankerott geendet haben. Daß dies nicht geschah, war die Folge der Tüchtigkeit des englischen Volkes, und der hohen Klugheit Wilhelms III.

Sowie jede große Weltbegebenheit neue, unbekannte Fragen hervortreibt, und Entscheidungen verlangt, für welche keine alte, anerkannte Regel vorhanden ist, so auch im Jahre 1688. Das Recht mobificirt die Thatsachen, und aus den Thatsachen entspringt ein neues Recht; die Aufgabe ist Thatsachen und Recht zu verständigen und zu versöhnen.

Nach Jakobs Flucht richteten etwa neunzig Lords eine Vorstellung an Wilhelm: er möge, bis eine neue anordnende Behörde gebildet sey, zur Abhaltung drohender Gefahren und zur Begründung eines gesetzlichen Zustandes, die nöthigen Maaßregeln ergreifen. Dieser Aufforderung gemäß berief Wilhelm alle diejenigen, welche Mitglieder des letzten Parlaments Karls II. gewesen waren, gleichwie den Major, die Aldermänner und 50 Glieder des Gemeinderathes von London. Am 22. Januar 1689 traten die Berufenen unter dem Namen einer Convention zusammen. Alle Bedenken über Recht und Vollmacht derselben wurden durch die Gewalt der Umstände und die unabweisliche Nothwendigkeit neuer Beschlüsse zur Seite geschoben. Auch bemerkte man: daß je mehr sich gegen das eingeschlagene Verfahren theoretisch sagen lasse, desto thörichter erscheine jene Praxis welche es dahin gebracht habe, daß dasselbe für möglich, ausführbar und heilsam gelten könne, und **möglich, ausführbar und heilsam** sey.

Diejenigen, welche der Ueberzeugung lebten, man müsse den entflohenen Jakob zurückrufen, in gesetzlichem Wege ein gewöhnliches Parlament versammeln und dann (nach bisheriger Weise) für Recht, Freiheit und Religion sorgen, fanden keinen Anklang und waren innerhalb und außerhalb der Versammlung so sehr in der Minderzahl, daß eine Zurückführung auf die früheren Verhältnisse ganz unmöglich erschien. — Eben so wenig Beifall fand die ganz entgegengesetzte Ansicht: der Prinz von Oranien sey Herr geworden durch die Waffen und alle Macht lediglich in seiner Hand. Denn obgleich hiedurch alle Schwierigkeiten mit einem Male beseitigt schienen, wollte doch Wilhelm keineswegs wie ein Eroberer auftreten, und die Engländer sich nicht wie Eroberte behandeln lassen. Auch blieb zu erwägen, daß wenn man die neue Herrschaft lediglich auf eine Thatsache, auf die Macht gründe, eine zweite Thatsache, oder eine größere Macht sie in jedem Augenblicke umstürzen könne. Mithin ließen sich die schweren Untersuchungen über das **Recht** gar nicht vermeiden; und wiederum standen diese mit den Fragen über die Wichtigkeit der bisherigen **Thatsachen** und Besorgnisse in untrennbarem Zusammenhange. Einige behaupteten: im Vergleiche mit jenen furchtbaren Tyrannen, von deren Sturz die Weltgeschichte berichtet, erscheine Jakob gemäßigt und nur in Irthümern befangen; — worauf Andere erwiederten: es reiche zu einer ungestörten Entwickelung des menschlichen Geschlechts nicht hin, wenn man nur Ungeheuer jener Art durch gesetzliche, oder gewaltsame Mittel beseitigen könne; wenn man es als Pflicht darstelle die Hände so lange in den Schooß zu legen, bis ein solches Ungethüm emporgewachsen sey und unbesiegbar dastehe. Die Fortschritte des Staatsrechts und der Inhalt anerkannter Gesetze müßten vielmehr Mittel und Wege nachweisen, wie man, ohne Unrecht zu thun, Rechtsverletzungen nur scheinbar geringerer, aber in Wahrheit nicht minder gefährlicher Art entgegentreten könne. Wenn Jakob, mit Rücksicht auf leblose, bloß abstrakte Grundsätze, in der Fülle seiner Macht geblieben wäre, oder darin (durch eigene, oder französische Macht) wiederhergestellt werde; so könne das größte aller Uebel, ein Bürgerkrieg, nicht ausbleiben. Denn wie man auch über ihn und seinen Vater denke, gewiß hätten sie ihre Unfähigkeit bewiesen über ein gebildetes und freies Volk zu herrschen, und es sey endlich Zeit daß England durch Erneuerung seiner inneren Zustände, auch in Europa wieder die würdige und großartige Stellung einnehme, welche ihm gebühre. Ueberhaupt dürfe man so wichtige staatsrechtliche Fragen nicht nach dem bloßen Privatrechte entscheiden. Es handele sich hier nicht von Sachen und dinglichem Eigenthume, sondern von Personen, und einer gesetzmäßigen und gottgefälligen Herrschaft über dieselben. Nun sey aber keineswegs jede Herrschaft gottgefällig, und etwa deshalb unabänderlich; sondern nur diejenige stimme mit der Lehre vom göttlichen Rechte, welche das höchste Ziel im Auge behalte: nämlich des Volkes wahres Heil. Ohne Volk sey niemand König, niemand sey es durch sich allein. Alles erscheine in diesen Regionen zweiseitig, bilateral; und kein Theil habe die Verpflichtung unthätig zuzuschauen, bis Verfassung und Kirche zu Grunde gerichtet worden. Irrig meine man; durch das Erbrecht sey jeder Mißbrauch desselben gerechtfertigt; von David und Salomon, von Merovingern und Karolingern an, bezeuge die Geschichte das Gegentheil bis auf den heutigen Tag; und des Prinzen von Oranien Unternehmung gründe sich zugleich auf Erbrecht der Familien, und Staatsrecht der Völker. Ueberhaupt verdiene eine Verfassung noch gar nicht diesen Namen, welche, im äußersten Falle, sich nicht selbst zu helfen im Stande sey.

Als entscheidender Hauptpunkt ward hervorgehoben: Die Abdankung Jakobs beruhe nicht auf seiner persönlichen Entfernung, sondern liege in der freiwilligen und besonnenen Uebertretung seines Eides und aller Gesetze und Verträge, sowie in dem Aufsuchen fremder Hülfe um das eigene Volk zu verknechten.

Nach diesen und ähnlichen Berathungen faßte die Convention den Beschluß: indem König Jakob sich bemühte die Verfassung des Reiches zu vernichten, indem er den ursprünglichen Vertrag zwischen König und Volk auflösete, nach dem Rathe der Jesuiten und anderer gottlosen Personen die Grundgesetze übertrat, und sich aus diesem Königreiche hinwegbegab, hat er abgedankt (abdicated) und der Thron ist hiedurch erledigt (vacant) worden. — Diesem wichtigen Beschlusse folgte ein zweiter: daß die Herrschaft eines Katholiken unverträglich sey mit der Sicherheit und Wohlfahrt eines protestantischen Reiches.

So im Unterhause. Im Oberhause behauptete die eine Partei: Jakob hat gar nicht abgedankt, sondern sich nur hinwegbegeben. Eine solche Entfernung schließt (wie z. B. Eduard IV. und Karl II. beweisen) kein Aufgeben oder Erlöschen seines Rechtes in sich, sondern fordert nur zu doppelter Treue auf. Eben so wenig kann man aus der Verletzung einzelner Gesetze eine so unendlich wichtige Folgerung ableiten; denn wo bliebe sonst die Lehre von der Unverletzlichkeit des Königs und der Verantwortlichkeit seiner Minister? Wollte man aber auch annehmen der König habe abgedankt, oder einen nirgends nachzuweisenden Vertrag gebrochen; so kann er doch nicht mehrern Rechten entsagen, als er besitzt. Sie gehen vielmehr auf seine nächstberechtigten Erben über, und es ist kein Grund vorhanden durch den Umsturz des geheiligten Erbrechtes das Reich in ein Wahlreich zu verwandeln, oder den Thorheiten republikanischer Ansichten nochmals die Thür zu öffnen.

Hierauf ward wiederhohlentlich entgegnet: das Königthum ist kein privatrechtliches Erbstück, sondern ein staatsrechtlicher Beruf. Der König hat nicht bloß Rechte, sondern auch Pflichten und jene gelten nur sofern er auch diese übernimmt und ihnen nachkömmt. Neu gegebene Versprechungen welche man hervorhebt, beweisen um so weniger da sie ihm in der Noth abgedrungen worden, und er des Papstes Entbindung von denselben im Auge behält. In Schweden und Dänemark hat man Siegmunds und Christians II. Flucht auch als Abdankung betrachtet und die Lehre: der König könne kein Unrecht thun, heißt (laut der Magna Charta) nur: das Unrecht das er thut, ist an sich und durch sich selbst nichtig. Schon vor Jakobs Thronbesteigung hatte das Unterhaus (aus genügenden Gründen und im richtigen Vorgefühle der unvermeidlichen Zukunft) sich zweimal für seine Ausschließung erklärt; wie viel mehr Ursachen sind jetzt vorhanden auf einen solchen Beschluß zurückzukommen. Jedes Verhältniß zwischen Herrschern und Unterthanen ist zweiseitig, bilateral (sonst wäre Unterthan und Sklave dasselbe); und wenn auch ein urkundlicher Vertrag in aller Form nicht kann vorgelegt werden, so ist er überall vorauszusetzen und weiset jedem Theile Rechte und Pflichten zu. Schon der Krönungseid spricht sich hierüber aufs Bestimmteste aus und die gesammte Geschichte erweiset: daß nicht jeder König die Entwickelung des Staatsrechtes nach Willkür von neuem beginnen kann, darf und soll. Ein Bruch der anerkannten Verhältnisse und der Verträge zerstört also das Recht des schuldigen Theiles; er löset die Verträge dergestalt auf, daß etwas Neues gefunden und gegründet werden muß. Wollte man, um der gemachten Erfahrungen willen, die bestehenden Gesetze wesentlich verändern und die Macht der Könige beschränken; so wäre dies ein viel größerer und gefährlicherer Eingriff in das bestehende Staatsrecht und das wünschenswerthe Gleichgewicht der Gewalten, als wenn man sich mit einem Wechsel der Personen begnügt. Will Jakob für England nicht thun, was Heinrich IV. für Frankreich that, so mag er seine Stelle unter den eifrigen Bekennern des Katholicismus einnehmen und behalten; aber nicht wähnen er könne zugleich König von England seyn, und, nach den irrigen Grundsätzen seines Hauses, dem Willen und der Entwickelung eines ganzen Volkes Fesseln anlegen.

Dieser Wille weiterer Entwickelung sprach sich bestimmt aus in der Bill oder Erklärung der Rechte, welche das Parlament am 18. Februar 1689 annahm. Nachdem in derselben alle Irrthümer und Verschuldungen Jakobs aufgezählt sind, und die Erledigung des Throns festgestellt ist, folgt eine Reihe staatsrechtlicher Bestimmungen und Entscheidungen: der König darf nicht von Gesetzen entbinden, oder dieselben suspendiren, keine außerordentliche, geistliche oder weltliche Gerichte gründen, ohne Beistimmung des Parlamentes kein stehendes Heer halten und keine Steuern erheben. Grausame und ungewöhnliche Strafen, oder übertriebene Bürgschaften hören auf. Parlamente sollen häufig gehalten und die Wahl- und Redefreiheit nicht beschränkt werden.

Diese Erklärung der Rechte ist unter all den großen Urkunden des englischen Staatsrechts vielleicht die einzige welche der König gern vollzog. Alle die übrigen, von der Magna Charta bis zur Habeascorpus-Akte, wurden den Königen abgedrungen, und sie würden dieselben (nach der heutigen Sprechweise) nicht oktroyirt haben.

Am 11. April (an demselben Tage wo man Wilhelm und Maria auch in Schottland als Könige anerkannte) wurden sie in London von dem Bischofe dieser Hauptstadt gekrönt. Nach achtzigjährigen Bestrebungen (denn sie beginnen mit dem Tode der Königin Elisabeth) war das englische Staatsrecht so inhaltsreich entwickelt und abgerundet, daß es zu allen wesentlichen Zwecken der bürgerlichen Gesellschaft ausreichte und aller Gefahren Herr ward. Erst nach 140 Jahren erkannte man die Nothwendigkeit einer neuen erheblichen Reform, und sie ward mit großer Klugheit und Mäßigung zu Stande gebracht.

Einundfunfzigster Brief.

Berlin, 30. Juli 1850.

Nachdem wir fast ganz Europa durchwanderten, müssen wir endlich wohl zu unserem deutschen Vaterlande zurückkehren. Leider kann man dessen Geschicke nicht betrachten, ohne von ernstem Zorne und bitterer Wehmuth tief bewegt zu werden. Berufen und befähigt zum Größten, ist Deutschland durch eigene Schuld immerdar weit hinter dem zurückgeblieben, was ihm erreichbar, ja als heilige Pflicht auferlegt war. Trotz der furchtbaren, langen Erfahrungen, sind wir in unsern Tagen verfallen allen Thorheiten, Erbärmlichkeiten, Feigheiten, Tollkühnheiten und Heucheleien, welche wilde Demokraten, gemüthlose Diplomaten und verblendete Fürsten, aus unzähligen Pandorabüchsen in lächerlichem und verdammlichem Hochmuthe darboten, als unfehlbare Heilmittel gegen alle Uebel, — in Wahrheit als unfehlbares Mittel sich selbst und alle Mitschuldige (gleichwie alle Unschuldige) zu Grunde zu richten! — Verzeihen Sie diesen Nothschrei: — es wird sich ja wohl einmal Gelegenheit und

Stimmung finden die Lichtseite hervorzuheben; auch will ich ja jetzt nicht von der Gegenwart, sondern von der Vergangenheit sprechen.

Die drei größten Gedanken, welche im Mittelalter Begeisterung und Thätigkeit hervorriefen, waren erstens der Gegensatz des Morgenlandes und Abendlandes, welcher die Kreuzzüge erzeugte; zweitens der Gegensatz des Staates und der Kirche, des Kaiserthums und Papstthums; drittens der Zweck einer neuen Verfassung und Organisirung der Kirche, durch allgemeine Kirchenversammlungen. — Die Abendländer wurden aus dem Oriente vertrieben, denn alle Begeisterung für den Orient war erloschen; — der Kampf zwischen Staat und Kirche führte zu keinem erfreulichen Ergebniß und die Mehrheit meinte er sey vom Uebel und möglichst zu vermeiden; — die Kirchenreformation schlug im funfzehnten Jahrhundert völlig fehl und man behauptete: sie sey ein unnöthiges rebellisches Begehren. Seitdem fehlte es an allgemeinen, begeisternden Gedanken; und selbst die ungeheure Gefahr welche von den Türken her täglich wuchs, konnte die Gemüther nicht erwecken und entflammen. Alle Lebenszwecke waren untergeordneter, partikularistischer Art, Deutschlands Zerbröckelung erschien als Triumph der Unabhängigkeit, und das Nichtsthun und Nichtsbeschließen unzähliger Reichstage war den Meisten sogar willkommen, weil sie dann in ihren örtlichen und kleinlichen Bestrebungen am wenigsten gestört wurden.

Gegen Ende des funfzehnten Jahrhunderts sonderten sich drei Reichscollegien, der Churfürsten, Fürsten und Städte. Zwischen ihnen bestand aber kein gehöriges Gleichgewicht, oder eine angemessene organische Bewegung. Die Aristokratie (oder vielmehr die Oligarchie) herrschte nach oben und nach unten; weshalb die Kaisermacht zur Aufrechthaltung der Ordnung nie ausreichte und das Volk zu keiner allgemeinen Vertretung in einem Hause der Gemeinen, ja nicht einmal zu persönlicher und bürgerlicher Freiheit gelangte.

Laut warb und wird das erneute Gebot steten Landfriedens und die Gründung des Kammergerichtes, als wesentlicher Fortschritt gepriesen; — die deutsche Geschichte erweiset aber durch unzählige Beispiele, daß die Mächtigen (ja nicht einmal die Ohnmächtigen) auf diese Gesetze und Einrichtungen keine Rücksicht nahmen. Die Fürsten (sagt Ranke)¹) fanden sich dadurch beschränkt, die untern Stände nicht geschützt. An friedliche Sicherheit, ruhiges Gedeihen, wie man sie oft in jenen Zeiten voraussetzt, war nicht zu denken; und so erwachte ein allgemeines Streben nach Selbständigkeit, oder vielmehr nach willkürlicher Gewaltsamkeit.

Durch die Reformation kamen allerdings neue Gründe vielfacher Zerwürfniß unter die Deutschen; allein es ist ganz falsch zu behaupten vor derselben wären Einigkeit und Gesetzlichkeit überall vorhanden und herrschend gewesen. Vielmehr erfüllt das Erforschen der politischen Zustände Deutschlands unter Friedrich III. und Maximilian I. mit Ekel und Ueberdruß; so wechselten fruchtloses Fordern und Verweigern, abgenöthigte Bewilligungen, unvollständiges Leisten, ohne wahre Anstrengung, ohne wesentlichen Erfolg, und deshalb auch ohne Genugthuung und begründete Zufriedenheit auf irgend einer Seite.

Es war gewiß löblich und richtig daß man nach Maximilians I. Tode nicht den König von Frankreich, sondern jenes Enkel, Karl V. zum Kaiser erwählte. Es war eine gerechte Vorsicht ihn durch Wahlkapitulation von Willkür der Uebermacht abzuhalten; wenn aber die Deutschen selbst ihre Angelegenheiten nicht unbefangen betrachteten und zweckmäßig behandelten; wie konnte man hoffen Karl werde derenthalb seine europäische Stellung und allgemeinere Verhältnisse ganz bei Seite setzen, oder doch unterordnen. Eine Harmonie des Deutschen und Europäischen war möglich und heilsam; sie kam aus vielen Gründen nicht zu Stande, welches man keineswegs einer Partei allein zur Last legen darf.

Folgendes ist der wesentliche Inhalt jener Wahlkapitulation: der Kaiser bestätigt und befolgt alle Reichsgesetze, schützt die Stände bei ihren Rechten, erlaubt Versammlungen der Chur-

---

1) Reformationsgeschichte, I, 200, 202, 203, 213.

fürsten zur Berathung über öffentliche Angelegenheiten, hindert
Vereine des Adels gegen die Fürsten, gründet einen Reichsrath
aus Deutschen, giebt nur diesen öffentliche Aemter und bedient
sich in Staatssachen der deutschen, oder lateinischen Sprache.
Er hält Frieden mit den Nachbarn, schließt kein Bündniß und
erhebt keinen Krieg ohne Beistimmung der Stände (wenigstens
der Churfürsten), legt eigenmächtig keine Steuern auf, hält keine
Reichsversammlungen oder Gerichte außerhalb Deutschlands,
schützt den Papst und die katholische Kirche, sorgt aber zugleich
daß die Rechte und Freiheiten der deutschen Kirche nirgends
beschränkt werden. Er verurtheilt niemand außer im Wege
Rechtens und mit Beobachtung der gesetzlichen Formen, erhält
das Reichsgut und vermehrt dasselbe bei eintretenden Heimfällen,
trachtet nicht danach die Krone in seinem Hause erblich zu machen und bestätigt das, was die Reichsvikarien seit Maximilians
Tode angeordnet haben.

Viele dieser Bestimmungen sind ohne Zweifel zweckmäßig;
auch würde der Einwand daß sie allein von der Oligarchie der
Churfürsten ausgingen, leicht übersehen worden seyn, wenn man
nicht sehr große Interessen gleichzeitig verletzt hätte. So zürnte
zunächst der mächtige und zahlreiche Adel, daß er jährlich mehr
von den Fürsten überflügelt werde, und in eine Abhängigkeit
gerathe, welche seinen ursprünglichen Rechten und seiner Würde
gleich sehr widerspreche. Hutten, Sickingen und Gleichgesinnte
sahen in der Macht und Stellung der Fürsten und Prälaten
nur eine schädliche Anmaßung; in dem Adel und der Ritter-
schaft hingegen die ächten Bestandtheile alles deutschen öffentlichen Lebens. Alle müßten unmittelbar dem Kaiser untergeordnet seyn; denn er sey nicht (wie die Fürsten meinten) bloß
ein lästiger Herr, sondern ein unentbehrlicher Erhalter der
Freiheit.

So wie die Mannichfaltigkeit des deutschen Lebens und der
Entwickelung allerdings durch die Mehrheit freier Landschaften
und mächtiger Herrscherfamilien einerseits gemehrt und gefördert
ward; so ging daraus andererseits die Ohnmacht und Uneinigkeit Deutschlands hervor. Hutten und seine Freunde lebten der
Ueberzeugung: mit den Fürsten, würden auch diese Uebel besei-

tigt, und der Kaiser an der Spitze einer allmächtigen Adels=
demokratie erst wahrer Kaiser und Oberhaupt der Christenheit.
So glänzend diese Ansicht auch ausgemalt ward, traf sie
doch dafür ein dunkeler Schatten, daß jene Edelleute auf die
Bürger stolz hinabsahen und es ganz natürlich fanden, daß
sich die Massen des Volkes lediglich ihrer Willkür unterwerfen
müßten.

Der Adel ward von den Fürsten besiegt. Im umgekehrten
Falle wäre vielleicht eine polnische Adelsdemokratie mit einem
schwachen abhängigen Könige entstanden; oder ein hochbegabter
Herrscher hätte alle Beschränkungen zerbrochen, und in Krieg
und Eroberung Mittel für die Dauer seiner Herrschaft gesucht
und gefunden.

Gewiß hatten die Bauern gar keinen Grund sich für die
Fürsten und Edelleute zu begeistern; sie traten vielmehr aus zu=
reichenden Gründen beiden entgegen. Nirgends waren ihre Ver=
hältnisse gesetzlich und billig geordnet. Um den steigenden Auf=
wand und die wachsenden Bedürfnisse zu decken, erhöhten Fürsten
und Herren die Steuern nach Willkür, und die Geistlichkeit,
welche Alles hätte vermitteln und versöhnen sollen, war selbst
(mancherlei Ursachen halber) wenn nicht Gegenstand des Hasses
und der Verachtung, doch keineswegs im Besitze des hiezu nö=
thigen Vertrauens. So standen die Bauern ohne Vertretung,
ohne ständische Rechte, ohne Geld um einen (wahrscheinlich er=
folglosen) Reichsprozeß anfangen zu können, zu entfernt vom
Kaiser und jeder Willkür preisgegeben. Verhältnisse solcher Art
hatten seit dem, die Freiheit des Volkes vermehrenden Schweizer=
bunde gar viele Aufstände in verschiedenen Gegenden Deutsch=
lands herbeigeführt; im Jahre 1524 zeigte sich das Uebel in
verstärktem Maaße und führte, da keine Besserung, wohl aber
furchtbare Bestrafung eintrat, im Jahre 1525 zu dem großen
Bauernkriege.

Die Forderungen der Bauern, in zwölf Artikeln aus=
gesprochen, waren in Vielem denen ähnlich, welche bereits
im Jahre 1502 bei ausbrechender Unruhe zum Vorschein ka=
men. Sie lauten im Wesentlichen: wir wollen unsere Geist=
lichen (welche nur das Evangelium lehren sollen) künftig selbst

wählen, Zehnten nur von den Früchten geben, und unter Geist=
liche, Arme und öffentliche Bedürfnisse vertheilen. Die Leib=
eigenschaft, welche Christi Lehre widerspricht, muß aufhören.
Das Verbot wilde Thiere, Vögel und Fische zu fangen, ist um
so unnatürlicher da jene unsere Saaten verwüsten; und wenn
wir auch keinem Eigenthume zu nahe treten wollen, ist doch der
Vortheil Weniger keineswegs der einzige Maaßstab der Billig=
keit. Die alten Abgaben soll man nicht erhöhen, Gemeinewäl=
der vertheilen, oder wegen billiger Ueberlassung des Holzbedarfs
Verträge eingehen. Die Strafgesetze dürfen nicht gemehrt, die
Rechte am Grundbesitze nicht geschmälert und die harte Abgabe
aus dem Nachlasse der Verstorbenen nicht weiter erhoben wer=
den. Diese Forderungen mag man uns bewilligen, oder aus
der Schrift beweisen daß sie ungerecht sind.

So gerecht und billig auch viele dieser Forderungen waren,
dachten die Herren weder an Widerlegung und Beweis, noch
an Bewilligung und Vergleich; sondern lediglich an Zwang und
Gewalt. Die natürliche Folge dieser ungerechten Verweigerun=
gen war die Steigerung der Forderungen bis ins Uebertriebene
und Thörichte. So heißt es z. B. in dem Entwurfe Wendel
Hiplers, eines Hauptanführers: alle weltlichen Fürsten, Grafen,
Herren, Ritter und Edlen, alle Städte und Gemeinen, sollen
zu göttlichen und natürlichen Rechten nach christlicher Freiheit
reformirt werden. Es wäre gut wenn alle weltlichen Rechte
im Reiche abgeschafft und aufgehoben würden; desgleichen alle
Zölle, Geleite, Umgeld, Anschläge, Steuern und Beschwerden,
ausgenommen was man als nothwendig anerkennte. Ferner
sollen aufhören alle großen Handelsgesellschaften, und alle Geld=
wechslergeschäfte. Den Krämern in Städten, die mancherlei
Waaren feil haben, soll nur eine Waare zugelassen werden.
Alle Bündnisse der Fürsten, Herren und Städte hören auf, und
es wird allein der kaiserliche Schirm und Friede gehalten u. s. w.

Es ist bemerkenswerth, wie verwandt manche dieser Vor=
schläge mit denen sind, welche in neuerer Zeit ausgesprochen
wurden. Wenn Uebelstände sich häufen, und wahrhaft zur
Besserung führende Mittel nicht aufgefunden oder verschmäht
werden; so verfällt man jedesmal nach der einen Seite hin in

ganz allgemeine Abstraktionen, und nach der andern in willkürliches Herausgreifen des Einzelnen, ohne Rücksicht auf Zusammenhang und Wechselwirkung. Die Bauern ließen sich im Laufe des Krieges die furchtbarsten Gräuel zu Schulden kommen, und nach dem Siege zeigten die Fürsten und Edelleute keine geringere Barbarei. Fast drei Jahrhunderte lang blieb die Masse des deutschen Volkes unter hartem, ungerechtem Drucke; einer von vielen Beweisen, daß Uebermaaß der Gewalt in der Weltgeschichte fast nie durch freiwillige Weisheit, sondern in der Regel nur durch entgegentretende Gewalt beseitigt wird. Doch kann man die Besorgniß nicht unterdrücken, daß wenn damals neben der kirchlichen auch eine politisch durchgreifende Revolution eingetreten wäre; sich aus der allgemeinen Auflösung und Zerstörung kaum ein gesunder Zustand entwickeln konnte.

All das Elend (behaupteten Katholiken) sey Folge der lutherischen Neuerungen: denn wer die Kirchenordnung (welche als Theil der Verfassung Habe, Gut und Frieden mit erhält) so rücksichtslos angreife, der untergrabe auch alle weltliche Ordnung und Obrigkeit. — Luther hingegen sagte: wenn er sich, ausgerüstet mit der Kraft der reinen Lehre, nicht den Bewegungen widersetzt hätte, würden sie weit gefährlicher um sich gegriffen haben. — In Wahrheit sagte Luther den Fürsten, Bischöfen und Herren harte Dinge über ihr Benehmen; noch strenger aber wies er die Bauern an zu unbedingtem, durchaus leidendem Gehorsam, und Melanchthon schrieb: es sey ein Frevel und Gewalt daß die Bauern nicht wollten leibeigen seyn. Das irre den Glauben nicht und Christus rede bloß von geistlicher Freiheit, so daß ein Christ die Leibeigenschaft fröhlich tragen könne.

Auf derlei sehr schwache staatsrechtliche Gründe und Ansichten hätten die hart Bedrückten wohl antworten können: was ihr euch in der Kirche gegen die bestehende Ordnung erlaubt, versuchen wir (aus nicht geringern Ursachen) im Staate, und die weltlichen Uebel sind nicht unantastbarer, wohl aber für den Landmann noch drückender und noch viel schlechter begründet, als die kirchlichen Mängel. Wenn ihr alle Forderungen des Papstes verwerft, warum sollen da die Ansprüche des Pfarrers und Edelmanns für heilig gelten; und wenn ihr gekrönte Häupter ohne allen Anstand behandelt, kann da ein frecher Nachhall des Pöbels ausbleiben? Wenn der Bauer entscheiden darf, was von himmlischen Dingen zu halten sey, sollte er sich da nicht herausnehmen über Jagd= und Weiderecht seine Meinung zu haben? Bürgerliche Verbesserungen sind nicht weniger nöthig wie kirchliche, und es muß den Gedrückten wunderlich erscheinen daß man hier so kühn einriß und dort Jegliches will bestehen lassen. Warum stellt man christliche Milde und Barmherzigkeit im Staate ganz zurück, und läßt Zorn, Strenge und Strafe allein regieren? Warum sollen freiwillig abgelegte Gelübde jetzt nicht länger binden, die Leibeigenschaft aber uns wider unseren und Christi Willen ewig fesseln? Warum sollen wir geduldig abwarten bis die höher Gestellten unsere Ketten lösen; während es hinsichtlich der Kirche als Pflicht aufgestellt wird, eigenmächtig einen bessern Zustand ohne Aufschub einzuführen? Wenn das Unrecht hier nicht durch Verjährung zum Recht wird, dann auch nicht im Staate; und genügt die innere christliche Freiheit allein, so ist sie eben so wenig durch den Papst, als durch den Edelmann gefährdet.

Hätten im funfzehnten und sechszehnten Jahrhundert weltliche, wie kirchliche Obere zur Wegschaffung unläugbarer Uebel billig und aufrichtig die Hand geboten, wie viele Leiden wären der Menschheit erspart worden!

Die Forderung: daß bei Abstimmung unter politisch Gleichberechtigten die Mehrheit entscheiden müsse, war natürlich und herkömmlich; aber (selbst abgesehen davon, daß alle großen Entwickelungen in der Weltgeschichte immer von unbezwungenen und unbezwingbaren Minoritäten ausgegangen sind) bezogen sich alle Parteien auf göttliches Recht und göttliche Gesetze, von denen man nicht um ein Haar breit abgehen, worin man niemals nachgeben dürfe.

Der Streit über dogmatische Fragen (so über das Abendmal), die lutherische Behauptung daß man mit den Zwinglianern in gar keine Gemeinschaft treten könne und dürfe, brachte die reformatorische Bewegung hauptsächlich zum Stillstand, und gab den Katholiken (aus viel größeren Gründen) ähnlicher Weise

Veranlassung und Recht alle Gemeinschaft und Versöhnung mit den Protestanten von der Hand zu weisen. Die Theologen suchten ihre beschränkten Ansichten mit den anmaßendsten Worten zu rechtfertigen, während Landgraf Philipp zornig und mit größerem Rechte dem Churfürsten von Sachsen schrieb: an den streitigen Artikeln hängt nicht Glauben und Seligkeit, und es ist sehr unnöthig von allen disputirlichen Sachen der Gelehrten Kenntniß zu nehmen, und sich deswegen liederlich von einander zu trennen.

Bei diesen Verhältnissen und Gesinnungen war die Hoffnung ganz leer: eine allgemeine Kirchenversammlung werde allgemeine Einigkeit herstellen. Als der Papst die Protestanten verdammte, richteten sich ihre Blicke sehr natürlich auf die großen Bestrebungen des funfzehnten Jahrhunderts. Ihre Berufung an eine Kirchenversammlung war nicht unerwartet, war sehr natürlich. Der weitere Gang der Thatsachen und Ueberlegungen mußte aber nothwendig die Ueberzeugung hervorrufen, daß wie man auch auf der Kirchenversammlung berathen, abstimmen und beschließen werde, die Neuerer in der zu verurtheilenden Minderzahl bleiben müßten. Die Päpste würden also die Berufung einer Kirchenversammlung gewiß gern selbst betrieben haben, wenn sie nicht noch gefährlicheren Widerspruch innerhalb der katholischen Kirche gefürchtet hätten. Sobald sie aber hinsichtlich wichtiger Formen der Kirchenversammlung ihren Willen durchgesetzt, konnte ihnen der Sieg nicht mehr entrissen werden.

Die Abstimmung erfolgte nach Köpfen; Berathungen nach Völkern wurden von den Legaten des Papstes beharrlich abgelehnt. Abwesende durften in der Regel nicht durch Sachwalter (Prokuratoren) vertreten werden; wodurch die italienischen nahe belegenen Bischöfe in Tribent das Uebergewicht erhielten und für den Papst wirkten. In dessen Hand blieb die Bewilligung sowohl des berathenden, als des entscheidenden Stimmrechts. Hieburch ward die in Basel vorherrschende demokratische Richtung und Zulassung gänzlich abgeschnitten, wie sich sehr deutlich aus den Unterschriften der Concilienbeschlüsse ergiebt. Danach hatten Theil 4 Legaten, 2 andere Kardinäle, 3 Patriarchen,

25 Erzbischöfe, 168 Bischöfe, 39 Stellvertreter abwesender Bischöfe, 7 Aebte und 7 Ordensgenerale, auch der des Jesuitenordens. Zwei Drittheile der Bischöfe waren Italiener. — Die Legaten legten sich ferner das ausschließliche Recht bei, einen Gegenstand zum Vortrag zu bringen, den Vorsitz zu führen, und die Beamten der Versammlung zu ernennen. Dem Papste stehe endlich das Recht zu, auch gegen den Beschluß der Mehrheit zu entscheiden.

Es ist für sich einleuchtend, daß bei diesen Grundsätzen und Formen keine Reform der Kirchenverfassung möglich war, und die entscheidende monarchische Gewalt in den Händen des Papstes blieb. Auch ist seit dem sechzehnten Jahrhundert in der katholischen Kirche keine verfassunggebende Versammlung berufen und das dogmatische Lehrgebäude als abgeschlossen hingestellt worden. Die Protestanten hielten es dem gegenüber für Recht und Pflicht ihre Symbolik ebenfalls zu befestigen, oder — vielmehr zu versteinern.

Die Dordrechter Kirchenversammlung (1618) ist wohl die bedeutendste in der protestantischen Welt. Sie entschied religiöse, oder spekulativ-dogmatische Streitigkeiten, welche in den vereinigten Niederlanden ausgebrochen waren. Während nun Eiferer damals meinten: jene Synode habe, auf höchst ruhmvolle Weise, das wahre Christenthum von der Gefahr des Untergangs gerettet; fällt die unbefangene Nachwelt das Urtheil: sie habe ein Beispiel böser Unduldsamkeit gegeben, den Buchstaben über den Geist hinaufgesetzt, die freie Entwickelung des Protestantismus gehemmt, und die Spaltungen keineswegs ausgetilgt, sondern durch verderbliche Mittel erhöht.

Karls V. Bemühungen für Staat und Kirche eine angemessene Verfassung aufzustellen mißlangen, und nur der Augsburger Religionsfriede von 1555 war für Deutschland unläugbar ein großes Glück; obgleich der Papst, in übertriebenem Eifer, den nachgebenden Kaiser einen Ketzer schalt und behauptete: das Betragen der Fürsten, sowie alles weltliche Uebel was sich in der Christenheit zeige, müsse unter Leitung des Statthalters Christi geprüft, beschränkt und ausgerottet werden. Jener Friede setzte fest: niemand wird fernerhin wegen seiner

religiösen Ansichten beunruhigt, oder mit weltlichen oder kirch=
lichen Strafen belegt. Die geistliche Gerichtsbarkeit nimmt gegen
die Protestanten ein Ende, und sie bleiben im ruhigen Besitze
der erworbenen Kirchengüter. Katholische Prälaten welche ihre
Religion ändern, verlieren ihre Stifter und Würden. Niemand
soll die Unterthanen eines Andern von ihrer Religion abzu=
bringen suchen; wohl aber steht jenen (gegen billige Abgaben)
das Wegziehen frei. Das Kammergericht wird nach diesen Fest=
setzungen verfahren und sie gelten bis zu einer anderweiten
gütlichen Einigung.

Anstatt auf diesem Wege der Milde und Mäßigung fort=
zuschreiten, steigerten sich von Jahr zu Jahr Mißtrauen, Eigen=
sinn, Willkür, Habsucht; bis es durch die Schuld aller Theile
(angeblich zu Gottes Ehren und für das wahre Christenthum)
zu einem Kriege kam, der Deutschland dreißig Jahre lang zer=
rüttete, Fremden entscheidenden Einfluß verschaffte, blühende
Landschaften in Wüsten verwandelte, und eine bestiale Sitten=
losigkeit herbeiführte.[1]) — Solch einem Zustande gegenüber war
jeder Friede ein Gewinn und sehr natürlich daß der westphä=
lische (1648, nach Jahre langen Unterhandlungen) mit größter
Freude aufgenommen wurde; allein der Buchstabe keiner Urkunde
konnte plötzlich alle Wunden heilen, alles Zerstörte herstellen,
alle Krankheiten beseitigen, fremden Einfluß verdrängen und die
Geister erneuen und heiligen. Hundert Jahre hat Deutschland
an den Folgen jenes Krieges gelitten, ohne sich zu ermannen
und zu kräftigen; ja eine übertriebene Verehrung stellte den
westphälischen Frieden oft als das erreichbar Höchste dar, und
hielt eine weitere Entwickelung der geselligen Verhältnisse
und des Staatsrechts von Deutschland für überflüssig und ge=
fährlich.

Bittere Erfahrungen widerlegten freilich diesen Aberglauben,
und nachdem das deutsche Reich elendiglich auseinandergefallen,
suchte man es auf dem wiener Congresse zu erneuen. Der
Bundestag, schon von seiner Geburt an schwächlich und

---

1) Beweise in Raumers Gesch. von Europa, III, 596.

faul, erlag den Stürmen der Zeit; der höchste Wunsch und das gepriesenste Bemühen der meisten leidtragenden Fürsten und Diplomaten ging bis jetzt fast allein dahin, die alte Leiche aufzuputzen, dem deutschen Volke als ehrwürdigen Dalailama zur Anbetung hinzustellen, und jeden der Leben und Wiedergeburt und Einigkeit Deutschlands in anderer, gründlicherer Weise begründen möchte, als Narren oder Rebellen zu bezeichnen und zu verdächtigen. Die Nemesis für derlei Thorheiten und Frevel wird nicht ausbleiben, aber dann auch die Unschuldigen ergreifen, und unser schmachvoll uneiniges Vaterland den sich einigenden Fremden zur leichten Beute werden.

Zweiundfunfzigster Brief.

Berlin, 28. Sept. 1850.

Sie sind mit mir einverstanden, daß ich die bekannten seit 1789 ins Leben getretenen und meist bald wieder verstorbenen Verfassungen nicht umständlich entwickele, wünschen aber daß ich mich über die allgemeinen Grundsätze äußere, welche den großen Revolutionen zum Grunde lagen und sich, mehr oder weniger, geltend machten. Den wesentlichen Inhalt theoretischer Schriften habe ich in meinem Buche über die geschichtliche Entwickelung der Begriffe von Recht, Staat und Politik mitzutheilen versucht; und so mag es hier genügen Sätze und Gegensätze einander gegenüberzustellen, wie sie in Gesprächen zwischen zwei Freunden ausgesprochen wurden.

A. Alle Menschen (nur mit Ausnahme der Kinder, Verbrecher und Wahnsinnigen) sind in allem Wesentlichen gleich gestellt und fähig zu unabhängiger Selbstbestimmung. Es ist unverständig diese wesentliche Gleichheit und Freiheit abzuläugnen; unnatürlich und tyrannisch sie in irgend einer Weise gesetzlich oder thatsächlich zu verkürzen. Jeder hat vielmehr ein

Recht seine eigenen Angelegenheiten nach Belieben zu ordnen, und auf die Leitung der öffentlichen einzuwirken. Jene Persönlichkeit des Menschen ist der alleinige, unantastbare Quell aller Rechts- und Staatsverhältnisse; jeder anderswoher genommene Bestimmungs- und Eintheilungsgrund bleibt so untergeordneter, geringhaltiger Art, daß er gar nicht in Betracht kommen darf. Auf jener gleichen menschlichen Persönlichkeit ruht die einzig natürliche und vortreffliche Verfassung, die unbedingte Demokratie, oder Volksherrschaft; alle andern sind Verkünstelungen, hindern die freie großartige Entwickelung der Menschheit, und binden Einzelne wie Völker, Spalierbäumen gleich, an die dürren Latten willkürlicher Gewalt. Jene Demokratie hingegen setzt alle Kräfte in Bewegung, wirft jede störende Beeinträchtigung jener Rechte zur Seite und hebt aus beschränkten Privatkreisen zu einem öffentlichen Leben von dessen Glanz, Intension und Wirksamkeit man sich in unseren verkrüppelten Zuständen kaum eine Vorstellung machen kann. Alle Versuche unsere geselligen Verhältnisse zu verbessern, welche nicht bezwecken jene allgemeine gleichartige Thätigkeit und Herrschaft herbeizuführen, sind vom Uebel, und mehren dasselbe anstatt es zu vermindern. Insbesondere ist die jetzt Mode gewordene und empfohlene Arznei, die Repräsentation, ein verknechtendes Unrecht, wie schon Rousseau wußte, aber leider kein Gehör fand.

B. Die Persönlichkeit eines Menschen ist ohne Zweifel seine wichtigste Eigenschaft, oder bezeichnet vielmehr in aller Kürze die Lebensquelle seines Seyns. Zu dieser Wurzel, diesem Stamme gesellen sich aber die verschiedensten Eigenschaften, die mannichfaltigsten Zweige, Blüthen und Früchte. Es wäre einseitig und oberflächlich diese Mannichfaltigkeit gar nicht zu berücksichtigen und Alles auf einen gleichen mittleren Durchschnitt hinabzubringen, welcher, anstatt die rechte Persönlichkeit hervorzuheben und zur Erkenntniß zu bringen, sie verstümmelt, und einen trockenen, unzureichenden Gesammtbegriff an die Stelle frischer Eigenthümlichkeit und selbständigen Lebens zu setzen versucht. Gern erkennen wir die Rechte der Personen an (und verwerfen deshalb z. B. die Sklaverei); aber wir betrachten sie nicht als eine leere Tafel, auf welche jeder Mensch dasselbe schreibt, oder für sich schreiben läßt; sondern als den Mittelpunkt auf welchen tausend Verhältnisse verschiedenartig einwirken, und der eben so verschieden zurückwirkt. Nur bei diesen Grundsätzen der Betrachtung und Gesetzgebung kann in höherem Sinne von Persönlichkeit der Einzelnen und Völker noch die Rede seyn.

Gehen wir jetzt vom Allgemeinen zum Besonderen über, so ergiebt sich, daß die Anordnung der Privatangelegenheiten nicht der bloßen Willkür jedes Einzelnen zu überlassen, sondern durch Privatrecht zu regeln ist; und nicht minder unentbehrlich sind gesetzliche Bestimmungen über die Mitwirkung bei öffentlichen Angelegenheiten. Insbesondere kann jeder Einzelne nur in ganz kleinen geselligen Verbindungen unmittelbar mitsprechen und mitwirken; sobald Millionen einen Staat bilden, wird dies Verfahren schlechterdings unmöglich. Sie können, ja sie wollen nicht an einer Stelle reden, abstimmen, handeln; und eine Zerfällung in unzählige kleine, souveraine Versammlungen könnte ohne Zweifel nur zu Unordnung und Anarchie, niemals aber zu harmonischer Einheit führen. Der Gedanke daß alle Einwohner eines Staates gleichmäßig regieren sollen, würde ferner (wenn er ausführbar wäre) der verschiedensten Befähigung gleiches Gewicht beilegen und, wo möglich, die Verwaltung noch mehr als die Gesetzgebung ins Verderben stürzen. Was als höchstes Ziel staatsrechtlicher Entwickelung bezeichnet wird, wäre in Wahrheit nur die Rückkehr zum formlosen, unorganisirten Chaos. Der erste Schritt aus demselben herauszukommen, ist nicht bloß Quantitäten zu verehren, sondern die Qualitäten zu berücksichtigen.

A. Die erste und entscheidende Eigenschaft eines Menschen ist, daß er eben ein Mensch ist; in dieser Beziehung sind und bleiben Alle gleich. Setzen wir die Frage über Werth oder Unwerth des Repräsentationssystems vor der Hand ganz zur Seite, so muß (wenn Alle in einem großen Staate nicht gleichmäßig mitwirken können) das Maaß der Mitwirkung jedoch lediglich nach der Bevölkerung und Kopfzahl eingerichtet und darauf gegründet werden. Die Köpfe sind so sehr die Hauptsache, daß alle anderen Nebeneigenschaften unberücksichtigt bleiben müssen.

B. Abgesehen von allen sonstigen Eigenschaften und Verschiedenheiten sind die Köpfe selbst sehr verschieden: es giebt große Geister und es giebt Dummköpfe, welche bei Rath und That keineswegs gleich ins Gewicht fallen. Aber selbst die Verhältnisse und Eigenschaften geistig gleich Befähigter erscheinen so mannichfaltig, daß sie auf Denken, Fühlen, Wollen und Handeln wesentlichen Einfluß haben: so Geburt, Erziehung, Besitz, Reichthum, Armuth u. s. w.; welches Alles als nicht daseyend zu behandeln, keine tiefsinnige Weisheit, sondern bloße Thorheit ist. In der Praxis machen sich diese Verhältnisse sämmtlich geltend, so viel man auch über ihre Nichtigkeit theoretisiren mag. Die Summe der Bevölkerung reicht nicht aus, darauf durch bloßes Additions- oder Divisionsexempel ein Gebäude nützlichen Staatsrechts zu errichten. Gern räume ich indeß ein daß Bevölkerung und Kopfzahl ein wichtiges, beim Staatsrechte jeden Falls zu berücksichtigendes Element ist und diejenigen nicht zum Ziele kommen, welche die Massen des Volkes ganz unberücksichtigt lassen. Stellen Sie diese hingegen formlos in den Vordergrund, so werden sie jedesmal von Wenigen abhängig.

A. Ich sehe daß Sie darauf ausgehen der Aristokratie der Talente und des Verdienstes die Herrschaft zuzuwenden und unter allen Aristokratien ist mir diese am wenigsten zuwider; obgleich ich überzeugt bin daß Einzelne jetzt weniger als je entscheiden, und alle Macht in den Händen der Massen liegt.

B. Meine Ansichten hierüber weichen sehr von den Ihrigen ab. Ich lebe der Ueberzeugung daß große Persönlichkeiten schlechterdings nothwendig sind um Großes zu Stande zu bringen. Hauptlose, ungeregelte Bewegungen der Massen führten nie zu einem erwünschten inhaltsreichen Ziele, und das Hin- und Herreden vieler Wohlgesinnten in Parlamenten, ständischen Versammlungen, Concilien u. dgl. blieb in der Regel erfolglos, oder doch weit hinter den gefaßten Erwartungen zurück. Den großen Kirchenversammlungen des funfzehnten Jahrhunderts fehlte eine Persönlichkeit wie die Luthers, und die niederländische Revolution würde ohne Wilhelm von Oranien, die Nordamerikas würde ohne Washington und Jefferson nicht so große Früchte getragen haben. Ja die Begebenheiten der letzten Jahre zeigen mehr als je, daß die edelsten Bestrebungen leicht zu gar keinem Ergebniß führen und schmähligerweise (1848, wie 1448 in Basel) mit Nichts endigen können, sobald kein großer Geist und Charakter zur Hand ist, welcher die Fäden in seine Hand nimmt, lenkt und begeistert.

A. Wenn ich dies zugebe, so folgt daraus daß Talent und Verdienst durch allgemeine Maaßregeln aufzusuchen, abzuschätzen, und allein für politische Thätigkeit in Bewegung zu setzen ist. Ja Talent und Verdienst geben in Wahrheit auch so sehr den höheren Anspruch auf irdischen Besitz, daß die S. Simonisten mit Recht alle Güter nach der Fähigkeit, der capacité, vertheilen wollten.

B. Soweit dies rechtlich und natürlich ist, erwirbt der Hochbegabte ohne Mitwirkung von Staatsgesetzen. Daß aber eine Vertheilung aller Güter nach der sogenannten, sehr unbestimmten Fähigkeit, durch Beamte und Behörden, ganz unausführbar und ungerecht seyn würde, brauche ich wohl nicht zu erweisen. Statt dessen will ich an einen älteren Aufsatz eines Mannes erinnern, dessen Schriften öfter gelobt als gelesen werden. In jenem Aufsatze: „Keine Beförderung nach Verdiensten" sagt Möser[1]): „Ihre Forderung daß in einem Staate einzig und allein auf wahre Verdienste gesehen werden solle, ist, mit Ihrer gütigen Erlaubniß, die seltsamste welche noch in einer müßigen Stunde ausgeheckt worden. — Glauben Sie mir gewiß, so lange wir Menschen bleiben ist es besser, daß unterweilen auch Glück und Gunst, Geburt und Alter die Preise austheilen. — Und wie viele Ungerechtigkeiten würden nicht in einem Staate, unter dem Scheine das Verdienst zu befördern, vorgenommen werden können." — Es wird Sie nicht gereuen den umständlicheren Beweis dieser nur scheinbar paradoxen Behauptung nachzulesen.

Die Staatsprüfungen, die Volkswahlen wirken dahin Talent und Verdienst ans Licht zu ziehen und in Thätigkeit zu

---

1) Patriotische Phantasten, II, 187.

setzen; und doch erhält bisweilen der minder Tüchtige ein besseres Zeugniß, und welche Nebengründe bei Wahlen oft entscheidend einwirken, ist nur zu bekannt. Ein Zwang von Seiten des Staates um diese Mängel zu verbessern würde zu anderen noch größeren Uebeln führen.

A. Wenn Sie die Demokratie der Massen und die Aristokratie der Talente als ungenügend verwerfen um darauf Ihr beliebtes Repräsentationssystem zu gründen, so möchte man argwöhnen Sie wollten rückläufig alle Rechte durch Geburt vererben.

B. Da dies keineswegs meine Absicht ist, so bitte ich Sie vor der Hand diesen Punkt (der den Gang unserer Betrachtungen nur stören würde) ganz zur Seite zu stellen. Es findet sich wohl später ein passenderer Ort ihn ins Auge zu fassen.

A. Vielleicht suchen Sie auf einem anderen Nebenwege ein Ihnen erwünschtes Ziel zu erreichen. Das feste unverwüstliche Grundvermögen, der Grundbesitz, gilt ja so vielen Grundbesitzern als die rechte, ja einzige Bürgschaft der Einsicht und des Patriotismus. Wollen Sie ausschließlich darauf Ihr Repräsentationssystem gründen?

B. Ich habe Ihnen schon eingeräumt, daß man die Bevölkerung bei Entwerfung eines Staatsrechts keineswegs darf unberücksichtigt lassen; einen solchen Anspruch hat auch das Grundvermögen und der Grundeigenthümer. Zu dem Haben eines Kopfes tritt bei ihm noch ein anderes wichtiges Haben hinzu und modificirt seine Stellung im geselligen Vereine. Das hieraus entspringende bedingte Anrecht darf aber auf keine Weise zu einem unbedingten, alleinherrschenden ausgedehnt werden; es kann indeß größer, oder geringer seyn nach Maaßgabe vieler mitwirkender Verhältnisse. Vergleichen Sie z. B. Polen, England, Nordamerika. In Polen hat das Grundvermögen ein großes Uebergewicht, in England hält ihm bewegliches Vermögen das Gleichgewicht, in Amerika mußte das noch werthlose Grundvermögen hinter die Personen zurücktreten und beim Abmessen der Repräsentation unberücksichtigt bleiben.

A. Wenn dem Staatsbürger nur in dem Maaße Rechte ein=

zuräumen sind, als er Pflichten übernimmt, so wäre es vielleicht am Besten jene nach Maaßgabe des Steuerbetrages größer, oder geringer festzustellen. Wenigstens würde dieser Maaßstab nicht so viel getadelt werden und Unzufriedenheit erregen, als mancher andere versuchte und übereilt gelobte.

B. Der Betrag der Steuern steht fast immer in genauem Zusammenhange mit dem Betrage des Vermögens und Einkommens, und wie dies bei Feststellung politischer Rechte berücksichtigt worden ist, sahen wir schon bei der athenischen und römischen Verfassung. Ich will deshalb diesen Seitenweg vermeiden und bloß jenen Vorschlag ins Auge fassen. So annehmlich und empfehlenswerth es auch erscheint politische Rechte im Verhältnisse der Steuern zu vertheilen, würden sich doch bei der praktischen Ausführung erhebliche Schwierigkeiten finden. Ich will nur an einige derselben erinnern.

Erstens: gewisse Gewerbe (z. B. Brauen, Branntweinbrennen) sind jetzt so hoch besteuert, daß die sie betreibenden Personen irrigerweise einen zu großen Einfluß erhalten würden. Andere von Steuern wenig getroffene Personen gingen dagegen fast aller politischen Rechte verlustig.

Zweitens: ein großer Theil der unentbehrlichen Steuern (Zölle, Accise) vertheilt sich dergestalt, daß man den eigentlichen Zahler nicht auffinden oder nachweisen kann.

Drittens, führt der Versuch die politischen Rechte im Verhältniß der Steuern ganzer Städte und Landschaften zu vertheilen, noch weniger zum Ziele. Der ungeheuer große Steuerbetrag welcher z. B. in Städten wie London und Paris einkömmt, wird ja nicht allein von den Einwohnern derselben bezahlt, sondern zum größeren Theil von ganz England und Frankreich; ja ganz Europa trägt dazu bei. Bliebe dies unberücksichtigt, so würden wenige Städte zu Herrn des ganzen Staates werden, und die antiken Städteverfassungen wieder an die Stelle der Staatsverfassungen treten.

A. Wenn wir einräumen daß Geburt, Bevölkerung, Besitz, Grundfläche, Steuern, zwar keineswegs einzeln ein unbeschränktes Anrecht auf alleinige Ausübung politischer Rechte geben, aber doch irgend einen Antheil billigerweise in Anspruch neh=

men; so könnte man diese Antheile, ich möchte sagen in Brüchen ausdrücken, dafür einen Generalnenner suchen, und dann die Summe ziehen für jeden Einzelnen, jede Stadt, jede Landschaft.

B. Sie wissen daß dieser Versuch in der ersten französischen Verfassung von 1791 gemacht worden ist. Die Zahl der Abgeordneten ward nach Maaßgabe der Bevölkerung, der Grundfläche und der Steuern, zu drei gleichen Drittteilen festgesetzt. Doch ist auch dieser Versuch nicht frei von Willkür und Schwierigkeiten, und wohl deshalb wieder aufgegeben worden. So läßt sich (wie wir bereits sahen) jener gewünschte Generalnenner für so Verschiedenes in der That nicht mit Sicherheit auffinden. Wenn z. B. jemand besitzt 4 Ahnen, 10000 Thaler, 10 Hufen Land, zahlt 100 Thlr. Steuern; wie soll so Verschiedenartiges in gleichem Ausdruck bezeichnet oder gewogen werden? Oder wie verhält sich der darauf begründete Anspruch zu dem seines Nebenmannes, welcher besitzt keine Ahnen, 100000 Thaler, kein Land und giebt 180 Thaler Steuer? Wie endlich soll man noch Geistigeres (Talent, Bildung, Tugend, Verdienst) zum Ansatz bringen? Oder soll dies ganz unberücksichtigt und dem Materiellen allein Sieg und Herrschaft verbleiben?

A. Unser Gespräch hat wenigstens den Vortheil gebracht zu erweisen, wie schwer eine genügende Lösung der großen Aufgabe ist, und wie wenig allgemeine, mit Anmaßung ausgesprochene Behauptungen im Stande sind praktische Hindernisse zu beseitigen. Doch sollen die nur scheinbar ganz verneinenden Ergebnisse weder die Forschungen abschneiden, noch unsere Hoffnungen zerstören. Vielmehr wollen wir ein ander Mal kühn vorwärts gehen, uns jedoch die Rückkehr zum Ausgangspunkte, und dann eine nochmalige Prüfung vorbehalten.

Dreiundfunfzigster Brief.

Berlin, 6. Oct. 1850.

B. Ich trete Ihrer Meinung bei, daß es uns nicht weiter und zum Ziele führen würde, wenn wir im Allgemeinen noch länger über die besprochenen Gegenstände grübeln wollten.

A. Und doch hätten unsere Betrachtungen wohl am schnellsten und inhaltreichsten zum Ziele geführt, wenn Sie meinem Gedanken von einfacher, allgemeiner Volksherrschaft beigetreten wären und ihn nicht höchstens wie einen wohlgemeinten Traum behandelt hätten. Ist denn aber Ihr Glaube an das Universalmittel der Repräsentation nicht zum Theil auch ein Traum, oder ein Aberglaube?

B. Ich muß mich schon an dieser Stelle feierlich dagegen verwahren daß ich diesen Aberglauben hege. Unter den verschiedensten Verfassungsformen ist die Entwickelung der Menschheit heilsam fortgeschritten, und daß mit der bloßen Form der Repräsentation insbesondere ganz kleine Staaten nicht das erwünschte Ziel erreichen, hat sich während der letzten Jahre mehr als zur Genüge in Deutschland ergeben. Findet sich zu jener Form kein tüchtiger Inhalt, zu den Rechten keine Pflichten, so gehen die Sachen schlimmer denn zuvor, oder man geräth höchstens aus der Scylla in die Charybdis. Dem Ausspruche eines mächtigen Herrschers unserer Tage kann ich jedoch nicht beitreten, daß es nämlich nur zwei vernünftige Staatsformen gebe (unbeschränkte Alleinherrschaft, und Republik); alle übrigen Gestaltungen aber nichts taugten. Schon England könnte diese Ansicht widerlegen; auch träfe jenes Verdammungsurtheil nicht bloß alle repräsentativen, sondern auch alle ständischen Einrichtungen.

A. Es wäre voreilig schon an dieser Stelle auf das wechselseitige Verhältniß dieser gewiß verschiedenen, vielleicht entgegengesetzten Formen einzugehen. Lassen Sie uns regelmäßiger weiterrücken und annehmen, wir hätten (auf welche Weise es auch sey) aus der Gesammtheit des Volks eine gewisse Zahl von Abgeordneten, Repräsentanten herausgezogen: wie wollen wir sie in Thätigkeit setzen? Mir scheint es am gerathensten nur eine Versammlung, oder Kammer zu bilden, und so ein gleichartiges, gedrängtes Gegenstück des großen gleichartigen Volksganzen in angemessener Weise hinzustellen.

B. Ich muß darauf aufmerksam machen daß Ihre Behauptung: das ganze Volk sey ein gleichartiges Ganze, dem ein zweites kleineres Ganze deshalb gleichartig gegenüberstehen müsse, nur eine unerwiesene Voraussetzung ist. Ich bin indessen überzeugt daß sie für Ihre eine Kammer noch andere Gründe beibringen werden.

A. Allerdings! Aus vielen will ich nur einige anführen. Eine Trennung der Abgeordneten in zwei Kammern, ohne inhaltreiche Gegensätze ist thöricht; nach großen Gegensätzen und Interessen aber die Quelle steter, unheilbringender Fehden. Und ließen sich diese auch vermeiden, so führt doch die ohne Noth übermäßig verwickelte Form und Maschinerie unvermeiblich zu Zögerungen und schädlicher Langsamkeit. Oder eine der beiden Kammern gewinnt ein, ursprünglich keineswegs bezwecktes Uebergewicht; oder es wird doch der Minderzahl in der einen Kammer unnatürlich dieselbe Bedeutung eingeräumt, wie der Mehrzahl in der anderen.

B. Diese Behauptungen, oder Gründe sind nicht ohne Gewicht, obwohl mir die entgegenstehenden bedeutender erscheinen. Zwei Kammern führen zu gründlicher Berathung, hindern Uebereilungen, bilden eine gegenseitige Aufsicht und Controle, und hemmen den Uebermuth gesetzgeberischer Allmacht. Bei zwei Kammern kann eine nicht souverain und alleinherrschend werden, bei einer hingegen geräth der Fürst fast unausbleiblich in Fehde mit ihr und der wiederkehrende Gebrauch des Veto endet mit dem Sturze desselben (Karl I., Ludwig XVI.), oder dem Auseinanderjagen der gesetzgebenden Körperschaft (Cromwell, Napoleon). Die Trias von zwei Kammern und einem König zeigt deutlicher wo das wahre Uebergewicht (zwei gegen eins) liegt, und von irgend einer der drei Stellen kann friedliche Vermittelung und belehrende Hinweisung auf das Recht, ohne eilige offene Fehde eintreten. Die Geschichte des langen Parlaments und der drei einkammerigen Verfassungen Frankreichs giebt hinreichende Beweise für die Untauglichkeit dieser Form, und selbst die demokratischen Amerikaner haben sie, nach mißglückten Versuchen, überall verworfen. Ich will indessen hiemit keineswegs behaupten, daß auch in den kleinsten geselligen Vereinen zwei Körperschaften durchaus nothwendig und heilsam, oder daß (unter anderen Verhältnissen) nicht drei oder vier möglich wären. Drei Stände waren in vielen Ländern lange Zeit in Thätigkeit, und vier Körperschaften hatten sich in Aragonien und Schweden gebildet: dort zerfiel der Adel in zwei Abtheilungen, hier sonderten sich die Bauern von den Bürgern.

A. Diese Bemerkung böte Gelegenheit zu allerhand Abschweifungen; ich will aber auf unserem Wege regelmäßig fortschreitend zunächst die Frage aufwerfen: ob die Abgeordneten nicht Anweisungen, Instruktionen, von ihren Wählern erhalten sollen? Dies scheint das beste, vielleicht einzige Mittel zu seyn, Anmaßung und Willkür der Abgeordneten zu hemmen und zu regeln, ihre Wirksamkeit mit den Wünschen des Volkes in Uebereinstimmung, oder vielmehr den Volkswillen zur Geltung zu bringen.

B. So scheint es allerdings; Sie werden aber deshalb die überwiegenden Gegengründe nicht übersehen, welche in allen Ländern die Nichtanwendung, oder Abschaffung jener Vorschläge herbeigeführt haben. Sie vernichten zuvörderst das Wesen der Repräsentation, weil sie Berathen und Beschließen in die Hände der allzu zahlreichen und unkundigen Menge legen, sowie alles Reden und Verständigen unter den Abgeordneten unmöglich, oder doch unnütz machen; weil Volksbefehle über jede Abstimmung bereits entschieden. Neue Gründe bleiben unberücksichtigt, neue Gegenstände unerledigt, oder unzählige Rückfragen bei den formlosen Massen unausbleiblich. Wir wissen daß die Franzosen im Jahre 1789 genöthigt waren bindende Vorschriften der Wähler (welche sich untereinander schnurstracks widersprachen) zu vernichten; und daß sie im Jahre 1793 einen verkehrten, völlig unpraktischen Versuch machten, die Repräsentation in obiger Weise der Volkssouverainität unterzuordnen.

A. Dann muß dem Volke wenigstens das Recht bleiben Abgeordnete abzurufen sobald sie das Zutrauen verlohren, und sie zu strafen sobald sie es mißbraucht haben.

B. Auch dies Verfahren hebt, nur auf eine etwas verdecktere Weise, die Unabhängigkeit der Repräsentation auf, versetzt die Massen in eine ununterbrochene, schädliche Unruhe, öffnet die Thür der Furcht, dem Neide, der Rache, und berechtigt zur Willkür unter dem Vorwande sie zu beseitigen. Was genügt zu der Behauptnng: das Vertrauen sey verlohren? Etwa schon eine einzelne mißfällige Abstimmung? Werden die Ansichten der souverainen Massen sich darüber nicht unzählige Male spalten, und dergestalt ein endloser Krieg Aller gegen Alle herbeigeführt und jeder tüchtige Mann von Annahme der Stelle eines Repräsentanten zurückgeschreckt werden? Noch bedenklicher und gefährlicher als die Abberufung wäre die Bestrafung der Abgeordneten. Sie könnte sich immer nur auf erwiesene Verbrechen, nicht aber auf Verschiedenheit der Ansichten z. B. über Zölle, Steuern, Verwaltungsformen u. dgl. beziehen. In Amerika hat man jene Abberufung der Repräsentanten während der Wahlperiode mit Recht abgeschafft, und in Holland hat früher eine ähnliche Einrichtung schädlich gewirkt.

Zwei andere Mittel genügen die erwünschten Zwecke zu erreichen: Erstens, daß die Bewerber sich vor der Wahl über gewisse in Rede stehende wichtige Punkte offen erklären. Nur kann eine solche Erklärung sich nicht auf jedes Einzelne erstrecken, oder den Sprechenden so binden, daß er auch spätere Belehrungen müßte unberücksichtigt lassen.

Zweitens: das Nichtwiederwählen eines mißfälligen Abgeordneten ist das mildeste und doch zweckdienliche Mittel ihn zu beseitigen.

A. Es ergiebt sich an dieser Stelle, daß wir nach Beseitigung des Wunsches ganz allgemeiner und gleichartiger Volksherrschaft, nach Annahme repräsentativer Formen, zwei Hauptpunkte noch nicht geprüft und entschieden haben; nämlich, wer darf wählen und wer darf gewählt werden?

B. Bei der Unzahl von Meinungen welche hierüber ausgesprochen, von Versuchen welche angestellt wurden, ist es nothwendig allein die Hauptrichtungen ins Auge zu fassen und einer Prüfung zu unterwerfen.

A. In Wahrheit sind solcher Hauptrichtungen nur zwei, eine demokratische und eine aristokratische. Beide stimmen bloß darin überein, daß zur Beseitigung von Zweifeln und Streit, gesetzliche Bestimmungen durchaus nöthig sind; die Demokraten aber behaupten, daß wenn das ganze Volk auch nicht selbst regieren könne, es doch fähig sey seine Stellvertreter zu wählen. Jede Person gelte hiebei gleich viel, und die Verleihung allgemeinen Stimmrechts sey nicht bloß das Natürlichste, sondern auch das Heilsamste. Denn nur auf diesem Wege komme der allgemeine Wille zur Geltung, woraus nothwendig freudiger Gehorsam und allgemeine Zufriedenheit folge.

B. Sie wissen was die aristokratischer Gesinnten hierauf antworten. Es hat allerdings so oligarchische Beschränkungen des Wahlrechtes gegeben, daß sich die Volksstimme wider die Erwählten erhob, und ihre Einwirkung unbeliebt, einseitig, ja schädlich ward. Aber zwischen diesem Aeußersten und einem ganz allgemeinen Wahlrechte liegen viele verständige Abstufungen, welche nach Ort, Zeit, Bildung, Volksthümlichkeit u. s. w. aufzufinden und zur Anwendung zu bringen, eine Hauptaufgabe des praktischen Staatsmannes ist. Er muß untersuchen, ob und in wie weit Geburt, Besitz, Vaterland, Gewerbe, Religion, oder andere Eigenschaften zu berücksichtigen, zu begünstigen, oder zurückzuweisen sind.

A. Sie werden doch Geburt und Religion, welche gottlob in den politischen Kreisen und Bahnen keinen Einfluß mehr haben, nicht von neuem zu anmaßlichem, unduldsamem Mitherrschen berechtigen wollen?

B. Ich lasse die Frage über die Heilsamkeit, oder Schädlichkeit der Geburtsrechte und der Confessionsvorzüge jetzt ganz zur Seite, bemerke aber daß es Zeiten und Länder gegeben hat, wo sich jene nicht durch Machtsprüche vernichten ließen; und daß der verbotene Einfluß der Priester sich auf Nebenwegen und durch Hinterthüren immer wieder einfand. Mithin bleibt zu untersuchen, ob und was gesetzlich zu bewilligen sey, damit es sich nicht ungesetzlich geltend mache. In diesem Augenblicke will ich indessen nur daran erinnern, daß eine übermäßige Ausdehnung des Stimm- und Wahlrechts in Athen und Rom schlechte Früchte trug, sich in Frankreich nicht bewährte und in England immer zurückgewiesen ward. In diesem Sinne sagt Lord John Russel [1]): „Allgemeines Stimmrecht bezweckt heftige Meinungen und knechtische Abhängigkeit zu erzeugen und zu nähren. Es giebt in friedlichen Zeiten dem Reichthum ein großes Uebergewicht, in unruhigen hingegen mehrt es die Macht ehrgeiziger Demagogen. — Macht ihr das Haus der Gemeinen zu einem bloßen Echo des Volksgeschreis, so verliert ihr den Vortheil eine Körperschaft zu besitzen, welche fähig ist die öffentliche Meinung einigermaßen zu leiten."

A. Daß die englischen Aristokraten dem allgemeinen Wahlrechte widersprechen, ist sehr natürlich; wir sollten aber vielmehr Nordamerika nachahmen, wo es in nützlicher Weise besteht.

B. Auch in Nordamerika finden sich Schattenseiten desselben; dennoch hat man, bei wesentlich verschiedenen Verhältnissen, das nordamerikanische in Deutschland nicht bloß nachgeahmt, sondern selbst überboten. Denn dort verlangt man Ansäßigkeit und Steuerzahlung; worin aber unsere Demagogen eine Beschränkung der Freiheit, oder vielmehr ihres Einflusses sahen. Leute ohne Heimath, ohne Besitz, ohne Steuerübernahme, ohne Pflichten, haben weder Recht noch Geschicklichkeit, über die Ansäßigen, Besitzenden, Zahlenden zu entscheiden. Freilich fällt die Entscheidung nur scheinbar in die Hände einer solchen Gesammtheit; je bunter und zahlreicher eine Volksversammlung ist, desto gewisser wird sie von einzelnen Demagogen beherrscht.

A. Und je mehr besondere Eigenschaften man fordert und dadurch die Mehrheit von aller politischen Theilnahme ausschließt, desto mehr wächst die Gleichgültigkeit gegen den Staat und das öffentliche Leben; bis in Folge irgend einer Ueberreizung ungemessene Forderungen hervorbrechen und gegen die verblendeten Regierungen geltend gemacht werden.

B. Dieser allerdings großen Gefahr wird, wenigstens zum Theil, dadurch vorgebeugt daß man verschiedene Stufen

---

1) On government 259, 260.

und Kreise öffentlicher Thätigkeit und Verpflichtung eröffnet z. B. für Dorf, Stadt, Landschaft, Reich. Beginnt man mit dem Oertlichen und Einfachern, so steigert sich Erziehung und Fähigkeit bis zum Schwierigern und Zusammengesetzten. Es ist irrig die Pyramide von oben bauen zu wollen.

A. Es ist aber auch irrig sie unvollendet zu lassen und ihr keine Spitze aufsetzen zu wollen.

B. Allerdings; bei solch einem Bau sollte man aber die Stimmen nicht bloß zählen, sondern auch wiegen.

A. Das Zählen ist ein einfaches Geschäft; beim Wiegen werden sie in jedem Lande andere Gewichte zur Anwendung bringen müssen.

B. Wäre denn dies nicht das Heilsamste und Natürlichste; oder glauben Sie, daß für alle Staaten dasselbe Wahlgesetz passen könnte?

A. Und sind Sie nicht überzeugt daß die Wissenschaft das beste Gesetz aufstellen sollte?

B. Wissenschaft und Erfahrung. Das Beste ist hier aber keineswegs ein abstraktes Gleichartiges. Und wenn die Mannichfaltigkeit zuweilen oberflächlich und unbegründet erscheint, so ist sie andererseits nicht selten Beweis frischen, eigenthümlichen Lebens.

A. War denn aber nicht unsere Absicht das allgemein Gültige aufzufinden, ohne uns in das Labyrinth jener Mannichfaltigkeit zu stürzen.

B. Allerdings; und so will ich auch mit dem allgemeinen Bekenntnisse nicht zurückhalten, daß die Form der Wahlgesetze keineswegs gleichgültig und daß ihre Güte sehr verschieden ist. Keineswegs entscheidet aber die Form allein; vielmehr können, ja müssen bei unzähligen, wesentlich verschiedenen Einwirkungen, auch die Ergebnisse sehr verschieden ausfallen. Dasselbe Gesetz wird bei einer begeisterten Stimmung aristokratische, bei einer entgegengesetzten demokratische Wahlen hervortreiben. Es ist nicht die höchste Aufgabe der Regierung ein Wahlgesetz zu machen; sondern im Volke eine solche Stimmung und Richtung zu erzeugen, daß Einsicht und Mäßigung über Unverstand und Leidenschaft obsiege. Nur hieburch werden die nicht auszutilgenden Mängel jedes Wahlgesetzes geringer und minder schädlich. Ein

Wahlgeſetz iſt keine Univerſalmedizin, und Wahlfreiheit giebt noch keine wahre Freiheit.

A. Nach dieſem Bekenntniß ſcheint es gerathen unſere Betrachtungen über die Frage: „wer ſoll wählen", zu ſchließen, und zur Prüfung der zweiten überzugehen: „wer ſoll gewählt werden"? Auch hier treten zwei Parteien, oder Anſichten einander gegenüber: je mehr beſtimmte Eigenſchaften man von dem zu Wählenden verlangt, deſto ariſtokratiſcher; je weniger, deſto demokratiſcher.

B. Für die ariſtokratiſche Anſicht wird angeführt: daß wenn ſchon nicht jeder zu dem einfachen Geſchäfte des Wählens tauglich iſt, zu dem ohne Vergleich ſchwereren Beruf eines Abgeordneten noch viel mehr Eigenſchaften unentbehrlich, alſo zu fordern ſind.

A. Zugegeben; nur bleibt alsdann die zweite Frage: ob hierüber beſtimmte Vorſchriften zu erlaſſen, oder die Entſcheidung allein in die Hände der Wähler zu legen ſey? Sie wiſſen daß nicht Wenige der Meinung ſind, daß ſobald die Körperſchaft der Wähler verſtändig geordnet und organiſirt ſey, jede Beſchränkung ihres Wahlrechtes nachtheilig werde und oft die Tüchtigſten ausſchließe, weil ihnen irgend eine in Wahrheit unwichtige Eigenſchaft fehle; z. B. Alter, Geld, religiöſes Dogma u. ſ. w.

B. Dieſe Anſicht gründet ſich auf die kühne, ſelten richtige Vorausſetzung: die Körperſchaft der Wähler ſey vortrefflich geordnet. Die beſte Anordnung reicht aber, beſonders in jungen Repräſentativſtaaten nicht hin, das ſehr ſchädliche Vorurtheil, den unheilbringenden Irthum auszurotten: man müſſe keineswegs die Beſonnenen und Gemäßigten, ſondern die Kühnſten und Leidenſchaftlichſten erwählen. Eben ſo verkehrt aber wäre es, von der Regierung ganz abhängige Perſonen für die rechten und beſten Abgeordneten zu halten.

A. Wenn ich Ihnen zugebe daß es (wie die Dinge einmal liegen) rathſam ſey von dem zu Wählenden einige Eigenſchaften zu fordern; ſo werden Sie einräumen, es gebe hier auch ein oligarchiſches Zuviel, welches zur Aufrechthaltung nützlicher Wahlfreiheit müßte vermieden werden. Wie aber wollen Sie eine andere Gefahr vermeiden, daß nämlich eine Regierung die

Zusammenberufung der Kammern unterlasse, oder die Erwählten unter leicht gefundenen Vorwänden wieder nach Hause schicke?

B. Nicht alle staatsrechtlichen Gefahren lassen sich allein durch förmliche Mittel beseitigen. Es giebt systematische zum Untergang führende Verblendungen gegen welche Vernunft und Gesetze nicht ausreichen. Sie führen Fürsten und Völker in die schreckliche Bahn gewaltsamer Revolutionen, worüber nochmals zu sprechen hier nicht nöthig ist. Doch zeigt schon die Geschichte Karls I. von England daß willkürliches Nichtberufen und Auflösen keineswegs zum Ziele führt. Auch finden sich fast in allen zur Wirklichkeit gekommenen Verfassungsurkunden einige Bestimmungen um die ärgsten Mißbräuche und Irthümer, wo nicht unmöglich zu machen, doch zu erschweren.

A. Am Folgereichsten und Zweckmäßigsten möchte die Vorschrift seyn, jedes Jahr eine neugewählte Reichsversammlung zu berufen.

B. Sie entscheiden hiemit die sehr schwere und viel bestrittene Frage über die Sitzungsdauer der Parlamente und Reichsversammlungen. Wenn ich Ihnen einräumte: es könne bei gesetzlicher Feststellung der Eigenschaften eines Abgeordneten ein Zuviel und ein Zuwenig geben; so werden Sie mir auch zugestehn: die Dauer der Parlamente könne zu kurz oder zu lang seyn.

A. Gewiß waren die langen Parlamente unter Karl I. und Karl II. zu lang; wo finden Sie aber zu kurze Parlamente?

B. Zuvörderst könnte man die so nennen, welche nach Ihrer Meinung zu eilig aufgelöset wurden.

A. Und zu lang waren die, welche man zu spät auflösete.

B. Gewiß; um deßwillen schwankten die Vorschläge und Gesetze zwischen drei und sieben Jahren.

A. Zwischen einem und sieben Jahren.

B. Einjährige Parlamente hat in England kein einziger der wahrhaft ausgezeichneten Staatsmänner vertheidigt, in keiner dauernden Verfassung sind sie vorgeschrieben, und der alljährlich wechselnde athenische Rath kann uns in keiner Weise als Muster dienen. Alljährige Wahlen erzeugen ein ununterbrochenes politisches Fieber, Unsicherheit in Grundsätzen, Zufälligkeit in den

Ergebnissen, Unerfahrenheit und Uebereilung unter den Abgeordneten. Auch darf man nicht übersehen, wie selbst da, wo eine siebenjährige Dauer des Parlaments erlaubt war, neue Wahlen aus erheblichen Gründen oft früher ausgeschrieben wurden. Daß lange Unterbrechungen politischer Thätigkeit in einem Volke die traurigsten Folgen haben und das Bedürfniß der Hülfe in dem Maaße steigern, als die Einsicht und Fähigkeit zu helfen abnimmt; dies hat die englische, spanische und französische Geschichte so einleuchtend erwiesen, daß man hoffentlich nie wieder in solch eine schläfrige Nichtigkeit zurücksinken wird.

A. Der Himmel lasse Ihre Hoffnungen in Erfüllung gehen. Andererseits gebe ich Ihnen an dieser Stelle gern Sieyes[1]) Vorschlag preis: eine Reichsversammlung müsse ununterbrochen, Jahr ein, Jahr aus sitzen und gesetzgebern. Dies würde eine Ausführung der Gesetze unmöglich machen und zunächst den Ministern alle zur Leitung der Verwaltung nöthige Muße rauben. Und eben so nachtheilig wäre es, wenn die Abgeordneten sich gar nicht in ihre Heimath begäben, die Stimmung erforschten und die Wirkung ihrer Gesetzgebung beobachteten.

Sollte es dagegen nicht rathsam seyn, die Reichsversammlungen niemals ganz aufzulösen, sondern jährlich etwa ein Drittel ausscheiden und neu wählen zu lassen? Die Wahlbewegung wird dadurch geringer und gemäßigter, die älteren geübten Mitglieder behalten großen Einfluß und belehren die neu Eintretenden, diese hingegen bringen neue Ansichten, vertreten die Richtungen des Tages, und vermitteln zwischen ehemals und jetzt.

B. Diese scheinbaren Gründe haben zu Versuchen geführt (z. B. in der französischen Direktorialverfassung); sie haben aber nicht den Erwartungen entsprochen, und seitdem treten wohl überall allgemeine Auflösungen und allgemeine Neuwahlen ein. Eine theilweise Wahl beunruhigt allerdings nur einige Gegenden, sie findet aber desto öfter statt und bringt nie die allgemeinen Richtungen und Wünsche eines Volks ans Tageslicht. Das zuletzt eintretende Drittel bleibt ferner in der Minderzahl und die Versammlung kommt nie zu einer nothwendigen Abgeschlossenheit und

---

1) Werke, I, 526.

Sicherheit, nie zu der würdigen Haltung, dem à plomb, welches man ihr wünschen muß.

A. Die Permanenz (oder ununterbrochene Gesetzgeberei) der Parlamente schien uns unzweckmäßig; in manchen Ländern hat man jedoch einen Mittelweg eingeschlagen und die Mehrzahl der Abgeordneten zwar nach Hause geschickt, einen neben der Verwaltung thätigen Ausschuß aber in der Hauptstadt zurückbehalten.

B. Ein solcher Ausschuß hat entweder mit oligarchischer Kraft (so die Reichsräthe in Dänemark und Schweden) Stände und Regierung überflügelt, oder ist zur Nichtigkeit hinabgesunken. In beiden Fällen war er überflüssig, ja vom Uebel. Am schlimmsten wenn ein solcher Ausschuß sich selbst erneut, oder gar erblich wird.

A. Ueberhaupt hat die Erlaubniß zum Wiederwählen der Abgeordneten, nach Ablauf der Wahlperiode viele Schattenseiten. Er veranlaßt ein nachtheiliges Monopol und tüchtige Männer werden dann gewöhnlich von der Wahl ausgeschlossen, oder doch von der Mitbewerbung zurückgeschreckt.

B. Und doch hat, trotz dieser Bedenken die Erfahrung fast keine staatsrechtliche Frage so bestimmt entschieden, als daß die Erlaubniß zur Wiederwahl nothwendig und heilsam sey. Aller Zusammenhang zwischen Grundsätzen, Wünschen und Maaßregeln oder einzelnen Versammlungen wird sonst nachtheiligerweise abgebrochen, jede beginnt einen eigenen, dem vorigen widersprechenden Lauf, und die Hoffnung hat völlig getäuscht: man könne in jedem Volke alle zwei bis vier Jahre mehre Hundert, trotz aller Ungeübtheit, zugleich kenntnißreiche, praktische und gemäßigte Gesetzgeber auffinden. Es war gewiß ein großes Unglück daß aus der ersten französischen Nationalversammlung niemand in die zweite übergehen durfte; während bei freier Wahl immer ein Stamm früherer tüchtiger Abgeordneten beibehalten wird, und zugleich zur Auffrischung und Belebung eine hinreichende Zahl neuer hinzutritt.

A. Würden Sie sich eben so bestimmt über die Frage erklären: ob die Abgeordneten unmittelbar, oder durch abgestufte Wahlkollegien zu wählen seyen? Sie wissen, daß hiebei verschiedene Formen vorgeschlagen und zur Anwendung gebracht wurden. So ließ man in den zahlreicheren Wahlversammlungen erst Wahlmänner, und durch diese die Abgeordneten wählen (z. B. in den ersten französischen Verfassungen); oder man ließ zunächst durch sämmtliche Wähler eine gewisse Zahl Abgeordneter ernennen; dann aber durch die Höchstbesteuerten unter ihnen, vermöge einer zweiten Abstimmung eine zweite Abtheilung von Abgeordneten erwählen (so eine Zeit lang in Frankreich unter der Restauration); oder man theilt (wie im Preußischen) die Wähler nach Verhältniß ihrer Steuern in Klassen und giebt alsdann der geringern Zahl Hochbesteuerter größere Wahlrechte.

B. Der Zweck all dieser Vorschriften und Maaßregeln ist: die großen Unbequemlichkeiten und Gefahren zu zahlreicher Wahlversammlungen zu beseitigen, und das entscheidende Wahlrecht vorzugsweise in die Hände der Gebildeteren und Wohlhabenderen zu bringen. Die Lehre von unbedingt gleichem und allgemeinem Stimmrechte ist damit unverträglich, woraus sich die Vorwürfe der demokratisch und die Lobeserhebungen der aristokratisch Gesinnten sehr natürlich erklären lassen. Ohne in Wiederhohlungen über den Werth dieser Ansichten einzugehen, muß ich unparteiisch bemerken, daß das System der Wahlmänner und Abstufungen an einigen Stellen sehr erwünschte gute Folgen hatte, an anderen dagegen mißlang und Unzufriedenheit erregte. Schon deshalb wäre es übereilt ein allgemeines, absprechendes Urtheil zu fällen. Bemerken darf ich jedoch, daß sich insbesondere englische Staatsmänner lebhaft für die dort gebräuchlichen unmittelbaren Wahlen erklärt haben, weil hiedurch allein ein wahrhafter Zusammenhang zwischen Wählern und Erwählten möglich wird, und jenen der billige Einfluß verbleibt auf Wiederwählen, oder nicht Wiederwählen. Handelt der Abgeordnete (sagt Burke)[1] den Rechten und Vortheilen seiner Constituenten zuwider, so können sich diese (bei Wahlabstufungen) nie an ihn sondern nur an die Versammlung der Wähler (Wahlmänner) halten, die sie gewählt hätten, um ihn zu wählen. Es ist offenbar daß es in diesem ganzen Wahlsysteme gar keine Verantwortlichkeit giebt. —

---

1) Burke, von Gentz, II, 36.

Dies ist jedoch nicht ganz richtig, insofern den Wählern frei steht andere Wahlmänner zu ernennen.

A. Wenn ich an die Schwierigkeiten all dieser künstlichen Wahlformen und an die große Unsicherheit und Zufälligkeit ihrer Ergebnisse denke, so will ich zwar nicht wieder auf die von Ihnen streng beurtheilte allgemeine Volksherrschaft zurückkommen; wohl aber steigen mir immer wieder Zweifel auf gegen die Güte des von Ihnen vertheidigten Repräsentationssystems. Werden nicht die darauf gegründeten Versammlungen unter einem kräftigen Herrscher in der Regel nur seinen Willen ausführen und tyrannische Maaßregeln durch ihre Beschlüsse kräftigen, ja scheinbar heiligen müssen?[1]) Unter einem schwachen Könige hingegen erst dessen unentbehrliche Macht, und dann ihre eigene zu Grunde richten? Sind die Völker nicht schon solcher Versammlungen überdrüßig geworden?[2]) Haben sie nicht alte formlose Zustände neuen halsbrechenden Versuchen vorgezogen?

B. Dies Alles kann ich Ihnen zugeben: denn ich habe nie behauptet, daß eine Form überall ausschließend tauglich, nie daß irgend eine über Krankheit und Ausartung erhaben sey. Auch stehen wir mit unseren Betrachtungen erst bei der Grundlegung, nicht schon bei der Vollendung eines Baues. Von Ihrem Standpunkt aus werden Sie indessen noch bestimmter als ich behaupten müssen: wo nur ein unbeschränkter Wille herrscht, ist der Form nach Tyrannei vorhanden.

A. In dieser Beziehung kann ich mich allerdings dem anschließen was Brandes[3]) in einem für seine Zeit merkwürdigen Buche sagt: Jeder Staat wo nicht das Volk, entweder unmittelbar, oder durch seine von Zeit zu Zeit gewählte Repräsentanten, einen Antheil an der gesetzgebenden Macht ausübt, hat eine schlechte Verfassung.

---

1) Sully, III, c. 7.

2) Bei Gustav Adolfs Regierungsantritt erhielten die Stände mehrere neue Rechte; doch mußte der König versprechen sie nicht durch häufige Reichstage zu belästigen. Rühs, IV, 174. — Von der durch Honorius zu spät dargebotenen und verschmähten Verfassung, Gibbon, V, 302.

3) Ueber die französische Revolution, 8.

B. Und umgekehrt, wo die Mitwirkung der vollziehenden Macht ganz ausgeschlossen, oder zu sehr beschränkt wird, entstehen Umwälzungen wie 1660 in Dänemark, 1772 in Schweden, und in Frankreich durch Herstellung der Alleinherrschaft. Wo das Gesetz die Form eines wechselseitigen Vertrages annimmt, steht es auf festerem Boden; denn ein Heer stützt nur die Macht, eine Verfassung aber auch das Ansehn der Regierung. Macht ohne Ansehen (force sans autorité) ist unsicher und unhaltbar.

A. Ich will unparteiisch noch eine Stelle aus einem französischen Werke anführen [1]): „Es giebt für alle Völker nur eine Weise den Staat zu ordnen, nämlich das repräsentative System, wo das Volk durch seine Abgeordneten das unverjährbare und unveräußerliche Recht übt Gesetze und Steuern zu bewilligen; und es giebt nur eine Regierung (gouvernement), die monarchische. Die Grundlage dieses Systems ist die Trennung der gesetzgebenden, und der Regierungsgewalt.

B. Statt Trennung könnte man wohl besser Gliederung setzen. Als Beweis für die Nothwendigkeit unabhängiger Verwaltung führe ich jedoch aus der französischen Geschichte an, daß zur Zeit Heinrichs IV. die Stände verlangten, einem von ihnen besetzten Rathe der Vernunft (conseil de raison) die Verwaltung der Hälfte aller Staatseinnahmen zu überlassen. [2]) Es geschah: bald aber geriethen sie in Verwirrung und solchen Streit, daß sie selbst baten den früheren Zustand herzustellen. Les conseillers d'imaginaire raison (sagt Sully) furent mis à raison.

Vierundfunfzigster Brief.

Berlin, 13. October 1850.

Ich fahre in Mittheilung unserer Gespräche fort.

A. Sie äußerten in unserer letzten Zusammenkunft: wir

---

1) Bonnin, Principes d'administration, I, 48.
2) Sully, III, c. 10.

wären noch nicht über die Grundlegung unseres politischen Baues hinausgekommen; ist denn aber nicht alles Wesentliche in dem enthalten, was Sie vorschlugen und ich mir gefallen ließ: nämlich das Repräsentations- und Zweikammersystem.

B. Allerdings ist damit für die äußerliche Form Erhebliches festgestellt, aber wir haben noch gar keinen bestimmten Inhalt aufgefunden. Worauf wollen Sie denn (dies ist eine der wichtigsten, noch gar nicht beantworteten Fragen) die beiden Kammern gründen und sie wiederum voneinander unterscheiden?

A. Auf die Zahl; dies erscheint mir als das Einfachste, Leichteste und am meisten Demokratische.

B. Leicht und einfach wäre dies Verfahren allerdings; warum aber demokratisch, ist mir noch nicht deutlich.

A. Demokratisch; weil eben lediglich die Zahl entscheidet, ohne lästige Bedingungen, Forderungen und Eigenschaften.

B. Gewiß unterscheiden sich diese unbenannten, abstrakten Zahlen von denen, welche einen verschiedenartigen, concreten Inhalt nachweisen. Doch gebe ich, ohne schon hier auf diesen Punkt näher einzugehen, zu bedenken: daß wenn in jeder Kammer gleich viel ganz gleichartige Mitglieder sitzen, kein wahrer Gegensatz, keine förderliche, organische Verschiedenheit zwischen ihnen vorhanden und die Neigung sehr natürlich wäre, wie Quecksilberkugeln sich zu vereinigen und nur eine gleichartige Kammer zu bilden. Setzt man aber in eine Kammer mehr Mitglieder gleicher Art als in die andere, und giebt der Minderzahl gleiche Stimm- und Entscheidungsrechte wie der Mehrzahl, so widerspricht dies gewiß allen demokratischen Ansichten.

A. Nun so mag man einen bedeutendern, und doch schuldlosen Gegensatz in dem Lebensalter und dessen natürlichen Einwirkungen finden, wofür die Geschichte so viele Beispiele nachweiset.

B. Ich bemerke hiegegen: daß keineswegs aus dem verschiedenen Lebensalter ein durchgreifender Gegensatz in Hinsicht auf politische Ueberzeugungen und Handlungen entspringt. Mancher ist schon in der Jugend besonnen, Mancher im Alter noch übereilt; und durch eine Mischung jüngerer und älterer Personen (welche jedesmal eintritt, sobald man nicht gesetzlich scharf sonbert) kommt das richtige Mittlere am Besten ins Daseyn. Bewirkte aber das verschiedene Lebensalter nothwendig auch allgemeinere unverträgliche Gegensätze, so führte ein ausschließlich darauf gegründetes Zweikammersystem zu ewigem Haber.

A. Wie verträgt sich aber Ihre Ansicht mit den hochgerühmten Gerousien und Senaten?

B. Ward auch (jedoch nur in einzelnen Fällen) eine Zahl alter, erfahrener Männer zu bedächtiger Berathung ausgesondert; so stand ihr doch nicht eine rein jugendliche Körperschaft, sondern das gemischte Volk gegenüber, und der französische Versuch (oder Nothbehelf) einer Gründung zweier Kammern, vorzugsweise auf Alter und Jugend, kann wohl als mißglückt bezeichnet werden. Uebrigens bestanden die politisch wirksamsten Körperschaften der alten Welt keineswegs aus lauter alten Männern, weder der Areopagus, noch der athenische Rath, noch der römische Senat. Zahl und Lebensalter reichen also nicht aus zwei Kammern wahrhaft lebendig zu organisiren.

A. Ich möchte vermuthen daß Sie, nach dieser Abwehr, das wahre Lebensprinzip in Besitz und Reichthum suchen werden.

B. Daß Reichthum und Armuth für die geselligen Verhältnisse von höchster Bedeutung seien, darüber sind wir wohl einig; in eine Kammer jedoch bloß reiche, in die andere bloß arme Leute setzen, wäre noch verkehrter als sie auf Alter und Jugend gründen. Auch möchte ich behaupten mit unbenannten (oder nicht näher bezeichneten) Thalern komme man so wenig zum Ziele, wie mit unbenannten Köpfen. Die drei bisher in Betracht gezogenen Zahlen: Kopfzahl, Alterszahl, Thalerzahl ergreifen nur äußere Verhältnisse, und lassen alle geistige und sittliche Eigenschaften, oder Triebfedern zur Seite.

A. Da ich nach dem Besprochenen nicht annehmen kann, daß Sie auf eine Aristokratie der Talente und Verdienste zurückkommen wollen, so vermuthe ich daß Sie sich den Weg zu einer Lehre bahnen möchten welche Aeußeres und Inneres in gegenseitiger Verbindung darstellt.

B. Und welche Lehre thäte dies?

A. Die, welche eine Kammer auf Grundbesitz und die zweite auf bewegliches Vermögen (Gewerbe und Geldbesitz) gründen will. Denn diese beiden Besitzarten übten wesentlichen Einfluß auf Gesinnung und Handlungsweise der Eigenthümer: jene erste mache erhaltend (conservativ) und beharrlich, diese förderlich und beweglich; jene hemme, diese treibe, und so führe das Doppelbestreben zur richtigen Mitte, oder zur angemessenen Diagonale verschieden einwirkender Kräfte.

B. Allerdings hat diese Lehre geistreiche Vertheidiger gefunden; sie ist aber gewiß nicht über erhebliche Einreden erhaben. Ich will kürzlich nur einige derselben anführen.[1]) Die dort gebildeten Abtheilungen zeigen keinen allumfassenden Gegensatz, sondern fallen unter den allgemeinen Begriff des Vermögens. Dies bestimmt aber niemals unbedingt die Gesinnung und Handlungsweise der Menschen; und am wenigsten zeigt die Erfahrung daß z. B. die Grundeigenthümer nothwendig allem Aendern abhold, die ansässigen Fabrikbesitzer ihm rücksichtlos geneigt wären. Ja dem bloßen Inhaber von Staatspapieren liegt an der Erhaltung des Staats gewiß eben so viel, als den (oft verschuldeten) Grundbesitzern Durch Besitzthum dieser oder jener Art verwandelt sich der Mensch nicht in einen Hemmschuh, oder eine treibende Uhrfeder. Oder soll er Gesinnung und Handlungsweise ändern, wenn er etwa Grundvermögen veräußert, und bewegliches Vermögen erwirbt? Oder geräth er in völligen Stillstand und Nichtigkeit, wenn er von beidem gleich viel besitzt? Eine Bildung zweier Kammern nach jenen Grundsätzen wird die erwarteten Folgen nicht haben; ginge aber die Erwartung in Erfüllung, so würde sie einen unvermittelten Krieg Aller gegen Alle herbeiführen. Niemals sind politische Körperschaften auf jenen Gegensatz gegründet, niemals das Persönliche ihm schlechthin untergeordnet worden. — Auch darf ich daran erinnern daß jetzt in manchen Gegenden das Grundvermögen fast beweglicher geworden ist, wie gewerbliche Anstalten, und zu berücksichtigen bleibt von wem, und in welchen Quantitäten es besessen wird.

A. Wenn es nun keinen Besitz giebt ohne Personen, wenn diese von jenem nicht unbedingt geleitet und beherrscht werden, wenn sich endlich deren sittliche und geistige Eigenschaften und

---

1) Siehe meine Schrift über Recht und Staat, S. 223.

Verdienste nicht im Einzelnen abschätzen und feststellen lassen, sondern nur massenweise unter einen allgemeineren Begriff können zusammengefaßt werden; so hätten uns ja unsere Betrachtungen allmählich und unmerklich in die Nähe einer abgethanen Lehre, einer veralteten Praxis gebracht, deren Wiederbelebung keinem Einsichtigen in unseren Tagen als möglich und nützlich erscheinen kann!

B. Welche Lehre, welche Praxis wäre dies?

A. Die mit dem Repräsentationssysteme unverträgliche Lehre von den Ständen!

B. Warum unverträglich? Doch ich will in diesem Augenblicke den Gegenbeweis nicht versuchen; sondern nur behaupten, daß eine Lehre und Praxis welche Jahrtausende geherrscht hat, schon ihres geschichtlichen Interesses halber, nicht eine hochmüthige Verwerfung verdient, sondern eine unparteiliche Prüfung erfordert.

A. Nun so möge diese Prüfung wenigstens so kurz als möglich seyn, damit wir bald wieder auf wichtigere Gegenstände kommen.

B. Vor aller Untersuchung wissen wir aber noch gar nicht, ob und wie wichtig der Gegenstand sey. Zur Abkürzung will ich indeß die Kasteneintheilung, als eine Uebertreibung und Karikatur der ständischen Einrichtungen übergehen.

A. Werfen Sie doch den Erbadel, als eine ganz verkehrte Einrichtung, gleich mit zur Seite.

B. Dieser Unbilligkeit widersprechend, ruft mir vielleicht ein Vertheidiger desselben entgegen: Soll es denn gar nichts wirken wenn jemand vornehm gebohren ist, nie in Berührung mit Niedrigem und Gemeinem kommt, zur Selbstachtung gewöhnt und auf die öffentliche Achtung hingewiesen wird, in mannichfaltige Verbindungen mit gebildeten Menschen tritt und Muße hat zu eigener Bildung, einen großen Wirkungskreis beherrscht, in Verhältnissen lebt welche Vorsicht, Klugheit, Standhaftigkeit, Tugend erfordern, über Reichthümer gebietet u. s. w. Dies Alles hat die höchste Bedeutung und soll sie haben. Unzufriedenheit hierüber entsteht nur dann, wenn alle religiösen Heilmittel, aller Glaube fehlt daß Gott uns eine bestimmte, und keine andere äußere Stellung gegeben hat. Klagt denn etwa eine Rose daß sie keine Eiche geworden, und verwirrt sie ihr Daseyn durch Streben nach dem Unmöglichen? Es giebt eine **natürliche Aristokratie**, ohne welche sich die geselligen Verhältnisse durchaus nicht über die Stufe der rohesten Jämmerlichkeit erheben. Es giebt Scheidungen, Abstufungen, welche hinwegzuwünschen die größte Albernheit, welche zu vertilgen der größte Wahnsinn ist. Wiederum sind diese Kreise unter den Menschen für ächte Tugend und wahre Seelengröße nicht undurchbrechbar; sie sollen es nur für diejenigen seyn, welche allein von Neid und Sucht der Gleichmacherei ergriffen werden. Was in äußeren Stellungen, bei oberflächlicher Betrachtung nur als Glück, oder Unglück, als Willkür und Zufall erscheint, wird erklärt sobald man es im Lichte einer göttlichen Vorsehung betrachtet.

A. Ich habe die größte Ehrfurcht gegen die Vorsehung und fühle die Wahrheit und das Bedürfniß einer religiösen Weltbetrachtung; wenn man aber jede einzelne irdische Erscheinung und Maaßregel unter den Schutz einer unantastbaren, allweisen, göttlichen Vorherbestimmung stellt, gegen welche man sich nicht empören dürfe, so hat es mit menschlicher Thätigkeit und Einwirkung so ziemlich ein Ende. Oder die Bekämpften machen jene Ansicht ebenfalls für sich geltend, und nennen auch ihr Beginnen geheiligt und vorherbestimmt. — Was Sie jenem Adelsvertheidiger in den Mund legen, lautet vortrefflich, bezeichnet aber mehr einen idealischen Zustand wie er seyn sollte, nicht wie er wirklich ist. Ferner tritt persönliches Verdienst dabei weit mehr in den Vordergrund als Sie früher zugeben wollten; und worauf sich gewiß kein Erbadel gründen läßt.

B. Wenn die Nachkommen an Weisheit und Tugend hinter den Vorfahren zurückbleiben, so schwindet allerdings das günstige Vorurtheil welches diese erweckten.

A. Sie sagen also mit Kant[1]: Eigenschaften vererben nicht, und Rang der vor dem Verdienste hergeht, ist ein Gedankending ohne Realität.

B. Ich füge hinzu: ein Adel der sich unbedingt ordnet

---

1) Rechtslehre, 192.

nach Verdienst ist auch ein Gedankending ohne Realität. — Deshalb sagt Joh. Müller [1]): keine Aristokratie ist verhaßter, als die der Talente.

A. Wenn also ein Adel ohne Verdienste nichts taugt, die Verdienste aber nicht aufzufinden und festzustellen sind; so wäre die ganze Adelsfrage hiemit beseitigt und wir könnten wohl zu anderen Gegenständen übergehen.

B. Ich kann eine weitere, ich möchte sagen vermittelnde Untersuchung doch nicht für unnütz halten. Vielleicht läßt sie sich an einen Ausspruch des englischen Philosophen Smith [2]) anknüpfen. Er sagt: Es ist eine weise Einrichtung der Natur, daß Geburt, Reichthum, Stand gar sehr auf das Urtheil wirken und sich daran Ruhe und Ordnung leicht anknüpfen, während Tugend und Verdienst schwerer zu erkennen und zu beurtheilen sind. — Hieran reihe ich einige Behauptungen:

1) Adel gründet sich auf persönliche Eigenschaften und sachlichen Besitz. Wo das Eine, oder das Andere, oder gar Beides fehlt, kann sich kein Adel auf die Dauer erhalten.

2) Persönliche Eigenschaften und sachlicher Besitz, ohne eine politisch wirksame Stellung bilden keinen wahren Adel, sondern führen nur zu einigen geselligen Auszeichnungen und Vortheilen.

3) Wenn Bildung, Besitz und Tugend, welche in gewissen Zeiträumen vorzugsweise einer Klasse angehörten, sich über größere Kreise verbreiten, so schwindet mit dem Gegensatze die Berechtigung, oder doch die bereitwillige Anerkenntniß, des Adels.

4) Es kann eine Form des Adels natürlich absterben und (wie die Geschichte erweiset) eine Wiedergeburt in anderer Form eintreten — oder auch der Adel ganz verschwinden.

5) Es giebt Vorrechte desselben, für deren Entsagung, oder Verlust eine Entschädigung billig erscheint; es giebt andere, für welche die Begräbnißkosten zu tragen, niemand verpflichtet ist. Je mehr sich der Adel von verletzenden Vorrechten frei macht, je mehr Pflichten er übernimmt, desto unbestrittener und nützlicher kann seine politische Stellung werden.

---

1) Werke, VI, 359.
2) Theory, II, 53.

A. Ich freue mich daß Sie sich deutlich und dogmatisch über Hauptpunkte dergestalt ausgesprochen haben, daß ich beipflichten und etwaige Zweifel und Bedenken verschweigen kann, bis wir vielleicht einzelne Länder, Völker und Gestaltungen ins Auge fassen. Erlauben Sie nur einige Worte (hoffentlich auch in Ihrem Sinne) zuzusetzen. Die Ansprüche der nachgebohrnen Söhne, die römische Vererbungsart, die Vertheilung und Verschuldung der Güter, die Vernachläßigung edler Pflichten, haben dem Adel (und insbesondere seiner staatsrechtlichen Stellung) mehr geschadet, als alle Demokraten. Was hat man jetzt oft, mit Unrecht, als Sinn und Betrachtungsweise eines guten Ablichen angepriesen? In einem leeren Scheine ächten Glanz und Würde sehen, auf morschem Boden für die Ewigkeit wohnen oder gar bauen wollen, zu erhalten streben was schon todt ist, darüber die Zeit der Aussaat versäumen und die Wiedergeburt (einem Phönix gleich aus der Asche) selbst verhindern, allen zeitgemäßen Verbesserungen eigensinnig widersprechen, u. s. w. So giebt es unter den Ablichen gar viele Selbstmörder!

B. Sehr wahr. Sie werden indeß zugeben daß diesen Mängeln und Irthümern des Erbadels gegenüber, auch die des bloßen Geldadels und des gekauften Adels sich nachweisen ließen.[1]) Man kann die Thaler eben so übermäßig verehren, als die Ahnen und die bloße Kopfzahl. Alle diese Einzelnheiten sind vereinzelt keineswegs (wie Manche behaupten) die einzigen Bürgen der Unabhängigkeit, Bildung und Vaterlandsliebe.

A. Erlauben Sie eine geschichtliche Nebenbemerkung, welche Ihre Ansicht zu bestätigen scheint. In Rom gab lange Zeit Geburt und Reichthum gewisse politische Anrechte; zu diesen mußte sich aber Talent und eine öffentliche Würde hinzufinden. Fehlten endlich, neben all diesen materiellen und geistigen Eigenschaften, die sittlichen, so konnte der Censor hemmend dazwischentreten.

B. Jeden Falls haben die gleichartig beschaffenen Einzelnen

---

[1]) Ludwig XIV. verkaufte im Jahre 1695, 500 Adelsbriefe, das Stück zu 2000 Thaler. Auch ein Mittel zum Sturze des Adels! Siècle de Louis XIV, XXI, 231.

eine Wahlverwandtschaft und Wahlanziehung zu einander, was zu Körperschaften führt die man in Thätigkeit setzen kann, zu Ständen welche durch mehre Geschlechtsfolgen hindurch eine gleichartige, beharrliche Richtung zeigen.

A. Auch diese körperschaftlichen und ständischen Richtungen bleiben in ihrer Vereinzelung, oder vereinzelten Alleinherrschaft einseitig und gefährlich; an dieser Stelle will ich (ohne weiter hierauf einzugehen) indeß zugeben: daß Unterdrückung da am leichtesten ist, wo jeder Einzelne einzeln steht und keine Genossenschaft sich seiner annimmt.

B. Und wenn die unentbehrliche Macht den Fürsten oder Regierungen entschlüpft, und große Genossenschaften fehlen, so geht sie sogleich über auf den Pöbel und dessen Verführer.

A. Aus dem Grunde daß Einzelne schwach sind, müßte man vor Allen die Frauen, vielleicht auch die Kinder in Genossenschaften vereinigen; aber freilich möchte alsdann Ehe, Familie, Kinderzucht und Eintracht mehr verlieren, als durch irgend eine der vorgeschlagenen, unpraktischen Emancipationen gewonnen würde.

B. Lassen Sie uns, aus Artigkeit gegen die Frauen nicht von unserem Wege zu weit abschweifen und die Geistlichkeit, welche wir als den ersten Stand hätten dem Adel voranstellen sollen, nicht noch einmal zurücksetzen.

A. Mit dem Primate unter gleichberechtigten Körperschaften hat sich die Geistlichkeit nur zwangsweise und nothgedrungen begnügt, vielmehr (wie die indischen, ägyptischen und jüdischen Priester) ein Supremat in Anspruch genommen, um eine allein gottgefällige Theokratie darauf zu gründen.

B. Eine Würdigung der letzten Staatsform müssen wir uns vorbehalten.

A. Sie ist vielmehr, als für unsere Zeit unbrauchbar, kurzweg zu verwerfen.

B. Wenn die Geistlichkeit in mehreren Zeiträumen übergroße Ansprüche gemacht hat, so hat man ihr in neuern Zeiten oft zu wenig, oder gar nichts zugestanden, und ihr dadurch Veranlassung und Vorwand gegeben auf Nebenwegen und selbst im Widerspruch mit den Gesetzen, Einfluß zu erwerben und geltend zu machen.

A. Ich weiß wohl daß man bei der Sinnesart der Menschen die Geistlichkeit nicht (gleichwie den Adel) ganz beseitigen kann, sondern wie ein unvermeidliches Uebel beibehalten muß. Ihr Reich ist aber nicht von dieser Welt; sie mag sich auf ihre unsichtbaren Glaubensregionen beschränken.

B. Sie wollen aber doch nicht die Geistlichen alles Besitzthums berauben und in Bettelmönche verwandeln?

A. Keineswegs; denn der Mangel macht in der Regel nicht genügsam, sondern habgierig.

B. Sie glauben also auch nicht: eine arme Geistlichkeit sey vermöge ihrer Armuth und durch dieselbe nothwendig geistiger und tugendhafter. Wenn man nun aber jeder Persönlichkeit, jedem Besitzthum Anspruch auf irgend ein Maaß politischer Rechte zugesteht, so ist nicht abzusehen, warum man dies den Geistlichen verweigern will.

A. Weil sie alsdann ihren hochgerühmten, heiligen Boden verlassen und sich mit Welthändeln verunreinigen, von denen sie nichts verstehen.

B. Warum sollten sie weniger davon verstehen, als die sich vom Pfluge, vom Webstuhle, oder aus dem Kaufladen zu öffentlichen Geschäften herandrängen?

A. Nun so mögen jene gleich wenig davon verstehen. Die Zahl der Unwissenden und Ungeschickten aber durch die Geistlichen zu vermehren, ist um so unrathsamer, weil sie immerdar ihre eigenen beschränkten Ansichten für göttliche Weisheit und heilige Vorschrift ausgeben.

B. Diese Richtung wird ermäßigt, sobald die Geistlichkeit nicht allein herrscht, und Ihrer Besorgniß daß sie sich durch Einmischung in weltliche Händel verunreinige, könnte man die Behauptung entgegenstellen: ihr eigentlichster Beruf sey, weltliche Angelegenheiten zu reinigen und auf einen höheren Standpunkt zu erheben.

A. Nun so mögen die Geistlichen ihres Besitzthums halber (wie die englischen Bischöfe) in Reichsversammlungen erscheinen; sobald sie dagegen ihren Glauben, ihr angeblich unfehlbares Credo geltend machen wollen, kann Unduldsamkeit und Verfolgungssucht nicht ausbleiben.

B. Wo alle Staatseinwohner desselben Glaubens sind ist dies nicht zu besorgen.

A. Diese Uebereinstimmung ist in der Regel Folge des Zwanges, oder der mangelnden Bildung; gewiß verdammt sie alle Abweichungen und Fortschritte.

B. Sie ziehen also die Zustände vor, wo viele Bekenntnisse sich neben einander entwickeln und gesetzlich bestehen, wie z. B. in Nordamerika.

A. Allerdings ist dies Beweis geistiger Freiheit und Thätigkeit; auch hat jene Mehrheit und Mannichfaltigkeit die natürliche und glückliche Folge, daß die bunte Schaar der Geistlichen von den politischen Versammlungen ausgeschlossen bleibt, die spitzfindige Dogmatik ihre Pandorabüchse daselbst nicht öffnen kann, und Fabeleien von einem bereits verwirklichten christlichen Staate wegfallen.

B. Mag nun ein Bekenntniß allein herrschen, oder mögen sich mehrere untereinander vertragen, jeden Falls zeigt sich im Vergleiche mit dem Mittelalter die große Verschiedenheit, daß damals die Geistlichen zu gleicher Zeit fast ausschließliche Inhaber auch der Wissenschaft und Kunst waren, während diese jetzt zu selbständigem unabhängigen Daseyn emporgewachsen sind.

A. Wahrscheinlich wollen Sie an diese Thatsache die Forderung knüpfen, daß den Wissenschaftlichen und Künstlern auch im Staate eine feste Stellung und selbständige politische Einwirkung eingeräumt werde. Sie wissen aber daß Ancillon, ein Mann, der sich mehr zu Ihren als zu meinen Ansichten hinneigt, hiegegen bestimmten Widerspruch eingelegt hat. Er sagt: Der Lehr=, oder nach einem größeren Maaßstabe genannt, der Gelehrtenstand, so ehrwürdig, so heilsam, so nothwendig zur Bildung der Nation er auch ist, hat doch als ein solcher, wenn seine Mitglieder nicht Eigenthümer sind, kein Recht auf Ausübung politischer Rechte; ja es wäre in den meisten Fällen dem Ganzen nachtheilig, ihm solche einzuräumen. Denn die Gelehrten, wenn sie ihres Namens und ihrer Bestimmung würdig sind, müssen eine kosmopolitische weit mehr als eine Nationaltendenz haben. Die Wissenschaften sind das Gesammtgut der Menschheit, und verlieren von ihrer Würde wenn sie einen

Nationalcharakter annehmen. Die Gelehrten, als solche, pflegen die Theorie, welche, aus Begriffen entspringend, immer auch nur Begriffe zum Resultate hat, die von allen Einzelnheiten gern absieht und sich zum Allgemeinen erhebt, indem sie die Aehnlichkeiten der Dinge auffaßt und ihre Verschiedenheiten vergißt. Die Theorie der moralischen Wissenschaften muß, wie die Theorie der physischen, ihren Gang fortgehen, unbekümmert ob die Wahrheit welche sie auffindet, ihre Anwendung in der wirklichen Welt habe. Früh oder spät werden diese theoretischen Wahrheiten in die Praxis eingreifen. Allein man muß den Pflegern der Theorie nicht leicht die Leitung der Praxis anvertrauen, denn beides, Theorie und Praxis, könnten dadurch eher verlieren als gewinnen. Die höhere Analysis und die Fortschritte der Sternkunde haben auf die Sicherheit und Vervollkommnung der Schifffahrt einen entschiedenen Einfluß gehabt, aber Euler und Herschel wären vermuthlich schlechte Steuerleute gewesen. Das Schiff, welches sie geführt, und die Wissenschaft welche sie verlassen hätten, wären durch ihre Anstellung gleich sehr gefährdet worden. — Man wird einwenden: daß auf diese Art nur die materiellen Interessen vertreten und gehörig sicher gestellt, hingegen die idealischen Interessen ganz vernachläßigt, oder hintangesetzt seyn würden, und so die Nation Rückschritte statt Fortschritte machen dürfte. Aber in einem gebildeten Volke, wo das Schaffen und Wissen, wo Religion und Moralität Gegenstände der allgemeinen Theilnahme sind, und wo die geistigen und physischen Bedürfnisse die Herrschaft im Menschen wenigstens theilen, ist eine solche Gefahr nicht zu befürchten. Es werden sich immer in einem solchen Staate unter den Repräsentanten des beweglichen und unbeweglichen Eigenthumes Männer finden, die aus Religiosität für die Religion, aus Liebe zur Wissenschaft für das Wissen, aus Sittlichkeit für die Sitten ihre Stimme mit Nachdruck und Erfolg erheben; und trügen sie auch nicht immer dieses hohe Interesse im Herzen, so würden sie doch Einsicht genug haben um die enge Verbindung des Staatslebens mit dem einer lebendigen Religion, einer lebendigen Sittlichkeit, eines lebendigen Wissens wahrzunehmen und aufzustellen, und durch alle mög-

lichen ihnen zu Gebote stehenden Mittel zu befördern. Und
sollten sie es nicht von selbst thun, so würden die Gelehrten
durch ihren steten Einfluß und ihr stetes Einwirken auf die
öffentliche Meinung, durch die Gewalt der freien Schrift und
der freien Rede, die ständischen Repräsentanten dazu auffor=
dern.

B. Sind Sie mit diesen Schlußfolgen einverstanden?

A. Schon deshalb nicht weil mir, auf meinem allgemei=
nen Standpunkte, jede Verengerung des Kreises der an öffent=
lichen Angelegenheiten Theilnehmenden weder gerecht noch weise
zu seyn scheint.

B. Auch wissen Sie, daß man versucht hat, jene Schluß=
folge in ihr Gegentheil umzukehren.[1]) Nämlich: der Nähr=
und der gewerbtreibende Stand, so ehrwürdig, so heilsam, so
nothwendig zum Daseyn der Nation er auch ist, hat doch als
solcher, und wenn seine Mitglieder nicht außerdem gebildet sind,
kein Recht auf Ausübung politischer Rechte; ja es wäre in den
meisten Fällen nachtheilig, ihm solche einzuräumen. Denn die
Landbauer und Gewerbtreibenden müssen, wenn sie ihre Bestim=
mung nicht aufgeben wollen, weit mehr eine örtliche und
persönliche, als eine Nationalrichtung haben. Die Wissenschaf=
ten dagegen, obgleich einerseits ein Gesammtgut der Menschheit,
haben allemal, wo sie irgend ihren Namen verdienten, unbe=
schadet ihrer Würde, einen Nationalcharakter angenommen. Ge=
werbtreibende, als solche, pflegen die Praxis, welche aus Be=
dürfnissen entsteht und immer nur die Befriedigung von Be=
dürfnissen zum Zweck hat, die von allem Umfassenderen gern
absieht und sich auf Einzelnes beschränkt, indem sie nur die
kleinen Eigenthümlichkeiten und Verschiedenheiten auffaßt, die
Aehnlichkeit der Dinge und die größeren Regeln dagegen ver=
gißt. Landbau und Gewerbe müssen ihren Gang fortgehen,
unbekümmert darüber, daß ihre Erzeugnisse in der geistigen Welt
keinen Boden und keine Anwendung zu finden scheinen. Früh
oder spät, oder vielmehr immerbar, findet sich eine Wechsel=

---

1) Raumer, Recht und Staat, 228.

wirkung zwischen jener Praxis und der Theorie. Allein man muß den Pflegern der Praxis nicht leicht die Leitung der Theorie anvertrauen, denn beide, Praxis und Theorie, könnten dadurch eher verlieren als gewinnen. Die Weberei hat auf die Bequemlichkeit des Lebens einen entschiedenen Einfluß gehabt, aber ein guter Tuchfabrikant, ja selbst der Erfinder des Strumpfwirkerstuhls, wäre vermuthlich ein schlechter Staatsmann gewesen. Das Weberschiff welches er verlassen, und die öffentliche Wirksamkeit zu der er sich gedrängt hätte, wären durch seine Anstellung gleich sehr gefährdet worden.

Man wird einwenden, daß auf diese Art nur die ideellen Interessen der Gesellschaft vertreten, hingegen die materiellen Interessen ganz vernachlässigt und hintangesetzt würden, und so die Nation der ersten Bedingung aller Fortschritte, ja des Daseyns entbehren müßte. Aber in einem gebildeten Staate, wo Ackerbau und Viehstand, Handel und Wandel Gegenstände der ausgebreitetsten Thätigkeit sind, wo die Menschen neben der Seele auch einen Leib haben, ist eine solche Gefahr nicht zu befürchten. Es werden sich immer in einem Staate dieser Art unter den Repräsentanten der Wissenschaft Männer finden, die ihre Stimme mit Nachdruck und Erfolg für jene Gegenstände erheben; und sollten sie auch aus ihrer Höhe mit falscher Vornehmheit auf dieselben hinabsehen, so würden sie doch Verstand genug haben, um die enge Verbindung des Staates und der Wissenschaft mit einem fleißigen Ackerbau, einer vorwärts strebenden Viehzucht und mannichfaltigen Gewerben einzusehen und durch alle ihnen zu Gebote stehenden Mittel zu befördern. Und sollten sie es nicht von selbst thun, so würden die Grundeigenthümer und Kaufleute, durch ihre innere Wichtigkeit und Unentbehrlichkeit, durch Zahl, Einfluß, Reichthum und unläugbares Recht, die wissenschaftlichen Repräsentanten schon dazu anzuhalten wissen.

A. Diese Widerlegung, oder Umkehrung genügt, um von falschen Uebertreibungen zur richtigen Mitte hinzuweisen, die sich bestrebt jedem sein natürliches Recht zukommen zu lassen. Wollten wir aber von hier aus alle Fragen prüfen, welche über das Verhältniß von Staat, Kirche und Wissenschaft sind aufgeworfen worden; so würden wir unseren Hauptweg und Zweck ganz aus den Augen verlieren. Besser endlich von dem Wichtigsten, dem dritten Stande sprechen; womit wir überhaupt wohl hätten beginnen sollen.

B. Wir haben ja schon viel von der Gesammtheit des Volkes gesprochen, worunter der dritte Stand als der Hauptbestandtheil begriffen ist, und aus welchem sich einzelne Gestaltungen und Genossenschaften natürlich herausbilden.

A. Ich will nicht erfolglos nochmals mit Ihnen darüber streiten: ob das Volk nicht ein untheilbares Ganze gleicher Einheiten sey, wo selbst der König nur als einfache Eins mitzählt.

B. Das Irrige dieser Lehre möchte schon daraus hervorgehen, daß der dritte Stand in neuerer Zeit eben so in zwei große Abtheilungen zerfällt, wie der geistliche Stand. Denn Sie werden am wenigsten noch jetzt die politischen Rechte lediglich den Bürgern eigentlicher Städte verleihen, die große Masse des Landvolks aber ganz ausschließen, oder gar in den Banden der Leibeigenschaft festhalten wollen.

A. Alsdann wird allerdings der dritte Stand so zahlreich und mächtig seyn und bleiben, daß ihn alle davon Gesonderten (wie man sie auch ordne und in Thätigkeit setze) nicht völlig unterdrücken können.

Fünfundfunfzigster Brief.

Berlin, 19. Oct. 1850.

A. Beim weiteren Nachdenken über unsere Gespräche komme ich zu der Vermuthung, daß Ihre eigentliche Absicht dahin geht, das Repräsentationssystem eben so zu beseitigen wie die Volksherrschaft, um dann (wie der karlsbader Congreß) die alten landständischen Verfassungen allein zu empfehlen und auf den Thron zu setzen.

B. Ich weiß nicht worauf Sie Ihre Vermuthung gründen, jeden Falls ist sie irrig. Auch wird mit der Anerkenntniß von gewissen allgemeinen ständischen Verhältnissen noch gar nicht jede Schwierigkeit gehoben, die jetzt ihrer Neueinführung, oder Wiedereinführung entgegensteht. Zunächst haben wir uns jedoch nützlicher Weise überzeugt, daß Formen die Jahrtausende lang lebendig und wirksam waren, nicht aus bloßer Thorheit hervorgingen und bloß Thörichtes erzeugten.

A. Seitdem die Furcht vor den Widersprüchen des Volkes verschwunden und dies in Theilnahmlosigkeit versunken ist, sehe ich keine Schwierigkeiten alle Verkehrtheiten und Grillen des Mittelalters wieder ins Leben zu rufen. Auch sehen wir überall in unserem Vaterlande wie raschen Schrittes man darauf losgeht.

B. Das **Wollen** mag da seyn, keineswegs aber das **Vollbringen**; eben weil das Mittelalter nicht mehr vorhanden ist. Ich will nur an Einiges erinnern. Damals gründete sich Macht und Recht des Adels wesentlich auf den Besitz großer Lehngüter, welche ihm Vergütung für seinen ausschließlichen Kriegsdienst gewährten. Die Lehngüter sind verschwunden, die Kriegspflicht ist eine allgemeine geworden, und damit auch allen Steuerfreiheiten die wesentlichste Veranlassung und Berechtigung entzogen. Glauben Sie daß es möglich sey Lehnbesitz, ausschließliches Kriegsrecht und Steuerbefreiungen wiederum einzuführen? Und wenn diese Grundlagen des Adels fehlen, worauf wollen Sie ihn denn gründen? Auf persönliches Verdienst; wir sahen ja aber daß es fast unmöglich ist dies für Viele von Staatswegen aufzufinden und abzuschätzen. Also auf Vermögen! Hat denn aber (wie selbst Nordamerika zeigt) der bloße Geldadel nicht eben so viele Schattenseiten als der Erbadel? Und welches Vermögen? Wollen Sie dem Grundeigenthümer ein Vorrecht einräumen, ihm eine Prämie zur Erhöhung seines Kaufpreises bewilligen? Wie wenn Speisewirthe, Schneider und Juden dies adelnde Grundvermögen erwerben, kommt man alsdann auf diesem Wege zu einem ächten Adel? Wird sich in einem höher gebildeten, reichen Staate die Ansicht aufrecht erhalten lassen, das Grundvermögen erzeuge und verbürge, ohne Uebernahme schwerer Pflichten, allein den wahren Patriotismus; während an allem anderen Vermögen und Erwerbe gleichsam ein Makel, eine levis notae macula hafte? Wie wenn ferner die großen, angeblich reichen Grundeigenthümer, die Herren von und auf A, B, C u. s. w. so verschuldet sind daß ihre Besitzungen ihren hypothekarischen, oder noch geringern Gläubigern gehören? Wo bleibt da die Bürgschaft des Patriotismus? Wer will, und wie will man Steigen und Sinken dieses grundablichen Vermögenspatriotismus beobachten und controliren? Glauben Sie daß Majorate und Fideicommisse gegen alle diese Schwierigkeiten schützen, und viele Väter geneigt seyn werden (trotz des Widerspruchs der Nachgebohrnen), ihren Erstgebohrnen (vielleicht den Faulsten und Dummsten) übermäßig zu begünstigen? Wird das Volk zu einer irgendwie plötzlich erschaffenen Adelskammer Vertrauen, wird sie das politische Gewicht gewinnen dessen sie nothwendig bedarf!

A. So richten Sie, zu meinem Erstaunen, ja selbst Alles wieder zu Grunde, was Sie eben erst künstlich auferbauten!

B. Keineswegs! Ich will nur darauf aufmerksam machen, daß man einen vorhandenen ächten Adel so wenig mit ein Paar Federstrichen vernichten, als einen nicht vorhandenen plötzlich erschaffen kann. Damit, daß ich ein Bedürfniß erkenne, ist es noch nicht beseitigt, daß ich eine Krankheit fühle, ist mir das rechte Heilmittel noch nicht gegeben. Jeden Falls werden Sie mir einräumen, daß die Staatsmänner an dieser Stelle mit sehr großen Schwierigkeiten zu kämpfen haben, und moderne Junker, wie moderne Demokraten nicht im Besitze einer bequemen Universalmedizin sind.

A. Leichter dürfte die Reorganisation des geistlichen Standes seyn. Denn darüber wer ein Geistlicher, also Standesberechtigter sey, walten keine Zweifel ob, und eben so wenig hat die Frage nach ihrem Vermögen, sowie dessen Ermittelung, die Schwierigkeiten welche uns bei dem Adel in den Weg traten.

B. Gern räume ich dies ein, obgleich es nie an Streit über das Maaß der Standesberechtigungen hoher und niederer Geistlichen gefehlt hat, und auch die Frage nach dem Besitze und dessen Bedeutung nicht ganz zu umgehen war. Geistigere Fragen treten aber hier noch mehr als bei dem Adel in den

Vordergrund, nach Sittlichkeit, Gesinnung und vor Allem nach dem Glaubensbekenntniß, dem Credo. Ich muß deshalb noch einmal auf das zurückkommen, was wir schon besprachen. Ist nur ein und dasselbe Bekenntniß unter Geistlichen und Laien vorhanden, so gehen sie in dieser Beziehung allerdings in Eintracht nebeneinander; daraus ist aber zeither überall Unduldsamkeit gegen Andersgesinnte entstanden, und wenn Laien und Geistliche desselben Landes zwiespaltig wurden, sind ärgere Fehden und abscheulichere unchristliche Verfolgungen hervorgegangen, als jemals aus Spaltungen unter dem bloß weltlichen Adel. Dieser verficht seine Sache; die Geistlichkeit verficht angeblich Gottes Sache: und daraus erklärt sich das Uebermaaß der Beharrlichkeit und des Eigensinns. Nur unter monarchischen Absolutisten findet sich eine ähnliche Gesinnung, welche das Feldgeschrei: „Niemals nachgeben" als höchsten Grundsatz aufstellt; obgleich er so inhaltsleer und thöricht ist, wie der umgekehrte: „Immerdar nachgeben."

Wenn die alleinherrschende Geistlichkeit eines Bekenntnisses nicht bloß strebt sich in ungetheiltem Besitze zu erhalten, sondern in alles Weltliche hineingreifend nothwendig tyrannisch wird; so liegt da, wo jene Fesseln zerbrochen sind, der entgegengesetzte anarchische Abweg nahe. Wo, wie in Nordamerika, mehr denn vierzig Sekten neben einander bestehen, wo die Zahl ihrer Bekenner, sowie ihr Besitzthum und ihr Einfluß äußerst verschieden sind; wie kann man ihnen da in Staats- und Reichsversammlungen politische Rechte einräumen, wie diese abmessen und abstufen? War es nicht natürlich daß man jene in den vereinigten Staaten auf ihr geistiges Reich und ihren (in der That großen) geistlichen Einfluß beschränkte? — Geringere Schwierigkeiten mögen in Europa vorhanden seyn, aber sie fehlen keineswegs ganz.

A. Erst haben Sie durch das Repräsentationssystem die Volksherrschaft, dann durch Stände die Repräsentation untergraben. Jetzt halten Sie auch den Ständen eine Leichenrede, und es bleibt nichts übrig als das formlose Nichts.

B. Ihr Vorwurf ist unbillig. Wir fanden vielmehr daß die Repräsentation erst eine ächte Volksherrschaft und ein umfaſſendes Staatsrecht möglich mache. Das Ergebniß war keineswegs verneinend; oder nur in ſo fern als wir der Quackſalberbehauptung widerſprachen, eine Univerſalmedizin erfunden zu haben.

A. Iſt es aber nicht vielleicht Ihre geheime Abſicht, die Gleichgültigkeit aller Formen zu erweiſen?

B. Mit nichten. Keine Form iſt gleichgültig, keine iſt allmächtig.

A. Dann wollen Sie wenigſtens das ſogenannte väterliche, patriarchaliſche Regiment erſt in der Ferne zeigen, hierauf daran gewöhnen, endlich es aufzwingen.

B. Ich glaube allerdings daß da, wo Liebe und Vertrauen unter Herrſchern und Beherrſchten fehlt, eine ſehr böſe Krankheit vorwaltet, welche keineswegs durch bloß formale Mittel zu heilen iſt; daß äußere Formen jenen geiſtigen Beſtandtheil niemals entbehrlich machen, oder erſetzen können. Andererſeits aber ſage ich mit Macaulay[1]): die Lehre, daß die Pflichten einer Regierung rein väterliche wären, können wir nicht glauben bevor man uns irgend eine zeigt, welche ihre Unterthanen wirklich ſo liebt wie ein Vater ſeine Kinder, und welche jenen an Geiſteskraft und Einſicht ſo überlegen iſt, wie ein Vater einem Kinde.

A. Wenn Sie den Gegenſatz zwiſchen landſtändiſchen und repräſentativen Verfaſſungen zugeben müſſen, und nicht eine von beiden völlig beſeitigen, ſo haben Sie hinreichenden Stoff zu ewigen Zerwürfniſſen.

B. Einen Gegenſatz gebe ich zu; aber keineswegs einen unbedingten und feindlichen. Aus richtig in Thätigkeit geſetzten verſchiedenartigen Organen entſteht ja erſt Bewegung und Leben; wo Verſchiedenheit und Wechſelwirkung aufhört, herrſcht eben der Tod. Die Repräſentation bezweckt an die Stelle einer formloſen Allerweltsregiererei, eine kleinere Zahl der Tauglichſten zu ſetzen, ohne deren Verbindung mit ihren Wählern ganz

---

1) Essays, III, 260.

aufzugeben. Warum soll nun diese Methode nicht auch angewandt werden können, wenn es darauf ankommt aus Tausenden von Geistlichen und Adlichen eine kleinere Zahl herauszuziehen und so Landständisches und Repräsentatives zu verbinden? Wo über Persönlichkeit der Erwählten gesetzlich gar nichts feststeht, können allerdings alle Richtungen und Interessen auf das Mannichfachste vertreten werden; die Form thut aber gar nichts dies nützliche Ergebniß zu Tage zu fördern. Vorschriften, welche in den süddeutschen Verfassungen darüber bestehen, wie viel Abgeordnete im Allgemeinen, und wieviel jeder Art und jedes Standes zu wählen sind; zeigen daß man diese Aufgabe ins Auge gefaßt hat, und daß ihre Auflösung nicht unmöglich ist.

A. Stimmen Sie der Ansicht bei, daß Repräsentation den Herrschern immer gefährlich werde, Landstände sie hingegen wider Gefahren schützten?

B. Jeder Absolutismus stützt sich nur auf seine eigene Kraft und Weisheit; fehlen diese so ist er (beim Mangel aller anderen hülfreichen Formen) wo nicht dem völligen Untergange, doch der ärgsten Ausartung preisgegeben. Ohne Zweifel sind repräsentative Körperschaften zuweilen den Herrschern gefährlich geworden; nicht minder sind aber jene von ungeduldigen Herrschern auseinander gejagt worden. Die Behauptung endlich: daß Adel und Geistlichkeit immer die Fürsten gestützt und den monarchischen Bestandtheil der Verfassung verstärkt hätten, widerspricht aller Geschichte. Sobald (und es ist Allen möglich) Fürsten, Stände, Abgeordnete über den Kreis ihrer natürlichen und gesetzlichen Rechte hinausgreifen, der Besonnenheit und des Maaßes vergessen, einer schrankenlosen Allmacht nachstreben, geht die bürgerliche Ordnung der Auflösung entgegen und es wechseln (gleich verderblich) Despotie und Anarchie.

A. Als nothwendiges und genügendes Mittel gegen Uebergriffe der Stände und Repräsentanten hat man ein unbedingtes Hemmungs- und Widerspruchsrecht, ein unbedingtes Veto der Fürsten angepriesen. Ich gestehe Ihnen aber, daß mir selbst ein bloß aufschiebendes große Uebelstände mit sich zu führen scheint.

B. Würden Sie den Ständen ein unbedingtes Recht zuweisen, fürstliche Anträge abzulehnen?

A. Allerdings, weil ihnen sonst Zustimmung zu Allem abgezwungen, oder abgelistet wird.

B. Warum wollen Sie aber das Sprichwort: was dem Einen Recht ist, ist dem Anderen billig, nicht zur Anwendung bringen? Ich glaube daß die theoretischen Gründe für ein unbedingtes Veto überwiegen, daß aber die ganze vielbestrittene Frage für die Praxis nicht die Wichtigkeit hat, welche man ihr beilegt. Es giebt (wie die englische Geschichte erweiset) viel zweckmäßigere Mittel das Rechte aufzufinden, als jenes verletzende, ich möchte sagen grobe Verneinen: — nämlich entweder die Auflösung des Parlaments, oder den Wechsel des Ministeriums. Daher sagt Macaulay [1]): Ich kann einem Vorrechte keine große Wichtigkeit beilegen, das in 130 Jahren nicht ausgeübt wurde, wahrscheinlich nie wieder zur Anwendung kommt, und schwerlich jemals für einen heilsamen Zweck brauchbar seyn kann. Auch in Nordamerika hat der Präsident mit seinem bloß aufschiebenden Veto das Ziel erreicht.

Hiezu kommt, daß dem unbedingten Veto fast nothwendig das Steuerverweigerungsrecht gegenübertritt. Laut der Theorie höchst wichtig, unentbehrlich, die Schutzwehr aller Freiheit; in der Praxis dagegen fast ganz unbrauchbar, verwirrend, Unheil aller Art herbeiführend. Gewiß sind das unbedingte Veto und die Steuerverweigerung die alleräußersten Mittel, sie sind Beweise gefährlicher Krankheiten; durch wessen Schuld diese auch mögen herbeigeführt seyn.

A. Um den Unannehmlichkeiten des Veto zu entgehen, hat man den Königen das ausschließliche Antragsrecht, die Initiative, zuweisen wollen. Allein dieser Ausweg scheint mir noch bedenklicher; denn er schließt ein Veto in sich für unzählige Gegenstände, und obenein vor aller Prüfung, und aufklärenden Belehrung.

B. Hiezu kommt daß die von allem Antragstellen Aus-

---

1) Essays, I, 159.

geschlossenen sich natürlich zum Widerspruch, zur Opposition hinneigen; theils aus Verdruß über die ihnen angewiesene untergeordnete Stellung, theils um nicht als bloße Jaherren verspottet zu werden.

Allerdings zeigt die Erfahrung fast überall daß mit der Verwaltung beauftragte Personen, daß die Minister am Besten Gesetze vorbereiten und in Antrag bringen. Sollten sie aber hinter ihrer Pflicht zurückbleiben, so muß wenigstens die rechtliche Möglichkeit vorhanden seyn daß ein Anderer das Nothwendige in Bewegung setze. Auch kann der, welchem ein Veto zusteht, des ausschließlichen Antragsrechts entbehren, und umgekehrt.

A. Ich will nicht behaupten unser vieles Hinundherreden sey fruchtlos gewesen und habe uns nicht über mancherlei Gegenstände wechselseitig aufgeklärt; doch wird es mir immer deutlicher wie unendlich schwer es ist politische Rechte genau und buchstäblich festzustellen, da lebendige Verhältnisse so mächtig und mannichfaltig einwirken. Deshalb sagte ein gescheuter Franzose[1]): das Parlament ist stark unter einem schwachen, und schwach unter einem starken Könige.

B. Zu jeder Form gehört ein Inhalt, und wie nothwendig auch allgemeine, ich möchte sagen philosophische Grundsätze und Betrachtungen sind, liegt in ihnen doch niemals das volksthümliche und persönliche Leben und Gestalten. Trotz aller unserer Bemühungen das Allgemeinste unläugbar festzustellen, unwandelbare Grundlagen aufzufinden, schien oft ein unsicheres Schwanken stattzufinden, das Behandelte sich gegenseitig aufzuheben und die Gefahr bloßen Zweifelns und Verneinens einzubrechen. Die Sache ist aber nicht so schlimm wie sie aussieht: wenn man verständig das Besondere durch Allgemeines läutert und reinigt, und das Allgemeine durch Besonderes belebt und gestaltet, so wird es nicht unmöglich seyn für Ort, Volk und Zeit, aus der Unzahl unbestimmter Möglichkeiten, das wahrhaft Natürliche und Passende aufzufinden. Aber selbst dann wird

---

1) Duclos, II, 27.

die wichtige Wahrheit sich geltend machen, daß keineswegs alle irdischen Mängel sich durch bloß irdische Mittel vertilgen lassen; — so wenig wie durch die Heilkunde alle Krankheiten. Anstatt aber deshalb zu verwerfen die Heilkunde für den Leib, oder Staatsrecht und Politik für die geselligen Verhältnisse, sollen wir redlich, unermüdet, hoffnungsvoll forschen und handeln, um uns den erhabenen Zielen wenigstens zu nähern.

A. Sie weisen hiemit hin auf Gott, Vorsehung und religiösen Trost.

B. Allerdings bedarf dessen der Einzelne, die Familie, und das gesammte Volk; doch halte ich ein unduldsames zwingendes Glaubensbekenntniß keineswegs für die rechte Arznei, oder Panacee.

A. Sollten wir aber nicht einige Hülfe und Weisheit in den Idealen von Staatsverfassungen finden, welche geistreiche Männer aufgestellt haben?

B. Wenn es dem größten unter ihnen, dem Platon, nicht gelungen ist, etwas wahrhaft Praktisches aufzustellen, so kann man von den Uebrigen kaum etwas Brauchbares erwarten. Kasteneintheilungen, aristokratische Vorzüge, Gemeinschaft der Weiber und Güter, gesetzliche Beschränkung der Güter und der Bürgerzahl u. s. w. u. s. w.; — hatte Jefferson nicht Recht wenn er dies Alles für unbrauchbar erklärte?

A. Schon zweitausend Jahre vor Jefferson hat Aristoteles mit seinem durchdringenden praktischen Blicke die Mängel und Unmöglichkeiten der Republik und der Gesetze Platons (so wie andere noch geringere Ideale) hinreichend beleuchtet. Sind denn aber neuere Versuche nicht größerer Aufmerksamkeit werth?

B. Sie stehen in Hinsicht auf philosophischen Geist und theoretische Entwickelungen weit hinter den platonischen zurück, ohne (trotz aller späteren Erfahrungen) praktisch Anwendbareres vorzuschlagen.

A. Thomas Morus, der Kanzler, war ja aber doch ein Mann der Praxis; ist der wirklich in leere Träumereien verfallen?

B. Urtheilen Sie selbst. Seiner Utopia sind folgende Ansichten und Vorschriften entnommen. Die Zahl der Bürger, der Familien, der Dienstboten wird gesetzlich festgestellt, überschießende Personen werden fortgeschickt. Alle Städte sollen gleicher Größe seyn, und keine darf über 6000 Familien enthalten. Von zehn zu zehn Jahren verlooset man sämmtliche Häuser an neue Eigenthümer. Kleidung und Nahrung sind für alle Einwohner wesentlich dieselben. Jährlich ziehen abwechselnd die Landbewohner in die Städte, und die Städter aufs Land. Gold und Silber soll keinen Werth haben. Um es ganz verächtlich zu machen, werden den Verbrechern goldene Ringe, Ohrringe, Halsbänder u. dgl. angesteckt und umgehangen. Alle Obrigkeiten ernennt man aus den Gelehrten, welche dann ihrerseits einen Fürsten erwählen. — So viel als Probe aus unzähligen Wunderlichkeiten, unmöglicher Vielregiererei und wohlgemeinten Träumereien.

A. Der heitere Mann hat es wohl nur auf Scherz und Ironie abgesehen, wogegen Hume sagt[1]): des Republikaners Harrington Oceana sey der einzige bisher dargebotene, werthvolle Musterstaat.

B. Und doch zeigt eben Humes Kritik dessen Unbrauchbarkeit. Alle Beamten z. B. sollen von Zeit zu Zeit (ohne Rücksicht auf Geschicklichkeit und Brauchbarkeit) ihre Aemter verlieren, ein Ackergesetz die Größe der Besitzungen vorschreiben, ein Senat berechtigt seyn alle Anträge im Volkshause zu verhindern u. s. w.

A. Hat nicht Hume selbst eine Musterverfassung aufgestellt?

B. Allerdings! Sie ist aber gewiß nicht so über Einwendungen erhaben, wie er glaubt. Sein Staat wird getheilt in 100 Grafschaften, und jede Grafschaft in 100 Gemeinen. Die Freibesitzer eines gewissen Vermögens wählen jährlich zusammen 10,000 Grafschaftsabgeordnete, und diese ernennen wiederum aus ihrer Mitte 1000 Obrigkeiten für die Grafschaften und 100 Senatoren. Den 100 Senatoren wird die gesammte vollziehende Gewalt und jedes Recht eines Königs von England

---

1) Essays, II, 277.

übertragen; — nur mit Ausnahme des Veto. Jene 10,000 Grafschaftsabgeordnete üben die gesetzgebende Gewalt; die Mehrheit der Grafschaft entscheidet, bei Gleichheit der Stimmen aber der Senat. Diesem steht die Vorberathung zu; erklären sich aber auch nur zehn Stimmen für einen Gesetzesvorschlag, muß er den Grafschaften zugesandt werden: — oder auch (nach Belieben des Senats) den Obrigkeiten der Grafschaften. Der Senat hat das Recht, Senatoren auf ein Jahr lang aus seiner Mitte zu verweisen. Sie wählen, durch ein verwickeltes Verfahren, einen Staatsbeschützer, und aus ihrer Mitte Räthe für Handel, Finanzen, Krieg u. s. w.; aber jedesmal nur für ein Jahr. Diese Räthe, oder Rathsbehörden, müssen alle ihre Beschlüsse und Verfügungen vorher dem Senate mittheilen. Der Senat ist zugleich höchstes Appellationsgericht. Das erste Jahr jedes Jahrhunderts ist bestimmt alle Mängel abzustellen, welche sich im Laufe der Zeit eingefunden haben und bemerkt worden sind. Zur Unterstützung dieser, von mir sehr abgekürzten Vorschläge sagt Hume: —

A. Ihr Auszug genügt zum Beweise, daß auch diese Erfindungen weit hinter dem zurückbleiben, was bereits als geschichtlich gegeben, nutzbar und ausführbar bastand. Wundern muß man sich nur daß ein so klarer Kopf und gründlicher Geschichtsforscher in Grillen hineingerieth wie sie später der Abt Sieyes in großer Zahl zu beliebiger Auswahl darbot. Diese sind jedoch schon in so fern nicht ohne Wichtigkeit, als die Verwirklichung mancher seiner Gedanken wenigstens versucht wurde.

B. Nachdem wir in Bezug auf gesellige Verhältnisse, das Allgemeine und das angeblich Ideelle einer Betrachtung und Prüfung unterworfen haben, werden wir von Neuem zu dem hingedrängt, was während des achtzehnten Jahrhunderts (nicht ohne wesentlichen Zusammenhang mit jenem) wirklich geschah.

A. Allerdings! Die Menge von einzelnen Gegenständen, welche die geselligen Verhältnisse bilden und erläutern (z. B. Rechtspflege, Polizei, Krieg, Schulen u. s. w.), ist jedoch so groß, daß wir sie unmöglich genau besprechen können. Werde ich aber mit Unrecht bereits heute an eine häufig ausgesprochene Behauptung erinnert: daß, insbesondere durch politische Gespräche, nie eine Verständigung und Einigkeit herbeiführt werde[1]; — daß sie also völlig unnütz seyen?

B. Ich halte diese Behauptung für oberflächlich und unwahr. Ja wenn es wahr wäre, daß niemand auf diesem Wege zu einer anderen Ansicht bewogen werde; so müßte doch jener Austausch der Gedanken über die eigene Ansicht größeres Licht verbreiten, es müßten Angriffe auch die Mittel und die Geschicklichkeit der Vertheidigung erhöhen. Jenes feige und faule Läugnen aller Einwirkung und Wechselwirkung der Geister ist völlig verkehrt, da der Gesammtinhalt der Geschichte eine ununterbrochene Bewegung und Entwickelung nachweiset. Und wenn Einzelne in eigensinniger Beharrlichkeit immerdar nur läugnen, und die Versteinerung für ein ewiges Leben halten; so wenden sich doch ganze Völker und Zeiten größerem Lichte, — oder auch dunklerem Schatten zu. Lassen Sie uns nicht müde werden nach Kräften jenes zu verstärken, und diesen aufzuhellen.

Sechsundfunfzigster Brief.

Berlin, 25. Oct. 1850.

Es hat mir um so mehr Freude gemacht wenn die Ihnen mitgetheilten Gespräche Sie interessirt haben; da ich vielmehr auf Einwendungen und Klagen gefaßt war. Weil sie indessen von Ihnen nicht ausgesprochen werden, muß ich wohl selbst (schon der Aufrichtigkeit halber) unsere formalen Untersuchungen mit einigen Warnungsworten unterbrechen.

Die unendlich reichen und mannichfaltigen Erfahrungen der

---

[1] Wenn religiöse Gespräche nicht zum Ziele führten, so lag dies hauptsächlich daran, daß jede Partei anmaßend im Namen Gottes sprach.

letzten sechzig Jahre haben allerdings belehrt und den Gesichts=
kreis erweitert; viele Menschen aber auch verlockt, Wahrheit und
Weisheit nur in dem Aeußersten, oder vielmehr in zwei Aeußer=
sten zu suchen, die sich unbedingt entgegenstehen und wider=
sprechen. Die Einen (ungeschreckt durch so vielfaches Mißlingen)
hegen noch immer den Aberglauben, eine Verfassungsform sey
allmächtig und könne Wunder bewirken. Und zwar lediglich in
erwünschter, beglückender Weise. Die Anderen sprechen den
Formen alle Kraft ab, verspotten die Lächerlichkeit jeder Ver=
fassung und suchen alle Hülfe in der Unbeschränktheit der Herr=
scher. Beides ist irrig, und Folge ungenügender Erkenntniß,
oder parteiischen Wollens.

Keine Form ist gleichgültig, keine ist allmächtig. Zwischen
der Allmacht welche eine Partei, und der Nichtigkeit welche die
zweite behauptet, liegen unzählige Abstufungen in der Mitte.
Viel hängt zuvörderst davon ab, wie die Form entstand, wie
sie erzeugt ward. Selbst die Erfindungen der geistreichsten
Männer zeigten sich unbrauchbar, und vielfach berathene Ver=
fassungen für welche sich zuletzt nur eine sehr geringe
Stimmenmehrheit ausspricht (so 1849 in Frankfurt) werden in
der Regel nicht mit demüthiger Gläubigkeit angenommen, son=
dern von vielen Seiten, mit Recht und mit Unrecht, so lange
angegriffen, bis sie ihre geringe Lebenskraft ganz einbüßen. Aber
auch einstimmig und mit Begeisterung entworfene und aufge=
nommene Formen können (wie Frankreich erweiset) sehr schnell
ihre Beliebtheit, ja selbst das Vertrauen und die Unterstützung
derer verlieren, welche am lebhaftesten für ihre Annahme
wirkten.

Hat ein Volk einen gewissen Grad von Bildung und
Wohlstand erreicht, so entsteht ganz natürlich das Bedürfniß und
der Wunsch nach regelnden Formen. Wird beides nicht befrie=
bigt, so folgt gewaltsame Ueberreizung, oder geistlose Erschlaf=
fung: beides ist vom Uebel. Umgekehrt werden die wohlgemein=
testen Formen jede Hoffnung täuschen, wenn sie nicht mit Zeit,
Ort, Volksthümlichkeit, Wohlstand, Bildung in Harmonie stehen.
Daher blieb bei unseren allgemeinen Untersuchungen und Be=
trachtungen immer etwas Unbestimmtes, Zweifelhaftes, Incom=

mensurabeles übrig, welches erst verschwinden kann wenn man Besonderes und Einzelnes damit in Verbindung bringt. Allerdings giebt es aber auch einfältige Besonderheiten, welche man durch ächt Allgemeineres verbessern und reinigen soll.

Manche Personen, die sich für Staatskundige ausgeben, haben in neuester Zeit die Behauptung ausgesprochen, in den Heeren beruhe wo nicht die einzige, doch die beste Bürgschaft der Freiheit. Gern erkenne ich an daß eine wohlgeordnete Kriegsmacht an mehreren Orten in höchst ehrenwerther Weise den Kampf für Gesetz und Recht gegen wilden, oder dummen Aufruhr siegreich durchgeführt hat. Diese erfreuliche Erfahrung genügt aber nicht, darauf jene staatswissenschaftliche Ansicht zu gründen. Zuvörderst hängt sie mit einer feindlichen Entgegensetzung von Heer und Volk zusammen, welche in einzelnen unglücklichen Augenblicken gewiß vorhanden, keineswegs aber als nothwendiger, dauernder Gesundheitszustand zu bezeichnen ist. Soll ferner das Heer unbedingt gehorchen, so bestände die ganze Bürgschaft der Freiheit in der Unterstützung jedes willkürlichen Absolutismus; beginnt hingegen das Heer zu überlegen und für sich zu beschließen, so bleibt es keine sichere Stütze der Regierung. Wer nur irgend etwas von der Geschichte der römischen Prätorianer oder von der neuesten spanischen Geschichte weiß, wird in ihnen keinen Ersatz ächter staatsrechtlicher Einrichtungen für unsere Zeit empfehlen. Bleibt doch sogar die Frage schwer zu entscheiden: in wie weit die Soldaten politische Bürgerrechte, z. B. Wahlrechte ausüben können? Die Frage ist zu verneinen, wo Volk und Heer entgegengesetzt werden; zu bejahen, wo man das Volk als das größere Ganze betrachtet.

Nichts hat auf Gründung, Befestigung, Erhaltung, oder Umsturz von Staaten und Verfassungen größeren Einfluß, als glückliche oder unglückliche Kriege. Wir entfernen uns also gar nicht von unseren Hauptaufgaben und Zwecken, wenn wir an dieser Stelle (wo ohnehin schon von Kriegern und ihrer Stellung die Rede war) den Gegenstand allgemeiner auffassen und behandeln.

Man kann und muß von vorn herein zugeben: daß Kriege bisweilen nothwendig und unausweichlich sind; läugnen wird

aber kaum irgend jemand daß sie weit öfter vermieden werden
konnten, und nicht der Krieg sondern der Friede letzter und
höchster Zweck ist. Es kommt also darauf an die Kriegsgründe
möglichst zu vermindern, die Friedensgründe aber zu verstärken;
und sich so dem Ziele eines ununterbrochenen Friedenszustandes
wenigstens zu nähern. Gewiß bleibt es ungenügend und ober=
flächlich, einen Gedanken den die edelsten Menschen mit Liebe
und Begeisterung ergriffen haben, bloß zu verspotten, statt für
seine Verwirklichung nach Kräften mitzuwirken.[1]) Andererseits
sollten die Friedenspropheten nicht bloß Unläugbares und Zu=
gestandenes immer wiederhohlen, ohne die praktischen Schwierig=
keiten ins Auge zu fassen; sie sollten in das Einzelne und Be=
sondere eingehen, und nicht in Sprachen reden, von denen
die meisten Zuhörer kein Wort verstehen. So kennt jeder die
Schattenseite der stehenden Heere; wie man sie aber abschaffen,
die Soldaten und Offiziere beschäftigen und ernähren, wer mit
Sicherheit vorangehen könne, wer nachfolgen müsse; — dies
und Aehnliches ist gar nicht ins Klare gebracht worden.

Unbegnügt mit obiger Andeutung über die Natürlichkeit und
Nothwendigkeit einzelner Kriege, werden kampflustige Gemüther
eine allgemeinere Vertheidigung übernehmen und mir einwenden:
Wie kannst du vergessen, daß die edelsten und größten Eigen=
schaften des Menschen, wo nicht allein, doch vorzugsweise im
Kriege ans Licht treten und sich geltend machen: Heldenmuth,
Aufopferung, Vaterlandsliebe, Geduld. Durch Krieg sind schläf=
rige und eingeschlafene Völker auferweckt und verjüngt, oder
ganz unwürdige und verfaulte von der Erde hinweggefegt wor=
den, um würdigeren und lebensfrischen Platz zu machen.

Ich bin weit entfernt dies zu läugnen; anstatt aber dem
milden, erwärmenden Sonnenlichte des Friedens eine Lobrede zu
halten, will ich zur Abwehr einige glühende Steine vorzeigen,

---

1) Deshalb sagte schon Hugo Grotius: wenn Einige behaupten,
sobald die Waffen ruhten, könne ein Staat (im Innern) nicht ruhen,
so erscheint dies Bekenntniß Andern gottlos und niederträchtig zu seyn.
Hugo Grot., Hist. belg., XVII, 542 zu 1608.

die aus dem feuerspeienden Berge des Krieges zerstörend herausflogen, und statt der Lorbeerkränze auch, zu lehrendem Beispiele, Dornenkronen darreichen. Daß Tapferkeit geehrt werde ist natürlich und löblich; es zeigt aber, ich möchte sagen eine Art barbarischer Einseitigkeit, wenn jene fast ausschließender Maaßstab des Menschenwerthes zu seyn scheint. So setzten die Iberer so viel Spitzsäulen auf das Grab eines Mannes, als er Feinde erschlagen hatte.[1] Bei den Scythen durfte Keiner aus dem bei Gastmahlen umhergegebenen Becher trinken, der noch nicht Feindesblut vergossen; bei den Macedoniern für diesen Fall Keiner sich männlich umgürten. Milder lautet die Nachricht daß in Karthago jeder nur so viel Ringe am Finger trug als er Feldzügen beigewohnt; wahrhaft menschlich war die Sitte, oder das hellenische Völkerrecht, wonach kein Feind getödtet ward, der sich zu den Altären der Götter flüchtete.[2]

Die Mannszucht der Römer wird mit Recht gerühmt, und doch brannten sie nach ihren Siegen über die Samniter, zu beiderseitigem Schaden, die Gebäude nieder, und verwüsteten gänzlich das Land.[3] Die Zerstörung von Korinth, Karthago, Numantia zeigt die größte Willkür und Grausamkeit. Nach dem Falle Macedoniens theilten die Römer das Land in vier Theile, nannten diese frei, verboten aber wechselseitige Heirathen, Handel, Verkehr u. s. w.[4] Paulus Aemilius zerstörte 70 Städte der Epiroten und führte 150,000 Menschen als Sklaven hinweg.[5] Sylla legte nach der Besiegung Mithridats Soldaten in die Städte welche von den Wirthen Wohnung, Nahrung, Kleidung und sehr bedeutenden Sold erhielten; auch die Erlaubniß bekamen, so viel Kameraden zu Gaste zu bitten, als sie wollten.[6] Fast erscheint dies wie ein heiterer Kriegerscherz im

---

1) Arist. Polit., VII, 2.
2) Diodor., XIX, 63.
3) Diodor., XX, 80.
4) Liv., XLV, 29.
5) Strabo, VII, 322.
6) Liv., 83, 36.

Vergleich damit daß der Diktator Quintus Fabius über 200 der edelsten Fretomanen nach Eroberung ihrer Stadt nach Rom führen, an den Pranger stellen und dann köpfen ließ[1]): — nach väterlicher Sitte, fügt der Berichterstatter hinzu! — Im Kriege gegen Aristonikus in Kleinasien ließ der Consul Aquilius Brunnen und Quellen vergiften um mehrere Städte zu schnellerer Uebergabe zu bringen[2]), und Lukulls Soldaten empörten sich weil er Städte durch Vertrag einnahm und sie ihnen nicht zum Plündern überließ. Als Germanikus (Jahr 14 n. Chr.) die Legionen nach Deutschland führte, ließ er im Umkreise von funfzig Meilen Alles mit Feuer und Schwert verwüsten, schonte weder Alter noch Geschlecht, zerstörte Weltliches und Heiliges[3]); — und doch hatten die Deutschen weder angegriffen, noch zur Rache Veranlassung gegeben. Grausamkeiten und Frevel dieser Art schützen nicht gegen Verweichlichung und Feigheit. Schnitten sich doch in späterer Zeit römische Kriegspflichtige lieber die Finger ab (murci), als sich der Gefahr eines Kampfes auszusetzen.[4])

Das Mittelalter zeigt nicht geringere Kriegsfrevel und Leiden. Karl der Große ließ sächsische Kinder und Jünglinge neben einander stellen, und denen welche ein gewisses Maaß überschritten, die Köpfe abschlagen.[5]) Wilhelm der Eroberer ließ, weil die Einwohner von Northumberland sich widersetzt hatten, alle Häuser niederbrennen, das Vieh wegtreiben, das Ackergeräth zerstören, das Land verwüsten, so daß die mehresten Einwohner im Elende umkamen.[6]) Aehnliche Verwüstungen im Kriege der Barone wider Heinrich III., bei dem Einfalle Richards II. (1385) in Schottland, der Eroberung Caens (1346) und anderer Städte durch die Engländer, in den Kriegen Karls

---

1) Diodor., XIX, 101.
2) Liv., 59, 71; 97, 32.
3) Tacit., Ann., I, 51.
4) Ammian., XV, 12; Cod. Theod., VII, tit. 13.
5) Monach. S. Gall., 2, 17.
6) Hume, I, 330; II, 470; III, 256, 365.

des Kühnen und der Schweizer[1]) u. s. w. u. s. w. Die Gelübde der Kreuzfahrer stimmten sie nicht milder, sondern noch härter gegen die Muhamedaner, wie schon die entsetzliche Einnahme von Jerusalem erweiset. — Ueber Sinn und Benehmen der Deutschen im Mittelalter sagt ein italienischer Chronist[2]): sie sind von Natur übermäßig beutelustig, und der Kriegszucht unkundig. Sie verschonen keinen Menschen, plündern selbst friedliche Städte, verbrennen alles Uebrige und verwüsten rings umher das Land. — Leider verdienten die Italiener (ich erinnere beispielsweise an die Geschichte der Ezeline) nicht weniger Vorwürfe.

Die Religionskriege seit der Reformation (der Albigenser nicht zu gedenken) zeigen widerwärtigere Gräuel und ärgere Barbareien, als fast alle Kriege bloß weltlicher Art. Insbesondere überstiegen die Niederträchtigkeiten und Bestialitäten im Dreißigjährigen Kriege alles zeither Erlebte. Zur Zeit hochgerühmter Bildung ließ Ludwig XIV. die Pfalz niederbrennen, und zur Rache steckten die Verbündeten im Jahre 1692 an achtzig Städte und Dörfer der Dauphiné in Brand.[3]) Der französisch-russische Feldzug endlich brachte das herzzerreißendste Elend in ungeheurer Ausdehnung.

Ich habe diese, leicht zu vermehrende, Aufzählung möglichst abgekürzt. Es ist des dunkeln Schattens genug, um für friedliche (wenn auch mißlungene) Bemühungen, ein billiges nachsichtiges Urtheil hervorzurufen.

König Heinrich IV. von Frankreich und sein gleich großer Minister Sully hatten im Uebermaaße erfahren welche unsägliche Leiden der Krieg den Einzelnen und den Staaten bereite. Sie hingen daher mit Vorliebe dem Gedanken nach, einen Weg aufzufinden auf welchem jede Streitigkeit zwischen Staaten und Völkern in rechtlicher Weise entschieden, mithin ein ewiger Friede auf Erden herbeigeführt werde. Zu dem Ende sollte man die

---

1) Müller, Gesch. d. Schweiz, IV, 688, 702.
2) Cermen., Histor. Mediol., c. 59, in Murat. Script., Vol. IX.
3) Vie d'Eugène, I, 42.

drei christlichen Hauptbekenntnisse ungestört neben einander dulden, alle Handelsbeschränkungen aufheben, die christlichen Staaten (damit sie sich nicht unterdrücken können) auf möglichst gleiche Größe und Macht bringen, und einen höchsten Gerichtshof bilden.¹) Gewiß war der Gedanke christlicher Duldung und eines Rechtsverhältnisses unter den Staaten großen Lobes werth; doch setzte jener Plan manches höhere Heilungsmittel zur Seite, legte ein übertriebenes Gewicht auf die Gleichheit der bloßen Massen, und wollte dieselbe ohne Rücksicht auf Recht und Eigenthum, durch arge, eben zu vertilgende Gewalt herbeiführen.

In seinem Plane für den ewigen Frieden sucht der Abt St. Pierre (gestorben 1743) darzuthun daß Europa ein Staatenbund sey und seyn müsse; seine jetzige Verfassung aber beständig den Keim zu neuen Kriegen und neuem Unglück in sich trage. Deshalb sollen sich alle Staaten zur Gründung einer Bundesbehörde vereinen und nachstehende Grundsätze anerkennen:

1) alle Streitigkeiten werden durch die Bundesbehörde, oder durch erwählte Schiedsrichter entschieden.

2) Festgestellt wird die Zahl, Zeit, Ort und Geschäftsgang der Bundesbehörde, sowie das Maaß der gemeinschaftlichen Beiträge.

3) Der Bund verbürgt Besitzstand und Verfassungen. Alle entsagen früheren Ansprüchen; oder das was dabei noch zweifelhaft bleibt, wird durch die Bundesversammlung im Wege des Rechts und der Güte vermittelt.

4) Wer die Aussprüche des Bundes nicht anerkennt, Kriegsvorbereitungen trifft, Verträge gegen den Bund schließt u. dgl. wird in die europäische Acht gethan und mit allen Mitteln zum Gehorsam gezwungen.

5) Die Beschlüsse werden zunächst durch Mehrheit, nach fünf Jahren durch ¾ der Stimmen gefaßt, obige Grundbestimmungen aber nur durch Einstimmigkeit geändert.

Dieser Plan, welcher den Besitzstand achtet und nicht um

---

1) Raumer, Geschichte Europas, II, 397.

materieller Ansichten willen das bestehende Recht einem angeblich höheren Rechte opfern will, ist billiger, ausführbarer und minder revolutionair als der Heinrichs IV; doch stehen auch ihm Vorurtheile und Leidenschaften entgegen; so daß bald die Macht den Rechtsgang hemmen, oder eine verschmitzte Diplomatie Unrecht als Recht einschmuggeln würde. Das Alles hebt aber die große Wahrheit nicht auf, daß man streben solle auf friedlichem Weg das wahre Recht zu verwirklichen.

In seiner Schrift: „Zum ewigen Frieden" verlangt Kant: kein Friedensschluß solle Stoff neuen Krieges enthalten; kein Land durch Erbschaft, Kauf, Tausch, oder Schenkung an einen Andern übergehen; stehende Heere und Schätze (welche Nachbarn bedrohen) hören auf; Staatsschulden in Beziehung auf auswärtige Verhältnisse dürfen nicht gemacht werden, kein Reich darf sich in die Händel eines andern mischen. Die Verfassung jedes Staates soll repräsentativ und mit getrennten Gewalten seyn u. s. w. — Ich habe diese und andere damit in naher Verbindung stehende Ansichten Kants in meiner Schrift über Staat und Recht (S. 120) einer nähern Prüfung unterworfen und erlaube mir (um Wiederhohlungen zu vermeiden) darauf zu verweisen. Gewiß ist das von ihm Geforderte und Anempfohlene minder ausführbar, als was manche sonst weniger begabte Männer vorschlugen.[1]) Hier genügt es auf den großen Gedanken eines ewigen (ich möchte sagen christlichen) Friedens aufmerksam gemacht zu haben; gewiß wird man mit bloß materiellen Mitteln und klügelnden Berechnungen das erhabene Ziel nicht erreichen; dazu gehört vor Allem eine geistige und sittliche Reinigung, Heiligung und Wiedergeburt der Einzelnen wie der Völker.

Ich könnte hier noch des Papstes und seiner Friede vermittelnden Stellung in der Christenheit erwähnen; da er jedoch diese Aufgabe (mit, oder ohne seine Schuld) nie hinreichend gelöset hat, so läßt sich eine nähere Erörterung wohl besser anderwärts anbringen.

---

1) Die Literatur hierüber in Krugs philosophischem Wörterbuche: Ewiger Friede.

Wenden wir uns von Friedensträumen und Hoffnungen noch einmal zu Gegenständen, welche nur zu wirklich sind und immerdar auf Glück und Unglück der Völker den größten Einfluß hatten, nämlich Krieg, Kriegsmittel, Kriegszwecke, Kriegssitte u. s. w.

Krieg steht mit Herrschaft in Verbindung und es lohnt wohl einmal aufzuzählen in wie verschiedener Weise Herrschaft erlangt wird: nämlich ohne Gewalt, oder mit Gewalt. Dort kann ein Volk sich über die frühern Gränzen ausdehnen und herrnlose Strecken friedlich in Besitz nehmen; oder es ist von benachbarten Stämmen bereits umgeben, welche es nicht verdrängen kann oder will. Dann mag es den Ueberschuß in die Ferne senden, zur Anlegung von Colonien. Ferner kann sich Herrschaft friedlich erweitern durch freiwillige Aufnahme in einen größeren Bund, oder durch Vereinigung mit einem anderen Staate (z. B. England, Schottland, Irland) unter Bewilligung gebührenden Antheils am Staatsrechte. In Monarchien, wo man die Herrschaft über Land und Leute als das Eigenthum einer Familie ansieht, wird sie auch erworben und übertragen durch Erbschaft, Heirath, Tausch, ja durch Kauf. Eine gewaltsame Begründung der Herrschaft kann Folge seyn des Willens Einzelner, oder des gemeinsamen Willens Aller. Dieser kann hervorgehen aus allgemeinem Bedürfnisse und führt alsdann zu Völkerwanderungen; oder durch gleichartige Begeisterung und Leidenschaft: Freiheitskriege, Religionskriege, Eroberungskriege. Kriegszüge von Völkern, welche, wie die Deutschen, Ansiedlung suchen, sind auf die Dauer weniger verwüstend, als Züge von Jägern, Hirten, oder Seeräubern.

Wo irgend schon geordnete Staatsverhältnisse bestehen, kann nur die höchste Gewalt den Krieg erklären; nicht selten aber haben kriegslustige Regierungen Beleidigungen Einzelner als Vorwand zu allgemeinern Feindseligkeiten benutzt. Aehnlicherweise hat man Kleinigkeiten als Beleidigungen des Staats und der Herrscher hervorgehoben, welche zu bestrafen und zu rächen die Ehre erfordere. Indessen giebt es auch Fälle wo ruhiges Erdulden nicht erhabenen, christlichen Sinn, sondern feige Ehrlosigkeit zeigt.

Derjenige Krieg (sagt Macchiavelli)¹) ist gerecht, welcher nothwendig ist, und wo die einzige Hoffnung auf den Waffen beruht. — Scheinbar bestimmt genug; und doch können Zweifel und Streitigkeiten über die Nothwendigkeit und das Maaß der Hoffnung nicht ausbleiben.

Jahrhunderte lang behalten die Völker gewisse Eigenthümlichkeiten in Hinsicht auf kriegerische Anlagen und Neigungen. Noch jetzt fechten die Spanier lieber und besser hinter den Mauern²), die Franzosen lieber in Massen; noch jetzt sind diese oft überkühn im Siege und allzu niedergeschlagen im Unglück. Numantia und Saragossa beweisen dasselbe.

Sowie jedem Staate eine friedliche Organisation nöthig ist, so auch eine kriegerische³), obwohl z. B. diese in Rom, jene in Venedig übermäßig verwaltete. Dem Starken, oder Tüchtigen (sagt das Sprichwort) hilft das Glück; mit Recht aber wünscht, oder fordert Cicero⁴), daß Vorschriften der Vernunft jene Kraft der Tüchtigkeit verstärken möchten. Der Geist des Krieges, die sittliche Macht ist oft mehr werth, als die physische; beide können erregt und gemehrt werden, beide können unmerklich dahinschwinden. Höhere Bildung, Cultur ersetzt aber keineswegs Tapferkeit und Heldenmuth; ich erinnere an die Kämpfe der Griechen wider die Römer, der Römer gegen die Deutschen, der Türken gegen die Byzantiner, der Mongolen gegen die Araber.

Friedliche Vorübungen und Einübungen sind nöthig und nützlich, aber (trotz Napoleons Praxis und Behrenhorsts Kritik) oft überschätzt worden. Man wähnte, wenn eine Reihe hübsch gerade auf — Nichts — losging, werde sie auch unter Kartätschenregen nicht wanken. Alle neuere Abrichtung jener Art wird aber von der jüdischen übertroffen, wenn es wahr ist daß 2½ Millionen Juden (Männer, Weiber und Kinder)⁵) in 2500 Gliedern, jedes 1000 Mann lang, und auf jedes Glied zwei Schritt

---

1) Principe, 26.
2) Strabo, IV, 196, 197.
3) Paruta Disc., 2, 1.
4) Cic. Tusc., II, 4.
5) Beck, Weltgeschichte, I, 136.

gerechnet, regelrecht und ohne Störung 6—8 Stunden, durchs rothe Meer marschirt sind.

Die ächte höhere Kriegskunst reicht weit über jenen kleinen Dienst hinaus, und ist nur ein sehr seltenes Eigenthum hochbegabter Feldherren. Muth des Charakters ist ihnen nicht minder nöthig, als eigentliche Tapferkeit. Daher sagt Friedrich II.[1]): Der größte Feldherr der Welt würde derjenige seyn, welcher bei verschiedenem Glückswechsel denselben Geist (un esprit égal) behielte, und Thätigkeit niemals von der Klugheit trennte. — Hiemit stimmt nicht ganz wenn Platon schreibt[2]): „Die Feldherrnkunst ist für den Gebrauch die berühmteste; doch pflegt Glück und natürliche Tapferkeit mehr zu entscheiden, als Weisheit." — Zuletzt gehört dies Alles zusammen, um den höchsten Erfolg zu erreichen.

Gewiß ist die Wahl eines obersten Feldherrn von höchster Wichtigkeit, und sollte nie allein von Stand, Geburt und Dienstalter abhängen. Irrig ist dagegen die Hoffnung, seine etwanigen Mängel durch Beschränkung seiner Wirksamkeit zu heben, oder durch guten Rath, den er wohl gar von Hause erwarten soll. Die Römer (trotz aller Eifersucht auf ihre Freiheit) beschränkten ihre Feldherren nicht, während die Oesterreicher sich durch das entgegengesetzte Verfahren vielen Schaden thaten. Auch ist ein Feldherr nicht immer so über jene beschwerlichen Hofmeister erhaben, daß er sich (wie Prinz Eugen von Savoyen) gar nicht um sie kümmert, weil er weiß daß sein siegreicher Erfolg ihre Weisheit widerlegen wird. Uebrigens sind nicht bloß in Monarchien, sondern auch in Republiken schlechte Feldherren ernannt worden; weßhalb Antisthenes den Athenern vorschlug[3]): sie sollten beschließen daß die Esel Pferde wären; denn sie machten auf ähnliche Weise sogar Feldherren.

Es ist ein falscher Grundsatz in einer Republik keinem Eingebohrenen den Oberbefehl anzuvertrauen. Auf fremde Anführer

---

1) Hist. de mon temps, II, 22.
2) Epinomis, 975.
3) Diog. Laert. Antisth., c. 4.

ist sehr selten voller Verlaß, wie z. B. Venedig ¹) mehre Male zu seinem Schaden erfahren hat.

Ein Feldherr soll sich nicht wie ein gemeiner Soldat jeder Gefahr aussetzen; wo es aber gilt, darf er nicht zögern, sondern wie Heinrich IV. rufen: folgt meinem Federbusche! — Bisweilen dienen auch scheinbar sehr geringfügige Mittel dazu, den Muth zu erhöhen und den Sieg herbeizuführen; sie dürfen dann keineswegs verschmäht werden. So besiegte Agathokles gutentheils die Karthager, weil er heimlich Nachteulen einfangen und vor der Schlacht fliegen ließ.²) Sie setzten sich auf Helme und Schilde der Soldaten, und wurden für glückbringend gehalten. Cyrus schlug die Massageten und Grimoald der Longobarde die Franken, weil sie ihnen ein mit Speise und Trank reichlich versehenes Lager überließen.³) — Neben den eigentlichen Eigenschaften des Feldherrn, tritt keine Tugend so edel und nützlich hervor, als die der Uneigennützigkeit. Wie sehr unterscheiden sich in dieser Beziehung die früheren Römer von den späteren. Auch behandelten jene selbst ihre unglücklichen Feldherren mit Milde, während die Karthager sie (ohne dadurch mehr zu erreichen) sehr hart bestraften.

Man hat gefragt: bedarf der Feldherr mehr eines trefflichen Heeres, oder das Heer eines trefflichen Feldherrn, und welches von beiden ist das Wichtigere? — Die Antwort ist nicht einfach und leicht. Einerseits ist ein Feldherr nichts ohne ein Heer, und wiederum kann jener mehr werth seyn als ein ganzes Heer. Ein großer Feldherr kann jedes Heer zum Siege erziehen, und aus begeisterten Heeren erwachsen große Feldherren. Die Erziehung von oben herab wirkt indessen wohl schneller als von unten herauf, und ein Tausch der Feldherren dürfte vielleicht noch bedeutender seyn als ein Tausch der Heere. Was ist wahrscheinlicher, daß Friedrich II. mit Oesterreichern und Napoleon mit Deutschen, oder daß der Prinz von Lothringen mit Preußen und Mack mit Franzosen dauernd gesiegt hätte?

---

1) Paruta, I, 2, 386.
2) Diodor., XX, 11—13.
3) Paul. Diac., 5. B., 5. Kap.

Der Zweikampf zwischen Einzelnen, insbesondere zwischen Feldherren und Königen, ist gewiß ein noch schlechteres Gottesurtheil als der Krieg unter Völkern. Daher ist er öfter vorgeschlagen, als vollzogen, etliche Male aber auch kurzweg abgelehnt worden. So von Metellus gegen Sertorius, obgleich ihn das Heer deshalb tadelte.¹) Einen ähnlichen Antrag Christians IV. von Dänemark beantwortete Karl IX. von Schweden auf die gröbste Weise.²)

Das rohere, oder menschlichere Kriegsverfahren hängt allerdings wesentlich zusammen mit dem Gesammtzustande der Völker; geistige Bildung schützt aber nicht gegen leidenschaftliche Beschlüsse der Einzelnen, oder wilden Fanatismus der Massen. Zur Roheit kann sich Feigheit gesellen (so die Neger in Congo und Loango)³), und Tapferkeit des Körpers gibt noch keinen ausdauernden Heldenmuth des Geistes. Der Uebermuth, mit welchem Soldaten und Offiziere Land und Einwohner behandeln⁴), steht oft im umgekehrten Verhältnisse zum wahren Muthe. Von großem Einflusse ist hier Gesinnung und Handlungsweise des Feldherrn. Der Krieg führt nothwendig eine solche Menge von Unmenschlichkeiten mit sich, daß es frevelhaft ist sie zu begünstigen, in dem Wahne sie zu benutzen. Als die Consuln dem Könige Pyrrhus den Verrath anzeigten, welcher ihn bedrohte, schrieben sie⁵): es gefällt uns nicht mit Hülfe von Geld, Lohn und List zu kämpfen. Ludwig der Baier und Friedrich von Oesterreich, Franz von Guise und Condé theilten, nach Jahre langer heftiger Fehde, dennoch vertrauensvoll Tisch und Bette, und Crillon wollte sich zwar auf Leben und Tod mit dem Herzoge Heinrich von Guise schlagen, keineswegs aber ihn ermorden.⁶)

Neben den Freveln erzeugt der Krieg oft einen übereilten,

---

1) Liv. 91, 2.
2) Rühs, IV, 81.
3) Degrandpré, 73.
4) Noailles Mém., I, 304.
5) Gellius, III, 8.
6) Davila, III, 127; IX, 533.

unwürdigen Glauben an Frevel. So glaubte Ludwig XIV.: der große Eugen wolle seinen Enkel Philipp meuchelmörderisch aus dem Wege räumen[1]); wogegen sich Eugen in einer sehr edlen Weise erklärte, die so weit entfernt war von alt jesuitischen, als neu revolutionairen Grundsätzen.

Auf die Frage: wer den Krieg übernehmen, das Vaterland vertheidigen solle? haben zuvörderst die Philosophen sehr verschiedene Antworten ertheilt. Platon fordert für seinen Musterstaat einen besonderen Kriegerstand, und Hegel[2]) findet ihn so natürlich und nothwendig wie jeden anderen. Fichte hingegen sagt: der Krieger bildet keinen besonderen Stand, und kann im Reiche Gottes auf der Erde kein besonderer Stand werden. — Die Praxis hat sich an derlei allgemeine Forderungen und Lehrsätz nie gekehrt, sondern nach Maaßgabe der verschiedenen Verhältnisse, auch verschiedene Einrichtungen gefördert und verwirklicht. An dem einen äußersten Ende stehen erbliche, geschlossene Kriegerkasten (wie in Indien und Aegypten) mit den schon erörterten Licht- und Schattenseiten. Der Lehnsadel bildete einen Stand; aber er war doch beweglicher als die Kaste, und nahm bald andere nicht dazu gehörige Personen zu Hülfe. Da die Zeit des Lehnsdienstes allzu kurz bestimmt war und fast gar keine gemeinschaftliche Einübung der Mannschaft statt fand, so blieb diese für längere, größere Kriege meist unbrauchbar, und es erscheint natürlich daß man zweckmäßigere Einrichtungen aufsuchte. — Als mißlungen und mangelhaft muß man das System der italienischen Heerführer (condottieri) bezeichnen, welche Krieger zu ihrer Fahne um sich versammelten und dann unter bestimmten Vertragsbedingungen in den Dienst einzelner Staaten traten. Nur von eigenem Gewinne der Condottieri war hiebei die Rede; wenig, oder gar nicht von Vaterland und Kriegszweck. Mithin Kriege ohne Begeisterung, Edelmuth, Aufopferung, ja selbst ohne Tapferkeit. Denn sobald (wie sehr oft) Condottieri einander gegenüberstanden, welche fast nur das eine Bestreben hatten ihre Mannschaft zu schonen, ward die Fehde allerdings unblutig, aber in der

---

1) Noailles Mém., II, 254, 283.
2) Hegel, Rechtsphilosophie, 334; Fichte, Staatslehre, 288.

That lächerlich, ja verächtlich. Italien hat für diese Entwöhnung von eigentlicher Vaterlandsvertheidigung sehr bitter gebüßt.

Das römische Kriegswesen schloß sich an die aristokratische Vertheilung der Staatsrechte und der Steuerpflichten an, bis Marius auch die Aermeren, die Proletarier in das Heer aufnahm. Diese demokratische Ausdehnung der Kriegspflicht hätte, bei einem besseren Zustande des Staats und der Sittlichkeit, als ein nützlicher Fortschritt wirken können. Unter den gegebenen Verhältnissen diente sie zum Beschleunigen der völligen Auflösung.

Wenn reiche, mächtige Staaten (so Karthago, England) ganze Massen fremder Mannschaft in ihren Dienst nehmen und sie unter ihren Befehlen zu ihrem Vortheil benutzen; so ist dies Verfahren zwar weniger mangelhaft, als das der Condottieri, jedoch auch nicht ohne bedeutende Mängel. Deshalb geriethen die Karthager in sehr gefährlichen Krieg mit ihren Söldnern, und das Verkaufen deutscher Mannschaft ward, nicht mit Unrecht, aufs Härteste gerügt. Der allerschlechteste, allemal verderbliche Ausweg ist der, wenn ein Staat der sich selbst nicht mehr vertheidigen kann, Hülfsmannschaft einer fremden Macht aufnimmt, welche den Befehlen dieser Macht unterworfen bleibt. Beschützer dieser Art verwandeln sich allmählig in Herren.

Der deutsche Heerbann knüpfte die Kriegspflicht an Landbesitz; in diesem lag Sold oder Entschädigung verborgen oder zu Tage. Nachdem sich aber der Bildungsstand der Völker ändert, und das Unzureichende auch des Lehnskriegsadels erkannt wird, ist der Uebergang aus der Besoldung mit Grundvermögen, zu dem Söldnerdienst für Geld, natürlich und leicht.

Sind diese Söldner einzeln im Auslande geworben, oder freiwillig eingetreten; so erscheinen sie nicht gefährlich, stehen aber ihrem neuen Vaterlande fern, so lange nicht Familienverhältnisse zu den Dienstverhältnissen hinzutreten. Einheimische Söldner sind von fremden wesentlich verschieden: ob aber solch ein einheimischer Söldnerdienst, oder eine allgemeine Kriegsverpflichtung (das System der Conscription) vorzuziehen sey? darüber sind entgegengesetzte Behauptungen aufgestellt worden. Für die allgemeine Verpflichtung zum Kriegsdienste ist angeführt worden:

sie allein steigert Macht und Zahl der Landsvertheidiger auf den höchsten Gipfel, und vernichtet alle Ausnahmen und Begünstigungen welche niemals auf genügenden Gründen beruhen. Das Vaterland zu vertheidigen ist nicht bloß eine Pflicht; es ist ein Recht und eine Ehre, von welcher Wahrheit die Vornehmen, Reichen und Gebildeten am meisten sollten durchdrungen seyn. Treten diese gleich allen Uebrigen in das Heer, so wird sich nicht bloß dessen Zahl erhöhen, sondern auch dessen Geist wesentlich verbessern.

Hiegegen ist eingewandt worden: eine allgemeine Zwangseinstellung zum Kriegsdienste ist die größte Tyrannei und könnte nur entschuldigt werden, wenn ein freies Volk durch seine Stellvertreter darein willigte; was aber (wie England und Nordamerika zeigen) niemals geschehen wird. Ja selbst Parlamente und Repräsentanten haben kein Recht hierin der persönlichen Entscheidung jedes Einzelnen vorzugreifen. In alter Zeit verkauften und verpfändeten die Fürsten ihr Gut um ihre Kriege zu führen; jetzt heißt es ein Fortschritt wenn sie alles Gut und alle Personen nach Belieben dazu in Anspruch nehmen, und die Leiden des Krieges in größtem Maaße über Alle verbreiten. Jedem soll eine freie Wahl seines Lebensberufes zustehen, und die richtige, natürliche, angemessene Zahl der Soldaten findet sich (wie bei allen Beschäftigungen und Gewerben) nicht durch äußeren Zwang, sondern durch freiwillige Einstellung. Sollte sich aber in der That keine genügende Zahl von Kriegern auf diesem Wege finden, so mag man sie durch freie Werbung, Belehrungen und Belohnungen erhöhen. Es ist gewiß verkehrt zufolge jenes Systems das größte und geringste Talent (zum Schaden des Staates und der Einzelnen) ganz gleich stellen, jeden Bildungsgang unterbrechen, von jeder geistigen Thätigkeit zurückschrecken. Das Erloosen der Einzustellenden aus vielen Verpflichteten mindert das Uebel nicht, sondern erhöht die Willkür und stellt die Thorheit der Verfahrens in doppelt helles Licht. Gewiß ermittelt man auf diesem Wege nicht die Kriegstüchtigen, die bei anderen Beschäftigungen wirklich Entbehrlichen, die Willigeren; man giebt Alles dem blinden Zufall preis, und nennt schädliche Vorrechte und Privilegien, was in der Regel nur eine natürliche und billige

Berücksichtigung der obwaltenden Verhältnisse ist. In der Regel sind die Freiwilligen auch die wahrhaft Kriegstüchtigen; nur aus ihnen erwächst ein rechter Soldatenstand. Wendet man ein: auf diesem Wege bleibt die Zahl der Krieger zu gering, so antwortet Macchiavelli [1]): wo Menschen sind, aber keine Soldaten, liegt die Schuld an der Regierung.

Hierauf läßt sich erwiedern: die Zahl der Vaterlandsvertheidiger kann nicht von freiwilliger Anmeldung abhängig gemacht werden. Es gab Zeiten (z. B. der Völkerwanderung) wo Alle in den Krieg zogen, und andere (z. B. des alternden Roms) wo niemand dazu bereit war. Nur die Regierung ist im Stande hierüber angemessen zu entscheiden; es gehört zu ihrem Berufe die Masse und die Anwendung der Vertheidigungsmittel zu bestimmen. Es bleibt irrig den Soldatenstand als ein Gewerbe zu betrachten, und von der Gewerbefreiheit eine richtige Einstellung zu erwarten; hier handelt es sich um höhere Rechte und Pflichten. Steuerpflicht und Kriegspflicht sind allgemein und gehen einander paralell; obwohl die besondern Einrichtungen verschieden seyn können und verschieden seyn müssen. Es erscheint nicht folgerecht, wenn man die Freiheit der Einstellung aufrecht erhalten will, und doch gleichzeitig seine Zuflucht zum Dienste von Söldnern nimmt, welche die übrigen Bürger bezahlen müssen. Belehrungen schaffen so wenig Soldaten, als Steuern herbei, und Belohnungen geben ein Vorrecht wogegen man ja eben kämpft. Ohne Gehorsam gegen die Gesetze kommt hier (wie schon die Spartaner wußten) niemand vorwärts; diese Eigenschaft ist mehr werth als über Unläugbares und Nothwendiges grübeln, raisonniren und skeptisiren. Wenn das Loos erst der freiwilligen Einstellung folgt und sich nur auf Gleichartige, Zusammengehörige erstreckt, so ist es zwar nicht über Einwendungen erhaben; führt aber nicht so viele Willkür, Begünstigung und Ungerechtigkeit mit sich, als manches scheinbar bessere Verfahren. Völlige Gleichheit wird bei keinem Systeme erreicht; große Talente arbeiten sich jedoch eher empor aus der allgemeinen, demokratischen Kriegsverpflichtung, als aus der aristokratischen Begünstigung der Vornehmen

---

1) Discorsi, I, 21.

und Reichen. Der Haß gegen die Conscription bezog sich nicht auf die Verallgemeinerung der Kriegspflicht, sondern auf die unzähligen Aushebungen zu schädlichen Kriegen. Seitdem Frankreich z. B. vieljährigen Friedens genießt, haben fast alle Klagen über die Conscriptionsgesetze ein Ende genommen.

Man muß, bei einer vorzugsweise theoretischen Betrachtung wohl zugeben, daß die Verpflichtung zum Kriegsdienste (wie zur Steuerzahlung) eine allgemeine sey; praktisch aber sind die verschiedensten Systeme und Methoden zur Anwendung gekommen. Ich will wiederhohlentlich einige der wichtigsten aufzählen:

1) Gebohrne Krieger, Kriegerkasten, Lehnsadel.

2) Miethssoldaten, für welche die Bürger das Geld aufbringen, ohne Kriegsdienst der letzten.

3) Bürger und Miethssoldaten, für jene aber Ausnahmen, eine Art von negativer Aristokratie.

4) Bürger, ohne Söldner; mit positiven Vorrechten, nach Stand, Geburt, Gewerbe, Vermögen.

5) Allgemeine, demokratische Kriegsverpflichtung, ohne Söldner. Hauptunterschiede und Gegensätze dieser Art greifen aber aufs Mannichfaltigste ineinander, und vermitteln neue Grundsätze und Gestaltungen. Ganz verwerflich ist es (wie wir sahen) wenn den Bürgern der Muth zur Vaterlandsvertheidigung, den Söldnern ein Vaterland fehlt. Befreiungen sollen sich nie auf den irrigen Gedanken gründen, der Soldatenstand sey bloß eine Last, oder gar eine Schande. Bedenklich (und nur sehr ausnahmsweise gerechtfertigt) erscheint es, die niederen Klassen ganz vom Kriegsdienste auszuschließen, oder umgekehrt ihnen denselben allein aufzulegen. Von der staats- und kriegsrechtlichen Ansicht, den höher Berechtigten auch stärkere Pflichten aufzulegen, ist bereits an anderer Stelle die Rede gewesen.

Siebenundfunfzigster Brief.

Berlin, 2. Nov 1850.

Es fällt denjenigen, welche in gebildeten Staaten die Kriegspflicht am weitesten ausdehnen wollen, doch nicht ein den Unterschied von Civil und Militair aufzuheben, oder diesem vorzugsweise alle Ehre zuzuwenden. Mit Recht sagte daher Ludwig XIV.: die, welche dem Berufe der Waffen folgen[1]), sind uns weder treuer, noch verpflichteter, noch unserem Dienste nützlicher, als alle Uebrigen unserer Unterthanen. — Eben darauf hin deutet ein Wort des Kardinals Retz[2]): entwaffnete Gesetze sinken in Verachtung; Waffen, unermäßigt durch Gesetze, treten in Anarchie. — An diese Doppelrichtung dachte auch Platon[3]), wenn er sagt: muthig soll jeder Mann seyn, vor Allem aber auch milde. — Einseitig dagegen verfuhr der Kaiser Gallien[4]), wenn er die Senatoren gesetzlich von allen Kriegsstellen ausschloß.

Selbst diejenigen, welche den Künsten des Exercierplatzes nur untergeordneten Werth beilegen, behaupten daß ein ungeübtes Heer einem geübten Heere nicht widerstehen könne, also eine Bildung und Erziehung der Soldaten unentbehrlich sey. Die Erzieher müssen einen bleibenden Stamm des Heeres bilden; und so rathsam es auch ist mit den zu Erziehenden häufig zu wechseln damit die Vorbildung zum Kriege allgemeiner werde, zeigt sich doch bei nicht Wenigen die Neigung das Heer nie zu verlassen. Der Uebergang zum Soldatenstande, zu stehenden Heeren ist auf diese Weise ganz natürlich gegeben. Bisweilen hat man aus Bequemlichkeit und der Geldersparung halber in dieser Richtung zu wenig gethan; in neueren Zeiten hingegen ohne Zweifel zu viel. Es ist zu bekannt und anerkannt daß sich die europäischen Staaten in dieser Beziehung untereinander überboten, in Schulden gestürzt und eine der gefährlichsten Krank-

---

1) Oeuvres, I, 180.
2) Mémoires, I, 84.
3) De legibus, V, 731.
4) Gibbon, 2, 63.

heiten eingeimpft haben, als daß es nöthig wäre darüber umständlicher zu sprechen. Besser man wüßte die rechten Heilmittel anzugeben: das Uebel (das heißt die Uebertreibung) ist aber in Europa so schwer auszurotten, als in Nordamerika die Sklaverei. Schwächere Staaten wagen nicht zu entwaffnen und selbst die mächtigsten finden, beim besten Willen, unerwartete Schwierigkeiten. Viele Soldaten widersprechen der Entlassung; sie wissen nicht wie sich beschäftigen und ernähren, und in noch üblere Lage gerathen verabschiedete Offiziere.

Die allgemeine Gewißheit: es gebe hier ein zu wenig, und öfter ein zu viel, hilft eben nicht weiter: vielmehr muß jede wahrhaft nützende Maaßregel aus genauer Erwägung aller besonderen Verhältnisse hervorgehen. So kann z. B. die Zulassung von Stellvertretern in einem Lande sehr unzweckmäßig, und in einem anderen fast nothwendig erscheinen.

Daß das System der stehenden Heere erst seit Ludwig XIV. auf eine sehr verderbliche Höhe getrieben ward, ist bekannt; weniger daß sich eine geschickte Vertheidigung desselben bereits in Xenophons Hiero [1]) befindet.

Niemand bezweifelt die Nothwendigkeit eines strengen Gehorsams der Soldaten; sie müssen den Befehlen einzelner Vorgesetzten folgen, wie man in anderen Verhältnissen nur allgemeinen Gesetzen folgt. Denn man gewinnt (heißt es in den Werken Ludwigs XIV.) [2]) viel mehr Schlachten durch gute Ordnung und Mannszucht, als durch Degenhiebe und Musketenschüsse. — Steht aber hinter dem Gehorchen und der Verehrung des Feldherrn nichts Höheres, trennt sich der Soldat von Vaterland und Gesetz, bildet das Heer einen Staat im Staate, so können die übelsten Folgen nicht ausbleiben. Entweder die Feldherrn werden mit Hülfe des Heeres tyrannische Herrscher, oder das Heer verläßt sie, irgend einem Anderen anhangend. Das letzte erfuhren Demetrius Poliorcetes, Lepidus, Vetranio der Nebenbuhler des Kaisers Constans und Procopius [3]), welcher sich wider Valens empört hatte.

---

1) Kap. 8—10.
2) Oeuvres, II, 265.
3) Ammian., XXVI, 6—10.

Schon Aristoteles sagt: es liegt in der Gewalt derer, welche die Waffen führen [1]), ob die Verfassung (πολιτεια) bestehe oder nicht bestehe. Und der friedliche Spinoza [2]) fügt hinzu: es ist gewiß daß die Fürsten durch ihre Söldner das Volk unterdrücken können.

Dies führt uns zu der in neuerer Zeit so oft erörterten, sehr schwierigen Frage: ob das Heer auf die Verfassung zu vereidigen sey? Bejaht man sie, so verwandelt sich das Heer in eine selbständige, berathende Körperschaft; und löset sich, bei natürlich hervortretenden verschiedenen Meinungen, völlig auf. Verneint man sie, und es tritt eine Spaltung zwischen Herrscher und Volk ein, so wäre das Heer verpflichtet die ärgste Willkür zu unterstützen und aller Freiheit ein Ende zu machen. Leider zeigt die Geschichte in beiden Richtungen sehr böse Beispiele, und keine allgemeine, abstrakte Antwort wird gegen die Macht und das Recht wirklicher Verhältnisse ausreichen. Macht ein König (wie Karl I. von England) von seinen Rechten ungebührlichen Gebrauch, so steigern sich die Forderungen der Gegner, und von der Regel daß das Heer allein unter ihm stehe, werden Ausnahmen durchgesetzt.

Gegen Empörungen der Soldaten sind sehr verschiedenartige Mittel angewandt worden. Alexander der Macedonier griff 13 Rädelsführer heraus und ließ sie hinrichten; Agathokles [3]) trat unter die Empörer und wollte sich selbst tödten. Ihre Lage war so verschieden als das Mittel, und nur der Erfolg für beide gleich. Germanikus ward Herr der empörten germanischen Legionen, indem er sie in kleinere Haufen trennte und zu einzelnen Fahnen hinwies. Die Häupter solcher Unordnungen nehmen (wenn Furcht, Reue u. s. w. wiederkehrt) gewöhnlich ein trauriges Ende. So verurtheilten schuldige Legionen selbst ihre Anführer zum Tode [4]), um sich gewissermaßen von der Schuld zu befreien, und Germanikus erschien unschuldig an dem strengen

---

1) Polit., VII, 9.
2) Tract. theol.-polit., c. XVII, p. 387.
3) Diodor., XX, 34.
4) Tacit. Annal., I, 34, 44.

Verfahren. Aehnliches geschah in einer Heeresabtheilung des Markus Brutus.¹) Noch eine Strafe asiatischer Willkür und Sonderbarkeit möge hier erwähnt werden. Artaxerxes Mnemon ließ dem Arbaces, welcher von ihm zum jüngeren Cyrus übergegangen war, eine nackte Hure auf seinen Hals setzen, welche er einen ganzen Tag lang auf dem Markte umhertragen mußte.²)

Uebertriebene Belohnungen und Beförderungen können so gefährlich werden, wie allzu grausame Strafen. Ob sie allein von der höchsten Stelle ausgehen sollen, oder für niedere Grade anderen Personen anzuvertrauen sind, läßt sich nur mit Rücksicht auf die besonderen Verhältnisse entscheiden. Nicht bloß auf einzelne Fragen dieser Art, sondern auf das gesammte Kriegswesen, haben die bürgerlichen und politischen Einrichtungen eines Staates den wesentlichsten Einfluß. Die Macht beruht weder allein auf physischen, noch allein auf moralischen Mitteln. Ja ihr Daseyn reicht nicht hin, wenn sie nicht angemessen in Bewegung gesetzt werden. Krieg, lässig und mit halben Mitteln geführt, ohne Selbsterkenntniß und ohne richtige Würdigung des Feindes, führt immer ins Verderben. Ein Staat welcher, bei sonst gleichen Verhältnissen, auf Alles gefaßt ist und Alles wagt, überwiegt den, welcher auf halbem Wege stehen bleibt.³)

Friedrichs II. Ausspruch: derjenige werde siegen, welcher zuletzt noch Geld in der Tasche habe; konnte nur in einer Zeit scheinbar richtig seyn, wo die Menschen ohne höhere Triebfedern lediglich dem Solde folgten. Aber selbst damals war dies keineswegs der Fall; denn Friedrichs persönliche Größe wirkte weit mehr und war anziehender, als seine schlechten Thaler. Wenn, nach dem Sprichworte, dem Tapfern die Welt gehört, so gehört ihm auch das Geld, und wie oft sind die Reicheren von den Aermeren besiegt worden. Ich erinnere an Perser, Römer, Deutsche, Franzosen. Reichthum für sich betrachtet und hingestellt, macht indessen weder unkriegerisch, noch kriegerisch.

---

1) Dio Cass., 47, 23.
2) Plutarch. Artax., c. 14.
3) Burke, VIII, 90.

Macchiavelli [1]) unterſucht die Frage: ob man den Feind im eigenen Lande erwarten, oder ihm entgegenziehen ſolle. Für jene Anſicht führt er an: der Gegner wird ſchwächer wenn er ſich weit von ſeiner Heimath entfernt, die Schwierigkeit der Zufuhr wächſt und die Kenntniß des Landes nimmt ab. Im eigenen Lande ſind mehr Hülfsmittel zur Hand, ein etwaniger Rückzug bleibt minder gefährlich und man ſchwächt das Heer nicht durch zurückgelaſſene Beſatzungen. — Für den Angriff bemerkt Macchiavelli: der Angreifende hat mehr Muth, als der Abwartende, der Soldat iſt in der Fremde faſt gezwungen zu ſiegen, oder zu ſterben, und im Unglück verliert man zunächſt nicht das eigene Land und die eigenen Hülfsquellen. Macchiavelli entſcheidet ſich dahin: ein Staat mit kriegeriſchen Unterthanen müſſe die Feinde zu Hauſe erwarten; beſitze er aber unkriegeriſche Unterthanen und mehr Geld, als Streitmittel, ſo müſſe er die Feinde ſo entfernt halten als irgend möglich. — Dieſe Unterſuchung und Entſcheidung erſcheint mir nicht erſchöpfend. Obgleich Laie in dieſen Dingen, erlaube ich mir folgende Bemerkungen. Keineswegs wird ein Heer jedesmal ſchwächer, wenn es ſich von ſeiner Heimath entfernt; vielmehr kann der Gewinn im fremden Lande den etwa eintretenden Verluſt weit überwiegen. Zufuhr und Hülfsmittel können abnehmen, aber auch zunehmen. Große ſtrategiſche Kriegsplane werden nach geographiſcher Kenntniß entworfen; taktiſche Bewegungen und Schlachten hingegen meiſt auf augenblickliche, örtliche Beobachtung gegründet. Ein Rückzug aus fernen Gegenden kann unter gewiſſen Verhältniſſen durchaus verderblich werden; der Verluſt des eigenen Landes iſt aber keineswegs minder nachtheilig. Die Niederlage bei Cannä war gefährlicher für Rom, als die des Craſſus, und der Rückzug aus der Champagne minder nachtheilig für Preußen, als der von Jena.

Andererſeits fechten Soldaten keineswegs in der Ferne immer beſſer als in der Heimath; wohl aber kann man mit kriegeriſchen Unterthanen gewiß mehr wagen, als mit unkriegeriſchen, und jeder Vertheidigungskrieg bezweckt den Sieg, welcher natürlich

---
1) Discorsi, II, 12.

aus der Defensive, in die Offensive führt. Und so möchte Parutas Ausspruch[1]) als Regel gelten: „es ist immer nützlich den Krieg im Hause des anderen führen." Das Beschränken auf die Vertheidigung hat dagegen jedesmal ganz besondere Gründe, z. B. Tomyris gegen Cyrus, Athen gegen Persien, Fabius gegen Hannibal, Wellington vor Lissabon u. s. w. Dasselbe gilt vom Verwüsten des eigenen Landes.

Der Gebrauch des **Feuergewehrs** hat allerdings hinsichtlich des Krieges viel verändert, keineswegs aber den persönlichen Muth ganz unwirksam und entbehrlich gemacht; denn wo die Waffen beider Theile gleich sind, entscheiden Muth und Geschicklichkeit jetzt wie damals.

Mit Unrecht verwirft, oder verspottet Platon[2]) **Mauern und Festungen.** Sie geben zwar den Muth nicht, sie nehmen ihn aber auch nicht. Sowie der Einzelne durch Waffen, Rüstungen u. dgl. seine persönlichen Kräfte erhöht, oder sich sichert, so bedient er sich auch mit Recht anderer, umfassenderer Mittel. Aber freilich die Hoffnung ein ganzes Land durch eine Mauer zu schützen, ohne Hülfe lebendiger Kräfte ist schlecht begründet; das beweiset die chinesische, die britische Mauer und die des Kaisers Probus gegen die Allemannen. Eben so wenig können einzelne Festungen ein freigesinntes Volk lange in Zaum halten; hiefür giebt die Geschichte viele Beispiele, seit der Burg von Theben. Gerathen schlecht vertheidigte Festungen in die Hände muthiger Feinde, so verwandelt sich der gehoffte Nutzen in doppelten Nachtheil. In der Regel folgen die Festungen dem Schicksale offener Schlachten; wo die Eroberung einer Festung Zweck eines ganzen Feldzugs seyn konnte, fand nur ein untergeordneter, künstlerischer Krieg statt.

Es ist unräthlich, gewagt und grausam dem geschlagenen Feinde unter keiner Bedingung einen Abzug zu verstatten, oder Maaßregeln zu ergreifen welche allgemeine Vernichtung bezwecken. Der Muth der Verzweiflung führt dann wohl zum Siege. Das erfuhr Kaiser Decius im Kriege wider die Gothen, König

---

1) Paruta, I, 3, 62.
2) De legibus, VI, 773.

Berengar ¹) im Kriege wider die Ungarn, Friedrich II. bei Zorndorf.

Hieher gehört eine Aeußerung Ludwigs XIV.: damit eine vorhandene Uebermacht mehr gefürchtet werde ²), muß man sie seltener auf die Probe stellen (plus rarement éprouvée). Sonst möchte jemand der nicht glaubte sich vertheidigen zu können, bei Freunden, Nachbarn, Neidischen, und selbst in seiner eigenen Verzweiflung, Mittel des Widerstandes finden.

Die Frage: ob ein Feldherr die Feinde als leicht, oder schwer besiegbar darstellen solle, ist mit Erfolg in entgegengesetzter Weise beantwortet worden; so daß das Richtige erst aus allen gegebenen Verhältnissen, für jeden einzelnen Fall hervorgehen kann. Verheimlichung von Unfällen hilft höchstens auf kurze Zeit; lächerlich aber war es ³), wenn der Churfürst von Köln seinen Unterthanen verbot, sich über das Glück der Preußen zu freuen. Jugurtha ⁴) begann seine Schlachten stets gegen Abend; denn des Landes kundiger als die Römer, hatte er im Unglücke weniger Verlust und im Siege mehr Vortheil. Feldherren dagegen, welche ihrer vollen Kraft vertrauten, wollten auch (wie Alexander der Macedonier) den vollen Tag zur Uebung dieser Kraft vor sich haben.

Bisweilen sind die Soldaten im Frieden von Staatswegen beschäftigt worden; öfter hat man ihnen überlassen sich selbst Nebenerwerb zu suchen. Wo dieser fehlt entsteht Unzufriedenheit, und es bestätigt sich der Ausspruch Heinrichs IV. und Sullys ⁵), daß müßige Soldaten leicht die Mannszucht vergessen. Noch natürlicher ist dies, wo nicht gehörig für Sold und Verpflegung gesorgt ist.

Durch Conscription und einen, mit gehöriger Einübung verträglichen Wechsel der Eingestellten, behindert man das Altwerden des Heeres; die Zahl allzu bejahrter Soldaten wird gering und zur

---

1) Gibbon, I, 332. Luitprand, II, 5—6.
2) Oeuvr., I, 180.
3) Oeuvr. posth. de Fréd. II., III, 346.
4) Frontin., 2, 13.
5) Sully, I, c. 31.

Versorgung bleibt nur die Zahl der Verstümmelten, oder durch Krieg Unfähigen. Gewiß ist eine solche Versorgung Pflicht für den Staat; irrig aber bleibt es den Invaliden ein ausschließliches Anrecht auf Aemter zu geben, für welche sie keine Fähigkeit besitzen: der wirkliche Schaden überwiegt weit die Ersparniß. In einigen Ländern hat man vorgezogen alle in Invalidenhäusern zu versammeln; in andern sie mit einer Unterstützung in ihre Heimath zu entlassen.

Bei jedem ausbrechenden Kriege entsteht die Frage: ob man daran Theil nehmen, oder neutral bleiben solle? Es giebt hier ohne Zweifel ein voreiliges, schädliches Einmischen, aber auch ein feiges, unentschlossenes Abwarten, welches sich bitter straft, wie viele geschichtliche Beispiele erweisen. Als ein Beispiel seltenen Unsinns führe ich indeß an, daß Theudebert [1]) der Franke die Gothen und Römer welche sich untereinander bekriegten, zu gleicher Zeit angriff. Ofter finden wir daß man Volk und Heer über Wahl und Zweck des Krieges in völliger Ungewißheit ließ [2]), und dann verlangte, sie sollten sich für einen unerwarteten, oder herbeigekünstelten Beschluß plötzlich begeistern. Einige Bemerkungen Macchiavellis [3]) stehen mit dem Allem in Verbindung. Unter allen unglücklichen Lagen, ist die unglücklichste wenn ein Fürst oder ein Freistaat dahin herabgebracht ist, daß er weder den Frieden annehmen, noch den Krieg aushalten kann. Dahin kommt man durch schlechte Rathschläge, schlechte Maaßregeln, falsches Abschätzen seiner Kräfte und endlich dadurch daß man zur Unzeit unterhandelt, oder Krieg beginnt. Wer gewisse Uebel und Unordnungen duldet um einem Kriege zu entgehen, wird ihn nur zu seinem Schaden verzögern.

Man hüte sich von Spaltungen in einem fremden Volke zu viel zu hoffen; oft versöhnen sich die Parteien einem auswärtigen Feinde gegenüber, und in Bezug auf diese über Alles hinaufgestellte Volksthümlichkeit, haben sich Römer und Franzosen tüchtiger und löblicher gezeigt, denn Griechen und Deutsche.

---

1) Procop. de bello goth., 2, 25.
2) Sully, XI, 488.
3) Discorsi, II, 23. Principe, 3.

Nichts ist natürlicher als daß man in Zeiten der Gefahr, zur Verstärkung seiner Kräfte Bündnisse sucht, und doch zeigt die Geschichte unzählige Fälle wo der beabsichtigte Zweck nicht erreicht ward. Daher sagt Friedrich II.¹) warnend: jeder Staat betrügt sich, der, anstatt sich auf seine eigenen Kräfte zu stützen, denen seiner Verbündeten vertraut. — Die Gründe jener Erfahrungen liegen so nahe: Verschiedenheit der ursprünglichen Wünsche und Zwecke, Abänderung derselben durch den Gang der Ereignisse, Ränke, Eigennutz, Neid, Wortbruch u. s. w. Daher sagt Comines²): ein Fürst der unumschränkt 10,000 Mann befiehlt, ist mächtiger als zehn, von denen jeder 6000 hat, wo aber über Zweifel und Entgegensetzung nie ein Beschluß zu Stande kömmt. — Doch hat es auch Bündnisse gegeben, welche durch gemeinsame Gefahr und die Größe der Führer fest verbunden blieben und ihren Zweck erreichten; so die Bündnisse gegen Persien, Ludwig XIV. und Napoleon. Bündnisse entgegengesetzter, verdammlicher Art waren die von Cambrai gegen Venedig und der drei Mächte gegen Polen. Aufgezwungene Bündnisse (z. B. der Rheinbund) sind nur Beweise bereits eingetretener Sklaverei³); andere welche bloß Ruf (famam) aber keine Kräfte mitbringen, täuschen und schaden mehr, als sie helfen. Die Bedingung, daß Verbündete keinen besonderen Frieden schließen sollten, ist, bei veränderten Verhältnissen öfter übertreten, als gehalten worden.

Die Behauptung: ein Staat dürfe sich niemals, und unter keiner Bedingung, in die Angelegenheiten eines anderen Staates mischen, ist in ihrer unbedingten Allgemeinheit irrig; denn es giebt Fälle wo eine solche Intervention nothwendig und gerechtfertigt ist. Oefter ist sie jedoch aus ungenügenden Gründen und zu eigennützigen Zwecken eingetreten, und hat dann gewöhnlich einem, zuweilen aber auch beiden Staaten Schaden gebracht. Ich erinnere an Polen, Pilnitz, Napoleon und Spanien u. s. w. Kriege, begonnen zum Aufdringen oder Vertilgen von politischen oder religiösen Grundsätzen, beruhen in der Regel auf verdammlicher

---

1) Oeuvr. posth., III, 46.
2) Mémoires, I, 16.
3) Macchiav. Disc., II, 11.

Anmaßung, auf einem Verkennen und Verachten fremder Eigenthümlichkeit und natürlicher Mannichfaltigkeit.

Der Zweck jedes Krieges ist der Friede, und jedem Frieden gehen Unterhandlungen voran. Nichts ist verkehrter als im Vertrauen auf dieselben den Krieg lässig zu führen; ein Sieg wiegt mehr als Beredsamkeit und Schlußfolgen. Doch giebt es eine zum Ziele führende Geschicklichkeit im Unterhandeln, welche fast so selten ist als die eines großen Feldherrn. Kleine Staaten müssen oft nachgeben um ihr Leben zu fristen; aber ein großer Staat ist zu beneidet und gefürchtet als daß er in einer Demüthigung dauernde Sicherheit finden könnte.[1] Achtung, Macht und Vorrang sind nicht Dinge, welche sich erbetteln lassen. Umgekehrt geht ein großer Staat, welcher glaubt sein Schicksal unabhängig von dem aller übrigen erhalten zu können, gar leicht zu Grunde. — Ein tüchtiger Gesandter bedarf zugleich der Rechtlichkeit und des Scharfsinns, großer Kenntniß der Sachen und Personen, der schlauen Gewandtheit und der einfach wahren Liebenswürdigkeit. Kann man sich wundern wenn diese Eigenschaften sehr selten in angemessenem Vereine angetroffen werden, und die Diplomatik fast von allen Seiten mit schmähenden Beiwörtern bezeichnet wird. Feige oder anmaßend, langweilig, sophistisch, heuchlerisch, verrätherisch, niederträchtig. Wer das Rechte nicht will oder nicht weiß, kann auch die rechten Worte nicht finden.

Der Inhalt des Friedens hängt wesentlich ab vom Erfolge des Krieges; er kann Altes herstellen, oder Neues gründen und beglaubigen. Eine gerechte Sache nach Kräften verfochten zu haben, bringt stets Ruhm, selbst wenn der Zweck nicht erreicht wurde. Die Früchte jedes hergestellten Friedens sind aber so groß und erfreulich, daß oft die politischen, oder kriegerischen Seiten desselben darüber fast in den Hintergrund treten. Daher sagt Grotius[2] in Bezug auf den Frieden von Vervins: überall in Belgien Feste, ob des geschlossenen Friedens, verhaßt Einigen deren Muth und Hoffnung lediglich von fremdem Unglück genährt

---

1) Burke, VIII, 87, 90.
2) Grotius, Hist. belg., VII, 321.

wird; ten Meisten erfreulich, nicht allein ersparten Christenblutes halber, sondern noch mehr weil zurückkehrte Recht in den Gerichts=höfen, Sicherheit dem Eigenthume, Einkommen von den Län=dereien, Handel auf den Straßen.

In so fern jede Eroberung Zeugniß für eine überwie=gende Kraftäußerung ablegt, hat sie eine Lichtseite; ja den Ge=danken von Stiftung eines Weltreiches hellenischer Bildung (wie ihn Alexander der Macedonier hegte) kann man groß und dich=terisch nennen; in der Regel aber zerstört jede Eroberung mehr als sie fördert und schafft, sie giebt Zeugniß für hereinbrechen=des Alter, mit nur ferner Aussicht auf etwaige Möglichkeit einer Wiedergeburt. Gar zu gern hat man Eroberungen den Schein des Rechtes umgehangen (so ließen sich Portugiesen und Spa=nier vom Papste die Welt zutheilen); rohe Völker machen nicht so viel Umstände, sie greifen zu nach Maaßgabe ihrer Gewalt. Von ihnen und von Halbgebildeten gilt was Rulhière [1] sagt: jedes Volk ohne lichtvolle Einsicht, wird sobald es aufhört wild und fanatisch zu seyn, ein erniedrigtes Volk; es wird, sofern kein glückliches Wunder eintritt, — unterjocht!

Merkwürdig sind die (wenigstens theoretischen) Grundsätze Heinrichs IV., welche sich in Sullys [2] Memoiren befinden. Es heißt daselbst: so scheinbar und glänzend auch die Plane sind, welche bezwecken Andere ihrer Güter und Besitzungen zu berau=ben und so groß und vortheilhaft auch der Erfolg seyn mag; wird sich zuletzt doch einfinden mehr Tadel als Lob, mehr Ver=druß als Zufriedenheit, mehr Haß als Wohlwollen und mehr Reue als Genuß. Zu dem bleiben Eroberungen immer Gegen=stand des Streites, und um sie zu erlangen mußten die Sieger ihre eigenen Einnahmen und Domainen verkaufen und verpfän=den, ihre Unterthanen mit allen Arten von Steuern bedrücken, Ackerbau und Handel zerstören, dergestalt daß der Verlust aller Art, jeden Gewinn weit übersteigt.

Dem beistimmend sagt Montesquieu: [3] es ist das Schicksal

---

1) Rulhière, Pologne, I, 309.
2) Sully, V, 6.
3) Lettres persanes, 107.

der (sogenannten) Helden, sich durch Eroberungen zu Grunde zu richten, und sich Völker zu unterwerfen welche sie genöthigt sind selbst zu zerstören.

Macchiavelli behauptet [1]): ein Fürst der sich sichern wolle, müsse in einem neu gewonnenen Lande Alles neu machen; — obgleich dies allerdings ein grausames, unmenschliches, unchristliches Verfahren sey. — Ich stimme dem letzten bei, läugne aber jene erste Nothwendigkeit. Jeder Versuch Alles umzuformen ist unpolitisch, selten ausführbar und allemal Unzufriedenheit und Haß erzeugend. Die Eroberung wird weit leichter verschmerzt und vergessen, es erzeugt sich weit eher Anhänglichkeit an die neue Regierung, wenn das erhalten und unverändert belassen wird, was den neuen Verhältnissen nicht ganz widerspricht. Daher sah Alexander, trotz seiner umgestaltenden Ansichten, sehr wohl ein daß er in Asien kein bloßer Hellene bleiben dürfe, und die Römer hüteten sich, sogleich in neu gewonnenen Landschaften Alles über einen Leisten zu schlagen. — Selbst den Tataren, welche China eroberten [2]), fiel es nicht ein die fast versteinerte Natur eines zahllosen Volkes umzugestalten; sie paßten sich vielmehr in dieses Volk hinein, nahmen Kleidung, Sitten und Meinungen der Chinesen an, verdrängten sie keineswegs von allen Stellen und verschwägerten sich mit ihnen durch Heirathen. — Diese Erfahrung könnte man aber wohl als Ausnahme betrachten, während Turgot [3]) die Regel ausspricht wenn er sagt: eine Eroberung durch Barbaren bringt den Staat in solche Unordnung, daß zu deren Beseitigung nöthig erscheint: das größte Genie, die geschickteste Hand, die mildeste und zugleich kräftigste Tugend, das reinste und edelste Herz.

Das Gegenstück zu gewaltsamen Eroberungen sind freiwillige Abtretungen von Landschaften die man (so die Römer in späterer Zeit) nicht mehr gebührend schützen und benutzen kann, und freiwillige Vereinigungen unter Bewilligung gleicher Rechte. (England, Schottland, Irland.)

---

1) Discorsi, I, 26.
2) Barrow, II, 68.
3) Turgot, II, 240.

Es ist oft als eine unläugbare Wahrheit ausgesprochen worden, daß eine Eroberung in dem Maaße schwieriger wird, als Sprache, Volksstamm, Sitten u. s. w. verschiedener sind; und doch fehlt es nicht an Beispielen daß eine Vereinigung des nahe Verwandten den größten Widerstand findet. (Russen und Polen.) Eine Eroberung (hat man ferner gesagt) ist leicht wo der Fall des monarchischen Oberhaupts den ganzen Staat auflöset; deshalb sind Freistaaten schwerer zu besiegen, als Königreiche. Wahr und unwahr: mit dem Falle des Darius Codomannus nahm das persische Reich ein Ende; nicht aber das französische durch die Gefangenschaft Franz I.; und wenn Polen ein erbliches Königsgeschlecht gehabt hätte, wäre es wohl wieder auferstanden.

Zu den traurigsten Erscheinungen in der Weltgeschichte gehört die, welche Isokrates bezeichnet, indem er sagt [1]): das größte Uebel ist, wenn Männer gezwungen werden, für ihre eigene Verknechtung zu Felde zu ziehen, mit denen welche sie befreien möchten zu kriegen, und Gefahren zu bestehen wo sie im Fall des Unterliegens sogleich ihren Untergang finden, im Fall sie aber glücklich sind für die Zukunft in noch härtere Knechtschaft gerathen. (Rheinbund.)

Der Gedanke eines **Gleichgewichts** der Staaten ist insofern durchaus löblich, als er die Berechtigung zum Nebeneinandersehn mehrerer Staaten anerkennt, und den Aberglauben von der Heilsamkeit eines Universalstaates verwirft. Für sich allein kann jedoch ein solcher Grundsatz die Staaten so wenig erhalten und gegen alle Uebel schützen, als irgend ein Arzneimittel oder ein System der Medizin gegen Krankheit und Tod schützt. Jener Gedanke ist übrigens keineswegs erst in der neuern Zeit aufgefunden; wir finden ihn häufig in der alten und mittleren Geschichte, und mit Vorliebe verfolgt in Italien. Die Italiener sahen aber hierbei sehr irriger Weise nicht über die Gränzen ihres Vaterlandes hinaus, und vergaßen daß sich das Gleichgewicht nie dauernd als ein todtes Seyn darstellt, sondern mehr eine Regel des Verhaltens ist, und bei fortdauerndem Streben

---

1) Panegyr., 90.

und Bewegen erst rechten Inhalt und Bedeutung erhält. Gleiche Massen besitzen keineswegs immer gleiche Kräfte, und der Geist besiegt oft die scheinbar weit überlegenen materiellen Kriegsmittel. Der Gebrauch, ein angeblich gestörtes Gleichgewicht durch unrechtliche Mittel (Theilungen, Säcularisationen) herzustellen, widerspricht im Wesentlichen dem Hauptgrundsatze das Leben der verschiedenen Staaten ungestört zu erhalten; obwohl keiner derselben vergessen sollte, daß Selbstvernachlässigung dem Untergange entgegenführt, und verbundene physische und geistige Ueberlegenheit unwiderstehlich wird.

Sogenannte **natürliche Gränzen** sind hiegegen kein genügendes Mittel, man mag sie bestimmen nach Flüssen, Bergen, Sprachen, Religionen u. s. w. Jede derselben zeigt ihre erheblichen Schwierigkeiten, und das was geschichtlich geworden, hat zuletzt auch seine Natürlichkeit geltend gemacht.

Besser dienten zur Sicherung der Schwächeren engere Verbindungen (Föderationen), z. B. der Amphiktionen, Aetoler, Achäer, Etrusker, Deutschen, Schweizer, Niederländer, Nordamerikaner. Doch ist auch diese Aufgabe sehr schwer. Zum Gelingen sind erforderlich gleiche Naturen und Zwecke, Mäßigung, Achtung vor Verträgen und Grundgesetzen, Willigkeit und Mittel zur Vollziehung der Beschlüsse, gleichwie zur weitern Bildung und Entwickelung des Bundes u. s. w.

Die Behauptung: jede Nationalität habe ein Recht auf volle Unabhängigkeit, ist kaum halb wahr und durch das Zeugniß der Geschichte vielmehr widerlegt, als bestätigt. Für manche Stämme sind Abhängigkeitsverhältnisse natürlich und nützlich, ja nothwendig, und nicht jedes Volk ist auf Erden zum Herrschen berufen.

Kaum ist hier die Frage über **Halten oder Nichthalten der Verträge** zu umgehen. Wenige Bemerkungen mögen indeß genügen, ohne umständliche und tiefere Erörterungen. Es scheint so über alle Zweifel gewiß: es sey eine Schande sein Wort zu brechen, daß es für überflüssig gelten könnte darüber Worte zu verlieren. Und doch sind Zweifel zu keiner Zeit ganz ausgeblieben und zu der Regel haben sich Ausnahmen gefunden, welche (eben ihrer Unregelmäßigkeit halber) so sehr schwer zu behandeln und zu entscheiden sind. Selbst im Privatrechte giebt es Fälle, wo man von Verträgen und Versprechungen zurücktreten kann; so wegen großen aber unverschuldeten Irthums, übermäßiger Verletzung, bei wesentlich geänderten Verhältnissen. Nur tritt (wenn eine freie Uebereinkunft ausbleibt) der Spruch des Richters, zur Vermeidung bloßer Willkür, regelnd hinzu. Für Staaten fehlt ein solcher Gerichtshof, Versuche der Rechtfertigung werden keineswegs immer anerkannt, und alsdann giebt sich die bloße Thatsache für Recht, oder wird durch Gewalt für Recht erklärt. Das Privatwort des Herrschers vom Fürstenwort zu trennen, führt nicht zum Ziele, und heimliche Verwahrungen und Protestationen gegen öffentliche Erklärungen (wie Franz I. gegen Karl V.) sind der schlechteste und kläglichste Ausweg. Im Allgemeinen hatte deshalb Fox Recht, wenn er sagte: übel stände es mit der Welt wenn man nicht Frieden schließen könnte, so lange man die Aufrichtigkeit des Gegners noch bezweifeln kann.

Eine geschichtliche Aufzählung der mit Recht oder Unrecht gebrochenen Verträge würde, begleitet mit Gründen und Gegengründen, ganze Bände füllen. Statt dessen will ich aus vielen theoretischen und allgemeinen Behauptungen nur ein Paar mittheilen. Isokrates empfiehlt das stete Halten der Verträge aufs bringendste. Cicero sagt [1]): daß es Ehrbares (honestum) gebe was nicht nützlich sey, und Nützliches was nicht ehrbar, ist für das Leben der Menschen die verberblichste Lehre. — Mehr in das Einzelne eingehend, behauptet Macchiavelli [2]): es giebt zwei Arten des Kampfes, eine durch die Gesetze, die andere durch Gewalt. Jene ist menschlich, diese thierisch; doch muß ein Fürst Menschen und Thier gut zu gebrauchen wissen. Er soll sich (wo möglich) nicht vom Guten trennen, aber gezwungen auch das Böse zu behandeln verstehen. Ein kluger Herrscher darf sein Wort nicht halten, wenn die Verhältnisse sich gegen ihn wenden und die Gründe wegfallen, welche das Versprechen herbeiführten. Diese Vorschrift wäre schlecht, wenn alle Menschen gut wären; da sie aber schlecht sind und dir nicht Wort halten werden, bist

---

1) Isocr. adv. Callim., 658. Cicero de offic., II, 3.
2) Macchiav. Principe, 18; Discorsi, III, 40.

auch du nicht dazu verbunden. Auf diesem Wege magst du Land und Macht gewinnen, aber freilich niemals Ruhm (gloria). — Etwas anders gestaltet sich die Sache bei Hobbes, wenn er sagt [1]): wir sind auch zum Halten der aus Furcht hervorgegangenen Verträge verpflichtet; sofern nicht ein bürgerliches Gesetz entgegensteht, vermöge dessen das Versprechen unerlaubt ist. — Bei Gelegenheit der Verschwörung des Marquis Botta in Petersburg (1743) sagt Friedrich II.: Hat die Politik keine erhabneren Mittel und Auswege, deren sie sich bedienen kann? Muß man alles Gefühl für Rechtlichkeit und Ehre verlieren, eigennütziger Aussichten halber, welche überdies selbst trügerisch sind?

Die Strafe für leichtsinnig, oder gar rechtswidrig gebrochene Verträge bleibt fast niemals aus, sodaß die Klugheitslehre (bei weiterer Hinaussicht) in der That fast immer mit der strengen Rechtslehre zusammenfällt. Doch fehlt es auch nicht an Beispielen wo die unparteiliche Geschichte (den Geist höher achtend, als den Buchstaben) volle Lossprechung ertheilt hat für das Nichthalten von Verträgen und Versprechungen. Insbesondere wenn diese in unglücklichen Zeiten erzwungen wurden, und den Untergang des ganzen Staates in sich schlossen, oder in Aussicht stellten. So hatte Friedrich Wilhelm III. und Preußen Recht, daß es im Jahre 1813 die Ketten sprengte, durch welche es (dem Wortlaute der Verträge nach) an Napoleon gefesselt war.

Achtundfunfzigster Brief.

Berlin, 6. Nov. 1850.

Sie fordern mich auf, nachdem so viel von Landmacht und Landrecht die Rede gewesen, Ihnen auch Einiges über Seemacht und Seerecht mitzutheilen. [2]) Gewiß ist der Gegen-

---

1) Hobbes de cive, II, 16, 6.
2) Azuni und Jacobsen, Seerecht; Büsch über das Bestreben der Völker sich im Seehandel wehe zu thun, u. A.

stand von höchster Wichtigkeit und oft (besonders in Friedens=
zeiten) aus Gründen vernachlässigt worden, welche sich weiter unten
ergeben werden.

Fast alle gebildeten Völker, deren geographische Lage es
erlaubte, haben die Wichtigkeit des Handels und der Seemacht
sehr wohl eingesehen. Nur die Römer waren niemals im höheren Sinne ein entdeckendes, Handel treibendes Volk; sie suchten
(wie Duillius) Seeschlachten in Landschlachten zu verwandeln
und alle Flotten vorsätzlich zu zerstören. Unter unzähligen Land=
kämpfen steht der Seekampf bei Aktium ganz vereinzelt da, denn
die Römer meinten: wer das Land habe, dem gehöre auch das
Meer. Fast ähnlichen Sinnes sagt der Venetianer Paruta [1]):
die Seemacht wächst und erhält sich in der That durch die Land=
macht. Die illyrischen und cilicischen Seeräuber hätten aber nie
so mächtig werden können, wenn eine römische Flotte immer zur
Hand gewesen wäre.

Die erste hier zu erörternde Frage ist: kann man das Meer
in Besitz nehmen und ein Eigenthum daran begründen? Die
eine Partei antwortet: Nein! Das Meer ist für jeden da und
jedem zugänglich, wie Luft und Licht. Es genügt Allen und der
Wind treibt unbehindert alle Flotten so leicht, wie ein einzelnes
Schiff. Niemand kann es occupiren, consumiren, oder durch
Arbeit und Veredlung zum Eigenthum erheben. Hiemit stimmt
auch das römische Recht, indem es sagt [2]): der Gebrauch des
Meeres steht von Natur allen Menschen zu, und man kann ihm
keine Dienstbarkeit auflegen. Nur an den Küsten, wo das Meer
bisweilen ganz eigenthümliche Produkte erzeugt, könnte man es
vielleicht in Besitz nehmen.

Hierauf wird erwiedert: es gibt Fälle wo auch Luft und Licht
in Besitz genommen wird (Windmühlen, Fenster) und auf das
Verbrauchen (Consumiren) kommt es nicht an, da ja die Erde
auch nicht verbraucht wird. Eben so wenig entscheidet das Genügen. Die Nahrungsmittel welche die Erde erzeugt, genügen
auch für alle Lebendigen: beßungeachtet hat Einer viel, der

---

1) Discorsi, II, 1, 363.
2) De rer. div., 13, §. 7 Dig.

Andere wenig; der Eine kauft, der Andere verkauft. Wäre es so unmöglich das Meer in Besitz zu nehmen, wie etwa den Mond, so würde darüber gar kein Zweifel entstehen. Aber eben weil dies zunächst an den Küsten und in kleineren Bezirken (wo z. B. Perlen- und Purpurfischerei stattfindet) unbedenklich dergestalt geschehen kann, daß niemand das Eigenthum zu stören berechtigt ist, so geht schon hieraus die Falschheit jenes unbedingt läugnenden Grundsatzes hervor.

In dem Maaße der Ueberlegenheit, der Kraft, wächst also die Möglichkeit auf dem Meere zu herrschen, und diese Möglichkeit führt insgemein zur Wirklichkeit, welcher nicht selten friedliche Anerkenntniß folgt. Es giebt ein so unbezweifeltes Anrecht auf Seeherrschaft, wie auf Landherrschaft; beide aber verlieren Gewicht und Bedeutung, sobald die Kraft fehlt es geltend zu machen. War Englands Seemacht so groß, daß jeder Schiffer furchtsam in London anlegte und Zoll gab; so stand dem gleichartig Frankreichs durchgesetzte Forderung gegenüber, den sogenannten Continentaltarif auf dem Festlande zu bezahlen.

Die römischen Gesetze haben hier gar kein entscheidendes Ansehen; sie galten nur für die eigenen Unterthanen, niemals aber für andere Staaten und Völker. Und ehe Karthago bezwungen war, mußten sich die Römer auch viele Beschränkungen ihrer Schiffahrt gefallen lassen. Wenn also Grotius in seinem Mare liberum die unbedingte Freiheit aller Meere beweisen wollte, so hatte er Unrecht; aber nicht minder die Spanier welche (ohne Macht) auf den Grund einer päpstlichen Schenkung, die Herrschaft der Meere ausschließend in Anspruch nahmen. Selden hingegen hatte Recht, wenn er bewies es könne eine Seeherrschaft eintreten: aber freilich genügte dieser Lehrsatz nicht um damit den Engländern die Seeherrschaft thatsächlich und von Rechtswegen (de facto und de jure) zu geben.

Das Maaß dieser Herrschaft ist so verschieden, als das Maaß der Abhängigkeit auf dem festen Lande; aber freilich noch weit schwerer zu bestimmen. Das was Venedig ohne erheblichen Widerspruch im adriatischen Meere, Dänemark im Sunde durchsetzen konnte, vermag selbst England nicht über das Weltmeer in Ausführung zu bringen. Die Lehre von natürlichen

Gränzen gewährt auf dem Meere gar nichts Bestimmtes. Als z. B. die Dänen (1740)¹) das Meer auf vier Meilen rund um Island sperren wollten, bezogen sich die widersprechenden Niederländer auf zeitherigen freien Gebrauch und auf das Völkerrecht. Dasselbe geschah als König Friedrich II. von Dänemark die Engländer von der Schiffahrt nach Archangel ausschließen wollte. Er hatte in der That dazu nicht mehr Recht und Kraft, als wenn die Schweizer auf Holland Ansprüche gemacht hätten, weil der Rhein dahin fließe.

Mit theoretischen Grundsätzen ist hier wenig auszurichten. So bleibt die allgemeine Behauptung: der Herr des Landes sey auch Herr des daran stoßenden Meeres, ganz ungenügend, weil erstens eine solche Herrschaft ohne Schiffe unmöglich ist, weil sie zweitens oft ohne Landesgränze eintritt, und weil endlich die Frage über die Theilung des Meeres zwischen gegenüberliegenden Ländern (Spanien und Syrien, Griechenland und Aegypten, England und Nordamerika) unentschieden bleibt. Giebt ein breites Land auch Anspruch auf ein breites Meer, oder vertheilt man nach der Länge der Küste, oder nach Verhältniß der Seemacht, oder spricht man den gegenüberliegenden Ländern kurzweg eine gleiche Zahl Meeresmeilen zu?

Von so allgemeiner Meeresherrschaft absehend und sich beschränkend, sind gar viele andere Vorschläge gemacht worden, z. B. das Meer gehört zwei Tagereisen weit zum Lande, oder so weit man mit dem Senkblei Grund findet, oder so weit man mit den Augen sieht, oder so weit man des Meeres bedarf ohne einem Andern zu schaden, oder soweit eine Kanone trägt. Unter diesen Willkürlichkeiten scheint freilich das Kanonenmaaß das Gewichtigste und Ueberzeugendste; wie aber wenn eine Flotte die Landkanonen zerstört, oder diese umgekehrt auf Schiffe gebracht werden und über den ganzen Ocean schießen? Um die Verwirrung vollständig zu machen, unterscheiden Einige, ob das an die Küste stoßende Meer zu angenehmen und menschenfreundlichen, oder zu feindseligen, etwa Besteuerungszwecken u. dgl. in Anspruch genommen werde. Dort möge man es zwar nicht auf

---

1) Pestel, 136.

drei Meilen, jedoch auf eine oder anderthalb bewilligen; hier müsse man bei der Kanonenschußweite stehen bleiben.

Gewiß ist die Beherrschung des Meeres nicht immer dieselbe; sie beginnt mit dem leisesten Uebergewicht und steigt bis zur Besteuerung und Ausschließung. Von vornherein ist das Quantum was ein Staat auf dem Meere beherrschen soll, so wenig gegeben als die Größe des Landbesitzes: der Macht steht oft Ohnmacht gegenüber, und zur Gerechtigkeit tritt auch Ungerechtigkeit hinzu.

Wenden wir uns von diesem Theoretischen zur Geschichte, so wissen wir nichts von den Seegesetzen der Phönicier und Karthager, und nur sehr wenig von denen der Griechen. Gewiß gab es schon in ältester Zeit Seeräuber, welche zu vertilgen bereits Minos versuchte. Seezölle und Handelsabgaben finden sich fast immerbar, und zwischen Rhodos und Byzanz entstand ein Krieg, weil diese Stadt rhodische Schiffe besteuern wollte. Das älteste, vollständigere Seerecht soll das rhodische gewesen seyn; aber die Sammlung welche wir unter diesem Namen besitzen, ist ein späteres byzantinisches Werk, und schwer zu entscheiden wie viel von jenem alten Rechte in die Gesetzbücher Justinians aufgenommen ist. Da die Römer nach Karthagos Fall mit keinen seefahrenden Völkern in erheblichen Streit geriethen und in späterer Zeit nur das Mittelmeer beschifften, dessen sämmtliche Küsten sie beherrschten, so war von keinen völkerrechtlichen, sondern nur von privatrechtlichen Bestimmungen die Rede, z. B. über die Verhältnisse des Schiffseigenthümers zur Mannschaft, zur Ladung u. dgl. In Constantinopel ward das Strandrecht oft verboten, jedoch ohne vollständigen Erfolg.[1]

Im Mittelalter hatte das blühende, seefahrende Amalfi wahrscheinlich zuerst eine Art von Seerecht. Berühmter ist das Consolato del mare, welches Seegesetzbuch wahrscheinlich am Ende des 11. Jahrhunderts in Pisa (und Barcelona?) entworfen ward und zu solchem, nicht unverdienten, Ansehn gelangte, daß man sich selbst in neueren Zeiten oft darauf bezog. Hieran reihen sich die Gesetze von Oleron, welche entweder

---

[1] Nicet. Chon. Andronic., lib. II, p. 209 edit. Paris.

König Richard I. ober schon dessen Mutter als Herzoginn von Guienne in der Mitte des zwölften Jahrhunderts bekannt machte. Auch im Norden fehlte es nicht an Bestimmungen die als Gesetze von Wisby auf Gothland in großer Ausdehnung zur Anwendung kamen. Vollständigere Sammlungen wurden später seitens der Hansa aufgestellt.

Spaniens Seegesetze waren in den einzelnen Sammlungen für das bürgerliche Recht zerstreut; außerdem hatten jedoch Ansehn das Consolato del mare und die Contractationes, oder das Rechtsherkommen der großen Handelsstädte und Handelshäuser. — Portugal schließt sich an Spanien an. In Frankreich war, mit Uebergehung einzelner älterer Verfügungen, die Ordonnanz von 1681 das Hauptgesetz in Seeangelegenheiten bis zur Revolution. In England bezieht man sich auf alt einheimisches Recht, viele einzeln ergangene Gesetze, Herkommen u. s. w. Holland hielt sich an römisches, wisbysches, hanseatisches Recht, und das Artikelbuch worin einzelne vaterländische Gesetze zusammengetragen waren. In Schweden wurden ältere Seegesetze von 1608 und 1618, durch vollständigere von 1667 und 1750 entbehrlich. Dänemarks Seegesetze befanden sich in dessen allgemeinem Gesetzbuche und einer Verordnung vom 1. Juli 1746. Neapel hat an seinen Hauptgesetzen von 1759 und 1764 später viel geändert; Venedig verfuhr nach einem besondern Coder, Genua und Sardinien meist nach dem Consolato del mare, Toskana nach älteren und neueren Gesetzen.

So lange kein Seekrieg ausgebrochen ist, hat obiges System allgemeiner Freiheit auf dem Meere großentheils befriedigende Gültigkeit. Mit Anbeginn der Fehde drängen sich aber unzählige Schwierigkeiten und neue unangenehme Fragen hervor. Zunächst in Bezug auf die Kriegführenden selbst; z. B.: welche Mittel sind erlaubt, welche unerlaubt? Wo beginnt bloßer Kriegsfrevel? Was muß als Barbarei verschmäht werden? u. s. w.

Noch weit verwickelter sind die Verhältnisse in Bezug auf diejenigen Völker, welche nicht am Kriege Theil nehmen. Nach theoretischen Forderungen müßten die Verhältnisse zu jedem der kriegführenden Theile ganz unverändert bleiben; — wenn dies nur möglich wäre! Sobald sich die Verhältnisse zweier Parteien unter sich ändern, so stellen sich natürlich auch (wie in der Mathematik) die Verhältnisse zu jedem Dritten anders; der Handel mit dem einen oder dem andern Volke wächst, oder nimmt ab, die Zufuhr von Kriegsbedürfnissen erscheint in einem neuen Lichte u. s. w.

An einem Rechte neutral zu bleiben, kann man im Allgemeinen nicht zweifeln; aber oft fehlt die Macht dies Recht geltend zu machen, und nur zu leicht giebt der Neutrale Gelegenheit zu der begründeten Behauptung: er sey nicht vollkommen neutral. So entstehen die Fragen: kann und soll der Verkehr mit beiden kriegführenden Parteien ungestört fortdauern? Soll das Maaß desselben nach einem früheren Zustande festgesetzt, oder ganz abgebrochen werden? Dürfen die Kriegführenden Handelscontrolen vorschreiben? Was muß der Neutrale leiden, wo darf er widersprechen? In wie weit darf er den Handel eines kriegführenden Landes übernehmen? Wie weit darf er, durch Ausübung seines Rechtes, das eines Kriegführenden gleichsam vertilgen und die Erreichung des Kriegszweckes unmöglich machen? Muß der Neutrale zu den Kriegsmaaßregeln schweigen, welche seinen Handel stören, unterbrechen, oder gar zu Grunde richten?

Diese und unzählige Fragen der Art sind durch Vertrag, oder Uebermacht bald so, bald anders beantwortet worden. Jene Verträge bezogen sich insbesondere auf drei wichtige Punkte: erstens, die Festsetzung der Handelsabgaben und der etwanigen Vorzüge eines Volkes vor dem andern. Zweitens, die Bestimmung der Gegenstände, welche man (in Friedens- oder Kriegszeiten) nicht einführen, oder ausführen solle. Drittens, die Bedingungen, wonach im Kriege Handel und Schiffahrt zu regeln sind.

Zugestanden ward fast überall den Neutralen, auf **ihrem Boden**, in **ihrem Lande** jedem der kriegführenden Theile Gegenstände aller Art zu verkaufen; hingegen finden sich Abweichungen mancher Art darüber: was den kriegführenden Parteien zugeführt werden dürfe. Verboten sind überall unmittelbare Kriegsbedürfnisse, erlaubt wurden Gegenstände welche damit in keiner Verbindung stehen. Aber bald ist mehr, bald weniger unter Kriegscontrebande aufgezählt worden, und mancherlei Gegenstände welche in der Mitte zu liegen schienen (z. B. Lebensmittel, Geld, rohe für Kriegszwecke umzugestaltende Erzeugnisse) sind hier verboten, dort erlaubt worden.

Hieran reihen sich zwei höchst wichtige Fragen:
1) ob die neutrale Flagge selbst **feindliches** Gut schützt?
2) ob **neutrales** Gut auf feindlichem Schiffe müsse geachtet werden?

Diese Fragen wurden in Verträgen nicht gleich beantwortet, oder durch bloße Uebermacht entschieden. Doch kam es zu allgemeinerer Anerkenntniß, daß:
a) feindliches Gut auf neutralem Schiffe wegzunehmen sey, und
b) freundschaftliches Gut auf feindlichem Schiffe zurückgegeben werde.

Hieraus folgt aber das sehr lästige und oft willkürliche Durchsuchen neutraler Schiffe, weshalb in vielen Verträgen der Grundsatz angenommen (jedoch nicht auf Kriegscontrebande ausgedehnt) wurde: frei Schiff macht frei Gut. Auf diesem Wege kam aber während der Kriege Schiffahrt und Handel dergestalt in die Hände der Neutralen, oder der unter ihrer Flagge Verkehrenden, daß z. B. den Engländern ihre Seeüberlegenheit zu gar nichts half und angeblich neutrale Schiffe selbst von feindlichen zu feindlichen Häfen segelten. Als nun die Engländer hiegegen Maßregeln ergriffen, erhoben die Neutralen große Klage und die Kaiserinn Catharina ward (zum Theil eine Folge von Nebenintriguen) am 28. Februar 1780 veranlaßt mit der sogenannten bewaffneten Neutralität hervorzutreten, vermöge welcher die Flagge das Gut decke, sofern es nicht zur Kriegscontrebande gehöre. Zu dieser rechnete man nur fertige Kriegsbedürfnisse, nicht Materialien zu denselben. Neutrale Schiffe, heißt es weiter, dürfen von Hafen zu Hafen und längs den Küsten der in Krieg begriffenen Mächte schiffen. Für einen blokirten Hafen läßt man nur den gelten, vor welchem Schiffe so nahe aufgestellt sind, daß das Einlaufen mit Gefahr verbunden ist.

Ohne die politischen Gründe aufzuzählen, welche großentheils die Anwendung dieser Bestimmungen verhinderten, will ich nur anderer nicht geringerer Schwierigkeiten erwähnen. Zuvör-

berst erwies, wie die Erfahrung lehrte, das Aufstecken einer neu=
tralen Flagge fast gar nichts (da die Meisten Flaggen aller Art
zur Hand hatten); mithin eine nähere Untersuchung, oder Visi=
tation, dennoch nothwendig und für den Unschuldigen am drückend=
sten ward. Eine Aufzählung der in der Regel verlangten Papiere
giebt hiefür den besten Beweis. Man verlangt also:
1) den **Bielbrief**, oder den **Geburtsbrief** über den Bau des
   Schiffes;
2) den **Meßbrief** (acte de jaugeage) über die Größe des
   Schiffes;
3) **Kaufbriefe** und **Zeugnisse** über etwanige **Namens=
   veränderung**;
4) den **Rheberbrief**, oder die Urkunde über die hinsichtlich
   des Schiffes zwischen mehreren Einzelnen errichtete Ge=
   sellschaft;
5) den **Reisepaß**;
6) **Zeugnisse** über Aufenthalt, Verzollung, Auslaufen, Ein=
   laufen, Curssteuerung, Bestimmungsort u. s. w.;
7) den **Bürgerbrief** des Kapitains, die **Musterrolle** der
   Mannschaft welche zu zwei Dritteln aus dem neutralen
   Staate seyn sollte;
8) den **Gesundheitspaß**;
9) Beglaubigte **Urkunden** über die verladenen Güter, Ab=
   sendungs= und Bestimmungsort, Eigenthümer, Empfänger,
   Einkaufspreis, laufende Kosten, Betrag der Fracht, der
   Versicherung u. s. w.

Wie ungemein schwierig und verwickelt die Lehre von Weg=
nahme und Verurtheilung (Confiscation) der Schiffe sey,
ergiebt sich schon aus folgenden Fragen, die von verschiedenen
Völkern verschieden beantwortet werden. Soll die ganze Ladung
oder nur ein Theil derselben, oder Schiff und Ladung weg=
genommen werden? Von welchem Augenblicke beginnt nach der
Kriegserklärung das Recht zur Wegnahme, wenn eher hört es
nach dem Friedensschlusse auf? Geht das Schiff (die Prise) mit
dem Nehmer in das Eigenthum des Nehmenden über, oder wird
der Besitz erst zum Eigenthume wenn es an einen sicheren Ort
gebracht ist? Wie werden hieher gehörige Streitigkeiten entschieden

und nach den Gesetzen welches Landes? Welche Rechte und Pflichten haben neutrale Staaten gegen den Nehmenden und den Genommenen? Darf die gefangene Mannschaft sich befreien, und wenn sie es thut, welche Ansprüche erwirbt sie auf Schiff, Ladung, Belohnung? Was für Rechte stehen einem Dritten zu sobald er die Prise wieder erobert? Kann ein losgekauftes Schiff zum zweiten Male genommen werden? Dürfen neutrale Staaten flüchtende Schiffe kriegführender Staaten aufnehmen und versorgen? u. s. w.

Alle hier angedeuteten Uebel steigern sich, wenn die kriegführenden Regierungen einzelne Personen durch Kaperbriefe berechtigen auf ihre eigene Hand Seekrieg zu führen, woraus eine verwüstende, zerstörende und doch unentscheidende Barbarei folgt. Friedrich II. und die Nordamerikaner verpflichteten sich, im Fall eines ausbrechenden Seekriegs keine Kaperbriefe zu ertheilen. Aber freilich war dies, bei den Verhältnissen beider Mächte, nur ein löblicher Lehrsatz, während die französischen Revolutionskriege zur ärgsten Praxis Veranlassung gaben. Zwar erklärte die erste Nationalversammlung: Frankreich wolle nie erobern und aller Kaperei entsagen; bald aber geschah das Gegentheil, und am 9. Mai 1793 [1]) erklärte der Convent alle mit feindlichem Gute beladenen neutralen Schiffe, ja auch diejenigen für nehmbar welche den Neutralen gehöriges Getraide nach feindlichen Häfen führten. Von noch größeren Folgen war ein im Anfange des Jahres 1798 von Frankreich erlassenes Gesetz, wonach alle englischen Natur- und Kunsterzeugnisse, nebst den Schiffen, worauf sie sich befänden, sollten weggenommen werden. Dies gab den Vorwand jedes Schiff (ohne Rücksicht auf seine Flagge) nach der Ladung, ja nicht einmal nach der ganzen Ladung, sondern dieses oder jenes einzelnen englischen Gegenstandes willen, zu rauben. Zuletzt kam es hiebei gar nicht mehr darauf an, ob wirklich englische Produkte oder Fabrikate gefunden wurden, sondern ob man sie beliebig dafür halten wollte (réputées anglaises). Weil man auf einem Schiffe eine wollene Decke, oder ein Paar Stiefeln fand die man für englisch erklärte, nahm

---

1) Rastatter Friedensunterhandlungen, I, 35.

man Schiff und Ladung, und auf die Frage: was confiscabel sey? antwortete ein französischer Machthaber: Alles was der Mühe lohnt zu confisciren!

Diese Grundsätze bewirkten das Gegentheil von dem, was man erwartete: sie nützten den Engländern, und schadeten den Franzosen und Neutralen. Denn in Hinsicht auf britische Schiffe änderte sich nichts, und weil die Neutralen außer Stande waren ihre Schiffe zur Sicherung begleiten (convoyiren) zu lassen, kam aller früher von ihnen bezogene Vortheil in die Hände der mächtigeren Engländer. Ferner traten die, an der Ostsee und Nordsee müßig gewordenen Matrosen in englische Dienste, und ein französischer Beschluß vom 29. October 1798, dieselben wie Seeräuber zu behandeln [1]), kam nicht zur Vollziehung, weil die Engländer drohend daran erinnerten daß sie 40,000 französische Seegefangene in ihrer Gewalt hätten! — Schon im Anfange des Jahres 1799 hatte man sich in Frankreich überzeugt, daß bei jenem Raubsysteme Einzelne reich würden, der Handelsstand aber zu Grunde gehe, und unzählige Seeleute, die sich zu den Kaperschiffen gewandt hatten, in Gefangenschaft gerathen waren. Seitdem wurden vom Direktorium keine neuen Kaperbriefe ausgegeben und die älteren allmählig eingezogen, damit man Matrosen für die Kriegsflotte gewinne.

Um nicht zu ermüden, will ich weder auf den Inhalt der Verträge näher eingehen, welche über eine billigere Behandlung der Neutralen zwischen England und den nordischen Mächten geschlossen wurden [2]), noch das Seerecht Englands und Frankreichs näher entwickeln. Folgende kurze Nachrichten über Gesetzgebung und Praxis zur Zeit Napoleons dürften indeß hieher gehören und nicht ohne Interesse sein.

Die Besetzung Hannovers durch die Franzosen im Jahre 1803 versperrte die Häfen des nördlichen Deutschlands dem englischen Handel, weßhalb England sie für blokirt erklärte. Dies veranlaßte viele Klagen der Neutralen, ohne auf die Maaßregeln der Franzosen zu wirken. Den 16. Mai 1806, zwei Tage nach

---

1) Rastadter Verhandl., I, 514.
2) Martens Recueil, IX, 476. Belsham, XII, 72, 230.

der Kriegserklärung wider Preußen[1]), erklärte eine englische Kabinetsordre die Häfen und Küsten von Brest bis zur Elbe in den Blokadezustand. Doch sollte diese Blokade neutrale Schiffe (welche weder feindliches Gut noch Kriegscontrebande führten) nicht hindern dahin zu segeln und einzulaufen, sofern sie nicht in feindlichen Häfen Ladung eingenommen hatten, oder dahin bestimmt waren. Strenger lauteten die Vorschriften für die Häfen von Ostende zur Seine. Nachdem sich die Verhältnisse Preußens zu England geändert hatten, hob man englischerseits am 25. Sept. 1806 die Blokade von der Elbe bis zur Ems wieder auf; wogegen Napoleon am 21. Nov. 1806 ein Dekret erließ, des Inhalts: da England das allgemeine Völkerrecht gebildeter Staaten nicht annimmt, selbst Besatzungen von Handelsschiffen und reisende Kaufleute zu Gefangenen macht, das Eroberungsrecht auch auf Privateigenthum ausdehnt, und seine Blokaden (ohne Schiffe) durch bloße Befehle auf ganze Länder und Küsten ausdehnt, um andere Völker vom Handel auszuschließen; so wird Großbritannien in den Blokadezustand erklärt, und aller Handel, Verkehr und Briefwechsel mit ihm untersagt. Jeder Engländer der in französische Gewalt fällt, wird zum Kriegsgefangenen gemacht und jede englische, einem Engländer zugehörige Waare für gute Prise erklärt. Jedes Schiff welches aus England oder dessen Kolonien kommt, oder falsche Erklärungen abgiebt, ist, mit der Ladung, der Confiscation verfallen. — Dies Gesetz soll gelten bis England anerkennt: das Recht für Land und Meer sey gleich, Kriegsrecht erstrecke sich nicht auf Privateigenthum, nur Soldaten dürfen gefangen werden und eine Blokade gelte nur für feste Plätze die wirklich von Schiffen bewacht sind.

Hiegegen ergingen zwei englische Kabinetsbefehle. Der erste trieb die Gegenmaaßregeln noch nicht aufs äußerste, befahl aber doch: es solle keinem Schiffe erlaubt seyn von einem Hafen zum andern zu handeln, wenn beide Frankreich oder dessen Verbündeten gehörten, oder so sehr unter dessen Aufsicht und Botmäßigkeit ständen, daß britische Schiffe nicht frei dahin handeln könnten.

---

1) Polit. Journ., 1800, S. 632, 1058, 1129.

Das Privateigenthum der Franzosen und anderer Völker unterlag keiner Wegnahme.¹)

Der zweite englische Kabinetsbefehl vom 11. November 1807 erklärte die Küsten Frankreichs und seiner Verbündeten in den Blokadezustand, untersagte allen Handel mit Produkten und Fabrikaten jener Länder und ihrer Kolonien, und erklärte Schiffe und Ladungen für gute Prise, welche von oder nach jenen Ländern segelten. In den wenigen Fällen wo der Handel erlaubt blieb, mußten die Schiffe sich in England einer Durchsuchung und der Zahlung einer Abgabe unterwerfen.

Hierauf erging das französische Dekret von Mailand (17. December 1807) welches festsetzt: jedes Schiff das sich einer englischen Durchsuchung unterworfen, in England gelandet, oder an England irgend eine Abgabe bezahlt hat, ist entnationalisirt, wird wie englisches Eigenthum betrachtet und weggenommen als gute Prise. Diese Bestimmungen dauern bis England seine Gesetze zurücknimmt, und gelten für jedes Volk das seiner Flagge keine Achtung verschaffen kann. — Hieran reihte sich ein anderes Gesetz (Paris den 11. Januar 1808) des Inhalts: wer in französischen Häfen die Uebertretung obiger Vorschriften glaubhaft anzeigt, erhält ein Drittheil der, aus dem Verkaufe des Schiffes und der Ladung erhaltenen Summe. Jeder Beamte der an Uebertretungen Theil nimmt, oder sie begünstigt, ist des Hochverraths schuldig.²)

Lange hielten beide Mächte (England und Frankreich) es für eine Ehrensache, mit der Rücknahme dieser Vorschriften nicht den Anfang zu machen, obgleich sie selbst von dieser tyrannischen Hemmung des Verkehrs fast eben so viel litten als die übrigen europäischen Völker. Um die Verarmung der Kaufleute und Schiffer zu mindern, unentbehrliche Gegenstände zu erhalten und sich eine bedeutende Einnahmequelle zu eröffnen, nahmen sie ihre Zuflucht zu dem sogenannten Systeme der Licenzen; das heißt: sie gaben für ansehnliche Summen unzähligen Personen

---

1) Polit. Journ., 1807, S. 81, 1232. Manuel diplomatique sur le droit des neutres, 17.
2) Polit. Journ., 1808, S. 99.

die Erlaubniß zu schiffen und zu handeln, als wären die wesentlichsten Bestimmungen jener Kabinetsbefehle und Dekrete nicht mehr vorhanden.¹)

Die vereinigten Staaten von Nordamerika (unter den neutralen Handelsmächten die wichtigste) sahen sich durch die Gesetzgebungen Frankreichs und Englands höchst beeinträchtigt und nahmen nach und nach ihre Zuflucht zu verschiedenen Maaßregeln:

Erstens, die Akte der **Nichteinfuhr** (non importation) untersagte die Einfuhr der wichtigsten britischen Handelsgegenstände. Hierauf:

Zweitens, die Akte des **Nichtverkehrs**, welche allen Handel mit Frankreich und England untersagte.

Drittens, das **Embargo**, wonach sie ihre ganze Handelsschifffahrt einstellten, um den Wirkungen jener Gesetzgebungen der kriegführenden Mächte zu entgehen.

Dieses letzte Mittel war aber insbesondere so verzweifelt und zerstörend, daß die Amerikaner es am 1. Mai 1810 aufhoben und die Akte des Nichtverkehrs gegen diejenige Macht herstellten, welche binnen einer gewissen Frist ihre Gesetze gegen den Handel der Neutralen nicht würde aufgehoben haben.

Hierauf erklärte Napoleon am 9. August 1810: die Dekrete von Berlin sollten vom 1. November an aufgehoben seyn, wenn nämlich die Engländer (in Folge dieser Erklärung) auch ihre Kabinetsbefehle aufhöben und den neuen Blokadegesetzen entsagten; oder die vereinigten Staaten England dahin brächten ihre Rechte (zufolge der Forderung vom 1. Mai 1810) zu achten.

Die Engländer hoben indeß ihre Kabinetsbefehle um so weniger auf, da sie behaupteten: Napoleon behandle die Amerikaner nach wie vor. — Dieser entgegnete: er sey mildernd vorangegangen, England folge unter schlechtem Vorwande nicht nach, und Amerika habe seinen Beschlüssen noch immer keine Achtung verschafft. Um dieselbe Zeit steigerten sich aber die Handelsleiden noch ungeheuer, weil Napoleon am 5. August 1810 durch den Tarif von Trianon alle Kolonialwaaren (dem eng-

---

1) Sybert, 70.

lischen Verfahren ähnlich) sehr hoch besteuerte und am 19. October das Verbrennen aller englischen Fabrikwaaren anbefahl, wie dies hinsichtlich französischer Fabrikwaaren in England meist gesetzlich sey.

Außerdem suchte Napoleon England noch von einer anderen Seite her theoretisch zu bedrängen, indem er seine Grundsätze über das Seerecht unterm 10. März 1812 folgendergestalt darlegte:

Erstens, die Flagge deckt die Waare. Feindliche Waare unter neutraler Flagge ist neutral; neutrale Waare unter feindlicher Flagge aber feindlich. Hievon ist nur Contrebande ausgenommen, das heißt Waffen und Kriegsbedürfnisse.

Zweitens, die Durchsuchung eines Schiffes durch ein bewaffnetes Fahrzeug kann nur von wenigen Menschen geschehen, und dies Fahrzeug muß sich außerhalb der Schußweite halten.

Drittens, jedes neutrale Schiff darf von einem feindlichen Hafen zu einem feindlichen, und von einem feindlichen Hafen zu einem neutralen segeln. Ausgenommen sind nur blokirte Häfen; das heißt wirklich eingeschlossene, belagerte, mit der Einnahme bedrohte Häfen, in welche ein Handelsschiff nicht ohne Gefahr einlaufen kann. — Frankreich fordert, reklamirt, diese durch den Frieden von Utrecht geheiligte, durch alle späteren Verträge bestätigten Grundsätze.

Die Annahme jener Forderungen würde die große Uebermacht der Engländer zur See vernichtet, oder doch fast ganz unnütz gemacht haben; sie antworteten deshalb am 21. April 1812: der Utrechter Friede ist weder ein allgemeines Gesetz gewesen, noch geworden; er kann uns nicht binden. Jene Vorschläge, oder Forderungen verwerfen wir aber, denn sie würden den ganzen französischen Handel mit einem Male unter neutrale Flagge stellen und sichern, England von allem Handel mit anderen Völkern ausschließen, und es zwingen Macht, Ueberlegenheit und alle sonstigen Vortheile wegzuschenken und anderen zuzuwenden. Wenn jedoch Frankreich öffentlich, glaubhaft und unbedingt die Beschlüsse von Berlin und Mailand aufhebt, sollen auch die englischen Kabinetsbefehle aufgehoben werden.

Den Amerikanern antwortete England am 9. Januar 1812: wir können niemals eine vorher bekannt gemachte, und von einer hinreichenden Macht unterstützte Blokade deshalb für gesetzwidrig erklären, weil sie sich über einen zu großen Raum erstrecke und die Häfen und Küsten nicht zugleich von der Landseite eingeschlossen wären. Wir können nie den Satz annehmen daß der neutrale Handel als ein öffentliches Verbrechen anzusehen sey, wodurch die Fahrzeuge des ihn führenden Volkes entnationalisirt würden. Wir können nie dem Rechte der Repressalien entsagen, sollte auch zufällig darunter eine neutrale Macht leiden. Wir behaupten unser Recht Schiffe zu durchsuchen und englische Matrosen von fremden Schiffen hinwegzunehmen.

Den Amerikanern erschienen diese Erklärungen ungenügend und unannehmbar, sie erklärten am 15. Junius 1812 den Krieg an England; nach dem Aufheben der englischen Kabinetsbefehle fiel aber bald darauf jeder Kriegsgrund hinweg und Napoleons Fall führte zu allgemeinem Frieden. Mit demselben verlohren die äußerst wichtigen Fragen: über Blokaden, Contrebande, Durchsuchen, Besteuern, Wegnehmen u. s. w. alles Gewicht und alle Bedeutung; ja das Seerecht ist so ganz bei Seite gesetzt, daß kaum ein Rechtslehrer sich darum bekümmert und für dessen weitere Entwickelung und Anerkenntniß nichts geschieht. Bei dem ersten, neu eintretenden Seekriege werden jedoch jene Fragen, Forderungen, Leiden u. s. w. riesengroß wieder emporwachsen und Alles mehr nach der Macht des Stärkeren, als nach den Wünschen des Schwächeren entschieden werden.

———

In neuester Zeit sind (während des Friedens) hinsichtlich der Visitationen und der (an Privatpersonen nicht auszugebenden) Kaperbriefe Grundsätze aufgestellt und angenommen, welche den Handel weniger stören und das Privateigenthum mehr sichern würden. Dennoch ist zu besorgen daß die, während eines Krieges eintretenden Verhältnisse und Erfahrungen größere Strenge fast erzwingen dürften. Auch haben die Nordamerikaner mit Recht daran erinnert, daß die Abschaffung der Privatkaperei nicht hinreiche, wenn Staatskaperei fortdauere, oder eingeführt und erweitert werde.

Druck von F. A. Brockhaus in Leipzig.

www.ingramcontent.com/pod-product-compliance
Lightning Source LLC
Chambersburg PA
CBHW022108300426
44117CB00007B/634